지각의 현상학

Phénoménologie
de
la
Perception

M.
Merleau-
Ponty

Phénoménologie de la Perception
by Maurice Merleau-Ponty

우리 시대의 고전 **13**

지각의 현상학

Phénoménologie
de
la
Perception

M.
Merleau-
Ponty

메를로─퐁티

류의근 옮김

문학과지성사
2 0 0 2

모리스 메를로-퐁티 Maurice Merleau-Ponty(1908~1961)
프랑스의 철학자. 프랑스의 라 로세르 근처 로쉬포르 쉬르 메르에서 태어났다. 고등사범학교를 졸업하고, 철학 교수
자격을 취득한 후 여러 국립 고등학교에서 철학을 가르치는 동안 『행동의 구조*La Structure du comporte-*
ment』(1942)를 완성했고, 그후 제2차 세계대전에 참전하였으며 지하 운동 시절에 『지각의 현상학』(1945)을
준비했다. 현상학적 운동의 두 기념비적 저작이 나온 이후 소르본 대학 교수로 초빙되었으며, 죽기 마지막 10년은
베르그송을 거쳐 라벨로 이어지는 유서 깊은 프랑스 대학 철학 교수로 재직했다. 마지막 저술이자 논문은 『눈과
마음*L'Oeil et l'esprit*』(1961)이고 후기 사상을 담은 『가시적인 것과 비가시적인 것*Le Visible et l'invisible*』
(1964)은 제자 클로드 르포Claude Lefort에 의해 편집되어 유고로 출판되었다.

옮긴이 류의근(柳義根)
경북대학교 철학과와 같은 대학 대학원을 졸업했고, 버팔로 뉴욕 주립대학교 교환 교수를 역임했다. 현재
신라대학교 철학과 교수로 재직하고 있다.
주요 논문으로 「메를로-퐁티의 코기토 에르고 숨」 「메를로-퐁티: 시각과 회화」 「신오현의 메타철학」 등과 편역서로
『철학의 문제와 논증』 『현대 사회와 철학』 등이 있다.

우리 시대의 고전 13
지각의 현상학

제1판 제 1쇄 발행__2002년 10월 20일
제1판 제22쇄 발행__2025년 11월 28일

지은이   모리스 메를로-퐁티
옮긴이   류의근
펴낸이   이광호
펴낸곳   ㈜**문학과지성사**
등록번호   제1993-000098호
주소   04034 서울 마포구 잔다리로7길 18(서교동 377-20)
전화   02)338-7224
팩스   02)323-4180(편집) 02)338-7221(영업)
전자우편   moonji@moonji.com
홈페이지   www.moonji.com

ISBN 89-320-1377-2

일러두기

1. 이 책의 원본: Maurice Merleau-Ponty, *Phénoménologie de la Perception*, Gallimard, 1945

   참고본: Colin Smith, *Phenomenology of Perception*, Routledge & Kegan Paul, 1962

   Rudolf Boehm, *Phänomenologie der Wahrnehmung*, Walter de Gruyter, 1966

   竹內芳郎 外 共譯, 知覺の現象學 1, 2, みすず書房, 各各 1967, 1974

2. 원문에는 소절 제목이 전혀 없으나 독자의 이해를 돕기 위해 내용에 맞게 단락을 나누어 소절 제목을 배치했다. 문단 구성은 원문 구조를 따르되, 소절 제목의 배치 때문에 너무 긴 문단은 분단하지 않을 수 없었다.

3. 원주는 아라비아 숫자 **1, 2, 3**으로 하였고, 역자의 각주는 *로 구분하였다. 원주는 각 면마다 따로 매겨져 있으나 이 책에서는 각 장별로 나누어 장마다 일련 번호순으로 매겼다. 역주는 원문의 용어 설명이나 원활한 의미 소통, 배경 지식을 제공하고자 달았다.

4. 원문의 모든 이탤릭체는 언어의 종류(프랑스어, 독일어, 영어 등)에 구별 없이 굵은 서체로 표시했다. 원문 중에 대문자로 씌어진 단어, 용어 등은 모두 고딕체로 표시했다.

5. 원문의 인용 부호 ≪ ≫는 문장류일 경우 큰따옴표로, 성구·문구·구절·개념류의 경우 작은따옴표로 표시했다. 〔 〕는 문장의 의미 전달과 유연한 문맥을 위해 사용하였다. 저서는 『 』로, 논문은 「 」로, 원문의 괄호는 그대로 살렸다. 원문의 ': ; ─' 부호는 원문을 따르기도 했고 역자가 문장의 의미에 따라 풀기도 했다.

6. 이 책에서 색인은 생략하고, 역자의 각주를 보완하고자 용어 해설과 메를로-퐁티 철학에 대한 해설을 덧붙였다. 용어 해설은 영역본이나 독역본보다 독자에게 많은 도움을 주는 일역본을 참조했다.

7. 원문에서 오기 또는 오식이 틀림없는 것으로 보이는 경우에는 역자가 바로잡아 번역했다.

서문 **현상학이란 무엇인가**

1_현 상 학 의 개 념

현상학이란 무엇인가? 현상학을 최초로 연구한 후설 이래 반세기가 지난 지금 재차 이런 물음을 제기하는 것은 이상하게 보일지 모르겠다. 그러나 그 물음에 대한 대답이 아직도 전혀 이루어지지 않은 것이 사실이다. 현상학, 그것은 본질에 대한 연구이며 모든 문제는 현상학에 따르면, 본질을 규정하는 일에 다름아니다. 예컨대 지각의 본질, 의식의 본질 등등. 그러나 현상학, 그것은 또한 본질을 존재의 자리에 다시 놓아두는 철학이자 인간과 세계에 대한 이해는 그들의 '사실성'에서 출발함으로써만 획득될 수 있다고 믿는 철학이다. 그것은 인간과 세계를 이해하기 위해서 자연적 태도의 단정들을 미정으로 놓아두는 선험적 철학이기는 하나, 또한 반성 이전에 세계가 언제나 '이미 거기에' 양도할 수 없는 현전으로서 존재함을 밝히고, 세계와의 소박한 접촉을 회복하기 위해 모든 노력을 경주하며, 궁극적으로 그 접촉에 철학적 지위를 부여하기 위한 철학이다. 그것은 '엄밀학'이고자 하는 철학의 야심이기는 하나 동시에 '체험된' 공간·시간·세계에 대한 보고이며, 있는 그대로의 우리의 경험을 과학자, 역사학자, 사회학자가 제공할 수 있는 심리적 발생과 인과적 설명을 전혀 고려하지 않고 직접 기술하려는 시도이다. 그럼에도 불구하고 후설Husserl은 그의 마지막 저술에서 '발생적 현상학'[1]과 함께 '구성적 현상학'[2]을 언급한다.

사람들은 이러한 모순을 후설의 현상학과 하이데거Heidegger의 현상학을 구별함으로써 제거하기를 바랄 것인가? 그러나 『존재와 시간 Sein und Zeit』은 전체적으로 후설에서 발원하며 궁극적으로는 후설이 말년에 현상학의 근본 주제로 간주한 '자연적 세계 개념natürlicher Weltbegriff' 또는 '생활 세계Lebenswelt'의 설명일 뿐이다. 그 결과 후설의 철학은 그 자체 모순을 재현한다. 다급한 독자는, 모든 것을 설명하는 학설을 조망한다는 생각을 포기할 것이며, 자기 규정에도 이르지 못한 철학이 그 주위에 나도는 모든 평판을 과연 받을 만한가 하고 그리고 오히려 신화와 유행이 문제되고 있지는 않는가 하고 의아해할 것이다.

그렇다고 할지라도 그 신화의 위력과 유행의 기원을 이해하는 일이 아직도 남아 있으며, 철학적 신중함은 그 같은 상황을 **현상학은 실천으로 존재하며, 사고의 방식 또는 유형으로 인지되고, 완전한 철학적 의식에 도달하기 전에는 다만 운동으로 존재한다**고 말함으로써 표현할 것이다. 현상학은 오랫동안 그 도정에 있으며, 그 신봉자들은 현상학을 도처에서, 즉 헤겔과 키르케고르한테서는 말할 것도 없고 마르크스, 니체, 프로이트한테서도 역시 발견한다. 하지만 그들의 텍스트에 대한 문헌학적 주석으로는 아무것도 밝혀낼 수 없을 것이다. 즉 우리는 그 텍스트에서 우리가 거기에 적어 넣은 것만을 발견할 뿐이다. 언젠가 우리의 그런 해석을 택하는 역사가 있다면 그 역사는 틀림없이 철학의 역사일 것이다. 우리가 현상학의 통일과 진정한 의미를 발견하는 것은 바로 우리 자신에게서이다. 우리의 몇몇 동시대인들이 후설 또는 하이데거를 읽게 되는 경우, 새로운 철학과 해후하는 느낌을 갖게 되기보다 그들이 스스로 기다렸던 바를 인지하는 느낌을 갖게 되는 바와 같이 그렇게 **우리에 대한 현상학**을 확고부동하게 하고 객

---

1 Husserl, *Méditations cartésiennes*, pp. 120~21.
2 가스통 베르제G. Berger가 우리에게 미발표 원고라고 친절하게 알려준 다음 책을 참조. Eugen Fink, ed., *Méditations cartésiennes*, 제6장.

관화하는 것이 문제이지, 텍스트에 나오는 인용들을 세는 것이 문제인 것은 아니다. 현상학은 현상학적 방법을 통해서만 접근 가능하다. 따라서 현상학의 유명한 주제들을 마치 삶 속에서 자연스럽게 성장한 것처럼 우리의 삶 속에 구체화시켜보자. 아마도 우리는 그때서야 왜 현상학이 문제와 희망의 시작 단계에 그토록 오래 머물러 있었는가를 이해하게 될 것이다.

2_순수 기술

기술하는 것이 문제이지 설명하는 것과 분석하는 것이 문제인 것은 아니다. 후설이 초기의 현상학에 하달했던 최초의 지령은 '기술심리학'이어야 한다는, 또는 '사물 그 자체로' 복귀해야 한다는 것이었다. 우선, 그것은 학문의 부인이다. 나는 나의 신체 또는 '심리 현상'을 결정하는 복잡한 인과 관계의 결과나 교차가 아니다. 나는 나를 세계의 일부로, 생물학과 심리학 그리고 사회학의 단순한 대상으로서 생각할 수 없고 나를 학문의 세계에 가두어둘 수 없다. 나는 내가 세계에 대해서 알고 있는 모든 것이, 비록 학문적 인식이라 할지라도, 나의 관점 또는 학문적 상징들이 의미없는 것으로 되지 않는 세계의 경험에서 나온다는 것을 알고 있다. 모든 학문의 세계는 직접 체험된 세계 위에 세워지고, 만일 우리가 학문 그 자체를 엄밀하게 사유하고 그 의미와 범위를 정확하게 평가하기를 원한다면, 우리는 우선 학문이 2차적 표현이 되는 세계의 경험을 일깨우지 않을 수 없다. 학문은 규정 또는 설명이라는 단순한 이유 때문에 지각된 세계와 같은 존재 의미를 갖지 않으며 앞으로도 그럴 것이다. 나는 '살아 있는 존재'가 아니며 심지어 '인간'도 아니거니와 동물학, 사회적 해부학 또는 귀납적 심리학이 자연 또는 역사의 산물에서 인식했던 모든 특징들을 지니고 있는 '의식'도 아니다. 나는 절대적 원천이며 나의 실존은 나의 이전의 행적에서, 나의 사회적·물리적 환경에서 나오지 않으며, 오히려 그것들을 향해 움직이고 그것들을 유지시킨다. 왜냐하면 내가 되찾기로 선택하는 그 전통 또는 나와의 거리가 무너진 그 지평을 나에 대해서 존재하게 만드는 것은 바로 나이기 때문이다(그러므로 나에 대한 존재가 바로 '존재'가 나에 대해서 가질 수 있는 유일한 의미이다). 만약 내가 그것과의 거리를 살펴보기 위해 거기에 있지 않았다면 그것은 하나의 성질로서 나에게 속하지 않을 것이기 때문이다. 내가 세계의 계기로 되어버리는 학문적 관점은 언제나 소박하고 위선적이다. 왜냐하면 그것은 말은 하지 않지만 다른 관점, 즉 의식의 관점을 함축하기 때문이고, 세계는 우선 이 의식에 의해서 나의 주위에 배치되고 나에 대해서 존재하기 시작하기 때문이다. 사물 그 자체로 복귀한다는 것은 인식이 언제나 **말하고 있는**, 인식 이전의 세계로 복귀한다는 뜻이다. 그리고 그것은 우리가 숲, 초원, 강이 무엇인가를 맨 먼저 배우게 되었던 시골 풍경으로부터 지리학이 시작된 것처럼, 모든 학문적 규정이 추상적이고 파생적인 기호 언어로 되고 마는 그 세계로 복귀하는 것이다.

이러한 운동은 의식에로의 관념론적 복귀와 전적으로 구별되며 순수 기술의 요구는 학문적 설명의 절차를 배제하듯이 반성적 분석의 절차를 배제한다. 데카르트, 그리고 특히 칸트는, 내가 우선 어떤 사물을 파악하는 활동 속에서 존재하는 것을 경험하지 않는다면 어떤 사물도 파악할 수 없다는 것을 보여줌으로써 주관 또는 의식을 따로 **떼어**놓았으며, 의식을, 또 나에 대한 나의 절대적 확실성을, 무엇이라도 존재하게 하는 조건으로서 그리고 관계의 행위를 관계됨의 기초로서 나타내 보였다. 틀림없이, 관계의 행위는 그 행위에 관련되는 세계라는 무대 장치 없이는 아무것도 아니며, 의식의 통일은 칸트의 경우 세계의 통일과 정확하게 일치하고, 방법적 회의는 데카르트의 경우 우리로 하여금 아무것도 잃게 하지 않는다. 왜냐하면 세계 전체는 적어도 우리의 경험으로서의 **코기토**cogito에서 재구성되고 그로써 확실해지며 '~에 대한 사유'라는 지표만으로 영향을 받기 때문이다. 그러나 주관과 세계의 관계는 엄밀하게 말해, 양면적이 아니다. 양면적이라면 데카르트에 있어서 세계의 확실성은 이와 동시에 코기토의 확실성과 함께 주어졌을 것이고 칸트 또한 '코페르니쿠스적 전회'에 관하여 아무것도 말하지 않았을 것이다. 세계에 대한 우리의 경험에서 출발하는 반성적 분석은 그 경험과 구별되는 가능 조건으로서의 주관에게로 되돌아가고, 보편적 종합은 이 종합이 없으면 어떠한 세계도 없다는 것으로 보이게 한다. 반성적 분석은 이 정도에서 우리의 경험에 머무르기를 그치며 보고하는 대신 재구성을 제공한다. 사람들은 후설이 칸트를 '정신 능력의 심리주의'[3]라고 비난할 수 있었던 것도, 세계의 근거를 주관의 종합적 활동에 두는 인식 작용적 분석에 맞서서, 대상을 산출하는 대신 대상 속에서 원초적 통일성을 명시하는 '**인식 대상적 반성**noématique réflexion'을 대립시킬 수 있었던 것도 바로 그 때문이라고 이해한다.

세계는 내가 할 수 있는 모든 분석에 앞서 거기에 있다. 그리고 감각들과 대상의 조망적 국면들이 단지 분석의 산물들일 뿐이고 분석 이전에는 현실화되어서는 안 되는 데도, 그 감각들을 연결하고, 그리고 나서 그 국면들을 연결하는 일련의 종합들로부터 세계를 도출하는 것은 작위적이리라. 반성적 분석은 그에 앞서 있어야 할 구성의 길을 역방향에서 추적한다고 믿고 있으며, 아우구스티누스가 말한 대로, '내적 인간'에게서, 항상 바로 자신이었던 구성하는 능력에 도달한다고 믿고 있다. 따라서 반성은 자기 자신을 잊어버리고 존재와 시간의 이편에 있는 건드릴 수 없는 주체성의 자리를 새롭게 차지하게 된다. 그러나 그것은 너무 소박하거나 아니면 자신의 출발 의식을 잃어버리는 불완전한 반성이라 해도 좋겠다. 나는 반성하기 시작했으며, 나의 그런 반성은 비반성적인 것에 대한 반성이고, 그것이 진정한 창조로서, 의식의 구조의 변화로서

---

3 Husserl, *Logische Untersuchungen, Prolegomena zur reinen Logik*, p. 93.

나타나는 한, 그 자신 사건으로서 알려질 수 없는 것은 아니며, 주관이 그 자신에게 주어지기 때문에 주관에 주어진 세계를 반성 작용의 이편에서 인식하는 것은 반성의 소관사이다. 실재는 기술해야 하는 것이지 구성하거나 구축해야 하는 것이 아니다. 이것이 말하고자 하는 바는 내가 지각을 판단의, 행위의, 술어의 질서에 속하는 종합과 같은 것이게 할 수 없다는 점이다. 매순간마다 나의 지각 장은 반영, 으깨지는 소리, 내가 정확하게 지각된 맥락에 연결지을 수는 없으나, 나의 상상물과 혼동됨이 없이 단숨에 세계에다 자리를 잡아 주고 곧장 사라지는 촉각적 느낌으로 가득 차 있다. 또한 나는 끊임없이 사물의 주위에서 꿈꾸며, 지금의 현존이 앞서 말한 맥락과 양립할 수 있는 대상이나 사람을 상상하기도 한다. 그러나 그것들은 세계에 관계되어 있지 않으며 세계에 앞서 존재하고 상상의 무대 위에서 존재한다. 나의 지각의 현실성이 '표상'의 내재적 일관성에만 기초한다면, 그것은 언제나 망설임의 대상이 되어야 하고, 나는 나의 개연적 추측에 내맡겨진 채 끊임없이 환상적 종합을 해체해야 하며, 내가 사전에 배제했던 이상 현상에 대하여 현실성을 도로 물어주지 않으면 안 된다. 실재는 잘 짜여진 직물이며 가장 놀라운 현상들을 첨가하기 위하여, 가장 그럴듯한 우리의 상상을 거부하기 위하여 우리의 판단을 기다려주는 것이 아니다. 지각은 세계의 학문이 아니며 행위마저도 아니고 심사숙고 후의 입장에 대한 파악도 아니다. 그것은 모든 행위가 떨어져 나오는 기초이며 모든 행위가 전제하고 있는 것이다. 세계는 내가 구성의 법칙을 내 수중에 넣어 가지고 있는 그런 대상이 아니다. 그것은 자연적 환경이며 나의 모든 사유의 장이고 나의 모든 명시적인 지각의 장이다. 진리는 '내적 인간'에⁴ '거주'조차 하지 않는다. 오히려 정확히 말하면, 내적 인간이란 없으며 인간은 세계에 있고 자신을 아는 것은 세계 내에서이다. 내가 상식의 독단론 또는

---

4 '진리는 내적 인간에 거주한다'는 아우구스티누스의 명구(In te redi ; in interiore homine habitat veritas).

학문의 독단론에서 출발하는 나 자신에게로 복귀할 때, 나는 내재적 진리의 근원을 발견하는 것이 아니라, 세계에 운명지어진 주관을 발견한다.

3_현상학적 환원

그러한 사실을 통해서 사람들은 유명한 현상학적 환원의 진정한 의미를 알게 된다. 후설이 이해시키는 데 있어 많은 시간을 투자했다는 환원에는 아무런 문제도 없다. 또한 그가 너무 자주 되돌아가곤 했다는 환원 역시 아무 문제도 없다. 왜냐하면 '환원의 문제성'은 미발표 원고에서 중요한 위치를 차지하고 있기 때문이다. 오랫동안 환원은 선험적 의식에로의 복귀로서 나타나고 그 앞에서 세계는 절대적 투명성으로 펼쳐지거니와, 그 투명성은 철학자가 통각들의 결과를 기초로 해서 재구성하는 데 책임을 지는 그런 일련의 통각들에 의해서 이쪽에서 저쪽 끝까지 철저하게 생명을 불어넣는 투명성이다. 그러므로 붉은색에 대한 나의 감각은 어떤 감각된 붉은색의 현시**로서 통각되고**, 이 붉은색은 붉은 표면의 현시로서 통각되며, 이 붉은 표면은 붉은 색종이의 현시로서 통각되거니와, 결국 이 붉은 색종이는 붉은 사물, 즉 그 책의 현시 또는 음영으로 통각된다. 그러므로 그것은 어떤 **질료**hylé를 고차적 현상을 의미하는 것으로, **의미 부여**Sinngebung로, 의식을 규정하게 될 의미의 능동적 작용으로 파악함일 것이며, 세계는 '의미 세계 signification monde' 이외의 다른 것이 아닐 것이다. 현상학적 환원은 세계를, 폴과 피에르에게로 분할되지 않는 그리고 그들의 조망이 그 안에서 다시 나누어지게 되는, 또한 '폴의 의식'과 '피에르의 의식'이 서로 소통하게 되는 가치의 통일성으로서 다루는 선험적 관념론의 의미에서 관념적일 것이다. 두 사람의 의식이 서로 소통하는 이유는 '피에르의' 세계의 지각이 피에르의 행위가 아니며 '폴의' 세계의 지각이 폴의 행위가 아니라서가 아니라, 각자에게 그것은 의식, 의미 또는 진리의 정의 그 자체에 의해서 요구되는바, 의사 소통이 아무런 문제도 되지 않는 선개인적 의식의 행위이기 때문이다. 내가 의식인 한, 말하자면 어떤 사물이 나에 대하여 의미를 가지는 한, 나는 여기에도 저기에도 있지 않으며 피에르도 폴도 아니고 '다른' 의식과 조금도 구별되지 않는다. 왜냐하면 우리는 모두 세계에 직접적인 현전들이고 그 세계는 정의상 진리의 체계이면서 유일한 것이기 때문이다. 모순 없는 선험적 관념론은 세계의 불투명성과 초월성을 제거한다. 세계는 우리가 스스로 그려내는 대로의 그것이지만 인간으로서 또는 경험적 주관으로서의 우리가 그려내는 대로가 아니라, 하나의 빛이자 일자(一者)를 나누지 않고 참여하는 존재로서의 우리가 그려내는 대로의 세계인 것이다. 반성적 분석은 타자의 문제와 세계의 문제를 무시한다. 왜냐하면 그것은 의식의 최초의 섬광과 더불어 자아 속에 아주 당연하게 보편적 진리에 이르는 능력을 출현하게 하고, 타자는 개체성, 장소, 그리고 신체 없이도 타자이면서, 타아와 자아가 정신적 유대라는 진정한 세계에서는 하나이기 때문이다.* 내가 어떻게 타자를 생각할 수 있는가를 이해하는 데는 아무런 어려움도 없다. 왜냐하면 나 그리고 타자는 현상의 직물에서 파악되지 않고 있으며, 그들은 존재한다기보다는 가치를 가지고 있기 때문이다. 이러한 모습과 자세의 배후에는 어떤 것도 숨겨져 있지 않으며 나에게 접근될 수 없는 어떤 풍경도 없거니와 다만 빛에 의해서만 존재할 뿐인 음영(陰影)만이 있을 뿐이다. 반면, 사람들은 타자의 문제가 후설에게 남아 있음을 알고 있다. **타아**는 하나의 역설이다. 타자가 진정

---

* 세계의 문제에 대해서 반성적 분석은 세계를 인식할 수 있는 보편적 능력이 자아에게 있으나 어떻게 그 능력이 세계 인식에 이르는가를 해명하지 않고 그렇게 단정한다는 점에서 문제가 있고, 타자의 문제에 대해서 타아와 자아가 서로 공존하면서 발현한다는 점에서 타자 인식이 가능하나 이것을 규명할 수 있는 개념적 장치가 없다는 점에서 문제가 있다. 자아와 타아의 상호 공존성 또는 가치성은 현상의 기술에서 드러날 것이며 이것이 달성되면 반성적 분석의 문제점도 극복된다.

으로 그 자신에 대하여 존재하고 나에 대하여 존재하나 그 양쪽이 신에 대하여 존재하고 있지 않다면, 우리는 한쪽을 다른 쪽에 나타나도록 해야 하며 그도 나도 외부를 가져야 한다. 대자의 조망——나의 나 자신에 대한 관점과 타자의 타자 자신에 대한 관점——이외, 대타의 조망——나의 타자에 대한 관점과 타자의 나에 대한 관점——이 있어야 한다. 물론 이 두 조망은 우리 각자에게 있어 단순하게 병존될 수는 없다. **왜냐하면 그렇게 되면 타자가 볼 것은 내가 아니며 내가 볼 것은 타자가 아니기 때문이다.** 나는 나의 외부여야 하고 타자의 신체는 타자 자신이어야 한다. 자아와 타아가 그들의 상황에 의해서 규정되기는 하지만 그 모든 고유성으로부터 자유롭지 않다면, 말하자면, 철학이 자아에로의 복귀와 더불어 끝나지 않고 내가 반성에 의해 나 자신에 대한 나의 현전뿐 아니라 '국외적 정관자(靜觀者)'〔타인〕의 가능성까지 발견한다면, 다시 말해서, 내가 나의 존재를 경험하는 그 순간에 그리고 반성의 극점에 이르기까지, 내가 나를 시간에서 벗어나게 하는 절대적 밀도를 결하고 타인의 시선 앞에서 개체이고자 하는 것을 막는, 그리고 나를 인간들 가운데 한 인간으로서 또는 최소한 의식들 가운데 한 의식으로서 드러내는 것을 막는 일종의 내적 무력감을 내 속에서 발견한다면, 자아와 타아의 위와 같은 역설과 변증법은 가능할 것이다. 지금까지 **코기토**는 타자의 지각을 평가절하하고 있고 나에게 자아가 자아 자신에게만 접근될 수 있음을 가르치고 있다. 왜냐하면 그것은 내가 나 자신에 대해서 갖는 생각과, 적어도 궁극적 의미에서는 확실하게 나 혼자뿐이라는 생각에 의해서 **나**를 규정하고 있기 때문이다. 타자가 공허한 말이 되지 않기 위해서, 나의 실존은 내가 가지고 있는 존재한다는 의식으로 환원되어서는 안 되며, 또한 **사람들**이 가질 수 있는 존재한다는 의식도 포함하지 않으면 안 되고, 따라서 어떤 자연에서 그리고 적어도 역사적 상황의 가능성에서 이루어지는 나의 육화를 포함하지 않으면 안 된다. **코기토**는 나를 상황 속에서 발견해야 하고 이러한 조건에서만 후설이 말한 대로[5] 선험적 주체성은 상호 주체적**이라**는 것이 가능할 것이다. 성찰하는 자아로서, 나는 나 자신을 사물과 세계로부터 잘 구별할 수 있다. 왜냐하면 확실히 나는 사물의 방식으로 존재하지 않기 때문이다. 나는 나 자신을 사물들 가운데 있는 하나의 사물로서, 물리적·화학적 과정의 총합으로서 이해된 나의 신체로부터 떼어놓지 않으면 안 된다. 그러나 이렇게 해서 내가 발견하는 사고가 객관적 시간과 장소에 자리 잡고 있지 않다면 현상학적 세계에서도 그 자리는 없다. 나는 인과 관계에 의해서 연결된 과정 또는 사물의 총합으로서의 나 자신과 구별시켰던 이 세계를, '나 자신 속에서' 나의 모든 사고 작용의 영원한 지평으로서 내가 쉼 없이 나의 자리를 자리매김하는 데 있어 관계하는 차원으로서 재발견한다. 진정한 **코기토**는 주관의 존재를, 그가 가지고 있는 존재한다는 사고에 의해서 규정하지 않으며, 세계의 확실성을 세계에 대한 사고의 확실성으로 바꾸지도 않고 필경 세계 자체를 의미 세계로 대체하지도 않는다. 반대로, 그것은 나의 사고 자체를 파기할 수 없는 사실로서 인식하고 나를 '세계-에로-존재être au monde'로 발견하면서 모든 종류의 관념론을 제거한다.

우리가 우리를 통각하기 위한 유일한 방식은 바로 그 운동을 중지시키고 거기에 동참하기를 거부하는(후설이 자주 말하듯 **가담하지 않고** 그것을 바라보는) 것이며 괄호 바깥에 두는 것이다. 그것은 우리가 철저히 세계와의 관계이기 때문이다. 우리가 상식과 자연적 태도의 확실성을 단념해서가 아니라——정반대로 그것들은 철학의 탐구 주제이다——오히려 그것들이 모든 사유에 전제되어 있는 것들로서 '당연한 것으로' 간과되어 있기 때문이고, 그것들을 소생시키고 나타나도록 하기 위해서 우리가 한순간이라도 행동을 삼가고 있어야 하기 때문이다. 가장 훌륭한 환원의 공식은 후설의 조교였던 오이겐 핑크Eugen Fink가 세계 앞의 '경이'[6]라고 말

---

5 Husserl, *Die Krisis der europäischen Wissenschaften und die transzendentale Phänomenologie*, III (미발표 원고).

했을 때 제공한 그것임에 틀림없다. 반성은 세계로부터 물러나 세계의 기초로서의 의식의 통일을 향하지 아니한다. 그것은 초월이 용출하는 것이 보이도록 물러서는 것을 거머잡으며, 우리를 세계에 연결하는 지향적 단서들을 늘어뜨려 보이도록 해준다. 반성은 세계를 낯설고 역설적인 것으로 드러내기 때문에 그것만이 세계의 의식인 것이다. 후설의 선험적인 것은 칸트의 그것이 아니며 후설은 칸트의 철학을 '세속' 철학이라고 비난한다. 왜냐하면 칸트 철학은 선험적 연역의 원동력인 세계에 대한 우리의 관계를 **이용하**고 세계를 **경이로움으로 채우는** 대신, 주관을 세계를 향한 초월로서 인식하는 대신, 세계를 주관에 내재하는 것으로 만들어버렸기 때문이다. 후설 해석자, 실존주의적 '이탈자,' 급기야는 후설 자신에게서까지 나타나는 모든 오해들은 세계를 보고 그것을 역설로서 인식하기 위하여 세계에 대한 우리의 친밀성을 끊어야 하는데서, 그리고 이 단절이 세계의 이유 없는 용출 이외의 아무것도 우리에게 가르쳐줄 수 없다는 데서 나온다. 환원의 가장 중요한 교훈은 완전한 환원의 불가능성이다. 이것이 후설이 환원의 가능성을 항상 재차 물었던 이유이다. 우리들이 절대적 정신이라면 환원은 문제될 것이 없다. 그러나 정반대로, 우리는 세계에로 있기 때문에, 진실로 우리의 반성은 스스로 끌어대려고 애쓰는 시간적 흐름 속에서 자리를 잡고 있기 때문에(후설이 말하는 대로 **함께 흐르기**sich einströmen 때문에) 우리의 모든 사유를 포함하는 사유는 결코 존재하지 않는다. 후설의 미발표 저작은 다시 한 번 철학자는 영원한 초보자라고 말하고 있다. 이것은 철학자는, 일반인이건 학자이건 그들이 알고 있다고 믿는 것을 확실하게 알고 있지 않다는 점을 말하고자 하는 것이다. 또한 철학은 지금까지 진실을 말할 수 있었다는 점에서 그 자신을 당연하게 여겨서도 안 되며, 철학이란 그 자신이 시작함으로써 새로워지는 실험이고, 그 시작을

6 Eugen Fink, *Die Phänomenologische Philosophie Edmund Husserls in der gegenwärtigen Kritik*, p. 331 이하.

기술하는 데서 전적으로 성립하며, 마침내 철저한 반성은 철학의 최초의 항구적이며 종국적 상황인 비반성적 삶에 대한 자신의 의존 의식이라는 것을 말하고자 하는 것이다. 현상학적 환원은 사람들이 믿고 있는 대로, 관념론적 철학의 공식이기는커녕 실존철학의 공식이다. 하이데거의 '세계-내-존재In-der-Welt-Sein'는 현상학적 환원을 기초로 해서만 나타나는 것이다.

4_형상적 환원

동일한 종류의 오해 때문에 후설의 '본질' 개념이 흐려진다. 후설은 모든 환원이 선험적이자 동시에 필연적으로 형상적이라고 말한다. 그것은 우리가 세계에 대한 우리의 지각을 철학적 시선에 복종시키기 위해서, 위와 같은 세계론 및 우리가 규정하는 세계의 관심과 하나 되기를 그만두지 않고서는, 세계를 그 자체 하나의 광경으로서 나타나도록 하는 우리의 참여 저편으로 물러나지 않고서는, 그리고 우리의 실존의 **사실**에서 **본성**에로, 현존Dasein에서 본질Wesen에로 이행하지 않고서는 불가능하다는 것을 말하고자 하는 것이다. 그러나 여기서 본질이 목표가 아니라 수단이라는 점과, 세계에 대한 우리의 실제적 참여는 이해되고 개념화되어야 하며 우리의 모든 개념적 결정을 집중시키는 것이라는 점은 분명하다. 본질을 통한 이행의 필연성은 철학이 본질을 대상으로 간주한다는 것을 의미하는 것이 아니라, 반대로 우리의 실존이 세계에 던져지는 그 순간 그대로 인식되기에는 너무나 세계에 밀착되어 있다는 것을, 우리의 사실성을 쟁취하고 인식하기 위해 이념성의 영역을 필요로 한다는 것을 의미한다. 주지하듯, 빈Wien 학파는 결단코 우리는 의미하고만 관계할 수 있다고 인정했다. 예컨대, 빈 학파에 있어 '의식'은 "우리는 의식이다"라고 말할 때의 그 의식이 아니다. 그것은 우리가 신중하게 그리고 그 의미론적 진화를 통해 의미 규정에 기여했던 수많은 의미들을 명백하게 한 다음에야 이용하게 되는 복잡한 사후의 의미이다. 이러한 논리실증주의는 후설의 사상과 정반대이다. 우리가 의식이라는 언어를 습득해 그 말과 개념에 궁극적으로 넘겨준 의미의 활주가 무엇이든 간에 우리는 그것이 지시하는 것에 접근하는 직접적 수단을 갖고 있으며, 우리 자신에 대한, 우리가 존재한다는 그런 의식에 대한 경험을 갖고 있고, 언어의 모든 의미가 측정되는 것은 이러한 경험 위에서이며 언어가 우리에게 몇 가지를 말하게라도 되는 것은 바로 이러한 경험 때문이다. "그 자신의 의미에 대한 순수한 표현을 가져오는 것이 문제되는 것은 바로 이러한 말없는 경험인 것이다."[7] 어망이 바다 밑에서 꿈틀꿈틀하는 어류와 해초를 끌어올리듯 후설의 본질은 그와 함께 경험의 살아 있는 모든 관계를 도로 데려온다. 그러므로 장 발Jean Wahl처럼 "후설은 본질과 존재를 분리시킨다"[8]고 말해서는 안 된다. 분리된 본질은 언어로만 그러하다. 본질을 분리해서 놓아두는 것은 언어의 기능인 것이다. 사실상 그 분리는 외관상 그러할 뿐이다. 왜냐하면 본질은 언어에 의해서 다시 한 번 의식의 선술어적 삶에 기초를 두기 때문이다. 발원적 의식의 침묵 속에서 우리는 말이 말하고자 하는 것뿐 아니라 사물이 말하고자 하는 것까지, 즉 명명과 표현의 행위가 그 주위에서 조직되는 최초의 의미의 핵이 나타나는 것을 본다.

그러므로 의식의 본질을 추구하는 것은 의식이란 낱말의 어의를 발전시키는 것이 아닐 것이고 실제적인 자기 현전, 즉 의식이란 말과 개념이 궁극적으로 말하고자 하는 바인 나의 의식의 사실을 회복하는 것이리라. 세계의 본질을 추구하는 것은 우리가 그것을 논의의 주제로 삼으면서 그것의 있는 그대로를 관념 속에서 추구하는 것이 아니다. 그것은 모든 주제화에 앞서 그것의 있는 그대로를 우리에 대한 사실 속에서 추구하는 것이다. 감각주의는 나중에 가

---

7 Husserl, *Méditations cartésiennes*, p. 33.

8 Jean Wahl, *Réalisme dialectique et mystère*, l'Arbalète, Automne, 1942.

면, 우리 모두는 우리 자신의 상태 이외에는 아무것도 가지지 못한다는 점을 주시하면서 세계를 '환원시킨다'. 선험적 관념론도 역시 세계를 '환원시킨다'. 왜냐하면 그것이 세계를 확실히 한다면 그것은 세계의 사유 또는 의식으로서이며 우리의 인식의 단순한 상관자로서 그러하기 때문이다. 따라서 세계는 의식에 내재하게 되고 그로써 사물의 자존성aséité은 제거된다. 반면에, 형상적 환원은 모든 복귀에 앞서 세계를 있는 그대로 우리 자신에게 나타나게 하려는 결단이며, 반성과 의식의 비반성적 삶을 동등시하려는 야심이다. 나는 세계를 겨냥하고 지각한다. 내가 감각주의와 더불어 '의식의 상태'만 거기에 있다고 말하고, 나의 지각과 꿈을 '기준'에 의해 구별하고자 한다면, 나는 세계의 현상을 놓칠 것이다. 왜냐하면 내가 '꿈'과 '실재'를 말할 수 있고 상상과 현실의 구별에 관해 물을 수 있으며 '실재적인 것'을 의문시할 수 있다면, 그것은 그 구별이 분석에 앞서 이미 나에 의해 이루어진 것이기 때문이고 내가 실재의 경험을 상상의 경험으로 가지기 때문이다. 이때 문제는 비판적 사유가 그러한 구별의 2차적 등가물을 어떻게 산출할 수 있는가를 탐구하는 것이 아니라, '실재적인 것'에 대한 우리의 원초적 인식을 설명하고 세계의 지각을 우리의 진리의 관념을 영구히 정초짓는 것으로서 기술하는 것이다. 그러므로 우리가 세계를 정말로 지각하는가 하고 의아스럽게 생각하고 있어서는 안 된다. 반대로, 세계는 우리가 지각하는 바로 그것이라고 말해야 한다. 보다 일반적으로 말하면, 우리의 명증성이 진정 진리의 명증성인가, 또는 우리 정신의 장난 때문에 우리에게 명증적인 것이 몇몇 진리 그 자체와 관련해서는 환상적이지나 않나 하고 의아스럽게 여겨서는 안 된다. 왜냐하면 우리가 환상을 말한다면, 그것은 우리가 환상을 인식했기 때문이요, 같은 시간에 참된 것으로 입증된 몇몇 지각의 이름으로 그렇게 했기 때문이다. 그러므로 틀릴까 의심하거나 염려하는 것은 오류를 폭로하는 우리의 능력을 동시에 입증하는 것이고, 따라서 우리를 진리로부터 추방시키는 것일 수 없다. 우리는 진리 안에 있으며 명증은 '진리의 체험'이다.[9] 지각의 본질을 추구하는 것은 지각이 참된 것으로 가정되어 있다는 것이 아니라, 우리에게 진리에의 접근으로서 규정되어 있다는 것을 선포하는 것이다. 만일 지금 내가 관념론과 함께 그러한 사실의 명증성, 그러한 거역할 수 없는 신념을 절대적 명증성, 말하자면 자기 사유의 절대적 명증성에 정초짓고자 한다면, 나는 세계의 경험에 불충실하게 될 것이며, 그 경험을 있는 그대로 추구하는 대신 그것을 가능하게 하는 것을 추구하는 셈이 될 것이다. 지각의 명증성은 충전적adéquat 사유나 필증적apodictique 명증성이 아니다.[10]* 세계는 우리가 생각하는 그것이 아니라 내가 살고 있는 그것이다. 나는 세계를 향해 열려 있고 그 세계와 함께 확실하게 의사 소통했다. 그러나 나는 그것을 소유하지 않으며 세계는 무궁무진하다. '세계가 있다,' 아니 오히려, '그 세계가 있다'라는 나의 삶의 항상적인 이러한 명제가 가능한 이유를 도대체 나는 완전하게 설명할 수가 없다. 세계의 그 같은 사실성은 **세계의 세계성**을 형성하는 바로 그것이요, 세계를 세계이도록 하는 바로 그것이다. **코기토**의 사실성이 그 자체 불완전성이 아니라 정반대로, 나로 하여금 나의 존재를 확실하게 하는 그것인 것처럼 말이다. 형상적 방법은 가능적인 것을 실재적인 것에 정초짓는 현상학적 실증주의의 방법이다.

5 _ 지 향 성

이제 우리는 현상학의 주요 발견으로서 너무나 자주 인용된 지

---

9 Husserl, Das Erlebnis der Wahrheit(*Logische Untersuchungen, Prolegomena zur reinen Logik*, p. 190).

10 후설은 실제로 필증적 명증성은 없다고 말한다. *Formale und Transzendentale Logik*, p. 142.

* 충전성은 대상을 있는 그대로 남김 없이 파악하는 확실한 경험이고, 필증성은 대상에 대해 다르게 있을 수 없이 불가오류적으로 인식하는 필연적 확실성을 말한다.

향성의 개념에 도달할 수 있게 되었거니와 그것은 환원에 의해서만 이해될 수 있다. '모든 의식은 무엇에 대한 의식이다'. 이것은 전혀 새로운 것이 아니다. 칸트는 「관념론의 논박」에서 내적 지각은 외적 지각 없이 불가능하며, 현상의 결합으로서의 세계는 나의 통일 의식에서 예기되고, 나를 의식으로서 실현하는 나에 대한 수단이라는 것을 보여주었다. 지향성을 가능적 대상에 대한 칸트적 관계와 구별짓는 것은 세계의 통일이 인식에 의해서 그리고 명백한 확인 행위 속에서 정립되기 이전에 이미 이루어진 것으로서, 이미 거기에 있는 것으로서 체험되고 있다는 것이다. 칸트는 『판단력 비판』에서 구상력과 오성의 통일, 주관의 통일이 **대상에 앞서** 있다는 것을 보여주고 이를테면, 미의 경험에서 나는 감각과 개념의 일치, 자아와 타자의 일치, 물론 그 자체 어떠한 개념도 없는 일치를 시험한다는 것을 보여준다. 여기서 주관이 세계를 형성할 수 있어야만 한다면, 주관은 더 이상 엄밀하게 연결된 대상들의 체계의 보편적 사유자도 아니며, 다양성을 오성의 법칙에 종속시키는 정립 능력도 아니다. 그것은 오성의 법칙에 자발적으로 부합하는 본성으로서 발견되고 향유된다. 그러나 주관의 본성이란 것이 있다면 그때는 구상력의 숨겨진 기술은 범주적 활동을 제약해야 하는데, 이 기술은 비단 미적 판단뿐만 아니라 바로 인식에 대해서도 그러하며 또한 의식의 통일과 의식들의 통일을 정초하는 것이기도 하다. 후설은 의식의 목적론을 말할 때 『판단력 비판』을 다시 택한다. 외부로부터 인간 의식에 그 목적을 지시하는 절대적 사유의 관점에서 인간 의식을 이중화하는 것은 문제가 아니다. 의식 자체를 세계의 기투(企投)로서, 의식이 포용도 소유도 하지 못하나, 향하기를 멈추지 못하는, 세계에 운명지어진 것으로서 인지하는 것이 문제이다. 그리고 세계를, 절대적 통일이 의식에게 그 목표를 지시하는 선객관적 개체로서 인지하는 것이 필요하다. 이러한 이유로 해서 후설은 우리의 판단의 지향성이자 자발적 입장에서 우리가 장악하는 지향성인, 『순수 이성 비판』이 말했던 유일한 지향성, 즉 작용적 지향성 l'intentionalité d'acte과, 세계와 우리의 삶의 선술어적 · 자연적 통일을 형성하고, 객관적 인식에서보다는 우리의 욕망, 평가, 풍경에서 보다 더 분명히 나타나며, 우리의 인식이 정확한 언어로 번역하려고 애쓰는 맥락을 제공하는 지향성인, 기능적 지향성 l'intentionalité opérante을 구별하게 된다. 우리 속에서 지칠 줄 모르고 나타나는 세계에 대한 관계는 분석에 의해서 보다 더 분명하게 될 수 있는 그 어떤 것이 아니다. 철학은 그것을 우리의 시선 아래 놓아둘 수 있을 뿐이고 우리의 확인을 받도록 우리 앞에 제시할 수 있을 뿐이다.

이러한 확장된 지향성의 개념에 의해서 현상학적 '이해'는 '진실하고 변함없는 자연들'에 국한되어 있는 고전적 '지적 작용'과 구별된다. 이제 현상학은 발생의 현상학이 될 수 있다. 어떤 지각된 사물, 어떤 역사적 사건 또는 어떤 학설이 문제로 되어 있건 말건, 이해한다는 것은 총체적 의도——예의 그것들이 표상에 대해 무엇인가 하는 것, 지각된 사물의 '성질들,' 무수한 '역사적 사실들,' 어떤 이론이 소개한 '사상들'뿐만 아니라 조약돌, 유리, 밀랍 조각 등의 성질들에서, 모든 혁명적 사실들에서, 어떤 철학자의 사상 전체에서 표현되는 유일한 존재 방식——를 다시 붙잡는다는 것이다. 개개의 문명의 경우에는 저마다 헤겔적 의미의 이념을 발견하는 것이 문제가 될 것인데, 말하자면, 객관적 사유로 접근 가능한 물리적 · 수학적 법칙이 아니라 타자, 자연, 시간, 죽음에 관한 유일한 행동의 공식, 즉 역사가가 되찾아서 자신의 연구 대상으로 삼아야 하는 세계에 관한 어떤 형상화 방식을 발견하는 것이 문제라는 것이다. 그것이 바로 역사의 **차원들**이다. 이 차원들과 관련해서는 의미를 지니지 않는 어떤 말도 없으며, 습관 상태이든 방심 상태이든 어떤 인간적 몸짓에도 의미가 없지 않다. 나는 내가 피로에 지쳐 말을 하지 않았다고 믿었고, 어느 목사는 그 상황에서 그냥 말을 했을 뿐이라고 믿었으며, 바로 여기에서 나의 침묵이나 그의 말은 의미를 지닌다. 왜냐하면 나의 피로나 의례적인 말은 우연이 아니며 어떤 무관심을 표현하고 따라서 재차 그 상황에 관계해서 어떤 입장을 취했음을 표현하기 때문이다. 가까이에서 지켜본 사건의 경우, 그 사건은 체험되는 순간에는 모든 것이 우연과 통하는 것처럼 보인다. 즉 그 사람의 저의, 우연적인 만남, 이러저러한 사정 등은 결정적이었던 것으로서 나타나게 된다. 그러나 그 같은 우연들은 서로 균형 잡혀 있으며 바로 거기에 무수한 사실들이 응집하고, 이로써 인간의 상황에 관한 어떤 입장을 취하는 어떤 방식의 윤곽이 틀지어져, 사람들이 말할 수 있는 **사건**이 부각되게 된다. 역사를 이해하기 위해서 이데올로기나 정치 또는 종교나 경제에서 출발해야 하는 것일까? 우리는 하나의 학설을 그 뚜렷한 내용이나 그 저자의 심리학에 의해서 또는 그가 겪은 사건들에 의해서 이해해야 하는 것일까? 어쨌든 단번에 이해하는 것이 필요하고 모든 것은 의미를 지니고 있으며, 우리는 어떤 점으로 보나 존재의 동일한 구조를 발견한다. 사람들이 이 모든 소견들을 고립시키지 않는다면, 사람들이 역사의 기초에까지 이른다면, 그리고 사람들이 저마다의 조망에서 명시되는 실존적 의미의 유일한 핵심과 만난다면, 그 모든 소견들은 진실한 것이다. 마르크스가 말한 대로, 역사가 머리 위를 지나가지 않는다는 것이 사실이긴 하지만, 역사가 발로써 사유하지 않는다는 것도 역시 사실이다. 아니 오히려, 우리는 역사의 '머리'에 혹은 '발'에 개입해야 하는 것이 아니라 '신체'에 개입해야 한다. 하나의 학설에 대한 모든 경제학적·심리학적 설명이 사실인 이유는 사상가가 자신이 존재하는 그대로의 모습에서 출발하는 것 말고는 달리 사유하지 않기 때문이다. 하나의 학설에 대한 반성조차도 그 학설의 역사와 외적 설명에 성공적으로 합류하고 그 학설의 원인과 의미를 실존의 구조에다 다시 놓아두는 데 성공할 때에만 총체적 반성이 될 것이다. 후설이 말한 대로, 그 학설이 '말하고자 하는' 것을 우리에게 오직 궁극적으로 알려주는 '의미의 발생'[11]이 있는 것이다. 이해처럼 비판은 모든 계획에 의거하여 추구되어야만 할 것이고 우리가 하나의 학설을 반박하기 위하여 그 이론가의 삶의 이러저러한 우연적 사건과 관련짓는 데 만족할 수 없을 것임은 물론이다. 그 의미는 그것 너머에 있으며 순수 우연이란 실존에도 공존재(共存在)에도 없다. 왜냐하면 양자는 모두 우연들을 흡수해서 이성으로 만들어버리기 때문이다. 결국 역사는 현재에서 분리 불가능하듯이 연속에서 분리 불가능하다. 역사의 근본적 차원에 관해서 모든 역사적 시기들은 유일무이한 실존의 현시 또는 유일한 연극의 삽화로서 나타나며, 우리는 그 연극에 대단원이 있는지를 알지 못하고 있다. 우리는 세계에로 존재하기 때문에, **의미에 선고되어 있고** 역사 속에서 이름을 갖지 않는 그 어떤 것도 행할 수 없으며 말할 수 없다.

6_평가

현상학의 가장 중요한 성과는 틀림없이 극단적 주관주의와 극단적 객관주의를 세계의 개념 또는 합리성의 개념 속에서 결합시키는 점일 것이다. 합리성은 그 자신이 드러나게 되는 경험에 따라 그에 맞추어 정확하게 측정된다. 합리성은 존재한다. 말하자면 조망들이 뒤섞이고 지각들이 확인되며 의미가 나타난다는 것이다. 그러나 그 의미는 따로 놓여져서도, 절대 정신이나 실재론적 의미의 세계로 변형되어서도 안 된다. 현상학적 세계란 순수 존재가 아니라 나의 경험들의 교차, 그리고 나의 경험들과 타자의 경험 사이의 상호 맞물림을 통한 교차에서 비쳐 드러나는 의미이다. 그러므로 그 세계는 나의 지나간 경험들을 나의 현재의 경험 속에서, 타인의 경험을 나의 경험 속에서 되찾음으로써 통일을 이루는 주체성과 상호 주체성으로부터 분리될 수가 없다. 여기서 처음으로 철학자는 너무 각성하게 되어 그 자신의 결과들을 세계 내에서 그리

---

11 이 용어는 후설의 미발표 원고에 상용되고 있으며 그 사상은 이미 다음 저서에서 발견된다. Husserl, *Formale und Transzendentale Logik*, p. 184 이하.

고 세계에 앞서서 실현할 수 없게 되는 것이다. 철학자는 세계와 타자와 자기 자신을 사유하려고 애쓰고 그들의 관계를 인식하려고 애쓴다. 그러나 성찰하는 자아, '초연한 정관자'[12][자아]는 이미 주어져 있는 합리성과는 부합하지 않는다. 그들은 '자신을 확립하고'[13] 합리성을 확립하거니와 그것은 존재에 의해 보증되지 않는 창의성에 의한 것이며, 그 권리는 전적으로 그 창의성이 우리에게 부여하는 바, 역사를 담당하는 실제적인 힘에 달려 있다. 현상학적 세계는 선재하는 존재의 설명이 아니라 존재의 정초이며, 철학은 선재하는 진리의 반영이 아니라 예술처럼 진리의 실현이다. 사람들은 그러한 실현이 어떻게 **가능한가** 하고, 그것이 선재하는 이성을 사물 속에 다시 결합하는 것이 아닌가 하고 물을 것이다. 그러나 선재하는 유일한 로고스Logos란 세계 그 자체이며, 그 로고스를 분명한 존재로 되게 하는 철학은 **가능적** 존재에서 시작하지 않는다. 철학은 그 자신이 속해 있는 세계처럼 현실적이거나 실재적이다. 어떠한 설명적 가설도 이 미완성의 세계를 총체화하고 사유하기 위해서 바로 그 세계를 회복하는 행위 그 자체보다 분명하지 않다. 합리성은 **문제**가 아니며 그 배후에는 우리가 연역적으로 규정해야 할 또는 합리성에서 출발하는 것을 귀납적으로 증명해야 할 미지의 것은 존재하지 않는다. 우리는 줄곧 경험들의 관계의 기적을 목격하고 있으며 어느 누구도 우리보다 그것이 어떠한가를 더 잘 알지 못한다. 왜냐하면 우리가 바로 관계들의 매듭이기 때문이다. 세계와 이성은 문제로 되지 않고 있다. 사람들이 원한다면 그것들은 신비라고 말해두자. 그러나 바로 그 신비가 세계와 이성을 규정한다. 그리고 어떤 '해결책'을 통해 그 신비를 없애는 문제는 있을 수 없다. 그것은 해결의 피안에 존재하고 있는 것이다. 참다운 철학은 세계를 보는 것을 터득하는 것이며, 언급한 바 있는 역사도 바로 이러한 의미에서 철학 논문만큼이나 '깊이' 있는 세

---

12 Husserl, *Méditation cartésienne* VI(미발표 원고).
13 같은 책.

계를 의미할 수가 있는 것이다. 우리는 우리의 문명을 떠맡으며 반성 때문에 우리의 역사에 책임을 지지만, 우리의 삶을 거는 결단 때문에도 역시 책임을 진다. 반성과 결단의 경우에 문제로 되는 것은 행사되면서 검증되는 폭력적인 행위인 것이다.

현상학은 세계의 계시로서 그 자신에 근거하고 더욱이 그 자신을 정초한다.[14] 모든 인식은 요청의 '지반'에 의거하고 궁극적으로는 합리성의 최초의 확립인 우리와 세계의 의사 소통에 의거한다. 철학은 철저한 반성이기에 원칙적으로 자신의 원천을 금하는 셈이다. 그러나 철학은 있으되 역시 역사 속에 있기 때문에 세계와 구성된 이성을 또한 사용하는 것이다. 그러므로 철학은 모든 인식에 대하여 제기했던 질문을 그 자신에게 제기해야만 할 것이다. 따라서 철학은 무한 증폭할 것이며 후설이 말한 대로, 철학은 대화이자 끝없는 성찰일 것이고, 자신의 의도에 충실한 만큼 자신이 어디로 가는지를 결코 알지 못할 것이다. 현상학의 미완성과 그 행보의 기동성은 실패의 신호가 아니며 불가피한 것이다. 왜냐하면 현상학은 세계의 신비와 이성의 신비[15]를 계시하는 것을 과제로 삼기 때문이다. 현상학이 어떤 교의나 체계이기에 앞서 하나의 운동이었다면 그것은 우연도 속임수도 아니다. 현상학은 발자크, 프루스트, 발레리, 세잔의 작업처럼 힘든 작업이다. 그것은 동일한 종류의 주의와 경이 때문이고, 의식에 대한 동일한 요구 때문이며, 세계 또는 역사의 의미를 태동 상태에서 알려고 하는 동일한 의지 때문이다. 현상학은 이런 관점에서 보면 현대의 사유 노력과 합류한다.

14 후설의 미발표 원고에 '현상학의 자기 복귀Rückbeziehung der Phänomenologie auf sich selbst'라는 말이 나온다.

15 이 표현은 현재 독일 포로 수용소에 있는 구스도르프G. Gusdorf의 덕분이거니와, 그는 이 말을 다른 곳에서 다른 의미로 사용했었다.

서론 **고전적 편견들과 현상으로의 복귀**

제1장 감각

1_ 인 상 으 로 서 의 감 각

지각의 연구를 시작함에 있어서, 우리는 언어에서 직접적이고 명백해 보이는 감각의 개념을 발견한다. 예컨대, 나는 붉음, 푸름, 뜨거움, 차가움을 감각한다. 그러나 우리는 이러한 개념이 가장 혼란스럽다는 것과, 또한 고전적 분석은 그러한 개념을 너무 쉽게 받아들였기 때문에 지각의 현상을 놓쳤다는 것을 보게 될 것이다.

우선, 나는 감각을 내가 영향을 받는 방식, 나의 어떤 상태의 경험으로 이해할 수 있을 것이다. 눈을 감을 때 나를 둘러싸고 있는 회색과 '나의 머리에서' 울리고 있는 반수면 상태의 소리가 순수 감각이 무엇일 수 있는가를 알려줄 것이다. 내가 감각된 것과 일치하는 정도에 따라, 감각된 것이 객관적 세계에서 그 어떤 자리도 차지하지 않게 되는 정도에 따라, 그리고 감각된 것이 나에게 아무 것도 의미하지 않는 정도에 따라 나는 감각하게 된다고 말해질 수 있을 것이다. 이렇게 되면 감각은 질적인 모든 내용과 무관하게 탐구되어야 한다고 고백하는 것과 같다. 왜냐하면 붉음과 푸름은, 서로 다른 두 색으로 구별되기 위해서 각자 정확하게 국소화되지는 않을지라도 이미 내 앞에 어떤 장면을 형성해야 하고, 따라서 나 자신의 일부이어서는 안 되기 때문이다. 순수 감각은 무차별적이고 순간적인 그리고 점묘적인ponctuel '충격'의 경험이 될 것이다. 경험한 자들이 이렇게 인정하기 때문에, 우리는 이러한 감각의 개념이 우리가 경험하는 어떤 것과도 일치하지 않는다는 것을,* 그리고 우리가 원숭이나 암탉과 같은 동물에 대하여 알고 있는 가장 단순한 **사실의 지각들**이 절대적인 분리항과 연관되는 것이 아니라 관계들과 연관되어 있다는 것을 보여줄 필요가 없는 것이다.[1] 그러나 이것으로 우리가 지각적 경험에서 '인상'의 층을 식별해내는 것이 **권리상으로** 정당하다고 느끼는 이유에 대한 의문이 해결되는 것은 아니다. 균질적인 바닥 위에 하얀 얼룩이 묻어 있다고 하자. 그 얼룩의 모든 점은 하나같이 바로 그 모든 점으로부터 '형 figure'을 만드는 어떤 '기능'을 갖고 있다. 그 형의 색은 그 바닥의 색보다 밀도가 더하고, 말하자면 저항감을 더 준다. 하얀 얼룩의 가장자리는 하얀 얼룩에 '속해 있고' 비록 바닥과 인접해 있지만 바닥의 일부는 아니다. 그 얼룩은 바닥 위에 놓여 있는 것 같으면서도 바닥을 차단하지는 않는다. 각각의 부분들은 그 자신이 포함하고 있는 것보다 더 많은 것을 환기시키고, 따라서 그 하나하나의 요소적인 지각은 이미 어떤 의미를 담고 있는 셈이다. 그러나 사람들은 형 figure과 지 fond가** 총체로서 감각되지 않는다면, 그것들은 그것들이 놓인 지점에서 하나하나 별도로 감각되어야 한다고 말할 것이다. 이것은 각각의 지점이 저마다 어떤 지 위의 어떤 형으로만 지각될 수 있다는 것을 망각하는 것과 같다. 형태 이론이 우리에게 어떤 지 위의 어떤 형이 우리가 얻을 수 있는 가장 단순한 감각적 소여라고 알려줄 때, 우리는 그것은 결코 실제적 지각의 우연적 특성이 아니라고 대답하게 되는데, 이 우연적 특성은 우리로 하여금 어떤 관념적 분석으로부터 인상의 개념을 자유롭게 도입할 수 있도록 허용해준다. 그것이야말로 지각 현상의 규정 그 자체이거니와, 그것이 없으면 현상은 지각이라고 말해질 수 없다. 지

* 우리는 감각할 때 실제로 그렇게 경험하지 않는다는 뜻이다.

1 메를로-퐁티, 『행동의 구조 La Structure du Comportment』, p. 142 이하 참조.

** 형(形)과 지(地)는 형태 Gestalt 심리학이 말하는 유명한 지각의 두 구조이다. 지각적 경험에서 우리에게 두드러져 보이는 장면, 즉 전경을 형이라 하고, 보이지 않는 배후의 장면, 즉 배경을 지라고 한다.

지각의 현상학

각적 '어떤 것'은 항상 다른 어떤 것 사이에 있으며 항상 '장(場)champ'의 일부를 형성한다. 진실로 동질적인 구역이라 하더라도 **지각할 어떤 것도** 제공하지 않는 한, **어떤 지각**도 주어질 수 없다. 실제적 지각의 구조만이 우리에게 지각이 무엇인가를 가르칠 수 있다. 그러므로 순수 인상은 발견될 수조차 없고 지각될 수 없으며 지각의 계기로서 생각될 수 없다. 사람들이 그것을 도입한다면, 그것은 사람들이 지각적 경험에 주의를 돌리는 대신 지각된 대상을 위해서 그 지각적 경험을 망각하는 것과 같다고 하겠다.* 시각적 장은 국소적 시각으로 이루어지지 않는다. 그러나 보여진 대상은 질료적인 단편들로 이루어지고 그 공간의 각 지점들은 상호 외적이다. 하나의 독립된 지각적 소여라는 것은 적어도 우리가 그것을 지각하는 정신적 경험을 한다면 상상할 수 없는 것이다. 그러나 고립된 대상들이나 물리적 진공은 세계 내에 있다.

2_성질로서의 감각

그러므로 나는 감각을 인상으로 규정하기를 포기할 것이다. 그러나 본다는 것은 색이나 빛을 가지는 것이고, 듣는다는 것은 소리를 가지는 것이며, 감각한다는 것은 성질을 가지는 것이다. 감각이 무엇인가를 알기 위해서 붉음을 보았다거나 **라음**을 들었다는 것으로 충분하지 않은가? ―붉음과 푸름은 감각들이 아니라 감각 가능한 것이고, 성질은 의식의 요소가 아니라 대상의 속성이다. 감각들을 한정하는 단순한 수단을 우리에게 제공하는 대신, 감각을, 이를 드러내는 경험 자체 내에서 파악한다면, 그것은 대상만큼 또는 지각의 전 풍경만큼이나 풍부하고 모호하다. 내가 양탄자에서 보는 붉은 얼룩은 양탄자를 가로지르는 음영에 의해서 붉을 뿐이

*감각 개념을 규정함에 있어 감각되는 대상보다 감각이 이루어지는 실제 상황과 순간에 대한 주의 깊은 현상학적 관찰이 최우선적으로 요구된다.

고, 그 성질은 빛이 움직이는 상황과 관계해서 나타날 뿐이며, 그렇게 해서 그 성질은 공간적 성형의 요소로서 나타난다. 게다가 그색은 어떤 표면에 놓여 있을 때만 규정되고, 너무 작은 표면에서라면 그런 성질을 부여하는 것은 불가능해질 것이다. 마침내, 그 붉음은 양탄자의 '양털의 붉음'이 아니라면 그 말 그대로의 붉음과동일한 붉음은 아닐 것이다.² 그러므로 이러한 분석을 통해서 개개의 성질에는 거기에 거주하는 의미들이 있다는 사실이 발견된다.여기서 사람들은 모든 지식에 의해서 뒤덮여버린 우리의 실제적경험의 성질들만이 문제이며, 따라서 우리가 '순수 감각'을 규정할 '순수 성질'을 인식할 권리를 간직하고 있다고만 말할 것인가?그러나 사람들은 순수 감각이란 것이 아무것도 감각하지 않음, 따라서 감각하는 것이 전혀 아님에 귀착하는 것을 보았던 터이다. 소위 감각의 명증성이란 의식의 증언에 기초하는 것이 아니라, 세계의 편견에 기초하는 것이다. 우리는 '본다' '이해한다' '감각한다'는 것이 무엇인가를 너무 잘 안다고 믿고 있다. 왜냐하면 지각은오래전부터 우리에게 색깔 있는 또는 소리 나는 대상을 제공했기때문이다. 우리는 지각을 분석하고자 할 때 그 대상들을 의식에로옮겨놓는다. 우리는 심리학자가 '경험의 오류'라고 부르는 과오를범하고 있는 것이다. 말하자면, 우리는 사물 그 자체에 있다고 알고 있는 것을 사물의 의식에 있는 것으로 가정한다. 우리는 지각된것을 가지고 지각을 형성한다. 지각된 것 그 자체는 분명히 지각을통해서만 접근될 수 있기 때문에 결국 우리는 이것도 저것도 이해하지 못한다. 우리는 세계 내에 갇혀 있고 세계 의식으로 넘어가기위하여 세계로부터 우리를 분리할 수가 없게 된다. 만약 우리가 그렇게 한다면 우리는 성질이 직접적으로 경험되지 않는다는 것을,역으로, 모든 의식이 어떤 사물의 의식이라는 것을 알게 될 것이다. 게다가 그 '어떤 것'은 반드시 확인 가능한 사물이 아니다. 성

2 J. P. Sartre, *L'Imaginaire*, p. 241.

질에 대하여 잘못 생각하는 두 가지 방식이 있다. 하나는 그것을 의식의 대상인 데도 의식의 요소로 만드는 것이려니와 성질이 언제나 의미를 가지는 데도 말없는 인상으로 처리하는 것이고, 다른 하나는 그 대상과 의미를 성질의 차원에서 완결되고 규정되어 있다고 믿는 것이다. 그리고 이 둘째 오류는 첫째 오류처럼 세계에 대한 편견에서 나온다. 우리는 매순간 우리의 망막에 상이 형성될 수 있는 세계의 편린을 광학과 기하학으로서 구성해낸다. 그 주위를 벗어나 있는 모든 것은 어떤 감각 가능한 표면에도 반영되지 않기 때문에, 감은 눈에 대한 햇빛이 그렇듯, 우리의 시각에 영향을 주지 않는다. 그러므로 우리는, 명확하게 구획되고 검은 지대로 둘러 싸여 있으며 성질들로 빈틈없이 꽉 차 있는 세계의 부분을 인식하기 위해서, 망막에 비친 것과 유사한 크기의 제한된 관계로 그것들을 결합시켜야 할 것처럼 보인다. 그런데 경험은 이와 같은 어떤 것도 제공하지 않으며, 우리는 세계에서 출발하면 **시각적 장**이 무엇인가를 결코 이해하지 못할 것이다. 측면의 자극을 점차로 중심으로 접근시키면서 시각의 주위를 구획짓는 것이 가능하다고 할지라도, 측정의 결과들은 순간순간 변하고 사람들은 앞서 주어진 자극이 자극이기를 그만두는 순간을 지정할 수도 없다. 시각 장을 둘러싸고 있는 영역은 기술하기가 쉽지 않으나 그것이 검지도 회색이지도 않음은 확실하다. 바로 여기에 **미규정된 시각, 내가 무엇인지를 알지 못하는 시각**이 있으며, 만약 내가 경계를 넘어가게 되면 나의 등뒤에 존재하는 것은 시각적 현존 없이는 존재하지 않게 된다. 뮐러-라이어 Müller-Lyer의 착시 현상에 나오는 두 직선은 같은 길이도 다른 길이도 아니다.

〈그림 1〉

그런 선택이 강요되는 것은 객관적 세계에서이다.[3] 시각 장은 그 대상, 즉 두 직선이 비교 가능한 존재 영역에 놓여서가 아니라, 제 각각 동일한 우주에 속하지 않는 것처럼 제각각의 맥락에서 포착되기 때문에 모순적 개념들이 교차하는 독특한 환경이다. 심리학자들은 그러한 현상들을 무시하는 데 총력을 기울였다. 즉자적으로 파악된 세계에서는 모든 것이 규정되어 있다. 안개 낀 날씨의 풍경과 같이 많은 혼탁한 풍경들이 있다. 그러나 우리는 곧장 어떠한 실재적 풍경도 자체적으로 혼탁하지 않다는 것을 항상 인정한다. 그것은 우리에 대해서만 그러할 뿐이다. 심리학자들은 대상은 결코 애매하지 않으며, 애매하다면 부주의에 의한 것이라고 말한다. 시각 장의 범위는 그 자체로는 변화될 수 없는 것이며, 다가오는 대상이 분명하게 보이는 순간이 있는데 다만 우리가 그 대상을 주목하지 못할 뿐이다. 그러나 주의의 개념은 우리가 보다 풍부하게 보여줄 것이지만, 의식에 의해 제공된 아무런 증거도 얻지 못한다. 그것은 사람들이 객관적 세계에서 편견을 건져내기 위하여 만들어낸 보조 가설에 지나지 않는다. 우리는 미규정적인 것을 적극적 현상으로서 인식해야 한다. 성질이 출현하는 것은 그런 분위기로부터이다. 여기에 담겨 있는 의미는 모호하다. 우리는 논리적 의미보다 표현적 가치에 더 관심이 있다. 경험주의가 감각을 정의하고자 했던 규정된 그 성질은 의식의 대상이지 요소가 아니다. 그리고 그것은 과학적 의식이 뒤늦게 얻은 대상인 것이다. 이상의 두 가지 이유에서 성질은 주체성을 드러내기보다는 은폐한다.

3 _ 자극의 직접적 결과로서의 감각

우리가 앞서 시도한 감각의 두 가지 정의는 겉으로만 직접적이

3 Koffka, *Psychologie*, p. 530.

었을 뿐이다. 우리는 그 정의가 지각된 대상에서 주조되었음을 보았다. 그 때문에 그것은 상식과 일치했으며 상식 또한 감각 가능한 것을 자신이 의존하는 객관적 조건에 의하여 규정했다. 시각적인 것은 사람들이 눈**으로써** 포착하는 것이고, 감각 가능한 것은 사람들이 감각에 **의해서** 포착하는 것이다. 이러한 지반 위에서[4] 감각의 관념을 추적하고 제1차적 반성, 즉 학문적 반성의 차원에서 '의해서'와 '으로써' 그리고 감관의 개념이 어떻게 되는가를 살펴보자. 감각의 경험이 없는 경우에 우리는 적어도 객관적 발생과 원인에 있어서 감각을 설명의 개념으로 유지해야 할 이유들을 발견할 수 있는가? 심리학자가 상급 법원에 호소하듯 생리학에 호소할 때 생리학은 심리학과 동일한 곤경에 빠진다. 생리학도 역시 그 대상을 세계 내에 배치하고 그것을 오성의 조각으로 다루는 데서 시작한다. **행동**은 반사, 동화, 자극의 유형화에 의하는 것 말고도 반응의 요소를 상황의 요소에 원칙적으로 하나하나 일치시키는 신경 기능 종축 이론에[*] 의해서 가려지게 된다.[5] 반사호 이론처럼[**] 지각의 생리학은 규정된 **수용기**로부터 일정한 **전달자**를 통해 특수

4 예를 들면, 야스퍼스Jaspers가 그랬듯이(*Zur Analyse der Trugwahrnehmungen*). 현상을 '이해하는' 기술적 심리학을, 발생을 고찰하는 설명적 심리학에 대립시키면서 이러한 논의를 거부할 필요가 없다. 심리학자는 언제나 의식을 세계의 한가운데에 있는 신체에 자리 잡고 있는 것으로 본다. 왜냐하면 그들에게 자극-인상-지각의 계열은 사건들의 연속이거니와 지각은 그 사건들이 끝났을 때 시작하기 때문이다. 의식은 저마다 세계 내에서 탄생하고 지각은 저마다 의식의 새로운 탄생이다. 이러한 조망에서, 지각의 '직접적' 소여들은 언제나 단순한 출현물로 그리고 발생의 복합적 산물로 거부될 수가 있는 것이다. 기술적 방법은 선험적 관점에서만 고유한 권리를 얻을 수 있다. 그러나 그러한 관점에서일지라도 의식이 자신을 어떻게 지각하는가 또는 어떻게 자연 속에 삽입되어 있는 것으로 나타나는가 하는 문제가 남아 있다. 그러므로 심리학자처럼 철학자에게도 언제나 발생의 문제가 있으며, 가능한 유일한 방법은 인과적 설명을 과학적 발전 속에서 추적해 그 의미를 정확히 하고, 진리의 총체 내에서 차지하는 진정한 지위를 매기는 것이다. 바로 이것이 이 자리에서 **논박**은 발견되지 않을 것이나 인과적 사고에 고유한 난점들을 이해하려는 노력은 발견될 것이라는 이유이다.

* 자극과 반응의 관계를 신경 작용 과정으로 설명하는 이론.

5 메를로-퐁티, 『행동의 구조』, 1장.

** 자극을 받아들이는 수용기로부터 일정한 반응을 보이는 효과기에 이르기까지 일정한 신경 작용이 일어나는 전달 경로를 반사호(弓)라고 한다.

한 기록소에 이르는 해부학적 진로를 인정하는 데서 시작한다.[6] 사람들은 객관적 세계가 주어지면, 그것은 소지하고 있어야 하는 전언을 감관에 맡겨서 그 원문을 우리에게 재생하는 방식으로 해독시키도록 해야 한다는 것을 인정한다. 바로 여기에 원칙적으로, 일대 일의 대응 관계와 함께 자극과 요소적 지각과의 항상적 연관이 존재한다. 그러나 이러한 항상성 가설[7]은 바로 그 점에서 의식의 소여와 상충하며 또한 바로 이 점을 받아들이는 심리학자들만이 그 소여의 이론적 특징을 인식한다.[8] 예를 들면, 소리의 힘은 어떤 조건 아래에서는 그 높이를 잃어버리게 되며 객관적으로 동일한 크기의 두 도형도 보조 선을 첨가하면 동일하지 않게 되고[9] 유색면은 그 표면 모두가 우리에게 동일한 색깔로 나타나지만,[10] 우리의 망막의 여러 부분의 색역(色閾)들은* 여기는 적색으로, 저기는 굴색으로, 어떤 경우에는 무색으로 되게 할 수도 있다. 현상이 자극과 일치하지 않은 이러한 경우들은 항상 법칙의 틀 안에서 유지되어야 하고 부가적 요인들 — 주의 또는 판단 — 에 의해서 설명되어야 하는가? 아니면 그 법칙 자체를 거부해야 하는가? 적색과 녹색이 총체로서 나타나 회색의 결과를 우리에게 안겨다줄 때, 사람들은 자극의 중추적 결합이, 저 객관적 자극이 우리에게 기대하게 할 것과는 다른 감각을 직접 일으킬 수 있다는 것을 인정한다. 대상의 표면적 크기가 대상의 표면적 거리에 따라 달라지거나 그 표면적 색깔이 그 대상에 대한 우리의 기억에 따라 달라지거나 할 때, 우리는 "감각 과정이 중추적 영향에 면역된 것이 아님"[11]을 인

6 슈타인이 다음 책에서 언급한 바 있는 용어의 대략적인 번역이다. J. Stein, *Über die Veränderung der Sinnesleistungen und die Entstehung von Trugwahrnehmung*, p. 351.

7 Köhler, *Über unbemerkte Empfindungen und Urteilstäuschungen*.

8 슈툼프Stumpf가 분명히 그러하다. Köhler, 같은 책, p. 54 참조.

9 Köhler, 같은 책, pp. 57~58, pp. 58~66 참조.

10 R. Dejean, *Les Conditions objectives de la Perception visuelle*, pp. 60, 83.

* 감각을 불러일으키는 최소한의 자극량을 역 또는 역치seuil라고 한다. 따라서 색역은 색 감각을 불러일으키는 최소량의 자극이다.

11 Stumpf, 쾰러에 의한 인용, 같은 책, p. 58.

식한다. 그러므로 이러한 경우에 '감각 가능한 것'은 더 이상 외적 자극의 직접적 결과로서 규정될 수 없다. 동일한 결론이 우리가 방금 언급한 세 가지 예에도 적용되지 않는가? 주의, 보다 정확한 지시, 휴식, 연장된 훈련이 궁극적으로 지각을 항상성 법칙에 부합되게 한다면, 그것으로서 그 법칙의 일반적 가치가 입증되는 것은 아니다. 왜냐하면 앞의 예에서 첫번째 현상은 최종적으로 얻어진 결과들과 동일한 자격의 감각적 특징을 갖고 있었기 때문이다. 그리고 문제는 주의 지각, 시각 장의 지점에 대한 주관의 집중 — 예를 들면, 밀러-라이어의 착시 현상에 나오는 두 선에 대한 '분석적 지각 — 이 '정상적 감각'을 보여주는 대신 근원적 현상의 자리에 예외적 조립을 들어앉히는 것은 아닌지를 아는 데 있다.[12] 항상성 법칙은 이미 그 자신이 함축되어 있지 않는 어떤 결정적 경험으로도 의식의 증언을 이겨낼 수 없고, 우리가 그것을 확립한다고 믿고 있는 어디에서도 이미 전제되어 있다.[13] 우리가 현상으로 되돌아가면, 그것은 우리에게 성질의 파악이 크기의 파악과 꼭 같이 모든 지각적 맥락과 결합되어 있음을 보여주며, 자극들은 직접적 인상의 층을 한정지을 간접적 수단을 더 이상 우리에게 제공하지 않는다. 그러나 우리가 감각의 '객관적' 정의를 얻으려고 시도할 때 탈락하게 되는 것은 물리적 자극뿐만은 아니다. 현대 생리학이 드러내듯, 더 이상 감각 장치는 고전 과학이 담당하게 했던 '전달자'의 역할에 고유한 것이 아니다. 촉각 장치의 비피질 장애는 틀림없이 더위, 추위, 억압의 감각점을 무디게 하고 보존점의 감도를 떨어뜨린다. 그러나 사람들이 손상당한 장치에다 충분하게 퍼진 흥분을 가하게 되면 특별한 감각들이 다시 나타난다. 역치(閾値)의 상승

---

12 Köhler, 같은 책, pp. 58~63.
13 이것은 모든 이론에 대하여 사실이고 어느 곳에도 결정적 실험은 없다고 덧붙여도 정당한 말일 것이다. 동일한 이유에서, 항상성 가설은 귀납에 기초해서 완전하게 논박될 수 없다. 그것이 불신임 받는 이유는 현상을 무시하고 이해하지 못하도록 만들기 때문이다. 다시 말하거니와, 현상을 식별하고 항상성 가설을 판정하려면, 우선 그 가설에 대하여 '괄호 치기'를 수행해야 한다.

은 손의 보다 왕성한 운동에 의해서 보상된다.[14] 사람들은 감성의 초보 단계에서, 부분적 자극들의 상호 협조 그리고 감각 체계와 운동 체계의 협조를 예상할 수 있으며, 이러한 협조들은 변화하는 생리학적 좌표 내에서는 감각이 일정한 상태를 유지하도록 하며, 따라서 신경 과정을 주어진 전언의 단순한 변환으로 규정하지 못하게 한다. 시각적 기능의 파괴는 장애의 소재가 어디라고 하더라도 동일한 법칙을 따른다. 즉 우선 모든 색깔은 영향을 받고[15] 그 자신의 포화도를 상실한다. 그 다음에 스펙트럼은 단순화되고 4색 스펙트럼이 되었다가 2색 스펙트럼으로 된다. 결국 우리는 단색의 회색에 이르게 되고, 게다가 병리적 색깔은 평범한 정상적 색깔과 동일시될 수 없게 된다. 따라서 말초 장애처럼 중추 장애에서도 "신경 실체의 손실은 몇 가지 성질들의 결여를 낳는 것만이 아니라 덜 분화되고 더 본원적인 구조에로의 이행을 낳는다."[16] 역으로, 정상적 기능은 외부 세계의 원문이 재생되지 않고 구성되는 통합 과정으로서 이해되어야 한다. 그리고 우리가 '감각'을 파악하려고 노력하되 감각을 준비하는 신체적 현상의 조망에서 파악하려고 노력한다면, 우리는 심리적 개체, 즉 어떤 알려진 변수들의 기능을 발견하는 것이 아니라, 이미 총체와 결합되고 이미 하나의 의미를 부여받은 형성, 즉 더 복잡한 지각과는 정도에서만 구별될 뿐이어서 순수 감각 가능한 것을 한정지을 우리의 시도에 아무런 도움도 되지 않는 형성을 발견한다. 감각의 생리학적 규정은 없으며, 보다 일반적으로 말해서, 심리생리학의 자율성은 없다. 왜냐하면 생리학적 사건 그 자체는 생물학적 법칙과 심리학적 법칙에 복종하기 때문이다. 오랫동안 사람들은 '요소적인' 심적 기능의 위치를 알

지각의 현상학

---

14 J. Stein, 앞에 인용한 책, pp. 357~59.

15 색맹조차도 적색과 녹색에 대한 '시각적' 판별에만 오직 책임을 질 뿐인 어떤 장치들이 있다는 것을 증명하지 못하고 있다. 왜냐하면 우리가 색맹자에게 넓게 칠해진 적색 용지를 내보이면 또는 그 색을 장시간 제시하면 그는 적색을 판별할 수 있기 때문이다. 같은 책, p. 365.

16 Weizsäcker, 슈타인에 의한 인용, 같은 책, p. 364.

아내고, 이 기능을 신체적 하부 구조와 덜 엄밀하게 결합되어 있는 '상위적' 기능과 구별짓는 확실한 방법을 말초적 조건에서 얻는다고 믿었다. 보다 정확하게 분석함으로써 이 두 가지 종류의 기능이 서로 교차한다는 사실이 드러난다. 요소적인 것은 더 이상 첨가되어 전체를 구성하는 것도 아니며 그렇다고 전체가 자기를 구성하기 위한 단순한 기회도 아니다. 요소적 사건은 이미 의미를 띠고 있고, 상위적 기능은 하위 작용을 이용하고 승화시키면서 보다 통합된 존재 방식 또는 보다 가치 있는 적응을 실현할 뿐이다. 이와 더불어, "감각적 경험은 출산, 호흡, 성장처럼 생명적 과정이다."[17] 심리학과 생리학은 더 이상 평행선을 긋는 두 개의 과학이 아니라 행동에 대한 두 개의 규정인즉, 전자는 구체적 규정이고 후자는 추상적 규정이다.[18] 심리학자가 생리학자에게 '인과적' 감각 규정을 요구할 때, 우리는 그가 그런 기초에서 자기 특유의 난점에 재차 부딪힌다고 말한 바 있고, 이제 우리는 그 이유를 안다. 생리학자는 모든 과학이 상식에서 차용하는 그리고 과학의 발전을 저해하는 실재론적 편견으로부터 스스로를 위해 벗어나야 한다. 현대 생리학에서 '요소적'과 '상위적'이라는 용어의 의미 변화는 철학의 변화를 알려준다.[19] 과학자들 역시 외부 세계 그 자체의 관념에 대한 비판을 배워야 한다. 왜냐하면 사실들 그 자체는 과학자에게 신체를 전언의 전달자로서 보는 관념을 버리라고 제안하기 때문이다. 감각적인 것은 우리가 감각**으로써** 파악하는 것이기는 하나, 우리는 곧장 그 '으로써'가 단순한 도구가 아님을, 감각 장치가 전도체가 아님을, 생리학적 인상이 그 말단에서조차도 한때 중추적인 것으로 간주되었던 관계들에 개입되어 있음을 안다.

---

17 같은 책, p. 354.
18 이 점은 메를로-퐁티의 『행동의 구조』를 참조. 특히 p. 52 이하 및 p. 65 이하.
19 Gelb, *Die Farbenkonstanz der Sehdinge*, p. 595.

4_감각함이란 무엇인가?

다시 말하지만, 반성 ─ 과학의 2차적 반성조차도 ─ 은 우리가 분명하다고 믿고 있었던 것을 모호하게 만든다. 우리는 감각한다, 본다, 이해한다는 것이 무엇인가를 안다고 생각했으나 이제 이 말들은 문제가 된다. 우리는 그 말들을 새로이 규정하기 위하여 그것들이 가리키는 경험들로 되돌아가게 된다. 고전적 감각 개념은 반성적 개념이 아니라 대상을 향한 사고의 사후 산물이며, 세계 표상의 최종적 항이고, 구성의 원천에서 가장 멀리 떨어져 있으며, 그 때문에 가장 분명하지 않다. 과학은 객관화의 일반적 노력으로 인해서 끝내 인간 유기체를, 물리화학적 성질에 의해서 스스로 규정된 자극과 대면하는 물리적 체계로서 어쩔 수 없이 표상하기에 이르고, 이러한 기초 위에서 실제적 지각을 재구성하려고 노력하는 것과,[20] 주체성의 객관적 과학을 확립함으로써 지식 그 자체가 생산되는 법칙을 발견하여 과학적 지식의 순환 과정을 차단하는 것을[21] 불가피하게 만든다. 그러나 이러한 기도가 실패하는 것도 역시 불가피하다. 우리가 객관적 탐구 그 자체를 회상하면, 무엇보다도 우리는 감각적 장의 외적 조건들이 그 장을 결코 부분별로 규정하지 않는다는 것과 자생 조직을 가능하게 하는 데만 관여한다는 것 ─ 이것이 형태 이론이 보여주는 바이다 ─ 을 발견한다. 그리고 연이어서 우리는 구조가 유기체에 있어서 더 이상 물리적 변수가 아닌, 상황의 생물학적 의미와 같은 변수에 의존한다는 것을 발견하며, 그 결과로서, 총체는 다른 유형의 이해 가능성에로의 길을 트기 위해 물리수리적 분석에 의해 인식된 도구들로부터 벗어난다.[22] 이제 우리가 방금 한 대로, 지각적 경험으로 돌아가면 우리는

---

20 "감각들이 인위적 산물임은 확실하나 자의적 산물은 아니다. 그것들은 자연적 구조가 '분석적 태도'에 의해 분해될 수 있는 최종적인 부분적 전체이다. 이러한 관점에서 보면, 그것들은 구조의 인식에 공헌하는 셈이고, 따라서 감각의 연구 결과들은 정확히 해석된다면 지각심리학의 주요 성분이다." Koffka, *Psychologie*, p. 548.

21 다음을 참조. Guillaume, *L'Objectivité en Psychologie.*

과학이 주체성의 외양만을 구성하는 데 성공한다는 것을 주목한
다. 즉 그것은 이미 의미의 총체가 존재한다는 것을 경험이 보여주
는 그곳에다가 사물, 즉 감각을 도입한다. 그것은 현상의 우주를
과학의 우주만을 이해하는 범주들에 복종시킨다. 그것은 지각된
두 선이 두 개의 실재적 선처럼 같은 길이이거나 다른 길이라는
것, 지각된 것은 그 고유한 속성상 애매성, '변동성'을 인정하고
맥락에 따라 조형된다는 점을 알지 못한 채 지각된 수정(水晶)이
일정 수의 면을 가진다는 것을[23] 요구한다. 뮐러-라이어의 착시 현
상에서 한 선은 다른 선과 길이가 '같지 않게' 되지도 않으면서 같
게 되기를 그친다. 즉 그것은 '다른' 선이 된다. 말하자면 따로 떨
어져 있는 객관적 선과 뮐러-라이어의 그림에 있는 동일한 그 선
은 지각에서 보면 '동일하기'를 그친다. 그것은 자연적이 아닌 분
석적 지각에서만 두 가지 기능을 가진 것으로 확인될 수 있을 뿐이
다. 마찬가지로, 지각된 것은 단순한 '지각 아님'이 아닌 간격을
포함하고 있다. 나는 수정의 면을 은연중에라도 고려하지 않은 채
시각이나 촉각으로 그 제품을 '일정한' 물체로서 인식할 수 있고,
눈동자의 색깔을 그 자체로서 지각하지 않고도 내 얼굴에 익숙해
질 수 있다. 모든 인식을 규정된 성질에서 구성하는 감각 이론은
모든 애매성이 제거된, 순수하고, 절대적인 대상들을 구성하거니
와 이 대상들은 인식의 실제적 주제라기보다 그 이상이고 또한 그
러한 감각 이론은 의식이 뒤늦게 얻은 상부 구조에만 적합할 뿐이
다. 바로 여기서 "감각의 이념이 근사적으로 실현된다."[24]* 본능이
그 자신 앞에서 투영하는 상들, 전통이 각 세대에서 재창조한 상
들, 또는 한갓된 꿈들은 우선적으로, 올바르게 말해진 지각들과 동
등한 권리를 가지고 나타나고 또한 진실한, 현재적, 명시적 지각은

22 메를로-퐁티, 『행동의 구조』, 3장 참조.

23 Koffka, *Psychologie*, pp. 530, 549.

24 M. Scheler, *Die Wissenformen und die Gesellschaft*, p. 412.

 * 이러한 지각의 항상성을 고전 심리학과 철학이 바르게 이해하거나 설명하지 못하고 있음
   을 메를로-퐁티는 이곳뿐만 아니라 이 책 곳곳에서 비판한다.

점차 비판적 작업에 의해서 환각과 구별된다.* 지각이라는 말은 본원적 기능보다 오히려 하나의 **方向**을 가리킨다.[25] 사람들은 거리가 달라지는 데도 대상의 표면적 크기가 항상성을 유지한다는 것, 또는 밝기가 달라지는 데도 색깔이 항상성을 유지한다는 것이 성인보다 유아에게 있어 더 완벽하게 인식된다고 말한다.[26] 바꾸어 말하면, 지각은 어릴 때보다 나이 든 뒤에 국소적 흥분과 더욱 엄밀하게 결합되어 있고, 유아에게서보다 성인에게서 감각 이론과 더 일치한다. 지각은 마디가 점점 더 뚜렷이 드러나는 그물과 같다.[27] 사람들은 '본원적 사고primitive pensée'를 다음과 같이 묘사했다. 즉 그것은 원시인의 반응들, 그들의 진술들, 사회학자의 해석을, 이 모두가 번역하고자 애쓰는 지각적 경험의 토대에로 도로 가져오는 경우에만 잘 이해된다고 했다.[28] 때로는 지각된 것이 그 맥락에 유착되어 있기 때문에, 때로는 지각된 것 속에 그 점도로서 적극적인 미규정성이 현존하고 있기 때문에, 공간적, 시간적, 수적 전체는 조작 가능하고 분별 확인 가능한 용어들로 분절될 수 없다. 그리고 우리가 감각함을 이해하고자 한다면, 우리 내부에서 탐구해야 하는 것은 이러한 선객관적 영역인 것이다.

---

* 근사적으로 실현된 감각들, 대상을 향한 과학적 사고의 사후물들이 지각적 경험의 참모습을 대신 예시하면서, 참다운 의미의 지각은 과학적 사고의 비판에 예속하고 과학적 경험과 지식이 특권적 지위를 누리게 된다. 여기서 지각적 경험의 토대, 즉 선객관적 영역으로 되돌아가려는 본원적 사고는 상실된다.

25 "관념적이고 정확한 영상에 접근하는 문제에 대하여, 인간은 동물보다 더 잘하고, 성인은 아동보다 더 잘하며, 남자는 여자보다 더 잘하고, 개인은 조직원보다 더 잘한다. 그리고 전통에 따라 행동하고 전통 속에 '사로잡혀' 있는 인간, 기억 활동을 통해서 자신이 잡혀 있는 환경을 대상화할 수 없고 또한 과거와 거리를 두면서 그것을 시간적으로 객관화하고 국소화할 수 없어 소유할 수 없는 인간보다 역사적·체계적으로 사고하는 인간이 더 잘 접근한다." M. Scheler, 앞의 책, p. 397.

26 Hering, Jaensch.

27 Scheler, *Die Wissenformen und die Gesellschaft*, p. 412.

28 다음을 참조. Wertheimer, *Über das Denken der Naturvölker*, in *Drei Abhandlungen zur Gestalttheorie*.

제2장 연합과 기억의 투사

1_감각이 있다면 모든 경험은 감각이다

다시 한 번 안내하면, 감각의 개념은 지각의 모든 분석을 왜곡한다. 우리가 말한 대로, 이미 '지'에 기초한 '형'은 현실적으로 주어진 성질을 보다 훨씬 더 많이 포함하고 있다. 그것은 지에 '속하지' 않는, 지와 '분리되어' 있는 '윤곽'을 갖고 있고 '안정되어' 있으며 색깔은 '진하다'. 지는 제한이 없고 색깔은 불확실하며 형 아래에서 '계속된다'. 그렇다면 총체의 여러 부분들 ― 예컨대 지에 가장 가까이 있는 형의 부분들 ― 은 성질과 색깔 이외의 특별한 **의미**를 갖는다. 문제는 그 의미가 무엇으로 구성되는가, '가장자리'와 '윤곽'이란 말이 무엇을 말하고자 하는가, 성질의 총체가 지에 기초한 형으로서 **이해**될 때 무엇이 일어나는가를 아는 것이다. 그러나 감각이 다시금 인식의 요소로서 소개된다면 우리에게는 어떠한 응답의 선택도 허용되지 않을 것이다. 감각할 수 있는 ― 인상이나 성질과 절대 일치한다는 의미에서 ― 존재는 결코 또 다른 인식 방식을 가질 줄 모른다. 어떤 성질, 어떤 적색 부분이 무엇인가를 의미한다는 것, 그 무엇인가가 이를테면 바닥 위의 얼룩으로서 파악된다는 것, 이것은 그 적색이 내가 겪고 체험한 따뜻한 색깔이 아니며 그 가운데에서 내가 없어지게 되는 그런 색깔이 아님을 말하고자 하는 것이고, 자체 내에 가지고 있지도 않으면서 다른 무엇인가를 알려준다고 말하고자 하는 것이며, 또 그 적색이 인식의 기능을 수행하고 그 적색의 부분들이 자기 자리를 벗어나지 않고 제각각 서로 연결되는 전체성을 구성한다고 말하고자 하는 것이다. 이제 그 적색은 더 이상 그저 나에게 현존하는 것이 아니라 나에게 무엇인가를 나타내며, 그것이 나타내는 것은 나의 지각의 '실재적 부분'으로서 소유되지 않고 다만 '지향적 부분'[1]으로서 겨냥될 뿐이다. 나의 시선은 질료적으로 포착된 적색 안에서 용해되는 것과 같이 윤곽이나 얼룩 안에서 용해되지 않는다. 오히려 나의 시선은 그것들을 주파하거나 지배한다. 나의 시선을 진정으로 꿰뚫는 의미를 그 자체로서 수용하고 '형'의 총체와 연결되어 '지'와 독립되어 있는 '윤곽'에 통합되기 위해, 점묘적인 감각은 절대적 일치이기를 그만두어야 하고 따라서 감각으로 존재하기를 그만두어야 한다. 우리가 고전적 의미의 '감각하다'를 인정한다면, 감각적인 것의 의미는 여타의 현재적 또는 잠재적 감각에서만 성립할 수밖에 없다.[*] 아래의 그림을 보는 것은 그 그림을 형성하는 점묘적인 감각들을 동시적으로 소유하는 것이 될 수 있을 뿐이다. 그 감각들 중 개개의 것은 항상 개개의 것으로, 맹목적 접촉으로, 인상으로 남아 있고, 총체가 '시각'을 만들며 우리 앞에 장면을 형성한다. 왜냐하면 우리는 한 인상에서 다른 인상으로 재빨리 이동하는 것을 배우기 때문이다. 윤곽은 국소적 시각의 총계에 다름아니며 윤곽 의식은 집합적 존재이다. 윤곽 의식이 구성되는 감각 가능한 요소들은 이 요소들을 감각 가능한 것으로 규정하는 불투명성을 잃을 수가 없도록 되고 결국

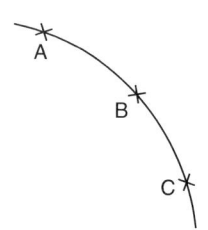

---

1 이것은 후설의 표현이다. 이 개념은 프라디네에 의해 천착된다. M. Pradines, *Philosophie de la Sensation*, I, 특히 p. 152 이하.

* 고전적 감각 개념을 일관되게 유지하려면, 감각적인 것의 의미는 지금 우리가 그 대상을 지각하는 요소적인 또는 원자적인 감각들 및 그 집합에서 찾아지거나 설명되어야 하고, 아니라면, 차후에 그 대상에 대하여 우리가 지각할 수 있을 미래의 가능적인 감각들에 의해 규명될 것이라고 주장할 수밖에 없다는 뜻이다.

내재적 연관, 공통적 구성 법칙의 문을 열어놓을 수가 없게 된다. 앞의 그림의 윤곽선 위에 세 점 A, B, C가 있다고 하자. 그 세 점의 공간적 질서는 그것들이 우리의 눈앞에서 공존하는 방식이며, 그 공존은 내가 아무리 그 점들을 가까이 놓게 한다 해도 그 분리된 존재들의 총합은 **A의 위치 + B의 위치 + C의 위치**이다. 경험주의가 원자론적 언어를 포기하는 일과 공간이나 지속의 권역을 말하는 것 그리고 성질의 경험에다 관계의 경험을 덧붙이는 일이 어쩌다가 일어날 수 있다. 이것이 경험론에 어떤 변화를 가져오는 것은 아니다. 그렇지 않다면 공간의 권역은 정신에 의해서 주파되고 검사된다. 그러나 그렇다면 우리는 경험주의를 포기하게 된다. 왜냐하면 의식은 더 이상 인상에 의해 규정되지 않기 때문이다.―그렇지 않다면 의식은 그 자체 인상의 방식으로 주어지고 이렇게 되면 역시 의식은 우리가 앞서 말한 점묘적인 인상이 그런 것보다 더, 확대된 협조와 차단된다. 그러나 윤곽은 현재적 소여(所與)들의 총체가 아니다. 그 소여들은 자신들을 완성하고자 다른 소여들을 불러일으키기 때문이다. 내가 면전에서 붉은 얼룩을 갖는다고 말할 때, 얼룩이란 말의 의미는 내가 그 사용법을 배운 이전의 경험들에 의해서 제공된다. 세 점 A, B, C의 공간적 분포는 유사한 다른 분포들을 불러일으키고 나는 원을 본다고 말하게 된다. 후천적 경험에 대한 호소도 경험주의의 입론에 어떤 변화를 가져오는 것은 아니다. 과거의 경험을 데려오는 '관념 연합'은 외적 연관들만을 복원할 수 있을 뿐이고 하나의 외적 연관일 수 있을 뿐이다. 왜냐하면 최초의 경험은 어떤 다른 경험도 포함하지 않았기 때문이다. 사람들이 의식을 감각으로 규정해버리면 모든 의식 방식은 그 명증성을 감각에서 빌려와야 할 것이다. **원, 질서**란 말은 내가 참조하는 선행적 경험들 내에서는 우리의 감각들이 우리 앞에서 분포되는 구체적 방식, 어떤 사실의 배열, 감각하는 방식만을 가리킬 수 있었을 뿐이다. 세 점 A, B, C가 원 위에 있다면, 거리 AB는 거리 BC와 '유사하다'. 그러나 그 유사성은 사실상 한 거리가 다른 거리를 생각나게 할 뿐이라는 것을 말하고 있다. 거리 ABC는 나의 시선이 따라갔던 다른 둥근 거리와 유사하나, 그 유사성은 거리 ABC가 기억을 일으켜서 사실상 상인 것처럼 보이게 할 뿐이라는 것을 말하고 있다. 그 둘은 결코 **동일**할 수 없고 **동일자**로 알아보거나 이해될 수 없으며, 이는 그 둘의 개별성이 극복되는 것을 전제로 하는 것이 될 것이다. 그 둘은 불가분리하게 연합될 수 있을 것이다. 어느 곳에서나 서로 대체될 수 있을 것이다. 인식은 한 인상이 이유를 대지 않고도 다른 인상을 알려주는, 저녁이 밤을 예기하듯 말들이 감각들을 예기하는 대입 체계로서 나타난다. 지각된 것의 의미는 이유 없이 다시 나타나기 시작하는, 한 무리의 상들에 다름아니게 된다. 결국, 가장 단순한 상들이나 감각들은 말들에서 이해해야 하는 상들이나 감각이 되고, 그것이 그들의 전부가 되며 개념들은 그들을 가리키는 복잡한 방식이다. 그리고 개념들은 그 자체가 말로 표현될 수 없는 인상들이기 때문에 이해한다는 것은 망상이거나 환상이다. 인식은 서로가 서로에게 이끌리는 대상들을 결코 파악하지 못하며 정신은 계산의 결과가 왜 참인가를 알지 못하는 계산기[2]로서 기능한다. 감각은 유명론 이외의 어떤 다른 철학도 인정하지 않는다. 말하자면, **의미**sens를 혼동스러운 유사성의 **반의미**contre-sens 또는 인접성에 의한 연합의 **무의미**non-sens에로 환원하는 것만을 인정한다.

2 _ 장 의 분 리

모든 인식이 시작해야 하고 끝나야 하는 감각들과 상들은 의미의 지평에서만 나타날 뿐이고, 지각된 것의 의미는 연합의 결과이기는커녕 눈앞에 있는 형의 축약 또는 선행하는 경험의 상기가 문

---

2 Husserl, *Logische Untersuchungen*, chap. I: *Prolegomena zur reinen Logik*, p. 68.

제인 모든 연합이 전제하고 있는 것이다. 우리의 지각 장은 '사물들'로 구성되고 '사물들 사이의 공백'으로 구성된다.[3] 사물의 부분들은 대상이 운동하는 동안에 확인된 그 부분들의 연대에서 나오는 단순한 외적 연합에 의해서 결합되어 있지 않다. 무엇보다도, 나는 결코 움직이는 것을 본 적이 없는 총체들, 예컨대 집, 해, 산을 사물로서 보고 있다. 만일 내가 경험에서 얻어진 개념의 범위를 움직이지 않는 대상에까지 확대시키기를 사람들이 바란다면, 그 산은 산에 대한 인식을 사물로서 정초하고 사물로 바꾸는 것을 정당화하는 어떤 특성을 자신의 실제적 측면을 통해서 틀림없이 나타내야 할 것이다. 그러나 그렇다면 그 특성은 어떤 전이도 없는 장의 분리라는 것을 설명하는 데 충분한 것이다. 아동이 다루고 옮겨놓을 수 있는 일상적 대상들의 통일성조차도 그 대상들의 연대의 확인으로 환원되는 것은 아니다. 우리가 사물들 사이의 공백을 사물로서 보기 시작한다면, 세계의 측면은 내가 '제복을 입은 연인' 또는 '제복을 입은 호텔 종업원'을 알아보는 순간의 수수께끼의 측면처럼 상당한 변화를 겪게 된다.* 그것은 달리 결합된 동일한 요소들, 달리 연합된 동일한 감각들, 다른 의미로 둘러싸인 동일한 텍스트, 다른 형태의 동일한 질료가 아니라 실로 다른 세계이다. 사물을 총체적으로 형성하는 일을 떠맡는 무차별적 소여들은 결코 없다. 왜냐하면 사실의 인접성이나 유사성이 그 소여들을 연합하기 때문이다. 그런데 이에 대한 이유는 그와 정반대로 우리가 총체를 하나의 사물로서 지각하고, 그후에 거기서 분석적 태도가 유사성이나 인접성을 식별할 수 있다는 것 때문이다. 이것은 우리가 전체의 지각 없이 전체의 요소들의 유사성 또는 인접성에 **주목하지** 않을 것이라는 것만을 의미하는 것이 아니라, 문자 그대로

3 예를 들면 쾰러의 『형태심리학 *Gestalt Psychology*』, pp. 164~65 참조.
* 근무복을 입은 호텔 직원이 사랑하는 사람에게 멋있는 연인으로 보이다가, 우연히 호텔 근처에 일이 있어 왔다가 마주치게 되는 경우 그가 제복을 입은 짐꾼 정도로밖에는 느껴지지 않는, 간혹 우리가 겪을 수 있는 연애 경험을 염두에 두면 된다.

그 요소들이 동일한 세계의 부분을 형성하지 않으며 도대체 존재하지 않을 것이라는 것을 의미한다. 의식을 언제나 세계 내에서 사고하는 심리학자는 자극의 유사성과 인접성을 총체의 구성을 규정하는 객관적 조건의 하나로 간주한다. 그들은 가장 인접해 있거나 가장 닮은 자극들 또는 모여서 가장 균형 잡힌 광경을 허용하는 자극들이 지각에 대하여 동일한 성형으로 통일하려는 경향을 갖는다고 말한다.[4][*] 그러나 이러한 언어는 기만적이다. 왜냐하면 그것은 지각된 세계에 속하고 또 과학적 의식이 구성하는 제2차 세계에도 속하는 객관적 자극을, 심리학자가 직접적 경험에 따라서 기술해야 하는 지각적 의식과 대조시키기 때문이다. 심리학자의 이중적 사고는 객관적 세계에 속하는 관계들을 자신의 기술에 재도입하는 위험을 언제나 무릅쓴다. 이렇게 해서 우리는 베르트하이머 Wertheimer의 인접성의 법칙과 유사성의 법칙이 지각의 구성의 원리인 바, 연합주의자들의 객관적 인접성과 유사성을 도로 가져온다는 것을 믿을 수 있게 되었다. 사실상 순수 기술 ─ 그리고 형태 이론이 그 하나이기를 바란다 ─ 에 대하여 자극의 인접성과 유사성은 총체의 구성보다 앞서는 것이 아니다. '좋은 형태'는 형이상학적 천국에서 그 자체로 좋기 때문에 현실화되는 것이 아니라, 우리의 경험에서 현실화되는 것이기 때문에 좋은 것이다. 소위 지각의 조건들이란 우리가 지각의 현상을 대상에 대한 최초의 창구로서 기술하는 대신, 그 현상의 주위에서 분석적 지각이 획득할 모든 설명과 사실 검증이 이미 새겨져 있고 현실적 지각의 모든 규범이 정당화되는 환경, 즉 진리의 징조인 **세계**를 전제하고 있을 때

---

4 예를 들면 베르트하이머(인접성의 법칙, 유사성의 법칙, '좋은 형태'의 법칙).

* 형태심리학에 따르면, 주어진 자극으로부터 형태가 지각되는 조건에는 인접성, 유사성, 좋은 형태 등이 있는데, 가장 간단하고 규칙적인 것이 형태화되기에 보다 수월하다는 것을 좋은 형태의 법칙이라고 한다. 즉 지각은 무질서하고 복잡하고 헝클어져 있는 것을 하나의 형태로 지각하기보다는 그 반대의 것, 말하자면 단순하고 질서 있는 것을 먼저 찾아 모으고 형태화하려고 한다는 것이다. 또한 이것이 소위 지각의 잉태성 pregnancy을 말해준다.

라도 지각보다 선행하는 것은 아니다. 이렇게 하지 않음으로써 우리는 인식을 정초하거나 또는 열어주는 지각의 본질적 기능을 제거하며 결과를 통해서 지각을 보게 된다. 우리가 현상에만 충실하다면, 지각에서 보이는 사물의 통일성은 연합에 의해서 이루어지는 것이 아니라 연합의 조건이며, 사물의 통일성이 연합을 검증하고 규정하는 검색들에 선행하며 그 자체로서 선행한다. 내가 난파선을 향해 해변을 거닐면서 연통이나 돛대를 모래 언덕 위의 숲으로 혼동하게 되면, 그 부분들이 활달하게 뭉쳐져 배가 되는 순간이 있을 것이다. 내가 접근해 감에 따라서 소묘가 계속되어 결국은 배의 윗부분을 결합해주었다고 하는 그 유사성들이나 인접성들은 내가 지각하는 것이 아니었던 것이다. 나는 단지 그 대상의 측면이 바야흐로 변화하려고 한다는 것을, 천둥이 구름 속에 임박해 있듯 어떤 사물이 그러한 긴장 속에 임박해 있다는 것을 경험했을 뿐이었다. 이러한 장면은 갑자기 나의 불명확한 예상을 만족시키면서 재조직된다. 이러한 일이 있고 난 후에, 나는 내가 '자극들'이라고 부르는, 말하자면 짧은 거리에서 얻어졌고 내가 '진정한' 세계를 구성하는, 가장 많이 규정된 현상들의 유사성과 인접성을 변화의 정당화로서 인식한다. 어떻게 내가 그 나무 조각들이 배라는 물체를 형성한다는 것을 보지 못했는가? 그런데도 그 조각들은 배와 동일한 색이며 배의 윗부분을 잘 본뜨고 있다. 그러나 바로 지각하고 있다는 이러한 이유들이 정확한 지각에 앞서 먼저 이유들로서 주어지고 있었던 것은 아니다. 대상의 통일성은 예의 그 광경에 잠재되어 있을 뿐인 문제에 대하여 단숨에 답을 제공하려는 임박한 질서의 예감에 기초해 있고, 모호한 궁금증의 형태로만 제기되었을 뿐인 문제를 해결해주며, 그 통일에 도달할 때까지 동일한 세계에 속하지 않았던, 그 때문에 칸트가 심원하게 말한 바대로 연합될 수 없었다던 요소들을 조직한다. 요소들을 동일한 지반, 단독적인 대상의 동일한 지반 위에 올려놓음으로써 대략적인 개관은 요소들의 인접성과 유사성을 가능하게 한다. 하나의 인상은 그 자체로는 다른 인상과 연합할 수 없다.

3_존재하지 않는 연합력

하나의 인상은 다른 인상을 되살아나게 하는, 즉 자신을 넘어서
는 힘을 갖고 있지 않다. 그것은 되살아나는 것이 필요한 인상들과
공조하는 것으로 판명되는 곳인, 즉 무엇보다도 과거의 경험의 조
망에서 **이해된다**는 조건에서만 그런 일을 수행한다. 여기에 한 쌍
으로 묶여져 있는 두 무리의 음절이 있다고 가정해보자.[5] 하나는
뒷부분이 앞부분의 연음화로 되어 있고tak-dak 다른 하나는 뒷부
분이 앞부분의 역순으로 되어 있다ged-deg. 이 두 무리의 음절이
암송되었다고 보고 우리가 중요한 실험을 통해서 '연음 부분을 찾
아라' 하는 일률적인 지시를 내린다면 우리는 tak에 대해서보다
ged에 대해서 연음운을 발견하는 것이 피실험자에게 더 어렵다는
사실을 잘 알게 된다. 그러나 그 지시가 제시된 음절들의 모음을
바꾸라는 것이면 그 일은 즉각 이루어진다. 따라서 최초의 중요한
실험에서 활동한 것은 연합력이 아니다. 왜냐하면 연합력이 존재
했다고 하면 두번째의 실험에서 활동했어야 했기 때문이다. 진상
은 이러하다. 때때로 연음운과 연합된 음절을 자기 앞에 맞이하는
피실험자는 실제의 운율 대신 자신의 획득물을 이용하고 '재생산
의 의도'[6]를 가동시킨다. 그리하여 저 동일한 지시가 암송을 통해
실현된 경험의 조립 상태들과 더 이상 일치하지 않는 두번째 음절
에 대하여 주어지게 되면, 재생산의 의도는 오류에로 이끌리고 마
는 것이다. 우리가 중요한 두번째 실험에서 피실험자에게 유도 음
절의 모음을 바꾸라고 제안할 때 그것은 훈련받은 경험에서 형성

5 K. Lewin, *Vorbemerkungen über die psychischen Kräfte und Energien und über die
Struktur der Seele.*
6 'set to reproduce', Koffka, *Principles of Gestalt Psychology*, p. 581.

되지 않는 문제이기 때문에 피실험자는 재생산의 우회로를 사용할 수 없고 이러한 조건에서 훈련받은 경험은 아무런 영향도 없는 상태로 남아 있다. 따라서 연합은 자율적 힘으로서 활동하지 않으며 반동을 '유도하는' 작용인으로서 제안된 언어도 아니다. 그것은 재생산 의도를 개연적이게 또는 유혹적이게 만듦으로써만 움직이고, 과거의 경험의 맥락에서 잡았던 의미에 의해서만 그리고 그러한 경험에 대한 의지를 암시함으로써만 움직이며, 피실험자가 그 의미를 인지하는 데 따라서, 과거의 국면이나 모습 아래에서 그 의미를 파악하는 데 따라서 효력을 발휘한다. 결국 우리가 한갓된 인접성 대신에 유사성에 의한 연합이 개입되기를 희망한다면, 다시 한 번 우리는 현재의 지각이 실제로 닮고 있는 과거의 상을 불러내기 위하여, 그 지각이 그러한 유사성을 담고 있을 수 있어야 하는

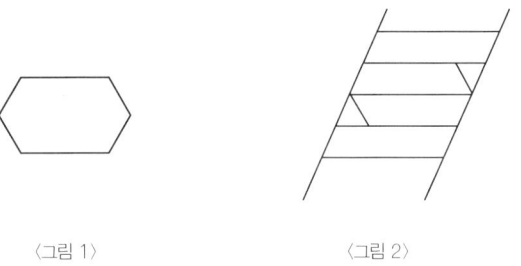

〈그림 1〉   〈그림 2〉

방식으로 **형태화**되어야 한다는 점을 알게 된다. 피실험자가[7]〈그림 1〉을 다섯 번 또는 5백 번을 보았든 간에 그는 〈그림 1〉을 〈그림 1〉이 '가려져' 있는 〈그림 2〉에서도 대충 쉽사리 인식할 것이다. 그렇다고 해도 그는 〈그림 1〉을 〈그림 2〉에서 항상적으로 인식하지는 않을 것이다. 반대로, 〈그림 2〉에서, 숨겨진 다른 그림(게다가 어느 그림인지를 알지 못한 채)을 찾는 피실험자는 동일한 경험이 주어지는 경우 수동적 피실험자보다 더 자주 더 빠르게 〈그림 1〉을 발견한다. 따라서 유사성은 공존처럼 상(像)들의 내왕이나 '의식 상

---

7 Gottschaldt, *Über den Einfluß der Erfahrung auf die Wahrnehmungen von Figuren.*

태'를 지도하는 제3의 힘이 아니다. 〈그림 1〉은 〈그림 2〉에 의해서 불러내어지지 않는다. 아니, 그렇게 되는 것은 우리가 우선 〈그림 2〉에서 '가능적 〈그림 1〉'을 보았을 때뿐이며, 이것은 실제적 유사성이 우리로 하여금 우선 가능적 〈그림 1〉이 어떻게 〈그림 2〉에 **의해서** 생겨난 현재의 조직을 통해 가능하게 되는가를 탐구하지 않게 면제시켜주는 것이 아니라는 것을 말해주고, '유도하는' 그림이 자신 속에서 기억을 가져오기 이전에 유도된 그림과 동일한 의미를 띠어야 한다는 것을 말해준다. 결국 그것은 사실의 과거가 연합의 메커니즘에 의해서 현재의 지각에 들여와지게 되는 것이 아니라, 현재의 의식 그 자체에 의해서 펼쳐지게 되는 것이라고 말해주는 셈이다.

4_존재하지 않는 기억의 투사

이렇게 해서 우리는 '지각에서 담당하는 기억의 역할'과 관련한 통례적 공식들을 평가하는 것이 무엇인지를 알 수 있게 된다. 경험주의를 벗어나서도 '기억의 공헌'[8]이 화젯거리로 대두된다. 사람들은 '지각하는 것은 상기하는 것'이라고 반복해서 말한다. 사람들은 책을 읽는 시선의 속도가 망막의 인상들에 간격을 생기게 한다는 것을, **그러므로** 감각적인 소여들은 상기의 투사에 의해서 완성되어야 한다는 것을 보여준다.[9] 정상적으로 보여진 풍경이나 신문은 상기가 거기에 덧붙이는 것에 의하지 않고는 분명해지지 않기 때문에 거꾸로 보여진 풍경이나 신문은 발원적originaire 시각을 우리에게 환기시켜준다. '평소와는 다른 인상들의 배치 때문에 심적 요인들은 더 이상 영향을 발휘할 수가 없다'.[10] 사람들은 다르게

---

8 Brunschvicg, *L'Expérience humaine et la Causalité physique*, p. 466.
9 예를 들면, Bergson, *L'Energie spirituelle, L'effort intellectuel*, p. 184.
10 예를 들면, Ebbinghaus, *Abriß der Psychologie*, pp. 104~05.

배치된 인상들이 왜 신문을 읽을 수 없게 하고 풍경을 알아볼 수 없게 하는가를 이상하게 생각하지 않는다. 그것은 지각을 완성하기 위하여 상기가 주어진 것의 외관에 의하여 가능해지는 것으로 되어야 할 필요가 있기 때문이다. 기억의 모든 공헌에 앞서, 보여지는 것은 내가 이전의 경험들을 인식할 수 있게 되는 광경을 제공하도록 즉각적으로 조직되지 않으면 안 된다. 따라서 기억에 대한 호소는 자신이 설명하고 있다고 여겨지는 것을 전제한다. 즉 소여의 형태화, 감각적 무질서에 대한 의미 강요가 그것이다. 이것은 상기가 가능해지자마자 잉여물이 된다. 왜냐하면 우리가 그것을 기대하는 노력은 이미 이루어졌기 때문이다. 사람들은 '기억의 색깔'에 대해서도 동일하게 말했는데, 다른 심리학자들에 따르면, 이 기억의 색깔은 결국 대상의 현재적 색깔을 대신하고, 그러기에 우리는 '기억의 안경을 통해서' 그 대상을 보는 셈이다.[11] 문제는 '기억의 색깔'을 소생시키는 것이 무엇인가를 아는 일이다. 헤링 Hering은 우리가 이미 아는 대상을 다시 보거나 **'다시 본다고 믿을'** 때마다 그것이 되살아난다고 말한다. 그러나 우리는 무엇을 토대로 해서 믿고 있는가? 실제의 지각에서 이미 아는 대상이 문제로 되는 것을 우리에게 가르쳐주는 것은 무엇인가? 왜냐하면 그 가설에 따르면 대상의 성질들은 변화하기 때문이다. 우리가 형태나 크기의 인식이 색깔의 인식을 가져오기를 바란다면, 그것은 순환적이 될 것이다. 왜냐하면 외양의 크기나 형태도 역시 변화하기 때문이고, 게다가 여기서의 인식은 기억의 소생에서 결과하는 것이 아니라 그보다 선행해야 하기 때문이다. 그렇다면 그 인식은 결코 과거에서 현재로 건너가지 못하며 '기억의 투사'는 이미 수행된 보다 심층적인 인식을 은폐하는 기만적 비유에 불과하다. 마침내 동일한 논리에서, 교정자의 착각은 더 이상 구별되지 않을 만큼 섞여 있는 기억들에 기대어 충실하게 읽혀진 몇몇 요소들의 융합

---

11 Hering, *Grundzüge der Lehre vom Lichtsinn*, p. 8.

으로 이해될 수 없다. 기억의 소생이 어떻게 엄밀하게 감각적인 소여의 상에 의해서 인도되지 않고 일어나며, 그리고 그렇게 지도된다면 그때는 그것은 어디에 소용되는가? 왜냐하면 해당 글자는 기억의 저장소에서 조금이라도 무엇을 취하기 전에 이미 자신의 구조나 특징을 갖고 있기 때문이다. '기억의 투사'를 신임하게 된 것은 분명히 대략 다음과 같은 간단한 추론에 따르는 착각의 분석으로부터이다. 착각은 '현재 주어진 것'에 의거할 수 없다. 왜냐하면 나는 논문에 나타나 있는 'destruction'을 'deduction'이라고 읽기 때문이다. str을 대신하는 d는 시각에 의해서 제공되지 않고 따라서 다른 곳에서 나와야 한다. 사람들은 그것이 기억에서 온 것이라고 말한다. 마찬가지로, 다소의 명암은 그림의 표면을 붉거지게 하고, 그림 맞히기에 나오는 몇몇의 나뭇가지들은 고양이를 암시하며, 구름이 만드는 몇몇의 혼잡스러운 선들은 말을 암시한다. 그러나 과거의 경험은 나중에야 착각의 원인으로서 나타날 수 있을 뿐이고, 현재의 경험은 다른 기억이 아닌 바로 이 기억을 불러일으키기 위하여 진실로 먼저 형태와 의미를 갖고 있어야 한다. 그러므로 말, 고양이, 대신했던 글자, 그림 표면의 양각을 탄생시키는 것은 나의 현실적 시선이다. 그림 표면의 명암은 그 명암이 그 공간의 토착적 의미로 둘러싸인 것으로 판명된 '발원적 양각 현상'을[12] 모방하면서 표면의 양각을 가져온다. 내가 그림 알아맞히기에서 고양이를 발견하기 위해서, "'고양이'라는 의미의 통일성은, 조정 활동이 보유해야 하고 무시해야 하는 주어진 자료의 요소들을 어떤 방식으로 이미 규정할 필요가 있다."[13] 착각은 자신을, 의미가 감각적인 것 이외의 다른 어느 곳에서도 발생하지 않는 틀림없는 지각으로 간주하면서 자연스럽게 우리를 기만한다. 그것은 의미가 감각적인 것을 어김없이 내포하는 것과 같다는 것이고, 그러면서 감각적인 것에서 자신을 점점 분명하게 보이게 하고 또는 자신을 말

12 Scheler, *Idole der Selbsterkenntnis*, p. 72.
13 같은 책.

지각의 현상학

하게 하는 그러한 특전을 부여받은 경험과 같다는 것이다. 그것은 그와 같이 지각의 규범을 함축한다. 따라서 그것은 감각적인 것과 기억의 **만남**에서 탄생할 수 없다. 하물며 지각은 더욱 아니다. '기억의 투사'는 지각과 기억을 이해할 수 없게 만든다. 왜냐하면 지각된 사물이 감각과 지각으로 구성된다면, 그것은 기억의 도움에만 의존해서 규정될 것이고, 따라서 기억의 침입을 제한할 수 있는 그 어떤 것도 자신 속에 갖고 있지 않을 것이며, 언제나 가지고 있는 '달라진' 훈영(暈影)조차 갖고 있지 않을 것이고, 우리가 말한 대로, 파악될 수 없는 무형적인 것이 되며, 달아나 빠져나가고, 언제나 착각에 접해 있는 것이 되어버리기 때문이다. 더욱이 착각은 사물을 종국적으로 파악한다는 확고하고 결정적인 모습을 제공하지 않을 것이다. 왜냐하면 그러한 모습은 지각 자체에는 없을 것이기 때문이다. 따라서 착각은 우리를 기만하는 것이 될 수 없을 것이다. 결국 우리가, 기억이 스스로 감각에 투사되지 않는다는 것을 인정하고, 의식이 현재 주어진 것과 일치하는 기억만을 보유하기 위해 기억을 현재 주어진 것과 대조시킨다는 것을 인정한다면, 그때는 우리는, 자신 속에 의미를 담고 있고 그것을 기억의 의미와 대조시키도록 만드는 원본을 인식하게 된다. 이 원본이 바로 지각이다. 요컨대, 사람들이 '기억의 투사'를 통해서 지각에 정신 활동을 도입하고, 이렇게 하여 경험주의와는 반대의 입장에 섰다고 보는 것은 실로 잘못인 것이다. 그 이론은 하나의 결과, 즉 경험주의의 때늦은, 효과 없는 수정에 불과하며, 경험주의의 요청들을 인정하고 난점들을 공유하며 경험주의처럼, 현상을 이해하게 하는 대신 은폐시킨다. 그 요청은 언제나 그렇듯 주어진 것을 감관에 의해 제공될 수 있는 것으로부터 **연역하는** 데서 성립한다. 예를 들면 교정하는 사람이 착각하는 경우, 사람들은 실제로 보여진 요소들을 눈 운동 그리고 망막에 상이 맺히는 데 요구되는 시간과 교정 속도에 의해서 재구성한다. 그리고 나서 사람들은 지각 전체로부터 이론적 소여물을 떼어냄으로써 '상기된 요소들'을 얻고 이것이

다시 정신적 사물로서 취급된다. 사람들은 벽돌로 집을 짓듯 지각을 의식 상태로 짓고 이런 자재들을 하나의 압축물로 용해시키는 정신화학을 상상하고 있다. 모든 경험주의적 이론처럼 이러한 이론은 인식의 등가물일 수 없는 맹목적인 과정을 기술할 뿐이다. 왜냐하면 그러한 감각과 기억의 축적 속에는 **보는 사람**, 소여된 것과 상기된 것의 일치를 겪을 수 있는 사람이 없기 때문이다. 그리고 여기에 상관되어 있는 사실로는, 운집해 있는 기억에 대항해서 의미에 의해 보호되는 어떤 분명한 대상도 없다는 점이다. 그러므로 만사를 몽롱하게 하는 그 요청은 거부되어야 한다. 객관적 원인들에 의한 분리, 즉 주어진 것과 상기된 것의 분리는 자의적인 것이다. 현상으로 되돌아가면서 우리는 환원 불가적인 의미를 이미 잉태하고 있는 총체를 근본 층위로서 발견한다. 즉 기억이 끼워지는 공백의 감각들이 아니라, 이전의 경험에 일치하는 듯이 순간의 의도에 자발적으로 일치하는 광경이나 글자의 모습, 구조 말이다. 이렇게 될 때, 지각적 의식의 일반적 문제와 연결된 문제, 즉 지각에 있어서 기억의 진정한 문제가 나타난다. 의식이 그 자신의 삶에 의해서 그리고 보충 자료들을 신비의 무의식으로 가져가지 않고 어떻게 시간과 더불어 광경의 구조를 바꿀 수 있는가 — 의식이 자신의 이전 경험을 인식의 주제로 삼는다면, 그러한 경험이 기억 활동을 통해서 재개할 수 있는, 그러나 다시금 '주변에' 놓일 수 있는, 그리고는 지각된 것에 즉각적으로 목전의 분위기와 의미를 제공하는 지평의 형태로 어떻게 언제라도 의식에게 나타나는가를 이해하는 것이 필요하다. 언제나 의식에 일임되어 있으면서 바로 그런 이유 때문에 의식의 모든 지각을 에워싸고 있는 장, 그리고 분위기, 지평, 또는 여러분이 원한다면, 의식에 순간적 상황을 제공하는 주어진 '합성,' 이러한 것들은 지각과 상기의 분명한 행위를 가능하게 하는 바, 과거의 현전인 것이다. 지각한다는 것은 수많은 인상들을 완성할 수 있는 기억들을 동반하는 그와 같은 인상을 겪는다는 것이 아니며, 기억에 대한 어떤 호소도 불가능하게 되는 바, 내재적 의미가 주어진 것의 성좌로부터 솟아오르는 것을 보는 것이다. 상기하는 것은 즉자적으로 존속하는 과거의 그림을 의식의 시선 아래로 가져오는 것이 아니며, 과거의 지평에 빠져드는 것이고, 그 지평이 개괄하는 경험들이 시간적 장소에 따라 새로이 체험된 것으로서 존재할 때까지 몇 겹씩 얽혀 있는 조망들을 그 지평 안에서 점차로 전개하는 것이다. 지각하는 것은 상기하는 것이 아니다.

5 _ 경험주의와 반성

따라서 '형'과 '지'의 관계, '사물'과 '비사물'의 관계, 과거의 지평은 그 속에서 나타나는 성질들로 환원될 수 없는 의식의 구조들이다. 경험주의는 언제나 이 선천적인 것을 정신화학의 결과로서 다루는 수단을 보존할 것이다. 경험주의는 모든 사물이 사물이 아닌 지위에서 나타나고, 현재는 부재하는 두 지평, 즉 과거와 미래 사이에서 나타난다는 것을 인정할 것이다. 그러나 그들은 이어서 그 의미들이 파생적이라고 말할 것이다. '형'과 '지,' '사물'과 그 '주위,' '현재'와 '과거,' 이 말들은 시공간적 조망의 경험을 요약하며 결국 그러한 경험은 기억이나 주변적 인상의 소멸로 귀착된다. 한번 형성되면 그 구조들은 사실의 지각에서 성질이 제공할 수 있는 것보다 더 많은 의미를 갖고 있을지라도, 나는 의식의 그러한 증거에 만족해서는 안 되고 그 구조들을 바로 그 구조들이 실제적 관계들을 표현해주는 인상들의 도움을 받아서 이론적으로 재구성해야 한다. 이러한 계획에 의거해서 경험주의가 논박될 수 있는 것은 아니다. 그것은 반성의 증거를 거부하고 외부의 인상들을 연합함으로써 우리가 이해하는 것으로 알고 있는 그 구조들을 전체에서 부분으로 이동하면서 산출하기 때문에, 우리가 경험주의에 반하는 결정적 증거로서 인용할 수 있는 어떤 현상도 없다. 일반적으로 사람들은 자기 자신이 모르는, 그러나 사물 속에 장착되어 있는 사상을, 단지 현상을 기술한다고 해서 논박할 수 있는 것은 아니다. 사람들이 세계의 형태, 삶, 지각, 정신에 대해서 갖는 **경험**을 바로 우리 곁에 있는 원천으로서 또한 그 주제들에 대한 우리의 인식의 최종 심급으로서 인식하는 대신, 그것들을 구성하려고 노력하는 한에 있어서는 물리적·화학적 과정들이 유기적 형태들보다, 경험주의의 심리적 원자들이 지각된 현상들보다, 빈 학파가 말하는 '의미들'인 지적 원자들이 의식보다 언제나 실재적인 것 같다. 분명한 것과 모호한 것의 관계들을 뒤집어놓는 이러한 시선의 전도는 그 관계들 하나하나에 의해서 성취되어야 한다. 그 전도가 이해시키고자 하는 현상의 풍부성으로 그 전도를 정당화하는 것은 그 다음 문제이다. 그러나 전도 이전에는 현상들은 접근 불가능했을 것이고, 전도 이전에 사람들이 수행하는 기술에 대해서 경험주의는 언제나 우리에게 **이해하지** 못한다고 응수할 수 있다. 이러한 의미에서 반성은 광증처럼 폐쇄적 사고 체계이며, 광증과의 차이점이라면 반성이 자신과 광인을 이해하는 반면 광인은 반성을 이해하지 못한다는 것이다. 그러나 현상적 장이 실로 새로운 세계라고 해도, 그것은 자연적 사고가* 전혀 모르는 것은 아니며, 자연적 사고에 대하여 지평으로 현존하고 있다. 경험주의적 이론 역시 그 자체로는 의식을 분석하는 시도인 것이다. 그러므로 '신화에 대한 방어' 목적으로서, 경험주의적 구성들이 이해하지 못하게 만들어 버리는 모든 것과 은폐시키는 모든 원래적 현상들을 지적해두는 것은 유익한 일일 것이다. 경험주의적 구성들은 먼저 우리에게 '문화적 세계'나 '인간적 세계'를 숨긴다. 그럼에도 불구하고 우리의 대부분의 삶은 그 속에서 일어난다. 대부분의 우리에 대해서 자연은 도시, 도로, 주택에 의해서, 그리고 무엇보다도 타인의 존재에 의해서 억압된 모호하고 소원한 존재일 뿐이다. 그런데 경험주

지각의 현상학

* 일상 경험적 태도로 임하는 사고.

의의 경우에는 '문화적' 대상들과 사람의 얼굴들이 갖는 특징, 마술적 힘은 기억의 전이와 투사 덕분이며, 인간적 세계는 우연적으로만 의미를 지닐 뿐이다. '즐겁게' 또는 '슬프게,' '생기 있게' 또는 '침울하게,' '우아하게' 또는 '품위 있게' 보이도록 미리 결정하는 풍경, 대상 또는 신체의 감각적 국면에는 아무것도 들어 있지 않다. 게다가 우리가 지각하는 것을, 우리의 감관에 작용할 수 있는 자극의 물리적·화학적 성질에 의하여 규정하면서부터 경험주의는, 그러한 규정에도 불구하고 내가 사람들의 얼굴에서 읽는 분노나 고통, 주저와 망설임 속에서 그 본질을 파악하는 종교, 경찰의 태도나 공공 건물의 양식에서 그 구조를 인식하는 도시를 지각으로부터 배제하고 있다. 경험주의는 **객관적 정신**을 더 이상 가질 수 없다. 즉 정신적 삶은 짐작하건대, 자신을 펼칠 때 내가 함께 논의하거나 함께 사는 사람들이 구성하는 나의 연구 장소 또는 행복한 장소와 같은 인간적 공간으로 펼쳐지는 대신, 내성에게로만 양도된 고립된 의식들로 물러나게 된다. 기쁨과 슬픔, 활력과 흐리멍덩함은 내성의 소여물이고, 그것들을 가지고 우리가 풍경이나 타인을 덮어 입힌다면, 그것은 우리가 내적 지각과 조직 기관의 우연에 의해서 연합된 외적 기호들과의 일치를 우리 자신 속에서 확립했기 때문이다. 이렇게 빈약해진 지각은 인식의 순수 작용으로, 성질의 점진적인 등록으로, 그 성질의 가장 습관적인 펼침으로 되고, 학자가 자신의 경험을 대면하듯이 지각하는 주체도 세계를 그렇게 대면한다. 반대로 우리가 이 모든 '투사,' 이 모든 '연합,' 이 모든 '전이'가 대상에 내재하는 어떤 특성에 기초하고 있음을 인정한다면, '인간적 세계'는 은유이기를 그치고 다시 한 번 실제로 존재하는 그대로가 되고, 우리의 사고 환경으로 되며, 우리의 사고의 **고향**처럼 된다. 지각하는 주체는 '초우주적'으로 사유하는 주체이기를 그치고, 행동·감정·의지는 대상을 정립하는 원래적 방식들로서 탐구되어야 한다. 왜냐하면 "대상은 검거나 푸르게 또는 둥글거나 네모나게 보이기 전에 시각을 끌어당기거나 시각이 싫어

하는 것으로 보이기 때문이다."[14] 그러나 경험주의는 문화적 세계가 우리 존재의 자양분일 때 그 세계를 환영으로 만들면서 단지 경험만을 왜곡시키는 것은 아니다. 자연적 세계 또한 왜곡되며 동일한 이유에서 그렇다. 우리가 경험주의를 비난하는 것은 그들이 자연적 세계를 첫째가는 분석 테마로 받아들였다는 점에 있지 않다. 왜냐하면 모든 문화적 대상은, 이 대상이 나타나는 토대로서의 자연이면서 달리 보면 혼동스럽고 소원한 것일 수 있는 그러한 자연으로 되돌아간다는 것이 참으로 진리이기 때문이다. 우리의 지각은 그림 밑에 캔버스가 가까이 현존해 있다는 것, 기념물 밑에 시멘트가 풍화되어가고 있는 채로 가까이 현존해 있다는 것, 등장 인물의 태도에서 피로한 모습의 배우가 가까이 현존해 있다는 것을 암각한다. 그러나 경험주의가 말하는 자연은 자극과 성질의 총합이다. 바로 그러한 자연으로부터, 의도에서만 그렇다고 할지라도 그러한 자연이 우리의 지각의 첫째가는 대상이라고 주장하는 것은 불합리한 것이다. 즉 그러한 자연은 문화적 대상들에 대한 경험 이후의 것이다. 정확하게 말하면, 그것은 문화적 대상들 중의 하나이다. 따라서 우리는 자연적 세계도 역시 재발견해야 할 것이고 과학적 대상의 존재 방식과 혼동되지 않는 자연적 세계의 존재 방식을 재발견해야 할 것이다. 지가 형 아래에서 계속하는 현상, 형이 지를 숨겨도 지가 형 아래에서 **보여지는** 현상, 즉 대상의 **현전**의 모든 문제를 포괄하는 그 현상은 그 자체 역시 경험주의 철학에 의해 은폐되어 있거니와, 경험주의 철학은 생리학적 시각 규정에 따라서 그 지의 부분을 보이지 않는 것으로 처리하고 그 지의 부분이 상(像), 말하자면 희미해진 감각에 의해 주어진다고 가정함으로써 단순한 감각적 성질의 지위로 환원시킨다. 보다 일반적으로 말하면, 우리의 시각 장의 일부를 구성하지 않는 실재적 대상들은 상들에 의하지 않고는 우리에게 현전할 수 없다. 그리고 이것이 실재적

---

14 Koffka, *The Growth of the Mind*, p. 320.

대상들은 다만 '영원한 감각 가능성'일 뿐이라고 주장하는 이유이다. 우리는 내용이 우선한다는 경험주의의 요청을 버린다면, 우리의 이면에 있는 대상의 독특한 존재 방식을 자유롭게 인식할 수 있다. "자기 뒤에 세계가 아직 있는지를 알고자"[15] 몸을 돌려보는 히스테리 아동 환자는 상들을 결여하고 있지는 않으나, 그의 지각된 세계는 정상인과 달리 숨겨진 면을 보이는 면만큼 확실하게 보장하는 원래적 구조들을 상실했던 것이다. 다시 한 번 말하거니와, 경험주의자는 심리적 원자들을 수집하면서 저 모든 구조들의 근사 등가물을 항상 구성할 수 있다. 그러나 반성은 경험주의자가 복속했던 진리를 적당하게 정리하면서 이해하는 반면, 다음 장들에서 주어지는 지각된 세계에 대한 정밀 조사는 경험주의를 점차 일종의 정신적 맹목성으로서 그리고 우리에게 계시된 경험을 온전하게 규명할 수 없는 체계로서 나타나게 할 것이다.

---

15 Scheler, *Idole der Selbsterkenntnis*, p. 85.

제3장 주의와 판단

1_주의와 세계 그 자체의 편견

고전적 편견에 관한 지금까지의 논의는 경험주의에 관한 것이었다. 사실상 우리는 경험주의만을 겨냥한 것은 아니었다. 이제 우리는 그 반정립인 주지주의가 경험주의와 동일한 지대에 놓여 있음을 보여주지 않으면 안 된다. 그 둘은 먼저 시간에 따르지도 않고 의미에 따르지도 않는 객관적 세계를 자신의 분석 대상으로 삼는다. 그 둘은 지각적 의식이 대상을 구성하는 특수한 방식을 표현할 수 없다. 그 둘은 모두 지각에 관하여 밀착하는 대신 거리를 둔다.

사람들은 주의의 개념의 역사를 연구함으로써 그것을 보여줄 수 있다. 그것은 경험주의자에게 있어서 '항상성 가설'로부터, 다시 말하면 우리가 설명한 대로 객관적 세계의 우위로부터 연역된다. 우리가 지각하는 것이 자극의 객관적 성질과 일치하지 않을지라도, 항상성 가설은 '정상적 감각'이 이미 거기에 있다는 것을 인정하지 않을 수 없게 한다. 따라서 그 감각은 지각되지 않은 채로 있어야 하고, 그것을 드러내는 기능을 사람들은 주의라고 부른다. 이것은 마치 탐조등이 어두운 곳에 선재(先在)하는 대상을 밝혀주는 것과 같다. 따라서 주의 작용은 어떤 것도 창조하지 않는다. 말브랑슈Malebranche가 대충 말한 것처럼, 그것은 내가 제기한 문제에 대답할 수 있는 지각 또는 관념을 곧장 솟아오르게 하는 자연적 기적과 같은 것이다. '주의' 또는 '주목'은 그것이 일으키는 관념의 작용인이 아니기 때문에 모든 주의 작용에 관해서도 사정은 마찬가지이다. 이것은 탐조등의 빛이 밝혀주는 풍경이 무엇이든지 간에 사정이 마찬가지인 것과 같다. 따라서 주의는 언제나 의식의 내용에 무차별적으로 향할 수 있다는 의미에서 일반적이고도 무제약적인 능력이다. 그것은 도처에서 결실을 맺지 못하기에, 어느 곳에서도 **관심을 가지는 것**을 할 줄 모른다. 그것을 의식의 삶에 연결하기 위해서 사람들은 지각이 어떻게 주의를 일깨우는가를 보여주지 않으면 안 되고, 이어서 주의가 어떻게 지각을 개발시키고 풍부하게 하는가를 보여주지 않으면 안 된다. 말하자면 내적 연관을 기술해야 하는데, 경험주의는 외적 연관만을 배치할 뿐이고 의식 상태를 병립만 할 뿐이다. 경험주의자의 주관은, 사람들이 그 주관에게 발의권initiative을 인정해주기만 하면 — 바로 이것이 주의 이론의 존재 이유이거니와 — 절대적 자유를 받을 수 있게 된다. 반대로, 주지주의는 주의의 생식력에서 출발한다. 나는 주의로써 대상의 진리성을 얻을 수 있다는 것을 의식하기 때문에 주의는 한 그림에다 다른 그림을 우연히 연속시키는 것이 아니다. 대상의 새로운 국면은 앞선 것을 종속시키고 앞선 것이 말하고자 했던 모든 것을 표현한다. 밀랍은 처음부터 가변적이고 변하기 쉬운 연장적인 것의 조각이다. 간단하게 말해서, 나는 이것을 "나의 주의가 그 속에 존재하게 되고 구성되게 되는 사물에 어느 정도 향해 감에 따라"[1] 명석하게 또는 모호하게 알고 있다. 나는 주의에서 대상의 명료화를 경험하기 때문에 지각된 대상은 이미 그것이 펼치는 이해 가능한 구조를 포함하지 않으면 안 된다. 의식이 접시의 둥근 외관으로부터 기하학적 원을 발견한다면, 그것은 의식이 이미 거기에 원을 놓았기 때문이다. 주의를 통해 인식을 얻기 위해서 의식은, 기절한 사람이 자신에게 되돌아온다고 사람들이 말하는 의미에서 자신에게 되돌아오는 것으로 충분하다. 반면에, 주의 없는 지각이나 착란

---

1 Descartes, *IIe Méditation*, AT, IX, p. 25.

적인 지각은 반수면 상태이다. 그것은 부정에 의해서만 기술될 수 있고 그러한 대상은 일관성이 없다. 사람들이 말할 수 있는 유일한 대상들은 깨어 있는 의식의 대상들이다. 우리는 사실 우리의 신체인 방심과 현기증의 항상적인 원리를 우리와 더불어 가지고 있지만, 우리의 신체는 우리로 하여금 없는 것을 보게 하는 능력을 가지고 있지 않다. 그것은 우리로 하여금 우리가 보는 것을 믿게 할 수 있을 뿐이다. 지평선 상의 달은 천정점(天頂點) 상의 달보다 더 크지도 않고 더 크게 보이지도 않는다. 우리가 그것을 주의 깊게 가령 두꺼운 종이 관이나 망원경으로 본다면, 그 외관상의 직경이 항상적인 것을 볼 수 있을 것이다.[2] 부주의한 지각은 주의 깊은 지각보다 더한 어떤 것도, 그와 다른 어떤 것도 포함하지 않는다. 따라서 철학은 외관을 높이 신망할 필요가 없다. 스스로 허락하여 생긴 장애물로부터 벗어나 있는 순수 의식, 공상과는 조금도 혼합되어 있지 않는 참된 세계가 개개인의 손아귀에 놓여 있다. 우리는 주의 작용을 혼동에서 명료성으로 이행하는 것으로 분석할 필요가 없다. 왜냐하면 혼동은 도대체 존재하지 않기 때문이다. 의식은 대상을 한정함으로써만 존재하기 시작할 뿐이고 '내적 경험'의 환영조차도 외적 경험에서 빌려옴으로써만 가능할 뿐이다. 따라서 의식의 사적인 삶이라는 것은 없고, 의식은 아무것도 아닌 무질서를 장애물로 가질 뿐이다. 그러나 모든 것을 구성하는 의식, 더 정확히 말해서, 모든 대상의 이해 가능한 구조를 영원히 소유하는 의식에게는, 어떤 것도 구성하지 않는 경험주의자의 의식에게서와 같이, 주의는 추상적이고 효력 없는 능력으로 남아 있다. 왜냐하면 그에게는 해야 할 일이 아무것도 없기 때문이다. 의식은 자신이 관심을 두는 대상에 친밀하게 연결되어 있는 것에 못지않게 자신이 방심하는 대상에 친밀하게 연결되어 있다. 주의 작용이 추가하는 명료성은 어떠한 새로운 관계도 개통하지 않는다. 따라서 그것은

2 Alain, *Système des Beaux-Arts*, p. 343.

다시 한 번 자신이 밝혀주는 대상에 따라 변화하지 않는 빛이 되고 또다시 사람들은 "의도의 양식들과 특수 방향들"[3]을 공허한 주의 작용으로 대체한다. 결국 주의 작용은 모든 대상을 무차별적으로 자기 손아귀에 두고 있기 때문에 무제약적이다. 이것은 경험주의자의 주의가 무제약적이었던 것과 같다. 왜냐하면 경험주의자의 주의에 대해서 모든 대상은 초월적이었기 때문이다. 모든 대상 중에서도 특히 하나의 현실적 대상이 어떻게 주의 작용을 일으킬 수 있는가? 왜냐하면 의식이 그 모든 것을 가지고 있기 때문이다. 경험주의에 없었던 것은 대상과 그 대상이 개시하는 작용 사이의 내적 연관이었고, 주지주의에 없었던 것은 사고가 일어나는 계기의 우연성이었다. 전자의 경우 의식은 너무나 빈약하고 후자의 경우 의식은 너무나 풍부해서, 어떤 현상이 그 의식을 **청원할** 수가 없다. 경험주의는 우리가 탐구하는 것을 알 필요가 있다는 것을 알지 못한다. 그렇지 않으면 우리는 그것을 탐구할 수 없을 것이다. 주지주의는 우리가 탐구하는 것을 무시할 필요가 있다는 것을 알지 못한다. 그렇지 않으면 또다시 우리는 그것을 탐구할 수 없을 것이다. 그들은 모두가 **학습하고 있는** 의식을 파악하지 못한다는 점에서, 그처럼 경계지어진 무지를 고려하지 못하고, 여전히 '공허한' 의도이기는 해도 이미 규정된 의도, 즉 그 자체로 주의인 그러한 의도를 고려하지 못한다는 점에서 일치한다. 의도가 자신이 탐구하는 것을 갱신된 기적으로 얻든지, 미리 그것을 소유하든지, 저 두 경우에 대상의 구성은 침묵 속에서 이루어진다. 대상이 성질의 총합이든 관계의 체계이든, 그것은 존재하자마자 의식에 나타나는 대로 나의 삶과 인식의 한순간만이라도 순수하고 투명하며 비개인적인 — 불완전한 것이 아닌 — 진리이지 않으면 안 된다. 지각적 의식이 정밀한 형태의 과학적 의식과 혼동되고, 미규정적인 것은 정신의 규정의 일부를 이루지 않고 있다. 그렇다면 주지주의의 의도에도 불구

3 Cassirer, *Philosophie der symbolishen Formen*, t. III, *Phänomenologie der Erkenntnis*, p. 200.

하고, 저 두 교의는 인상의 세계 그 자체 또는 규정하는 사고의 세계가 똑같이 정신의 행위로부터 벗어나 있기 때문에 주의는 아무것도 창조하지 못한다는 사상을 공통적으로 가지고 있는 셈이다.

아무 일도 하지 않는 이러한 주관의 개념에 대하여, 심리학자에 의한 주의 분석은 의식을 파악하는 가치를 획득하게 되고, '항상성 가설'에 대한 비판은 경험주의에게는 실재 그 자체로서 파악되고, 주지주의에게는 인식의 내적 항으로서 파악된 '세계'를 독단적으로 믿는 신념에 대한 비판으로 천착된다. 무엇보다도 주의는 정신적 장의 변형, 즉 의식이 그 대상에 현존하는 새로운 방식을 가정한다. 사람들이 만지는 나의 신체의 지점을 내가 정확하게 위치짓는 주의 작용이 있다고 하자. 그러한 국소화를 불가능하게 하는, 중추계에 기원을 두는 어떤 장애에 대한 분석은 의식의 심층적인 활동을 드러낸다. 머리가 '주의의 국소화 능력 약화 현상'을 요점적으로 간략하게 말해준다.* 사실상 하나 이상의 '국소화하는 신호'가 문제인 것도, 제2차적인 파악 능력의 쇠퇴가 문제인 것도 아니다. 장애의 제일가는 조건은 주관이 지각하고 탐색 운동에 따라 움직이는 동시에 사람들이 그 주관을 탐사하는 동안 협착되는 그 사이를 더 이상 안정적으로 유지하지 못하는 바, 감각적 장이 해체되는 데 있는 것이다.⁴ **모호한 국소점**, 이러한 모순 현상이 실로 연장이 있는 선객관적 공간을 드러낸다. 왜냐하면 동시에 만져진 신체의 여러 지점들은 주관에 의해 혼동되는 것이 아니라, 아직도 여전히 일의적인 위치를 차지하지 못하고 있기 때문이다. 왜냐하면 어떠한 고정된 공간적 틀도 한 지각에서 다른 지각으로까지 지속하지 않기 때문이다. 따라서 주의의 첫째가는 작전은 사람들이 조감할 수 있고 탐색 기관의 운동이나 사고의 진행이 가능한 장 — 지각적이든 정신적이든 — 이 장이 없으면 의식은 자신의 획득과 동시에 그 획득을 상실

---

* 두뇌에 이상이 있게 되면 주의는 국소화하는 능력이 약화된다는 뜻이다.

4 J. Stein, *Über die Veränderungen der Sinnesleistungen und die Entstehung von Truchwahrnehmungen*, pp. 362, 383.

하고 자신이 초래하는 변형 속으로 스스로 상실되는 그러한 장을 창조하는 것이다. 만져진 지점의 정확한 위치는 나의 손발과 신체의 정위에 따라 내가 가지는 다양한 감각들의 상수일 것이다. 주의 작용은 이 상수를 정할 수 있고 객관화할 수 있다. 왜냐하면 그것은 외양의 변화에 대하여 거리를 두었기 때문이다. 따라서 주의는 일반적, 형식적 활동으로서 존재하지 않는다.[5] 개개의 경우마다 획득해야 할 어떤 자유 또는 마련해야 할 어떤 정신적 공간이 있을 뿐이다. 주의의 대상을 나타나게 해야 할 일이 남아 있다. 그것은 말 그대로 창조의 문제이다. 예를 들면 사람들은 탄생 후 첫 9개월 동안 유아들이 색깔 있는 것과 없는 것을 전체적으로 구별한다는 것을 오래전부터 알고 있고, 그후 색깔 있는 부분은 '따뜻한' 빛깔과 '차가운 빛깔'로 나뉘고, 마침내 사람들은 색깔의 세세한 부분에 도달하게 된다. 그러나 심리학자들은[6] 오직 이름을 모르거나 혼동하는 것 때문에 유아들이 색깔을 구별할 수 없게 된다는 것을 시인했다. 유아들은 **녹색이 있는** 그곳에서 녹색을 보아야만 했고 다만 그 자신의 현상들에 주의하거나 이해하는 것만이 결여되어 있었다. 이것은 심리학자들이 색깔이 미규정되어 있는 세계, 하나의 정확한 성질이 아닌 색깔을 인지할 수 없었기 때문이다. 반대로, 이러한 편견을 비판함으로써 색깔의 세계가 일련의 '외관상의' 구별, 즉 '따뜻한' 빛깔과 '차가운' 빛깔의 구별, '색깔 있는 것'과 '색깔 없는 것'의 구별에 기초해서 제2차적 형성으로 통각된다. 우리는 색깔을 대신해서 아동에게 일어나는 이러한 현상을 어떠한 일정한 성질에도 비교할 수 없고, 마찬가지로 환자에게 '낯선' 색깔은 스펙트럼의 어떠한 색깔과도 동일시될 수 없다.[7] 따라서 적절하게 말하자면, 색깔의 최초의 지각은 의식의 구조의 변화이고[8] 경험의 새로운 차원의

---

5 E. Rubin, *Die Nichtexistenz der Aufmerksamkeit.*

6 예를 들면 다음을 참조. Peters, *Zur Entwickelung der Farbenwahrnehmung*, pp. 152~53.

7 이 책의 p. 46 참조.

8 Köhler, *Über unbemerkte Empfindungen und Urteilstäuschungen*, p. 52.

확립이며 선천적인 것의 전개이다. 이제 주의가 개념적으로 인식되어야 하는 것은 이러한 발원적 작용의 모형을 통해서이다. 왜냐하면 제2차적 주의, 즉 이미 얻어진 인식을 환기시키는 데에만 한정되어 있는 주의는 우리를 다시 획득물로 돌려보내기 때문이다. 주의를 준다는 것은 선재하는 소여를 더 많이 밝혀준다는 것만이 아니라, 그 소여를 **형**으로 삼음으로써 그 소여의 새로운 분절을 실현한다는 것이다.[9] 소여는 **지평**으로서만 먼저 형성되어 있고 전체적 세계 속에서 실제로 새로운 영역을 구성한다. 주의 작용의 전과 후에 대상의 동일성을 나타나게 하는 것은 소여가 가져오는 바로 이러한 원래적 구조이다. 색깔 성질이 한번 획득되기만 하면, 그리고 바로 그것에 힘입어서만, 선행하는 소여는 그 성질의 준비로서 나타난다. 방정식의 관념이 획득되기만 하면, 대수의 등식이 동일한 방정식의 변수로서 나타난다. 주의 작용이 이전의 작용과 연결되는 것은 소여를 전복함으로써이고 의식의 통일성은 이렇게 점차로 '전이의 종합'에 의해서 구성된다. 의식의 기적은 현상이 대상의 통일성을 파괴하는 바로 그 순간에 주의를 통해서 대상의 통일성을 새로운 차원에서 재확립하는 현상을 출현하게 하는 것이다. 따라서 주의는 상의 연합도 아니고 이미 자기 대상을 통제하는 사유의 자기 복귀도 아니라, 그때까지 미규정된 지평으로서만 제시된 것을 명시화하고 주제화하는 새로운 대상의 능동적 구성이다. 대상이 주의를 가동시킴과 동시에 언제나 재파악되어 또다시 주의에 의존하는 상태에 놓이게 된다. 대상은 자신을 변형시킬 '인식의 사건'을 일으키는데, 이것은 대상이 그 사건을 규정하는 것을 내맡기는 여전히 모호한 의미에 의해서만 일어난다. 그러므로 주의는 그 사건의 '동기'이지[10] 원인이 아니다. 그러나 적어도 주의 작용은 의식의 삶에 뿌리를 내리고 있는 것으로 발견되고 마침내 사람들은 그것이

---

9 Koffka, *Perception, an Introduction to the Gestalt theory*, p. 561 이하.
10 E. Stein, *Beiträge zur philosophischen Begründung der Psychologie und der Geisteswissenschaften*, p. 35.

현실적 대상을 자신에게 주기 위해 자신의 무차별적 자유에서 나온 다는 것을 이해한다. 미규정성에서 규정성으로 이행하는 것, 자기 자신의 역사를 새로운 의미의 통일성에서 언제나 다시 파악하는 것, 이것이 바로 사고인 것이다. "정신의 활동은 오직 작용으로만 존재한다."[11] 주의 작용의 결과는 그 시작에 존재하는 것이 아니다. 내가 지평선의 달을 망원경이나 두꺼운 종이 관을 통해 볼 때, 그 달이 나에게 더 이상 천정점의 달보다 더 크게 보이지 않는다면, 우리는 이로부터 자유롭게 볼 때도 역시 그 모습은 불변하는 것이라고 결론 내릴 수 없다.[12] 경험주의는 그렇게 믿는다. 왜냐하면 그것은 사람들이 보는 것에 관계하는 것이 아니라, 사람들이 망막상에 따라서 보아야만 하는 것에 관계하기 때문이다. 주지주의도 그렇게 믿는다. 왜냐하면 그것은 달이 실제로 자신의 **참된** 외현적 직경을 인계받는 '분석적인' 지각, 주의에 의한 지각의 소여에 따른 사실적 지각을 기술하기 때문이다. 전적으로 규정된 정확한 세계는 여전히 우선적으로 더 이상 우리의 지각의 원인이 아님은 틀림이 없고 오히려 그 내재적 목적으로서 제시되어 있다. 세계가 가능해야 한다면, 선험적 연역이 매우 강력하게 말한 것처럼, 그것은 의식의 최초의 윤곽 속에 함축되어 있어야 한다.[13] 그리고 이것이 달이 지평선의 달보다 더 크게 보여서는 안 되는 이유이다. 반대로 심리학적 반성은 우리로 하여금 정확한 세계를 의식의 요람에 놓도록 하고, 우리에게 세계나 정확한 진리의 관념이 어떻게 가능한가를 묻도록 하며, 그 최초의 용출을 의식에서 찾도록 한다. 내가 자유롭게 자연적 태도에서 주시할 때, 장의 부분들은 서로 작용하고 이 커버린 지평선의 달, 즉 척도 없는 크기이나 여전히 크기인 이러한 크기를 **동기화한다.** 의식으로 하여금 자신의 비반성적 삶이 사물에 있도록

11 Valéry, *Introduction à la poétique*, p. 40.

12 Alain, *Système des Beaux-Arts*, p. 343.

13 사람들은 이하에서 칸트 철학이 어떤 점에서 후설의 표현을 빌리면 '세속적'이고 독단적 인가를 더 잘 보게 될 것이다. 다음을 참조. Fink, *Die Phänomenologische Philosophie Husserls in der gegenwärtigen Kritik*, p. 531 이하.

해야 하고, 자신이 망각하고 있었던 그 자신의 역사에로 일깨워지도록 해야 한다. 바로 이것이 철학적 반성의 참된 역할이고 이렇게 해서 우리는 참된 주의 이론에 도달하게 된다.

2_판단과 반성적 분석

주지주의는 지각의 구조를 연합력과 주의의 결합 활동에 의해서 설명하는 대신 반성에 의해서 발견하려고 의도했다. 그러나 지각에 대한 그들의 시선은 아직 바르지는 않다. 사람들은 이 점을 그들의 분석에서 **판단**의 개념이 차지하는 역할을 검토함으로써 좀더 잘 보게 될 것이다. 판단은 때때로 **지각이 가능하기 위해서 감각에는 없는 것**으로 소개된다. 감각은 더 이상 의식의 실재적 요소로서 전제되지 않는다. 그러나 사람들이 지각의 구조를 소묘하고자 할 때 감각점 위를 다시 거쳐감으로써 그렇게 한다. 분석은 이 경험주의적 개념이 의식의 한계로서만 받아들여지고, 자신이 대립되는 통합력을 명백히 하는 데만 이바지하는 것일 뿐이라고 하더라도, 그러한 경험주의적 개념에 의해 지배되고 있는 것으로 판명되는 셈이다. 주지주의는 경험주의의 논박으로 살아가는데, 여기서 판단은 때때로 감각의 가능한 분산을 없애는 것을 자기 임무로 삼는다.[14] 반성적 분석은 실재론적, 경험론적 정립을 자신의 결론으로까지 밀고 나가고 그 정립의 불합리성에 의해 반정립을 증명함으로써 확립된다. 그러나 이러한 귀류법에는 의식의 실제적인 작용과의 어떠한 접촉점도 필연적으로 주어져 있지 않다. 지각 이론이 관념적으로 맹목적 직관에서 출발한다면 그 보상으로 공허한 개념에 귀착될 수 있고, 판단은 순수 감각의 짝으로서 자신의 대상의 무차별적 연결

---

14 "흄과 홉스가 자연적 · 실제적 경험에 다가가야 했다면, 흄의 자연은 칸트의 이성을 필요로 해야 했을 것이고, 홉스의 인간은 칸트의 실천 이성을 필요로 했을 것이다." Scheler, *Der Formalismus in der Ethik*, p. 62.

이라는 일반적 기능으로 떨어질 수 있으며, 재차 그 결과에서 밝혀질 수 있는 정신력으로 될 수 있게 된다. 밀랍 조각에 대한 유명한 분석은 냄새, 색깔, 맛에서 형태와 위치가 가지는 무한한 힘으로 건너뛰며, 이 힘은 지각된 대상 너머에 있는 힘이고 물리학자의 밀랍만을 규정하는 힘이다. 지각에 대해서, 밀랍은 그 모든 감각적 성질이 사라졌을 때 더 이상 존재하는 것이 아니다. 그리고 거기에 보존되는 어떤 물질이 있다고 전제하는 것은 과학이다. 사람들은 '지각된' 밀랍 그 자체를, 그 원래의 존재 방식, 아직도 과학의 확인 대상이 아닌 그 영속성, 형태와 크기에 따른 가능적 변양을 가진 그 '내적 지평,'[15] 연약함을 알려주는 그 윤기 없는 색깔, 내가 때릴 때 잘 울리지 않는 소리를 알려주는 그 연약함과 함께, 결국은 대상의 지각적 구조를 시야에서 잃고 만다. 왜냐하면 모든 객관적, 자기 폐쇄적 성질들을 연결하기 위해 술어적 질서의 규정들이 필요하기 때문이다. 내가 창문에서 보는 사람들은 모자와 외투에 가려져 있고 그상은 나의 망막에 그려질 수 없다. 따라서 나는 그들을 보지 못하는데, 나는 그들이 거기에 있다고 판단한다.[16] 시각이 자극에 의해 신체에 각인된 성질의 소유와 같은 경험주의적 방식으로 일단 규정되기만 하면,[17] 최소한의 환상이라도 그 환상은 대상이 나의 망막에

---

15 예를 들면 후설의 다음 책을 참조. Husserl, *Erfahrung und Urteil*, p. 172.

16 Descartes, *IIe Méditation*, AT, IX, p. 25. "⋯⋯나는 밀랍을 본다고 말하는 것과 마찬가지로 나는 사람을 본다고 반드시 말한다. 그러나 나는 그 창문으로부터 태엽으로만 움직일 뿐인 가장된 유령이나 사람을 포함하는 모자나 외투 이외의 무엇을 보는가? 그러나 나는 그것들이 정말로 사람이라고 판단한다⋯⋯"

17 "여기서 다시 한 번 양각이 눈에 두드러지는 것 같다. 그러나 이것은 양각을 조금도 닮지 않은 현상, 즉 동일한 사물이 우리의 눈 하나하나에 대해 다르게 나타나는 차이로부터 나온다." Alain, *Quartre-vingt-un chapitres sur l'esprit et les passions*, p. 19. 더욱이 알랭은 항상성 가설이 언제나 암시되고 생리학적 설명의 틈을 메우기 위해서만 개입한다고 말하는 헬름홀츠Helmholtz의 다음 책을 참조한다(같은 책, p. 17). *l'Optique physiologique*. "이 숲의 지평선에 대하여 봄은, 대기층의 간섭에 의해 지평선을 우리에게 먼 것으로가 아니라 푸르스름한 것으로 제시하는 것은 매우 명백하다"(같은 책, p. 23). 이것은 사람들이 시각을 신체적 자극이나 성질의 소유로 정의한다면 자명한 것이다. 왜냐하면 그때는 그것은 우리에게 푸름을 주고 관계인 거리를 주지 않기 때문이다. 그러나 이것은 그 자체로 **명증적**이 아니다. 즉 의식에 의해 증거되는 바가 아니다. 의식은 당연히, 거

가지고 있지 않는 성질을 바로 그 대상에 부여하기 때문에, 지각이 판단이라는 것을 확립하기에 충분하다.[18] 나는 눈이 두 개이기 때문에 대상을 이중적으로 보지 않을 수 없다. 내가 그 둘 중 하나만을 지각한다면, 그것은 내가 두 상의 도움으로 단 하나의 대상의 관념을 멀리서 구성하기 때문이다.[19] 지각은 감성이 신체적 **자극**에 따라 제공한 신호에 대한 '해석'이 되고[20] 정신이 자신의 인상을 스스로에게 설명하기 위해 만든 '가설'이 된다.[21] 그러나 역시 판단은 망막의 상을 상회하는 지각의 잉여를 설명하기 위해 도입된 탓에, 다시 한 번 본래적 반성에 의해 내부로부터 파악된 지각 작용 자체가 되는 대신, 지각의 단순한 '요인,' 즉 신체가 제공하지 않는 것을 제공하는 책임을 지는 요인이 된다. 그것은 선험적 활동이 되는 대신, 다시 한 번 결론이라는 단순한 논리적 활동이 된다.[22] 이렇게 해서 우리는 반성 너머로 끌려 들어가게 되고, 지각의 고유한 기능을 드러내는 대신 지각을 구성하게 된다. 다시 한 번 우리는 의미로부터, 감각적인 것에 스며들게 하고 모든 논리적 매개와 모든 심리학적

지각의 현상학

리의 지각에서 모든 평가, 모든 계산, 모든 결론에 앞서는 관계를 발견하는 것에 놀란다.
18 "여기서 내가 판단한다는 것을 증명하는 것은 화가가 화폭 위에 먼 산의 형상을 모사함으로써 나에게 그 산의 지각을 완전하게 제공할 줄 안다는 것이다." Alain, 같은 책, p. 14.
19 "우리는 두 눈을 가지고 있기 때문에 대상을 이중적으로 본다. 그러나 우리는 눈으로 지각하는 그 대상의 거리나 양각에 관한 인식을 얻기 위해서가 아니라면 그 이중적 상에 주의를 기울이지 않는다." Lagneau, *Célèbres Leçons*, p. 105. 그리고 일반적으로, "우리는 무엇보다도, 인간 정신의 본성에 속하는 요소적 감각이라고 하는 것들을 찾지 않으면 안 된다. 인간 신체가 우리에게 이러한 본성을 구현한다"(같은 책, p. 75). 알랭은 다음과 같이 말한다. "우리의 눈이 우리에게 사물에 대한 두 상을 제시한다는 것을 인정하지 않는 어떤 사람을 나는 알고 있다. 그러나 먼 대상의 상이 즉각적으로 이중화되도록 하기 위해서 아주 가까이 있는 연필과 같은 대상에 우리의 시선을 고정시키는 것으로 충분하다"(*Quatre-vingt-un chapitres*, pp. 23~24). 이것은 그 상들이 사전에 이중적이었음을 증명하는 것이 아니다. 사람들은 신체적 인상에 대응하는 현상들이, 그 현상들이 확증되지 못하는 곳에서조차도 주어져야 한다고 요구하는 항상성 법칙이 편견임을 발견한다.
20 "지각은 본원적 직관의 해석이고 외현상의 직접적 해석이나, 실제로는 추론에 의해 교정된 습관으로부터 획득된다." Lagneau, *Célèbres Leçons*, p. 158.
21 같은 책, p. 160.
22 예를 들면 다음을 참조. Alain, *Quatre-vingt-un chapitres*, p. 15. 양각은 "사람들이 어떻게 말하든 사고된 것, 결론된 것, 판단된 것"이다.

인과성이 전제하는 원초적 활동을 놓친다. 그 결과는 주지주의의 분석이 밝혀내려고 했던 그 지각적 현상들을 이해 불가능한 것으로 만든다는 것이다. 판단이 구성하는 기능을 잃고 설명의 원리가 되는 동안 '보다' '듣다' '느끼다'와 같은 말들은 모든 의미를 상실한다. 왜냐하면 최소한의 시각이라도 시각은 순수 인상을 초월하고 따라서 '판단'이라는 일반적 항목 아래 들어가게 되기 때문이다. 일상적 경험은 감각과 판단 사이의 차이를 매우 분명히 한다. 일상 경험에 있어서 판단은 입장을 세우는 것이고, 나의 삶의 모든 순간에 나 자신이나 존재하는 또는 가능한 다른 정신에 대하여 타당한 어떤 것을 알고자 함을 목표로 한다. 반대로, 감각한다는 것은 나타남을 소유하거나 그 진리를 알고자 애쓰지 않고, 나타남에 맡기는 것이다. 이러한 구별은 주지주의에서는 소멸된다. 왜냐하면 판단은 순수 감각이 없는 모든 곳에 있고 말하자면 도처에 있기 때문이다. 따라서 현상의 증거는 도처에서 거부될 것이다. 큰 종이 상자는 똑같은 종이로 만들어진 작은 상자보다 더 무겁게 보인다. 나 자신을 이러한 현상에 국한시킨다면, 나는 그것이 먼저 내 손 안에서 무겁게 **느껴진다**고 말했을 것이다. 그러나 주지주의는 감각한다는 것을 실제적 자극이 나의 신체에 주는 작용으로 제한한다. 여기에는 감각한다는 것과 같은 것이 전혀 없기 때문에 종이 상자가 감각되는 것이 아니라 무거운 것이라고 판단되지 않으면 안 된다. 환상의 감각적 측면을 보여주는 데 적절한 것 같은 이러한 예는 반대로 감각적 인식은 없다는 것과 사람들은 판단하므로 감각한다는 것을 보여주는 데 사용된다.[23] 종이 위에 그려진 육면체는 한 측면에서, 위로부터, 또는 다른 측면에서, 그리고 아래에서 보여지는 데 따라 외양을 달리한다. 내가 그것이 두 가지 방식으로 보여질 수 있다는 것을 **안다**고 할지라도 그 그림은 구조를 변화시키는 것을 거절하는 수가 있고, 나의 앎은 그 직관적 실현을 기다리지 않으면 안 되는

---

23 Alain, 같은 책, p. 18.

수가 있다. 여기서 다시 한 번 사람들은 판단한다는 것이 지각한다는 것이 아니라고 결론짓지 않을 수 없다. 감각과 판단 사이의 택일은, 그림의 변화는 자극이 그렇듯 항상적인 것으로 남아 있는 '감각적 요소'에 의존하지 않아서 오직 해석의 변화에만 의존하고 결국, "정신의 규정이 지각 자체를 변화시킨다"고,[24] "현상은 명령에 따라 형태와 의미를 인수한다"고[25] 말하지 않을 수 없게 만든다. 이제 판단한다는 것이 무엇인가를 보게 된다면, 참된 지각은 어떻게 거짓된 지각과 구별된다는 것인가? 사람들은 어떻게 환각에 사로잡힌 자나 정신병자가 "자신이 보지 않는 것을 본다고 믿는다"고[26] 말할 수 있는가? '본다'는 것과 '본다고 믿는다'는 것과의 차이는 어디에 있을 것인가? 사람들이 정상인은 충분한 신호와 완전한 자료를 가지고만 판단한다고 대응한다면, 그것은 참된 지각의 동기지어진 판단과 거짓된 지각의 공허한 판단 사이에 차이가 있기 때문이다. 그리고 그 차이는 판단의 형식에 있지 않고 판단이 형태를 주는 감각적 텍스트에 있으므로, '지각한다'는 그 말의 충분한 의미에서 '상상한다'와 대립하고 '판단한다'가 아니다. 그것은 모든 판단에 앞서 감각적인 것에 내재하는 의미를 파악하는 것이다. 따라서 참된 지각의 현상은 신호에 내재하는 의미 작용이면서 판단이 임의 선택적 표현이기만 할 뿐인 의미 작용을 제공한다. 주지주의는 이와 같은 현상을 이해시킬 수 없고 무엇보다도 환상이 그 현상을 모사하는 일을 이해시킬 수 없다. 보다 일반적으로 말해서, 주지주의는 지각된 대상의 존재 방식이나 공존 방식에 맹목적이며, 시각적 장을 관통하여 비밀리에 그 부분들을 연결하는 삶에 맹목적이다. 쵤너 Zöllner의 착시 현상의 경우, 나는 주요 선들이 서로 수렴하고 있는 것을 '본다'. 주지주의는 이러한 현상을 단순한 오류로 환원시킨다.

24 Lagneau, *Célèbres Leçons*, pp. 132, 128.
25 Alain, 같은 책, p. 32.
26 Montaigne, 알랭이 다음의 자기 저술에 인용하였음. Alain, *Système des Beaux-Arts*, p. 15.

이것은 내가 주요 선들 자체를 비교하는 대신에 보조 선들을 끌어들여 주요 선들과 관계를 맺게 함으로써 비롯된다. 기본적으로, 나는 과제를 오해하고 그 주요 요소들을 비교하는 대신 그 둘을 전체적으로 비교한다.[27] 내가 왜 과제를 오해하는가를 알아야만 한다. "제기되어야 하는 문제는 이러하다. 즉 칠너의 착시 현상의 경우, 주어진 과제에 따라 비교되어야만 하는 그 직선들 자체를 별도로 고립시켜 비교하는 것이 그토록 어려운 것은 어떻게 된 일인가? 이렇듯 그 선들이 보조 선들로부터 분리되어지는 것을 거절하는 것은 어떻게 일어나는가?"[28] 보조 선들을 받아들이면서 주요 선들은 평행이기를 그쳤고 그 의미를 상실했으며 대신 다른 의미를 획득했고, 보조 선들은 그때부터 자신이 동반하여 더 이상 분리될 수 없는 새로운 의미 작용을 그림에 도입한다는 사실을 깨닫지 않으면 안 된다.[29] 거짓 판단을 동기화하고 말하자면, 그 판단 **이면에** 있는 것은 그림에 붙어 있는 이러한 의미 작용이고 현상의 변형인 것이다. 동시에 바로 이것이 판단의 이쪽에서, 성질이나 인상의 저쪽에서 '본다'는 말에 의미를 주고 지각의 문제를 재차 출현시킨다. 사람들이 모든 관계의 지각을 판단이라 부르고 시각이라는 명사를 점묘적인 인상을 위해 확보해둔다는 것에 동의한다면, 착시 현상이 판단이라는 것은 확실하다. 그러나 이러한 분석은 적어도 관념적으로 인상의 층을 가정하거니와, 바로 이러한 인상의 층에서 주요 선들은 세계 안에 있는 선일 때, 즉 우리가 측정하는 환경 안에 있는 선일 때 평행하게 된다. 또한 그것은 보조 선들을 도입함으로써 인상을 수정하고 이렇게 해서 주요 선들의 관계를 왜곡하는 제2차적 활

---

27 예를 들면, Lagneau, *Célèbres Leçons*, p. 134.

28 Köhler, *Über unbemerkte Empfindungen und Urteilstäuschungen*, p. 69.

29 Koffka, *Psychologie*, p. 533. "사람들은 직각삼각형의 빗변은 완전하게 하나의 선이라고 말하고 싶어한다. 그러나 그러면서도 고립된 그 선은 현상으로서 그리고 기능적 요소로서, 직각삼각형의 빗변과는 다른 어떤 것이다. 하나의 성질에 한정하는 것만으로 만족한다면, 그 빗변은 내적 모습과 외적 모습을 가지고 있고, 반면에 고립된 그 선은 전적으로 등가적인 두 모습을 가지고 있다."

동을 가정한다. 이제 최초의 단계는 순수 추측이고 이와 함께 판단이 둘째 단계를 산출한다. 사람들은 환상을 구성하지 이해하지 않는다. 이러한 매우 일반적이고도 형식적인 의미에서 판단은 자발적 조직과 현상의 특수한 성형화의 안내를 받을 때만 참된 또는 거짓된 지각을 설명할 뿐이다. 환상이 그림의 주요 요소들을, 평행을 깨뜨리는 보조 관계에 개입시키는 데서 성립한다는 것은 진정 사실이다. 그러나 왜 보조 관계가 평행을 깨뜨리는가? 왜 지금까지 평행인 두 직선이 한 쌍이기를 그만두고 사람들이 제공하는 여건에 의해서 비스듬한 위치로 이끌리게 되는가? 그 두 직선이 더 이상 동일한 세계에 속하지 않는 것처럼 모든 것이 이루어진다. 그 진실한 두 사선은 객관적 공간인 동일한 공간에 위치지어져 있다. 그러나 이 선은 서로 작용하면서 수렴하지 않는다. 사람들이 그 선을 응시할 때 그것이 비스듬하다는 것을 보는 것은 불가능하다. 그것이 어렴풋이 그러한 새로운 관계로 향하는 것은 우리가 그로부터 시선을 뗄 때이다. 바로 여기에 객관적 관계에 앞서 그 자신의 규칙에 따라 분절하는 지각의 구문론이 있다. 과거 관계의 단절과 새로운 관계의 확립, 즉 판단은 다만 이러한 심층적인 활동의 결과만을 표현할 뿐이고 그 최종적 증명이다. 이렇게 해서 지각은 참이든 거짓이든 술어가 가능하기 위해 먼저 구성되지 않으면 안 된다. 대상의 거리감이나 입체감이 대상의 색깔이나 무게처럼 대상의 성질이 아니라는 것은 진정 사실이다. 그것이 더욱이 무게와 색깔을 포함하는 총체적 성형화에 들어 있는 관계들이라는 것도 진정 사실이다. 그러나 이 성형화가 '정신의 검사'에 의해 이루어진다는 것은 사실이 아니다. 이것은 마치 과학자가 문제의 소여에 부응하여 미지의 것을 규정하는 것처럼, 정신이 고립된 인상들을 통람하고 점차로 전체의 의미를 발견한다고 말하는 것과 같다. 그런데 여기서 문제의 소여는 그 해결보다 앞서 있는 것이 아니고, 지각은 소여를 연결하는 의미를 일군의 소여와 함께 단번에 창조하는 작용, 즉 소여가 **가지고 있는** 의미를 발견하는 작용일 뿐만 아니라 소여가 **의미를 가지도**

록 하는 작용이다.

이러한 비판이 반성적 분석의 초기 단계에 유효하다는 것은 사실이고 주지주의는 사람들이 먼저 일상적 의미의 언어를 말하지 않을 수 없다고 응수할 수 있을 것이다. 판단을 정신력이나 논리적 매개로 규정하는 것, 지각을 '해석'으로 이론화하는 것, 즉 심리학자의 주지주의는 사실상 경험주의의 짝일 뿐이다. 그러나 그것은 의식을 참되게 파악하는 길을 예비한다. 사람들은 그러한 요청들의 내적 변증법이 그 요청들을 파괴할 때까지 오직 자연적 태도에서만 그 요청들과 더불어 시작할 수 있을 뿐이다. 일단 지각이 해석으로 이해되기만 하면, 출발점을 제공한 감각은 결정적으로 초월된다. 모든 지각적 의식은 이미 그것을 넘어서 있기 때문이다. 감각은 감각되지 않고[30] 의식은 언제나 대상의 의식이다. 우리는 우리의 지각을 반성하면서 지각이 결코 우리의 활동이 아니라고 표현하고자 할 때 감각에 이르게 된다. 우리의 신체에 작용된 자극으로 규정된 순수 감각은 인식 특히 과학적 인식의 '마지막 결과'이고, 무엇보다도 자연적인 환상에 의해서 우리는 감각을 시초에다 놓고 그것이 인식보다 앞서는 것이라고 믿는다. 감각은 정신이 자기 자신의 역사를 표상하는 필연적인 방식이지만 또한 필연적으로 기만적인 방식이다.[31] 그것은 구성된 것의 영역에 속하지 구성하는 정신에 속하지 않는다. 지각이 해석으로 나타나는 것은 세상에 따르거나 속견에 따른 것이다. 의식 자체에 대하여 그것이 어떻게 추론일 수 있는가? 왜냐하면 감각에 전제를 제공할 수 있는 어떠한 감각도 없기 때문이다. 그것이 어떻게 해석일 수 있는가? 왜냐하면 감각에 앞서 해석할 수 있는 어떠한 것도 없기 때문이다. 이렇게 사람들이 감각의 관

---

30 "사실을 말하자면, 순수 인상은 생각된 것이지 감각된 것이 아니다." Lagneau, *Célèbres Leçons*, p. 119.

31 "우리가 과학적 인식과 반성에 의해서 이러한 개념을 획득했을 때, 인식의 최종적 결과인 것, 말하자면 한 존재와 다른 존재 사이의 관계를 표현하는 것은 실제로 시작인 것처럼 생각된다. 그러나 바로 이것이 환상이다. 우리에게 감각이 인식과 관련해서 앞서는 것이라고 대변해주는 이러한 시간 관념은 정신의 구성인 것이다." 같은 책.

넘과 함께 단순한 논리적 활동의 관념을 넘어섬과 동시에 앞서 우리가 제기한 반론은 사라지게 된다. 우리는 본다는 것, 감각한다는 것이 무엇인가, 시공간적 위치에 내속하고 여전히 대상에 잡혀 있는 이러한 인식을 개념과 구별시키는 것이 무엇인가를 물었다. 그러나 반성은 거기에는 이해할 어떤 것도 없다는 것을 보여준다. 내가 먼저 나의 신체에 둘러싸여 있고, 세계에 잡혀 있으며, 여기 지금에 상황지어져 있다고 믿는 것은 사실이다. 그러나 이러한 말들을 내가 반성하게 되면 어느 것에도 의미가 없고 따라서 어떤 문제도 제기하지 않는다. 내가 나 자신 속에도 나의 신체 속에도 있지 않았다면, 내가 스스로 이 공간적 관계를 사고하지 않고 그리하여 내가 그것을 표상하는 바로 그 순간에도 그 내속성을 피하지 않았다면, 나는 내가 "나의 신체에 둘러싸여 있다"고 통각할 것인가? 내가 참으로 세계에 잡혀 있고 상황지어져 있었다면, 나는 내가 세계에 잡혀 있고 세계에 상황지어져 있다는 것을 알 것인가? 그렇게 되면 나는 내가 사물로서 존재하는 곳에 **존재한다**는 것으로 만족한다. 나는 내가 존재하는 곳을 알고 나 자신을 사물 가운데에 있는 나 자신으로 보기 때문에, 나는 의식이라는 것이고 어느 곳에도 거주하지 않고 의도상 도처에 현존하게 될 수 있는 독특한 존재라는 것이다. 존재하는 모든 것은 사물로서 또는 의식으로서 존재한다. 중간은 없다. 사물은 장소에 있다. 그러나 지각은 어느 곳에도 없다. 왜냐하면 그것이 상황지어져 있었다면, 다른 사물들을 **대자적으로 존재하도록** 할 수 없을 것이기 때문이다. 그 이유는 지각이 사물의 방식에 따라 즉자적으로 놓여 있을 것이기 때문이다. 따라서 지각은 지각한다는 것을 사고함이다. 지각의 구현은 설명해야 할 어떤 적극적 특성도 제공하지 않고, 지각의 개체성은 자신이 자신의 것임을 모른다는 것에 있을 뿐이다. 반성적 분석은 순전히 퇴행적인 교의가 되고, 이에 따르면 모든 지각은 혼동을 일으키는 지적 작용이며, 모든 규정은 부정이다. 이렇게 해서 그것은 단 하나의 문제만 제외하고 모든 문제를 제거한다. 즉 자기 자신의 시작의 문제이다. 스피노자가 말한 대로 '전제 없는 결론'을 나에게 주는 지각의 유한성, 관점에 내속하는 의식의 내속성, 이 모두는 나 자신에 대한 나의 무지, 반성하지 않음이라는 나의 부정적 능력에 귀결된다. 그러나 다시금 이 무지는 어떻게 가능한가? 그것은 **존재하는 것**이 아니라고 응답하는 것은 탐구하고 있는 나를 제거하는 것이다. 어떠한 철학도 자신이 철학이라는 것을 모르는 형벌을 치르고서야 유한성의 문제를 무시할 수 있고, 어떠한 지각의 분석도 자신이 분석이라는 것을 모르는 형벌을 치르고서야 지각이 원래적 현상이라는 것을 무시할 수 있다. 사람들이 의식에 내재하는 것으로 발견한 무한한 사고는 의식의 최고점이 아니라 반대로 무의식의 형태이다. 반성 운동은 그 목표를 넘어 지나친다. 즉 그것은 우리를 응고되고 규정된 세계로부터 균열 없는 의식에 데려다 놓는다. 반면, 지각된 대상은 비밀스러운 삶으로 활기를 띠고 통일성으로서의 지각은 끊임없이 해체되고 재형성된다. 우리가 의식이 자신의 과정을 순간마다 다시 찾는 실제적 운동을 따르지 않고, 그것을 확인 가능한 대상에 집중시키고 고정시키면서 점차 '본다'에서 '안다'로 이행하며 자기 자신의 통일성을 만들어내는 한, 우리는 오직 의식의 추상적 본질만을 가질 뿐이다. 우리는 의식에 가득한 통일성을 완전하게 투명한 주관으로 대체하고, 의미를 '자연의 심층'에서 나타나게 하는 '숨겨진 기술'을 영원한 사고로 대체하는 한, 앞에서 언급한 구성적 차원에는 결코 도달하지 못할 것이다. 의식을 주지주의적으로 파악해도 지각의 살아 있는 이러한 타래에는 결코 도달하지 못한다. 왜냐하면 그것은 지각을 **현실**화하거나 구성되게 하는 작용을 벗겨내는 대신 그것을 **가능**하게 하는 조건, 그 조건이 없다면 지각도 없는 그런 조건을 찾기 때문이다. 실제적 지각과 태동 상태의 파악에서 모든 감각적 신호와 그 의미 작용은 말로 표현되기 이전에 도저히 관념적으로 분리될 수 없는 것이다. 대상은 색깔, 맛, 소리, 촉각적 현상의 유기체이고, 이것들은 과학이 임무로 삼아 설명해야 하는 그리고 과학이 분석을 성취하기에는 너무나 머나먼 실재의 논리에 따라 서로 상징하고 변경하며 일치한다. 이러한 지각적 삶에 대하여 주지주의는 턱없이 부족하거나 혹은 지나치게 넘친다. 그것은 대상의 포장일 뿐인 여러 가지 성질들을 한계로서 상기시키고 이로부터 대상 의식으로 넘어가게 되는데, 대상 의식은 대상의 법칙 또는 비밀을 소유하고 이 사실로 인해 경험의 전개로부터 그 우연성을, 그리고 대상으로부터 그 지각적 양식을 빼앗는다. 정립에서 반정립으로의 이행, 찬성에서 반대로의 반전은 주지주의의 항상적인 절차이고, 분석의 출발점에 어떠한 변화도 주지 않고 계속해서 그것을 유지시킨다. 우리는 우리 스스로 보도록 하기 위해서 눈에 영향을 준 세계 자체에서 출발했고, 지금은 세계를 의식하거나 사고하지만 이 세계의 본성 자체는 변화하지 않는다. 그것은 언제나 그 부분들의 절대적 외부성에 의해 규정되고 세계를 감당하는 사고의 전 범위에 걸쳐 이중화될 뿐이다. 사람들은 절대적 객관성에서 절대적 주관성으로 이행한다. 그러나 이 후자의 관념은 전자의 그것과 마찬가지이고 전자에 대립해서만, 즉 전자에 의해서만 유지될 뿐이다. 따라서 주지주의와 경험주의의 근친성은 사람들이 믿는 것보다 훨씬 덜 보여지나 훨씬 더 심층적인 것이다. 이것은 그 둘이 사용하는 감각의 인간학적 규정에 기인할 뿐만 아니라, 자연적 또는 독단적 태도에서 떠나지 않는다는 사실에 기인한다. 주지주의에서 감각이 살아남아 있다는 것은 이러한 독단주의의 신호이다. 주지주의는 의식의 구성 작업이 성취되고 개괄되는 진리와 존재의 관념을 절대적으로 정초된 것으로 받아들이고, 소위 그들의 반성은 이 관념에 도달하기 위해 필요한 모든 것을 주관의 힘으로 정립하는 데서 성립한다. 자연적 태도는 나를 세계로 향하게 하면서 현상 너머에 있는 '실재적인 것'과 환상 너머에 있는 '참된 것'을 파악한다는 확신을 준다. 이러한 개념들의 가치는 주지주의에 의해 문제시되지 않는다. 실재론이 주어진 자연에 소박하게 놓아두는 이 동일한 절대적 진리를 인식하는 능력을 보편적 능산자(能産者)에 부여하는 것만이 문제이다. 틀림없이 주지주의는 보통 과학의 교리로 제시되지 지각의 교리로 제시되지 않는다. 그것은 자신의 기초를 수학적 진리의 시험에 둔다고 믿지 세계의 소박한 명증성, 즉 **우리는 참된 관념을 가진다**habemus ideam veram는 것에 둔다고 믿지 않는다. 그러나 사실상, 내가 기억으로 현재의 명증성을 조금 전의 명증성에 연결시킬 수 없다면, 말을 바꾸어 나의 명증성을 타인의 명증성에 연결시킬 수 없다면, 나는 참된 관념을 가진다는 것을 알지 못할 것이다. 그러기에 스피노자의 명증성은 기억과 지각의 명증성을 전제한다. 반대로, 사람들이 과거와 타자의 구성의 기초를 관념의 내재적 진리를 인식하는 나의 능력에 두고자 한다면, 실로 사람들은 타자의 문제, 세계의 문제를 제거하게 된다. 그러나 그것은 사람들이 그 문제를 당연한 것으로 여기는 자연적 태도에 머무르기 때문이고 소박한 확실성의 힘을 사용하기 때문이다. 데카르트와 파스칼이 본 대로, 나는 한갓된 단순한 관념을 구성하는 순수 사고와 단번에 동시적으로 일치할 수 없기 때문에, 나의 명석 판명한 사고는 언제나 나 또는 타인에 의해서 이미 형성된 사고를 사용하고, 나의 기억, 즉 **나의 정신의 자연**이나 사고하는 자의 공동체의 기억, 즉 **객관적 정신**을 신뢰한다. 우리가 참된 관념을 **가진다**는 것을 당연한 것으로 여기는 것은 참으로 지각을 무비판적으로 믿는 것이다. 경험주의는 시공간적 사건의 총체성으로서의 세계에 대한 절대적 신념에 머무르고, 의식을 이 세계의 구역으로 취급한다. 반성적 분석은 진실로 세계 자체와 단교한다. 왜냐하면 그것은 세계를 의식의 작용에 의해 구성하나 이 구성하는 의식은 직접적으로 파악되는 대신, 절대적으로 규정된 존재의 관념을 가능하게 하는 방식으로 구성되기 때문이다. 이러한 의식은 우주의 상관자이고 우리의 실제적 인식에 의해 예시되는 모든 인식을 완전하게 성취된 것으로 소유하는 주체이다. 이것은 우리에게 의도로서만 존재하는 것을 **어느 곳에서** 실현된 것으로 가정하는 것이 된다. 말하자면 그것은 모든 현상을 정리할 수 있는 능력을 지닌 전적으로 참된 사유 체계이고, 모든 조망들의 이유를 설명하는 실측도이며, 모든 주관성들이 열려 있는 순수 대상이다. 적어도 악령의 위협을 피하고 우리에게 참된 관념의 소유를 보증하기 위해 이 절대적 대상과 이 신적 주관 이외에는 아무것도 필요하지 않다. 이제 실로 일거에 모든 의심을 꿰뚫고 가득한 진리에 자리 잡게 하는 인간적 작용이 있다. 바로 이 작용이 존재의 인식이라는 넓은 의미의 지각이다. 내가 이 탁자를 지각하게 될 때, 나는 그것을 주시한 이래 경과한 지속의 두께를 단호하게 수축시키고 또 대상을 모든 사람에 대한 대상으로 파악함으로써, 나의 개인적 삶으로부터 일어난다. 그리하여 나는, 일치하지만 여러 가지 시점과 시간성에 분산되어 배치된 경험들을 일거에 통합한다. 시간의 심부에서 스피노자의 영원성의 기능을 수행하는 이 결정적 작용, 이 '발원적 속견'을[32] 주지주의가 사용한다고 해서가 아니라, 그것을 암묵적으로 사용한다고 해서 우리가 비난하고 있는 것이다. 바로 여기에 데카르트가 말한 대로 사실적인 능력, 저항할 수 없는 명증성이 있다. 이것은 절대적 진리를 간청하면서 나와 타인의 현재와 과거 그리고 지속의 분리된 현상들을 통합하지만, 자신의 지각적 근원과 단절되어서도 자신의 '사실성'으로부터 분리되어서도 안 된다. 철학의 기능은 이것의 자리를 이것이 일어나고 그 탄생을 해명하는 개인적 경험의 장에서 찾아주는 것이다. 반대로, 사람들이 이것을 과제로 간주하지 않고 사용한다면, 지각의 현상을 보는 것, 분리된 경험들의 분란을 가로질러 지각에서 태어난 세계를 **보는 것**은 불가능하게 된다. 또한 사람들은 지각된 **세계**를, 그 구성적 근원과 단절된 세계일 뿐이고, 사람들이 그 근원을 망각하므로 분명하게 드러나게 된 세계일 뿐인 **우주**로 용해하게 된다. 이렇듯 주지주의는 의식을 절대적 존재와의 친밀한 관계에 버려두고, 세계 자체의 관념은 지평으로서 또는 반성적 분석의 길잡이로서 지속한다. 실로 세계에 관한 명백한 확신을 가로막는 의심이 있다. 그러나 그 의심은 절대적 진리의 이념으로 고양된

---

32 예를 들면, Husserl, *Erfahrung und Urteil*, p. 331.

세계의 은밀한 현존에 어떠한 변화도 가져오지 않는다. 그렇다면 반성은 사람들이 본질이 무엇인가, 사고의 본질이 사고의 사실을 메마르게 하는가를 묻지도 않고 독단적으로 받아들이는 의식의 본질을 제공한다. 그것은 확증의 특성을 상실하고, 이후부터 현상을 기술하는 문제는 있을 수 없다. 환상이라는 지각적 현상은 환상들의 환상으로서 거부되고 사람들은 그것이 무엇인가를 더 이상 볼 수 없으며 시각 자체와 경험은 더 이상 개념 작용과 구별되지 않는다. 여기서 모든 오성론에 뚜렷한 이중으로 된 철학이 있게 된다. 즉 사람들은 우리의 사실적 조건을 표현하는 자연주의적 관점에서, 모든 구속이 당당히 제거되는 선험적 차원으로 비약하고 동일한 주관이 어떻게 세계의 일부가 되며 세계의 원리가 되는가를 물어서는 안 된다. 왜냐하면 구성된 것은 구성하는 자에 대해서만 존재하기 때문이다. 사실상, 내가 나의 신체와 더불어 다른 것들 가운데 한 대상일 뿐인 구성된 세계의 상과 절대적인 구성 의식의 관념은 외견상으로만 반정립을 형성한다. 그것들은 완전하게 명백한 우주 자체에 대한 편견을 이중적으로 표현한다. 본래적 반성은 그 둘을 오성철학의 방식으로 차례차례 참된 것으로 만드는 대신 모두를 거짓된 것으로 거부한다.

3_반성적 분석과 현상학적 분석

우리가 아마도 한 번 더 주지주의를 왜곡하고 있는 것은 사실일 것이다. 우리가, 반성적 분석은 현실적 인식 저 위에 있는 모든 가능적 인식을 예기에 의해 실현하고 반성을 그 결과에 포함하며 유한성의 현상을 없앤다고 말할 때, 참으로 그것은 주지주의를 풍자하는 것이고 세계를 좋은 반성일 것이다. 또한 그것은 익숙해져 있는 그림자를 바라보고 있으나 그 그림자가 빛 때문이라는 것을 알지 못하는 동굴의 죄수가 보게 된 진리일 것이다. 아마 아직도 우리는 지각에서 차지하는 판단의 참된 기능을 이해하지 못했을 것이다. 밀랍 조각의 분석은 이성이 자연 뒤에 숨어 있다는 것을 말하고자 하는 것이 아니라, 이성이 자연에 뿌리박고 있다는 것을 말하고자 하는 것이다. '정신의 검사'는 자연으로 하강하는 개념이 아니라, 개념으로 상승하는 자연이다. 지각은 판단이지만, 판단은 그 이유를 모른다.[33] 결국 이것은 지각된 대상이 우리가 그 지성적인 법칙을 파악하기 전에 전체로서 그리고 통일성으로서 주어진다는 것이고, 밀랍은 발원적으로 보면, 유연하고 변하기 쉬운 연장이 아니라고 말하는 것과 같다. 자연적 판단은 '어떠한 이유도 생각하거나 검토할 틈'을 가지고 있지 않다고 말하면서 데카르트는, 판단이라는 말로 지각에 앞서지 않고 그로부터 나오는 것처럼 보이는 지각된 것의 의미의 구성을 겨냥한다는 것을 이해하도록 한다.[34] 우리에게 영혼과 신체의 통일을 가르치는 '자연적 경향성'이라는 이 중대한 인식은 자연의 빛이 우리에게 그 구별을 가르칠 때, 바로 그것을 신의 성실성에 의해 보증한다는 사실과 모순되는 것 같고, 이 성실성은 관념의 내재적 명석성 이외의 다른 것이 아니며 어쨌든 명증적 사고만을 공증할 수 있을 뿐이다. 그러나 데카르트의 철학은 아마도 이러한 모순을 감수하는 데서 성립한다.[35] 데카르트가 오성은 영혼과 신체의 통일을 인식할 수 없는 것으로 자신을 인식하고 그것을 인식되어야 할 삶에 맡겨둔다고 말한다면,[36] 그것은 이해하는 행위가, 오성이 사실적으로도 또는 권리적으로도 흡수하지 못하는

지각의 현상학

---

33 "······나는 이러한 대상들에 친숙하게 행한 판단들이 나로 하여금 그렇게 하도록 했던 어떤 이유들을 생각하고 숙고할 틈을 가지기 전에 내 안에서 형성되었다는 것을 주목했다." Descartes, *VIe Méditation*, AT, IX, p. 60.

34 "······내가 나의 감각의 대상에 대하여 판단했던 것들은 모두 자연으로부터 배웠던 것처럼 보였다······" 같은 책.

35 "······인간 정신이 영혼과 신체의 구별과 통일을 매우 판명하게 동시적으로 인식할 수 있는 것같이 보이지 않아서, 왜냐하면 그렇게 하기 위해 영혼과 신체를 단일물로 인식하면서 동시에 상이물로 인식해야 하는, 즉 서로 모순적이 되기 때문에······" *A Elisabeth, 28 juin 1643*, AT, III, p. 690 이하.

36 같은 책.

비반성적인 것에 대한 반성으로서 주어진다는 것을 의미한다. 내가 밀랍 조각의 지적 구조를 발견할 때, 나는 나 자신의 자리를 밀랍이 그 결과가 될 뿐인 절대적 사고에 놓지 않으며, 또 그것을 구성하지 않고 재-구성한다. '자연적 판단'은 수동성의 현상 이외의 다른 것이 아니다. 지각을 인식하는 것은 언제나 지각의 것에 속한다. 반성은 자기 자신을 모든 상황 바깥으로 데려가지 못한다. 지각의 분석은 지각의 사실, 지각된 것의 개체성, 지각적 의식의 시간적 내속성과 국소성을 사라지게 하지 못한다. 반성은 전적으로 자기 자신에 대하여 투명하지 않고, 칸트적 의미의 **경험**에서 언제나 자기 자신에게 주어지며, 자신이 어디서 솟아오르는지를 스스로 알지 못한 채 언제나 솟아오르고, 자연의 선물로서 언제나 나 자신에게 제공된다. 그러나 비반성적인 것의 기술이 반성 후에 타당한 것으로 남아 있고 여섯째 성찰이 둘째 성찰 후에 타당한 것으로 남아 있다면, 역으로 이 비반성적인 것 자체는 우리에게 반성에 의해서만 인식되는 것이고 인식 불가능한 항으로서 자기 바깥에서 정립되어서는 안 된다. 지각을 분석하는 나와 지각하는 나 사이에는 항상 거리가 있다. 그러나 나는 구체적인 반성 행위에서 그 거리를 극복한다. 바로 이것으로서 나는 내가 무엇을 **지각하고** 있었는가를 **알** 수 있다고 증명하고 두 자아의 불연속성을 실제로 지배한다. 궁극적으로 **코기토**는 그 의의가 보편적 구성자를 드러내야 하거나 지각을 지적 작용에 환원해야 하는 것이 아니라, 지각의 불투명성을 한번에 지배하고 유지하는 반성의 사실을 확립하는 것이다. 이성과 인간 조건을 이렇게 확인한 것은 실로 데카르트의 해결과 일치할 것이고 따라서 사람들은 데카르트주의의 궁극적 의미가 바로 여기에 있다고 주장할 수 있다. 그렇다면 주지주의의 '자연적 판단'은 개별적 대상의 의미를 그 대상에서 탄생하게 하고 이미 만들어진 것을 그 의미에 가져다 놓지 않은 칸트식의 판단을 예고한다.[37] 데카르트주의는

---

37 〔판단 능력은〕 "그렇다면 실제로 어떠한 사물도 인식하도록 하지 않는 개념이자, 자

칸트주의처럼 지각의 문제가 바로 그 지각이 **발원적** 인식이라는 점에서 성립한다는 것을 충분하게 보았다. 경험적 지각 또는 제2차적 지각이 있다. 즉 우리가 매순간 행사하고 우리에게 근본적인 현상을 숨기는 지각이 있다는 것이다. 왜냐하면 그것은 과거의 획득물로 가득 차 있고 말하자면 존재의 표면에서 움직이기 때문이다. 내가 자리를 알아 방향을 잡기 위해 나를 둘러싸고 있는 대상을 신속하게 바라볼 때, 즉각적으로 나는 세계의 순간적인 면모에 이르고 여기에 문이, 다른 저기에 창이, 또 저기에 탁자가 있음을 확인한다. 그리고 이것들은 다른 곳을 향한 실제적 의도의 지주나 안내이고 그러기에 나에게 의미 작용으로서만 주어지는 것들이다. 그러나 내가 오직 대상이 존재하는 것을 볼 생각에서 그 대상을 관조하고 내 앞에 그 풍요로움을 펼친다면, 그때는 그것은 일반적 유형의 암시이기를 그치고 개개의 지각은 내가 처음으로 발견하는 광경의 지각만은 아니지만, 그 자신의 몫으로 지성의 탄생을 다시 시작하고 천재적인 몇 가지의 발명품을 가진다. 내가 나무를 나무로 인식하기 위해서는, 그 식물 세계의 첫날처럼 감각적 광경의 순간적인 배치가 획득된 의미 작용 아래에서, 그 나무의 개별적 관념을 윤곽짓기를 다시 시작해야 한다. 이러한 것이 자연적 판단일 것이나, 그 이유를 아직 인식할 수 없다. 왜냐하면 그것들은 창조되고 있는 중이기 때문이다. 그러나 사람들이 존재, 개별성, '사실성'이 데카르트적 사고의 지평에 있다는 것을 인정할지라도 그 사고가 그것들을 주제화했는가를 알아야 할 문제가 남아 있다. 이제 사람들은 그 사고가 그것들을 심대하게 변형함으로써만 그렇게 할 수 있을 것이라는 것을 깨달아야만 한다. 지각을 발원적 인식으로 만들기 위해 유한성에 적극적 의미를 부여해야 할 것이고, 나를 '신

기 자신에 대해서만 규칙으로 사용되는 개념. 그러나 자기의 판단을 사물에 맞추기 위한 객관적 규칙으로 사용되지 않는 개념을 스스로 제공해야 한다. 왜냐하면 그때는 이것이 규칙이 적용되는 경우인가 아닌가를 식별할 수 있는 다른 판단 능력이 필요할 것이기 때문이다"(『판단력 비판』, 서문, p. 11).

과 무(無) 사이의 중간자'로 만드는 넷째 성찰의 이상한 단계를 진지하게 취해야 할 것이다. 그러나 다섯째 성찰이 이해시키고 말브랑슈가 말하는 대로, 무가 성질이 아니라면, 무가 **아무것도** 아니라면, 이러한 인간 주관의 정의는 말하는 방식일 뿐이고, 유한한 것은 적극적인 것을 하나도 가지고 있지 않다. 반성에서 창조의 사실을 보기 위해, 지나간 사고에는 선형성되어 있지 않으나 그럼에도 타당하게 그것을 규정하는 그 지나간 사고의 재구성을 보기 위해 ─ 이렇게 해서만 우리에게 지나간 사고의 관념이 주어지고 과거 자체는 그것이 바로 그 과거이지 않았던 것처럼 우리에 대하여 존재하기 때문에 ─『성찰 *Méditation*』이 짧은 암시만 하는 시간의 직관을 발전시키지 않으면 안 될 것이다. "누군가에게 나를 속이도록 해보자. 내가 스스로를 어떤 것이라고 생각할 때 그가 나를 아무것도 아닌 존재로 만들 수 없다는 사실이 남는다. **또는 지금 내가 존재한다는 것이 사실이기에 내가 존재하지 않았다는 것이 어느 날 사실이도록 해보자.**"[38] 현재의 경험은 이번 한 번만에 정초된 존재, 즉 어떤 것도 존재했다는 것을 막을 수 없는 존재의 그것이다. 현재의 확실성에서 현재의 현재성을 초월하는 의도, 현재를 일련의 회상 속에서 확실한 '과거적인 현재'로서 미리 정립하는 의도가 있다. 현재의 인식으로서의 지각은 나의 통일성, 그리고 이것과 함께 객관성과 진리의 관념을 가능하게 하는 중심 현상이다. 그러나 그것은 **오로지** 사실적으로 불가항력적이면서도 의심은 받는 명증성들의 하나로서만 텍스트에서 주어질 뿐이다.[39] 따라서 데카르트적 해결은 인간 사고를 그 사실적 조건에서 받아들이는 데서 자기 자신을 위한 보증으로 삼는 것이 아니라, 완전하게 자신을 소유하는 사고에 기대는 것이다. 본질과 존재의 연관은 경험에서가 아니라 무한한 것의 관념에서 발견된다. 그렇다면 마침내 반성적 분석이 전적으로 존재의 독단적 관념에 의지한다는 것과 이

---

38 Descartes, *IIIe Méditation*, AT, IX, p. 28.
39 2 더하기 3은 5라는 것과 같은 이유로. 같은 책.

러한 의미에서 그것이 의식에 대한 완성된 파악이 아니라고 하는 것은 사실인 셈이다.[40]

지각의 현상학

40 반성적 분석은 그 자신의 노선에 따르면 우리를 본래적 주관성에다 되돌려놓지 못한다. 그것은 우리에게 지각적 의식의 중핵을 은폐시킨다. 왜냐하면 그것은 전적으로 규정된 존재의 가능 조건을 찾고, 무는 아무것도 아니라는, 신학적 사이비 명증성에 유혹되기 때문이다. 그러나 그렇게 했던 철학자들은 항상 절대적 의식 **아래에서** 추구해야만 했다고 느꼈다. 사람들은 데카르트와 관련해서 그 점을 보았다. 역시 마찬가지로 사람들은 그 점을 라노Lagneau와 알랭Alain과 관련해서 보여주었다.

반성적 분석은 끝까지 가면, 나의 신체와 경험적 자아가 포함되어 있고 물리학과 정신생리학의 법칙에 의해 연결된 경험의 체계가 존재하게 되는 보편적 능산자를 주관의 편에만 존속시키는 것이 아니다. 우리가 감각적 자극의 '심적' 연장으로서 구성하는 감각은 분명히 보편적 능산자에 속하지 않으며, 정신의 발생에서 나오는 모든 관념은 잡종적인 관념이다. 왜냐하면 그것은 시간이 존재하게 되는 정신을 시간의 자리에 놓아두고 두 자아를 혼동하기 때문이다. 그럼에도 불구하고 우리가 역사가 없는 이러한 절대 정신이라면, 어떤 것도 우리와 참된 세계 사이를 떼어놓지 않는다면, 경험적 나가 선험적 나에 의해 구성되고 그 앞에서 펼쳐진다면, 우리는 그 불투명성을 탐지해야 한다. 그리고 사람들은 오류가 어떻게 가능한가, 하물며 환상, 다시 말해 어떠한 앎도 사라지게 할 수 없는 '이상(異常) 지각'이 어떻게 가능한가를 보지 못한다(Lagneau, *Célèbres Leçons*, pp. 161~62). 사람들은 환상과 지각이 완전히 전적으로 진리의 이편에 있다고 틀림없이 말할 수 있다(같은 책). 그러나 이것은 우리의 문제 해결에 아무런 도움도 주지 못한다. 왜냐하면 그렇게 되면 그것은 정신이 어떻게 진리와 오류의 이편에 있을 수 있는가를 아는 문제로 되기 때문이다. 우리는 감각할 때, 우리의 감각을 정신생리학적 관계망에서 구성된 대상으로 통각하지 않는다. 우리는 감각의 진리를 가지고 있지 않다. 우리는 참된 세계를 대면하고 있지 않다. "이것은 우리가 개인이라고 말하는 것과 동일하고, 이 개인 속에 어떤 사물이 환경의 작용으로부터 결과하지 않게 되는 감각적 자연이 있다고 말하는 것과 동일하다. 감각적 자연 속에 있는 모든 것이 필연성에 따른다면, 참다운 감각 방식이 우리에게 있다면, 우리의 감각 방식이 언제나 외적 세계로부터 결과한다면, 우리는 감각하지 못할 것이다"(같은 책, p. 164). 따라서 감각한다는 것은 구성된 것의 질서에 속하지 않는다. 나는 감각한다는 것을 질서 앞에서 펼쳐진 것으로 발견하지 않는다. 그것은 자신의 시선을 빠져나간다. 말하자면, 그것은 그 뒤에 웅크린 것으로 있다. 거기서 그것은 오류를 가능하게 하는 두께 또는 불투명성을 산출한다. 그것은 주관성 또는 고립의 범위를 한정한다. 그것은 우리에게 정신에 '앞서' 있는 것을 나타낸다. 그것은 정신의 탄생을 불러낸다. 그것은 '논리의 계보학'을 알리는 보다 심층적인 분석을 요청한다. 정신은 자신을 이러한 **자연**에 '기초한' 것으로 알고 있다. 따라서 소산자와 능산자의 변증법, 지각과 판단의 변증법이 있고, 이러한 과정에서 그들의 관계는 역전한다.

동일한 움직임이 알랭의 지각의 분석에서 발견된다. 사람들은 나무가 나에게 매우 멀리 떨어져 있고 사람이 아주 가까이 있다 해도, 나무가 언제나 사람보다 나에게 더 크게 보인다는 것을 알고 있다. 사람들이 말하고 싶어하는 것은 "여기서 다시 한 번, 대상을 크게 하는 것은 판단이라는 것이다. 그러나 좀더 자세히 검토해보자. 대상 그 자체는 어떠한 크기도 가지고 있지 않기 때문에 변화하지 않는다. 크기는 언제나 비교적인 것이다. 그래서 그 두 대상과 모든 대상의 크기는 분할될 수 없는, 진실로 부분 없는 전체를 형성한다. 그 크기들은 동시적으로 함께 판단된다. 이렇게 해서 사람들은 물질적 사물,

4 _ 동 기 화

주지주의가 감각의 자연주의적 개념을 다시 채택했을 때는 그 과정에 하나의 철학이 함축되어 있었던 것이다. 역으로, 심리학이 이 개념을 결정적으로 버릴 때는 그러한 혁신에서 우리는 반성의 새로운 유형이 시작되기를 기대할 수 있다. 심리학의 수준에서 '항상성 가설'의 비판은 단지 사람들이 지각 이론에서 판단을 설명적 요소로 삼는 것을 포기하는 것을 의미할 뿐이다. 거리의 지각이 대상의 외현적 크기에서, 망막상의 불일치에서, 수정체의 조절에서, 눈의 수렴에서 결론지어진다는 것을 어떻게 주장할 수 있는가? 양각의 지각이 오른쪽 눈이 제공하는 상과 왼쪽 눈이 제공하는 상 사이의 차이에서 결론지어진다고 어떻게 주장할 수 있는가? 왜냐하면 우리가 그 현상을 중시할 때 이러한 '신호'에 관한 어떤 것도 분명하게 의식에 주어지지 않기 때문이고, 전제가 없는 곳에서는 어떤 추

즉 언제나 분리되고 상호 외적 부분으로 형성되는 사물과 이 사물의 생각, 즉 어떠한 분리도 인정될 수 없는 생각을 혼동해서는 안 된다는 것을 보게 된다. 이러한 구분이 지금은 모호하고 인지하기에는 언제나 어려운 것으로 남아 있을지라도, 잠시 잊지 말고 기억해두자. 어떤 의미에서 물질적인 것으로 간주한다면, 사물은 부분으로 나뉘고 하나는 다른 하나가 아니다. 그러나 어떤 의미에서 사고로서 간주한다면, 사물의 지각은 분할될 수 없고 부분이 없다"(Alain, *Quatre-vingt-un chapitres sur l'Esprit et les Passions*, p. 18). 그러나 그렇다면 사물을 주파해 하나를 다른 하나에 힘입어 규정하는 정신의 검사는 참된 주관성이지 않을 것이고, 그 자체로 간주된 사물로부터 너무 많은 것을 빌려온다. 지각은 사람의 크기로부터 나무의 크기를 또는 나무의 크기로부터 사람의 크기를 결론 내리지 못한다. 또한 두 크기를 두 대상의 의미로부터도 결론 내리지 못한다. 그러나 지각은 단번에 그 모든 것 ─ 나무의 크기, 사람의 크기, 나무와 사람의 의미 작용 ─ 을 하고, 결과적으로 개개의 요소는 여타의 것과 일치하며, 이 모든 것과 함께 이 모든 것이 **공존하는** 풍경을 만든다. 사람들은 이렇게 해서 크기를 가능하게 하는 분석, 보다 일반적으로 말하면, 선술어적 질서의 관계나 속성, '모든 기하학에 앞서는' 주관성, 그러나 알랭이 인식 불가능하다고 선언한 그 주관성에로 진입한다(같은 책, p. 29). 이것은 곧 반성적 분석이 자기 자신을 보다 엄밀하게 분석으로 의식하게 된다는 뜻이다. 반성적 분석은 자신이 자신의 대상, 즉 지각을 버렸다는 것을 통각할 뿐이다. 그것은 자신이 명증적이게 만들었던 판단의 배후에서 자신을 가능하게 하는, 그러면서 자신보다 심층적인 기능이 있다는 것을 깨닫는다. 그것은 사물 앞에 있는 현상을 되찾는다. 이것이 심리학자들이 풍경의 형태를 말할 때 고려하는 바로 그 기능이다. 그들이 철학자를 다시 불러들이는 곳은 현상의 기술이며, 현상을 구성된 객관적 세계와 엄밀하게 구분하면서 알랭의 것과 거의 동일한 견지에서 그렇게 다시 불러들인다.

론도 있을 수 없기 때문이다. 그러나 주지주의에 대한 이러한 비판은 심리학자들 사이에 주지주의가 대중화되는 데에만 영향을 주었을 뿐이다. 그 비판은 주지주의가 그렇듯, 철학자가 더 이상 지각을 설명하려고 노력하지 않는 반성의 차원으로가 아니라, 지각적 작용과 일체가 되어 그것을 이해하려고 노력하는 반성의 차원으로 옮겨져야 한다. 여기서 항상성 가설의 비판은 지각이 오성 작용이 아니라는 것을 드러낸다. 지각에서 더 이상 아무것도 인식하지 않기 위해서는 곤두박이는 풍경을 보는 것으로 충분하다. 이제 '위'와 '아래'는 오성과 관련하여 상대적 의미만을 가지고, 오성은 풍경의 정위와 관련하여 절대적 장애물로서 마주치지 않을 수 있게 된다. 오성 앞에서 사각형은 바닥 위에 놓여 있든, 정점 위에 놓여 있든 언제나 사각형이다. 지각에 대하여 후자의 경우는 거의 인식 불가능하다. **대칭적인 대상의 역설**은 경험의 원래성을 논리주의에 대립시킨다. 이 관념은 다음과 같이 다시금 파악되고 일반화되어야 한다. 즉 오성의 우주에 그 등가물이 전혀 없는 지각된 것의 의미 작용이 있고, 아직 객관적 세계가 아닌 지각적 환경이 있으며, 아직 결정된 존재가 아닌 지각적 존재가 있다는 것이다. 그러나 현상의 기술을 실천하는 심리학자들은 보통 자신의 방법의 철학적 가치를 통각하지 못하고 있다. 그들은 지각적 경험에로의 복귀라는 이 혁신이 필연적이고 철저한 것이라면, 모든 형태의 실재론, 즉 의식을 떠나서 소여된 것을 그 결과의 하나로 간주하는 모든 철학을 견책한다는 것을 보지 못한다. 또한 그들이 보지 못하는 것은 주지주의의 참된 결점이 바로 소여된 것을 과학에 의해 결정된 세계로 간주하는 것이고, 더욱이 이 책망이 심리학적 사고에 적용된다는 것이며 — 왜냐하면 그것은 지각적 의식을 전적으로 사실적 세계의 영역에 놓아두기 때문에 — 항상성 가설의 비판은 끝까지 간다면 진정한 '현상학적 환원'의 가치를 인수한다는 것이다.[41] 형태 이론은

---

41 아롱 굴위치A. Gurwitsch가 쓴 후설의 *Nachwort zu meiner Ideen*에 대한 서평, p. 401 이하 참조.

소위 거리의 신호 — 대상의 외현적 크기, 대상과 우리 사이에 끼어든 대상의 수, 망막상의 불일치, 조절과 수렴의 정도 — 가 대상을 외면하는 분석적 또는 반성적 지각에서만 명시적으로 인식되고, 따라서 우리는 거리를 인식하기 위해 이러한 중개를 거치지 않는다는 것을 잘 보여주었다. 그러나 이로부터 그것은 신체적 인상 또는 장에 끼어든 대상들이 우리의 거리 지각의 **기호**나 **이유**가 아니기에 다만 이러한 지각의 **원인**일 수 있을 뿐이라고 결론 내렸다.[42] 이렇게 사람들은 형태 이론이 그 이념을 포기하지 않았던 설명심리학으로 되돌아온다.[43] 왜냐하면 그것은 심리학처럼 자연주의와 단교하지 않았기 때문이다. 그러나 이와 동시에 그것은 자기 자신의 기술에 충실하지 않게 된다. 안구 근육이 장애를 보이는 사람은 자기 눈을 좌측으로 돌리고 있다고 믿을 때 대상이 좌측으로 이동하는 것을 본다. 이것은 고전 심리학이 말한 대로, 지각이 추론하기 때문이다. 즉 눈이 좌측으로 움직이는 것으로 여겨지고 그럼에도 불구하고 망막상은 이동이 없었기 때문에, 풍경은 그 망막상이 눈에 계속 유지되기 위해 좌측으로 미끄러져야 했던 것이다. 형태 이론은 대상의 위치의 지각이 신체를 명시적으로 의식하는 길을 거치지 않는다는 것을 이해시킨다. 나는 어떠한 순간에도 상이 망막에 움직이지 않는 채로 있다는 것을 알지 못한다. 나는 풍경이 좌측으로 이동하는 것을 직접적으로 본다. 그러나 의식은 자기 바깥에서 심리학적 원인에 의해 산출된 환상을 만들어진 것으로 받아들이는 데만 그치지 않는다. 환상이 생산되기 위해 주관은 좌측으로 보는 것을 의도했어야 했고 자신의 눈이 움직이도록 사고했어야 했다. 고유한 신체와 관련하여 환상은 움직이는 현상을 대상에 끌어넣는다. 당연하게도, 신체의 운동은 어떤 지각적 의미 작용을 입게 되고, 외적 현상과 함께, 외적 지각이 지각 기관의 이동을 '설명하고' 그 현상

---

42 예를 들면 P. Guillaume, *Traité de Psychologie*, chap. IX, *La Perception de l'Espace*, p. 151.

43 메를로-퐁티, 『행동의 구조』, p. 178.

에서 **명시적 설명**은 아니더라도 최소한 광경에 발생한 변화의 **동기**를 발견하며, 이렇게 해서 그 현상도 설명할 수 있게 될 만큼 잘 정돈된 체계를 형성한다. 내가 좌측으로 보는 의도를 가질 때, 그 보는 운동은 자신 속에 자신의 자연적 번역으로서 시각 장의 진동을 가지고 있다. 즉 대상들은 그 자리에 있으나 잠시 진동이 있었던 후이다. 이러한 결과는 배워서 되는 것이 아니며 심신을 가진 주관의 자연적 조립의 일부이고, 우리가 보게 될 것이지만, 우리의 '신체적 도식'의 부가이며 '시선' 이동의 내재적 의미 작용이다. 이것이 없게 되고 우리가 그 광경이 아무런 영향도 받지 않고 우리의 눈을 움직이는 것을 의식한다면, 그 현상은 어떠한 명시적 연역도 없이 좌측을 향하는 대상의 외현적 이동으로 번역된다. 시선과 풍경은 서로 접착된 것과 같은 상태이고 어떠한 떨림도 그것들을 분리하지 못하며, 시선은 그 환상적 이동에서 자신과 함께 풍경을 실어 나르고, 근본적으로 풍경이 미끄러지는 것은 다름아니라 바로 우리가 움직인다고 믿는 시선의 끝에 그것이 고정되는 것**이다**. 따라서 망막의 상의 부동성과 안구 운동 근육의 불구성은 환상을 결정하는 객관적 원인, 환상을 전적으로 만들어진 것으로 의식에 가져오는 객관적 원인이 아니다. 눈을 움직이는 의도와 이 의도에 풍경이 순순히 응함은 더 이상 환상의 전제나 이유가 아니다. 그러나 그것들은 그 **동기**이다. 동일한 방식으로, 나와 내가 응시하는 대상 사이에 끼어든 대상들은 대자적으로 지각되는 것은 아니지만 그럼에도 불구하고 지각된다. 우리는 이러한 주변적 지각이 거리 보기에서 맡고 있는 역할을 거부할 어떠한 이유도 가지고 있지 않다. 왜냐하면 어떤 막이 끼어든 대상들을 가리자마자 외현적 거리는 줄어들기 때문이다. 장을 채우는 대상들은 원인이 그 결과에 작용하는 것처럼 외현적 거리에 작용하지 않는다. 사람들이 막을 떼어놓을 때, 우리는 멀어짐이 끼어든 대상들로부터 탄생하는 것을 본다. 이것이 지각이 우리에게 말하는 침묵의 언어이다. 즉 끼어든 대상들은 이러한 자연적 텍스트에서 더 큰 거리를 '말하기를 바란다'. 그러나 객관적 논리, 구성된 진리의 논리가 인식하는 관계가 문제인 것은 아니다. 왜냐하면 나와 종탑을 분리시키는 경사와 장을 내가 상세히 더 잘 볼 수 있는 순간부터 종탑이 나에게 더 작게 더 멀리 나타나는 **어떠한 이유**도 없기 때문이다. 이유는 없다. 그러나 동기는 있다. 형태 이론이야말로 우리로 하여금 동력선처럼 시각 장과 고유한 신체-세계의 체계를 가로지르는 긴장과 여기저기에 꼬임, 축소, 팽창을 일어나게 하면서, 그 시각 장과 체계에 은밀하고 마법적인 삶을 불어넣는 긴장을 각성하게 했다. 망막상의 불일치와 끼어든 대상들의 수는, 나의 거리 지각의 바깥으로부터 산출하는 단순한 객관적 원인으로서도, 그것을 증명하는 이유로서도 작용하지 않는다. 그것들은 흐린 형태로 지각에 암묵적으로 인식되고, 언어 없는 논리로 지각을 정당화한다. 그러나 이러한 지각적 관계들을 충분히 표현하기 위해서 형태 이론에는 범주의 갱신이 없다. 즉 그것은 이러한 지각의 원리를 인정하지만, 몇몇의 특수한 경우에 적용한다. 형태 이론이 깨닫지 못하는 것은 사람들이 현상을 정확하게 번역하고자 한다면, 오성의 전체적 혁신이 필연적이라는 것뿐만이 아니라, 이것을 위해서 고전적 논리와 철학의 객관적 사고를 문제시할 수 있어야 하고, 세계의 범주를 유보할 수 있어야 하며, 데카르트적 의미에서 소위 실재론의 명증성을 회의할 수 있어야 하고, 진정한 '현상학적 환원'을 시작해야 한다는 것이다. 현상에만 아니라 우주에도 적용되는 객관적 사고는 양자 택일적 개념들만을 인식한다. 즉 그것은 실제적 경험에서 출발하면서부터 상호 배제적인 순수 개념들을 정의한다. 다시 말하면, **연장**의 개념은 부분들의 절대적 외부성의 개념이고, **사고**의 개념은 그 자신 속에서 취득된 존재의 개념이다. 음성적 **기호**는 임의적으로 어떤 사고에 연결된 물리적 현상이고, **의미 작용**은 자기 자신에 대하여 전적으로 명석한 사고이다. **원인**의 개념은 그 결과의 외적인 규정 인자이고, **이유**의 개념은 현상의 내재적 구성 법칙이다. 이제 고유한 신체의 지각과 외적 지각은 우리가 보았던 대로, 우리에게 **비정립적 의식**의 보기를 제공한다. 즉 자기 대상들의 충분한 규정을 소유하지 않는 의식, 자기 자신을 설명하지 않는 **체험된 논리**, 자기 자신에 명석하지 않고 어떤 자연적 신호의 경험에 의해서만 알려지는 **내재적 의미 작용**이다. 이러한 현상들은 객관적 사고에 흡수될 수 없고, 바로 여기에 과학과 세계의 '명증성'에 갇혀 있는 형태 이론이 모든 심리학처럼 이유와 원인 사이에서만 선택할 수 있는 이유가 있으며, 주지주의의 모든 비판이 실재론과 인과적 사고의 복원으로 귀착하는 이유가 있다. 반대로, **동기화**의 현상학적 개념은 사람들이 현상으로 돌아가기를 원한다면 잘 형성해야 할 '흐르는'[44] 개념들 가운데 하나이다. 한 현상이 이로부터 다른 현상을 일으키는 것은 자연적 사건들을 연결하는 것과 같은 객관적 효력이 아니라 현상이 제공하는 의미이다. ─ 어느 현상에도 명확하게 놓이지 않으면서 현상의 흐름을 안내하는 존재 이유, 즉 일종의 기능적 이유가 있는 것이다. 이렇게 해서만 좌측으로 바라보는 의도와 풍경이 시선에 고착되는 것이 대상이 움직이는 환상을 동기화한다. 동기화된 현상이 실현됨에 따라 이 현상이 갖는 동기화하는 현상과의 내적 관계가 나타난다. 동기화된 현상은 동기화하는 현상을 이어받기만 하는 대신, 그 동기화하는 현상을 명확히 하고 이해하게 하며, 따라서 그 자신의 동기에 선재했던 것처럼 보인다. 이렇게 해서, 멀리 있는 대상, 망막에 비치는 그 물리적 투영은 상의 불일치를 설명하고 회고적인 환상에 의해서 우리는 말브랑슈와 같이 지각의 자연적 기하학을 말하게 되고, 지각 위에 구축되는 과학을 지각에 앞서 지각에 미리 놓게되며, 동기화라는 원래적 관계를 상실하게 된다. 그리고 이 동기화에서 거리는 모든 과학에 앞서 '두 상'의 판단으로부터가 아니라 ─ 왜냐하면 이것들은 수적으로 다르지 않기 때문이다 ─ '이동했

44 '흐르는 fließende,' Husserl, *Erfahrung und Urteil*, p. 428. 후설은 마지막 시기에 와서야 현상으로의 복귀가 무엇을 말하는지를 충분히 깨닫게 되었고 말없이 본질 철학과 단절하게 되었다. 사람들이 『이념들 *Ideen*』에 앞서 그에게서 발견하는 동기화의 개념이 보여주는 바와 같이, 그렇게 그는 자신이 오랫동안 적용해왔던 분석 절차를 주해하고 논구해왔다.

다'는 현상으로부터, 이러한 기미가 가지는 힘, 균형을 찾는 힘, 기미를 더 규정된 것으로 이끄는 힘으로부터 생겨난다. 데카르트적 교의로는 이러한 기술은 철학적 중요성을 가지지 않는다. 사람들은 원칙적으로, 그것을 진술된 것이 될 수 없는 비반성적인 것, 모든 심리학에서와 같이 오성 앞에서 전혀 진리가 없는 비반성적인 것을 암시하는 것으로 취급할 것이다. 그 권리를 완전하게 주장하기 위해 의식은 지각에서 존재하는 그대로의 것, 즉 사실이기를 결코 그만둘 수 없고 자신의 작용을 완전하게 소유할 수 없다는 것을 보여주어야 한다. 그렇다면 결국 현상을 인식하는 것은 하나의 반성 이론과 새로운 **코기토**를 함축한다.[45]

45 이 책 3부를 볼 것. 형태심리학은 후설 현상학이 제공한 것과 같은 종류의 반성 이론을 만들었다. 우리가 '항상성 가설의 비판'에 암시된 하나의 온전한 철학을 발견하는 것은 잘못이겠는가? 우리가 여기서 역사에 관계하는 것은 아니라고 하더라도 형태 이론과 현상학의 친화성은 외적 지표에 의해서도 증거된다고 지적해야 할 것이다. 쾰러가 '현상학적 기술'을 심리학의 대상으로 삼은 것은 우연이 아니다(Köhler, *Über unbemerkte Empfindungen und Urteilstäuschungen*, p. 70). 후설의 과거 제자였던 코프카는 자신의 심리학의 주요 이념의 원인을 그의 영향으로 돌리고 심리학 비판이, 형태는 인상 유형의 심적 사건이 아니라 내적 구성 법칙을 전개하는 총체성이라서, 형태 이론에는 타격을 주지 않는다는 것을 보여주려고 노력한다는 것도 지적해야 할 것이다(Koffka, *Principles of Gestalt Psychology*, pp. 614~83). 마침내, 후설은 마지막 시기에 언제나 논리주의로부터 더욱 멀리 떨어져 있었고 게다가 심리주의를 동시에 비판했으며, '성형화'와 형태의 개념을 채택했다는 것을 지적해야 한다(Husserl, *Die Krisis der europäischen Wissenschaften und die transcendentale Phänomenologie*, I, pp. 106, 109). 사실인 것은, 자연주의와 인과적 사고에 대한 반작용이, 형태 이론에서는 이 이론의 소박한 실재론적 인식론에서 사람들이 볼 수 있는 것처럼 결과적인 것도 철저한 것도 아니라는 것이다(메를로-퐁티, 『행동의 구조』, p. 180). 형태 이론은 심리적 원자론이 보다 일반적인 편견, 즉 규정된 존재와 세계 편견의 특수 사례일 뿐이라는 것을 전혀 보지 못한다. 이것이 형태 이론이 자기 자신에게 이론적 틀을 제공하려고 노력할 때 자신의 가장 타당한 기술을 잊어버리는 이유인 것이다. 그것은 평범한 반성 영역에서만 나무랄 데 없을 뿐이다. 그것이 자기 자신의 반성을 반성하고자 할 때, 의식을 그 원리에도 불구하고 '형태'의 집합으로 취급한다. 이 정도라면 후설이 사실과 본질을 아직도 구별하고 있었고 아직도 역사적 구성의 관념에 이르지 못해서 결과적으로 심리학과 현상학 사이에서 평행주의보다는 오히려 단절을 강조하고 있었던 시기에, 형태 이론과 모든 심리학에 명시적으로 가했던 그의 비판을 정당화하기에는 충분할 것이다(Husserl, *Nachwort zu meiner Ideen*, p. 564 이하). 우리는 다른 곳에서(메를로-퐁티, 『행동의 구조』, p. 280) 균형을 회복하는 오이겐 핑크의 텍스트를 인용한 바 있다. 자연적 태도와 대면하는 선험적 태도의 문제인 근본적인 문제에 관해서는, 우리가 시간의 선험적 의미 작용을 검토할 이 책의 마지막 부분에 가서야만 해결될 수 있을 것이다.

제4장 현상적 장

1_현상적 장과 과학

이제 사람들은 뒤에 이어질 장에서 이루어질 탐구가 어떤 방향
에서 전개될 것인가를 본다. '감각한다'는 것이 다시 한 번 우리에
게 문제가 된다. 경험주의는 그것을 성질의 소유로 환원시킴으로
써 그 모든 신비를 없애버렸다. 그 말의 일상적 수용과 많이 멀어
짐으로써만 그렇게 될 수 있었다. 이 흔한 경험에 의해서 성질과
개념 사이의 차이가 아닌 어떤 차이가, 감각한다는 것과 인식한다
는 것 사이에 확립된다. 감각한다는 것에 대한 이 풍부한 개념이
다시 한 번 낭만주의적 용법에서 발견되는데 예를 들면 헤르더
Herder에게서이다. 그것은 '죽은' 성질이 아니라 활동하는 성질을
우리에게 주는 경험을 지시한다. **시각에 대하여**, 지면 위에 있는
나무 바퀴는 짐을 싣고 있는 바퀴가 아니다. 시각에 대하여, 정지
한 물체는 어떤 힘도 자기에게 행사하지 않기 때문에 척력이 균형
을 이루고 있는 물체가 아니다.[1] 촛불이 화상 당한 아동의 손을 끌
어들이지 못하고 문자 그대로 멀리하게 할 때 촛불의 모습은 그 아
동에게 달라지게 된다.[2] 시각은 우리 존재에서처럼 세계라는 광경
에서 그 시각에 기능을 부여하는 의미에 의해서 이미 점유당한다.
세계가 하나의 광경이고 고유한 신체가 초연한 정신이 인식을 갖

---

1 Koffka, *Perception, an Inrtroduction to the Gestalt Theory*, pp. 558~59.
2 Koffka, *Mental Development*, p. 138.

는 메커니즘이라는 경우에만 순수 **질**quale이 우리에게 주어진다.[3] 그러나 감각한다는 것은 성질에 중대한 가치를 부여하고 우선 그 것을 우리에 대한, 우리의 신체인 그 무거운 덩치에 대한 의미에서 파악하며, 이런 이유에서 감각한다는 것은 언제나 신체와의 관련 을 포함한다. 문제는 풍경의 부분들 사이에서 또는 풍경에서 시작 하여 육화된 주체로서의 나에게로 이르는 사이에서 직조되는 이상 한 관계들을, 그리고 지각된 대상이 자신 속에서 어느 장면 하나를 집중시키거나 삶의 조각 전체의 **이마고**Imago이게 하거나 하는 이상한 관계들을 이해하는 일이다. 이처럼 감각한다는 것은 우리 에게 세계를 우리 삶의 친숙한 환경으로서 나타내는, 세계와의 생 명적인 의사 소통이다. 지각된 대상과 지각하는 주체가 갖는 두께 는 감각한다는 것 덕분이다. 이것이 인식하는 노력이 분해하려고 애쓰는 지향적 직물이다. 감각한다라는 문제와 더불어 우리는 연 합의 문제와 수동성의 문제를 재발견한다. 이 문제들은 문제가 되 는 것을 그만두었는데, 그것은 고전 철학이 그 문제들 위 또는 아 래에 앉아 있었고, 그 문제들에 전부를 주었거나 하나도 주지 않았 기 때문이다. 때때로 연합은 사실의 단순 공존으로 이해되었고, 때 로는 지적 구성의 파생물이었다. 때때로 수동성은 정신에 도입된 사물이었고, 때때로 반성적 분석이 수동성 속에서 오성 활동을 찾 아내었다. 반면, 사람들이 감각한다는 것과 성질을 구별한다면 저 개념들은 자기대로 충분한 의미를 지니고 있다. 그때는 연합, 아니 더 정확히 말해 칸트적 의미의 '친화성'은 지각적 삶의 중추 현상 이다. 왜냐하면 그것은 이상적 모델 없는, 의미적 총체의 구성이기 때문이다. 지각적 삶과 개념의 구별, 자발성과 수동성의 구별은 더 이상 반성적 분석에 의해서 제거되지 않는다. 왜냐하면 원자주의 적 감각론은 결합 활동에서 모든 조정의 원리를 구할 것을 우리에 게 더 이상 강요하지 않기 때문이다. 결국 감각한다는 것에 따라서

3 Scheler, *Die Wissenformen und die Gesellschaft*, p. 408.

오성 또한 다시 규정될 필요가 있다. 왜냐하면 칸트 철학이 궁극적으로 오성의 탓으로 돌리는 결합의 일반적 기능은 이제 모든 지향적 삶에 공통적이고, 따라서 더 이상 오성을 지칭하는 데 충분하지 않기 때문이다. 우리는 지각에 자리 잡고 있는 본능적 하부 구조와 상부 구조를 지성을 발휘하여 지각에서 동시에 보이도록 노력할 것이다. 카시러Cassirer가 말한 대로, 경험주의는 지각에 대하여 심한 상처를 위에서 주면서 아래에서도 역시 준다.[4] 인상은 관념적 의미를 결여하는 만큼 본능적, 감정적 의미도 결여한다. 사람들은 아래에서 지각에 상처를 입히는 것, 지각을 그대로 인식으로 취급하는 것, 그 가운데 실존적 토대를 잊어버리는 것이 위에서 지각에 상처를 입히는 것이라고 덧붙일 수 있을 것이다. 왜냐하면 그것은 확실한 것으로 간주되고 있는 것이며 지각의 결정적 순간, 즉 **참되고 정확한** 세계의 용출을 묵과하는 것이기 때문이다. 반성이 생명적인 고유성과 합리적 의도를 똑같이 명료하게 할 수 있다면 그것은 현상의 핵심을 잘 발견했다고 확신할 수 있으리라.

따라서 '감각'과 '판단'은 다 같이 그 외견상의 명석성을 상실했다. 우리는 그것들이 세계에 대한 편견에 힘입어서만 명석한 것이었다는 것을 깨달았다. 사람들이 그것들을 수단으로 해서 지각하고 있는 순간의 의식을 그리고자, 그것들을 지각의 계기로서 규정하고자, 잊어버린 지각적 경험을 소생시키고자, 그리고 이 경험을 그것들과 대조시키고자 노력하자마자 사람들은 그러한 일들이 생각될 수 없다는 것을 발견한다. 이러한 난점들을 개진하면서 우리는 그 난점들이 사라지게 되었던 새로운 종류의 분석, 새로운 차원을 암시적으로 언급했다. 항상성 가설의 비판과 보다 일반적으로 말해서 '세계' 관념의 환원은 우리가 이제는 보다 더 잘 한정지어야 하는 **현상적 장** champ phénoménal을 열어주었고, 과학적 인식, 심리학적 반성, 철학적 반성과 관련해서는 적어도 한시적으로

---

4 Cassirer, *Philosophie der symbolischen Formen*, T. III, *Phänomenologie der Erkenntnis*, pp. 77~78.

위치가 정해져야 하는 직접적 경험을 재발견할 것을 우리에게 권고한다.

과학과 철학은 수세기 동안 지각에 관한 발원적 신앙에 의해 지탱되었다. 지각은 사물을 향하여 열린다. 그것은 지각이 자기 목적을 향하는 듯 모든 현상의 이유가 발견되는 **진리 그 자체**를 향하는 것을 말하고자 함이다. 지각에 대한 이 무언의 명제는 매순간의 경험이 이전 순간의 경험, 그리고 이후 순간의 경험과 조화될 수 있다는 것이고, 나의 조망이 다른 의식의 조망과 조화될 수 있다는 것이다. 그것은 모든 모순이 제거될 수 있다는 것이고, 단자적인 상호 주관적 경험이 간격 없는 유일한 텍스트라는 것이며, 지금 나에 대하여 미규정적인 것이 사물 속에 미리 실현되어 있는 것처럼 존재하는 보다 완전한 인식, 아니 오히려 사물 자체인 보다 완전한 인식에 대하여 규정적이게 되었다는 것이다. 과학은 우선적으로, 지각된 대상의 구성 운동의 연속 또는 확대였을 뿐이었다. 사물이 모든 감각적 장과 개개의 모든 지각적 장의 상수이듯, 과학적 개념은 현상들을 고정시키고 객관화시키는 수단이다. 과학은 어떠한 힘의 작용에도 굴복하지 않는 물체의 이론적 상태를 규정했고, 그 것 자체로서 힘을 규정했으며, 관념적 구성 분자의 도움으로 실제로 관찰된 운동들을 재구성했다. 과학은 순수 물체의 화학적 성질들을 통계학적으로 확립했으며, 그로부터 경험적 물체의 화학적 성질들을 연역했고, 그리하여 창조의 계획 자체를 품고 있는 듯했으며 또는 여하튼 세계에 내재하는 이유를 되찾는 듯했다. 내용에 무관한 기하학적 공간이라는 개념, 그 자체로는 대상의 성질을 바꾸어놓지 못하는 순수 이동이라는 개념은 현상들에게, 일어난 변화에 책임을 지는 물리적 조건에 개개의 사건이 결부될 수 있게 되었던 무력한 존재의 환경을 제공했고, 따라서 물리학의 과제로 보이는 존재의 고착에 이바지했다. 사물의 개념을 이렇게 개진하면서도 과학적 지식은 하나의 전제 위에서 활동하고 있음을 몰랐다. 지각은 그 생명적 함축상 그리고 모든 이론적 사고에 앞서 존재의 지각으로 주어지기 때문에 반성은 존재의 계보학을 만들어야 한다고 믿지 않았고, 그렇게 주어지게 하는 조건을 탐구하는 것으로 만족했다. 사람들이 규정하는 의식의 변전을 고려했다 할지라도,[5] 사람들이 대상의 구성이 성취되지 않았다고 인성했다 할지라도, 과학이 말하는 것 이외의 대상에 대하여 말할 거리는 아무것도 없었고, 자연적 대상은 우리에 대하여 여전히 관념적 통일성으로, 라슐리에Lachelier의 유명한 말에 의하면, 일반적 성질들의 교착으로 남아 있다. 사람들은 과학의 원리들로부터 모든 존재론적 가치를 박탈하고 방법론적 가치만을 남겨두었으며[6] 이러한 유보는 철학에 본질적인 것을 결코 변화시킬 수 없었다. 왜냐하면 사유될 수 있는 유일한 존재란 과학의 방법에 의해서 규정되는 것으로 남아 있는 것이었기 때문이다. 이러한 조건에서 살아 있는 신체는 하나의 대상을 바로 그 대상으로 만든 규정들로부터 벗어날 수 없었고, 그 규정들 없이는 경험의 체계에서 어떤 자리도 점유하지 않았다. 반성하는 판단력이 그 신체에게 부여하는 가치의 술어들은 물리적, 화학적 성질의 제1정초에 의해서 존재를 감당해야 했다. 흔히 하는 경험들에서, 말하는 사람의 몸짓, 미소, 억양 사이에 있는 의미 관계와 적합성이 발견된다. 그러나 인간의 신체를, 세계-에로-존재의 어떤 방식의 외적 표시로서 보이게 하는 이 상호 표현의 관계는 기계론적 생리학에 있어서 일련의 인과 관계로 용해되어야 했다. 표현이라는 원심성 현상을 구심성 조건에 연결시켜야 했고, 행동인 세계를 다루는 저러한 특수 방식을 제3자적 과정으로 환원시켜야 했으며, 경험을 물리적 자연의 높이로 평준화시켜야 했고, 살아 있는 신체를 내면 없는 사물로 바꾸어놓았다. 따라서 세계를 대면하는 살아 있는 주관의 감정적, 실천적 입장에 대한 파악은 정신 생리학적 기계론에서 사라졌다. 모든 평가는 전이로부터 결과하지

---

5 브룬슈빅Brunschvicg이 그렇게 하는 것처럼.

6 예를 들어 다음 저서를 참조. Brunschvicg, *L'Expérience humaine et la Causalité physique*, p. 536.

않을 수 없었고, 이 전이에 의해서 복잡한 상황들은 쾌락과 고통의 요소적 인상들을 소생시킬 수 있게 되었으며, 이들은 신경 장치와 밀접하게 연결되어 있다. 산 것의 운동적 의도들은 객관적 운동들로 바뀌었다. 사람들은 의지에게 눈 깜짝할 사이의 순간적 결단만을 부여했으며 실행은 전적으로 신경 기계 장치에 내맡겼다. 감각한다는 것은 이렇게 감성과 운동성에서 분리된 채 성질의 단순한 수용이 되었고, 생리학은 산 것에 대한 외부 세계의 사영(射影)이 있고 난 다음 수용기들을 거쳐 중추 신경에 이를 수 있다고 믿었다. 이렇게 변형된 살아 있는 신체는 나의 신체이기를, 구체적 자아가 보이는 표현이기를 그쳤고, 모든 타자 가운데에 있는 하나의 대상이 되었다. 이와 상관해서 타인의 신체는 나에게 타아의 외피로서 나타날 수 없었다. 그것은 더 이상 기계 이외의 아무것도 아니었으며, 타인의 지각은 진정 **타인**의 지각일 수 없었다. 왜냐하면 그것은 추리의 결과였고, 따라서 그 자동 기계의 배후에 의식 일반, 초월적 원인만을 놓아두었으며, 지각 운동의 거주자도 역시 놓아두지 않았기 때문이다. 따라서 우리는 더 이상 세계에서 공존하는 나의 성좌를 갖지 않았다. 우주 결정론의 정신생리학과 심리학의 법칙들에 따라서 결과하는 '심리 현상'의 모든 구체적 내용은 **즉자**(卽自)에 통합되는 것으로 판명되었다. 그 체계를 알아보고 그 속에서 자리를 더 이상 차지하지 않는 과학자의 사고 이외의 진실한 **대자**(對自)는 더 이상 없었다. 이처럼 살아 있는 신체가 내면 없는 외면이 되는 사이에 주관성은 외면 없는 내면, 초연한 정관자(靜觀者)가 되었다. 과학의 자연주의와, 과학에 대한 반성이 귀착한 보편적·구성적 주관의 정신주의는 경험을 평준화했다는 점에서 공통적이다. 구성하는 나 앞에 경험적 나들은 대상들이다. 경험적 나는 변종 개념이며 즉자와 대자의 혼합물이고 반성철학이 어떠한 지위도 줄 수 없었다. 그것은 구체적 내용을 가지는 한에서 경험의 체계에 삽입되며 따라서 주관은 아니다. 그것은 주관인 한에서 공허하며 선험적 주관으로 환원된다. 대상의 관념성,

살아 있는 신체의 객관화, 자연과의 공통 척도가 없는 가치의 차원에서 정신이 차지하는 위치, 이와 같은 것은 사람들이 지각에 의해 열려진 인식의 운동을 계속함으로써 도달한 투명한 철학이다. 사람들은 물론 지각이 시작하는 과학이고, 과학은 하나의 방법적인 완전한 지각임을[7] 말할 수 있다. 왜냐하면 과학은 지각된 사물에 의해 고정된 인식의 이상을 무비판적으로 따라갔을 뿐이기 때문이다.

그런데 이러한 철학이 우리 면전에서 그 자체로 파괴된다. 자연적 대상이 맨 먼저 사라지고 물리학은 자기가 종사하는 순수 개념들의 수정과 변질을 요청하면서 자기 규정들의 한계를 스스로 인정했다. 유기체로 말하면, 그것은 물리화학적 성질에 복잡한 대상의 사실적 난점이 아니라, 의미적 존재의 원칙적 난점을 대립시킨다.[8] 보다 일반적으로 말하면, 모든 사고하는 삶이 직면하고 타협하는 사고의 세계나 가치의 세계라는 관념은 의문시되는 것으로 판명된다. 자연은 그 자체로 보아 기하학적이 **아니다**. 그것은 육안으로 보이는 자료에 만족하는 신중한 관찰자에게만 그렇게 보인다. 인간 사회는 합리적 정신의 공동체가 **아니다**. 사람들은 생명적, 경제적 균형이 지역적으로 그리고 일시적으로 이루어졌던 혜택받은 나라에서만 그렇게 이해할 수 있었다. 사변적 구상 및 다른 구상에 대한 무질서한 경험이 우리로 하여금 원칙에 따라서 빠져나가기를 바라는 합리주의를 역사적 조망에서 깨우쳐 알도록 사고하게 했다. 그것은 이성이 형성하지 않았던 세계에 나타나는 이성의 용출을 이해하게 하는 철학을, 없으면 이성과 자유가 공허해지고 분해되는 바로 그 생명적 하부 구조를 마련하게 하는 철학을 탐구하도록 사고하게 했다. 우리는 지각이 다만 시작하는 과학일 따름이라고 말하고 있지만, 그러나 역으로 고전 과학이 자기의 근원을 망각하고 자기가 완성되었다고 믿는 지각이라는 것을 또한 말

7 예를 들어 다음 저서들을 참조. Alain, *Quatre-vingt-un chapitres sur l'Esprit et les Passions*, p. 19; Brunschvicg, *L'Expérience humaine et la Causalitéphysique*, p. 468.

8 메를로-퐁티, 『행동의 구조』, 1장 이하 참조.

하고도 있다. 따라서 최초의 철학적 행위는 객관적 세계의 이면에 있는 체험된 세계로의 복귀일 것이다. 왜냐하면 바로 그 세계에서 우리는 객관적 세계의 권리와 한계를 이해할 수 있을 것이기 때문이고, 사물이 구체적 모습을 되찾는 것을 이해할 수 있을 것이기 때문이다. 또한 유기체가 세계를 다루는 고유한 방식을 되찾는 것을, 주관성이 그 역사적 고유성을 되찾는 것을 이해할 수 있을 것이기 때문이다. 또한 현상을 재발견하는 것과 타인과 사물이 맨 먼저 우리에게 주어질 때 거쳐가는 살아 있는 경험의 층 그리고 태동하는 상태에 있는 '자아-타인-사물'의 체계를 이해할 수 있을 것이기 때문이며, 지각을 소생시키고 술책을 좌절시키는 것, 다시 말해 지각을 바로 그 지각이 우리에게 건네주는 대상 및 그 지각이 정초하는 합리적 전통에 유익을 주는 지각 내지 사실로서 여기게 해 지각 자체를 망각하게 하는 술책을 좌절시키는 것을 이해할 수 있을 것이기 때문이다.

2_현상과 의식의 사실

이러한 현상적 장은 '내부 세계'가 아니며 '현상'은 '의식 상태' 또는 '심리적 사실'이 아니고 현상들의 경험은 내성 또는 베르그송Bergson이 뜻하는 직관이 아니다. 사람들은 심리학의 대상이 '연장이 없고' '자기 혼자에게만 접근 가능하다'고 말함으로써 오랫동안 그렇게 규정했고, 그 결과 그러한 특이한 대상은 모든 특수한 유형의 행동, 즉 '내적 지각'이나 내성에 의해서만 파악될 수 있었으며, 여기서 주관과 객관은 뒤섞이고 인식은 일치에 의해서 얻어졌다. 그래서 '의식의 직접적 소여'로의 복귀는 희망 없는 기획이 되었다. 왜냐하면 철학적 시선은 스스로의 원칙에 따라서, **볼** 수 없는 것이 **되고자** 노력했기 때문이다. 모든 철학이 초보자에게 그렇게 하도록 권유할 때, 또는 사물을 번역하기 위해 만든 언어로 정신을 기술하도록 권유할 때, 어려움은 외부에 대한 편견을 타파하는 것에만 있는 것은 아니다. 그것은 훨씬 더 철저했다. 왜냐하면 인상에 의해 규정된 내부성은 원칙에 따라 모든 표현 기도에서 빠져나갔기 때문이다. 어렵게 된 것은 철학적 직관들을 다른 사람에게 전달하는 것에만 있는 것이 아니다. 오히려, 보다 정확히 말하면, 그 전달은 그 직관들 속에서 철학자의 경험과 유사한 경험들을 귀납하도록 의도된 일종의 주문으로 환원되고 말았다. 뿐만 아니라 철학자 자신은 스스로 즉석에서 본 것이 **무엇인가**를 보고할 수 없게 되었다. 왜냐하면 그는 그것을 사고해야 했고 말하자면 그것을 응고시키고 일그러뜨려야 했기 때문이다. 따라서 직접적인 것은 고립적이고 맹목적이며 말하지 않는 삶이 되고 만다. 현상적인 것으로의 복귀는 이러한 특수성들 중 어느 하나도 제시하지 않는다. 항상성 가설의 비판이 우리 눈앞에 드러내는 바, 대상 또는 몸짓의 감각적 형태화는 형언할 수 없는 일치에서 파악되지 않는다. 즉 그것은 우리 모두가 그림 수수께끼의 잎 모양에서 토끼를 '발견했다'고 또는 움직임을 '포착했다'고 말할 때 경험하는 일종의 자기화에 의해서 '이해된다'. 감각에 대한 편견이 일단 떨어져 나가기만 한다면, 얼굴, 서명, 행동은 우리가 내적 경험에서 심리학적 의미를 탐구해야 할 단순한 '시각적 소여'이기를 그만두며, 타인의 심리 현상은 내재적 의미가 스며 있는 총체로서 직접적 대상이 된다. 보다 일반적으로 말해서, 변형되어 있는 것으로 드러나는 것은 직접적인 것이라는 개념 자체이다. 즉 이제부터 인상, 주관과 한 쌍인 객관이 직접적인 것이 아니라, 의미, 구조, 부분들의 자발적 배열이 직접적인 것이다. 나의 고유한 '심리 현상'은 나에게 달리는 주어지지 않는다. 왜냐하면 항상성 가설의 비판은 분절과 나의 행동의 선율적인 통일을 내적 경험의 발원적 소여로서 인지할 것을 다시 한 번 나에게 가르치고, 자신이 적극적인 것을 갖게 되는 것으로 귀결되면 내성 역시 행동의 내재적 의미를 명백하게 하는 데서 성립한다는 것을 가르치기 때문이다.⁹ 따라서 우리가 객관적 세계의 편견을 넘어섬으로써 드러내는 것은 이해하기 어려운 내적 세계가 아니다. 그리고 그 체험된 세계는 베르그송의 내부성처럼 소박한 의식에 의해 완전히 무시되는 것은 아니다. 항상성 가설의 비판을 수행하고 현상의 장막을 벗김으로써, 심리학자는 지각적 작용을 맹목적으로 거쳐서 곧바로 그 목적론적 결과에 이르고자 하는 자연적 인식 과정과 틀림없이 맞닥뜨리게 된다. 어떤 일도 **우리가 보는 것**을 정확히 아는 일보다 어렵지 않다. "자연적 직관에는 우리가 현상적 존재에 도달하기 위해 깨뜨려야 하는 일종의 '비밀 메커니즘'이 있다."[10] 게다가 지각이 자기를 숨기는 변증법이 있다. 그러나 의식의 본질이 자신의 고유한 현상을 망각하는 것이고 그렇게 해서 '사물'의 구성을 가능하게 하는 것이라면, 그 망각은 한갓된 부재는 아니며 의식이 제시하게 할 수 있었던 어떤 사물의 부재이기도 하다. 달리 말해서, 의식은 현상을 역시 불러일으킬 수 있다는 이유만으로 그것을 망각할 수 있고, 현상이 사물의 요람이라는 이유만으로 사물을 선호하고 현상을 무시한다. 가령 말하자면, 현상은 체험된 경험의 구조에서 자신의 모든 모델을 빌려오는 과학적 의식에 대해서 완전하게 인식 불가한 것이 아니다. 간단하게 말해서, 과학적 의식은 현상을 '주제화'하지도 않으며, 자신을 둘러싸고 있음에도 그 구체적 관계들을 자신이 객관적으로 표현하고자 노력하게 되는 지각적 의식의 지평을 명백히 하지도 않는다. 그렇다면 현상의 경험은 베르그송의 직관처럼, 아무런 방법적인 통로가 없는 무시된 실재의 증명이 아니다. 그것은 자기 혼자서 과학적 작용에 복잡한 의미를 부여하고, 그 작용이 언제나 회송되는 의식의 선과학적 삶을 명시함이요, 해명함이다. 그것은 비이성적 전환이 아니고 지향적 분석이다.

우리가 보는 대로, 만일 현상학적 심리학이 그 모든 특징상 내성

---

9 그러므로 다음 장에서 우리는 우리 지각의 내적 경험과 지각하는 주관의 '외적' 경험을 차별 없이 이용할 수 있을 것이다.

10 Scheler, *Idole der Selbsterkenntnis*, p. 106.

심리학과 구별된다면, 그것은 그 점에서 원칙적으로 다르기 때문이다. 내성 심리학은 물리적 개념들이 더 이상 가치를 갖지 않는 의식의 지대를 물리적 세계 밖에다 설정하나, 아직도 심리학자는 의식이 존재 구역에 불과하다고 믿고 있으며, 물리학자가 자신의 구역을 탐구하듯, 그 구역을 탐구하기로 결심하고 있다. 그는 의식의 소여를 기술하려고 애쓰나 의식의 주위에 있는 세계라는 절대적 존재를 문제삼지 않고 그렇게 했다. 그는 과학자, 상식과 더불어 객관적 세계를 자신의 모든 기술의 논리적 경계와 사고의 환경이라고 은연중에 암시했다. 그는 그 전제가 자신이 '존재'라는 말에 주었던 의미를 지정했음을 알지 못했고, 그 전제를 통해 '심리적 사실'의 이름으로 의식을 실현시켰으며, 따라서 그 전제를 의식의 참다운 파악 또는 진정으로 직접적인 것으로부터 벗어나게 했고, '내부'를 왜곡시키지 않기 위하여 자신이 되풀이했던 경고를 조롱거리로 만들었다. 경험주의가 물리적 세계를 내부 사건의 세계로 대체했을 때 그들에게 일어났던 것이 바로 그것이다. 베르그송이 '융합의 다수성'을 '병합의 다수성'에 대립시킬 그때 그에게 일어나는 것도 바로 그것이다. 왜냐하면 두 종의 존재가 또다시 문제되고 있기 때문이다. 사람들은 기계 에너지를 정신 에너지로, 경험주의의 불연속 존재를 유동하는 존재로 대체했을 뿐이며, 그러나 사람들은 그것이 **스스로** 흘러나온다고 말하면서도 제3인칭에서 기술하는 유동하는 존재로 대체했을 뿐이다. 심리학자는 **형태**를 반성의 주제로 삼음으로써 심리학주의와 결별한다. 왜냐하면 지각된 것의 의미, 연관, '진리'는 우리의 정신생리적 자연이 우리에게 주는 대로의 감각들의 우연적 만남에서 더 이상 결과하지 않으나, 그러한 감각들의 공간적 · 질적 가치를 규정하고[11] 그러한 감각들의 환원될 수 없는 성형화이기 때문이다. 그것은 심리학자의 기술이 아무리 충실하지 않다 하더라도 거기에는 이미 선험적 태

---

11 메를로-퐁티, 『행동의 구조』, pp. 106~19, 261.

도가 연루되어 있음을 말해준다. 연구 대상으로서의 의식은 우리가 상식의 가정을 넘어서는 쪽으로 이행하지 않고서는 분석될 수 없다는 특수성을 제공한다. 예를 들어, 의식이 신체에 갇혀 있고 신체를 통하여 세계 자체의 영향을 받는다는 것을 인정하면서도 실증적 지각심리학을 구성하겠다고 사람들이 생각한다면, 대상과 세계를 의식에 나타나는 대로 기술하게 되고 그렇게 되어 직접적으로 현존하는 이 세계, 우리가 인식하는 이 유일한 것이 또한 으레 말해야 하는 그 유일한 것이 아닌가 하고 묻게 된다. 심리학은 언제나 우리를 세계 구성의 문제로 데려간다.

3_현상적 장과 선험철학

따라서 심리학적 반성은 한번 시작되면 자신의 고유한 운동에 의해서 자기 자신을 초월한다. 객관적 세계와 관련된 현상의 원래성을 인식하고 난 다음, 그 세계가 우리에게 인지되는 것은 현상에 의해서이므로 심리학적 반성은 모든 가능적 대상을 현상에 통합하는 데로, 그리고 그 대상이 현상을 통해 어떻게 구성되는가를 탐구하는 데로 인도된다. 이와 동시에 현상적 장은 선험적 장이 된다. 이제 그것은 인식의 보편적 발원점이므로 의식은 존재의 특수 영역이기를, '심리적' 내용의 어떤 총체이기를 단호히 그만두고, 심리학적 반성이 맨 먼저 인지했던 '형태'의 영역에 더 이상 거주하거나 거처하거나 하지 않으며, 형태는 모든 사물처럼 의식에 대하여 존재한다. 의식이 자신 속에 품고 있는 체험된 세계를 불투명한 소여로서 기술하는 것은 더 이상 문제일 수 없다. 그것을 구성해야 한다. 객관적 세계 이면에 체험된 세계가 있음을 드러낸 명시화는 체험된 세계 자체와 관련되어 계속되고, 현상적 장 이면에 선험적 장이 있음을 드러낸다. 이번에는 자아-타인-세계의 체계가 분석의 대상으로 간주되어 타인을, 개별 주관으로서의 나 자신을, 나의 지각의 극으로서의 세계를 구성하는 사고를 소생시키는 것이 문제이다. 따라서 이러한 새로운 '환원'은 진정한 유일 주체, 즉 성찰하는 자아 이외의 아무것도 인식하지 않았다. 소산자(所産者)에서 능산자(能産者)로의 이행, 구성되는 것에서 구성하는 것으로의 이행은 심리학에 의해 시작된 주제화를 완성하며, 나의 앎에 함축적인 또는 암시적인 어떤 것도 남겨두지 않았다. 그것은 나로 하여금 나의 경험에 대한 완전한 소유를 가능하게 했고 반성하는 것과 반성되는 것의 일치를 실현했다. 이것이 선험철학의 통상적 조망이며 또한 적어도 겉으로는 선험적 현상학의 프로그램이기도 하다.[12] 그런데 우리가 이 장에서 드러낸 바와 같은 현상적 장은 직접적이고 전체적인 명시화에 대하여 원칙적 난점을 내세운다. 틀림없이 심리학주의는 넘어섰고, 지각된 것의 의미와 구조는 우리에 대하여 더 이상 정신생리학적 사건들의 단순 결과가 아니며, 합리성은 산재된 감각들을 일치시키는 요행이 아니고, **형태**는 근원적인 것으로 인식된다. 그러나 **형태**가 내적 법칙에 의해서 표현될 수 있다면, 그 법칙은 구조의 현상들이 복종해 실현되었던 모델로서 간주되어서는 안 된다. 형태의 출현은 선재하는 이성의 외적 펼침이 아니다. 그것이 우리의 지각에서 특전을 가지며 세계의 출현 자체이지 그 가능 조건이 아님은, 그것이 규범의 탄생이고 규범에 따라서 실현되지 않음은, 내부와 외부의 동일성이지 외부에 대한 내부의 투영이 아님은 '형태'가 어떤 평형 상태를 실현하고 최대의 문제를 풀고 칸트적 의미에서 세계를 가능하게 하기 **때문**이 아니다. 따라서 그것이 즉자적 심리 상태의 활동에서 결과하지 않는다면 그 정도로 관념은 아닌 셈이다. 그 때문에 원의 **형태**는 수학적 법칙이 아니라 용모이다. 현상을 원래적 질서로 인식함은, 물론 경험주의에게는 질서와 이성을 사실의 만남과 자연의 요행에 의해서 **설명한다**는 비난이 되겠지만, 그러나 사실성의 특성을 이성과 질

---

12 이것은 이러한 표현 방식으로 후설 저술의 대다수에, 심지어 마지막 시기에 출간된 저술에도 개진되어 있다.

서 자체에 따라 보호함이다. 보편적 구성 의식이 가능하다면 사실의 불투명성은 사라질 것이다. 따라서 우리는 반성이 자신의 기술적 특성을 자신이 기초를 두고 있는 대상에서 계속 유지하기를 원하고 그 대상을 참되게 이해하기를 바란다면, 우리는 그것을 보편적 이성에로의 단순한 복귀로 간주해서는 안 되고 그것을 미리 비반성적인 것에서 실현해서도 안 되며, 다만 그것을 비반성적인 것에 스스로 참가하는 창조적 작용으로 간주해야 한다. 이것이 모든 철학 중 유일하게 현상학만이 선험적 **장**을 말하는 이유이다. 그 용어는 반성이 전세계와 펼쳐진 객관적 단자의 복수성을 자기 눈길 아래 갖지 않음을, 특정한 시선과 제약된 능력만을 마음대로 이용할 뿐임을 의미한다. 이것 역시도 현상학이 현상학이라는, 말하자면 미리 주어진 가능성을 의식에 전제하는 대신 의식에 대한 존재의 **출현**을 연구한다는 데 대한 이유이다. 고전적 유형의 선험철학들이, 자신이 **어디에선가 했다**고 언제나 전제하는 전체적 명시화를 실행하는 가능성에 대해서 묻지 않았다는 것을 보게 되는 것은 인상적이다. 그들에게는 그것이 필요하다는 것만으로 충분하고, 그렇듯 존재하는 것을 존재해야 하는 것에 의해서, 지식의 관념이 요구하는 것에 의해서 판단하는 것만으로 충분하다. 사실상 성찰하는 **자아**는, 모든 사물을 특정한 조망에서 인식하는 자신의 타고난 속성을 개별 주관에게서 빼앗을 수 없다. 반성은 안개 낀 날 2백 보 떨어진 곳에서 해를 지각하는 것을, 해가 '뜨고' '지는' 것을, 나의 교육, 이전의 노력, 역사가 나에게 준비시켰던 문화적 도구들을 가지고 사유하는 것을 그만두게 할 수 없다. 따라서 나는 실제적으로 합일을 이루지 않고, 나의 지각이나 현재의 확신에 이바지하는 모든 발원적 사고를 동시에 일깨우지 않는다. 결국 비판주의와 같은 철학은 이러한 수동성의 저항을 확인하기 위해 선험적 주관이 되는 것이 필요하지 않는 것처럼 그 저항에 어떤 중요성도 부여하지 않는다. 따라서 그러한 철학은 철학자의 사고가 어떤 상황에도 속박되지 않음을 은연중에 비춘다. 그러한 철학은 사고하는 주관의 다수성에로 열려진 자연의 광경인 세계의 광경에서 출발하면서, 여러 경험적 자아들에게 제공된 나름대로의 독자성을 지닌 세계를 가능하게 하는 조건을 탐구하고, 그것을 선험적 자아에서 발견하며, 여러 경험적 자아들은 선험적 자아를 분리함이 없이 그 자아에 참여한다. 왜냐하면 선험적 자아는 **존재**가 아니라 **통일**이나 **가치**이기 때문이다. 이것이 칸트 철학에서 타자의 인식의 문제가 제기되지 않는 이유이다. 칸트 철학이 말하는 선험적 자아는 나의 것과 마찬가지로 타인의 것이고, 분석은 대뜸 나의 밖에 놓이며, 세계가 자아에 대하여 —— 나 자신이나 또는 마찬가지로 너에 대하여 —— 가능하게 되는 일반적 조건을 적출하는 것 이외의 아무것도 해서는 안 되고 **누가 성찰하는가** 하는 문제와 부딪히지 않는다. 이와 반대로, 현대 철학은 그러한 사태를 주요 주제로 삼고 타인이 현대 철학의 문제로 된다면, 그것은 현대 철학이 더욱 철저한 의식의 파악을 이행하고자 바라기 때문이다. 반성은 자기의 결과에 대해서뿐만 아니라 동시에 자기에 대해서도 자각하지 않는다면 충일할 수 없고 대상의 전체적 해명일 수 없다. 우리는 반성적 태도, 난공의 **코기토**에 자리 잡을 뿐만 아니라 그 반성을 반성해야 하고 반성이 뒤이어 일어나게 되는 것임을 자각하는, 따라서 반성의 규정의 일부를 구성하는 자연적 상황도 이해해야 하며, 철학을 실천해야 할 뿐만 아니라 그것이 세계의 광경과 우리 존재에서 야기하는 변형도 보고해야 한다. 이러한 조건에서만 철학적 인식은 절대적 인식이 될 수 있고 특수성이나 기술이기를 그만둘 수 있다. 그러므로 사람들은 **존재**에서 실현되어서는 안 되는 그만큼 덜 의심스럽게 되는 절대적 **통일**이라는 것을 더 이상 확언할 수 없고, 철학의 중핵은 모든 곳에 위치하면서도 어느 곳에도 위치하지 않는 자율적·선험적 주관이 더 이상 아니며, 반성을 영원히 시작하는 데서, 이를테면 개인의 삶이 자기 자신에 대한 반성에 착수하는 바로 그 지점에서 발견된다. 반성이 정말로 반성인 것은 자신이 자신 밖으로 운반되지 않을 때뿐이고, 비반성적인 것에 대한 반성으로서, 즉 우리 실존의 구조의 변화로서 스스로 인식할 때뿐이다. 우리는 베르그송의 직관과 일치에 의해서 지식을 탐구하는 내성에 대하여 보다 소리 높여 책망한 바 있다. 그러나 철학의 다른 극, 즉 보편적 구성 의식의 개념에서 우리는 또다시 대칭적인 오류를 발견한다. 베르그송의 오류는 성찰하는 주관이 성찰하는 대상과 혼합될 수 있다고, 지식은 존재와 합쳐짐으로써 증대된다고 믿는 데 있다. 반성철학의 오류는 성찰하는 주관이 성찰하는 대상을 자신의 사고에 흡수하거나 남김없이 파악할 수 있고 우리의 존재가 우리의 인식으로 환원될 수 있다고 믿는 데 있다. 성찰하는 주관으로서의 우리는 우리 자신이 인식하고자 노력하는 비반성적 주관은 결코 아니다. 그러나 우리는 오로지 전적으로 의식일 수도 없고 선험적 의식으로 환원될 수도 없다. 우리가 의식이라면 우리는 우리 앞에서 세계, 우리의 역사, 독자성을 지닌 지각된 대상을 투명한 관계들의 체계로서 가져야 할 것이다. 그런데 우리가 심리학을 하지 않을 때라도, 직접적 반성을 통해, 그리고 귀납적 사고의 다양한 일치를 사용하지 않고, 지각된 운동이나 원인인 것이 무엇인가를 이해하고자 애쓸 때, 우리는 상상력에 의해 그것을 변양시킴으로써만, 그렇게 해서 그러한 정신적 경험의 불변 요소에 우리의 사고를 고정시킴으로써만, 그러한 단독적 사태를 이해할 수 있고, **사례**의 변종 방식에 의해서만, 말하자면 개체의 사실성을 제거함으로써만 개체에 침투할 수 있다. 그러므로 사고가 귀납적이기를 완전하게 그만둘 수 없는가, 어떤 경험을 모든 직물을 되찾고 소유할 만큼 제것으로 만들 수 없는가를 아는 것이 문제이다. 철학은 절대적 의식으로 인도하는 경로에 대한 언급 없이 그 의식에 자리 잡음으로써가 아니라 철학 자신을 문제로 간주함으로써, 지식의 전체적 명시화를 요청함으로써가 아니라 이성의 그러한 **가정**을 철학의 기본 문제로 인식함으로써 현상학적, 즉 철저적이 된다.

바로 여기에 우리가 지각에 대한 탐구를 심리학에서 시작해야 하는 이유가 있다. 우리가 그렇게 하지 않았다면 우리는 선험적 문제의 모든 의미를 이해하지 못했을 것이다. 왜냐하면 우리는 방법론적으로 자연적 태도에 입각하여 그곳으로 인도하는 경로를 따르지 않았기 때문이다. 반성철학처럼 우리가 영구적으로 소여된 것으로 전제하는 선험적 차원에 단숨에 놓이기를 바라지 않고 구성의 참다운 문제를 결하기를 바라지 않는다면, 우리는 현상적 장과 자주 만나야 하고 심리학적 기술에 의해서 현상의 주관을 알게 되어야 한다. 그렇지만 우리는 모든 심리학주의가 정화되기만 하면 그것이 철학적 방법이 될 수 있다는 것을 시사하지 않고서 심리학적 기술을 시작해서는 안 된다. 자신의 고유한 결과 속에 매몰된 지각적 경험을 소생시키기 위하여 이해될 수 없었던 기술들을 제시하는 것으로는 충분하지 않을 것이고, 그것들이 참이게 보일 수 있는 관점을 철학적 참조와 예기에 의해서 정착시켜야 한다. 그러므로 우리는 심리학 없이 시작할 수도 없고 심리학만 갖고 시작할 수도 없다. 철학은 해명된 경험인 것처럼 경험은 철학을 예기한다. 그러나 이제 현상적 장은 충분히 한정되었으므로 그 애매한 영역으로 들어가서, 심리학자의 자기 비판이 우리를 2차적 반성에 의해서 현상의 현상에 이르게 하고 현상적 장을 결정적으로 선험적 장으로 바꾸어놓을 때까지, 그곳에서 심리학자와 함께 하는 제1보를 확실하게 내디뎌보자.

제1부 **신체**

서론

1_경험과 객관적 사고

우리의 지각은 결국 대상에 이르고, 대상은 한번 구성되면 우리가 가졌거나 가질 수 있었던 모든 경험의 이유로서 나타난다. 예를 들면 나는 어떤 각도에서 이웃집을 보고, 사람들은 센 강의 우안에서 그것을 달리 보며 내부에서 달리 보고 비행기에서 달리 본다. 집 **그 자체**는 그러한 출현들의 어느 것도 아니다. 라이프니츠 Leibnitz가 말한 대로, 그것은 그러한 조망들과 가능한 모든 조망들의 실측도, 말하자면 사람들이 모든 조망을 이끌어낼 수 있는 조망 없는 항이다. 그것은 어느 곳에서도 보이지 않는 집이다. 그러나 이러한 말들은 무엇을 의미하고자 함인가? 본다는 것은 언제나 어느 곳에서 본다는 것이 아닌가? 집 자체가 어느 곳에서도 보이지 않는다고 말하는 것은, 집은 볼 수 없는 것이라고 말하는 것이 아닌가? 그러나 내가 내 눈으로 집을 본다고 말할 때, 진정 나는 의심이 제기될 수 있는 어떤 것도 말하고 있지 않다. 나는 나의 망막과 수정체만을, 물질 기관으로서의 나의 눈이 작용한다는 것만을, 그것이 나로 하여금 그 집을 보게 한다는 것만을 이해하는 것이 아니다. 나는 나 자신에게 묻는 법을 전혀 모르는 셈이다. 이로써 나는 대상에 접근하는 어떤 방식을, 나의 고유한 사고만큼 확실하고 나에 의해서 직접적으로 인식된 '시선'을 표현하고자 한다.

대상을 본다는 것은 시각적 장의 테두리에서 대상을 가지고 고정시킬 수 있다는 것이든지, 아니면 그것을 고정시킴으로써 그 유인에 응답한다는 것이다. 내가 대상을 고정시킬 때, 나는 그 속에 정착하나 그러한 시선의 '정지'는 그 운동의 양상일 뿐이다. 나는 대상의 내부에서 조금 전에 그 모두를 훑어보았던 탐색을 계속하고, 단 한 번의 운동으로 풍경을 다시 닫아주고 대상을 열어준다. 그 두 작용은 우연히 일치하지 않는다. 그것은 나의 신체적 조직의 우연성들이 아니다. 예를 들어, 내가 대상을 분명하게 보고자 하면 그 주위를 희미하게 보지 않을 수 없게 만드는 망막 구조의 우연성들이 아니라는 것이다. 내가 망막의 추상체와 간상체를 전혀 모른다 해도, 대상을 주시하는 것이 그 속에 빠지는 것이기 때문에, 그리고 대상들은 사람들이 다른 것을 숨기지 않고서는 보여줄 수 없는 체계를 형성하기 때문에, 나는 대상을 더 잘 보기 위하여 주위를 잠재우는 것이 필요하고, 사람들이 형(形)에서 획득하는 것을 지(地)에서 잃는 것이 필요함을 인식한다. 보다 정확히 말하면, 대상의 내적 지평은 주위의 대상들이 지평이지 않고서는, 그리고 시각이 두 국면을 지닌 행위이지 않고서는 대상이 될 수 없다. 왜냐하면 나는 나의 시선이 방금 스쳐 지나간 대상에서 내가 지금 갖는 세목의 그 대상을, 바로 그 대상의 세목을 총체에 대한 최초의 시각의 기억과 명백히 비교함으로써 확인하지 않기 때문이다. 영화의 경우, 촬영 장치가 대상이 크게 나오도록 그쪽으로 가까이 다가갈 때 우리는 재떨이나 등장 인물의 손이 문제라는 것을 틀림없이 **기억하고** 있고 그것을 실제적으로 확인하지 않는다. 그것은 화면이 어떤 지평도 갖고 있지 않기 때문이다. 이와 반대로, 시각의 경우, 내가 광경의 일부를 응시할 때 그것은 살아나며 펼쳐지고, 다른 대상들은 주변으로 물러나며 잠자지만 거기에 있는 것을 멈추지 않는다. 그런데 그것들과 더불어 나는 그것들의 지평을 내 뜻대로 하고, 내가 고정시키는 대상이 거기에 얽혀 있으며 주변의 시각에 나타나 보이게 된다. 따라서 지평은 탐색 과정에서 대상의 동일성을 보증하는 자이고, 나의 시선을 자신이 방금 보고 발견하려고 하는 새로운 세목들을 이미 지니고 있는 대상들에 붙들어두는 임박한prochain 능력*의 상관자이다. 어떤 명백한 상기도 어떤 분명한 예측도 그러한 역할을 맡을 수 없었다. 나의 지각이 현실적이라고 자처할 때, 그것들은 개연적 종합만을 제공했을 뿐이다. 따라서 내가 대상을 보고자 할 때, 대상-지평 구조, 말하자면 조망은 나를 방해하지 않는다. 조망이 대상들이 숨겨지는 수단이라면 또한 대상들이 폭로되는 수단이기도 하다. 본다는 것은 **드러나는** 존재 세계에 들어간다는 것이고, 존재가 나의 뒤에 또는 서로에게 은폐될 수 없다면 드러나지 않을 것이다. 달리 말하면, 대상에 주목한다는 것은 그 대상에 거주한다는 것이 되고, 그로부터 모든 사물을 모든 사물이 표현하는 국면에 따라 파악한다는 것이다. 그러나 내가 그 모든 사물을 역시 보는 한에서 그것들은 나의 시선에 열린 주거지로 남아 있고, 나는 그것들 속에 가상적으로 위치하고 있기에, 나의 현실적 시각의 중심 대상을 이미 여러 각도에서 통각한다. 따라서 개개의 대상은 여타의 모든 대상의 거울이다. 내가 탁자 위에 놓인 램프를 주시할 때, 나는 나의 자리에서 보일 수 있는 성질뿐만 아니라 벽난로, 벽, 탁자가 '볼' 수 있는 성질까지도 그것에 부속시키고, 나의 램프의 후면은 그 램프가 벽난로에 '보여주는' 국면 이외의 다른 것이 아니다. 따라서 대상들이 체계나 세계를 형성하고 개개의 대상이 자기 주위의 타자들을 자기의 숨겨진 측면들의 정관자로, 그 측면들의 영원한 보증으로 배치하는 한 나는 대상을 볼 수 있다. 대상에 대한 나의 모든 시각은 개개의 대상이 바로 이 대상에 대하여 나머지 대상이 '보는' 바로 그뿐이라는 것이 모두이기 때문에, 공존하는 것으로 파악되는 세계의 모든 대상들에서 즉각적으로 반복된다. 따라서 앞서 주어진 우리의 공식은 수정되어야 한다. 즉 집 자체는 어느 곳에서도 보여지지 않는 집이 아니라 모든 곳에서 보여지는 집이다. 완전한 대상은 반투명적이다. 그

---

* 언제든지 기회만 주어지면 곧바로 자신의 권능을 발휘하고 행사할 듯한 능력. 메를로-퐁티는 지금 후설의 소위 파지와 예지를 공간적으로 표현하고 있다.

것은 심층에서 교차되는 시선의, 숨겨진 어떤 것도 그 심층에 남겨두지 않는 시선의 현실적 무한성에 의해 도처로부터 침투된다.

우리는 공간적 조망에 대하여 방금 말한 것을 시간적 조망에 대해서도 역시 말할 수 있을 것이다. 내가 집을 주의 깊게 아무런 생각 없이 고찰한다면, 그것은 영원성의 모습을 지니고 있고 일종의 혼미를 유발한다. 틀림없이, 나는 그것을 나의 지속의 어떤 관점에서 본다. 그러나 그것은 채 하루가 지나지 않은 어제 여기서 내가 보았던 바로 그 집이다. 노인과 아이가 바라보는 집은 동일한 집이다. 틀림없이, 그것은 나이를 먹고 변화를 겪는다. 그러나 그것이 내일 무너진다 해도, 그것이 오늘 존재했다는 것은 영원히 진실로서 남아 있을 것이고, 시간의 모든 순간은 저마다 여타의 모든 순간을 증인으로 내세우고 그 순간이 도래하면서 '그것이 어떻게 변화되어야 했는가' '그것이 어떻게 끝났어야 했는가'를 보여주며, 모든 현재는 저마다 여타의 모든 순간에 대한 인식을 청구하는 시점을 결정적으로 정초하고, 따라서 대상은 모든 곳에서 지평의 구조인 동일한 수단에 의해서 보여지듯 역시 모든 시간에서 보여진다. 현재는 직접적 과거를 대상으로 정립하지 않으면서도 여전히 자기 손아귀에 붙잡아두고 있고, 동일한 방식으로 그 직접적 과거는 자신에 선행하는 직접적 과거를 붙잡고 있기 때문에, 흘러간 시간은 현재에서 전적으로 다시 잡히고 파악된다. 역시 임박의 지평을 가질 임박한 미래의 경우에도 사정은 마찬가지이다. 그러나 나의 직접적 과거와 함께 나는 그것을 둘러싼 미래의 지평을 역시 가지며, 따라서 나는 그러한 과거의 미래로서 보여진 나의 현실적 현재를 가진다. 임박한 미래와 함께 나는 그것을 둘러싼 과거의 지평을 가지며, 따라서 나는 그러한 미래의 과거로서 나의 현실적 현재를 가진다. 그리하여 파지(把持)와 예지(豫持)의 이중 지평 덕분으로* 나의 현재는 지속의 흐름에 의해 순식간에 야기되고 소멸되

---

* 파지는 주어져 있는 단편적인 과거에 대한 지각이고 예지는 수동적으로 기대되는 미래에 대한 지각이다. 현재는 파지적 과거와 예지적 미래의 동시적 현존이다.

지각의 현상학

는 사실적 현재이기를 그만둘 수 있고, 객관적 시간에서 확인될 수 있는 고정점이기를 그만둘 수 있다.

그러나 다시 한 번 말하지만, 나의 인간적 시선은 지평에 의하여 여타의 모든 것을 목표로 할지라도 대상의 일면만을 **정립하는 것**은 아니다. 그것은 시간과 언어의 매개에 의하지 않으면 이전의 지각들, 또는 타인의 시각들과 직면할 수 없다. 내가 집을 모든 곳에서 수색하고 규정하는 시선을 나 자신의 시선의 상에 따라 인지한다면, 대상에 대하여 일치하는 무한정한 일련의 그림들만을 아직 가질 뿐이고 대상을 풍성하게 가지지는 않는다. 동일한 방식으로, 나의 현재가 흘러간 시간과 다가올 시간을 자신 속에 수축시킨다고 하더라도 그것은 의도에서만 소유할 뿐이고, 가령 내가 나의 과거에 대하여 지금 갖는 의식이, 일어났던 그대로를 정확하게 포함하는 것 같다면, 내가 가지게 되는 그 과거 자체를 다시 붙잡는 것은 그 과거 자체가 아니다. 그것은 내가 지금 보고 있는, 아마도 변경된 나의 과거일 것이다. 마찬가지로, 장래에 나는 내가 겪는 현재를 아마도 달리 인식할 것이다. 따라서 지평의 종합은 추정적 종합일 뿐이고, 대상의 직접적 주위에서만 확실하고 정확하게 작용할 뿐이다. 나는 먼 주위를 더 이상 장악하고 있지 않다. 즉 그것은 더 이상 여전히 식별될 수 있는 대상이나 기억의 사실이 아니다. 그것은 정확한 증거를 더 이상 갖다줄 수 없는 익명의 지평이다. 그것은 실제로 지각적 경험에 있기 때문에 대상을 미완결의 개방 상태에 있게 한다. 그러한 개방에 의해서 대상의 실체성이 흘러나온다. 그것이 완전한 밀도에 도달해야 한다면, 달리 말해, 절대적 대상이 있어야 한다면, 그것은 엄밀한 공존에 수축된 상이한 조망들의 무한성이어야 할 것이고, 수많은 시선에 따른 유일무이한 시각에 의한 것으로 주어져야 할 것이다. 집은 **자신의** 배수관을, **자신의** 대지를 **가지고** 아마도 천장에는 아무도 모르게 커져가고 있는 균열을 가질 것이다. 우리는 그것들을 보지 않으나, 그 집은 우리에게 보이는 창문이나 벽난로와 동시에 **그것들을 가진다**. 우리는 집에 대한 현재의 지각을 망각할 것이다. 우리는 오류의 다른 동기를 고려한다 해도, 상기를 관련되어 있는 대상과 대조시킬 때마다, 자기에게 고유한 지속에 기인하는 상기의 변화들에 놀라게 된다. 그러나 우리는 과거의 진리가 있다고 믿는다. 우리는 우리의 기억을, 우리가 그날 진실되게 본 대로, 순간의 자기 **존재**를 정초하는 대로 집을 형태화하는 세계의 무한한 **기억**에 의지하게 한다. 집 자체로 받아들이면 — 그리고 대상으로서 그것은 우리가 그처럼 받아들일 것을 요구한다 — 그 대상은 숨기는 어떤 것도 가지고 있지 않고, 전적으로 드러나 있으며, 우리의 시선이 번갈아 이리저리 훑어보는 동안 그 부분들은 공존해 있고, 현재는 과거를 사라지게 하지 않으며, 미래는 현재를 사라지게 하지 않을 것이다. 따라서 대상의 정립은 낯선 존재에서 부서지는 우리의 실제적인 경험의 한계를 넘어서게 하고, 마침내 경험은 자신이 우리에게 가르치는 모든 것을 대상에서 이끌어낸다고 믿는다. 모든 지각이 어떤 것의 지각이게 되는 것은 바로 이러한 경험의 탈자성(脫自性)extase 때문이다.

2_ 신 체 의 문 제

존재에 매몰되어 있고 나의 경험의 조망주의를 망각함으로써, 나는 그때부터 존재를 대상으로 취급하고 대상들끼리의 관계로부터 도출한다. 나는 세계에 대한 나의 관점인 신체를 세계의 대상 중의 하나로 간주한다. 나는 나의 시선을 인식 수단으로 갖는 의식을 억압하고 나의 눈을 물질 조각으로 취급한다. 이때부터 눈은 내가 외부 대상을 위치짓고자 노력하는 객관적 공간에 자리를 잡고, 나는 대상이 망막에 투영됨으로써 지각적 조망이 발생한다고 믿는다. 마찬가지로, 나는 나의 고유한 지각적 역사를 나와 객관적 세계와의 관계의 결과로서 취급하고, 시간에 대한 나의 관점인 나의 현재는 여타의 모든 순간과 함께 하는 시간의 한순간이 되며, 나의 신체가 객관적 공간의 방식이듯 나의 지속은 보편적 시간에서 추상된 반영이나 국면이다. 마찬가지로, 마침내 집을 둘러싸고 있는 또는 집에 살고 있는 대상들이 지각적 경험, 즉 어떤 조망에 구속된 시선에 존재하는 것으로 남는다면, 그 집은 자립적 존재로 정립되지 않을 것이다. 그리하여 온전한 의미에서 수행하는 단일 대상의 정립은 그러한 모든 경험을 다수성을 갖는 단일 작용에서 구성할 것을 요구한다. 바로 그 점에서 그것은 지각적 경험과 지평의 종합을 초월한다. ── 마치 상호 규정하는 관계들뿐인 **우주**, 즉 완결된 명시적 전체성의 개념이 **세계**, 즉 관계들이 상호 암시적인, 열린, 끝없는 다양성의 개념을 초월하듯이 말이다.[1] 나는 나의 경험을 떠나고 **이념**으로 넘어간다. 대상처럼 이념은 우리에 대하여 동일자이기를, 모든 시간과 장소에 대하여 유효하기를 주장하고, 대상을 객관적 시공간의 지점에 개체화하는 것은 결국 보편적 정립 능력의 표현인 것처럼 보인다.[2] 나는 내가 선술어적 앎에서 체험하고 내적 교류를 갖는 것과 같은 나의 신체, 시간, 세계에 더 이상 관여하지 않는다. 나는 이념으로서의 신체, 이념으로서의 세계, 공간의 이념, 시간의 이념에 대하여 말할 뿐이다. (키르케고르 Kierkegaard의 의미에서) '객관적' 사고 ── 상식의 사고, 과학의 사고 ── 는 그렇게 형성되고 그러한 사고에서 결국 우리는 지각적 경험과의 접촉을 상실하게 되거니와, 그럼에도 불구하고 그것은 결과이며 자연적 후속물이 된다. 의식의 모든 삶은 대상들을 정립하려는 경향을 갖고 있다. 왜냐하면 그것은 자기 자신을 확인 가능한 대상으로서 붙잡고 가다듬는 한에서만, 의식, 말하자면 자기 인식이기 때문이다. 그렇지만 단일 대상의 절대적 정립은 의식의 죽

1 Husserl, *Umsturz der kopernikanischen Lehre: die Erde als Ur-Arche bewegt sich nicht*(미발표 원고).
2 "나는 나의 눈으로 내가 본다고 믿는 것을 나의 정신에 있는 유일한 판단 능력에 의해서 이해한다." Descartes, *IIe Méditation*, AT, IX, p. 25.

음이다. 왜냐하면 용액에 들어간 결정체가 그 사태를 단숨에 굳어지게 하듯, 그것은 모든 경험을 응고시키기 때문이다.

우리는 주관이나 객관을 조금도 알지 못하는 이러한 대안에 머무를 수 없다. 우리는 객관의 근원을 우리의 경험의 핵 자체에서 되찾아야 하고, 존재의 출현을 기술해야 하며, 어떻게 역설적으로 **우리에 대하여 즉자**가 있는가를 이해해야 한다. 우리는 선입견을 갖고 싶지 않기에 객관적 사고를 문자 그대로 받아들일 것이며, 그 스스로에게 제기되는 질문을 제기하지는 않을 것이다. 우리가 객관적 사고 뒤에 있는 경험을 되찾는 데 이르게 된다면, 바로 그러한 이행은 객관적 사고에 고유한 곤란에 의해서만 합당한 이유를 가질 것이다. 그러한 이행 작업을 신체를 대상으로서 구성하는 작업에서 고찰해보자. 왜냐하면 객관적 세계의 발생의 결정적 계기가 바로 거기에 있기 때문이다. 우리는 고유한 신체le corps propre*가 사람들이 그 신체에 강제로 부과하는 처우를 피해 가고 심지어 과학의 처우도 피해 가는 것을 볼 것이다. 그리고 객관적 신체의 발생은 대상의 구성의 한 계기일 뿐이므로, 신체는 객관적 세계로부터 퇴각함으로써 자신을 주위에 연결하는 지향적 실마리를 스스로 끌어올 것이고, 마침내 우리에게 지각하는 주관을 지각된 세계로 폭로하게 될 것이다.

---

* 메를로-퐁티는 우리가 보통 말하는 객관적 신체, 실재적 신체와 근본적으로 대비되는, 객관화되기 이전의, 사물 존재로 취급되기 이전의 있는 모습 그대로의 신체를 고유한 신체라고 표현한다. 살아 있는 신체, 체험된 신체 또는 현상적 신체(선험적 의미에서) 등으로 표현되기도 한다.

제1장 대상으로서의 신체와 기계론적 생리학

1_인과적 사고를 초월하는 신경생리학

우리가 본 대로, 대상의 규정은 그것이 **부분 외 부분**partes extra partes으로 존재한다는 것이고, 따라서 그것은 수용과 전이의 운동이라는 좁은 의미에서이든, 함수와 변수의 관계라는 넓은 의미에서이든, 외적·기계적 관계만을 대상의 부분들 사이에서 또는 그 대상과 다른 대상들 사이에서 인정할 뿐이라는 것이다. 사람들이 유기체를 대상 세계에 끼워 넣어 이로써 그 세계를 폐쇄시키기를 원했을 때, 신체의 기능은 즉자 언어로 번역되지 않으면 안 되었고 자극과 수용기, 수용기와 감각 기구라는 선형적 의존성이 행동에서 발견되지 않으면 안 되었다.[1] 틀림없이 사람들은 행동의 회로에서 새로운 규정들이 출현한다는 것을 잘 알고 있었으며, 예컨대, 특수 신경 에너지 이론*은 유기체에 물리적 세계를 변형할 수 있는 능력을 분명히 허용했다. 그러나 실제로 그 이론은 우리의 경험의 상이한 구조들을 창조할 수 있는 비의적(秘義的) 힘을 신경 장치의 탓으로 돌렸으며, 시각, 촉각, 청각이 대상에 접근하는 많은 방식들인데도 그 경험의 구조들은 뭉쳐 있는 성질들로 변형된

---

1 메를로-퐁티, 『행동의 구조』, 2장.
* 생리학에서 특수 신경 에너지 법칙은 감각이 어떤 수용기, 신경 또는 감각 중추를 자극하느냐에 따라 그 종류가 결정된다는 것을 말한다. 예컨대, 어떤 자극이 시각 중추에 주어지면 시각을 느끼고 청각 중추에 주어지면 청각을 느낀다.

것, 사용된 기관들의 국소적 차이에서 파생된 것이라고 판명되었다. 그리하여 자극과 지각의 관계는 분명하고도 객관적인 것으로 남을 수 있게 되었고, 심신간의 사건은 '세속적' 인과 관계와 동일한 유형의 것이 되었다. 현대 생리학은 더 이상 이러한 책략에 호소하지 않는다. 그것은 더 이상 동일한 의미의 상이한 성질들과 상이한 의미의 소여들을 차별적인 물질적 도구들에 연결하지 않는다. 실제로 중추, 심지어 도관(導管)에 대한 손상도 어떤 감각적 성질들의 상실이나 감각 기관 상의 어떤 소여들의 상실로 번역되는 것이 아니라 기능의 탈분화로 번역된다. 우리는 이미 그 사실을 앞에서 지적했다. 손상의 소재지와 그 기원이 감관로(感官路) 상의 어디라 하더라도 우리는 예를 들면 색깔에 대한 감성의 붕괴를 목격한다. 처음부터 모든 색깔은 변양되며 그들의 기본 색조는 동일하게 남아 있으나 포화도는 감소된다. 그 이후에는 스펙트럼이 단순화되고 4색, 즉 노랑, 초록, 파랑, 주홍으로 줄어들며 단파의 모든 색깔마저도 일종의 파랑의 성향을 띠고 장파의 모든 색깔은 일종의 노랑의 성향을 띠며, 더욱이 시각은 피로도에 따라 시시각각 변할 수 있다. 결국 사람들은 우호적 조건들(대조, 장기간의 노출)이 순간적으로 2색성을 도로 가져올 수 있다 하더라도 회색으로 끝나는 단색성에 도달한다.[2] 그러므로 신경 물질 내에서 이루어지는 손상의 진행은 기성의 모든 감각적 내용들을 하나씩하나씩 파괴하는 것이 아니라, 신경 체계의 본질적 기능으로서 나타나는 흥분의 능동적 분화를 점점 더 불확실하게 만든다. 동일한 방식으로, 촉감의 비피질적 손상의 경우, 어떤 내용(온도)이 취약한 것이라서 맨 먼저 사라지게 된다면, 그것은 파괴된 환부인 일정 영역이 더위와 추위를 느끼도록 도와주기 때문이 아니다. 왜냐하면 특정한 감각은 흥분이 상당한 범위에 걸쳐 주어지면 회복될 것이기 때문이다.[3] 오히려 그것은 흥분이 보다 강렬한 자극에 대해서만 자신

지각의 현상학

2 J. Stein, *Pathologie der Wahrnehmung*, p. 365.
3 같은 책, p. 358.

의 전형을 갖는 데 성공하기 때문이다. 중추의 손상은 성질들을 손대지 않고 내버려두는 것처럼 보이고, 반대로, 소여들의 공간적 조직과 대상의 지각을 변화시킨다. 바로 이것이 성질의 국소화와 해석에서 특수화된 영지적인gnostique 인식 중추를 가정하게 한 그것이다. 사실상 현대의 연구들은 중추의 손상이 특히 환자의 시치chronaxie*를 두 배나 세 배 올라가도록 작용한다는 것을 보여준다. 홍분은 보다 천천히 그 결과를 산출하고, 결과는 보다 오래 지속하며, 거칠다는 촉각적 지각은 예를 들면 일련의 한정된 인상들이나 손의 상이한 위치들의 정확한 의식을 가정하는 한, 위험한 것이라고 드러난다.[4] 홍분의 국소화의 혼동은 국소 결정적 중추의 파괴에 의해서가 아니라, 하나하나의 홍분이 독특한 가치를 부여받고 한정된 변화에 의해서만 의식화되는 안정된 총체를 조직화하는 데 성공하지 못하는, 즉 홍분들의 획일화에 의해서 설명된다.[5] 따라서 동일한 의미의 홍분들은 요소적 자극들이 자신들 사이에서 자발적으로 조직화되는 방식에 의해서보다 자신들이 사용하는 물질적 도구들에 의해서 덜 상이한 것이 되고, 그러한 조직은 지각의 수준에서처럼 감각적 '성질'의 수준에서 결정적 요인이다. 다시 한 번 말하지만, 이것이 홍분에게 촉감이나 열감을 야기하도록 하는 것이지, 검토된 바 있는 장치의 특수 에너지가 그렇게 하는 것은 아니다. 사람들이 머리카락으로 피부의 일정한 부위를 여러 번 되풀이하여 자극하면, 처음에는, 자극할 때마다 동일한 지점에서 뚜렷이 식별되는 정확한 국소 지각을 가진다. 홍분이 반복되는 데 따라서 국소는 점차 덜 정확해지고 지각은 공간에 넓게 퍼져 동시에 감각은 특정한 것이기를 그치게 된다. 그것은 더 이상 접촉이 아니며 때로는 열에 때로는 냉기에 데인 느낌인 것이다. 조금 뒤에, 그는 홍분이 피부 위에서 움직이며 원을 그린다고 믿는다. 마

---

* 시치(時值)는 자극에 대하여 신경이나 근육에 전달되는 데 소요되는 시간량.
4 같은 책, pp. 360~61.
5 같은 책, p. 362.

침내 어떤 것도 더 이상 감각되지 않는다.[6] 이것은 '감각적 성질,' 지각된 것의 공간적 규정들 그리고 지각의 현존이나 부재마저도 유기체 바깥의 사실적 상황의 결과들이 아니라, 유기체가 자극 앞에서 보이고 자극과 관계하는 방식을 표현한다는 것을 말해준다. 흥분은 자신과 '일치하지' 않는 감관 기관에 영향을 미치지 않을 때 지각되지 않는다.[7] 자극의 수용에서 담당하는 유기체의 기능은 말하자면, 흥분의 어떤 형태를 '인식하는' 데 있다.[8] 따라서 '심신 간의 사건'은 더 이상 '세속적' 인과성의 유형의 것이 아니며, 두뇌는 피질 단계 이전부터도 일어나는, 그리고 신경 체계의 등장에서부터 자극과 유기체의 관계들을 뒤섞는 '형태화'의 장소가 된다. 흥분은 자신이 야기**하려고 하는** 지각을 바로 그 흥분이 **닮게** 만드는 횡단적 기능에 의해 파악되고 재조직된다. 신경 체계에서 윤곽이 나타나는 저러한 형태, 하나의 구조의 저러한 전개를 나는 일련의 제3자적 과정으로서, 운동의 전이나 하나의 변수를 통한 다른 변수의 규정으로서 묘사할 수 없다. 나는 그에 대해 거리를 취해서는 인식할 수 없다. 내가 그것이 무엇일 수 있는지를 예측한다면, 그것은 신체를 대상, 즉 **부분 외 부분**으로는 포기함으로써이고, 내가 현실적 경험을 갖는 신체, 이를테면 자극을 예견함과 동시에 내가 지각하려고 하는 형태 자체를 그리면서 나의 손이 그 대상을 부여잡는 방식으로 경험하는 신체로 되돌아감으로써이다. 나는 살아 있는 신체의 기능을 스스로 수행함으로써만, 세계를 향해 일어나는 신체인 한에서만, 그 기능을 이해할 수 있다.

따라서 외수용성은 자극에게 형태화를 요구하며, 신체의 의식이 신체를 침투하고, 영혼이 신체의 모든 부위에 퍼지며, 행동이 중추 부위에서 삐죽하게 나온다. 그러나 사람들은 그러한 '신체의 경

지각의 현상학

---

6 같은 책, p. 364.
7 자극 과정은 미규정된 반응 기관에 떨어진다. J. Stein, 같은 책, p. 361.
8 "감각…… 즉 근원적 형태를 파악하는 것을 통해서만 인식될 수 있는 형태", 같은 책, p. 353.

험'이 말 그대로 '실제적 신체'의 탓으로 돌릴 수 있을 뿐인 물리적 · 생리학적인 연속적 사건들의 끝인 하나의 '표현'이고 하나의 '심리적 사실'이라고 응답할 수 있을 것이다. 나의 신체는 꼭 외적 신체처럼 수용기에 작용하는 대상, 결국은 신체의 의식을 낳는 대상이 아니고 무엇인가? '외수용성'이 있는 것처럼 '내수용성'은 없는가? 나는 신체에서 내적 기관들이 두뇌에 보내는 것이자 영혼에게 그의 신체를 느낄 기회를 제공하게끔 원래 설치되어 있는 송출선을 발견할 수 없는가? 이리하여 신체의 의식과 영혼은 억압되는 것으로 드러나고 신체는 행동의 애매한 개념이 우리로 하여금 잊게 할 뻔했던 잘 닦여져 있는 그런 기계로 되고 만다. 예를 들면, 다리 절단 수술을 받은 환자의 경우, 그 다리에 주어진 자극이 다리에서 두뇌로 전송되는 도중, 그 자극을 대신하는 어떤 다른 자극이 그 전송 과정에 주어지게 되더라도, 그 환자는 환각지(幻覺肢)를 느낄 것이다. 왜냐하면 영혼은 그 두뇌, 오직 그 두뇌하고만 직접 결합하기 때문이다.

2_환각지 현상: 생리학적 설명과 심리학적 설명은 똑같이 불충분하다

현대 생리학은 이런 현상에 대하여 무엇이라고 말하는가? 코카인 마취는 환각지를 없애주지 않으며, 어떠한 절단도 없이 그저 대뇌 손상에 따른 환각지들이 있다.[9] 결국 때때로 환각지는 실제적 팔이 상처를 입는 순간에 놓였던 위치를 보존하는 셈이다. 전투 부상자는 실제적 팔을 찢었던 파편 조각을 자신의 환각적 팔에서 여전히 느낀다.[10] 그러므로 '주변 이론'을 '중추 이론'으로 바꾸어야 하는가? 그러나 중추 이론은 환각지의 주변적 조건에 중추적 흔적

9 Lhermitte, *L'Image de notre Corps*, p. 47.
10 같은 책, p. 129 이하.

만을 덧붙인다면 우리에게 어떤 소득도 가져다주지 않는다. 왜냐하면 대뇌의 흔적의 총체는 현상에 개입하는 의식의 관계들을 나타낼 줄 모르기 때문이다. 사실상 그것은 '심적' 결정 인자에 의존한다. 손상당할 때의 정서, 상황을 생각나게 하는 어떤 정서, 어떤 상황이 그것을 가지고 있지 않는 그 사람에게 환각지를 나타나게 한다.[11] 수술 뒤에 환각의 팔이 커지는 때가 있으나 곧 줄어들어 결국은 '절단했다는 환자의 인정과 함께' 절단하고 남은 부위 속으로 사라진다.[12] 여기서 환각지의 현상은 심리학적 설명을 분명히 필요로 하는 질병 부인anosognosie 현상에 의해서 분명해진다. 자신의 오른손이 마비되어 있음을 고의적으로 무시하고 오른손을 요구할 때 왼손을 내놓는 피실험자들은 그런데도 마비된 팔에 대하여 '길고 차가운 뱀'처럼 말하는데, 이것은 진정 마취의 가설을 배제하고 결손 거부의 가설을 시사하는 것이다.[13] 그러므로 환각지는 기억이며 의지이고 또는 신념이라고 말해야 하며 생리학적 설명 대신에 심리학적 설명을 제공받아야 하는가? 그러나 어떤 심리학적 설명도 뇌를 향해 가는 감각적 도관의 단절이 환각지를 없앴다는 사실을 무시할 수 없다.[14] 그러므로 심적 결정 인자들과 생리학적 조건들이 어떻게 상호 맞물리는가를 이해할 필요가 있다. 사람들은 환각지가 생리학적 조건들에 의존하고 말 그대로 제3자적 인과성의 결과라면 어떻게 그것이 **다른 부분과 관련해서** 환자의 이력, 기억, 감정 또는 의지로부터 일어날 수 있는가를 모르고 있다. 왜냐하면 두 구성 부분이 하나의 결과를 구성하는 것처럼, 두 묶음의 조건들이 한꺼번에 그 현상을 규정할 수 있기 위해서는 그들에게 동일한 적용점이나 공통 기반이 필요하기 때문이고, 사람들은 무엇이 공간적인 '생리학적 사실'과 어떤 자리도 갖고 있지

지각의 현상학

11 같은 책, p. 57.
12 같은 책, p. 73. 레미트는 절단되었다는 환상은 주관의 심적 구성과 관련성을 가지고 있다고 지적한다. 이것은 교육받은 사람들에게서 자주 일어난다.
13 같은 책, p. 129 이하.
14 같은 책, p. 129 이하.

않는 '심적 사실'에 공통적인 지반일 수 있는가를, 또는 무엇이 즉자의 질서에 속하는 신경 충동과 같은 객관적 과정과 대자의 질서인 수용과 거부, 과거에 대한 의식 그리고 정서와 같은 사고 과정에 공통적인 기반일 수 있는가를 이해하지 못하기 때문이다. 그러므로 두 묶음의 조건들을 인정한 환각지의 혼합 이론은[15] 알려진 사실들의 진술들로서는 가치가 있을 것이다. 그러나 그것은 근본적으로 이해하기가 어렵다. 환각지는 객관적 인과성의 단순한 결과도 아니며 더 이상 사고 작용도 아니다. 그것은 우리가 '심적인 것'과 '생리학적인 것', '대자'와 '즉자,' 이 둘 중의 어느 하나에 대해서 다른 하나를 분명히 하는 수단을 발견하고 그 둘의 만남을 주선하는 수단을 발견할 때만, 제3자적 과정과 개인적 행동이 그들에게 공통적인 환경 속에서 통합될 수 있을 때만, 그 두 가지의 혼합일 수 있을 것이다.

3 _ 심 적 인 것 과 생 리 학 적 인 것 사 이 의 존 재

환각지에 대한 신념과 다리 절단에 대한 거부를 기술하기 위해 저자들은 '억제' 또는 '유기적 억압'에 대해서 말한다.[16] 데카르트적이지 않은 이러한 개념들은 '심적인 것'과 '생리학적인 것'의 관계가 인지될 수 있게 되는 유기적 사고의 개념을 형성하지 않을 수 없게 만든다. 우리는 대체물과 더불어 이미 다른 곳에서 심적인 것과 생리학적인 것의 대안, 분명한 목적성과 기계론의 대안을 넘어서는 현상들을 목격했다.[17] 곤충의 튼튼한 다리가 본능적인 행위로 잘려 나갈 때, 우리는 그것이 미리 구비된 구원 장치가 자가 작동

---

15 같은 책. 이 책의 결론은 이렇다. 즉 환각지는 순수 생리학적 설명에도 순수 심리학적 설명에도 적합한 것이 아니다.

16 Schilder, *Das Körperschema*; Menninger-Lerchenthal, *Das Truggebilde der eigenen Gestalt*, p. 174; Lhermitte, *L'Image de notre Corps*, p. 143.

17 메를로-퐁티, 『행동의 구조』, p. 47 이하.

되어 방금 못쓰게 되어버린 회로를 대체한다는 것이 아님을 보았다. 그러나 그것은 더 이상 동물이 궁극적인 목적 의식을 가지며 다리를 여러 가지 수단으로 사용한다는 것도 아니다. 왜냐하면 그렇다면 그 대체물은 행동이 이루어지지 못할 때마다 산출되어야 하기 때문이고, 사람들은 그것이 다리를 잡아매어 두기만 하면 산출되지 않는다는 것을 알고 있기 때문이다. 단순히 동물은 동일한 세계에 계속 존재하며, 자신의 모든 능력을 발휘하여 그 세계를 계속 향한다. 잡아매인 다리는 자유로운 다리로 대체되지 않는다. 왜냐하면 그것은 계속 동물 존재로 계산되기 때문이고 세계를 향해 가는 활동의 흐름은 여전히 그곳을 지나가기 때문이다. 여기에는 자신에게 제기된 최대 최소의 문제를 실천적으로 해결하기 위하여 모든 내적 힘을 사용하는 기름 방울처럼 선택이란 존재하지 않는다. 차이라면 기름 방울이 주어진 외적 힘에 순응하는 데 반해 동물은 자신의 환경의 규범들을 기획하고 자신의 생명적 문제의 개념들을 제기한다는 것이다.[18] 여기에는 종의 **선천성**이 문제이지 개인적 선택이 문제인 것은 아니다. 따라서 사람들이 대체 현상의 이면에서 발견하는 것은 존재가 세계로 향하는 운동이며 그러한 개념을 정확히 할 시점인 것이다. 사람들이, 동물이 **존재하고** 동물이 세계를 **가지며** 동물이 세계**에 있다고** 말할 때, 그것이 세계에 대한 지각이나 객관적 의식을 가진다고 말하고자 하는 것이 아니다. 본능적 작용을 여는 상황은 완전하게 분절 규정되지 않으며 잡히지 않는데, 이는 본능의 실수와 무분별이 충분히 보여주는 그대로이다. 그것은 실천적 의미만을 제공할 뿐이고 신체적 인식만을 이끌어들일 뿐이며, '열린' 상황으로 체험되고, 가곡의 첫 음표가 일종의 협화음으로 이동할 것을 요구하듯이, 동물의 동작을 요구하되 대자적으로 인식되지 않은 채 그렇게 하는데, 바로 이것이 어느 한 다리가 다른 다리로 대체되는 것을 허용하고, 그 대체 작

18 같은 책, p. 196 이하.

업이 분명하게 드러나기 전에 그 다리에게 동등한 가치를 가지게 허용하는 것이다. 그것이 주관을 어떤 '환경' 속에 붙잡아두게 된다면 '세계-에로-존재'는 베르그송의 '삶에 대한 주의' 또는 자네 P. Janet의 '현실 기능'과 같은 어떤 것이 되는가? 삶에 대한 주의는 우리가 신체의 '태동'에 대해서 갖는 의식이다. 그런데 반사 운동은 그 조짐이든 실현이든 의식이 전개와 결과를 확인할 수 있는, 그러나 의식 자신은 참여하지 않는 객관적 과정일 뿐이다.[19] 사실상, 반사 그 자체는 결코 맹목적 과정이 아니다. 그것은 상황의 '의미'에 들어맞고 우리에 대한 '지리적 환경'의 작용처럼 '행동적 환경'을* 향한 우리의 방향을 나타낸다. 그것은 정확한 자극에 대

19 베르그송이 지각과 행동의 통일성을 강조하고 이를 표현하기 위해 '감각 운동적 과정'이라는 용어를 고안할 때, 그는 분명히 의식을 세계에 연관시키는 것을 겨냥하고 있다. 그러나 감각하는 것이 성질을 표상하는 것이라면, 운동이 객관적 공간의 이동이라면, 태동 상태에서 취해진 감각과 운동 사이에는 어떠한 **타협**도 불가능하고 양자는 대자와 즉자처럼 상호 구별된다. 일반적으로 말하면, 베르그송은 육체와 정신이 시간의 매개에 의해 교통하고 정신성이 시간의 흐름을 지배하며 신체를 가지는 것이 현재를 가지는 것이라는 사실을 잘 보았다. 그는 말하기를, 신체는 의식의 생성에 의거한 순간적인 단면이라고 한다(『물질과 기억 Matière et Mémoire』, p. 150). 그러나 그에게 신체는 우리가 객관적 신체라고 불렀던 것으로 있는 것이고, 의식은 인식으로 있는 것이며, 시간은 연속적인 '지금'으로 있는 것이다. 이것은 '스스로 자꾸 커지든지,' 공간화된 시간으로 펼쳐지든지 관계없다. 따라서 베르그송은 연속적인 '지금'을 압축하거나 확장할 수 있을 뿐이다. 그는 결코 시간의 세 차원이 구성되는 특이한 운동에 이르지 못한다. 사람들은 지속이 현재로 부서지는 이유를, 의식이 신체와 세계에 관여되어 있는 이유를 보지 못한다.

'현실 기능'에 관하여, 자네는 그것을 실존적 개념으로 **사용한다**. 이로 인하여 그는 감정을 우리의 습관적 존재의 붕괴, 우리의 세계로부터의 탈주, 결국 세계-에로-존재의 변양으로 구상하는 심오한 이론을 그려낼 수 있었다(예를 들면 신경 발작에 대한 해석, 『불안에서 황홀까지 De l'Angoisse à l'Extase』, T. II, p. 450 이하). 그러나 이러한 감정 이론은 끝까지 계속되지 않는다. 사르트르가 보는 대로, 그것은 자네의 저술에서 제임스의 것과 너무 가까운 기계론적 개념과 갈등한다. ― 감정에서 우리 존재의 붕괴를 보는 것은 심리학적 힘의 단순한 **파생**으로 취급되고, 감정 그 자체는 3인칭 과정의 의식으로 취급되며, 그러므로 경향들의 맹목적 역학의 결과인 감정적 행동에서 의미를 찾을 이유가 더 이상 없고, 사람들은 이원론으로 돌아간다(사르트르, 『감정론 소묘 Esquisse d'une théorie de l'Emotion』). 더욱이, 자네는 심리학적 긴장 ― 우리가 우리 앞에 우리의 '세계'를 펼치게 되는 운동 ― 을 표상적 가설로 취급하고, 따라서 비록 개별적 분석에서 암시는 할지라도 그것을 일반적 용어로 인간의 구체적 본질로서 간주하는 것과는 너무나 멀리 떨어져 있다.

* 지리적 환경은 위도와 경도의 좌표로 매겨진 객관적 · 물리적 공간을 말하고, 행동적 환경은 정신적 또는 의미적 차원을 내포하는 생활 공간을 말한다.

기하지 않은 채로 멀리서 대상의 구조를 그려낸다. 부분적 자극에 의미를 부여하고 그 의식을 유기체에 대하여 중요하고 가치 있게 존재하게 하는 것은 이러한 상황의 전체적 현전이다. 반사는 객관적 자극에서 결과하지 않으면서 그곳으로 되돌아가고, 하나하나 물리적 동인으로서는 갖고 있지 않는, 오직 상황으로서만 갖고 있는 의미를 그곳에 부여한다. 반사는 자극들을 상황으로서 존재하게 하고 '인식' 관계, 말하자면 자극들을 대면해야 할 것으로 지시하는 인식 관계에서 자극들과 함께 존재한다. 반사는 상황의 의미로 열려 있는 한, 그리고 지각은 우선 인식의 대상을 정립하지 않고 동시에 우리의 전 존재의 의도인 한, 우리가 세계-에로-존재라고 부르는 **선객관적 관점**의 양상들이다. 자극과 감각적 내용의 이면에서 우리는 그보다 훨씬 더 많이 우리의 반사와 시각이 세계, 우리의 가능한 작용 지대, 우리의 삶의 크기에서 겨냥할 수 있는 것을 규정하는 일종의 내적 격벽(隔壁)을 인식하지 않으면 안 된다. 어떤 피실험자들은 '세계'를 변화시키지도 못한 채 실명 단계에 있을 수 있다. 즉 사람들은 그들이 곳곳에서 대상과 부딪히는 것을 보나, 그들은 더 이상 시각적 성질들을 갖지 못한다는 의식도 없으며 행동 구조도 바뀌지 않고 있다. 반대로, 다른 환자들은 내용들이 없어지자마자 자신의 세계를 상실하고, 자신의 습관적 삶이 불가능해지기도 전에 그 삶을 포기하며, 그들은 글자를 앞에 두고도 장애자가 되어버리고 감각적 접촉을 상실하기 전에 세계와의 생명적 접촉을 끊는다. 따라서 세계-에로-존재를 반사의 종합으로 취급하는 것을 금하는, 상대적으로 자극에서 독립되어 있는 '우리의 세계'는 어떤 일관성이 있다. 다시 말해서, 세계-에로-존재를 의식의 **작용**으로 취급하는 것을 금하는, 상대적으로 우리의 자발적 사고에 독립되어 있는 존재의 박동의 어떤 에너지가 있다. 세계-에로-존재가 모든 3인칭적 과정, 모든 양식의 **연장 존재**, 그리고 모든 **사고 작용**, 모든 1인칭적 인식과 구별될 수 있는 것은 그것이 선객관적 관점이기 때문이고 또 그것이 '심적인 것'과

'생리학적인 것'의 결합을 실현할 수 있기 때문이다.

4_환각지의 애매성

이제 우리가 출발했던 문제로 되돌아가보자. 비록 사람들이 질병 부인과 환각지를 두 묶음의 조건들에 연결할 수 있다 하더라도, 그것들은 생리학적 설명도 심리학적 설명도 혼합적 설명도 허용하지 않는다. 생리학적 설명은 질병 부인과 환각지를 내수용적 자극의 단순 제거나 단순 지속으로 해석했다. 이러한 가설의 경우에 질병 부인은 상응하는 다리가 거기에 있기 때문에 주어지지 않으면 안 되는 신체의 표상의 일부의 부재이고, 환각지는 상응하는 다리가 거기에 없기 때문에 주어져서는 안 되는 신체의 표상의 일부의 현존이다. 그런데 사람들이 그 현상들을 심리학적으로 설명하면 환각지는 기억, 긍정적 판단이나 지각이 되고, 질병 부인은 망각, 부정적 판단이나 지각 불능이 된다. 첫번째의 경우에는 환각지는 표상의 실제적 현존이고 질병 부인은 표상의 실제적 부재이다. 두 번째의 경우에는 환각지는 실제적 현존의 표상이고 질병 부인은 실제적 부재의 표상이다. 그 두 경우 모두 현존과 부재 사이에 전혀 환경이 없는 객관적 세계의 범주에서 벗어나지 못하고 있다. 사실상 질병 부인은 불구가 된 다리를 단순하게 무시하지는 않는다. 즉 환자가 정신분석에서 대면하고 싶지 않은 것을 알아야 그것을 잘 피할 수가 있듯이, 질병 부인은 그가 그것을 만날 위험을 무릅쓰는 경우를 알고 있을 때만 그 결손에서 벗어날 수 있다. 우리는 친구의 답장을 기다려서 더 이상 답장이 없을 것이라고 느끼는 순간까지는 친구의 부재나 죽음을 이해하지 못한다. 그래서 무엇보다도 우리는 그 침묵을 지각하지 않으려고 문안을 피한다. 우리는 그러한 무를 만날 수 있는 우리의 삶의 영역을 외면하지만, 그것은 우리가 그런 영역이 된다는 것을 말하고 있다. 마찬가지로, 질병 부인은 자신의 불구를 느끼지 않으려고 불구의 팔을 움직이게 하지 않으나, 그것은 그가 팔의 불구에 대한 선의식적 인식을 갖고 있다는 것을 말하고 있다. 환각지의 경우에 환자가 다리 절단을 무시하는 것 같고 실재적 다리에 의존하듯 환각적 다리에 의존하는 것은 사실이다. 왜냐하면 그는 환각적 다리에 의존해서 걷고자 노력하며 엎어져도 낙담하지 않기 때문이다. 그러나 그는 달리 보면, 환각지의 특수성, 예컨대 독특한 운동성을 잘 기술하고 있으며, 그가 실제로 환각지를 실재적 다리로 취급한다면 그것은 그가 정상인처럼 걷기 위하여 자신의 신체에 대한 선명한 지각을 필요로 하지 않기 때문이다. 그에게는 자신의 신체를 미분화된 힘으로서 '처분'하고 환각지를 그 힘 속에 모호하게 포함되어 있는 것이라고 감지하는 것으로 충분하다. 따라서 환각지의 의식 역시 모호하다. 다리를 절단한 사람은 내가 지금 내 눈앞에 없는 친구의 존재를 생생하게 느끼듯이 자신의 다리를 느끼며, 프루스트Proust가 자신의 삶의 지평에 자기 할머니를 간직하는 한 여전히 그녀를 잃지 않은 채 할머니의 죽음을 잘 확인할 수 있듯이, 그가 자신의 다리를 잃지 않음은 그가 자신의 다리를 계속 계산에 넣고 있기 때문이다. 환각의 팔은 팔의 표상이 아니라 팔의 양의적ambivalent 현존이다. 환각지의 경우에 보이는 절단의 거부나 질병 부인의 경우에 보이는 결손의 거부는 숙고의 결단이 아니며, 여러 가지 가능성을 숙고한 후에 분명하게 입장을 취하는 명제적 의식의 수준에서 일어나지 않는다. 건강한 신체를 가지고자 하는 의지나 병든 신체에 대한 거부는 독립적으로 형성되지 않고, 절단된 팔이 현존한다는 경험이나 아픈 팔이 없는 것 같은 경험은 '나는 ~라고 생각한다'의 질서에 속하지 않는다.

생리학적 설명과 심리학적 설명을 똑같이 무시하는 이러한 현상은 정반대로 세계-에로-존재의 조망에서 이해된다. 우리 내부에서 절단과 결손을 거부하는 것은 어떤 물리적 인간 상호간의 세계에 참여하는 나이자, 그 결손이나 절단에도 불구하고 자신의 세계로 계속 향하는, 또한 바로 그런 정도에서 그것들을 **권리적으로** 인식하지 않는 나이다. 결손의 거부는 세계에 대한 우리의 집착의 이면일 뿐이며 우리를 우리의 과제, 걱정, 상황, 익숙한 지평에다 내던지는 자연적 운동과 대립해 있는 것에 대한 암시적 부정일 뿐이다. 환각적 팔을 가진다는 것은 팔만이 수행할 수 있는 모든 행동들에 열려 있는 상태라는 것이고, 절단에 앞서 사람들이 갖는 실천적 장을 간직하고 있다는 것이다. 신체는 세계-에로-존재의 운반 도구이고, 신체를 가진다는 것은 생명 존재에 대하여 일정한 환경에 가담하는 것이며 어떤 기획과 일체가 되는 것이고 계속적으로 거기에 참여한다는 것이다. 다루기 쉬운 대상들이 다시 한 번 형성하는 저 완성된 세계의 명증에서, 그리로 향해 가서 다시 한 번 글을 쓰거나 피아노를 연주하는 시도를 그려내는 운동의 힘에서, 그 환자는 자신의 통합성의 확실성을 발견한다. 그러나 그가 자신의 결손을 은폐할 때 세계는 환자에게 그 결손을 드러내지 않을 수 없다. 왜냐하면 내가 세계를 통하여 나의 신체를 의식하는 것이 사실이고, 나의 신체가 모든 대상들이 그 얼굴을 향해 있는, 세계의 중심에 있는 비지각된 항이라는 것이 사실이라면, 나의 신체가 세계의 축이라는 것은 동일한 이유에서 사실이기 때문이다. 나는 그 대상들을 두루 살펴볼 수 있기 때문에 그것들이 여러 가지 국면을 가지고 있다고 알고 있고, 그런 의미에서 나는 나의 신체의 중재로 세계를 의식한다. 나의 평소의 세계가 나에게 습관적 의도들을 불러일으킬 때, 나는 절단 수술을 받아 손발이 없다면 그 세계에 현실적으로 더 이상 참가할 수 없고, 조작 가능한 대상들이 조작 가능한 것으로 출현하는 한에서만 그 대상들은 나에게 더 이상 없는 손에게 물어온다. 이렇게 나의 신체의 총체성에서 무언의 영역들이 한정되고 있다. 따라서 환자는 자신의 불구를 모르는 한에서만 그것을 알고, 자신의 불구를 아는 한에서만 그것을 모른다. 이러한 역설은 모든 세계-에로-존재의 역설이다. 세계로 향하면서 나는 대상들의 지각적, 실제적 의도들보다 먼저 외적으로 마침내 나타나는 그런 대상들, 그럼에도 불구하고 그 대상들이 나에게 사고나 의지를 불러일으키는 한에서만 나에 대하여 존재할 뿐인 그런 대상들 속의 그것들을 짓누른다. 우리가 몰두하고 있는 이러한 경우에 있어서 인식의 애매성은 우리의 신체가 판이한 두 가지 층, 즉 습관적 신체의 층과 현실적 신체의 층으로 구성되는 애매성으로 귀결된다. 두번째 경우에서 사라졌던 처리의 몸짓이 첫번째 경우에서 나타나며, 내가 더 이상 갖고 있지 않은 손발을 어떻게 내가 갖고 있는 것으로 느낄 수 있는가 하는 인식의 문제는, 습관적 신체가 어떻게 현실적 신체에 대하여 보증할 수 있는가를 인식하는 문제로 귀착한다. 내가 대상들을 더 이상 처리할 수 없을 때도 어떻게 내가 대상들을 처리할 수 있는 것으로 지각할 수 있는가? 다루어질 수 있는 것은 **사람들이** 다룰 수 있는 것이 되기 위하여 내가 현실적으로 다루는 것이기를 그만두어야 하고, **나에 대하여 다루어질 수 있는 것**이 되는 것을 그만두어야 하며, **그 자체가 다루어질 수 있는 것**으로 되어야 한다. 상관적으로, 나의 신체는 순간적이고 독자적인 충일한 경험에서뿐만 아니라, 일반성의 관점에서 그리고 비개인적 존재로서도 파악되어야 한다.

5_유기적 억압과 선천적 복합체로서의 신체

이렇게 해서 환각지의 현상은 바로 그것을 분명히 하려고 하는 억압의 현상에 이르게 된다. 정신분석이 말하는 억압은 주관이 사랑, 직업, 일과 같은 어떤 도상에 참여하고 있다는 것에서, 그가 그러한 도상에서 장벽을 만난다는 것에서 성립하고 있기 때문에, 또 장애물을 극복할 힘도 기도를 단념할 힘도 갖고 있지 않기 때문에, 그는 그러한 기도에서 차단되어 있는 상태이고 그 기도를 정신 속에서 되풀이하는 자신의 힘을 무한하게 사용하는 상태에 있다. 지나가는 시간은 그 자체가 불가능한 기획들을 야기하지 않으며 외상적인 경험에 대하여 막혀 있지 않다. 주관은 언제나 자신의 명시적 사고에서가 아니라면 어쨌든 자신의 실제적 존재에서 불가능하기는 마찬가지인 미래에 대하여 언제나 열려져 있다. 따라서 모든 현재들 중의 한 현재는 예외적인 가치를 획득한다. 그것이 다른 모든 것을 대신하며 본래적 현존이라는 그들 자신의 가치를 그들로부터 빼앗는다. 우리는 어느 때는 사춘기의 사랑을 해보았던 사람이기를 유지하려 하고, 어느 때는 부모의 세계에서 살았던 사람이기를 유지하려 한다. 새로운 지각들이 옛날의 지각들을 대신하고 심지어 새로운 정서들이 다른 때의 정서들을 대신하며, 그러나 이러한 갱신은 우리의 경험의 내용에만 관심을 두지 구조에는 관심을 두지 않고, 비개인적 시간은 흘러가기를 계속하나 개인적 시간은 묶여 있다. 물론 이러한 고정은 기억과 혼동되지 않으며, 기억이 하나의 그림처럼 우리 앞에 예전의 경험을 펼치는 한 기억을 배제하기도 한다. 반면, 우리의 진정한 현재인 이 과거는 우리에게서 멀어지지 않고 우리의 시선 앞에 전개되는 대신 언제나 우리의 시선 뒤에 숨어 있다. 외상성 경험은 표상으로서, 객관적 의식의 방식에서, 그리고 자신의 자료를 가지고 있는 순간으로서 지속하지 않는다. 그것의 본질은 존재 방식으로서만 그리고 어느 정도의 일반성에서만 존속한다는 것에 있다. '세계들'을 나에게 제공할 수 있는 나의 지각적 능력을 나는 그 세계들 가운데의 하나를 위하여 소외시키며, 그로 인해서만 그 특전적 세계는 자신의 실체를 상실하고 결국 **어떤 불안**에 다름아닌 것으로 끝나고 만다. 따라서 모든 억압은 1인칭 존재에서 바로 이러한 존재에 대한 일종의 스콜라적 철학으로의 이행이며, 이 스콜라적 철학은 예전의 경험, 아니 차라리 경험을 가졌다는 기억, 다음에는 그 기억을 가졌다는 기억 등등으로 살고, 마침내 그것은 전형에만 붙들려 있게 된다. 이제 비개인적인 것의 출현으로서 억압은 보편적 현상이며 이것은 자신을 세계-에로-존재의 시간적 구조와 결부시킴으로써 우리의 조건을 육화된 존재로 이해시킨다. 내가 타인들이 가지고 있는 것으로 비교할 수 있는 '감각 기관' '신체' '심적 기능'을 가지는 한에서 나의 경험의 순간의 개개의 것은, 그 경험의 세목들이 총체의 기능으로서만 존재했을 엄밀하게 독특한 통합된 총체성이기를 그치고, 나는 수많은 '인과성'의 교차지가 된다. 내가 끊임없는 '자극들'과 전형적 상황들이 발견되는 '물리적 세계'——상황들이 비교 불가능한 역사적 세계만이 아니라——에 거주하는 한, 나의 삶은 내가 그것이기를 선택했던 바에서 보면 **이유**를 가지지 않는, 그러나 나를 둘러싸고 있는 흔한 환경에서 보면 **조건**을 가지는 리듬을 포함하고 있다. 이와 같이 우리의 개인적 실존의 둘레에는 **거의** 비개인적 실존의 가장자리가 나타나고, 이것은 말할 나위도 없이 당연한 것이며, 나는 나를 살아 있게 유지시키는 것을 바로 그것에게 위탁한다. 우리 각자가 인간적 세계가 되는 이러한 인간적 세계의 둘레에는, 각자가 사랑이나 야망이라는 특수한 환경에 몰두할 수 있기 위하여 무엇보다도 속하지 않으면 안 될 세계 일반이 나타난다. 사람들은 내가 시간을 통하여 거쳤던 순간적 세계들을 유지시키고, 그것을 나의 모든 삶의 형태로 만들 때, 억압을 제한된 의미에서 말하고 있는 것과 마찬가지로, 나의 유기체가 일반적 형태에 대한 선개인적 착근으로서, 익명적이고 일반적인 실존으로서, 나의 개인적 삶의 발아래에서 **선천적 복합체**compléxe inne의 역할을 맡고 있다고 말할 수 있다. 그것은 무기력한 사물로서 존재하지 않으며 자신에게 실존적인 운동을 그려낸다. 위험에 처해 있을 때는 나의 인간적 상황이 나의 생물학적 상황을 지워 없애는 일, 나의 신체가 거리낌 없이 행동에 옮기는 일이 일어날 수 있는 것이다.[20] 그러나 이러한 순간들은 순간들일 뿐이고[21] 거의 언제나 개인적 실존

---

20 따라서 생텍쥐페리는 아라스Arras 위에서 화염에 둘러싸인 채 조금 전에 무너졌던 이 신체를 자기 자신과 구별되는 것으로 느끼지 않는다. "그것은 나의 삶이 순간순간 나에게 주어지는 것과 같고, 나의 삶이 순간순간 나에게 더 감각되는 것과 같다. 나는 살고 있고 나는 살아 있다. 나는 여전히 살아 있다. 나는 언제나 살아 있다. 나는 삶의 원천 이외의 다른 것이 아니다." A. de Saint-Exupéry, 『전투 조종사 *Pilote de Guerre*』, p. 174.

21 "그러나 확실한 것은, 나의 삶의 흐름에서 위급한 어떤 것도 나를 지배하지 못할 때, 나

은 자기 자신을 무시할 수도 단념할 수도 없는 상태, 말하자면 유기체를 개인적 실존으로 환원할 수도 유기체로 다시 환원시킬 수도 없는 상태에서 유기체를 억압하고 있다. 슬픔과 고통에 시달리고 있는 동안에도 이미 나의 시선은 내 앞에서 표류하고, 그것은 눈에 띄는 어떤 대상에 부지중에 관심을 두고 자신의 자율적인 존재를 다시 개시한다. 우리가 우리의 모든 삶을 가두어놓기를 원하는 이 순간이 지나면 시간, 적어도 선개인적 시간은 다시 흘러가기 시작하고, 그것은 우리의 결심이 아니라고 하더라도 그 결심을 지원했던 뜨거운 감정을 어쨌든 싣고 있다. 개인적 실존은 단속적이며 그러한 물결이 빠져나갈 때 그 결심은 나에게 강요된 의미 이외에는 아무것도 줄 수 없다. 하나의 행동에서 영혼과 신체가 통합되는 것, 생물학적 실존이 개인적 실존으로 승화되는 것, 자연적 세계가 문화적 세계로 승화되는 것은 우리의 경험의 시간적 구조에 의해서 가능해지게 됨과 동시에 한시적이게 된다. 개개의 현재는 직접적 과거와 가까운 미래의 지평을 통하여 가능한 시간의 총체성을 차츰차츰 파악한다. 그것은 그렇게 순간들의 분산을 극복하고, 우리의 과거 자체에 분명한 의미를 부여할 수 있고, 유기체의 동형적인 반복stéréotypies이 우리로 하여금 우리의 자발적 존재의 근원으로 예측하게 하는 모든 과거들 가운데의 과거까지도 개인적 실존에 재통합할 수 있다. 그런 한에서 반사들도 의미를 가지고 심장의 고동이 신체의 말단까지 느껴지게 되는 것처럼 개개인의 양식은 그 반사들 속에서 여전히 보여질 수 있다. 그러나 당연하게, 그러한 능력은 모든 현재에 속하고 새로운 현재에 속하는 것처럼 지나간 현재에도 속한다. 우리는 우리의 과거를 그 자체로 이해되었던 것보다 더 잘 이해할 수 있다고 주장할지라도, 그것은 언제나 우리의 현재적 판단을 거부할 수 있고 자신의 자폐적인 명증 속에 갇혀 있을 수 있다. 그것은 내가 그것을 옛날의 현재로 생각하는

의 의미 작용이 문제가 아닐 때, 나의 신체의 문제를 보지 못하는 것과 마찬가지로 나는 심각한 문제를 보지 못한다는 것이다." A. de Saint-Exupéry, 같은 책, p. 169.

한 반드시 그러하다. 개개의 현재는 우리의 삶을 고정시키기를 갈망할 수 있을 것이고, 바로 그것이 현재를 현재로서 규정하는 것이다. 그것이 존재의 총체성으로서 자처하고 순간적으로 의식을 채우는 한, 우리는 의식으로부터 완전하게 해방되지 않으며, 시간은 의식에 대하여 완전하게 갇혀 있지 않고 우리의 힘이 흘러나가게 되는 상처로서 남아 있다. 게다가 우리의 신체인 특정한 과거는 개인적 삶이 그 과거를 초월하지 않고 비밀리에 그 과거에 영양분을 제공하며 자신의 힘의 일부를 사용한다는 이유만으로, 그리고 그 과거가 자신의 현재로 남아 있다는 이유만으로 개인적 삶에 의해서 다시 파악되고 채택된다. 이것을 사람들은 신체적 사건들이 하루 내내 자신의 사건이 되는 질병에서 볼 수 있다. 우리에게 우리의 실존의 중심을 구하는 것을 허용하는 것은 또한 우리에게 절대적으로 우리의 실존의 중심을 구하지 못하게 하는 것이며, 우리의 신체의 익명성은 불가분리하게 자유이면서 동시에 노예인 것이다. 이처럼 요약컨대, 세계-에로-존재의 애매성은 신체의 애매성으로 번역되고 신체의 애매성은 시간의 애매성에 의해서 이해된다.

우리는 나중에 시간으로 되돌아갈 것이다. 그러한 중심적 현상에서 출발하면서 '심적인 것'과 '생리학적인 것'의 관계가 생각될 수 있다는 것을 잠시 동안만 보도록 할 뿐이다. 우선 사람들이 불러일으키는 절단 수술 환자의 기억들이 왜 환각적 팔을 나타나게 할 수 있는가? 환각적 팔은 하나의 상기가 아니다. 그것은 의사-현재이고 팔다리가 잘린 사람은 과거에 대한 어떤 지시 없이도 자신의 가슴 위에 놓인 팔을 현재적으로 느낀다. 우리는 이미지로서의 팔이 의식을 통하여 표류함으로써 잘리고 남은 부위와 결합하게 된다고 더 이상 가정할 수 없다. 왜냐하면 그때는 그것은 하나의 '환각'이 아니라, 하나의 다시 태어나는 지각이기 때문이다. 환각적 팔은 포탄 조각에 찢겨진 팔과 동일한 팔이자 외부의 살갗의 어느 부위가 타거나 썩은 팔이어야 하며, 현재의 신체와 혼동되지 않으면서 현재의 신체에 출현하게 되는 팔이어야 한다. 따라서 환각적 팔은 억압된 경험으로서 과거가 되기로 결심하지 않는 옛날의 현재이다. 사람들이 절단 수술을 한 환자 앞에 불러일으키는 기억들이 환각지를 끌어들이게 되는 것은 연합주의에서 말하는, 이미지가 다른 이미지를 부르는 것처럼이 아니라, 모든 기억이 상실된 시간을 다시 열어주고 그것이 우리에게 불러일으키는 상황을 다시 잡을 생각을 일으키기 때문이다. 프루스트적 의미에서 지적 기억은 과거의 특징적인 기록, 관념으로서의 과거에 만족하며, 그것은 과거 속에서 구조를 찾아내기보다는 '특성'이나 의사 소통적 의미를 추출한다. 그러나 그렇게 해서 구성되는 대상이 어떤 지향적 실마리에 의해서 다시 한 번 계속해서 체험된 과거의 지평과 관련되지 않는다면, 그리하여 그러한 지평에 깊숙이 빠져들어가 시간을 다시 열어줌으로써 우리가 재발견하지 않을 수 없는 그 과거와 관련을 맺지 않는다면, 그 기억은 결국 기억이 아닐 것이다. 마찬가지로, 사람들은 정서를 세계-에로-존재에서 자리 잡도록 함으로써 그것이 환각지의 근원에 속할 수 있음을 이해하게 된다. 감동된다는 것은 사람들이 잘 대할 수 없고 그럼에도 멈추어지기를 바라지 않는 상황에 동참하는 것으로 판명된다. 그 환자는 실패를 받아들이거나 되돌아오기보다는 차라리 곤경에서 자신의 길을 막는 그리고 마법적 행위 속에서 상징적 만족을 추구하는 객관적 세계를 파편화시킨다.[22] 객관적 세계의 파괴, 진실한 행동의 포기, 자폐성으로의 도주는 절단 수술 환자의 착각이 역시 실재적인 것의 망각을 가정하는 한, 바로 그 착각을 조성하는 조건들이다. 기억과 정서가 환각지를 나타내게 할 수 있다면, 그것은 하나의 **사고 작용**이 다른 **사고 작용**을 필요로 하듯이 또는 하나의 조건이 그 결과를 규정하듯이 하는 것이 아니다. 그것은 관념적 인과성이 생리학적 인과성, 바로 이것에 포개지는 것이 아니다. 그것은 하나의 실존적 태도가 다른 실존적 태도를 동기짓는 것이며 기억, 정서,

---

22 J. P. Sartre, *Esquisse d'une théorie de l'Emotion.*

환각지가 세계-에로-존재에 대하여 등가물이라고 하는 것이다. 그런데 왜 구심성 도관을 제거함으로써 환각지가 사라지게 되는 가? 세계-에로-존재의 조망에서 보면, 그러한 사실은 잘리고 남은 부위에서 오는 흥분들이 절단된 다리를 실존 회로에 유지시킨 다는 것을 의미한다. 그것들은 자신의 자리를 구획하고 지키며 그 다리가 없어지지 않도록 하며 여전히 유기체에서 고려되도록 한 다. 그것들은 주관의 역사가 채우려고 하는 빈틈을 낭비가 없도록 사용하고, 구조적 난점들이 정신착란을 정신병의 내용이게 허용하 듯이, 그 빈틈에게 환각을 실현하게 허용한다. 우리의 관점에서 보 면, 감각 운동 회로는 우리의 세계-에로-존재 전체의 내부에 있어 서는 상대적으로 자율적인 실존적 흐름이다. 그 이유는 그것이 언 제나 우리의 전체적 존재에 대하여 별개의 공헌을 가져다주기 때 문이 아니라, 끊임없는 자극 그 자체에 대한 끊임없는 반응들을 실 현하는 것이 분명해지는 것은 어떤 조건 아래에서 가능하기 때문 이다. 따라서 문제는 결손의 거부, 즉 우리의 실존의 총체적인 태 도인 이 거부가 실현되기 위해 감각 운동 회로라고 하는 이 너무나 특별한 양식을 필요로 하는가를 아는 것이고, 우리의 모든 반사에 그 자신의 의미를 부여하고 그 점에서 그들에게 기초를 제공하는 우리의 세계-에로-존재가 그럼에도 불구하고 왜 그 의미에 몰두 하고 결국은 거기에 기초하는가를 아는 것이다. 사실상 우리가 다 른 곳에서 보여준 바대로, 감각 운동 회로는 사람들이 보다 더 통 합된 실존과 관계를 가지는 그만큼 보다 더 분명하게 그 모양이 나 타나고, 순수 상태의 반사는 환경뿐만 아니라 세계도 가지고 있는 인간에게서만 발견된다.[23] 실존의 관점에서 보면, 과학적 귀납이 병존시키는 것만으로 그치고 마는 이 두 가지 사실은 내적으로 연 결되어 있고 동일한 관념에 비추어 이해된다. 인간이 일종의 탈자 적 상태에서 사는 동물처럼 그렇게 혼합적 상황의 외피에 갇혀 있

지각의 현상학

23 메를로-퐁티, 『행동의 구조』, p. 55.

어서는 안 된다면, 그리고 그가 세계를 모든 환경의 공통적 이유로서 또한 모든 행동의 무대로서 의식해야 한다면, 그 자신과 자신의 행동을 일으키는 것 사이에는 어떤 거리가 확립되어야 하고, 말브랑슈가 말한 대로, 외부로부터의 자극들은 '존경'스럽게가 아니고는 그와 접촉해서는 안 된다. 또한 개개의 모든 순간적 상황은 그에게 존재의 총체성이기를 멈추어야 하고, 개개의 특수한 반응은 그의 모든 실천적 장을 차지하기를 멈추어야 하며, 그러한 반응들의 완성은 그의 실존의 중심에서 이루어지는 대신 말단에서 일어나야 하는데, 결국 그 반응들 자체는 매번 단 하나의 입장을 취할 것을 더 이상 요구해서는 안 되며, 그들의 일반성에서 단번에 그 윤곽이 그려져야 한다. 따라서 인간이 자신을 자신의 환경으로부터 원칙적으로 벗어나게 해서 그것을 그에게 **보여지게** 해줄 정신적·실천적 공간을 획득할 수 있는 것은 자신의 자발성의 일부를 포기함으로써이고, 안정된 기관과 먼저 확립된 회로들에 의해서 세계에 참여함으로써이다. 그리고 객관적 세계 의식의 취득까지도 실존의 질서 안에서 자기 자리를 찾게 된다면 우리는 더 이상 실존의 질서와 신체적 조건 사이의 아무런 모순도 발견하지 못할 것이다. 자기 자신에게 습관적 신체를 제공하는 것은 가장 통합된 존재에 대한 내적 필연성이다. 우리에게 '생리학적인 것'과 '심적인 것'의 연결을 허용하는 것은 그것들이 실존에 재통합된 채 즉자의 질서와 대자의 질서로서 더 이상 구별되지 않는다는 것이고, 그것들이 둘 다 지향적 극 또는 세계를 향해 정위되어 있다는 것이다. 틀림없이, 그 두 가지 역사는 서로 완전하게 부합하지 않는다. 하나는 통속적이고 순환적이며, 다른 하나는 개방적이고 독자적일 수 있다. 또한 역사가 의미를 가지고 있을 뿐만 아니라 자신에게 의미를 제공하기도 하는 일련의 사건들이라면, 현상의 2차적 질서에 쓰이는 역사라는 용어를 남겨두지 않을 수 없다. 그러나 지금까지 가치 있는 역사적 범주들을 깨뜨리는 진정한 혁명 없이는 역사의 주체는 자신의 역할을 완전하게 창조하지 못한다. 가령 역사의 주체는 전형적인 상황을 맞이하면 전형적인 결단을 내리고, 루이 16세의 말을 다시 떠올릴 때까지 계속 생각하는 니콜라스 2세는 새로운 권력을 맞이하면 기존의 권력에 의해서 이미 기록된 역할을 수행할 따름이다. 우리의 반사들이 특정한 **선천적인 것**을 바꾸듯이, 그의 결단들은 위협받은 군주의 **선천적인 것**을 바꾼다. 더욱이 이러한 동형적인 반복들은 숙명이 아니며, 의복, 보석, 사랑은 바로 그것들이 생겨나는 생물학적 필요의 모습을 바꾸어놓듯이, 마찬가지로, 문화적 세계의 내부에서 역사적으로 **선천적인 것**이 항구적인 것은, 주어진 국면에 대해서만 그리고 **힘들**의 균형이 동일한 **형태들**을 존속하게 한다는 조건에서만 그러하다. 따라서 역사는 영구적 새로움도 영구적 반복도 아니다. 그것은 안정된 형태들을 창조하고 깨부수는 **특이한** 운동이다. 따라서 유기체와 그 단조로운 변증법은 역사에 낯선 것이 아니며 동화할 수 없는 것이 아니다. 구체적으로 이해하자면, 인간은 유기체에 결합된 심리 현상이 아니라 때로는 자신을 신체적이게 하고 때로는 개인적 행동을 향하는 실존의 왕복 운동이다. 심리학적 동기들과 신체적 기회들은 상호 교차될 수 있다. 왜냐하면 그것은 심적 의도들과 관련하여 절대적 우연일 살아 있는 신체 속의 운동만은 아니며, 적어도 씨앗이나 일반적 윤곽을 생리학적 성향에서 발견하지 못하는 심적 행동만은 아니기 때문이다. 두 인과성의 이해할 수 없는 만남이나 원인의 질서와 목적의 질서 사이의 충돌이 문제라는 것이 아니다. 그러나 감각할 수 없는 전환을 통해서 유기적 과정은 인간의 행동에 이르고 본능적 행동은 진로를 바꾸며 감정이 되거나 역으로, 인간의 행동은 정지 상태에 들어가고 멍하니 반사적으로 계속된다. 심적인 것과 생리학적인 것 사이에는 정신적 장애를 정신적인 것 또는 신체적인 것으로 규정하는 것을 거의 언제나 막는 변화의 관계들이 있다. 소위 신체적 장애는 유기적 사건이라는 주제에 관해서 심적 주석의 손질을 가하며 '심적' 장애는 신체적 사건의 인간적 의미를 전개한다는 것에 제약되어 있다. 환자는 심어져 있는 제

2의 사람을 자신의 신체에서 감각한다. 그의 신체의 반은 남자이고 나머지 반은 여자이다. 생리학적 원인들과 심리학적 동기들이 증상에서 어떻게 구별될 수 있는가? 이 두 가지 설명들을 어떻게 간단하게 연결할 수 있으며 이 두 가지 결정 인자의 결합점을 어떻게 인지할 수 있는가? "이러한 종류의 증상에서 심적인 것과 물적인 것은 너무 내적으로 연결되어 있어서, 사람들은 기능적 영역의 하나를 다른 하나에 의해서 완성시킨다고 더 이상 생각할 수 없으며, 양자 모두 제3자에 의해서 인수되어야 한다는 것 말고 달리 생각할 수 없다. 생리학적 사실에 대한 인식으로부터 우리의 실존에 고유하게 내속하는 생명적 과정으로서의 심적 사건에 대한 인식으로 이행하는 것(이지 않으면 안 된다)."[24] 따라서 우리가 제기한 문제에 대하여 현대 생리학은 매우 분명한 대답을 제공한다. 즉 심신적 사건은 더 이상 데카르트적 생리학의 방식에 따라서 인식될 수 없으며, 즉자적 과정과 **사고 작용**의 인접성으로 인식될 수 없다. 영혼과 신체의 통일은 두 외항, 즉 주관과 객관 사이의 자의적 법령에 의해서 조인되지 않는다. 그것은 매순간 실존의 운동에서 이룩된다. 우리가 제1의 접근 방법, 즉 생리학을 통해 접근하면서 신체에서 발견한 것이 바로 그 실존이다. 따라서 이번에는 그 실존을 그 자신에 의거해서 심문하면서, 말하자면 우리를 심리학으로 내보내면서 이러한 제1의 결과를 검증하고 명확히 해보자.

24 E. Menninger-Lehchenthal, *Das Truggebilde der eigenen Gestalt*, pp. 174~75.

제2장 신체의 경험과 고전적 심리학

1_고유한 신체의 영속성

고전적 심리학이 고유한 신체를 기술했을 때 그것은 이미 대상의 지위와 양립할 수 없는 '특성'을 신체에게 귀속시켰다. 우선 그것은 내가 탁자나 등불에서 멀어질 수 있는 반면에 나의 신체는 끊임없이 지각되기 때문에 나의 신체가 탁자나 등불과 구별된다고 말했다. 따라서 나의 신체는 나를 떠나지 않는 대상이다. 그러나 그때부터 그것은 여전히 하나의 대상인가? 대상이 불변적 구조라면 그것은 조망의 변화**에도 불구하고** 그런 것이 아니라, 조망의 변화**에서** 또는 조망의 변화를 **통하여** 그런 것이다. 새로운 조망들은 언제나 대상에 대하여 대상 자신의 영속성을 표시하는 단순한 기회가 아니며, 대상을 우리에게 제시하는 우연적 방식이 아니다. 대상은 관찰될 수 있기 때문에만, 말하자면 우리의 손과 시선의 끝에 위치해 있고 그 운동의 하나하나에 의해서 불가분리하게 뒤엎어지고 되찾아지기 때문에만 대상, 말하자면 우리 앞에 있는 대상이다. 그렇지 않으면 그것은 관념으로서는 참되나 사물로서는 현존하지 않을 것이다. 특히 대상은 멀리 떨어져 있을 수 있고 그래서 결국 나의 시각 장에서 사라질 수 있는 한에서 대상이다. 대상의 현존은 가능한 부재가 으레 따르기 마련인 그런 종류의 것이다. 그런데 고유한 신체의 영속성은 전적으로 다른 종류의 것이다. 그것은 무한한 설명의 끝에 있지 않고, 설명을 거부하며 동일한 시각 아래에서 언제나 나에게 자신을 제시한다. 그런 영속성은 세계 속의 영속성이 아니라 내 쪽에서의 영속성이다. 신체가 언제나 내 곁에 있다고, 나에 대해서 있다고 말하는 것은 그것이 정말로 내 앞에 있지 않다고, 내가 그것을 나의 시선 앞에 전개시킬 수 없다고, 그것이 나의 모든 지각의 주변에 머물러 있다고, 그것이 나와 **함께** 있다고 말하는 것이다. 외부의 대상들 역시 나에게 나머지 측면을 은폐하지 않고서는 그들의 측면의 어느 하나를 나에게 보여주지 못한다는 것은 사실이다. 그러나 나는 그들이 나에게 보여주는 측면을 적어도 내 마음대로 선택할 수는 있다. 그들은 조망에서만 나에게 나타날 뿐이다. 그러나 내가 매순간 그들로부터 획득하는 특정한 조망은 물리적 필연성, 말하자면 내가 이용할 수 있고 나를 구속하지 않는 필연성에서 결과하지 않는다. 사람들은 나의 창문을 통해 교회의 탑을 볼 수 있을 뿐이나, 이러한 제약은 동시에 사람들이 다른 곳에서 교회 전체를 볼 수 있다는 것을 나에게 약속한다. 내가 감옥의 죄수라면 그 교회는 나에 대하여 일부가 잘려나간 탑으로 축소될 것이라는 것도 사실이다. 내가 나의 옷을 벗지 않았다면 나는 그 옷의 내부를 지각하지 못할 것이고, 사람들은 당연하게 나의 옷이 나의 신체의 부속물과 같이 될 것임을 볼 것이다. 그러나 그 사실은 나의 신체의 현존이 어떤 대상들의 사실적 영속성에 비유될 수 있음을, 기관이 언제나 마음대로 사용 가능한 연장에 비유될 수 있음을 증명하지 않는다. 역으로, 그것은 내가 습관적으로 참가하는 행동들이 자신들의 도구들을 합병하고 그 도구들을 고유한 신체의 원래적 구조에 참여하게 한다는 것을 보여준다. 고유한 신체에 관해 말하자면, 그것은 모든 나머지 습관들을 조건짓는 원초적 습관이고 나머지 습관들이 이해되게 되는 습관이다. 내 곁에 있는 고유한 신체의 영속성과 불변적 조망은 사실적 필연성이 아니다. 왜냐하면 사실적 필연성이 그것들을 전제하기 때문이다. 나의 창이 교회에 대한 하나의 관점을 나에게 부과하기 위해서는 먼저 나의 신체가 세계에 대한 하나의 관점을 나에게 부과하지 않으면 안 되고, 이 두번째의 필연성이 형이상학적이기 때문에만 첫번째의 필연성이 물리적일 수 있을 뿐이며, 사실적 상황들은 먼저 내가 나에 대하여 사실적 상황들이 있다는 그런 본성의 것인 한에서만 나에게 다다를 수 있다. 달리 말하면, 나는 나의 신체로서 외부의 대상을 관찰하고, 다루며, 검사하고, 조사하나, 나의 신체에 관해 말하자면, 나는 나의 신체 자체를 관찰하지 못한다. 그렇게 하기 위해서는 그 자체 관찰될 수 없는 제2의 신체가 마련되지 않으면 안 된다. 내가 나의 신체는 언제나 나에 의해서 지각된다고 말할 때, 그 말은 따라서 단순한 정적 의미에서 이해되어서는 안 되고, 고유한 신체의 이러한 제시에는 그런 신체의 부재나 심지어 그런 신체의 변화를 생각될 수 없는 것으로 만드는 어떤 무엇이 있지 않으면 안 된다. 그렇다면 그것은 무엇인가? 나의 머리는 나의 코끝과 나의 안와(眼窩)의 윤곽에 의해서만 나의 시각에 주어진다. 나는 세 면의 거울에서 나의 눈을 잘 볼 수 있으나 그것은 관찰하는 어떤 사람의 눈이다. 나는 거리의 거울이 느닷없이 나에게 나의 상을 되돌려 보여줄 때 나의 살아 있는 시선을 거의 간파할 수 없다. 그 거울 속에 있는 나의 신체는 나의 의도들의 그림자처럼 그 의도들의 뒤를 잇기를 멈추지 않는다. 관찰이 관점을 가지고 대상을 고정시키는 동안 그 관점을 바꾸는 데서 성립하는 것이라면, 저 거울 속의 나의 신체는 관찰에서 빠져나간다. 그리고 그것은 나의 촉각적 신체의 시늉으로서 주어진다. 왜냐하면 그것은 조망들의 자유로운 전개에 의한, 나의 촉각적 신체의 발의권의 응답이 아니고 그 발의권을 흉내내는 것이기 때문이다. 나의 시각적 신체는 나의 머리에서 떨어져 있는 부분들이라는 점에서 정말로 대상이라고 하겠으나, 사람들이 눈에 접근하는 데 따라서 대상들과 분리되고 이들 한가운데에서 이들이 접근하지 못하는 의사-공간을 마련해준다. 내가 이 진공을 거울의 상에 의존해서 채우고자 한다면 그 상은 저 밖의 대상들 사이에가 아니라 내 쪽에 있는, 모든 시각의 이쪽에 있는 신체의 원래성을 다시 한 번 참조하게 한다. 비록 겉

보기라 할지라도, 사정은 나의 촉각적 신체의 경우에도 다르지 않다. 왜냐하면 내가 나의 왼손으로 오른손을 만질 수 있다면 왼손이 그 대상을 만지는 동안 대상인 오른손은 만지는 오른손이 아니게 되기 때문이다. 대상인 오른손은 공간의 점으로 부서진 뼈, 근육, 살의 얽힘이 되고, 만지는 오른손은 외부의 대상을 그 장소에서 드러내려고 미사일처럼 공간을 관통한다. 그것이 세계를 보거나 만지는 한, 나의 신체는 그래서 보여질 수도 만져질 수도 없는 것이다. 그것이 어느 때이고 대상이기를, 어느 때이고 '완전하게 구성된' 것이기를 막는 것은' 그것에 의해 대상들이 있게 된다는 바로 그 점이다. 그것은 보고 만지는 것이라고 하는 한에서 만질 수도 볼 수도 없다. 따라서 신체는 언제나 거기에 있다는 특수성을 제공할 뿐인 외부 대상들 중의 어느 하나가 아니다. 그것이 영속적이라면 그 영속성은 사라질 대상들, 실제의 대상들의 상대적 영속성의 기초로서 사용되는 절대적 영속성이다. 외부 대상들의 현존과 부재는 원초적 현존의 장의 내부, 나의 신체가 힘을 행사하는 지각적 영역의 내부의 변화들일 뿐이다. 나의 신체의 영속성만이 외부 대상 세계의 영속성의 특수한 경우가 아닌 것만이 아니라, 첫번째 오른손에 의해서만 이해되는 두번째 오른손까지도 그런 경우가 아닌 것이다. 나의 신체의 조망만이 대상들의 영속성의 특수한 경우가 아닌 것만이 아니라, 모든 조망적 변화에 대한 나의 신체의 저항에 의해서만 이해되는 대상들의 조망적 표현까지도 그런 경우가 아닌 것이다. 대상들이 나에게 자신의 국면들 외에는 보여주는 것이 없어야 한다면, 그것은 내가 그 국면들을 보았던 어떤 장소에 있으면서도 그 어떤 장소를 내가 볼 수는 없기 때문이다. 그런데도 불구하고 내가 숨겨진 그 국면들을 모두 포함하는 세계이자 이들과 공존하는 세계를 믿는 것처럼 저 숨겨진 국면들을 믿는다면, 그것은

---

1 Husserl, 『이념들 *Ideen*』, T. II(미발표). 우리가 많은 미발표 원고를 열람할 수 있었던 것은 노엘 Noël 주교와 『유고 *Nachlaß*』 전집의 보관소인 루뱅 철학 고등 연구소 특히 반 브레다 Van Bréda 신부의 호의 덕분이다.

언제나 나에 대해서 현존하면서도 객관적 관계에서 출발하여 그 국면들의 한가운데로 참여하는 나의 신체가 그 국면들을 자신과의 공존 속에서 유지하고 그 속에서 자기 지속의 박동을 울리게 하는 한에서이다. 따라서 고유한 신체의 영속성은, 고전적 심리학이 분석했더라면 더 이상 세계의 대상으로서가 아니라 그 대상과 우리와의 의사 소통 수단으로서의 신체로 이끌어가야 했을 것이고, 규정된 대상의 총합으로서가 아니라 규정된 모든 사고에 앞서 스스로 우리의 경험에 끊임없이 현존하는 잠재적 지평으로서의 신체로 이끌어가야 했을 것이다.

2_ 이중 감각들

사람들이 고유한 신체에 대하여 규정했던 나머지 다른 '특성들'이 마찬가지로 동일한 이유에서 관심사가 된다. 사람들은 나의 신체가 나에게 '이중 감각들'을 주는 데 따라서 인식된다고 말한다. 즉 내가 나의 왼손으로 오른손을 만질 때 대상인 오른손도 역시 감각한다는 이상한 속성을 가진다. 우리는 조금 전에 그 두 손이 서로에 대하여 동시에 만져지지 않고 만지지 않는다는 것을 보았다. 내가 양손을 같이 누를 때 따라서 사람들이 병존의 두 대상을 지각하는 것처럼 내가 함께 느끼는 두 감각이 문제가 되는 것이 아니라, 양손이 '만지는 것'과 '만져지는 것'의 기능이라는 견지에서 볼 때 변화할 수 있는 애매한 조직이 문제가 되는 것이다. 사람들이 '이중 감각들'을 말하면서 말하고 싶은 것은, 한 기능에서 다른 기능으로 이행함에 있어 내가 만져지는 손을 즉시 만지고 있을 그 손과 동일자로 인식할 수 있다는 것, 다시 말해서 나의 왼손에 대하여 나의 오른손인 저 뼈와 근육의 꾸러미에서, 내가 대상을 탐구하기 위해 대상을 향해 던지는 다른 손인 저 민첩하고 살아 있는 오른손의 육화 또는 외피를 즉각적으로 예지한다는 것이다. 신체는 인식의 기능을 수행하면서 외부로부터 스스로를 간파하고, 만지면서 스스로를 만지려고 노력하며, '일종의 반조(返照)'의 모양을 띠고[2] 이것으로 신체가 대상들과 구별되기에는 충분하거니와, 나는 이 대상들에 대하여 이들이 나의 신체를 '만진다'고 물론 말할 수 있으나 나의 신체가 불활성일 때만, 따라서 대상들이 신체의 탐색적 기능을 간파하는 일이 없을 때만 그렇게 말할 수 있다.*

3_감정적 대상으로서의 신체

또한 사람들은 외부의 사물이 나에게 표상될 뿐이라는 데 비해 신체는 감정적 대상이라고 말했다. 이것은 고유한 신체의 지위의 문제를 세번째로 제기하는 것이다. 왜냐하면 내가 발을 다쳤다고 말한다면, 나는 내 발을 찢고 나에게 더 가까이 들어온 못이 거친 경로와 동일한 곳에 고통의 원인이 있다고 단순하게 말하는 것이 아니기 때문이다. 나는 그것이 뒤이어서 잘 알고 있는 의미의 고통이 시작될, 즉 인과적 규정에 의해서만 그리고 경험의 체계 내에서만 발에 관련된 국소 없는 고통 그 자체의 의식이 시작될, 외부 세계의 최종적 대상이라는 것을 말하고 있는 것이 아니다. 나는 고통이 자신의 국소를 지시한다는 것, 고통이 '고통의 공간'을 구성한다는 것을 말하고 있다. '나는 발이 아프다'는 '내가 나의 발이 그 아픔의 원인이라고 생각한다'는 것을 의미하는 것이 아니라, '그 고통이 나의 발에서 온다' 또는 '나의 발이 아프다'는 것을 의미하는 것이다. 바로 이것이 심리학자들이 말했던 '고통의 본원적 용적성'을 잘 보여준다. 따라서 사람들은 나의 신체가 외감의 대상들의 방식으로 자신을 나타내지 않는다는 것을, 그리고 아마도 이 대

---

2 Husserl, *Méditations cartésiennes*, p. 81.

* 신체가 그 주위 세계를 친히 탐색할 수 있는 인지 능력을 가지고 있다는 사실을 외면할 때만 그렇게 말할 수 있다는 뜻.

상들이야말로 의식을 발원적으로 의식 바깥으로 향하게 하는 저 감정적 기초 위에서만 그 윤곽을 뚜렷이 드러낸다는 것을 깨달았던 것이다.

4 _ 운 동   감 각 들

끝으로, 심리학자들이 외부 대상의 운동을 매개된 지각과 연속적 위치의 비교에 소속시키는 한편, 신체의 운동을 우리에게 총체적으로 제공하는 '운동 감각'을 고유한 신체에 남겨두고자 했을 때, 사람들은 관계인 운동이 감각될 수 없으며 정신적 경로를 요구한다고 틀림없이 반대할 수 있었다. 그러나 이러한 반대는 그들의 언어를 비난하는 것일 뿐이었다. 매우 서투르게 사실대로 말해서, 그들이 '운동 감각'으로서 표현했던 것은 내가 나의 신체로 수행하는 운동의 원래성이었다. 이 운동은 직접 최종적 상황을 예기한다. 나의 의도는 출발 지점에서 먼저 주어진 목표에 도달하기 위해서만 운동의 공간적 경로를 초벌질한다. 말하자면, 2차적으로만 객관적 경로에서 전개되는 운동의 씨앗이 존재한다. 다시 말해보자. 나 자신의 신체는 외부 대상들을 집어 한 장소에서 다른 장소로 운반하고 나는 나 자신의 신체의 도움으로 그 대상들을 움직인다. 그러나 나는 나 자신의 신체, 그것을 직접 움직이고 다른 장소로 데려가기 위해 그 신체를 객관적 공간 지점에서 발견하지 않는다. 나는 그것을 찾을 필요가 없다. 그것은 이미 나와 함께 있다. 나는 운동의 종료를 위해 그것을 인도할 필요가 없다. 그것은 처음부터 거기에 관련해 있고 거기에 자신을 던지는 것도 그 자신이다. 운동에 있어서 나의 결심과 나의 신체의 관계는 마술적 관계이다.

5_필연적으로 현상에 복귀하는 심리학

고전적 심리학에서 행해지는 고유한 신체에 대한 기술이 신체를 대상과 구별짓는 데 필요한 모든 것을 이미 제공했다면, 심리학자들이 그렇게 구별하지 않았다는 것 또는 그들이 그로부터 어쨌든 어떤 철학적 귀결도 이끌어내지 않았다는 것은 어디서 나오는가? 그것은 과학이, 관찰자의 상황에 속하는 것과 절대적 대상의 속성들을 관찰 속에서 서로 분리시킬 수 있다고 믿는 한, 그들 자신을 과학이 의거하는 비개인적 사고의 장소에 자연스러운 방식으로 위치시키기 때문이다. 살아 있는 주관으로 말하자면, 고유한 신체는 모든 외부 대상과 정말 달랐을 것이고, 심리학자의 미개척된 사고로 말하자면, 살아 있는 주관의 경험은 다시금 대상이 되었으며, 그 경험은 존재의 새로운 정의를 부르기는커녕 보편적 존재에 자리 잡았다. 그것은 사람들이 실재적인 것에 대립시켰던, 그러나 사람들이 2차적 실재로서, 법칙에 복종시키는 것이 문제인 과학의 대상으로 취급했던 바로 그 '심리 현상'이었다. 사람들은 우리의 경험이 이미 물리학과 생물학에 포위된 채 과학의 체계가 완성될 때 완전히 객관적 인식으로 분해되어야 한다고 요청했고, 그때부터 신체의 경험은 신체의 '표상'으로 전락했으며 그것은 현상이 아니라 심리적 사실이었다. 생명적 현상에서 머리와 같은 수준으로 보면, 나의 시각적 신체는 커다란 빈틈을 포함한다. 그러나 생물학이 거기에 있어서 결과적으로 그 간격을 메우고 그것을 눈의 구조를 통해 설명하며 나에게 진실로 신체가 무엇인가를 가르친다. 내가 다른 사람처럼 그리고 내가 자르는 시체처럼 망막과 눈을 가진다는 것을 가르치고, 마침내 외과의의 도구에 의해서 해부학적 계기판의 정확한 반응이 나의 머리의 규정되지 않은 지대에 적나라하게 틀림없이 옮겨진다는 것을 가르친다. 나는 나의 신체를 주-객으로서, '보고' '경험하고' 하는 능력으로서 인식했으나 이러한 혼동스러운 표상들은 심리학적 호기심들을 이루는 것들이었다. 그것들은 심리학과 사회학이 그 법칙들을 연구하는 것이자 과학의 대상으로서 참된 세계의 체계로 다시 불러들이는 마술적 사고의 편린들이었다. 따라서 나의 신체의 불완전성, 그 주변적 표현, 만지는 신체와 만져지는 신체로서의 나의 신체의 애매성은 신체 자체의 구조의 특징들일 수 없었고, 신체의 관념에 영향을 주지 않았으며, 신체에 대한 우리의 표상을 구성하는 의식 **내용**의 '뚜렷한 특성들'이 되고 말았다. 이 내용들은 항상적이고 감정적이며 이상하게 '이중 감각들'에서 짝지어진다. 그러나 그 점을 제외하면, 신체의 표상은 다른 표상들과 같은 표상이고, 상관적으로, 신체는 다른 대상들과 같은 대상이다. 심리학자들은 이렇게 신체의 경험을 과학과 일치하게끔 취급함으로써 불가피한 문제를 제쳐놓았을 뿐이라는 사실을 깨닫지 못했다. 나의 지각의 불완전성은 나의 감관 장치의 조직에서 결과하는 **사실적** 불완전성으로 이해되었고, 나의 신체의 현존은 나의 신경 수용기에 대한 신체의 지속적 작용에서 결과하는 **사실적 현존**으로 이해되었다. 마침내 이러한 두 가지 설명을 전제한 채 영혼과 신체의 통일성은 데카르트의 사상에 따라 원리적 가능성이 확립될 필요가 없는 **사실적 통일성**으로 이해되었고, 인식의 출발점이었던 그 사실은 자신의 완성된 결과에 의해 제거되었다. 이제 심리학자는 당장에 과학자의 방식으로 자신의 고유한 신체를 타자의 눈에 의해서 확실하게 주시할 수 있게 되었고, 타자의 신체를 다시금 내부 없는 기계로 볼 수 있게 되었다. 타자 경험의 공헌은 자기 경험의 구조를 없애려 온 것에 있었고, 거꾸로, 자기 자신과의 접촉을 잃어버림으로써 심리학자는 타자의 행동에 맹목적이게 되었다. 이렇듯 심리학자는 자기의 경험도 타자의 경험도 억압하는 보편적 사고에 자신을 정착시켰다. 그러나 심리학자로서 그는 자기를 자기 자신에게로 되돌리는 과업에 참여했으며 무의식의 지점에 머무를 수 없었다. 왜냐하면 물리학자나 화학자는 자신이 언급하는 대상이 자신이 아닌 반면, 심리학자는 원칙적으로 **그 자신이었고**, 자신이 바로 자신이 다루었던 사태였기 때문이다. 심리학자가 일탈해서 접근해 다루었던 신체에 대한 이러한 표상과 마술적 경험은 바로 그 자신이었으며, 그가 그것을 생각할 때는 그것을 살았던 것이다. 틀림없이, 사람들이 잘 보여준 대로[3] 그것을 인식하기 위해 그에게는 자신이 심리 현상이라는 것으로 충분하지 않았고, 여타의 모든 인식처럼, 그 인식은 우리와 타자의 관계에 의해서만 얻어지며, 그것은 우리가 참조하는 내성 심리학의 이상이 아니고, 심리학자는 자기와 자기 사이처럼 자기와 타자 사이에 있는 선객관적 관계를 다시 발견할 수 있었고 발견해야 했다. 그러나 심리 현상에 대하여 말하는 심리 현상으로서의 그라는 것이, 그가 **말했던** 전부**였다**. 객관적 태도에서 전개했던 심리 현상에 대한 이러한 역사 속에서 그는 이미 그 결과를 수중에 가진 셈이 되었고, 더 정확히 말하면, 그는 자신의 실존에 있어서 그 역사의 축약된 결과이자 잠재적 기억이었다. 영혼과 신체의 통일성은 먼 세계에서 단번에 이루어지는 것이 아니었다. 그것은 심리학자의 사고의 아래에서 매순간, 반복되는 사건이자 매번 심리 현상에 뜻밖으로 찾아오는 반복적 사건으로서가 아니라, 심리학자가 그 통일을 인식을 통하여 확증하고 동시에 자신의 존재에서 인식하는 필연성으로서 다시 태어난다. '감각 소여'에서 세계에 이르는 지각의 발생은 지각의 행위마다 새로워져야 하고, 이 행위가 없으면 감각 소여는 자신을 전개시킴에 있어 빚지고 있는 의미를 상실할 것이다. 따라서 '심리 현상'은 다른 대상과 같은 대상이 아니다. 사람들이 그것에 관해서 말하려고 했던 모든 것을 그것은 사람들이 말하기 전에 이미 행해버렸고, 심리학자의 존재는 심리학자가 자신에 대하여 알고 있는 것보다 더 많이 알고 있었으며, 과학에 따르면서 자신에게 일어났고 일어나고 있는 어느 것도 심리학자 자신에게 절대로 낯선 것이 아니었다. 따라서 사실의 개념은 심리 현상에 적용되면 변형을 겪게 된다. 사실적

---

3 P. Guillaume, *L'Objectivité en Psychologie.*

심리 현상은 자신의 '특수성들'과 더불어 이제 더 이상 객관적 시간, 외부 세계의 사건이 아니라 우리가 지속적인 성취나 용출이 되는 사건이고, 우리가 내부에서 접속하는 사건이며, 자신의 과거, 신체, 세계를 계속적으로 자신 속에 모으는 사건이다. 따라서 영혼과 신체의 통일성은 객관적 사실이기 이전에 의식 자체의 가능성이어야만 했고, 지각하는 주관이 신체를 자신의 것으로 경험할 수 있어야 한다면 그 주관이란 무엇인가를 아는 문제가 제기되었다. 여기에는 더 이상 감내한 사실은 없고 다만 감당한 사실이 있을 뿐이다.* 의식이라는 것, 아니, 차라리 **경험이라는 것**은 세계, 신체, 타인들과의 내부적인 의사 소통이고 이들 옆에 있는 대신 이들과 함께 있음이다. 심리학에 종사한다는 것은 반드시, 기존의 모든 사물들에서 움직이는 객관적 사고의 기저에서 사물들을 향하는 최초의 열림과 만난다는 것이고, 이것이 없으면 객관적 인식도 없다. 심리학자는 자신을 대상들 중의 하나로 이해하고자 노력할 때 그 자신을 경험으로, 말하자면 과거, 세계, 신체, 타인에 대하여 거리를 두지 않는 현전으로 재발견하지 않을 수 없을 것이다. 따라서 고유한 신체의 '특성들'로 되돌아가서 우리가 멈추었던 그 지점에서 다시금 그에 대한 연구를 계속해보자. 그렇게 함으로써 우리는 현대 심리학의 진보를 재추적할 것이고 현대 심리학과 함께 경험으로의 복귀로 이행할 것이다.

지각의 현상학

---

* 이 사실은 수동적으로 우리에게 주어져 어쩔 수 없이 받아들이는 것으로 그쳐버리고 마는 진리가 아니라, 능동적으로 인수하여 계속 적극적이며 자발적으로 탐구해가야 할 진리라는 뜻이다.

제3장 고유한 신체의 공간성, 그리고 운동성

1_위치의 공간성과 상황의 공간성 : 신체 도식

먼저 고유한 신체의 공간성을 기술해보자. 나의 팔이 탁자 위에 놓인다면, 나는 재떨이가 전화기 곁에 있듯이 팔이 재떨이 **곁에** 있다고 말할 생각을 갖지 않을 것이다. 나의 신체의 윤곽은 일상적인 공간적 관계들이 넘지 못하는 경계이다. 그것은 신체의 부분들이 원래적 방식으로 상호 관련되어 있기 때문이다. 즉 그 부분들은 하나를 다른 하나의 곁에서 펼치지 않고 서로가 서로에게 둘러싸여 있다. 예를 들어, 나의 손은 점들의 집합이 아니다. 사람들이 왼손에 제공하는 자극들을 오른손에서 느끼는 대측 지각allochirie의 경우[1] 개개의 자극들이 자기 몫의 공간적 가치를 변화시키는 것은 불가능하고,[2] 왼손의 여러 점들은 전 기관, 즉 단번에 위치 이동된 부분화되지 않는 손에 의존하는 한 오른손으로 전이된다. 따라서 그 점들은 체계를 형성하고 나의 손의 공간은 공간적 가치들의 모자이크가 아니다. 마찬가지로, 나에 대하여 나의 모든 신체는 공간에 병존된 기관들의 모임이 전혀 아니다. 나는 그것을 공동 소유하고 나의 다리의 어느 하나의 위치라도 그 다리가 감추어져 있는

---

1 예를 들면, Head, *On disturbances of sensation with especial reference to the pain of visceral disease.*

2 같은 책, 우리는 다음 책에서 국소적 신호를 논의했다. 메를로-퐁티, 『행동의 구조』, p. 102 이하.

신체 도식 schéma corporel*에 의해서 인식한다. 그러나 신체 도식의 개념은 과학의 전환기에 나타나는 모든 개념들처럼 애매하다. 이 모든 개념들은 방법의 개혁에 의해서만 완전하게 발전될 수 있었다. 따라서 그것들은 먼저 자신의 충일한 의미가 아닌 의미에서 사용되곤 하는데, 과거의 방법들을 깨뜨리게 하는 것은 그 개념들의 내재적 발전이다. 사람들은 먼저 '신체 도식'을 우리의 신체적 경험의 **요약**으로, 순간의 수용성과 고유 수용성에 주석과 의미를 부여할 수 있는 것으로 이해했다. 그것은 우리의 신체 부분들의 개개의 운동을 위해 그 부분들의 위치 변화를, 신체의 총체에서 차지하는 개개의 국소적 자극의 위치를, 복잡한 몸짓의 순간적 운동 수행의 일람표를, 결국 운동 감각적인 뚜렷한 인상들의 시각적 언어로의 항구적 번역을 나에게 제공해야 한다. 신체 도식을 말하면서 사람들은 먼저 무수한 상들의 연합들을 가리키는 하나의 편리한 명칭만을 소개한다고 믿고 있고, 그 연합들이 견고하게 확립되어 있으며 활동할 준비를 끊임없이 하고 있다는 것을 표현하고자 할 뿐이다. 신체 도식은 유아기에 그리고 촉각적, 운동 감각적 분절 내용들이 상호 연합되거나 시각적 내용들과 연합되어 이 내용들을 보다 쉽게 불러일으키는 정도에 따라서 차츰 드러나야 한다.[3] 그렇다면 신체 도식에 대한 생리학적 표상은, 고전적 의미에서 그것은 상들의 중심일 수 있을 뿐이라는 것이다. 그러나 심리학자들이 사용하는 용법을 보면서 사람들은 신체 도식이 연합주의적 정의의 한계에서 빠져나오는 것을 확실하게 보게 되었다. 예를 들어, 신체 도식이 대측 지각을 더 잘 이해시키기 위해서는, 개개의 왼손의 감각이 일어나야 한다는 것으로는, 그리고 이러한 감각이 신체

---

* 기본적으로 외모, 신체적 운동, 위치, 판단 등과 관련하여 자기 자신의 신체에 대하여 가지는 주관적 경험을 뜻하고 신체상body image이라고도 한다.

3 예를 들면, Head, *Sensory disturbances from cerebral lesion*, p. 189; Pick, *Störungen der Orientierung am eigenen Körper.* 그리고 비록 쉴더가 "이러한 복합체가 그 부분의 총합이 아니라 그와 관계한 새로운 전체라는 것"을 인정한다고 하더라도 다음을 참조. Schilder, *Das Körperschema.*

의 주변에서 신체의 **소묘**로서 신체를 인화하기 위해 연합될 신체의 모든 부분들 특유의 상들 사이에서 위치해야 한다는 것으로는 충분하지 않다. 이러한 연합들은 왼손이 단번에 자신을 오른손에 포개어 놓을 수 있을 뿐만 아니라 오른손이 되어버리기 위해 매순간 유일한 법칙, 즉 신체의 공간성은 전체에서 부분으로 하강한다는 법칙, 왼손과 그 위치가 신체적 **소묘**에 포함되고 여기서 자신의 근원을 취한다는 법칙에 지배되어야 한다. 사람들이 환각지의 현상을 피실험자의 신체 도식에 연결시킴으로써 분명히 하고자 한다면,[4] 신체 도식이 습관적 체감의 잔여인 대신 그것의 구성 법칙이 될 때만 대뇌 흔적과 재생하는 감각들에 의한 고전적 설명들에다 어떤 무엇을 추가하는 것이 될 것이다. 사람들이 새로운 그 말을 도입할 필요를 느낀다면, 그것은 신체의 공간적 · 시간적 통일성, 상호 감각적 또는 감각 운동적sensorimoteur 통일성이, 말하자면, 권리상 우리의 경험 과정에서 뜻밖에 연합된 내용들에 실제로 제한되지 않기 때문이고, 전자가 어떤 방식으로든 후자에 선행하고 곧장 연합을 가능하게 하기 때문이다. 따라서 사람들은 신체 도식에 대한 제2의 정의로 향한다. 즉 그것은 더 이상 경험 과정에서 확립된 연합들의 단순 결과가 아니라, 상호 감각적 세계에서 나의 자신에 대한 전체적인 의식적 파악이고, 형태심리학이 말하는 의미에서의 '형태'이다.[5] 그러나 이러한 제2의 정의는 다시금 이미 심리학자의 분석에 의해서 초월된다. 나의 신체가 하나의 형태, 말하자면 전체가 부분보다 먼저가 되는 하나의 현상이라고 말하는 것으로는 충분하지 않다. 어떻게 그러한 현상이 가능한가? 그것은 그 하나의 형태가 물리화학적 신체의 모자이크나 '체감'의 모자이크와 비교해보면 새로운 실존 유형이기 때문이다. 질병 부인 환자

---

4 예를 들면 Lhermitte, *L'Image de notre Corps.*

5 Konrad, *Das Körperschema, eine kritische Studie und der Versuch einer Revision,* pp. 365, 367. 뷔르거 프린츠Bürger-Prinz와 카일라Kaila는 신체 도식을 "신체 그 자신에 대한 앎"으로서, 즉 "그 사지와 부분의 상호 관계를 표현하는 총체적 용어"로서 규정한다. 같은 책, p. 365.

의 불구의 팔이 더 이상 해당 주관의 신체 도식의 견지에서 계산에 넣어지고 있지 않다면, 그것은 신체 도식이 신체의 현존하는 부분들의 단순 전사(轉寫)도, 심지어는 전체적 의식도 아니기 때문이고, 그 신체의 현존하는 부분들을 유기체의 기획들을 위해 그 부분들의 가치에 비례해서 적극적으로 자신에게 통합시키기 때문이다. 때때로 심리학자들은 신체 도식이 **동적**이라고 말한다.[6] 그 용어는, 정확하게 그 의미를 표현하면, 나의 신체가 어떤 현실적 또는 가능적 과제를 겨누는 자세로서 나에게 나타난다는 것을 말하고자 함이다. 그리고 사실상 신체의 공간성은 외부 대상의 공간성 또는 '공간 감각'의 공간성처럼 **위치의 공간성**이 아니라 **상황의 공간성**이다. 내가 내 책상 앞에 서서 두 손으로 그것을 누르고 있다면, 나의 손들만이 두드러지게 되고 나의 신체는 혜성의 꼬리처럼 그 뒤에 처지게 된다. 그것은 내가 나의 어깨나 허리의 소재를 무시해서가 아니라, 그 소재들이 나의 손의 누름에 덮이기 때문이고, 나의 모든 자세가 말하자면 탁자에 가해지는 누름에서 읽혀지기 때문이다. 내가 서서 나의 파이프를 손으로 꽉 쥐고 있다면 나의 손의 위치는 그 손이 내 팔의 앞부분과 만드는 각도, 내 팔의 앞부분이 팔과 만드는 각도, 나의 팔이 몸통과 만드는 각도, 마침내 나의 몸통이 땅바닥과 만드는 각도에 의해서 추론적으로 규정되지 않는다. 나는 나의 파이프가 있는 곳을 절대적으로 알고 바로 **이것에 의해서** 나는 나의 손이 있는 곳과 나의 신체가 있는 곳을 안다. 마치 언제나 사막의 원주민이, 걸어온 거리를 출발점에서 빗나간 각도를 떠올리며 계산해볼 필요도 없이, 단번에 방위를 잡는 것처럼 말이다. 나의 신체에 적용된 '여기'라는 말은 다른 위치와의 관계 또는 외부 좌표와의 관계에 의해서 규정된 위치를 가리키는 것이 아니라, 최초의 정돈의 정착, 대상을 향한 능동적 신체의 정박, 자기 과제를 맞이하는 신체의 상황을 가리킨다. 신체적 공간은 외적

지각의 현상학

---

6 예를 들면 앞에 인용된 콘라드Konrad의 책.

공간과 구별될 수 있고 자신의 부분들을 전개하는 대신 덮어 감춘다. 왜냐하면 신체적 공간은 영화의 장면이 분명하게 보이도록 하는 데 필요한 영화관의 어둠이고, 수면의 지반 또는 몸 동작과 그 목표가' 풀려 나가는 애매한 힘의 저장소이며, 정확한 존재들, 형태들, 지점들이 나타날 수 있게 되는 **면전**인 비존재의 지대이기 때문이다. 결국, 나의 신체가 하나의 '형태'일 수 있고 그 앞에 무차별적 지(地)들에 근거한 특전의 형(形)들이 있을 수 있다면, 그 것은 나의 신체가 자기 과제에 의해서 극성(極性)을 갖는 한에서이고 자기 과제를 **향해 존재하는** 한에서이며 자기 목표를 달성하기 위해 자기 쪽으로 모여드는 한에서이다. 그리고 마침내 '신체 도식'은 나의 신체가 세계를 향해 내적으로 존재하고 있다는 것을 표현하는 하나의 방식이다.[8] 잠시 동안만 우리의 관심일 뿐인 공간성에 관한 한, 고유한 신체는 형과 지라는 구조상에서 언제나 은연중에 암시되는 제3의 항이고, 모든 형태는 외적 공간과 신체적 공간의 이중 지평 위에서 그 윤곽을 나타낸다. 따라서 사람들은 형과 점만을 고려할 뿐인 신체적 공간에 대한 모든 분석을 추상이라고 거부해야 한다. 왜냐하면 그것들은 지평들 없이는 인식될 수도 없고 존재할 수도 없기 때문이다.

아마도 사람들은 형과 지의 구조 또는 지점-지평의 구조가 그 자체 객관적 공간의 개념을 전제한다고 응수할 것이고, 노련한 몸 동작을 신체의 대량적 지 **위에** 기초한 형으로서 경험하기 위하여 손과 그 나머지의 신체를 저러한 객관적 공간의 관계에 의해서 잘 연결해야 한다고 응수할 것이며, 따라서 형과 지의 구조는 다시 한 번 공간의 보편적 형식의 우연적 내용들 중 하나로 된다고 응수할 것이다. 그러나 '위에'라는 말은 세계를 맞이하는 신체에 의해 위치지어지지 않는 주관에 대하여 어떤 의미를 가질 수 있겠는가?

---

7 Grünbaum, *Aphasie und Motorik*, p. 395.

8 사람들은 이미 앞에서(이 책의 p. 141 참조) 신체 도식의 양상인 환각지가 세계-에로-존재의 일반적 운동에 의해 이해되는 것을 보았다.

그것은 위와 아래의 구별, 즉 '정위된 공간'을 함축한다.[9] 내가 어떤 대상이 탁자 **위에** 있다고 말할 때 나는 언제나 이론적으로 나를 탁자나 대상에서 보아 위치시키고, 이 탁자나 대상에 대해서는 원칙적으로 나의 신체와 외부 대상과의 관계에 적합한 범주를 적용한다. 이러한 인간학적 의미를 빼앗긴다면 **위에**라는 말은 더 이상 '아래' 또는 '곁에'라는 말과 구별되지 않는다. 공간의 보편적 형식은 바로 이 보편적 형식 없이는 신체적 공간이 우리에 대하여 없을 그런 것이라 할지라도, 그것은 바로 그것에 의해서 신체적 공간에 어떤 것이 있게 되는 그런 것이 아니다. 형식은 내용이 정립되는 **환경**이 아니라 **수단**이라고 할지라도, 형식은 신체적 공간에 관한 한 그러한 정립의 충분한 수단은 아니며, 그러는 한, 신체적 내용은 정립과 관련해서 불투명하고 우연적이며 이해할 수 없는 것으로 남아 있다. 이러한 도상에서 추구하는 유일한 해결은 신체의 공간성이, 내용을 현상으로 사라지게 하고 이로써 내용과 형식의 관계의 문제를 사라지게 할, 객관적 공간성과 구별되는 어떤 고유한 의미도 갖고 있지 않다고 인정하는 것이다. 그러나 우리는 '위' '아래' '곁' 등의 정위된 공간의 차원에서 어떤 다른 의미도 발견할 수 없는 것처럼 할 수 있는가? 이 분석이 모든 관계들 가운데 외부성이라는 보편적 관계를 다시 발견한다 할지라도, 공간에 거주하는 사람에 대한 고저와 좌우의 자명성이 우리로 하여금 그 모든 구별들을 무의미로 취급하는 것을 막고, 우리에게 정의들의 명시적 의미에서 경험들의 잠재적 의미를 추구할 것을 권한다. 그렇다면 두 공간의 관계는 다음과 같을 것이다. 내가 신체적 공간을 주제화하고자 하면 또는 그 의미를 계발하고자 하면 나는 곧장 예지적intelligible 공간밖에 발견하지 못한다. 그러나 동시에 이 예지적 공간은 정위된 공간에서 떼어지지 않으며 이 정위된 공간의 명시화일 뿐이고 또한 이 뿌리에서 분리되면 어떤 의미도 절대로 갖

---

9 Becker, *Beiträge zur phänomenologischen Begründung der Geometrie und ihrer physikalischen Anwendungen.*

지 못한다. 왜냐하면 그와 동질적 공간은 그 의미를 정위 공간에서만 받기에 정위 공간의 의미를 표현할 수 있기 때문이다. 내용이 진정 형식 아래에 포섭될 수 있고 형식**의** 내용으로 나타날 수 있다면, 그것은 형식이 내용을 통해서만 접근될 수 있기 때문이다. 신체적 공간은 자신을 보편적 공간으로 변환할 변증법적 요소를 자신의 개별성에 포함할 때만 진실로 객관적 공간의 조각이 될 수 있다. 이것이 우리가 지점-지평의 구조가 공간의 기초라고 말하면서 표현하고자 했던 바이다. 지평이나 지가 형과 같은 종류의 존재에 속하지 않아 시선의 운동에 의해서 지점으로 전환될 수 없다면 형을 넘어서 또는 형 주위에까지 미치지 않을 것이다. 그러나 지점-지평의 구조는 지점이 보여지게 될 신체성의 지대를 자기 앞에, 그리고 이 보여지게 됨의 상대항인 미규정된 지평을 자기 둘레에 마련함으로써만 지점이 무엇인지를 나에게 가르쳐줄 수 있다. 수많은 지점이나 '여기'는 매번 이들 중 하나가 대상으로서 주어지는 그리고 그 자체 이러한 공간의 핵에서 이루어지는 경험들의 연결에 의해서만 원칙에 따라 구성될 수 있다. 그리고 마침내 나의 신체가 나에 대하여 공간의 조각에 불과하기는커녕, 내가 신체를 가지지 않는다면 나에 대하여 공간은 존재하지 않을 것이다.

2_슈나이더 사례를 통한 겔프와 골드슈타인의 운동성 분석

신체적 공간과 외적 공간이 실천적 체계를 형성한다면, 전자는 대상이 우리 행동의 공동 목표로서 분리되어 눈에 띄는 것이 가능하게 되는 지반이거나 대상이 **나타나는 것**이 가능하게 되는 진공이기에, 신체의 공간성이 수행되는 곳은 분명히 행동에서이며, 따라서 운동의 분석으로써 우리는 그것을 더 잘 이해해야 한다. 운동하는 신체를 고찰해보면 우리는 신체가 어떻게 공간에(더욱이 시간에) 거주하는가를 더 잘 볼 수 있다. 왜냐하면 운동은 공간과 시간을 감수하는 것만으로는 만족하지 않으며, 능동적으로 그것들을 떠맡고, 획득된 상황들의 진부성에서 없어지는 자신의 본연적 의미에서 그것들을 되찾기 때문이다. 우리는 신체와 공간의 근본 관계들을 적나라하게 드러내는 병자의 운동 사례를 세밀히 분석하고자 한다.

전통적 정신의학이 심인성 실명으로 분류하는 환자는[10] 눈을 감은 채로 '추상적' 운동을 수행할 수 없는데, 추상적 운동은 이를테면 명령에 따라 팔이나 다리를 움직이는 운동, 손가락을 펴거나 구부리는 것과 같은 운동이다. 말하자면 어떤 실제적 상황에도 관계되지 않는 운동이다. 그는 자기 신체의 위치, 더욱이 자기 머리의 위치, 자기 다리의 수동적 운동도 기술할 수 없다. 결국 사람들이 그의 머리, 팔이나 다리에 손을 댈 때 그는 사람들이 자기 신체의 어느 지점에 손을 댔는지 말할 수 없다. 그는 간격이 8센티미터나 되는 피부 상의 두 접촉점도 구별할 수 없다. 그는 사람들이 자기 신체를 향하여 제공하는 대상의 크기도 형태도 인식할 수 없다. 그가 추상적 운동을 잘해내는 것은 사람들이 그에게 그 운동을 수행하기 위해 필요한 다리를 바라보는 것을 허락할 때이거나 온몸으로 예비적 운동을 수행하게 할 때뿐이다. 자극의 국소화와 촉각적 대상의 인식 역시 예비적 운동의 도움으로 가능해진다. 환자는 눈이 감긴 채라도 생활에 필요한 운동들을, 자기에게 습관적으로 되어 있기만 하다면, 보통을 넘는 확실성을 가지고 민첩하게 수행한다. 즉 그는 호주머니에서 손수건을 꺼내고 코를 풀며 성냥갑에서 성냥개비를 집어 등을 밝힌다. 그는 생업으로 서류 가방을 만들어야 하고 그의 작업 능률은 정상인의 노동 작업의 75퍼센트에 달한다. 심지어 그는 아무런 예비적인 운동 없이도[11] 명령에 따라 그러

10 Gelb와 Goldstein, *Über den Einfluß des vollständigen Verlustes des optischen Vorstellungsvermögens auf das taktile Erkennen* dans *Psychologische Analysen hirnpathologischer Fälle*, chap. II, pp. 157~250.

한 '구체적' 운동을 수행할 수 있다. 동일한 환자에게서만이 아니라 소뇌 환자에게서도 사람들은 보여주는 행동과 집거나 잡는 반응 사이의 분리를 확인한다.[12] 즉 명령에 따라 자기 신체의 일부인 손가락을 보여줄 수 없는 그 환자가 모기가 무는 곳으로는 급하게 손을 가져간다는 것이다. 따라서 우리는 구체적 운동과 잡는 운동에 특전이 있는 것을 알 수 있고 그 이유를 추구해야 한다.

3 _ 구 체 적 운 동

좀더 자세히 주시해보자. 사람들로부터 손가락으로 신체의 일부, 예를 들면 코를 지적하라는 요구를 받은 환자가 그 일을 잘해내는 것은 사람들이 그에게 그것을 잡는 것을 허용할 때뿐이다. 사람들이 환자에게 그 일을 끝내기 직전에 그 일을 중단하라고 지시하거나 또는 환자가 나무 자로만 자기 코를 건드릴 수 있거나 하는 경우라면, 그 일은 불가능해진다.[13] 따라서 신체에 대해서조차도 '잡는다'는 것 또는 '접촉한다'는 것은 '보여준다'는 것과 다르다. 애초부터 잡는 운동은 마술적이게도 그 운동의 종결에 있고 자기 목적을 예상함으로써만 시작한다. 왜냐하면 잡는 것을 금지하는 것이 그 행동을 억제하는 데 충분하기 때문이다. 그리고 나의 신체의 한 지점이, 그 예상된 잡는 행위에 있어서 나에게 보여질 지점으로 주어지지 않고도 잡힐 지점으로서 나에게 현존할 수 있다는 것이 인정되어야 한다. 그러나 그것이 어떻게 가능한가? 나의 코를 잡는 것이 문제일 때 내가 그 코의 위치를 안다면, 그 코를 보여주는 것이 문제일 때 내가 어떻게 그 코의 위치를 알지 못한단 말

11 Goldstein, *Über die Abhängigkeit der Bewegungen von optischen Vorgängen*. 이 두번째 저술은 앞서 언급한 저술에 실린 관찰이 끝나고 2년이 지나 동일한 환자, 즉 슈나이더 Schneider에 대해서 행했던 관찰을 이용한다.

12 Goldstein, *Zeigen und Greifen*, pp. 453~66.

13 같은 책. 소뇌 손상의 경우이다.

인가? 그것은 틀림없이 장소의 인식이 여러 의미로 이해되기 때문이다. 고전 심리학은 여러 가지의 장소 의식을 표현하기 위한 개념들을 비치하지 않는데, 왜냐하면 이들에게 장소 의식은 언제나 위치적 의식, **표상**이기 때문이고, 이들은 자기의 권한으로서 장소를 객관적 세계의 규정으로 우리에게 제공하기 때문이며, 이러한 표상은 존재하거나 존재하지 않거나 하는데, 만일 존재한다면 그것은 대상을 그 모든 현상들을 통해서 아무런 애매성 없이 확인 가능한 항으로서 우리에게 넘겨주기 때문이다. 반대로, 우리는 여기서 신체적 공간이, 인식하려는 의도에서는 나에게 주어짐이 없이도 잡으려는 의도에서는 나에게 주어질 수 있음을 표현하는 데 필요한 개념들을 만들어내야 한다. 환자는 신체적 공간을 자신의 습관적 행동의 외피로서 의식하지 객관적 무대로서 의식하지 않으며, 자신의 신체는 친숙한 주위에의 삽입 수단으로서 자신을 처리하지 근거 없는 자유로운 공간적 사고의 표현 수단으로서 처리하고 있지 않다. 사람들이 그 환자에게 구체적 행동을 수행하라고 명령할 때, 그는 우선 그 명령을 의심하는 투로 반복한 다음, 그의 신체는 그 일에 요구되는 총체적 위치에 자리하고 마침내 그 행동을 수행한다. 사람들은 그의 모든 신체가 그 일에 협조하고 정상인과 달리 그 일을 엄밀하게 필요 불가결한 특징들로 환원시키지 않는다는 점을 주목한다. 군대식 경례와 함께 존경의 다른 외적 표시들이 같이 이루어지고, 머리를 빗는 척하는 오른손의 동작과 함께 거울을 집는 왼손의 동작도 같이 따라나온다. 못을 박는 오른손의 동작과 함께 못을 집는 왼손의 동작도 같이 이루어진다. 이것은 명령이 진지하게 받아들여지기 때문이고, 구체적 동작들이 상응하는 현실적 상황 속에 자신을 정신적으로 앉힌다는 조건 아래에서만, 환자가 명령에 의한 구체적 동작들을 잘해내기 때문이다. 정상인은 명령에 따라 군대식 경례를 수행할 때 바로 거기서 실험 상황만을 볼 뿐이고 따라서 그 운동을, 경례하는 의도를 명확히 나타내는 요소들로 환원시키지, 그 운동에 몰입하지 않는다.[14] 그는 자기 자신의 신체로 연출하고, 군인 행세하기를 즐기며, 희극 배우가 자신의 실재적 신체를 등장 인물의 역할이라는 '대 환각'[15] 속으로 빠져들게 하듯, 군인의 역할[16] 속에 '비실재화'된다. 정상인과 희극 배우는 상상의 상황을 실재적 상황으로 간주하는 것이 아니라, 역으로, 자신의 실재적 신체를 생동하는 상황으로부터 떼어놓아 그 신체가 숨쉬고 말하게 하며 상상의 눈물을 흘리게 한다. 이것이 우리의 환자가 더 이상 할 수 없는 바로 그것이다. 그는 생활 속에서 다음과 같이 말한다. "나는 운동을 상황의 결과로서, 사건들 자체의 연속의 결과로서 경험하고, 나와 나의 운동들은 말하자면 우리에게 총체의 전개 고리일 뿐이고 나의 자발적 발의권을 거의 의식하지 못한다. 모든 것은 완전히 홀로 진행된다." 동일한 방식으로, 명령에 의한 운동을 수행하기 위해 그는 "총체적인 감정적 상황에 자리하고 운동은 생활 속에서 그러하듯 이러한 상황에서 흘러나온다."[17] 사람들이 환자의 조련술을 차단하고 그에게 실험 상황을 상기시킨다면 그의 모든 조련미는 사라진다. 또다시 운동적 발의권이 불가능해지고, 환자는 우선 자신의 팔을 '발견해야 하고' 요구된 동작을 예비 운동에 의하여 '발견해야 하며,' 동작 자체는 그 자신이 보통의 삶에서 나타내는 멜로디적 성격을 상실하고, 분명하게, 끝과 끝을 부지런히 맞추어서 얻은 부분적 운동들의 총합이 된다. 따라서 나는 몇몇 친숙한 행동 능력으로서의 나의 신체를 수단으로 해서 **조작 대상**manipulanda의 총체로서의 나의 주위에 자리 잡을 수 있거니와 나의 신체, 나의 주위를 칸트적 의미의 대상, 즉 예지적 법칙에 연결된 성질들의 체계로서, 모든 장소적 또는 시간적 유착에서 벗어난 투명한 실재들로서, 명명이나 아니면 최소한 지정을 받을 준비가 되어 있는 실재들로서 암시하지 않고도 자리 잡

14 Goldstein, *Über die Abhängigkeit*…, p. 175.

15 Diderot, *Paradixe sur le Comédien*.

16 J. P. Sartre, *L'Imaginaire*, p. 243.

17 Goldstein, 앞의 책, pp. 175~76.

을 수 있다. 내가 잘 알고 있는 행동들의 지주로서의 나의 팔이 있고, 내가 미리 장이나 범위를 아는 일정한 행동 능력으로서의 나의 신체가 있으며, 그러한 능력의 가능한 적용점의 총체로서의 나의 주위가 있다. 그리고 다른 한편으로는, 근육과 뼈의 기계로서의, 굴신 장치로서의, 분절된 대상으로서의 나의 팔이 있고, 내가 참여하는 것이 아니라 관조하고 손가락으로 보여주는 순수 광경으로서의 세계가 있다. 신체적 공간에 관한 한, 사람들은 장소에 대한 지식이 그 장소와 함께 하는 일종의 공존으로 환원되는 지식으로서, 그리고 비록 기술로도 동작에 대한 말없는 지정으로도 번역될 수 없다 할지라도, 무(無)는 결코 아닌 지식으로서, 그런 지식이 있다는 것을 본다. 모기에 물린 그 환자는 물린 지점을 찾을 필요도 없이 단번에 그곳을 발견한다. 왜냐하면 그에게는 그 지점을 객관적 공간에서 정돈되어 있는 축선(軸線)과의 관계에 의해서 위치짓는 것이 문제가 아니라, 자신의 현상적 손으로 현상적 신체의 어떤 아픈 지점에 도달하는 것이 문제이기 때문이고, 긁는 능력으로서의 손과 긁는 지점으로서의 물린 지점 사이에서 체험된 관계는 고유한 신체의 자연적 체계에서 주어지기 때문이다. 그 활동은 전적으로 현상적인 것의 질서에서 일어나고 객관적 세계를 거치지 않는다. 그리고 살아 있는 신체에 대한 자신의 객관적 표상을 운동 주체에게 빌려주는 정관자만이, 물린 자리가 지각되고 손이 객관적 공간에서 움직인다고 믿을 수 있고 따라서 그 주체가 지정된 경험에 실패한다는 것을 이상하게 여길 수 있다. 마찬가지로 가위, 바늘, 그리고 손에 익은 작업 앞에 놓인 주체는 손이나 손가락을 찾을 필요가 없다. 왜냐하면 이것들은 객관적 공간에서 발견될 수 있는 대상들, 즉 뼈, 근육, 신경이 아니라 가위나 바늘에 대한 지각에 의해서, 이 가위나 바늘을 주어진 대상에 연결하는 '지향적 실마리'의 중심 말단에 의해서 이미 동원된 능력들이기 때문이다. 우리가 움직이는 것은 우리의 객관적 신체가 아니라 우리의 현상적 신체이고 여기에는 하나도 신비로운 것이 없는데, 그 이유는 파악할 대상을 향해 일어서서 지각한 자가 세계의 이러저러한 영역의 능력으로서 이미 우리의 신체이기 때문이다.[18] 마찬가지로, 그 환자는 구체적 운동을 위하여 이 운동을 전개하는 무대와 공간을 찾을 필요가 없고, 이 공간 역시 그에게 주어지는데, 이것이 바로 실제적 세계이고 '자를' 한 조각의 가죽이며 '꿰맬' 안감이다. 작업대, 가위, 가죽 조각들은 주체에 대하여 행동의 극들로서 나타나고 자신들에게 결합되어 있는 가치들에 의하여 어떤 해결 방식, 어떤 작업을 부르는 어떤 상황, 어떤 열린 상황을 규정한다. 신체는 주체와 그 세계의 체계 내의 한 요소일 뿐이고, 그 과제는 일종의 멀리서 작용하는 인력(引力)에 의해서 신체로부터 필요한 운동을 얻는다. 마치 나의 시각 장에서 가동 중인 현상적 힘들이 계산을 거치지 않고 나로부터 그 힘들 사이에서 최적의 균형을 확립하는 운동 반응들을 얻듯이 말이다. 또는 우리의 주위 환경의 관습, 우리의 청중석이 우리로부터 직접적으로 그들에게 적합한 언사, 태도, 어조를 얻듯이 말이다. 그것은 우리가 우리의 사고를 감추고자 또는 환심을 사고자 노력하기 때문이 아니라, 우리가 문자 그대로 타인들이 우리에 대하여 생각하는 바 그것이고 우리의 세계인 바 그것이기 때문이다. 구체적 운동에서 그 환자는 자극의 명제적 의식도 반응의 명제적 의식도 갖지 않는다. 단순하게, 그는 그의 신체이고, 그의 신체는 어떤 세계의 능력이다.

18 따라서 문제는 영혼이 객관적 신체에 어떻게 작용하는가를 아는 것이 아니다. 왜냐하면 그것이 작용하는 것은 객관적 신체가 아니라 현상적 신체이기 때문이다. 이러한 관점에서 문제는 다시 놓여져야 한다. 이제 그것은 왜 나와 나의 신체에 대한 두 개의 시각, 즉 나에 대한 나의 신체와 타자에 대한 나의 신체가 있는가, 그리고 어떻게 이 두 체계가 함께 가능한가를 아는 데 있다. 실제로, 객관적 신체가 '대타(對他)'에 속하고 나의 현상적 신체가 '대자(對自)'에 속하는 것이라고 말하는 것으로는 충분하지 않다. 사람들은 그들의 관계의 문제를 제기하는 것을 거부할 수 없다. 왜냐하면 나를 즉각 타자에 대한 대상의 조건으로 데려다 놓는 타자에 대한 나의 지각이 증거하는 것처럼 '대타'와 '대자'는 하나의 동일한 세계에 공존하기 때문이다.

4_가능적인 것을 향한 정위, 추상적 운동

반대로, 그 환자가 실패한 바로 그 실험들에서 일어나고 있는 것은 무엇인가? 사람들이 그 환자의 신체의 일부에 손을 대어 접촉점을 지정해보라고 요구한다면, 그는 전신을 움직이는 데서부터 시작하여 그 부위를 대충 판정한 다음, 관련된 다리를 움직이면서 그 부위를 분명히 하고, 닿은 지점 근처의 피부 경련으로 위치 판정을 끝낸다.[19] 사람들이 그 실험 환자의 팔을 수평으로 연장하면 그는 몸통과의 관계에서 팔의 자세를, 팔과의 관계에서 팔의 앞부분의 자세를, 수직선과의 관계에서 몸통의 자세를 부여하는 일련의 왕복 운동에 따라서만 그 위치를 기술할 수 있다. 수동적 운동의 경우에 그 실험 환자는 어떤 운동이고 어떤 방향이냐를 말할 수 없어도 운동이 있음을 느낀다. 여기서 다시 한 번 그는 능동적 운동을 이용한다. 그 환자는 요를 누르면서 반듯하게 누워 있는 위치, 발로 땅을 딛고 서 있는 위치라고 결론 내린다.[20] 사람들이 그의 손 위에 컴퍼스의 두 끝을 놓으면 그는 손을 흔들 수 있음을, 그리고 때로는 한 끝을 때로는 다른 한 끝을 피부와 접촉되게 할 수 있음을 조건으로 해서만 그 점들을 구별한다. 사람들이 그의 손 위에 글자나 문자를 그린다면 그는 스스로 자기 손을 움직일 때만 그것들을 확인하며, 그가 지각하는 것은 자기 손 위의 점의 운동이 아니라, 역으로 점과 관계하는 손의 운동이다. 사람들이 이 사실을 증명하는 방식은 그 환자의 왼손 위에 씌어진 보통 글자가 인식되지는 않으나 거울 속에 비친 동일한 글자는 즉각 이해된다는 것이다. 지면 위의 직각삼각형이나 타원형과의 단순 접촉은 어떠한 인식도 야기하지 않으나, 그와는 반대로, 그에게 사람들이 그 도형들을 '더듬더듬 알아보기' 위하여, 그 '특성'을 알아내기 위하여, 그리고 그로부터 그 대상을 연역하기 위하여 그가 이용하는 탐색 운

19 Gelb와 Goldstein, 앞의 책, pp. 167~206.
20 같은 책, pp. 206~13.

동을 허용한다면 그는 그 도형들을 인식한다.[21] 이러한 일련의 사실들을 어떻게 정리할 것이며 이 사실들을 통해서 정상인에게는 존재하나 환자에게는 없는 기능을 어떻게 파악할 것인가? 이것은 환자에게 없는 것이자 환자가 재발견하고자 애쓰는 것을 정상인에게 단순히 전이하는 문제일 수 없다. 질병은 유아기와 원시 상태처럼 하나의 완전한 실존 형태이고, 환자가 파괴된 정상 기능들을 대신하기 위해 사용하는 절차들도 역시 병리학적 현상들이다. 사람들은 단순한 기호의 교체에 의해서 병리학적인 것으로부터 정상적인 것을, 대체로부터 결손을 연역할 수 없다. 대체는 대체로서 이해되어야 하며, 대체는 대체가 대신하고자 하고 우리에게 하등의 직접적 상을 제공하지 않는 근본 기능들에 대한 암시로서 이해되어야 한다. 진정한 귀납적 방법은 '차이법'이 아니며, 현상들을 정확하게 읽는 데서, 그들의 의미를 파악하는 데서, 말하자면 그 현상들을 그 환자의 전체 존재의 양상과 변양으로서 다루는 데서 성립한다. 우리는 자기 다리나 촉각 지점의 위치에 대하여 질문을 받은 환자가 예비적 운동들을 통해서 자신의 신체를 현실적 지각의 대상으로 만들고자 노력하는 것을 확인했다. 자기 신체와의 접촉 시 그 대상의 형태에 대하여 질문을 받았을 때, 그는 그 대상의 윤곽을 추적하면서 형태를 그리고자 노력한다. 정상인에게 동일한 작용이 있다고 생각하고, 그것이 오직 습관에 의해서 생략되어 있을 뿐이라고 생각하는 것보다 더 기만적인 것은 아무것도 없을 것이다. 그 환자는 정상인에게 주어지고 우리에게 재구성되어야 할 신체 및 대상의 어떤 현존을 대신하기 위해서만 명시적 지각들을 추구한다. 틀림없이, 정상인에게서조차도 신체의 지각과 신체와의 접촉 시의 대상의 지각은 비운동 상태에서는 혼동스럽

---

21 예를 들면 그 환자의 손가락은 여러 번 각 위를 지나간다. 그는 말하기를, "나의 손가락은 바로 가고 멈추고 다른 방향으로 다시 간다. 이것이 각이고 직각이어야 한다." —— "두 각, 세 각, 네 각, 변들은 각각 길이가 2센티미터이고 따라서 그것들은 똑같으며 모든 각은 직각이다…… 그것은 주사위이다." 같은 책, p. 195 그리고 pp. 187~206.

다.[22] 그러나 정상인은 언제나 운동 없이도 머리에 가해진 자극과 신체에 가해진 자극을 구별한다. 우리는 외수용적 또는 고유 수용적 홍분이 정상인의 경우에 실제적 운동을 대신하는 '운동 감각적 잔여'를 일깨웠다고 가정하고자 하는가?[23] 그러나 촉각적 소여들이 자신들을 운동 감각적 소여들일 수 있게 하는 어떤 특성들을 가지고 있지 않다면, 정확한 또는 혼동스러운 공간적 의미를 가지고 있지 않다면, 어떻게 일정한 '운동 감각적 잔여'를 일깨우는가?[24] 따라서 적어도 우리는 정상인은 직접적으로 자신의 신체를 '발판'[25]으로 삼는다고 말할 수 있다. 그는 구체적 환경에 연루되어 있을 때, 자신의 신체를 마음대로 이용하는 것만 하지 않고, 직업에서 부과된 업무와 관련된 상황에 처해 있는 것만이 아니며, 현실 상황에 개방되어 있는 것만이 아니라, 거기에다가 그는 자신의 신체를, 실천적 의미를 결여한 순수 자극의 상관자로서 가지며, 자신이 선택할 수 있거나 실험 주체가 그에게 제시할 수 있는 언어적인 상상적 상황들에 개방되어 있다. 그의 신체는 그에게 촉지됨으로써 기하학적 도안으로, 다시 말해서 개개의 자극이 자신의 명시적 위치를 갖게 되는 기하학적 도안으로 주어지지 않는다. 그의 어느 부분에 접촉이 있었는가를 알기 위하여 접촉된 그의 신체 부위를 도형 모양으로 바꾸는 것을 필요로 하는 것이 슈나이더Schneider의 질병인 것이다. 그러나 정상인의 개개의 신체적 자극은 현실적 운동 대신에 일종의 '가상적 운동'을 일으키고, 물음이 던져진 신체의 부위는 익명성에서 벗어나서 특별한 긴장에 의해 알려지는데, 그것도 해부학적 장치 틀 내의 어떤 행동 능력으로서 알려진다. 정상인의 신체는 그 신체를 자신에게 끌어넣는 실재적 상황에 의해서 이용될 수 있는 것만은 아니며, 세계에서 벗어날 수 있고,

---

22 Gelb와 Goldstein, 앞의 책, pp. 206~13.
23 골드슈타인이 하는 것처럼. 같은 책, pp. 167~206.
24 관념의 연합에 관한 일반적 논의를 다룬 이 책의 p. 58 이하 참조.
25 우리는 이 말을 슈나이더 환자로부터 빌려왔다. 즉 그는 "나는 발판Anhaltspunkte이 필요하다"고 말한다.

감관 상에 새겨지는 자극에 자신의 활동을 적용할 수 있으며, 경험에 적합할 수 있고, 보다 일반적으로는, 가상적인 것에 자리 잡을 수 있다. 환자의 병리학적 촉각이 자극의 위치 판정을 위해 적절한 운동을 필요로 하는 것은 신체가 현실적인 것에 갇혀 있기 때문이고, 그 환자가 촉각적 인식과 지각을 자극의 힘겨운 해독과 대상의 연역으로 대체하는 것도 여전히 동일한 이유에서이다. 예를 들어, 하나의 열쇠가 나의 촉각적 경험 상의 열쇠로 나타나기 위해서는 일종의 풍부한 촉각이 요구되고, 국소적 인상들이 통합되어 형태화될 수 있는 촉각적 장이 요구된다. 마치 악보가 멜로디의 통과점에 불과한 것처럼 말이다. 신체를 실제적 상황에 복종시키는 촉각적 소여의 바로 그 점도가 대상을 연속적 '특성들'의 총합으로, 지각을 추상적 기록으로, 인식을 이성적 종합으로 그리고 개연적 추측으로 환원하고 대상에게서 그 현존과 사실성을 박탈한다. 정상인에게 개개의 운동적 또는 촉각적 사건은 가상적 행동 부서로서의 신체로부터, 신체 자체로 향하든 대상으로 향하든, 의식에게 의도의 증대를 가져오게 하는 것임에 비해, 환자의 경우에는, 반대로, 촉각적 인상은 불투명하게 남아 있고 자체 내에 갇혀 있다. 참으로 신체는 잡는 운동 속에서 손을 자기에게 끌어당길 수는 있으나, 사람들이 보여줄 수 있는 그런 사물로서 손 앞에 놓이는 것은 아니다. 정상인은 이렇게 일종의 현실성을 획득하는 가능적인 것을 **계상하나**, 환자의 경우 현실적인 것의 장은 실제적인 접촉에서 만나지는 것들 또는 명시적 연역에 의해 주어지는 것과 연결된 것들에 제한된다.

5_운 동 의 기 도 와 운 동 의 지 향 성

환자에게 있어 '추상적 운동'의 분석은 여전히 모든 살아 있는 지각의 원초적 조건인 저러한 공간의 소유, 저러한 공간적 실존을 더 잘 알게 해준다. 사람들이 환자에게 눈을 감은 채 추상적 운동을 수행하라고 명령하면 그에게는 자신의 다리를 움직이는 것을, 운동의 방향이나 진행을, 결국 그 운동이 펼쳐질 평면을 '발견하기' 위해서 일련의 예비적 절차들이 필요하다. 예를 들어, 사람들이 별도의 정확성 없이 그에게 팔을 들어올리라고 명령하면, 무엇보다도 그는 당황하게 된다. 그 다음에 그는 자기의 신체 전부를 들어올리고 곧이어서 그 운동들은 그 주체가 마침내 '발견하고' 마는 팔에 제한된다. '팔을 드는 것'이 문제라면 그 환자는 역시 (그에게 높이를 상징하는) 자신의 머리를 운동이 지속하는 동안에 계속될 그리고 그 목표를 고정시키는 일련의 추 진동에 의해서 '발견하지' 않으면 안 된다. 사람들이 그 주체에게 허공에다 정사각형이나 원을 그리라고 요구하면, 정상인이 어두운 데서 벽을 알아보기 위해 그렇게 하듯, 그는 우선 자신의 팔을 '발견하고,' 그 다음에 그 손을 자기 앞에서 들며, 마침내 그는 직선 또는 여러 가지의 곡선을 그리면서 펼칠 몇 가지 운동의 초안을 그려보고, 그 운동들 중의 하나가 원환적이라고 판명되면, 그는 재빨리 그것을 완성한다. 아직도 그는 엄밀하게 지면과 수직을 이루지 않는 어떤 평면에서만 그 운동을 발견하는 데 성공하고 그러한 특전의 평면 밖에서는 그 운동을 펼칠 초안조차 그릴 줄 모른다.[26] 분명히 그 환자는, 자신의 신체를 실제적 운동만이 분할과 분절을 들여오게 되는 무정형 덩어리로서만 규정하고 있다. 연사가 미리 쓴 강연 원고에 의지하지 않고는 한마디의 말도 할 수 없는 것처럼, 그 환자는 그 운동을 수행해야 한다는 걱정에 관해 자신의 신체에 의존한다. 그는 운동 그 자체를 추구하지도 발견하지도 않고 그 운동이 나타날 때까지 자신의 신체를 흔든다. 그에게 주어진 명령은 그에게 있어 의미를 잃어버린 것은 아니다. 왜냐하면 그 운동의 초안에는 불완전한 것이 있다는 바로 그것을 그가 인식할 줄 알기 때문이고,

---

26 Gelb와 Goldstein, 앞의 책, pp. 213~22.

만일 요행히 몸짓이 요구된 운동을 수행하게 되면 그는 그것을 역시 인식할 줄 알고 그 기회를 재빨리 이용할 줄 알기 때문이다. 그러나 그 명령이 그에게 **지적 의미**를 가지고 **운동적 의미**를 가지지 않는다면, 그것은 그 사람에 관해서 운동 주체로서 말하고 있지 않으며, 그는 수행된 운동의 흔적에서 주어진 명령의 예시를 훌륭하게 재발견할 수 있으나, 운동의 생각을 실제적 운동으로 펼칠 수가 없다. 그에게 없는 것은 운동성도 생각도 아니다. 우리가 3인칭 과정으로서의 운동과 운동의 표상으로서의 사고 사이에서 인식하게 되는 것은 운동 능력으로서의 신체 그 자체에 의해서 보장되는 결과에 대한 파악 또는 예상, '운동의 기도,' 없으면 저 명령이 죽은 글자가 되고 마는 '운동의 지향성'이다. 때로는 그 환자는 운동의 관념적 공식을 생각하고, 때로는 자신의 신체를 맹목적 시도에 내던지나, 이와는 반대로, 정상인에게 모든 운동은 불가분리하게 운동이자 운동 의식이다. 이것이 사람들이 정상인에게 있어 모든 운동은 **지**를 가지며 운동과 그 지가 '유일한 총체성의 계기들'이라고[27] 말함으로써 표현하고 있는 것이다. 운동의 지는 운동 그 자체와 외적으로 연합된 또는 연결된 표상이 아니고 운동에 내재적이며 순간순간 운동을 고무하고 지탱한다. 운동적 발의권은, 그 주체 편에서 지각처럼 대상과 관계되는 원래적 방식이다. 이렇게 해서 추상적 운동과 구체적 운동의 구별이 명백해진다. 구체적 운동의 지는 주어진 세계이고, 이와 반대로, 추상적 운동의 지는 구성된다. 내가 나의 친구에게 조금 더 가까이 오라고 신호를 보낼 때, 나의 의도는 내가 나의 내부에서 준비하는 사고가 아니다. 나는 그 신호를 나의 신체에서 지각하지 않는다. 나는 세계를 통하여 신호하고, 나의 친구가 발견되는 거기에서 신호하며, 나와 친구 사이를 갈라놓는 거리, 그의 동의나 거절은 나의 몸짓에서 직접적으로 읽혀지고, 운동이 뒤따르는 지각은 없다. 지각과 운동은 전체로서 변

27 Goldstein, *Über die Abhängigkeit*…, p. 161. "운동과 지는 상호 규정적이고 근본적으로, 하나의 통일된 전체에서 나온 두 계기들일 뿐이다."

화하는 체계를 형성한다. 예를 들어, 내가 사람들이 나에게 복종하기를 원하지 않다는 것을 알고, 결과적으로 나의 몸짓을 수정한다면, 여기에는 서로 다른 두 가지 의식적 행동은 없다. 그러나 상대방이 나에게 응하지 않겠다는 의지를 표명할 때, 그것을 보면서, 그 사이에 어떤 사고의 개입도 없이 나는 초조한 몸짓을 드러낸다.[28] 이제 내가 '동일한' 행동을 수행하되 실존하거나 심지어 상상의 상대를 목표로 삼지 않고 '일련의 즉자적 운동'[29]처럼 수행한다면, 말하자면 내가 팔을 '반듯하게 위로' 한 채 팔의 앞부분과 손가락을 '굴절'시키는 행동을 수행한다면, 조금 전에 운동 수단이었던 나의 신체는 그 자체로 운동의 목표가 되고 나의 신체의 운동 기도는 더 이상 세계의 어떤 사람을 목표로 삼는 것이 아니라 나의 팔의 앞부분, 나의 팔, 나의 손가락을 목표로 삼는다. 그 운동 기도가 이것들을 겨냥하는 것은, 이것들이 관여되어 있는 주어진 세계와의 관계를 끊을 수 있고 허구적 상황을 나의 주위에서 조형할 수 있는 한에서, 심지어는 어떤 허구적 상대도 없이 내가 이 이상한 의미하는 기계를 호기심을 가지고 고찰하고, 즐겁도록 기능하게 하는 한에서이다.[30] 추상적 운동은 구체적 운동이 펼쳐지는 충만한 세계의 내부에서 반성 및 주체성의 지대를 파내고, 가상적 또는 인간적 공간을 물리적 공간에 쌓아올린다.

6_투사의 기능

따라서 구체적 운동은 구심적인 데 반해 추상적 운동은 원심적

---

28 Goldstein, *Über die Abhängigkeit*…, p. 161.

29 같은 책.

30 골드슈타인(Goldstein, *Über die Abhängigkeit*…, p. 160 이하)은 추상적 운동의 지가 신체라고 말하는 것으로 만족한다. 이것은 추상적 운동을 하는 신체가 더 이상 운반 도구인 것만이 아니라, 운동의 목표가 된다는 점에서 사실이다. 그러나 그것은 기능을 바꾸면서 역시 실존적 양상을 바꾸고 현실성에서 가능성으로 이행한다.

이다. 전자는 존재 또는 현실적인 것에서 일어나고 후자는 가능적인 것 또는 비존재에서 일어난다. 전자는 주어진 지와 점착(粘着)하고 후자는 자신의 지 자체를 펼친다. 추상적 운동을 가능하게 하는 정상적 기능은 '투사'의 기능인데, 이것에 의해서 운동 주체는, 자연적으로 존재하지 않는 것이 존재의 외모를 취할 수 있는 자유로운 공간을 자기 앞에 마련한다. 슈나이더는 형태, 거리, 대상을 지각하나 대상에 기초해서 행동에 없어서는 안 될 방향들을 제시할 수도 없고 주어진 원리에 따라 조정할 수도 없는 환자였다. 일반적으로 말해서, 공간적 광경에다 인간학적 규정을 가해서 그 공간적 광경을 우리의 행동의 장면으로 만들 수 없는 환자였으나, 사람들은 이러한 슈나이더보다 상처가 훨씬 덜한 환자들이 있었다는 것을 알고 있다. 예를 들어, 미로에 빠져 곤경에 놓인 이 환자들은 어렵사리 '반대 방향'을 발견한다. 사람들이 그들과 의사 사이에 자를 놓으면 그들은 명령에 따라 대상들을 '그들의 옆' 또는 '의사의 옆'에 배치할 줄 모른다. 그들은 자신의 고유한 신체에 주어진 자극점을 타인의 팔 위에 있다고 너무나 부정확하게 지적한다. 그들은 월일의 차례를 암기하고 있음에도 불구하고 오늘이 3월에 월요일이라는 것을 알 때 겨우 지난달과 요일을 지적할 수 있다. 그들은 자신들 앞에 연결해놓은 두 묶음의 막대기의 개수를 비교하는 데 성공하지 못한다. 때때로 그들은 동일한 막대기를 두 번 세고, 때때로 다른 한 묶음에 속하는 두 막대기의 어느 하나를 연결된 한 묶음의 막대기들과 같이 셈하기도 한다.[31] 이것은 이 모든 운용들이 주어진 세계에서 경계와 방향을 긋는, 힘의 선로를 확립하는, 조망을 주선하는 동일 능력, 간단히 말해, 주어진 세계를 순간의 기도에 따라 조직하는 동일 능력, 지리적 주위를 토대로 주체의 내부 활동을 밖으로 표현하는 행동적 환경, 의미의 체계를 구성하는 동일 능력을 필요로 하는 것이기 때문이다. 정상인에게 그 기도

185

제1부 ― 제3장 고유한 신체의 공간성, 그리고 운동성

---

31 Van Woerkom, *Sur la notion de l'espace(le sens géométrique)*, pp. 113~19.

들은 세계를 성극(成極)하게 하고, 방문객을 인도하는 박물관의 안내판처럼 세계를, 행동을 인도하는 무수한 마술적 신호들로서 나타나게 하는 반면, 그 환자들에게 세계는 전적으로 기성의 또는 고정된 세계로서밖에는 존재하지 않는다. 이러한 '투사'의 또는 (매체가 부재자를 불러내고 그를 나타나게 한다는 의미에서) '소환'의 기능은 역시 추상적 운동을 가능하게 하는 바로 그것이다. 왜냐하면 시급한 모든 과제와 관계없이, 나의 신체를 소유하기 위하여, 나의 신체를 내 멋대로 움직이기 위하여, 허공에다 언어적 명령 또는 도덕적 필요에 의해서만 규정되는 운동을 그리기 위하여, 나는 신체와 주위와의 자연적 관계를 역시 전복하지 않으면 안되기 때문이고, 어떤 인간적 생산성이 존재의 두께를 뚫고 드러나도록 되지 않으면 안 되기 때문이다.

사람들이 우리의 관심을 끄는 운동의 장애를 기술할 수 있는 것은 이러한 관점에서이다. 그러나 사람들이 가끔씩 정신분석에 대해 말하는 것처럼[32] 아마도 이러한 기술은 우리에게 그 질병의 의미나 본질만을 보여주고 그 원인을 제공하지 않는다는 것을 발견할 것이다. 과학은 현상들이 의존하는 조건들을 그 현상들의 이면에서 귀납의 검사 방법에 따라 추구해야 하는 설명에서만 시작할 수 있으리라. 바로 여기서 예컨대, 우리는 슈나이더의 운동 장애가 그 질병의 근원인 후두부 손상과 연결된 시각적 기능의 뭉쳐진 장애들과 일치한다는 것을 알게 된다. 시각만으로는 슈나이더는 어떤 대상도 인식하지 못한다.[33] 그의 시각적 소여들이란 거의 형태

32 예를 들면 다음 책을 참조. H. Le Savoureux, "Un philosophe de en face de la sychnalyse," *Nouvelle Revue Française*, février 1939. "프로이트에게는 증세를 유력한 논리적 관계에 의해서 결합했다는 유일한 사실만으로도 정신분석적, 즉 심리학적 해석이 잘 정초되었다는 것을 정당화하는 데 충분한 확증이 된다. 해석의 엄밀한 기준으로서 제시된 이러한 논리적 정합성의 특성은, 프로이트의 증명을 과학적 설명보다 형이상학적 연역에 훨씬 더 가까운 것으로 만든다…… 정신의학의 경우 심리학적 진리 근사성은 원인의 탐구에 거의 아무런 기여도 하지 못한다"(p. 318).

33 이것이 일어나는 것은 사람들이 그에게, 대상의 불완전한 소묘를 거치는 머리, 손, 손가락의 '모방 운동nachfahrende Bewegungen'을 허용할 때뿐이다. Gelb와 Goldstein, *Zur*

를 알 수 없는 얼룩들이다.[34] 보이지 않는 대상들에 관해서 말해보면, 그는 그 대상들에 대한 어떤 시각적 표상들도 제공할 수 없다.[35] 다른 한편, 사람들은 '추상적 운동'이 그가 자신의 눈을 그 운동에 책임지는 다리에 고정시키는 것으로부터 가능해진다고 알고 있다.[36] 따라서 자발적 운동성이란 것은 시각적 인식이란 것에 의지한다. 여기서 우리는 밀Mill의 유명한 방법에 따라 다음과 같이 결론 내리게 된다. 즉 추상적 운동과 '보여주다zeigen'는 시각적 표상 능력에 의존하는 반면, 모방 행동에 의해서 시각적 소여들의 궁핍을 보상하는 그런 모방 행동처럼 환자에 의해서 유지되는 구체적 행동은, 실제로 슈나이더가 두드러지게 수행한 운동 감각적 또는 촉각적 감각에 의존한다. 구체적 행동과 추상적 행동의 구별은 잡다greifen와 보여주다zeigen의 그것처럼 촉각적인 것과 시각적인 것의 고전적 구별에 귀결되고 우리가 조금 전에 분명히 드러낸 바, 투사 또는 소환의 기능은 지각과 시각적 표상에 귀결된다.[37]

Psychologie des optischen Wahrnehmungs-und Erkennungsvorganges dans *Psychologische Analysen hirnpathologischer Fälle*, chap. I, pp. 20~24.

34 "환자의 시각적 소여에는 특수한 특징적인 구조가 결여되어 있다. 환자의 인상은 정상인의 그것과 달리, 확고한 성형화가 없다. 예를 들면 그것은 '사각형' '삼각형' '직선' '곡선'과 같은 특징적인 면을 가지고 있지 않다. 그는 자신 앞에 높이, 넓이, 그 상호 관계와 같은 지나치게 뭉쳐진 특성만을 고려할 수 있을 뿐인 얼룩밖에는 없다"(같은 책, p. 77). 50걸음을 걸으면서 쓸고 있는 정원사는 '위에 어떤 것이 오고가는 긴 화살'이다(p. 108). 거리에서 환자는 사람과 차를 구별한다. 왜냐하면 "사람은 모두 비슷하고, 즉 얇고 길며, 차는 넓고 사람들이 속을 수 없는 것이고 훨씬 두껍다"(같은 책).

35 같은 책, p. 116.

36 Gelb와 Goldstein, *Über den Einfluß*…, pp. 213~22.

37 겔프와 골드슈타인은 환자 슈나이더에게 바친 첫번째 저술(*Zur Psychologie*…; *Über den Einfluß*)에서 그 환자 사례를 바로 이러한 의미에서 해석했던 것이다. 사람들은 뒤이은 저술(*Über die Abhängigkeit*…; 특히 *Zeigen und Greifen*; 그리고 베나리Benary, 호흐하이머Hochheimer, 슈타인펠트Steinfeld의 편집으로 출간된 저술)에서 어떻게 그들이 자신의 진단을 확장했는가를 볼 수 있을 것이다. 그들의 분석의 진보는 심리학의 진보의 각별한 사례이다.

7_이러한 현상들은 인과적 설명과 시각적 결손의 연결을 통해서도, 반성적 분석과 상징적 기능의 연결을 통해서도 이해될 수 없다

사실상, 밀의 방법에 따라 인도되는 귀납적 분석은 어떤 결론에도 이르지 못한다. 왜냐하면 추상적 운동 및 **보여주다**의 장애는 심인성 실명의 경우에만 발견되는 것이 아니라, 소뇌 손상 및 많은 다른 질병에서도 발견되기 때문이다.[38] 이러한 일치들 가운데 어느 하나만을 유일하게 결정적인 것으로 선택하여 그것에 의해서 보여주는 행동을 '설명하는 것'은 허용되지 않는다. 사실의 애매성 앞에서 사람들은 그 동시적 일치들에 대한 통계적인 단순한 알림을 포기할 수밖에 없고, 그것들에 의해 표명된 관계를 '이해'하려고 애쓸 수밖에 없다. 소뇌 손상의 경우에 사람들은 시각적 흥분이 청각적 흥분과는 달리 불완전한 운동 반응만을 얻을 뿐이라고 확증하나, 그럼에도 불구하고, 그 반응에서 시각적 기능의 원초적 장애를 가정할 어떤 이유도 없다. 시각적 기능이 손상당해서 지시 운동이 불가능해지는 것이 아니라, 반대로, **보여주다**의 태도가 불가능해서 시각적 흥분이 불완전한 반응만을 야기하는 것이다. 우리는 소리가 그 자체로부터 오히려 잡는 운동을 부르고 시각적 지각이 지시 동작을 부른다고 인정하지 않을 수 없다. "소리는 언제나 우리를 그 내용, 우리에 대한 그 의미 쪽으로 인도한다. 반대로 시각적으로 제시함으로써 우리는 한층 더 용이하게 내용을 '추상화'할 수 있고, 오히려 대상이 발견되는 공간인 장소를 향해 훨씬 더 정위적이 된다."[39] 따라서 의미는 대상을 제공하는 어떤 방식, 즉 성질을 자신의 구체적 실현으로 가지는, 칸트처럼 말하자면, 자신을 펼치는 인식론적 구조에 의해서보다, '정신적 내용'의 기술 불가능한 성질에 의해서 덜 규정되는 셈이다. 환자에게 '시각적 자극'

지각의 현상학

38 Goldstein, *Zeigen und Greifen*, p. 456.
39 같은 책, pp. 458~59.

이나 '소리의 자극'을 가하는 의사는 그 환자의 '시각적 감성'이나 '청각적 감성'을 시험한다고 믿으며, 그 환자의 의식을 구성하는 감각적 성질(경험주의의 언어) 또는 그 환자의 인식을 규정하는 질료(주지주의의 언어)를 조사한다고 믿는다. 의사와 심리학자는 '시각'과 '청각'의 개념을 상식에서 빌려오고 상식은 이 개념들이 일의적이라고 믿는다. 왜냐하면 우리의 신체는 사실상 해부학적으로 다른 시각적·청각적 장치를 포함하기 때문이고, 이 장치에 의거해서 우리의 신체는 분리 가능한 의식 내용이 우리 자신에 대한 우리의 자연적 무지를 표현하는 일반적 '항상성' 가설에 따라 일치해야 한다고 가정하기 때문이다.[40] 그러나 과학에 의해 체계적으로 손질되고 적용됨에 따라 그러한 혼동스러운 개념들은 연구를 가로막고 결국 소박한 범주들의 일반적 수정을 초래한다. 실제로, 식역(識閾)을 측정함으로써 검사되는 것, 그것은 감각적 성질의 명세화와 인식의 개진에 앞서는 기능들이고, 주관이 그 자신을 둘러싸고 있는 주위를, 활동의 극단 또는 쥐거나 혹은 내쫓는 행동의 종착지로서이든, 인식의 광경과 주제로서이든, 주관 자신에 대하여 존재하게 하는 방식이다. 소뇌 손상 및 심인적 실명의 운동 장애는 사람들이 운동의 지와 시각을 감각적 성질의 저장에 의해서가 아니라, 주위를 형태화하고 구조화하는 어떤 방식에 의해서 규정할 때만 정리될 수 있다. 우리는 귀납적 방법의 사용 그 자체에 의해서 실증주의가 피하고자 하는 '형이상학적' 문제들에 귀착한다. 귀납이 자신의 목표에 도달하는 것은 귀납이 현존, 부재, 공존하는 변양에 유의하는 것에만 만족하지 않고, 사실들을 그 사실들에 포함되어 있지 않은 관념 아래에서 인식하고 이해할 때뿐이다. 사람들은 우리가 질병에 의미를 제공하는 바 질병에 대한 기술과, 질병에 원인을 제공하는 바 설명 사이에서 선택하는 것이 아니다. 이해 없는 설명은 없다.

40 이 책의 p. 44 참조.

우리의 불만을 좀더 정확히 해보자. 분석하면, 그것은 두 가지로 나뉜다. (1) '심적 사실'의 '원인'은 단순한 관찰에 드러나는 다른 '심적 사실'이 아니다. 예를 들어, 시각적 표상은 추상적 운동을 설명하지 못한다. 왜냐하면 그것은 그 자체로 추상적 운동에서 그리고 지시 동작에서 표출되는 광경을 투사하는 동일 능력에 의해서 점유되어 있기 때문이다. 그런데 이 능력은 감각의 속박 아래에도 심지어 내적 감각의 속박 아래에도 있지 않다. 잠정적으로, 그것은 우리가 차후에 그 본성을 정확히 할 어떤 반성에서만 발견된다고 말해두자. 이로부터 심리학적 귀납은 단순한 사실 조사가 아니라는 결론이 나온다. 심리학은 사실들 가운데서 불변하는 무조건적 전항(前項)을 지정함으로써 설명하지는 않는다. 물리적 귀납이 경험적 전후에 유의하는 것에만 만족하지 않고 사실들을 정돈할 수 있는 개념들을 창조하는 것과 똑같이, 심리학은 사실들을 인지하거나 이해한다. 이것은 물리학에서처럼 심리학에서도 어떤 귀납도 결정적 실험*을 이용할 수 없기 때문이다. 설명은 발견되는 것이 아니라 발명되는 것이기 때문에, 사실과 함께 주어지지 않으며 언제나 개연적 해석인 것이다. 지금까지 우리는 물리적 귀납에 관하여 사람들이 매우 잘 증명했던 바를 심리학에 적용시켰을 뿐이다.[41] 우리의 최초의 불만은 귀납을 인식하는 경험론자의 방식 및 밀의 방법을 대상으로 하는 것이었다. (2) 이제 곧 우리는 그 최초의 불만이 제2의 불만을 포함하고 있음을 볼 것이다. 심리학에서 거부해야 하는 것은 경험론인 것만은 아니다. 그것은 일반적으로 귀납적 방법과 인과적 사고이다. 심리학의 대상은 함수 관계에 의해서 규정될 수 없는 성질의 것이다. 이 두 가지 논점을 상론해보자.

첫째, 우리는 슈나이더의 운동 장애에는 시각적 인식의 집단적 손상이 뒤따른다는 것을 확인한다. 따라서 우리는 심인성 실명을 순수 촉각적 행동과 차이가 나는 사례로서 간주하고 싶고, 여기에

---

* 하나의 가설을 진리로서 확증하는 실험.

41 L. Brunschvicg, *L'Expérience humaine et la Causalité physique*, 1부.

는 신체적 공간의 의식과, 가상적 공간을 겨냥하는 추상적 운동은 거의 완전하게 결여되어 있으므로, 우리는 접촉한다는 것이 그 자체로는 우리에게 어떤 객관적 공간의 경험도 제공하지 않는다고 결론 내리고 싶어한다.[42] 그렇게 되면 우리는 접촉한다는 것이 그 자체로는 운동에 지를 제공하기에 말하자면 운동 주체 앞에서 그 출발점과 도착점을 엄격하게 동시적으로 지정하기에 부적합하다고 말하는 셈이다. 환자는 예비적 운동들을 통해 '운동 감각적 지'를 자신에게 주고자 애썼고, 그렇게 해서 처음의 자기 신체의 위치를 실로 성공적으로 '표시했으며' 그 운동을 개시했다. 그렇지만 그 운동 감각적 지는 불안정하고 시각적 지처럼 운동이 지속하는 동안 그 출발점과 도착점에 관련되는 운동의 회복을 우리에게 제공할 수 없다. 그 지는 그 운동 자체에 의해서 혼란에 빠지고 개개의 운동 단계에 따라 재구성되어야 할 필요가 있다. 우리는 바로 여기에 슈나이더의 추상적 운동이 자신의 멜로디적 진행을 상실한 이유가, 끝과 끝을 맞춘 단편적인 사실들인 이유가, 때때로 도상의 궤도에서 '일탈한' 이유가 존재한다고 말한다. 슈나이더에게 없는 실천적 장은 시각적 장 이외의 다른 것이 아니다.[43] 그러나 심인성 실명에서 운동의 장애를 시각적 장애에, 그리고 정상인에게서 투사의 기능을 그 불변하는 무조건적 전항으로서의 시각에 결부시키기 위하여, 우리는 시각적 소여들만이 그 질병에 의해 영향을 받았고, 행동의 다른 모든 조건들 특히 촉각적 경험은 정상인과 같은 것으로 남아 있다는 것을 확신해야 한다. 우리는 그렇게 단언할 수 있는가? 바로 여기서 우리는 사실들이 애매하듯 어떤 실험도 결정적이지 않고 어떤 설명도 확정적이지 않다는 것을 보게 될 것이다. 우리가 정상인이 눈을 감은 채로 추상적 운동을 수행할 수 있고 정상인의 촉각적 경험이 운동성을 지배하기에 충분하다는 것을 관찰한다면, 사람들은 언제나 정상인의 촉각적 소여들은 당연하게 시

---

42 Gelb와 Goldstein, *Über den Einfluß*⋯, pp. 227~50.

43 Goldstein, *Über die Abhängigkeit*⋯, p. 163 및 이하.

각적 소여들로부터 그 객관적 구조를 낡은 감각관에 따라 수여받았다고 대답할 수 있을 것이다. 우리가 맹인이 자신의 신체 위에 주어지는 **자극**의 위치를 정할 수 있고 추상적 운동을 수행할 수 있다는 것을 ── 예비적 운동의 사례들이 맹인에게 있다는 것 이외에도 ── 관찰한다면, 사람들은 언제나 빈번한 연합들이 촉각적 인상들에 감각 운동적 인상들의 질적 착색을 전했고, 이 인상들을 의사-동시성에서 접합했다고 대답할 수 있다.[44] 사실을 말하자면, 환자들의 행동을 보면[45] 많은 사실들이 촉각적 경험의 시원적 변화를 예측하게 한다. 예를 들어, 어떤 주체는 문을 두드리는 법을 알고 있으나, 그 문이 가려져 있거나 접촉할 수 있는 거리에 있지 않거나 하면, 더 이상 그렇게 하는 법을 모른다. 이 후자의 경우에 그 **환자는 눈을 뜬 채로 그 문을 응시하고 있을지라도**[46] 그 공간에서 문을 두드리거나 여는 동작을 수행할 수 없다. 그 환자가 일상적으로 자신의 운동을 그럭저럭 정향시키는 데 충분한 목표를 지닌 시각적 지각을 마음대로 이용할 때, 그러한 시각적 실패가 어떻게 일어나는가? 우리는 접촉하다의 시원적 장애를 분명히 했는가? 명백하게도, 어떤 대상이 운동을 개시할 수 있게 하기 위해서는 그것이 환자의 운동의 장에 포함되어야 한다. 장애는 운동의 장의 협착에서 성립되며, 그후부터 그 장은 현실적으로 만져질 수 있는 대상들에 국한하고, 정상인이라면 그런 대상들을 포함하고 있을 가능한 접촉의 지평을 배제한다. 결국 이러한 결손은 시각보다 더 심층적인, 주어진 성질들의 총합으로서의 접촉보다 역시 더 심층적인 기능과 관계가 있을 것이고, 주체의 생명적 영역, 세계에로의 열림과 관계할 것이며, 이 세계에로의 열림은 현실적으로 손이 미치지 않는 대상들을 그런 대상들인데도 불구하고 정상인에 대하

---

44 Gelb와 Goldstein, *Über den Einfluß*⋯, p. 244 및 이하.

45 여기서 문제되는 것은 골드슈타인이 그의 저서(*Über die Abhängigkeit*⋯)에서 환자 슈나이더와 대비해서 다루었던 환자 S의 경우이다.

46 Goldstein, *Über die Abhängigkeit*⋯, pp. 178~84.

여 중요한 것으로, 촉각적으로 존재하는 것으로 만들고, 정상인의 운동 세계의 일부를 구성하는 것으로 만든다. 이러한 가설에 의하면, 운동이 지속되는 동안 환자들이 자신의 손과 목표를 관찰할 때[47] 이것을 우리는 정상적 절차의 단순한 증폭으로 보아서는 안 된다. 그리고 시각에의 호소는 가상적 접촉의 붕괴에 의해서만 필수적인 것이 될 뿐이다. 그러나 엄밀한 귀납적 수준에서 보면, 접촉하다를 이렇게 보는 해석은 작위적인 것으로 남아 있고, 사람들은 골드슈타인Goldstein과 함께 언제나 다른 해석을 택할 수 있다. 즉 그 환자는 자신의 손상된 시각이 운동의 탄탄한 지를 제공하기에는 더 이상 충분하지 않다는 바로 그 이유 때문에 문을 두드리기 위해서는 접촉할 수 있는 거리 내에 있는 목표를 필요로 한다. 따라서 환자들의 촉각적 경험이 정상인의 그것과 동일하다 또는 아니다는 것을 결정적 방식으로 증명할 수 있는 사실은 없는 셈이고, 골드슈타인의 규정 작업은 물리 이론처럼 언제나 어떤 보조 가설을 통해서 사실들과 일치할 수 있다. 엄격하게 배타적인 어떤 해석도 물리학에서와 마찬가지로 심리학에서도 가능하지 않다.

그러나 우리가 조금 더 주시하면, 결정적 실험의 불가능성이 심리학의 경우에는 특별한 이유에 기초하고 있음을, 그것이 인식되어야 할 대상, 즉 행동의 본성에 기인하고 있음을, 또한 그것이 더욱더 결정적인 귀결들을 가지고 있음을 알게 될 것이다. 사실들에 의해서 어떤 것도 배제되지 않고 또한 엄밀하게 정초되지도 않는 이론들 사이에서도 물리학은 개연성의 정도에 따라, 말하자면 원인이 필요해서 상상된 보조 가설을 책임지지 않고도 하나하나가 성공리에 협조하는 사실들의 수에 따라 선택할 수 있다. 심리학의 경우에는 이러한 기준이 우리에게 없다. 우리가 본 대로, 어떤 보조 가설도 문 앞에서 문을 '두드리는' 동작의 불가능성을 시각적 장애에 의해서 설명하는 데 필요하지 않다. 우리는 배타적 해석—

47 같은 책, p. 150.

가상적 접촉의 결손 또는 시각적 세계의 결손 ― 에 도달하지 않을 뿐만 아니라, '시각적 표상' '추상적 운동' '가상적 접촉'이 동일한 중핵 현상에 대한 다른 이름들일 뿐이기에 **동등하게 개연적인** 해석들에 익숙해지기까지 한다. 그러기에 바로 여기에서 심리학은 물리학과 동일 상황에 있는 것, 말하자면 귀납의 개연성에 갇혀 있는 것으로 판명 나지 않으며, 개연성에 따른다 해도 엄밀하게 귀납적인 관점에서 보아 양립 불가능하게 남아 있는 가설들 사이에서 선택할 수 없다. 귀납이 개연적일 뿐이라 하더라도, 그것이 가능하려면 '시각적 표상' '촉각적 지각'은 추상적 운동의 원인이어야 하거나 종국에는 다른 원인의 두 결과이어야 한다. 제3항이나 4항은 외부로부터 고찰될 수 있어야 하고, 사람들은 그것들의 상호 관련적 변양들을 점찍어낼 수 있어야 한다. 그러나 그것들이 따로 분리될 수 없다면, 그 하나하나가 다른 하나를 전제한다면, 실패는 경험주의의 것 또는 결정적 실험 기도의 것이 아니고, 심리학의 귀납적 방법의 것 또는 인과적 사고의 것이다. 이렇게 해서 우리가 확립하고자 하는 제2의 논점에 도달한다.

둘째, 골드슈타인이 인식한 대로, 정상인의 경우처럼 촉각적 소여들과 시각적 소여들의 공존이 전자를 너무 많이 변화시켜 전자가 추상적 운동의 지로서 이용될 수 있다 해도, 환자의 촉각적 소여들은 그와 같은 시각적 공헌과 단절된 그만큼 정상인의 그것들과 동일시될 수 없다. 골드슈타인은 말하기를, 촉각적 소여들과 시각적 소여들은 정상인의 경우에 병존하지 않으며, 전자는 슈나이더의 경우에 잃어버렸던 '질적 차이'를 다른 하나와의 교섭에 빚지고 있다. 그는 덧붙여 말하기를, 이것은 순수 촉각적인 것에 대한 연구가 정상인의 경우에 불가능하다는 것, 질병만이 자기 자신에게로 환원된 촉각적 경험이 무엇인가를 묘사한다는 것을 뜻한다.[48] 이러한 결론은 정당하다. 그러나 그것은 결국 '접촉하다'는 말이

---

48 Gelb와 Goldstein, *Über den Einfluß*···, p. 227 및 이하.

정상 주체와 환자에게 적용되면 동일한 의미를 갖지 않는다는 것, '순수 촉각적인 것'은 정상적 경험의 성분으로 들어 있지 않는 병리적 현상이라는 것, 질병은 시각적 기능을 문란시킴으로써 촉각적인 것의 순수 본질을 드러내놓지 않았으며 주체의 전 경험을 수정했다는 것, 사람들이 원한다면, 달리 표현해서, 정상 주체에게 촉각적 경험과 시각적 경험이 있다는 것이 아니라, 다른 감각적 공헌들을 조합하는 것이 불가능한 통합적 경험이 있다는 것을 말하는 셈이다. 심인성 실명 상태에서 하는 접촉에 의해 매개된 경험들은, 정상 주체가 하는 접촉에 의해 매개된 경험들과 하등의 공통성을 갖지 않는다. 어느 한쪽도 '촉각적' 소여들이라 불릴 자격이 없다. 촉각적 경험은 사람들이 '시각적' 경험을 변화시키는 동안에 개개의 고유한 인과성을 점찍어내는 방식으로 사람들이 항상적이라고 주장할 수 있을 분리된 조건이 아니다. 행동은 그러한 변수들의 함수가 아니며, 한 변수가 다른 변수의 규정에 전제되어 있듯, 행동은 그 변수들의 규정에 전제되어 있다.[49] 심인성 실명, 접촉의

49 운동에 의하여 감각적 소여가 조건지어지는 문제에 관해서는 다음을 참조. 메를로-퐁티, 『행동의 구조』, p. 41. 그리고 묶인 개가 자유롭게 움직이는 개처럼 지각하지 않는다는 것을 보여주는 실험들을 참조. 고전 심리학의 절차는 겔프와 골드슈타인의 경우 형태심리학의 구체적 통찰과 기이하게 얽혀 있다. 그들은 지각하는 주체가 전체로서 반응한다는 것을 잘 알고 있으나 총체성은 하나의 혼합으로서 인식되고 촉각은 시각과의 공존을 통해서 다만 '질적 차이'만을 받아들인다. 반면, 형태심리학의 정신에 따르면, 그 두 감각적 영역은 분리 불가능한 계기로서 상호 감각적 조직으로 통합됨으로써만 의사 소통할 수 있다. 그런데 촉각적 소여가 시각적 소여와 함께 총체적으로 성형화를 한다면, 그 조건은 분명히 그들이 그들 자신의 지반 위에서 스스로 공간적 조직을 실현한다는 것이다. 이러한 공간적 조직이 없으면, 촉각과 시각의 연관은 외적 연합일 것이고, 촉각적 소여는 전체적 성형화에서 각자 고립되어 있는 것으로 남을 것이다. ──이 두 결과는 똑같이 형태 이론에 의해서 배제된다.

겔프가 추가로, 다른 글("Die psychologische Bedeutung pathologischer Störungen der Raumwahrnehmung", 뮌헨에서 있었던 제9회 실험심리학 학술 회의 보고)에서 우리가 방금 분석했던 그의 저서의 불충분성을 스스로 지적한 것은 정당하다. 그는 말하기를, 정상인에게 있어서 촉각과 시각의 제휴를 말해서는 안 되며, 심지어 공간에 대한 반응에 있어서 그 두 구성분을 구별해서도 안 된다고 한다. 순수 촉각적 경험과 순수 시각적 경험은 자신의 병립적인 공간 그리고 표상된 공간과 함께 분석의 산물이다. 모든 감각이 '미분화된 통일성'으로 협동하는 공간의 구체적 조절이 있다(p. 76). 그리고 촉각은 공간만을 주체화시켜 인식하는 데는 적합하지 않은 것이다.

불완전성, 운동 장애는 바로 이것들이 이해되게 되는 보다 근본적 장애의 세 **표현**이지 병적 행동의 세 성분이 아니다. 시각적 표상, 촉각적 소여, 운동성은 운동의 통일성에서 재단된 세 현상이다. 이것들은 상호 관련적 변양들을 제시하기 때문에, 사람들이 하나를 다른 하나로 설명하고자 한다면, 사람들은 소뇌 손상의 경우가 증명하는 대로, 예를 들어, 시각적 표상 활동은 추상적 운동과 지시 동작에서 명시되는 그와 같은 투사 능력을 이미 가정한다는 것을 잊어버리는 셈이고, 따라서 자신이 설명한다고 믿는 바로 그것을 자신에게 제공하는 셈이다. 귀납적, 인과적 사고는 시각이나 접촉이나 어떤 사실적 소여에 바로 이들 모두가 거주하는 투사 능력을 유폐시킴으로써, 우리에게 그런 능력을 감추고 심리학의 행동에 다름아닌 바로 그런 행동의 차원에 눈멀게 만든다. 물리학의 경우, 법칙의 확립은 과학자가 사실들을 정리해주는 생각을 인지할 것을 반드시 요구하는데, 그런 생각은 그 사실들에서 발견되지 않으며, 결정적 실험에 의해 검증되지 않을 것이고, 개연적인 것밖에 안 될 것이다. 그러나 그것은 여전히 변수와 함수의 관계라는 의미에서 인과적 계열의 사고이다. 기압은 발명되어야 했으나 결국 그것은 여전히 제3인칭 과정이었고 몇몇 변수의 함수였다. 행동이 '시각적 내용' '촉각적 내용,' 감성, 운동성이 분리 불가능한 계기들로서만 나타나게 되는 형태라면, 인과적 사고로는 접근이 불가능하고, 다른 종류의 사고에서만 파악이 가능하다. 즉 그것은 대상을 태동적 상태로서, 경험하는 자에게 나타나는 대로, 그 다음에는 대상이 전개되는 의미의 분위기와 함께 파악하는 그런 유의 사고이고, 흩어져 있는 사실들과 징후들의 이면에서, 정상인이 문제라면 주체의 전 존재를, 환자가 문제라면 근본적 장애를 발견하기 위해 분위기로 미끄러지듯 스며들고자 노력하는 그런 유의 사고이다.

우리는 추상적 운동의 장애를 시각적 내용의 손실에 의해 설명할 수 없으며, 따라서 투사의 기능을 시각적 내용의 실제적 현존에 의해 설명할 수 없다. 그래도 아직은 유일하게 한 가지 방법이 가능해 보인다. 즉 그것은 징후로부터 자체 증명 가능한 **원인**으로가 아니라, **이유**나 이해할 수 있는 가능 조건으로 거슬러 올라감으로써 근본적 장애를 재구성하는 데서, 이를테면 인간 주체를 그 표출 하나하나에 전적으로 현존하는 분해할 수 없는 의식으로 취급하는 데서 성립할 것이다. 장애가 내용과 관계되어서는 안 된다면 인식의 형태에 관련되어야 하고, 심리학이 경험주의적·설명적이 아니라면 주지주의적·반성적이어야 한다. 명명 행위와[50] 마찬가지로 보여주는 행위는, 대상이 신체에 의해 접근되고 파악되며 먹히는 대신에, 거리를 둔 채 지속되며 환자 앞에서 그림으로 형성되는 것을 가정한다. 플라톤이 여전히 경험주의자에게 손가락의 보여주는 힘을 인정했으나, 사실을 말하자면, 이 말없는 동작조차도 그것이 가리키는 **것**이 이미 순간적 존재와 모나드Monade적 존재에서 벗어나지 않고 내 속에 있는 이전의 현상들과 타자 속에 있는 동시적 현상들을 표상하는 것으로 취급되지 않는다면, 말하자면 범주에 포섭되어 개념으로 고양되지 않는다면 불가능한 것이다. 환자가 사람들이 접촉한 신체 지점을 손가락으로 더 이상 보여줄 수 없다면, 그것은 더 이상 그가 객관적 세계를 대면하는 주체이지 않기 때문이고 더 이상 '범주적 태도'를 취할 수 없기 때문이다.[51] 동일한 방식으로, 추상적 운동은 목표 의식을 전제하고 목표 의식에 의해 지탱되며, 대자적 운동인 한 위태롭다. 그런데 사실상 그것은 어떤 존재하는 대상에 의해서도 개시되지 않고 명백히 원심적이다. 또 그것은 고유한 신체로 향하는 까닭 없는 의도를 공간에서 조형하고, 고유한 신체를 통해 사물과 결합하고자 공간을 관통하는 대신 공간을 대상으로 구성한다. 따라서 그것은 객관화의 능력, '상징적 기능'[52] '표상적 기능'[53] '투사'의 능력[54]에 점유되어 있고,

50 Gelb와 Goldstein, *Über Farbennamenamnesie.*

51 Goldstein, *Zeigen und Greifen*, pp. 456～57.

52 Head.

53 Bouman과 Grünbaum.

54 Van Woerkom.

게다가 이 투사의 능력은 이미 '사물'의 구성에 종사하며 감각적 소여들을 서로에게 표상적인 것으로, 하나의 '형상eidos'의 표상적인 총체로 취급하는 데서, 그것들에게 의미를 부여하는 데서, 내적으로 생명을 불어넣는 데서, 체계적으로 정리하는 데서, 경험의 복수성의 중심을 지성의 핵에서 구하는 데서, 상이한 조망에서 확인 가능한 통일성을 경험에 나타나게 하는 데서, 요컨대 인상의 흐름 이면에서 그 인상을 설명하는 상수를 규정하고 경험의 질료를 형태화하는 데서 성립한다. 그런데 사람들은 의식이 그러한 능력을 **가진다**고, 바로 그러한 능력 자체**이다**라고 말할 수 없다. 의식이 있는 이상, 그리고 의식이 있기 위해서, 의식이 의식하는 어떤 사물, 즉 지향적 대상이 있지 않으면 안 된다. 의식은 자신을 '비실재화'하고 그 대상에 던지는 그만큼만, 전적으로 어떤 사물과의 그런 관계에 존재한다는 그만큼만, 순수한 의미화 행위라는 그만큼만 지향적 대상을 지향할 수 있다. 어떤 존재가 의식이라면 그 존재는 의도들의 직물 이외의 다른 것이어서는 안 된다. 그 존재가 의미화 행위에 의해 규정되기를 그친다면, 그것은 다시 사물의 조건에 떨어지고, 이 사물은 그야말로 인식하지 않는 것이며, 자기 및 세계에 대한 절대적 무지에 놓여 있는 것이고, 따라서 진정한 '자기,' 즉 '대자'이지도 않으며, 시공간적 개별성, 즉 즉자 존재를 가질 뿐이다.[55] 그러므로 의식은 더 많고 더 적음을 허용하지 않을 것이다. 환자가 더 이상 의식으로 존재하지 않는다면 사물로서 존재해야 한다. 아니면 운동은 대자적 운동이다. 그때는 '자극'은 운동의 원인이 아니라 지향적 대상이다. ──아니면 운동은 즉자 존재로 분할되고 흩어지며 신체의 객관적 과정이 되고, 그 단계들은 서로에게 연속적이나 서로에게 인식되지 않는다. 환자에게 특전적이

지각의 현상학

---

55 사람들은 때때로 이러한 구별을 후설의 영광으로 돌린다. 사실상 그것은 데카르트, 칸트에게서 발견된다. 우리의 판단으로는, 후설의 독창성은 지향성의 개념을 넘어서 있다. 그것은 이 개념의 천착에 있고 표상의 지향성 아래에서 다른 사람들이 실존이라고 불렀던 보다 심층적인 지향성을 발견하는 데 있다.

었던 구체적 행동은 그 운동이 고전적 의미의 반사라는 이유에서 설명될 것이다. 환자의 손은 기성의 신경 회로가 흥분 대신 반응을 조정하기 때문에 모기가 앉았던 신체적 지점에 갖다댄다. 손놀림은 견고한 조건 반사에 의존하기 때문에 유지된다. 그것은 즉자적 운동이기 때문에 정신적 결함에도 불구하고 지속한다. 구체적 운동과 추상적 운동의 차이, 잡다와 보여주다의 차이는 생리학적인 것과 정신적인 것의 차이, 즉자 존재와 대자 존재의 차이일 것이다. [56]

우리는 전자의 차이가 사실상 후자의 차이를 포함하기는커녕 그것과 양립할 수 없음을 볼 것이다. 모든 '생리학적 설명'은 일반화의 경향을 갖는다. 붙잡는 운동이나 구체적 운동이, 손을 그런 운동으로 인도하는 운동 근육과 개개의 피부 지점 사이의 사실적 관계에 의해 보증된다면, 사람들은 동일한 근육에 대하여 거의 다르

---

56 겔프와 골드슈타인은 종종 현상들을 이러한 의미에서 해석하고 싶어한다. 그들은 기계론과 의식 사이의 고전적 택일을 넘어서고자 하는 사람들보다 더 많은 것을 해냈다. 그러나 그들은 정신적인 것과 생리학적인 것 사이에, 대자와 즉자 사이에 있는 제3항, 즉 그들의 분석이 항상 귀착하며 우리가 실존이라고 부르는 그 제3항에 결코 이름을 부여할 수 없었다. 그러므로 그들의 초기 저술들은 신체와 의식의 고전적 이원론으로 다시 떨어지곤 한다. "잡는 운동은 보여주는 행동보다 훨씬 더 직접적으로 유기체와 그를 둘러싸고 있는 장과의 관계에 의해 규정된다…… 의식과 함께 이루어진 관계보다도 직접적 반작용이 더 문제이다. 우리는 이와 함께 보다 더 중요한 과정, 생물학적 언어로 말하면 본원적 과정에 관심이 있다"(*Zeigen und Greifen*, p. 459). "잡는 행동은 이러한 수행의 의식적 구성분에 관계하는 변양에도, (심인성 설명에서) 동시적으로 일어나는 파악의 결손에도, (소뇌 손상의 경우에) 지각된 공간의 불안정성에도, (어떤 피질 손상의 경우에) 감성의 장애에도 완전하게 불감적이다. 왜냐하면 그것은 객관적 영역에서 이루어지지 않기 때문이다. 그것은 말초적 흥분이 정확하게 그것을 지배하는 데 여전히 충분한 만큼 보존된다"(같은 책, p. 460). 겔프와 골드슈타인은 국소적인 반사 운동의 존재를 참으로 의심한다(Henri). 그러나 그것은 사람들이 그것을 선천적인 것으로 간주하기를 원할 때뿐이다. 그들은 "어떠한 공간 의식도 포함하지 않는 자동적인 국소화"의 관념을 유지한다. "왜냐하면 (이렇듯 절대적 무의식으로 이해된 채로) 그것은 잠을 잘 때도 일어나기 때문이다." 그것은 틀림없이 아이에게 있어서 촉각적 자극에 대한 전 신체의 전체적 반응으로부터 '학습된다'. 그러나 이러한 학습은 정상 성인에게 있어서 외적 자극에 의해 일깨워지는, 적절한 출구로 정위시키는 '운동 감각적 잔여'의 축적으로 인식된다(*Über den Einfluß*…, pp. 167~206). 슈나이더가 자신의 수완으로 필요한 운동들을 바르게 수행한다면, 그것은 그 운동들이 습관적인 전체이기 때문이고, 어떠한 공간 의식도 요구하지 않기 때문이다(같은 책, pp. 221~22).

지 않는 운동을 명령하는 동일한 신경 회로가, 붙잡는 행동도 보여주는 동작도 보증하지 않는 이유를 이해하지 못할 것이다. 피부를 찌르는 모기와 동일한 장소에 갖다대는 의사의 작은 자 사이의 물리적 차이만으로는, 붙잡는 운동이 가능하고 지시 동작은 불가능하다는 것을 설명하기에는 충분하지 않다. 그 두 '자극'은 우리가 그들의 현실적 가치나 생물학적 의미를 고려하게 될 때만 구별되고, 그 두 반응은 사람들이 보여주다와 붙잡다를 대상과 관계하는 두 방식, 두 유형의 세계-에로-존재로서 간주할 때만 혼동되는 것을 멈춘다. 그러나 이것은 사람들이 살아 있는 신체를 대상의 조건으로 환원해버리면 불가능한 바로 그것이다. 사람들이 한 번이라도 그러한 신체가 제3인칭 과정의 소재지라는 것을 인정해버리면, 더 이상 행동에서 의식에 남겨둘 수 있는 것은 아무것도 없게 된다. 동작들과 운동들은 기관이라는 대상, 신경이라는 대상을 사용하기 때문에 내부 없는 수준에서 펼쳐져야 하고 '생리학적 조건들'의 빈틈없는 직물에 끼워져 있어야 한다. 손놀림을 함에 있어 환자는 탁자 위에 놓인 연장을 향해 손을 돌릴 때, 손을 뻗치는 추상적 운동을 하기 위해 그러해야 하듯, 자기 팔의 부분들을 옮겨놓지 않는가? 매일 하는 동작은 일련의 근육 수축과 신경 분포를 포함하지 않는가? 따라서 생리학적 설명을 한계짓는 것은 불가능하다. 다른 한편, 의식을 한계짓는 것도 역시 불가능하다. 사람들이 보여주는 동작을 의식과 관계짓는다면, 한 번이라도 자극이 반응의 원인이기를 그치고 반응의 지향적 대상이 될 수 있다면, 사람들은 그 자극이 어떠한 경우에도 순수 원인으로서 기능할 수 없고 그 운동이 맹목적일 수 없다는 것을 전혀 인식하지 못한다. 왜냐하면 출발점 의식과 도착점 의식이 있는 '추상적' 운동이 가능하다면, 우리는 외출 중에 옮겨진 대상을 찾듯 대상을 찾지 않아도, 우리의 신체가 어디에 있는가를 생의 매순간일지라도 알지 않으면 안 되기 때문이다. 따라서 '자동' 운동조차도 의식에 나타나야 한다. 그러므로 우리의 신체에 즉자적 운동은 없다. 그리고 모든 객관적 공

지각의 현상학

간이 지적 의식에 대해서만 존재할 뿐이라면 우리는 붙잡는 운동에서까지 범주적 태도를 찾아내지 않으면 안 된다.[57] 생리학적 인과성처럼 의식적 파악은 아무 데서도 시작할 수 없다. 우리는 생리학적 설명을 포기하거나 그것이 전체적이라는 것을 인정해야 한다.― 즉 의식을 부인하거나 그것이 전체적이라는 것을 인정해야 한다. 사람들은 어떤 운동들을 신체적 기계와 관련지을 수 없고 다른 운동들을 의식과 관련지을 수 없다. 신체와 의식은 서로 한정되지 않고 다만 평행적일 수 있을 뿐이다. 모든 생리학적 설명은 기계론적 생리학으로 일반화되고, 모든 의식적 파악은 주지주의적 심리학으로 일반화된다. 기계론적 생리학이나 주지주의적 심리학은 행동을 평면화하고 추상적 운동과 구체적 운동, 보여주다와 붙잡다의 차이를 사라지게 한다. 그 차이는 **신체가 신체일 수 있는 여러 방식, 의식이 의식일 수 있는 여러 방식**이 있는 한에서만 유지될 수 있을 것이다. 신체가 즉자 존재에 의해 규정되는 한, 그것은 기계 장치로서 획일적으로 기능하고, 정신이 순수 대자 존재에 의해 규정되는 한, 그것은 자기 앞에 펼쳐진 대상들만을 인식한다. 따라서 추상적 운동과 구체적 운동의 차이는 신체와 의식의 차이와 혼동되지 않으며, 동일한 반성적 차원에 속하지 않고 행동의 차원에서만 그 지위를 발견한다. 병리학적 현상들은 대상의 순수 의식이 아닌 어떤 것의 변화를 눈앞에 가져온다. 여기서 주지주의적 심리학이나 내용의 경험주의적 심리학의 진단처럼 의식의 붕괴와 자동 운동의 해방은 근본적 장애를 놓치고 말 것이다.

---

57 (우리가 앞 주에서 본 대로) 잡는다를 신체에 관련시키고 보여주다를 범주적 태도에 관련시키는 경향을 보이는 골드슈타인 그 자신은 이러한 '설명'으로 되돌아가지 않을 수 없다. 그는 "잡는 행동은 명령에 따라 수행될 수 있고 환자는 잡으려고 **애쓴다**"고 말한다. "그렇게 하기 위하여 그는 자신이 손을 내미는 공간적 지점을 의식할 필요가 없다. 그러나 그는 공간적 정위감을 가지고 있다……"(*Zeigen und Greifen*, p. 461). 정상인이 그리하듯 잡는 행동은 "여전히 범주적이고 의식적인 태도를 요구한다"(같은 책, p. 465).

8_상징적 기능의 실존적 기초와 질병의 구조

주지주의적 분석은 어디에서나 그렇듯 여기서도 그 분석이 추상적이기는 해도 추상적이라서 오류가 그만큼 더해지는 것은 아니다. '상징적 기능'이나 '표상의 기능'은 정말로 우리가 수행하는 운동들의 기초가 되는 것이지만, 분석의 견지에서 최종적 항은 아니며, 다시금 어떤 지반에 근거를 두고 있는데, 주지주의의 과오는 그러한 기능의 근거를 자기 자신에게 두는 데 있고, 그 기능을 그 기능이 실현되는 질료에서 벗어나게 하는 데 있으며, 거리가 없는 세계-에로-현전을 우리 내부의 발원적 항으로서 우리 내부에서 인식하는 데 있다. 왜냐하면 불투명이 없는 의식, 더 많고 더 적음을 포함하지 않는 지향성에서 출발하면, 우리를 참다운 세계로부터 분리시키는 모든 것 ─실수, 질병, 광증, 요컨대 육화─은 단순한 현상의 조건으로 귀착하는 것이라고 판명되기 때문이다. 틀림없이 주지주의는 의식을 그 질료와 떼어서 실현하지 않으며, 예를 들어 언어, 행동, 지각의 이면에 언어적, 지각적, 운동적 질료의 공통 형태이자 수적으로 동일한 '상징적 의식'을 들여오는 것을 분명히 피한다. 카시러가 말한 대로 '상징적 능력 일반'은 없으며[58] 반성적 분석은 지각, 언어, 행동에 관계하는 병리학적 현상들 사이에서 '존재상의 공통성 Gemeinsamkeit im Sein'이 아니라 '의미상의 공통성 Gemeinsamkeit im Sinn'[59]을 확립하고자 노력한다. 바로 이것이 결정적으로 인과적 사고와 실재론을 넘어선 것이기 때문에, 주지주의적 심리학은 질병의 의미나 본질을 이해할 수 있을 것이고, 존재의 수준에서는 확인되지 않지만 진리의 수준에서는 스스로에게 입증되는 의식의 통일성을 인식할 수 있을 것이다. 그러나 정확하게 말하면, 존재상의 공통성과 의미상의 공통성의 차이,

---

58 단적으로 상징 능력 그 자체(Symbolvermögen schlechthin), Cassirer, *Philosophie der symbolischen Formen*, III, p. 320.

59 같은 책.

존재의 질서에서 가치의 질서에로의 의식적 이행, 의미와 가치를 자율적이라고 단언하는 것을 허용하는 전복은 실천적으로는 추상과 동등하다. 왜냐하면 사람들이 최종적으로 자리매김하는 관점에서 보면, 현상들의 다양성은 의미없게 되고 이해할 수 없게 되기 때문이다. 의식이 존재 밖에 놓인다면, 그것은 존재에 의해서 상처를 받지 않으며 의식의 경험적 다양성 — 병적 의식, 원시적 의식, 유아적 의식, 타자 의식 — 은 진지하게 다루어질 수 없고, 인식되거나 이해되거나 할 수 있는 그 어떤 것도 거기에는 없다. 오직 단한 가지만 이해될 수 있을 뿐이다. 즉 의식의 순수 본질이다. 그러한 의식들의 어느 하나라도 **코기토**를 실현하지 않을 수 없을 것이다. 광인은 자신의 망상, 강박관념, 환상의 **뒤에서 자신이** 망상에 **빠져** 있고 강박관념을 가지고 있으며 거짓말한다는 것을 **알고**, 요컨대 그는 미친 사람**이지 않으면서** 미친 사람**이라고 생각한다.** 따라서 만사는 모두 문제없고 광증은 악의일 뿐이다. 질병의 의미의 분석은 상징적 기능에 이르면 모든 질병을 확인하고 실어증aphasia, 실행증apraxia, 실인증agnosia을 통일시키며[60] 아마도 이것들을 정신분열증과 구별하는 어떤 방법도 갖지 않을 것이다.[61]* 이렇게 될 때 사람들은 의사와 심리학자가 주지주의의 초대를 사양하고 난 후 더 나은 수가 없기 때문에 그 질병과 개개의 질병에 특유한 것을 어쨌든 고려하는 이점을 갖는, 그렇게 해서 적어도 실제적 앎이라는 환상을 우리에게 제공하는 그러한 인과적 설명을 기도하는 데로 되돌아가게 되는 것을 이해한다. 현대 병리학은 엄격하게 선택적인 장애가 없다는 것을 보여주나, 그 개개의 장

---

60 예를 들면 다음을 참조. Cassirer, *Philosophie der symbolischen Formen*, III, chap. VI, *Pathologie des Symbolbewuβtseins.*

61 사람들은 실제로 정신분열증에 관해서 시간의 원자화와 미래의 상실을 범주적 태도의 붕괴로 귀결시키는 주지주의적 해석을 상상할 수 있다.

* 실어증은 언어적 상징을 표현하거나 이해하지 못하는 장애를 말하고, 실행증은 사지 마비의 장애가 없는 데도 명령받거나 지시받은 동작을 의도대로 수행하지 못하는 경우이며, 실인증은 대상을 인식하거나 감각적 자극을 해석하는 지각적 인식 능력을 상실한 경우를 일컫는다.

애가 자신이 주로 공격하는 행동 구역에 따라서 그 음영이 달라진다는 것도 역시 보여준다.[62] 모든 실어증은 가까이에서 관찰하면 인지적·행동적 장애를, 모든 실행증은 언어적·지각적 장애를, 모든 실인증은 언어적·행동적 장애를 포함한다 해도 그 장애들의 핵이 이 경우에는 언어의 영역에, 저 경우에는 지각의 영역에, 다른 경우에는 행동의 영역에 있다는 것은 사실이다. 사람들이 이 모든 경우에 상징적 기능을 소환할 때, 이것은 그야말로 상이한 장애들의 공통 구조를 특징짓는 것이지만, 이 구조는 매번 이 구조가 선택적으로가 아니라면 어쨌든 각별히 실현되는 질료와 분리되어서는 안 된다. 결국, 슈나이더의 장애는 처음부터 형이상학적인 것이 아니었던 것이다. 그의 후두부에 상처를 입힌 것은 포탄 파편이었다. 시각적 결손의 부위는 집단적이었고, 우리가 말한 대로, 여타의 모든 결손들에 대하여 그 원인을 시각적 결손들인 것처럼 설명하는 것은 불합리할 것이다. 그러나 포탄 파편이 상징적 의식과 만난다고 생각하는 것이 덜 불합리한 것은 아니다. 그의 경우, 정신이 영향을 받은 것은 시각에 의해서이다. 사람들이 장애의 근원과 본질 또는 의미를 연결하는 방법을 발견하지 못할 그만큼, 자신의 일반성과 특수성을 동시에 표현하는 질병의 **구체적 본질, 구조**를 규정하지 못할 그만큼, 현상학이 발생적 현상학이 되지 못할 그만큼, 인과적 사고 및 자연주의의 공격적 회귀는 정당한 것으로 남아 있을 것이다. 따라서 우리의 문제는 정확하게 드러난다. 우리에게는 언어적, 지각적, 운동적 내용과 이들이 수용하는 형태나 생명을 불어넣는 상징적 기능 사이에서 형태를 내용으로 환원하는 것도 아니고, 내용을 자율적 형태에 포섭하는 것도 아닌 관계를 인지하는 것이 문제이다. 우리는 슈나이더의 질병이 어떻게 곳곳에서 자신의 경험의 특별한 내용들——시각적, 촉각적, 운동적——을 흘려보내는지를, 그럼에도 불구하고 어떻게 그 질병이 시각의 특

---

62 메를로-퐁티, 『행동의 구조』, p. 91 및 이하.

전적 질료들을 통해서만 상징적 기능을 훼손시키는지를 동시에 이해해야 한다. 의미와 고유한 신체는 일반적으로, 자신의 개체성과 특수성을 그만두지 않고서도 모든 계열의 사고와 경험에 뼈대를 공급할 수 있는 의미 작용을 자신을 넘어서 내보내는 총체의 신비를 제공한다. 슈나이더의 장애가 지각에 관계하듯 운동성과 사고에도 관계한다면, 그것은 특히 사고의 경우에는 동시적 총체를 파악하는 능력에, 운동성의 경우에는 운동을 개관하여 외부에 투사하는 능력에 타격을 가한다는 것은 사실이다. 따라서 어떻게 보면 파괴되거나 손상되는 것은 정신적 공간과 실천적 공간이고, 이렇게 말하는 데서 장애의 시각적 계보학도 지시된다. 시각적 장애는 다른 장애들의 원인이 아니고 특히 사고의 장애의 원인이 아니다. 그러나 그것은 다른 장애들의 단순한 결과도 아니다. 시각적 내용들이 투사 기능의 원인이 아닌 것은 물론, 시각이 정신으로 하여금 무조건적 힘 그 자체를 발휘할 수 있도록 하는 단순한 기회인 것도 아니다. 시각적 내용들은 이들을 넘어서는 상징적 능력에 의해서 사고의 차원에서 다시 채택되고 이용되고 승화되나, 그 능력이 구성될 수 있는 것은 시각을 기초로 해서이다. 질료와 형태의 관계는 현상학이 정초Fundierung의 관계라 부르는 그 관계이다. 상징적 기능은 그 근거를 지반으로서의 시각에 두는데, 이는 시각이 그 원인이기 때문이 아니라 정신이 모든 희망을 넘어서 이용해야 했던, 철저하게 새로운 의미를 부여해야 했던, 그럼에도 불구하고 육화되기 위해서뿐만 아니라 존재하기 위해서라도 필요했던 자연의 선물이기 때문이다. 형태는 내용과 통합해서 내용은 결국 형태의 단순한 현상으로 나타나고, 사고의 역사적 준비들은 자연으로 변장한 이성의 농간으로 나타난다. 그러나 역으로, 내용은 자신의 지적 승화에서까지도 철저한 우연성으로, 인식과 행동의 최초의 확립이나 토대[63]로 머물고 있고 그 인식과 행동이 구체적 부를 끝내 소진

---

[63] 후설이 애호하는 낱말 stiftung에 대한 우리의 번역.

하지 못할, 그리고 자발적 방법을 어디서든지 갱신할 존재나 가치에 대한 최초의 파악으로 머물고 있다. 우리가 회복해야 하는 것은 형식과 내용의 이러한 변증법이다. 아니, 더 정확히 말해, '상호작용'은 여전히 인과적 사고 및 모순율과 화해하는 것이기에 우리는 이 모순이 인식될 수 있는 환경, 다시 말해서 실존, 즉 이 실존에 앞서 이 실존 없이 존재하지 않는 이성에 의해서 사실과 우연을 지속적으로 재파악하는 것을 기술해야 한다.[64]

우리가 '상징적 기능' 자체의 기초가 되는 것이 무엇인가를 알아보고자 한다면, 우선 지능조차도 주지주의에 만족하지 않는다는 것을 이해해야 한다. 슈나이더에게 있어 사고를 위태롭게 하는 것은 그가 구체적 소여들을 유일한 **형상**의 사례로서 알아볼 수 없거나 범주에 포섭할 수 없기 때문이 아니라, 반대로, 그것들을 명시적 포섭에 의해서만 연결할 수 있기 때문이다. 예를 들어, 사람들은 환자가 '털의 고양이에 대한 관계는 깃털의 새에 대한 관계와 같다'든가, '빛의 등불에 대한 관계는 열의 난로에 대한 관계와 같다'든가, '눈의 빛 및 색에 대한 관계는 귀의 소리에 대한 관계와 같다'든가 하는 단순한 비유를 이해하지 못한다는 점을 주목한다. 마찬가지로, 그는 '의자 다리'나 '못 머리'라는 말이 그 대상의 어느 부분을 지칭하는지를 알고 있지만, 그러한 일반적 용어들을 비유적 의미에서 이해하지 못한다. 그렇고 그런 정도의 교양밖에 없는 정상 주체들이 그 유비를 더 이상 **설명**할 줄 모르는 수가 있지

---

64 이 책의 제3부 참조. 카시러가 칸트에게 대부분의 시간을 '경험의 지적 승화'만 분석했다고 질책할 때(*Philosophie der symbolischen Formen*, III, p. 14), 그가 상징적 잉태의 개념에 의해 질료와 형태의 절대적 동시성을 표현하려고 노력할 때, 또는 그가 정신은 자신의 과거를 실어 나르고 현재의 깊이에서 보존한다는 헤겔의 발언을 책임지고 받아들일 때, 그는 분명히 이와 유사한 목표를 의도하는 것이다. 그러나 서로 다른 상징적 형태들 사이의 관계가 애매한 채로 남아 있다. 사람들은 **설명**의 기능이 영원한 의식의 자기 복귀의 한 계기인가, 의미의 기능의 한 음영인가를 언제나 묻는다. ──또는 반대로, 의미의 기능이 최초의 구성적 '물결'의 예견할 수 없는 증폭인가를 묻는다. 카시러가 의식은 자신이 종합한 것만을 분석할 줄 안다는 칸트의 공식을 채택할 때, 그는 자신의 저서가 포함하고 있고 여전히 우리가 사용할 수 있는 현상학적 심지어 실존적 분석에도 불구하고, 분명히 주지주의에로 돌아가고 있는 것이다.

만, 그것은 정반대의 이유에서이다. 정상 주체는 그 유비를 분석하는 것보다 이해하는 것이 더 쉽고, 반대로, 환자는 그 유비를 개념적 분석에 의해 설명했을 때만 성공적으로 이해한다. "그는 그 두 관계의 동일성을 결론 내릴 수 있게 하는 공통적인 질료적 특성을 중간항으로 찾고 있다."[65] 예를 들어, 그는 눈과 귀의 유비를 반성하나, 그가 "눈과 귀는 둘 다 감각 기관이고 따라서 유사한 어떤 것을 야기해야 한다"고 말할 수 있을 때까지, 그것을 이해하지 못함은 분명하다. 그 유비를 우리가, 소여된 그 두 항을 바로 이 두 항을 조정하는 개념 아래에서 알아보는 것이라고 기술한다면, 우리는 병리학적이기만 할 뿐인 이러한 절차, 즉 환자가 유비의 정상적 이해를 보충하기 위해 지나가야 하는 우회로를 나타내는 이러한 절차를 정상적이라고 간주해야 할 것이다. "환자가 第3의 비교를 선택하는 이러한 자유는 정상인이 그 상을 직관적으로 규정하는 것과는 완전히 대립해 있다. 정상인은 개념적 구조에서 보아 특수한 동일성을 파악하고, 그에게 사고의 살아 있는 방식은 대칭을 이루며 짝을 짓는다. 그가 유비의 본질을 '파악하는 것'은 이러하고, 그 이해가 그가 제공하는 정형(定型)과 설명에 의해서 적합하게 표현되지 않을 때라도, 그가 이해할 수 있는 상태에 있지 않다고 하면 사람들은 언제나 의아하게 생각할 수 있는 것이다."[66] 따라서 살아 있는 사고는 포섭하는 것에서 성립하지 않는다. 범주는 자신이 결합하는 용어들에 대하여 그 용어들에 외재적인 의미 작용을 일어나게 한다. 슈나이더가 눈과 귀를 '감각 기관'으로서 연결하기에 이르는 것은 그가 숨겨놓고 있는 구성된 언어와 의미 관계들에서 필요한 것을 꺼내오기 때문이다. 정상적 사고에서 눈과 귀는 그들의 기능의 유비에 의해 단숨에 파악되고, 그들의 관계는, 이것이 맨 먼저 시각과 청각의 단수성에서 태동적 상태로 통각되

65 Benary, *Studien zur Untersuchung der Intelligenz bei einen Fall von Seelenblindheit*, p. 262.

66 같은 책, p. 263.

었다는 이유에서만, '공통적인 특성'에서 응결될 수 있고 언어에 등록될 수 있다. 틀림없이, 사람들은 우리의 비판이 사고를 단순한 논리적 활동과 같은 것으로 보는 약식 주지주의를 대상으로 할 뿐이라고 대꾸할 것이고, 당연히, 반성적 분석은 술어의 토대까지 거슬러 올라간다고, 유착의 판단 뒤에서는 관계의 판단을, 기계적·형식적 작용으로서의 포섭 뒤에서는 사고가 술어에 표현되는 의미를 주체에게 부여하게 되는 범주적 행동을 발견한다고 대꾸할 것이다. 따라서 범주적 기능에 대한 우리의 비판은 범주의 경험적 사용 뒤에는 선험적 사용, 즉 이 사용이 없으면 사실상 전자가 이해될 수 없는 사용인 그러한 선험적 사용이 있음을 드러내는 것 이외의 어떤 결과도 갖지 않을 것이다. 그러는 사이에 경험적 사용과 선험적 사용의 차이는 난점을 해결하기보다는 오히려 은폐한다. 비판철학은 경험적 사고가 그 요소들을 제공하는 모든 종합을 실현하는 책임을 선험적 활동에 떠맡기고, 그러한 활동으로 인해 사고의 경험적 작용을 이중화한다. 그러나 내가 현실적으로 어떤 사물을 생각할 때, 비시간적 종합의 보증은 충분한 것이 아니며 나의 사고의 정초에 필요한 것도 아니다. 종합을 실현해야 하는 것은 지금이고 살아 있는 현재이며, 그렇지 않으면, 사고는 선험적 전제와 차단될 것이다. 따라서 내가 사고할 때 나는 내가 존재하기를 중단한 적이 없는 영원한 주체의 자리로 되돌아간다고 말할 수 없다. 왜냐하면 사고의 참다운 주체는 변환과 현실적 재파악을 실행하는 자이고 자신의 삶에 비시간적 환상을 전해주는 자도 바로 이자이기 때문이다. 따라서 우리는 시간적 사고가 어떻게 자기 자신과 맺어지는가를, 자신의 고유한 종합을 실현하는가를 이해해야 한다. 정상 주체가 눈의 시각에 대한 관계가 귀의 청각에 대한 관계와 같다는 것을 일순에 이해한다면, 그것은 눈과 귀가 그에게 하나의 동일한 **세계**에 대한 접근 수단으로 일순에 주어지기 때문이고, 그가 유일한 세계에 대하여 선술어적 명증성을 가지기 때문이며, 그렇게 해서 '감각 기관들'의 등가 및 유비가 사물들을 토대로 해서 읽혀지고 인식되기 전에 체험될 수 있기 때문이다. 칸트의 주체는 세계를 정립하나, 진리를 단정할 수 있기 위해 먼저 현실적 주체가 세계를 가져야 하거나 세계에 존재해야 한다. 말하자면 일치들, 관계들, 관여들이 이용되려면 명시화될 것이 요구되나 그것을 요구하지 않는 의미 체계가 자기 주위에 있어야 한다. 내가 집 안에서 움직일 때, 나는 욕실로 가는 것이 침실 가까이 지나가는 것을 의미하고, 창문을 바라보는 것이 좌측의 벽난로를 경험하는 것을 의미한다는 것을 단숨에 말없이 알고, 이 자그마한 세계에서 개개의 동작, 개개의 지각은 직접적으로 수많은 가상적 협조물과의 관계에 의해서 자리 잡힌다. 내가 서로 잘 아는 친구와 함께 이야기할 때, 그의 말 한마디 한마디와 나의 말 한마디 한마디는 전세계에 대하여 의미하는 것 이외에도 우리가 앞서 나누었던 대화를 상기할 필요 없이 그의 성격과 나의 성격의 주요한 차원들에 대한 많은 언급을 포함한다. 나의 경험에 2차적 의미를 부여하는 이러한 후천적 세계들은 그 자체로는 이 세계들의 최초의 의미를 정초하는 원초적 세계와 끊겨 있다. 마찬가지로 '사고의 세계'가 있다. 다시 말해서, 거기에 전체로서 주어져 있는 사물들을 이 사물들의 종합을 매번 수행할 필요도 없이 우리가 믿듯이, 우리의 후천적 개념과 판단을 믿도록 우리에게 허용하는 정신적 작용의 침전이 있다. 부각된 영역, 모호한 영역과 함께 우리에게 일종의 정신적 파노라마와 질문의 생김새가, 그리고 연구, 발견, 확실성과 같은 지적 상황들이 있을 수 있는 것은 그렇게 해서이다. 그러나 '침전'이라는 말이 우리로 하여금 잘못 생각하게 해서는 안 된다. 이 압축된 앎은 우리의 의식의 심연에 있는 불활성 물질이 아니다. 나의 집은 나에 대하여 단단하게 연합된 일련의 상들이 아니다. 그것은 내가 그 집의 주된 거리와 방향을 여전히 나의 '손'이나 나의 '다리'로 잡아가는 한에서, 그리고 나의 신체로부터 많은 지향적 실마리가 나와 그 집으로 향하는 한에서, 친밀한 영역처럼 나의 주위에 머물고 있다. 동일하게, 나의 후천적 사고들은 절대적 획득물이 아니고, 매번 나의 현재의 사고에서 영양을 섭취하며, 나에게 의미를 제공하나, 나는 그 의미를 그 사고들에게로 되돌려준다. 사실, 마음대로 사용할 수 있는 우리의 획득물은 언제나 우리의 현재의 의식의 에너지를 표현한다. 때때로 그것은 피곤할 때 희미해져 나의 사고의 '세계'는 빈약해지고 한두 가지의 강박관념으로 환원되기도 하고, 때때로 그와는 반대로, 나는 나의 온갖 사고에 몰두하며 사람들이 내 앞에서 하는 말 한마디 한마디가 그때그때 질문과 생각을 싹트게 하고 정신적 파노라마를 재규합하고 재조직하며 정확한 특성과 더불어 제공되기도 한다. 따라서 획득물은 그것이 사고의 새로운 운동에서 재포착되는 한에서만 진정으로 획득되고, 사고는 그 자체 자신의 상황을 짊어지는 한에서만 자리 잡힌다. 의식의 본질은 한 세계나 그 세계들을 자신에게 주는 것, 즉 자기 자신의 사고를 자신 **앞에** 사물처럼 존재하게 하는 것이고, 그러한 광경을 조형하고 또 그만둠으로써 자신의 기력을 불가분적으로 증명한다. 세계라는 구조는 침전과 자발성이라는 이중적 계기와 함께 의식의 핵심에 놓여 있고, 우리가 하나를 다른 하나로 환원하지 않고 슈나이더의 지적 장애, 지각적 장애, 운동적 장애를 한꺼번에 이해할 수 있도록 하는 것은 이렇게 '세계'를 수평화함으로써이다.

9_지각 및 지능의 장애에 대한 실존적 분석

지각에 대한 고전적 분석은[67] 감각적 소여들과, 이 소여들이 오성의 활동으로부터 받아들이는 의미를 구별한다. 이러한 관점에서 보면, 지각의 장애는 감관의 결손이 아니면, 지적 장애일 수 있을

---

67 우리는 지각에 대한 보다 자세한 연구를 제2부에 이를 때까지 유보한다. 여기서 우리는 슈나이더의 근본적 장애와 운동 장애를 규명하기 위해 필요한 것만을 말한다. 우리가 보여주려고 노력하겠지만 지각과 고유한 신체의 경험이 상호 함축적이라면 이러한 예상과 반복은 불가피하다.

뿐이다. 반대로, 슈나이더의 경우는 우리에게 감성과 의미의 접합에 관계하는, 그 양자의 실존적 조절을 드러내는 결손들을 보여준다. 사람들이 만년필의 갈고리가 보이지 않게 그 환자에게 만년필을 제시하면, 인식의 단계는 다음과 같다. "그 환자는 그것은 흑색이고 청색이며 밝은 색이라고 말한다. 하얀 얼룩이 있으며 길어 보인다. 그것은 막대기 모양이고 어떤 도구일 수 있으며 반짝이고 반사한다. 또한 그것은 색유리일 수 있다." 이때 사람들은 그 만년필에 다가가서 갈고리를 그 환자를 향해 내보인다. 그는 다음과 같이 말을 이어나간다. "그것은 연필이거나 펜대임이 틀림없다(그는 양복의 작은 호주머니에 손을 가져간다). 그것은 여기에 놓여 있으면서 어떤 것을 메모한다."[68] 언어가, 실제로 보이는 것에 가능한 의미를 제공함으로써 인식의 매 단계에 개입하는 것, 인식이 '길쭉한'에서 '막대기의 형태'로, '막대기'에서 '도구'로, '도구'에서 '어떤 것을 메모하기 위한 도구,' 그리고 마침내 '만년필'로와 같은 언어의 연결들을 따라감으로써 전진을 보이는 것은 분명하다. 물리학자에게 사실이 가설을 가정하는 것처럼 감각적 소여들은 그러한 의미들을 가정하는 것에 만족하고 만다. 과학자처럼 환자는 사실들의 교차 검색을 통해서 그 가설을 간접적으로 검증하고 정확히 하며 그 사실들 모두를 조정하는 가설을 향해 맹목적으로 나아간다. 대조를 이루는 이러한 절차는 정상적 지각의 자발적 방법, 즉 대상의 구체적 본질을 직접적으로 해독하게 하고 이 본질을 통해서만 '감각적 성질'을 나타나게 하는 종류의 의식적 삶을 분명히 한다. 여기서 차단되는 것은 대상과의 친숙함, 의사 소통이다. 정상인에게 있어 대상은 '말을 하고' 의미가 있으며, 그 색깔의 배치는 당장 어떤 것을 '말하고자 한다'. 반면에, 환자에게 있어 의미는 참다운 해석 활동에 의해 다른 곳에서 가져와야 하는 것이다. 역으로, 정상인에게 있어 주체의 의도들은 직접적으로 지각의 장

68 Hochheimer, *Analyse eines Seelenblinden von der Sprache*, p. 49.

에 반영되고, 그 장을 성극하고 그 장에 의도들을 모노그램처럼 표시하며, 결국 거기에 힘들이지 않고 의미의 물결을 탄생시킨다. 환자에게 있어 지각의 장은 그러한 탄력성을 상실해버렸다. 우리가 그에게 삼각형을 제시하고, 이와 동일한 삼각형 네 개를 가지고 하나의 정사각형을 구성하라고 요구하면, 그는 그것이 불가능하고, 네 개의 삼각형으로 만들 수 있는 정사각형은 두 개라고 반응한다. 사람들은 그에게 하나의 정사각형이 두 개의 대각선을 가지고 있고 언제나 네 개의 삼각형으로 분해될 수 있음을 보여줌으로써 그 요구를 계속한다. 그러면 그 환자는 다음과 같이 반응한다. "그렇다. 그러나 그것은 그 부분들이 반드시 서로 들어맞기 때문이다. 정사각형을 네 등분했을 때 그 부분들을 들어맞게 결합하면 틀림없이 정사각형이 만들어진다."[69] 따라서 그는 정사각형이나 삼각형이 무엇인가를 안다. 그 두 의미의 관계는 적어도 의사의 설명이 끝난 후라도 그에게서 빠져나가는 것은 아니고 모든 정사각형이 삼각형으로 분할될 수 있다는 것을 그는 이해하고 있다. 그러나 그는 이로부터 모든 삼각형(직각이등변삼각형)이 네 개의 정사각형을 만드는 데 사용될 수 있다고 결론 내리지 않는다. 왜냐하면 그러한 정사각형의 구성은 주어진 삼각형들이 다르게 정돈된다는 것을, 감각적 소여들이 상상적 의미의 예가 된다는 것을 요구하기 때문이다. 세계는 전체로서 그에게 어떤 의미도 암시하지 않고, 역으로, 세계가 제시하는 의미들은 더 이상 주어진 세계에서 육화되지 않는다. 요컨대, 우리는 세계가 그에게 더 이상 **용모**를 갖지 않는다고 말한다.[70] 이것이 슈나이더가 그리는 그림의 특수성을 이해하도록 만드는 것이다. 슈나이더는 모델**에 따라** 그리지 않는다. 지각은 직접적으로 운동으로 연장되지 않는다. 그는 왼손으로 대상

69 Benary, 인용된 저서, p. 255.
70 슈나이더는 자신이 쓴 글자를 확인하지 않고도 읽는 것을 들을 수 있고 스스로 읽을 수 있다. 심지어 그는 사람들은 서명 없이는 누구의 글자인지를 알아볼 수 없다고 진술한다 (Hochheimer, 인용된 저서, p. 12).

지각의 현상학

을 더듬고 어떤 특수성들(각도, 직선)을 인식하며 자신의 발견을 표명하고, 결국 모델 없이 언어적 표현에 따라 모양을 그려낸다.[71] 지각된 것을 운동으로 번역하는 것은 언어의 명시적 의미들을 거치는 반면, 정상 주체는 지각에 의해 대상에 침투하고 그 구조에 흡수되며, 자신의 신체를 통해서 그 대상이 직접적으로 그의 운동을 통제한다.[72] 주관과 객관이 이렇게 대화하는 것, 즉 대상에 산재한 의미를 주체가 재파악하고 주체의 의도들을 대상이 재파악하는 것은 용모를 지각하는 것으로서, 주체 주위에 스스로를 주체에게 말하는 세계를 배치하고 주체의 고유한 사고들을 세계에 거주시킨다. 이러한 기능이 슈나이더에게서 위해를 가한다면, 말할 나위 없이 인간 사건들 및 타인들에 대한 지각에 결손이 생기리라는 것을 미리 이해할 수 있다. 왜냐하면 이들은 내부에서 외부를, 외부에서 내부를 재파악하는 것을 전제하기 때문이다. 그리고 사실상, 사람들이 환자에게 이야기를 들려준다면, 사람들은 그가 그것을 강박자, 약박자, 특징적인 리듬 또는 흐름을 지닌 멜로디의 총체로서 파악하는 대신, 하나씩하나씩 적어두어야 하는 일련의 사실들로서 기억할 뿐이라는 것을 확인한다. 이것이 사람들이 사이를 두면서 이야기할 때만, 그리고 방금 한 그 이야기의 핵심을 간략하게 요약하기 위해 그 사이를 이용할 때만, 그가 그 이야기를 이해하는 이유이다. 자기 차례가 되어 그가 그 이야기를 다시 할 때, 그 이야기는, 사람들이 그에게 했던 **대로의** 그 이야기가 아니다. 그는 결코 강조하지 않으며 그가 이야기를 하는 데 따라서만 이야기의 진전을 이해할 수 있고 그 이야기는 부분부분 재구성되는 것과 같다.[73] 따라서 정상 주체에게는 그 이야기가 어떤 명시적 분석 없이도 진행해감에 따라서 나타나는, 그리고 이어서, 그 이야기의 재생을 이

---

71 Benary, 인용된 저서, p. 256.
72 세잔Cézanne이 몇 시간의 성찰 후에 쟁취한 것은 그 말의 충분한 의미에서 이러한 '동기' 소유의 파악인 것이다. 그는 "우리는 발아한다"고 말한다. 문득, "모든 것이 균형을 잡게 된다." J. Gasquet, *Cézanne*, IIᵉ Partie, *Le Motif*, pp. 81~83.
73 Benary, 인용된 저서, p. 279.

끄는 이야기의 본질이라고 하는 것이 있다. 그에게 그 이야기는 자기 나름의 스타일로 인식 가능한 어떤 인간적 사건이고 여기서 그는 '이해한다'. 왜냐하면 그는 그 이야기에 의해 지시된 사건들을 자신의 직접적 경험을 넘어서 체험할 수 있는 능력을 갖고 있기 때문이다. 일반적으로 말해, 직접적으로 주어지는 것만이 그 환자에게 현존한다. 타인의 생각은 그가 그것을 직접적으로 경험하지 않기 때문에 그에게 현존하지 않을 것이다.[74] 그에게 타인의 언사들은 정상인의 경우처럼 그가 **안에서** 생활하고 있을 의미의 투명한 외피인 대신, 하나하나 해독해야 하는 기호들이다. 사건들처럼 언사들은 그에게 재파악 또는 투사의 동기가 아니고, 다만 방법적 해석의 기회일 뿐이다. 대상처럼 타인은 그에게 아무것도 '말하지' 않고, 틀림없이, 그에게 나타나는 환영들은 분석을 통해 획득되는 지적 의미를 잃어버리는 것이 아니라, 공존재에 의해 획득되는 원초적 의미를 잃어버린다.

고유하게 지적인 장애들 — 판단과 의미의 장애 — 은 궁극적 결손들로서 간주될 수 없고, 하나의 동일한 실존적 맥락에서 다시 자기 자리를 찾지 않으면 안 된다. 예를 들면, '수에 대한 실명'[75]이 그것이다. 사람들은 환자가 앞에 놓인 대상에 대하여 계산하고 더하고 빼고 곱하고 나눌 수는 있어도 수를 인식할 수 없다는 것을, 그 모든 결과들은 수와는 아무런 의미의 관계도 없는 의식, 절차에 의해 획득된다는 것을 보여줄 수 있었다. 그는 계산하고 더하고 빼고 곱하고 나눌 대상을 손가락으로 표시함으로써 수의 배열을 암기하고 머리로 암송한다. "그에게 수는 수의 배열에 속하는 것 이

---

74 그는 자신에 대한 중요한 대화로부터 일반적 주제와 마지막에 할 결심을 기억해둔다. 그러나 그의 상대의 말에 대해서는 아니다. "나는 내가 말해야 했던 이유로부터 그 대화 중에 내가 말했던 것을 알고 있다. 다른 사람이 말했던 것은 보다 어렵다. 왜냐하면 나는 내가 상기할 수 있는 어떠한 발판도 가지고 있지 않기 때문이다"(Benary, 인용된 저서, p. 214). 게다가, 사람들은 그 환자가 대화할 때 자신의 태도를 재구성하고 추론하는 것을 보며 또 자신의 생각이라 해도 직접적으로 '다시 시작'할 수 없는 것을 본다.

75 같은 책, p. 224.

외의 아무것도 아니며 불변의 크기, 군, 일정 단위 같은 의미를 갖지 않는다."[76] 그에게 두 수 가운데 더 큰 것은 수의 배열에서 '뒤에' 오는 것이다. 사람들이 그에게 5 + 4 - 4를 해보라고 하면 '특별하게 주목하는 그 무엇 없이도' 순식간에 계산해버린다. 사람들이 그에게 그 식을 보여주면 그는 다만 5라는 수가 '남는다'고 시인할 뿐이다. 그는 그 수의 '2분의 1의 2배'가 바로 그 수라는 것을 이해하지 못한다.[77] 따라서 우리는 그가 범주나 도식으로서의 수를 상실했다고 말하는가? 그러나 그가 그 대상들을 훑어보고 손가락으로 하나하나 '표시할' 때, 이미 계산된 대상들과 아직 존재하지 아니한 대상들을 혼동하는 일이 그에게 때때로 일어날지라도, 그가 하는 종합이 혼동스러운 것일지라도, 분명히 그는 바로 기수법이라는 종합 작용의 개념을 갖고 있다. 그리고 역으로, 정상 주체의 경우에는 수 본래의 의미를 거의 잃어버린, 운동 멜로디와 같은 수의 배열이 너무 자주 수의 개념을 대신한다. 수는 그 부재를 통해서 슈나이더의 정신 상태를 규정하도록 허용하는 순수 개념이 아니고 더 많고 더 적음을 포함하는 의식의 구조이다. 참다운 계산 활동은 주체에게, 그 작용이 펼쳐지고 의식의 중심을 차지함에 따라 자기에 대하여 끊임없이 거기에 존재할 것을, 그리고 뒤에 일어나는 작용들에 대하여 이 작용들이 확립되는 **지반**을 구성할 것을 요구한다. 의식은 의식 뒤에서, 실현된 종합들을 쥐고 있고 이 종합들은 여전히 처분을 기다리고 있으며 반작용될 수 있다. 이것들이 기수법의 전 활동에서 재파악되고 넘어서게 되는 것은 이러한 이유에서이다. 사람들이 순수 수 또는 본래적 수라고 부르는 것은 모든 지각의 구성적 운동의 반복에 의한 상승이나 연장일 뿐이다. 수에 대한 슈나이더의 개념 규정이 영향을 받는 것은 그것이 미래를 향하고자 과거를 펼칠 힘을 현저하게 전제하고 있는 한에서이다. 영향을 훨씬 더 많이 받는 것은 지능 자체보다 이 지능의 실존

---

76 같은 책, p. 223.
77 같은 책, p. 240.

적 기초이다. 왜냐하면 사람들이 관찰한 바대로,[78] 슈나이더의 일반적 지능은 훼손되지 않은 상태이기 때문이다. 그의 반응은 시간을 요하나 무의미한 것은 아니며, 의사의 경험에 관심을 보이는 성숙하고 반성적 인간의 그것이다. 익명적 기능이나 범주적 작용으로서의 지능 아래에서 환자의 존재이자 그 존재력인 개인적 핵을 인식하지 않으면 안 된다. 질병이 머무는 곳은 바로 여기이다. 슈나이더는 아직도 정치적 또는 종교적 의견들을 마음속에 품고자 하나, 애써보는 것이 쓸데없다는 것을 안다. "이제 그는 신념들을 표현할 수도 없이 그것들을 덩어리째로 가지는 데에 만족해야 한다."[79] 그는 스스로 노래도 휘파람도 부르지 못한다.[80] 나중에 우리는 그가 그 어떤 성적 발의권을 갖지 못해 포옹조차도 하지도 못한다는 것을 볼 것이다. 그는 산보를 위해서는 밖으로 나가지 못하나 심부름을 위해서는 언제나 밖으로 나간다. 그는 골드슈타인 교수의 집을 지나가면서도 그 집을 알지 못한다. "왜냐하면 그곳에 가고자 하는 의도에서 외출하지 않았기 때문이다."[81] 평소의 상황에서 운동들이 미리 그려지지 않을 때, 그는 그 운동들을 수행하기 전에 자신의 고유한 신체를 '잡는' 예비 운동들을 스스로에게 주어야 할 필요가 있는 것과 마찬가지이다. ── 타인과의 대화가 그 대화 자체로부터 그에게 즉각적인 반응을 초래할 유의미한 상황을 구성하지 않는 것과 마찬가지이다. 즉 그는 미리 결정된 계획에 따라서만 말할 수 있을 뿐이다. "그는 대화의 복잡한 상황에 직면해서 필요한 생각들을 찾기 위한 순간적인 영감에 착수할 수 없고, 이것은 새로운 관점이 문제이든 이전의 관점이 문제이든 사실이다."[82] 그의 모든 행동에는 자신이 출연할 수 없는 것에서 나오는 사소하지만 진지한 어떤 것이 있다. 출연하는 것은 자신을 상상의

78 같은 책, p. 284.
79 같은 책, p. 213.
80 Hochheimer, 인용된 저서, p. 37.
81 같은 책, p. 56.
82 Benary, 인용된 저서, p. 213.

상황에 잠시 놓는 것이고 '환경'을 변화시키는 것을 즐기는 것이다. 반대로, 환자는 허구의 상황을 실제의 상황으로 바꾸지 않고는 그 상황에 들어갈 수 없다. 그는 문제와 수수께끼를 구별하지 못한다.[83] "그의 경우 순간순간의 가능한 상황은 너무 협소한 것이라서 환경의 두 부분들은 그에게 있어 공통적인 어떤 것도 갖고 있지 않다면 동시 상황이 될 수 없다."[84] 사람들이 그와 함께 이야기하면, 그는 옆방의 대화 소리를 듣지 못한다. 사람들이 식탁 위에 접시를 가져오면, 그는 그 접시가 어디서 나오는지를 결코 의아하게 생각하지 않는다. 그는, 사람들은 자신들이 주시하는 방향에서만 볼 뿐이고 뚫어지게 보는 대상들만을 볼 뿐이라고 공언한다.[85] 그에게 미래와 과거는 현재의 '오그라진' 연장일 뿐이다. 그는 '시간적 벡터에 따라 들여다보는 우리의 능력Unseres Hineinsehen in den Zeitvektor'[86]을 상실했다. 그는 자신의 과거를 훑어볼 수 없고 전체에서 부분으로 나아감으로써 그것을 머뭇거림 없이 되찾을 수 없다. 그는 과거의 의미를 보존한, 그리고 그 의미의 '받침대'[87] 구실을 하는 조각에서 출발함으로써 과거를 재구성한다. 그가 날씨를 불평할 때 사람들이 그에게 거울이 더 낫느냐고 물으면 그는 다음과 같이 응수한다. "나는 지금 그것을 말할 수 없다. 나는 현재 아무것도 말할 수 없다."[88] 따라서 슈나이더의 모든 장애들은 진실로 통일성에로 귀착되나 이것은 '표상의 기능'의 추상적 통일성이 아니다. 그는 현실적인 것에 '구속되어' 있고, 상황에 자신을 놓는 일반적 능력에서 성립하는 구체적 '자유가 없다'.[89] 지각의 아래에서 그렇듯 지능의 아래에서 우리는 보다 근본적 기능을 발견한다.

---

83 마찬가지로, 그에게는 말의 오해나 장난이 없다. 왜냐하면 말은 한 번에 한 의미만을 가지고, 현실적인 것은 가능성의 지평이 없이 존재하기 때문이다. Benary, 같은 책, p. 32.

84 Hochheimer, 인용된 저서, p. 32.

85 같은 책, pp. 32, 33.

86 같은 책.

87 Benary, 인용된 저서, p. 213.

88 Hochheimer, 인용된 저서, p. 33.

89 같은 책, p. 32.

즉 '기획자처럼 모든 방향으로 운동하는, 그리고 우리의 내부에 있는 것이든 밖에 있는 것이든 어떤 것을 향해서라도 우리 스스로를 정위시키는, 또한 그 대상들에 대한 행동을 취하게 하는 벡터'[90]를 발견한다. 그러나 기획자는 좋은 비교가 아니다. 왜냐하면 그러한 비교는 우리가 말하는 중추적 기능이 대상들을 보이게 하거나 인식하도록 하기 전에 우리에 대하여 살며시 존재하게 할 때, 기획자가 빛을 비춘다는 주어진 대상들을 함축하기 때문이다. 따라서 저 용어를 다른 저술에서[91] 빌려와 오히려 이렇게 말해보자. 즉 의식의 삶—인식의 삶, 욕망하는 삶, 또는 지각적 삶—은 '지향적 호arc intentionnel'에 의해서 기초지어지고, 이 지향 호(弧)는 우리의 주위에서 우리의 과거, 미래, 인간적 환경, 물리적 상황, 이데올로기적 상황, 도덕적 상황을 기투하며, 아니, 오히려 우리가 그러한 모든 관계 속에 위치지어지도록 한다. 감각의 통일성, 감각과 지능의 통일성, 감성과 운동성의 통일성을 이루는 것은 바로 이 지향적 호이다. 환자의 질병에서 '풀려 있는' 것은 바로 이 지향 호이다.

10_지향 호

따라서 병리학적 사례의 연구로 말미암아 우리는 경험주의와 주지주의, 설명과 반성의 고전적 대안들을 넘어서는 새로운 분석 방법—실존적 분석을 간파하게 된다. 의식이 물리적 사실들의 총합이라면, 개개의 장애는 선택적이지 않으면 안 된다. 의식이 '표상의 기능,' 표의하는 순수 능력이라면 그것은 존재할 수 있거나 존재할 수 없거나이고 (또한 의식과 함께 모든 사물 역시 그러하고) 그러나 존재한 후에는 그치지 않고 존재하거나 아니면 병들거나,

90 같은 책, p. 69.

91 Fischer, *Raum-Zeitstruktur und Denkstörung in der Schizophrenie*, p. 250.

즉 변하거나이다. 결국 의식이, 대상들을 자기 주위에서 자기의 고유한 행동의 흔적으로 처리하는, 그럼에도 불구하고 또 다른 자발적 행동으로 이행하고자 그 대상들에 의존하는 투사의 활동이라면, 그와 동시에 사람들은 '내용'의 결손은 무엇이든지 경험의 총체에 울려 퍼지고 파괴를 시작할 것이라는 것, 모든 병리학적 굴절은 의식 전체에 영향을 미친다는 것, 그럼에도 불구하고 질병은 매번 의식의 어떤 '측면'에 상처를 준다는 것, 개개의 경우에 어떤 징후들은 질병의 임상 기록표에서 지배적이라는 것, 마침내 의식은 격파당해 그 내부에 질병을 받아들일 것이라는 것을 이해한다. '시각적 영역'을 덮침으로써 질병은 의식의 어떤 내용들, '시각적 표상들,' 고유한 의미의 시각을 파괴하는 것에 그치지 않는다. 그것은 비유적 의미의 시각에 상처를 주거니와 전자는 바로 이러한 시각 — 동시적 다양성들을 '내려다보는' 능력,[92] 대상을 정립하는 또는 의식을 가지는 모종의 방식 — 의 모델이나 상징에 불과하다. 그러나 그럼에도 불구하고, 이런 유형의 의식은 감각적 시각의 승화일 뿐이기에, 시각적 장의 차원들을 충전함으로써 언제나 그 장들에서 도식화될 뿐이기에, 사람들이 이러한 일반적 기능이 자신의 심리학적 뿌리를 가지는 것이라고 이해하는 것은 새로운 의미에서 사실이다. 직관, 명증, 자연적 빛이라는 말들에 더욱더 풍부한 의미를 채워 넣는 의미론적 진화가 충분히 보여주듯, 의식은 자신의 시각적 소여들의 고유한 의미를 넘어서 이 소여들을 자유롭게 전개하고, 이것들을 자신의 자발성의 행동을 표현하는 데 사용한다. 그러나 역으로, 그 가운데 어느 한 말이라도, 역사가 그 말에 부여한 궁극적 의미에서 보면 시각적 지각의 구조들과의 관계 없이는 이해되지 않는다. 따라서 사람들은 인간은 **정신**이기 때문에 본다고, 게다가 인간은 보기 때문에 **정신**이라고 말할 수 없다. 인간이 보는 대로 본다는 것과 **정신**이라는 것은 동의어이다. 의식은

92 메를로-퐁티, 『행동의 구조』, p. 91 및 이하.

그 뒤에 자신의 항적(航跡)을 남겨둠으로써만 어떤 사물의 의식인 한에서, 그리고 대상을 사고하고자 이미 구성된 '사고의 세계'를 의지하지 않으면 안 되는 한에서, 의식의 중심에는 언제나 탈개인화가 있다. 바로 이것에 의해서 외부 개입의 원리가 주어진다. 의식은 병들 수 있고 의식의 사고 세계는 조각들에 의해 무너질 수 있다. 정확히 말하면, 질병에 의해 단절된 '내용들'은 정상 의식의 경우에 부분의 자격으로 나타나지 않았고 부분을 넘어서는 의미들의 받침대로만 사용되었기 때문에, 사람들은 의식이 그 상부 구조들의 기초가 무너질 때 그 구조들을 유지하려고 애쓰는 것을 보며, 의식은 평소의 작용들을 흉내내기는 하나 이들로부터 직관적 실현을 달성하는 것은 불가능한, 이들로부터 이들의 완전한 의미를 박탈하는 특수한 결손을 은폐하는 것은 불가능한 상태에서 흉내를 수행하고 있는 것이다. 차제에, 정신적 질병이 신체적 사건에 구속되어 있다는 사실이 원칙적으로 동일한 방식으로 이해된다. 의식은 문화적 세계에 투사되고 습관을 가지듯, 물리적 세계에 투사되고 신체를 가진다. 왜냐하면 의식은 자연의 절대적 과거나 개인적 과거에 주어진 의미들을 연출함으로써만 의식일 수 있기 때문이고, 모든 체험된 형태는 우리의 습관의 그것이든 우리의 '신체적 기능'의 그것이든 어떤 일반성을 향하기 때문이다.

11_ 신 체 의 지 향 성

이러한 명료화 작업 덕분에 우리는 결국 운동성을 원래적 지향성으로 명확하게 이해하게 된다. 의식은 발원적으로 '나는 ~을 생각한다'가 아니라 '나는 ~을 할 수 있다'[93]이다. 슈나이더의 시각 장애처럼 운동 장애도 표상의 일반적 기능의 상실로 귀결될 수

93 이 용어는 후설의 미출간 원고에서 상용된다.

없다. 시각과 운동은 우리를 대상과 관계시키는 특수 방식들이다. 그리고 이 모든 경험들을 통하여 어떤 유일한 기능이 표현된다면, 이것은 내용들의 근본적 다양성을 제거하지 않는 실존의 운동이다. 왜냐하면 이 실존의 운동은 내용들을 '나는 생각한다'의 지배 아래 둠으로써가 아니라, '세계'의 상호 감각적 통일성을 향해 놓이게 함으로써 결합하기 때문이다. 운동은 운동에 대한 사고가 아니며, 신체적 공간은 사고된 또는 표상된 공간이 아니다. "개개의 자발적 운동은 운동 자체에 의해서 규정된 지를 토대로 환경에서 일어난다. 우리는 '진공'이 아니라, 운동들과 관계없는 공간이 아니라, 반대로, 운동들과 너무 규정적인 관계에 있는 공간에서 운동들을 수행한다. 사실을 말하자면, 운동과 지는 유일한 전체가 인위적으로 분리된 계기들일 뿐이다."[94] "대상을 향해 일어나는 손동작에는 그 대상을 표상된 대상으로서가 아니라 우리가 기투되어 내던지는, 우리가 미리 곁에 있는, 우리가 떠나지 않는 너무나 특정한 사물로서 그 대상과 맺고 있는 관계가 포함되어 있다."[95] 의식은

94 Goldstein, *Über die Abhängigkeit*⋯, p. 163.

95 순수 운동의 지향성을 적나라하게 밝히는 것은 쉽지 않다. 즉 그것은 자신이 도움을 주어 구성하게 하는 객관적 세계 배후에 숨어 있다. 실행증의 역사는 행동이 표상의 개념에 의해 거의 언제나 오염되어 있고 마침내 불가능하게 되는 것임을 보여줄 것이다. 리프만 (Liepmann, *Über Störungen des Handelns bei Gehirnkranken*)은 실행증을 행동의 실인증적 장애, 즉 대상은 인지되지 않지만 행동은 대상의 표상과 일치하는 장애와 엄밀하게 구별한다. 그리고 그는 일반적으로, 실행증과 '행동의 관념적 준비'에 관련된 장애(목표의 망각, 두 목표의 혼동, 섣부른 수행, 중간에 발생하는 지각에 의한 목표의 이동)를 구별한다(리프만, 같은 책, pp. 20~31). 리프만의 환자의 경우(국회의원), 관념적 과정은 정상이다. 왜냐하면 그 주체는 오른손으로 하지 못하게 되어 있는 모든 것을 왼손으로 수행할 수 있기 때문이다. 더욱이, 그 오른손은 불구가 아니다. "국회의원의 경우는 소위 고차적인 심적 과정과 운동 신경 자극 사이에, 운동 기도를 이런저런 사지의 운동에 적용하는 것을 불가능하게 하는 또 다른 결핍의 자리가 여전히 존재한다는 것을 보여준다. 말하자면 사지의 모든 운동 감각적 장치는 전체적 심적 과정과 따로 떨어져 있다"(같은 책, pp. 40~41). 따라서 정상적이라면, 모든 운동 공식은 우리에게 표상으로서 나타나면서 우리의 신체에 일정한 실천적 가능성으로서 나타난다. 환자는 운동 공식을 표상으로서 간직했다. 그러나 그것은 더 이상 오른손에 대하여 어떠한 의미도 가지고 있지 않다. 거듭 말하거니와, 오른손은 더 이상 행동 영역을 가지고 있지 않다. "그는 소통 가능한 모든 것을 행동 속에서 보존했고 행동이 타자에 대해 객관적이고 지각 가능한 모든 것을 그 속에서 보존했다. 그에게 없는 것은 그려진 계획에 따라 오른손을 움직일 수 있

신체의 매개에 의해 사물로 향하는 존재가 아니다. 운동은 신체가 그것을 이해했을 때, 즉 그것을 자신의 '세계'에 통합했을 때 학습된다. 자신의 신체를 움직이는 것은 신체를 통해 사물을 겨냥하는 것이고, 신체로 하여금 신체에 대하여 아무런 표상도 없이 행사하는 사물의 간청에 대응하게 하는 것이다. 따라서 운동성은 신체를, 사전에 표상하는 공간 지점까지 우리가 운반하는 의식의 하인 같은 것이 아니다. 우리의 신체가 대상을 향해 움직일 수 있으려면, 우선 대상이 신체에 대하여 존재해야 하고 따라서 우리의 신체는 '즉자' 영역에 속하지 않아야 한다. 대상들은 실행증(失行症) 환자의 팔에 대하여 존재하지 않는다. 이것이 그의 팔을 움직이지 않도

지각의 현상학

는 역량이다. 즉 그것은 표현 불가하고 외적 의식에 대해 대상일 수 없는 어떤 것으로서 앎이 아니라 능력이다"(같은 책, p. 47). 그러나 리프만이 자신의 분석을 보다 명확히 하고자 노력할 때 고전적 관점으로 되돌아가고, 운동을 **표상**(주요 목표에 따라 나에게 매개된 목표들을 제공하는 '운동 공식')과 **자동 운동** 체계(개개의 매개된 목표에 알맞는 신경 자극을 대응시키는)로 절개한다(같은 책, p. 59). 앞서 문제가 되었던 '능력'은 '신경 실체의 속성'이 된다(같은 책, p. 47). 사람들은 운동 기도의 개념과 함께, 초월했다고 믿은 의식과 신체 사이의 택일로 되돌아간다. 간단한 운동이 문제라면, 목표 및 매개된 목표의 표상은 운동으로 바뀌어진다. 왜냐하면 그것은 단번에 획득되는 자동 운동을 터뜨리기 때문이다(같은 책, p. 55). 복잡한 운동이 문제라면, 그것은 "합성된 운동의 운동 감각적 기억"을 불러일으킨다. "운동이 부분적 행동으로 합성되는 것처럼 운동 기도는 그 부분이나 매개된 목표의 표상으로 합성된다. 이것이 바로 우리가 운동 공식이라고 불렀던 표상인 것이다"(같은 책, p. 57). 행동은 표상과 자동 운동 속으로 분할된다. 국회의원의 경우는 이해 불가의 것이 된다. 왜냐하면 그의 장애를 운동의 관념적 준비 또는 자동 운동의 어떤 결핍에 관계짓지 않으면 안 되기 때문이다. 이것은 리프만이 애초부터 배제했던 것이다. 운동 실행증은 관념적 실행증, 즉 일종의 실인증 아니면 마비로 귀결된다. 사람들은 실행증을 납득할 수 없다. 수행할 행동이 표상에 의하지 않고 예상될 수 있을 때만 사람들은 실행증을 납득할 수 있고, 리프만의 관찰을 정당하게 다룰 수 있다. 이것이 가능해지는 것은 의식이 그 대상의 명시적 정립으로서가 아니라, 보다 일반적으로, 이론적 대상뿐만 아니라 실제적 대상과의 관계로서 규정될 때뿐이고, 신체가 그편에서 모든 대상 가운데의 하나로서가 아니라, 세계-에로-존재의 운반 도구로서 규정되어 의식이 세계-에로-존재로서 규정되는 바로 그때뿐이다. 사람들이 의식을 표상에 의해 규정하는 한, 자신에 대한 유일하게 가능한 작용은 표상을 형성하는 것이 된다. 의식은 자신이 '운동의 표상'으로 주어지는 한 운동적일 것이다. 그렇다면 신체는 의식에 주어지는 표상에 의거해서 그것을 모방하면서 표상으로부터 의식이 받아들이는 운동 공식에 따라서 운동을 수행한다(O. Sittig, *Über Apraxie*…, p. 98). 여전히, 운동의 표상이 어떠한 마술적 과정에 의해 바로 그 운동을 신체에 생기게 하는가를 이해해야 한다. 사람들이 기계적 즉자로서의 신체와 대자 존재로서의 의식을 구별하는 것을 중지할 때만 이 문제는 해결될 수 있다.

록 하는 바로 그것이다. 공간 지각에는 아무런 손상도 없는, 심지어 '수행할 동작의 지적 개념'이 혼동에 빠진 것 같지 않은, 그럼에도 불구하고 삼각형을 모사할 줄 모르는 순수 실행증 환자의 사례들,[96] 주체가 자신의 신체에 주어진 자극의 위치를 정하는 문제에 관한 것을 제외하고는 어떠한 인지적 장애도 표명하지 않는, 그럼에도 불구하고 + 모양, v 모양, o 모양을 모사할 수 없는 구성적 실행증 환자의 사례들,[97] 이 모든 사례들은 신체가 자신의 세계를 갖고 있음을, 대상이나 공간이 우리의 신체의 것에 속하지 않고서는 우리의 인식에 현존할 수 없음을 훌륭하게 보여준다.

12_신체는 공간 안에 있지 않고 공간에 거주한다

따라서 우리의 신체는 공간 **안에** 있다고, 더욱이 시간 **안에** 있다고 말해서는 안 된다. 그것은 공간과 시간에 **거주한다**. 나의 손이 공중에서 복잡하게 이동한다면, 나는 그 최종적 위치를 인식하기 위해 동일한 방향의 운동들을 한꺼번에 합해서도 안 되고 반대 방향의 운동들을 생략해서도 안 된다. 주행 거리가 택시 미터기에 이미 실링과 펜스로 환산되어 나타나듯, "모든 확인 가능한 변화는 그에 선행하는 것과의 관계들이 실려 있는 의식에 이미 도달해 있다."[98] 줄곧, 선행하는 자세들과 운동들이 이미 항상 준비된 측정 기준을 제공한다. 출발 당시의 손의 위치에 대한 시각적 또는 운동적 '기억'이 문제가 아니다. 대뇌 손상은 운동 의식을 없애면서도 시각적 기억을 다치지 않게 남겨둘 수 있으며, '운동적 기억'에 관

96 Lhermitte, G. Lévy와 Kyriako, *Les Perturbations de la représentation spatiale chez les apraxiques*, p. 597.

97 Lhermitte와 Trelles, *Sur l'apraxie constructive, les troubles de la pensée spatiale et de la somatognosie dans l'apraxie*, p. 428. 다음을 비교. Lhermitte, de Massary와 Kyriako, *Le Rôle de la pensée spatiale dans l'apraxie*.

98 Head와 Holmes, *Sensory disturbances from cerebral lesions*, p. 187.

해서 말해보면, 이것이 나오는 지각이 그 자체 '여기'의 절대적 의식, 즉 이것이 없으면 사람들이 기억에서 기억으로 되돌려지고 현실적 지각을 갖지 못할 이러한 '여기'의 절대적 의식을 포함하지 않는다면, 그것이 나의 손의 현 위치를 규정할 줄 모르는 것은 분명하다. 신체는 반드시 '여기'에 있듯, 반드시 '지금' 존재한다. 신체는 '과거'의 것이 될 수 없다. 우리가 앓았다는 생생한 기억을 건강할 때 보존할 수 없다면, 또는 유아 시절의 신체에 대한 기억을 성인 시절에 보존할 수 없다면, 이러한 '기억의 공백들'은 우리 신체의 시간적 구조를 표현해줄 뿐이다. 운동의 연속선 상에서, 선행하는 순간은 무시되는 것이 아니라, 말하자면 현재에 끼워 넣어지고, 결국 현재의 지각은 현실적 위치에 의존하면서, 상호 포함되는 이전의 위치들의 배열을 재파악하는 데서 성립한다. 그러나 당장의 위치는 역시 현재에 포함되어 있고, 바로 이 현재에 의해서 모든 위치들이 운동의 끝에까지 오게 된다. 개개의 운동의 순간은 그 운동의 전장을 포함하고, 특히 최초의 순간에 일어나는 운동의 초입은 나머지 순간들이 전개하는 것만으로 그칠 여기와 저기, 지금과 미래의 연결을 개통한다. 내가 신체를 가지고 이를 통해서 세계에서 행동하는 한, 공간과 시간은 나에 대하여 병립 지점들의 합계가 아니고, 더욱이 나의 의식이 종합화하고 나의 신체를 함축할 관계들의 무한성도 아니다. 나는 공간과 시간 안에 있지 않고 공간과 시간을 사고하지 않는다. 나는 공간과 시간의 것에 속하고 나의 신체는 이들에게 적용되며 이들을 포함한다. 이러한 파악의 폭이 나의 실존의 그것을 측정한다. 그러나 어떤 경우에도, 폭이 전체적인 것일 수 없다. 내가 거주하는 공간과 시간은 언제나, 다른 관점들을 함축하고 있는 규정되지 않은 지평들의 두 곳이다. 공간의 종합처럼 시간의 종합은 언제나 다시금 시작되도록 되어야 하는 것이다. 우리의 신체의 운동 경험은 인식의 특수 사례가 아니다. 그것은 우리에게 세계와 대상에 접근하는 방식, 원래적인 것으로, 아마도 발원적인 것으로 인식되어야 하는 '실천지praktognosie'를[99]

제공한다. 나의 신체는 자기의 세계를 '표상'을 거쳐야 할 필요 없이, '상징적 기능'이나 '객관화하는 기능'에 종속할 필요 없이 자기의 세계를 가지고 있거나 이해하고 있다. 어떤 환자들은 의사와 마주보는 것이 아니라, 의사의 옆에 자리 잡아 거울에 비치는 운동을 관찰한다면 의사의 운동들을 흉내낼 수 있고, 오른손을 오른쪽 귀로, 왼손을 코로 가져갈 수 있다. 히드Head는 환자의 실패를 '정형화'의 불충분으로 설명했다. 즉 동작의 모방은 언어적 번역에 의해 매개된다. 사실상, 정형화는 모방이 성공하지 않고서도 정확할 수 있고, 모방은 어떤 정형화 없이도 성공한다. 이렇게 되면 저자들은[100] 언어적 상징주의는 아닐지라도, 적어도 일반적인 상징적 기능, 말하자면 모방이 지각이나 객관적 사고처럼 특수 사례에 불과하게 되는 '전위' 능력을 개입시킨다. 그러나 이러한 일반적 기능이 적응 행동을 설명하지 못하는 것은 명백하다. 왜냐하면 환자들은 수행할 행동을 정형화할 수 있을 뿐만 아니라 상상할 수도 있기 때문이다. 이들은 자신들이 무엇을 행해야 하는가를 너무 잘 알고 있고 그럼에도 불구하고 오른손을 오른쪽 귀로, 왼손을 코로 가져가는 대신, 두 손을 귀에 대거나 아니면 코와 한쪽 눈에 대거나 한쪽 귀와 한쪽 눈에 대거나 한다.[101] 불가능하게 되는 것은 그들의 고유한 신체에 대한 객관적 운동 규정의 적용과 조정이다. 달리 말하면, 오른손과 왼손, 눈과 귀는 그들에게 아직도 절대적 소재지로서 주어지나, 의사가 환자와 마주보고 있을 때일지라도 그것들을 의사의 신체의 같은 부분과 연결하고, 모방에 유익하게 연결하는 대응 체계에는 더 이상 삽입되지 않는다. 나와 마주보고 있는 어떤 사람의 동작을 모방할 수 있기 위해서, '나의 시각 장의 오른쪽에 나타나는 손이 나의 상대편에게는 왼손이라는 것'을 내가 분명히 아는 것이 필요한 것은 아니다. 이러한 설명에 호소하는

---

99 Grünbaum, *Aphasie und Motorik.*

100 Goldstein, Van Woerkom, Boumann 그리고 Grünbaum.

101 Grünbaum, 인용된 저서, p. 386~92.

것은 바로 환자이다. 정상 모방의 경우에, 그 주체의 왼손은 자기 상대편의 그것과 직접 동일시되고, 그 주체의 행동은 그 자신의 모형에 직접 일치되며, 그 주체는 그 모형 속으로 내던져지거나 또는 비실재화되고 그 모형과 동일시된다. 협조물들의 변화는 이러한 실존적 운용 속에서 탁월하게 포함되어 있다. 이것은 정상 주체가 자신의 신체를, 현실적 위치들의 체계로서뿐 아니라 또한 바로 그것에 의해서 다른 방향의 무한한 등가적 위치들의 개방 체계로서도 가지기 때문이다. 우리가 신체 도식이라 불렀던 것은 바로 이러한 등가의 체계이고, 여러 운동 과제가 순간적으로 전위되는 것이 가능해지도록 해주는, 직접적으로 주어진 상수이다. 이것은 신체 도식이 나의 신체의 경험일 뿐만 아니라 나의 신체가 세계 내에서 하는 경험이라는 것을 말해주고, 언어적 명령에 운동의 의미를 부여하는 것이 신체 도식이라는 것을 말해준다. 따라서 실행증적 장애들에서 파괴되는 기능은 틀림없이 운동 기능인 것이다. "이러한 종류의 경우에 손상당한 것은 일반적으로 말해 상징적 또는 표의 작용적 기능이 아니다. 그것은 훨씬 더 발원적이자 운동적 성격의 기능, 즉 동적인 신체 도식의 운동적 차별화의 능력이다."[102] 정상 모방이 움직이는 공간은, 절대적 소재지를 가진 구체적 공간과는 대조적으로, 사고 행위에 기초한 '객관적 공간'이나 '표상적 공간'이 아니다. 그것은 이미 나의 신체 구조에서 그려지고 그 구조의 분리 불가능한 상관자이다. "순수 상태에서 포착된 운동성은 이미 의미 부여의 기초 능력을 소유한다."[103] 나중에 공간에 대한 사고와 지각이 운동성으로부터, 공간에 속하는 것으로부터 벗어난다 할지라도 우리가 공간을 표상할 수 있기 위해서 우리는 맨 먼저 우리의 신체에 의해 공간으로 들어갔어야 하고, 신체가 우리에게 공간을 객관적 체계로 만들고 우리의 경험이 대상의 경험임을, '즉자'로 열리는 것을 가능하게 하는 전위, 등가, 동일화라는 기본 모형을

---

102 같은 책, pp. 397~98.
103 같은 책, p. 394.

제공했어야 한다. "운동성은 우선 모든 의미 작용의 의미가, 표상된 공간의 영역에서 발생되는 시원적 영역이다."[104]

13_ 새로운 의미의 운동적 획득으로서의 습관

신체 도식의 개정과 갱신으로서의 습관 획득은 종합을 언제나 지적 종합으로 인식하도록 했던 고전 철학들에게 커다란 난점들을 제공한다. 요소적 운동들, 반응들, '자극들'을 습관 안에서 결합하는 것이 외적 연합이 아니라는 것은 틀림없는 사실이다.[105] 모든 기계론적 이론은 학습이 체계적이라는 사실에 부딪힌다. 주체는 개별적 자극에 개별적 운동을 갖다 붙이지 않으나 어떤 형태의 상황에 대해서는 어떠어떠한 해결 유형에 의해서 반응하는 능력을 획득한다. 물론, 상황은 경우마다 크게 다를 수 있고, 반응 운동은 때때로 효과 기관에, 때때로 다른 기관에 국한될 수 있으며, 상황과 반응은 여러 경우에 요소들의 부분적 동일성에 의해서라기보다는 그들의 의미의 공통성에 의해서 서로 닮는다. 따라서 습관의 근원은 그 요소들을 조직하고 나중에 그 요소들로 되돌아가는 오성 행위에 두지 않으면 안 되는가?[106] 예를 들어, 춤의 습관을 획득하는 것은 운동의 공식을 분석적으로 찾아내어 이를 이미 획득된 운동, 즉 걷는 운동과 뛰는 운동을 이용해서 그 관념적 궤적에 따라 재조직하는 것이 아닌가? 그러나 새로운 춤의 공식이 일반적 운동성의 어떤 요소들을 통합하려면 그것은 맨 먼저 운동의 서품을 받았어야 한다. 사람들이 때때로 말한 것처럼, 운동을 '포착하고' '이해하는' 것은 신체이다. 습관의 획득은 진정 의미의 파악인 것이다.

---

104 같은 책, p. 396.
105 이 점에 관해서는 메를로-퐁티, 『행동의 구조』, p. 125 이하 참조.
106 예를 들면, 베르그송이 습관을 '정신 활동의 화석화된 잔여'로서 규정할 때 생각하는 바와 같이.

그러나 그것은 운동의 의미의 운동적 파악이다. 이로써 사람들이 말하고자 하는 바는 정확하게 무엇인가? 한 여자가 자기 모자의 깃털을 꺾을 수도 있을 대상들로부터 안전 거리를 계산해보지도 않고 유지하는 경우, 우리가 우리의 손이 있는 곳을 느끼듯 그 여자는 자기의 깃털이 있는 곳을 느낀다.[107] 내가 늘상 운전을 해왔다면, 나는 좁은 도로에 진입하면서 그 폭을 차의 그것과 비교하지도 않고 '내가 지나갈 수 있다'는 것을 본다. 이것은 내가 문의 폭을 나의 신체의 그것과 비교하지도 않고 빠져나가는 것과 마찬가지이다.[108] 그 모자와 승용차는 크기와 부피가 다른 대상들과의 비교에 의해 결정될 대상들이기를 그만두었다. 그것들은 부피를 지닌 능력이 되었고, 일정한 크기의 자유로운 공간에 대한 요구가 되었다. 마찬가지로, 문과 도로는 구속 능력이 되었고, 즉각 부속 기관을 가진 나의 신체에 대하여 다닐 수 있는 것 또는 다닐 수 없는 것으로 나타난다. 장님의 지팡이는 장님에 대하여 대상이기를 그쳤고, 더 이상 그 자체로 지각되지 않으며, 그 끝은 감각적 지대로 변형되었고, 그 지팡이는 접촉 행동의 넓이와 반경을 증대시키며, 시선에 유비되는 것이 되었다. 대상의 탐구에서 지팡이의 길이는 분명히 매개항으로서 개입하지 않는다. 장님은 지팡이의 길이에 의해서 대상의 위치를 아는 것보다 오히려 대상의 위치에 의해서 지팡이의 길이를 안다. 대상의 위치는 장님에게 영향을 미치고 팔의 연장 능력 이외에 지팡이의 행동 반경이 포함되는 동작의 넓이에 의해서 직접적으로 주어진다. 내가 지팡이에 대해 습관을 들이고자 한다면, 나는 그것을 시험해보고 몇몇의 대상들에 대보고 난 조금 뒤에 그것을 '손안에' 쥐며, 나는 어떤 대상들이 나의 지팡이가 '미치는 거리에' 또는 그 밖에 있는가를 본다. 여기서는 지팡이의 객관적 길이와 도달 목표의 객관적 거리 사이에 있는 비교가 문제인 것은 아니다. 공간적 장소들은 우리의 신체의 객관적 위치의 관

---

107 Head, *Sensory disturbances from cerebral lesion*, p. 188.
108 Grünbaum, *Aphasie und Motorik*, p. 395.

계에 따라 객관적 위치들로서 규정되는 것이 아니라, 우리의 주위에서 우리의 구상이나 동작의 변화 가능한 범위를 새긴다. 모자, 승용차, 지팡이에 습관을 들인다는 것은 거기에 거주한다는 것이거나, 역으로, 이것들로 하여금 고유한 신체의 부피에 가담하게 한다는 것이다. 습관은 우리가 우리의 세계-에로-존재를 확장시킬 수 있는 능력이나 새로운 도구들에 의해 우리를 합병시킴으로써 존재를 변화시킬 수 있는 능력을 표현한다.[109] 사람들은 단어를 구성하는 글자들이 글쇠판의 어느 곳에서 발견되는가를 지정하는 법을 모르고서도 타자 치는 법을 알 수 있다. 따라서 타자 칠 줄 안다는 것은 글쇠판 위에 있는 개개의 글자의 소재지를 인식한다는 것이 아니며, 개개의 글자가 우리의 시선에 나타날 때 글쇠를 두드리는 조건 반사를 그 글쇠 하나하나에 대하여 획득했다는 것조차도 아니다. 습관이 인식도 아니고 기계적 동작도 아니라면, 그렇다면 그것은 무엇인가? 신체적 노력에 따라서만 체험되고 객관적 지시에 의해서는 결코 표현될 수 없는 바, 손이 아는 앎이 문제이다. 우리가 우리 다리의 하나가 어디에 있는가를, 우리에게 그 위치를 객관적 공간으로서 제공하지 않는 익숙한 앎에 의해서 알듯, 그 주체는 글자들이 글쇠판의 어느 곳에 있는가를 안다. 그의 손가락의 이동은 타자수에게 사람들이 기술할 수 있는 공간적 진로처럼 주어지는 것이 아니라, 다만 자기 나름의 용모에 의해서 다른 모든 운동성과 구별되는 운동성의 어떤 변조로서 주어질 뿐이다. 때때로 사람들은 용지 위에 씌어진 글자의 지각이 동일한 글자의 표상을 일깨워서 다시금 글쇠판 위의 그 글자에 도달하는 데 필요한 운동의 표상을 일으켰던 것처럼 문제를 제기한다. 그러나 이렇게 말하는 것은 신화적이다. 내가 내 앞에 있는 교재를 대강 훑어볼 때, 표

109 따라서 그것은 신체 도식의 본성을 규명한다. 우리가 그것이 직접적으로 우리의 신체의 위치를 제공한다고 말할 때, 우리는 경험주의의 방식에 따라 그것이 '외연적 감각'의 모자이크로 구성된다고 말하고자 하는 것이 아니다. 그것은 세계에 열린 체계, 세계에 상관적인 체계이다.

상들을 일깨우는 지각들은 없고 총체들이 유형적 또는 익숙한 용모를 가진 채로 구성된다. 내가 나의 자판 앞에 앉을 때, 운동적 공간이 내가 훑어 읽었던 것을 상연하려고 하는 나의 손 아래에서 펼쳐진다. 읽혀진 말은 볼 수 있는 공간의 변조이고 운동의 수행은 손의 공간의 변조이다. 모든 문제는 어떻게 '시각적 총체들'의 어떤 용모가 어떤 방식의 운동 반응을 불러일으킬 수 있는가, 단어를 운동으로 번역하기 위해 단어를 한 자 한 자 읽고 운동을 하나하나 배울 필요도 없이 어떻게 개개의 '시각적' 구조가 궁극적으로 자신에게 운동적 본질을 제공하는가를 아는 것이다. 그러나 이러한 습관의 능력은 우리가 일반적으로 우리의 신체에 대하여 행사할 수 있는 능력과 구별되지 않는다. 사람들이 나에게 나의 귀나 무릎을 접촉하라고 명령한다면, 나는 가장 짧은 거리를 밟아 출발 당시의 손의 위치, 귀의 위치, 손에서 귀로 가는 진로를 표상하지도 않고 귀나 무릎으로 손을 가져간다. 우리는 습관을 획득하는 데 있어서 '이해하는' 자는 신체라는 것을 보다 강하게 말하고 싶다. 이해하는 것이 감각 소여를 관념에 포섭하는 것이고 신체가 대상이라면, 이러한 공식은 불합리하게 보일 것이다. 그러나 습관의 현상이 바로 우리로 하여금 '이해하다' 및 신체에 대한 우리의 개념을 수정하도록 만든다. 이해한다는 것은 우리가 겨냥하는 것과 주어지는 것 사이에서, 의도와 실행 사이에서 조화를 경험한다는 것이고, 신체는 세계에 닻을 내리고 있는 우리의 정박지이다. 내가 손을 무릎으로 향하게 할 때, 나는 운동의 매순간 나의 무릎을 관념이나 심지어 대상으로서가 아니라, 살아 있는 나의 신체의 현존의 실재적 일부로서, 말하자면 최종적으로는 세계를 향한 나의 지각적 운동의 이행점으로서 겨냥하는 의도의 실현을 경험한다. 타자수가 필요한 운동을 타자할 때, 이 운동은 의도에 의해서 통제되나 이 의도는 글쇠를 객관적 소재지로서 접촉하는 것을 정립하지 않는다. 타자하는 법을 배우는 그 주체가 글쇠판의 공간을 자신의 신체적 공간에 통합한다는 것은 말 그대로 사실이다.

도구주의자들의 사례가 어떻게 습관이 사고에도 객관적 신체에도 있지 않고, 세계의 매개자로서의 신체에 있는가를 더욱더 잘 보여준다. 사람들은 능숙한 오르간 연주자가 자신이 알지 못하고 평소에 사용하던 것과는 달리 배열된, 건반이 다소 많은 오르간을 사용할 수 있다는 사실을 알고 있다.[110] 자신의 프로그램대로 연주하는 상태로 돌아가기 위해서 한 시간의 연습이면 충분하다. 너무 짧은 연습 시간 때문에 여기서 우리는 새로운 조건 반사들과 기존의 조립들이 하나의 체계를 형성하지 않고 그 변화가 전체적인 것 —— 이것이 우리를 기계론적 이론으로부터 빠져나오게 하는 것인데, 왜냐하면 그때는 반응들이 그 도구의 전체적 파악에 의해서 매개되기 때문이다 —— 이 아니라면 전자가 후자를 대신한다고 가정하지 못한다. 여기서 우리는 오르간 연주자가 오르간을 분석한다고, 말하자면 음전(音栓), 페달, 건반, 건반의 공간적 관계에 대한 표상을 자신에게 제공하고 보존한다고 말하는가? 그러나 그는 콘서트에 앞선 짧은 반복 연습 동안에도 사람들이 계획을 세우고 행동하는 것처럼 행동하지 않는다. 그는 연주석에 앉아 페달을 조종하고, 음전을 사용하며, 자신의 신체로 그 도구의 치수를 재어보고, 방향과 차원을 통합하며, 사람들이 집에서 앉듯 오르간에 앉는다. 개개의 음전과 페달에 관해 말하자면, 그가 배우는 것은 이들이 객관적 공간에서 차지하는 위치가 아니며 그가 그것들을 맡긴 곳은 '기억'이 아니다. 공연에서 그렇듯 반복 연습에서도 음전, 페달, 건반은 이러저러한 정서적 또는 음악적 가치 능력으로서만 그에게 주어지고, 그들의 위치는 그러한 가치가 세계에 나타나게 되는 장소들로서만 주어진다. 악보에서 지시되는 바와 같은 그러한 곡의 음악적 본질과, 실제로 오르간 주위에서 울리는 음악 사이에 존재하는 너무나 직접적인 관계가 오르간 연주자의 신체와 그 도구가 그 관계의 이행 장소일 뿐이라는 것을 확립한다. 그리하여 음악은

110 Chevalier, *L'Habitude*, p. 202 이하 참조.

자존하고 나머지 모두가 존재하는 것도 그렇게 됨으로써이다.[111] 여기에는 음전의 소재지에 대한 '회상'을 위해 주어지는 어떤 자리도 없으며, 오르간 연주자가 연주하는 것은 객관적 공간에서가 아니다. 사실상, 반복 연습하는 동안 그의 동작들은 서품식에서의 동작들과 같다. 그것들은 감정적 벡터를 긴장시키고 정서적 원천들을 발견하며 고대 예언자의 점술 행위가 신전을 가르듯 표현의 공간을 창조한다.

여기서 습관의 모든 문제는 어떻게 한 동작의 음악적 의미가 오르간 연주자가 음악에 완전히 몰두하면서도 음악을 실현할 음전과 페달을 정확하게 맞출 정도로 어떤 장소에서 파열할 수 있는가를 아는 것이다. 이제 신체는 탁월한 표현의 공간이다. 내가 대상을 잡고자 하면 이미 내가 사고하지 않는 공간 지점에서 나의 손인 바로 이러한 파악 능력이 그 대상을 향해 일어선다. 나는 나의 다리를 공간적으로 나의 머리에서 80센티미터 떨어져 있는 것으로서 움직이는 것이 아니라, 그 보행 능력이 나의 운동 의도를 밑으로까지 연장하는 것으로서 움직인다. 나의 신체의 주요한 영역들은 행동에 헌신하고 행동의 가치에 동참한다. 왜 상식이 사고의 장소를 머리에 두는가를 아는 것과 어떻게 오르간 연주자가 음악적 의미를 오르간의 공간에 배치하는가를 아는 것은 동일한 문제이다. 그러나 우리의 신체는 다른 여러 표현의 공간들 가운데의 하나인 것만은 아니다. 그것은 바로 구성된 신체이다. 그것은 다른 여러 표현의 공간들의 근원이고, 의미들에 장소를 제공함으로써 그것들을 밖에 기투하는, 의미들이 우리의 손과 눈 아래에서 사물들로서 존재하는 것이 시작되도록 하는 표현의 운동 그 자체이다. 동물의 신체와 달리, 우리의 신체가 우리에게 선천적이며 단호한 본능들을

지각의 현상학

111 Proust, 『스완네 집 쪽으로 *Du Côté de chez Swann*』, II. "기악가들이 소악절을 연주한다라기보다 그 절이 나타나도록 그것에 요구된 의식을 수행하고 있었다 해도……"(p. 187) "그 소리들은 너무 갑작스러운 것이라서 바이올린 연주자는 그 소리들을 거두어들이기 위해 급히 자신의 활을 잡아당겨야 했다"(p. 193).

강요하지 않아도, 우리의 삶에 일반성의 형태를 부여하고, 우리의 개인적 행동을 안정된 성향으로 연장하는 것은 최소한 우리의 신체이다. 이러한 의미에서 우리의 본성은 오랜 관습이 아니다. 왜냐하면 관습은 본성의 수동성의 형태를 전제하기 때문이다. 신체는 우리가 세계를 소유하는 일반적 수단이다. 때로는 신체는 삶의 보존에 필요한 동작들에 만족하는 것으로 그치고, 상관적으로, 우리의 주위에서 생물학적 세계를 정립한다. 때로는 이러한 최초의 동작들을 연출하다가 이들의 고유한 의미로부터 비유적 의미로 이행하면서 그 동작들을 통해 신체는 새로운 의미의 핵을 드러낸다. 이것은 춤과 같은 운동 습관의 경우이다. 그렇지만 때로는, 겨냥된 의미는 신체의 자연적 수단에 의해 성취될 수 없다. 이때는 신체가 스스로 도구를 만들어내야 하고 그 주위에서 문화적 세계를 기투해야 한다. 이 모든 수준에서 신체는 자발적인 순간적 운동에 '약간의 갱신 가능한 행동 및 독립적 존재'를 공급하는 동일한 기능을 수행한다.[112] 습관은 이러한 근본적 능력의 방식일 뿐이다. 사람들은 신체가 새로운 의미에 의해 침투당하게 되고 의미의 새로운 핵에 동화될 때, 신체는 이해했고 습관이 형성되었다고 말한다.

우리가 운동성의 연구에서 발견했던 것은 요컨대, '의미'라는 말의 새로운 의미였다. 관념론적 철학처럼 주지주의적 심리학의 힘은 지각과 사고가 내재적 의미를 가지고 있고, 우연히 모아진 내용들의 외적 연합에 의해 설명될 수 없다는 것을 보여주는 것이 하나도 어렵지 않다는 데서 나온다. **코기토**는 이러한 내부성에 대한 의식적 파악이다. 그러나 모든 의미는 바로 그 때문에 사고의 행동으로, 순수 나의 작용으로 인식되었다. 그리고 주지주의가 경험주의를 쉽게 이겼다 해도, 그것이 그 자체로 우리의 경험의 다양성, 그 속에 있는 무의미성, 내용의 우연성을 설명할 수는 없었다. 신체의 경험은 우리로 하여금 보편적인 구성적 의식의 것이 아닌 의

112 Valéry, *Introduction à la Méthode de Léonard de Vinci, Variété*, p. 177.

미 부과, 어떤 내용에 점착해 있는 의미를 시인하지 않을 수 없게 만든다. 나의 신체는 일반적 기능처럼 행동하는, 그럼에도 불구하고 존재하는 의미의 핵이고, 우리는 이 점을 질병에서 쉽게 접근할 수 있었다. 신체에서, 우리는 일반적으로 지각에서 재발견할 그리고 추후에 보다 완전히 기술해야 할 본질과 존재의 교점을 인식하는 것을 배운다.

지각의 현상학

제4장 고유한 신체의 종합

1_공간성과 신체성

신체적 공간성의 분석은 우리를 일반화될 수 있는 결과들로 인도했다. 우리는 지각된 모든 사물에 사실인 것, 즉 공간의 지각과 사물의 지각, 사물의 공간성과 공간성의 사물적임이 서로 다른 두 개의 문제가 되지 않는다는 것을 처음으로 고유한 신체와 관련하여 확인한다. 데카르트적 전통과 칸트적 전통은 우리에게 이렇게 가르친다. 즉 그 전통은 공간적 규정들을 대상의 본질로 만들고, 부분 외 부분의 존재와 공간적 분산에서 즉자 존재의 유일한 가능적 의미를 보여준다. 그러나 그것이 대상의 지각을 공간의 지각에 의해서 분명히 하는 반면, 고유한 신체의 경험은 우리에게 공간이 존재에 뿌리박혀 있다는 것을 가르친다. 주지주의는 '사물의 동기'와 '공간의 동기'[1]가 얽혀 있다는 것을 잘 보고 있으나, 전자를 후자로 환원시킨다. 경험은 신체가 궁극적으로 자리 잡는 객관적 공간 아래에서 그 경험이 외피에 지나지 않는, 그리고 신체의 존재 그 자체와 합병하는 원초적 공간성을 드러낸다. 신체이다 함은 어떤 세계에 매여 있다는 것임을 우리는 보았으며, 우리의 신체는 우선 공간 안에 있지 않고 공간에 속해 있다. 자신의 팔에 대하여 차갑고 긴 '뱀'[2] 같다고 말하는 질병 부인 환자들은 엄밀하게 말해,

---

1 Cassirer, *Philosophie der symbolischen Formen*, III, 2부, 2장.
2 Lhermitte, *L'Image de notre Corps*, p. 130.

그 팔의 객관적 윤곽을 모르지 않는다. 환자가 자신의 팔을 찾지 못하거나 팔을 잃어버리지 않기 위해 붙잡거나 할 때도[3] 자신의 팔이 어디에 있는가를 그는 잘 **안다**. 왜냐하면 바로 그곳에서 그는 팔을 찾고 붙잡기 때문이다. 그러나 환자들이 자신의 팔의 공간을 낯선 것으로 경험한다면, 일반적으로 내가 나의 신체의 공간을 나의 감각의 증거에도 불구하고, 거대한 것 또는 조그만 것으로 감각할 수 있다면, 그것은 질병 부인이 보여주는 대로 객관적 공간성이 충분조건이 안 되는, 그리고 환상의 팔이 보여주는 대로 필요조건조차 안 되는 감정적 현존과 확대가 있기 때문이다. 신체의 공간성은 신체가 신체라는 것의 전개이고, 신체가 신체로서 실현되는 방식이다. 따라서 우리는 이것을 분석하고자 노력함으로써 신체의 종합 일반에 관해 말해야 함을 예상하고 있는 셈이다.

2_신체의 통일성과 예술 작품의 통일성

우리는 신체의 통일성에서 이미 공간에 관하여 우리가 기술했던 함축의 구조를 발견한다. 나의 신체의 여러 부분들, 그 시각적, 촉각적, 운동적 측면들은 협조적이지만은 않다. 내가 나의 탁자에 앉아 전화를 기다리고 싶다면, 그 대상을 향한 나의 손의 운동, 몸통의 고쳐 잡기, 다리 근육의 수축은 서로 연관된다. 나는 어떤 결과를 원하고 그 일들은 스스로 관련 조직에 안배되며 가능한 결합들은 미리 등가물로서 주어진다. 나는 팔을 더 뻗친다는 조건으로 안락의자에 등을 기대고 있을 수 있고 또는 몸을 앞으로 구부릴 수 있으며 심지어 몸을 반 정도 일으킬 수도 있다. 이 모든 운동들은 자신들의 공통적 의미에 입각해 있으면서도 우리가 마음대로 하는 것이다. 이것이 붙잡으려고 처음 시도하는 과정에서 아동들이 자

3 Van Bogaert, *Sur la pathologie de l'Image de soi*, p. 541.

신의 손을 주시하지 않고 대상을 주시하는 이유이다. 신체의 여러 부분들은 그 기능적 가치에서만 인식되고 그들의 협조는 학습되지 않는다. 마찬가지로, 나는 나의 탁자에 앉을 때 탁자가 나에게 숨기는 나의 신체의 부분들을 즉각적으로 '구상화'할 수 있다. 나는 신발 속의 발을 오므리면서 동시에 그것을 본다. 이러한 능력은 내가 보지 못했던 나의 신체의 부분들에 관해서도 나에게 속해 있다. 이러한 방식으로 **환자들은 안으로부터 보여진** 자기 자신의 얼굴에 대한 환상을 가진다.[4] 사람들은 사진 속에 있는 자기 자신의 손을 인식하지 못한다는 것을, 많은 주체들마저도 다른 필적 가운데서 자기 자신의 필적을 인식하는 데 어려움을 겪는다는 것을, 그렇지만, 개개인이 필름에 담긴 자신의 그림자나 걸음은 분명히 인식한다는 것을 보여줄 수 있었다. 따라서 우리는 이런저런 사이에 우리가 때때로 보았던 것을 봄에 의해서 인식하지 않으며, 이와는 반대로, 우리의 신체에서 우리에게 보여질 수 없는 것에 대한 시각적 표상을 단번에 인식한다.[5] 자기 상 환시의 경우에 주체가 자기 앞에서 보는 사본은 언제나 몇몇 보여질 수 있는 세목에 따라 인식되는 것은 아니며, 그는 그것이 자기 자신이라는 절대적 느낌을 가지고, 그런 후에 자신의 사본을 보고 있다고 선언한다.[6] 우리 각자는 몇 미터 떨어져 머리에서 무릎까지 살펴보는, 말하자면 내부의 눈에 의해서 자신을 본다.[7] 따라서 우리의 신체적 부분들의 연결, 우리의 시각적 경험과 촉각적 경험의 연결은 점진적이거나 누적적으로 실현되지 않는다. 나는 '접촉의 소여'를 '봄의 언어'로 번역하지 않으며, 또는 역으로, 나의 신체적 부분들을 하나씩하나씩 소집하지 않는다. 이러한 번역과 소집은 나의 내부에서 단번에 이루어진다. 그것들은 나의 신체 자체이다. 따라서 우리는 그 기하학적

4 Lhermitte, *L'Image de notre Corps*, p. 238.

5 Wolff, *Selbstbeurteilung und Fremdbeurteilung in wissentlichen und unwissentlichen Versuch*.

6 Menninger-Lerchental, *Das Truggebilde der eigenen Gestalt*, p. 4.

7 Lhermitte, *L'Image de notre Corps*, p. 238.

구조에 입각해서 입방체의 모든 가능한 투시도들을 앞질러 인식하듯이, 우리의 신체를 신체의 구성 법칙에 의해서 지각한다고 말하는가? 그러나 아직 외부 대상을 말해서는 안 될 터이며, 고유한 신체는 법칙 아래서의 포섭이 아닌 통일성의 세계를 우리에게 가르친다. 고유한 신체가 내 앞에 있으면서 관찰자에게 자신의 체계적 변화들을 제공하는 한, 외부 대상은 그 요소들의 정신적 시험에 응하고, 적어도 최초의 접근에서 그것은 그 요소들의 변화의 법칙으로서 규정될 수 있다. 그러나 나는 나의 신체 앞에 있지 않고 나의 신체 안에 있다. 아니, 차라리 나는 나의 신체이다. 따라서 신체의 변화들도, 변화들의 상수도 분명하게 정립될 수 없다. 우리는 우리의 신체적 부분들의 관계들, 시각적 신체와 촉각적 신체의 상관 관계들만을 성찰하지 않는다. 우리는 그러한 팔과 다리를 함께 장악하는 우리 자신 자체이며, 그것들을 동시에 보고 접촉하는 우리 자신 자체이다. 라이프니츠의 말을 다시 반복하면, 신체는 신체의 변화들의 '효과 법칙'이다. 사람들이 아직도 고유한 신체의 지각에서 해석을 말할 수 있다면, 그 신체는 스스로 해석된다고 말해야 할 것이다. 여기서 '시각적 소여들'은 그 촉각적 감각을 통해서만, 촉각적 소여들은 그 시각적 감각을 통해서만, 개개의 국소적 운동은 전체적 위치를 지로 해서만 나타나고, 개개의 신체적 사건은, 이 사건을 드러내는 '분석가'가 무엇이든 간에, 그 사건의 가장 먼 반향들이 적어도 지시되고 상호 감각적인 등가적 가능성이 제공되는 곳인 의미를 지로 해서 나타난다. 나의 손의 '촉각적 감각들'을 통합하고 이들을 동일한 손의 시각적 지각들, 신체의 다른 부분들의 지각들과 연결하는 것은 나의 손가락의 어떤 운동 양식을 함축하는 한편, 나의 신체의 어떤 태도에 이바지하는 나의 손 동작의 어떤 양식이다.[8] 신체가 비유될 수 있는 곳은 물리적 대상이 아니라 오히려 예술 작품이다. 그림이나 악곡에서 생각은 색과 소리의

---

8 골격의 역학은 과학적 수준에서조차도 나의 신체의 뚜렷한 운동과 위치를 설명할 수 없다. 메를로-퐁티, 『행동의 구조』, p. 196.

전개에 의하지 않고서 전달될 수 없다. 내가 세잔Cézanne의 그림들을 보지 못했다면 그의 예술 작품에 대한 분석은 나로 하여금 있을 수 있는 여러 세잔 작품들 가운데서 선택을 하게 하고, 현존하는 유일한 세잔 작품을 나에게 제공하는 것은 그 그림들을 지각하는 데서이며, 분석이 자신의 충분한 의미를 얻는 것은 바로 그 지각에서이다. 시나 소설의 경우에도 비록 이들이 말로 이루어져 있지만 사정은 다르지 않다. 시가 산문으로 번역될 수 있는 하나의 기본 의미를 내포한다 할지라도, 시가 자신을 시로 규정하는 제2의 존재를 독자의 정신에서 가져온다는 것은 잘 알려져 있다. 언사 parole가 단어뿐만 아니라 강세, 어조, 동작, 생김새에 의해서도 의미되는 것처럼, 그리고 이러한 의미 보충이 더 이상 말하는 자의 생각을 드러내는 것이 아니라 그의 생각의 원천과 근본적인 존재 방식을 드러내는 것처럼, 시도 우연적으로 서사적이며 의미적이라면, 본질적으로 실존의 변조이다. 이것은 외침과는 구별된다. 왜냐하면 시는 언어, 심지어 특수 언어를 사용하고, 그리하여 실존의 변조가 표현되는 순간에 즉각 사라지는 대신, 시적 장치에서 자신을 영원화하는 수단을 발견하는 반면, 외침은 자연이 우리에게 준 것과 같은, 말하자면 표현의 수단으로는 부족한 우리의 신체를 사용하기 때문이다. 그러나 외침이 몸짓하는 생명 있는 동작과 분리되어도 시는 모든 물질적 원조와 분리되지 않는다. 시의 텍스트가 정확히 보존되지 않는다면, 시는 복구될 수 없을 정도로 상실된다. 시의 의미는 제멋대로가 아니며 관념의 천국에 거주하지 않는다. 그것은 구겨지기 쉬운 종이 위에 씌어진 것 속에 들어 있다. 바로 이러한 의미에서 모든 예술 작품처럼 시는 사물처럼 존재하지 진리처럼 영원히 존속하지 않는다. 소설에 관해 말하자면, 비록 소설이 요약되고 소설가의 '생각'이 추상적으로 정식화된다 하더라도, 사람의 인상착의가 그 사람의 생김새의 구체적 모습에서 선취되듯이 소설의 개념적 의미는 보다 큰 의미에서 선취된다. 소설가는 사상을 전개하거나 심지어는 등장 인물을 분석하는 임무가 아니라,

이야기의 질서상의 또는 조망들의 선택상의 모든 변화가 사건의 **소설적** 의미를 변경할 정도로 상호 인간적인 사건을 제시하고, 그것을 이데올로기적 주석 없이 무르익게 하고 뚜렷이 나타나게 하는 임무를 맡는다. 한 편의 소설, 한 편의 시, 한 폭의 그림, 한 곡의 음악은 개체들, 말하자면 사람들이 표현과 표현된 것을 구별할 수 없는, 의미가 직접적 접촉에 의해서만 접근될 수 있는, 자신의 시공간적 장소를 떠나지 않고 의미를 방사하는 존재들이다. 우리의 신체가 예술 작품에 비유될 수 있는 것은 바로 이러한 의미에서이다. 그것은 살아 있는 의미들의 매듭이지 몇몇의 공변항들의 법칙이 아니다. 팔의 어떤 촉각적 경험은 팔의 앞부분과 어깨의 어떤 촉각적 경험, 그 팔의 어떤 시각적 모습을 의미한다. 그것은 입방체의 투시도들이 그 입방체의 관념에 관여하는 것처럼 갖가지 촉각적 지각들, 그리고 촉각적 지각들과 시각적 지각들이 모두 하나의 예지적인 동일한 팔에 관여해서가 아니라, 팔의 갖가지 부분들이 그렇듯 보여진 팔과 접촉된 팔이 그야말로 한꺼번에 하나의 동일한 동작을 **형성하기** 때문이다.

3 _ 세 계 의 획 득 으 로 서 의 지 각 적 습 관

운동적 습관이 신체적 공간의 특수한 본성을 보다 명료하게 밝혔듯이, 여기서도 역시 습관 일반이 고유한 신체의 일반적 종합을 이해시킨다. 그리고 신체적 공간성의 분석이 고유한 신체의 통일성의 분석을 예기하듯이, 마찬가지로, 우리는 운동적 습관에 대해 우리가 말했던 것을 모든 습관에까지 미치도록 할 수 있다. 사실을 말하자면, 모든 습관은 동시에 운동적이고 지각적이다. 왜냐하면 그것은 우리가 말했던 대로, 우리의 시각의 장과 행동의 장을 동시에 한계짓는 근본적 기능이라는 견지에서 보면, 명시적 지각과 실제적 운동 사이에 놓여 있기 때문이다. 우리가 앞서 운동적 습관의 사례로서 제시한 바 있는, 지팡이에 의한 대상의 탐사도 어차피 지각적 습관의 사례이다. 지팡이가 익숙한 도구가 될 때 촉각적 대상들의 세계는 물러나고 더 이상 손의 피부에서가 아니라 지팡이의 끝에서 다시 시작한다. 사람들은 지팡이가 손에 압력을 가해 야기된 감각들을 통해서 장님이 그 지팡이와 지팡이의 여러 위치들을 구성한다고, 그리고는 이 위치들이 다시금 제2의 세력의 대상, 즉 외부 대상을 매개한다고 말하고 싶어한다. 지각은 언제나 동일한 감각 소여들의 독해일 것이고, 점점 더 미세한 기호들에 따라서 점점 더 재빠르게 이루어질 것이다. 그러나 습관은 지팡이의 어떤 위치들의 기호들, 외부 대상의 기호들인, 손에 주어진 지팡이의 압력들을 해석하는 데서 **성립하지** 않는다. 왜냐하면 지팡이는 우리에게 그럴 필요를 **면하게** 해주기 때문이다. 손에 가한 압력들과 지팡이는 더 이상 주어지는 것이 아니고, 지팡이는 더 이상 장님이 지각할 대상이 아니라 그가 그것과 **함께** 지각하는 도구이다. 그것은 신체의 부속 기관이며 신체적 종합의 연장이다. 마찬가지로, 외부 대상은 일련의 조망들의 실측도나 상수가 아니라 지팡이가 우리를 인도해서 향하게 하는 사물이며, 그리고 지각적 증거에 따라서 조망들이 색인들이 아니라 모습들이 되는 사물이다. 주지주의는 조망들에서 사물 자체에로의 이행, 기호에서 의미로의 이행을 해석, 통각, 인식의 의도로서만 인지할 수 있을 뿐이다. 감각적 소여들과 조망들은 저마다의 차원에서 하나의 동일한 예지적 핵심의 현시로서 파악된 내용들이다.' 그러나 이러한 분석은 기호와 의미를 동시에 왜곡시키고, 이미 의미를 '잉태하는' 감각적 내용과, 법칙이 아니라 사물인 상수인 핵심, 이 양자를 객관화함으로써 하

9 예를 들면, 후설은 오랫동안 의식 또는 의미 부여를 파악-내용Auffassung-Inhalt의 도식에 의해서 그리고 영혼을 불어넣는 파악으로서 규정한 바 있다. 그는 이러한 작용이 내용 그 자체가 그러한 파악에 준비되어 있게 되는 또 다른 심층적인 작용을 전제한다는 것을 『시간 의식 *Vorlesungen zur Phänomenologie des inneren Zeitbewußtseins*』 때부터 깨달음으로써 결정적 일보를 내딛는다. "모든 구성이 파악 내용-파악 Auffassung-sinhalt-Auffassung의 도식에 따라 이루어지는 것은 아니다." Husserl, *Vorlesungen zur Phänomenologie des inneren Zeitbewußtseins*, p. 5, note 1.

나를 다른 하나로부터 분리시킨다. 그것은 주체와 세계의 유기적 관계, 의식의 능동적 초월, 의식이 그 기관과 도구를 사용해서 자신을 사물과 세계에 내던지게 되는 운동을 은폐한다. 따라서 실존의 연장으로서의 운동적 습관에 대한 분석은 세계의 획득으로서의 지각적 습관에 대한 분석으로 확대된다. 역으로, 모든 지각적 습관은 여전히 운동적 습관이고, 여기서 다시 한 번 의미의 파악이 신체에 의해서 이루어진다. 아동이 청색과 적색을 구별하는 일에 익숙하게 될 때 사람들은 그 두 색에 대하여 획득된 습관이 그 나머지에도 유익하다는 것을 인정한다.[10] 따라서 그 청-적 두 색을 통하여 아동은 '색'의 의미를 통각했는가? 습관의 결정적 계기가 의식의 그러한 파악에, '색의 관점'의 그러한 출현에, 소여들을 하나의 범주 아래 포섭하는 그러한 지적 분석에 존재하는가? 그러나 아동이 청과 적을 색의 범주 아래서 통각할 수 있기 위해서는 범주가 소여들에 뿌리박고 있어야 하거니와 그렇지 않으면 어떠한 포섭도 소여들에서 범주를 인식할 수 없다. 즉 사람들이 아동에게 제시하는 '청색' 판자와 '적색' 판자에는 사람들이 청색과 적색이라 부르는 말하자면, 시선에 진동을 주고 타격을 가하는 특수 방식이 현시되어야 한다. 우리는 시선을 주면서 동시에 장님의 지팡이에 비유될 수 있는 자연적 도구를 마음대로 이용한다. 시선은 자신이 묻고 스치고 또는 고정하는 방식에 따라 사물을 어느 정도 획득한다. 색깔을 보는 것을 배운다는 것은 어떤 보는 양식, 고유한 신체의 새로운 사용을 획득하는 것이고, 신체적 도식을 풍부하게 하고 재조직하는 것이다. 운동 능력이나 지각 능력의 체계인 우리의 신체는 '나는 생각한다'의 대상이 아니다. 그것은 균형을 향하는 체험된 의미들의 총체이다. 때때로 의미들의 새로운 연결이 이루어진다. 즉 이전의 우리의 운동들은 하나의 새로운 운동적 실재에 통합되고, 시각에 의한 최초의 소여들은 하나의 새로운 감각적 실재에 통

---

10 Koffka, *Growth of the Mind*, p. 174 및 이하.

합되며, 우리의 자연적 능력들은 갑자기 보다 풍부한 의미에 도달한다. 이러한 의미는 지금까지 우리의 지각적 또는 실천적 장에서 지시되고 있었던 것이고, 어떤 결핍에 의해서만 우리의 경험에 예고되는 것이며, 그리고 출현함으로써 갑자기 우리의 균형을 재조직하고 우리의 맹목적 기대를 채우는 것이다.

제5장 성적 존재로서의 신체

1_성은 표상과 반사의 혼합이 아니라 지향성 이다

우리의 변함없는 목표는 우리가 공간, 대상, 또는 도구를 우리에 대하여 존재하게 하고 수용하게 하는 원초적 기능을 명료화하고, 신체를 그러한 전유화의 장소로서 기술하는 것이다. 그런데 우리가 공간이나 지각된 사물에 대하여 말하고 있었던 한, 육화된 주체와 그 세계와의 관계를 재발견하는 것은 쉬운 일이 아니었다. 왜냐하면 그 관계는 그 자신에 의해서 인식론적 주체와 객체와의 순수거래로 변형되기 때문이다. 사실상, 자연적 세계는 나에 대한 존재라는 것을 넘어서서 즉자적으로 존재하는 것으로 주어지고, 그러한 세계에로 주체가 개방되도록 하는 초월 행위는 스스로 실려 가고 없으며, 우리 자신은 존재하기 위해 지각될 필요가 없는 자연의 현전에서 발견된다. 따라서 우리가 우리에 대한 존재의 발생을 명료히 하고자 한다면, 우리에 대해서만 분명히 의미와 실재성을 가지는 우리의 경험의 그 부분, 말하자면 우리의 감정적 환경을 고찰하지 않을 수 없다. 대상이나 존재가 어떻게 욕망이나 사랑에 의해 우리에 대하여 존재하기 시작하는가를 알아보고, 이렇게 해서 대상들과 존재들이 어떻게 일반적으로 존재할 수 있는가를 좀더 잘 이해해보자.

사람들은 흔히 감정을 자기 폐쇄적인 감정 상태의 모자이크, 쾌락과 고통의 모자이크로서 인지하거니와, 이것들은 이해되는 것들이 아니라 신체적 조직에 의해서 설명될 수 있을 뿐인 것들이다. 사람들은 그것이 인간에 있어 '지성에 의해 침투된다'고 인정한다면, 바로 그 때문에 단순한 표상들이 관념 연합의 법칙이나 조건 반사의 법칙에 따라 쾌락과 고통의 자연적 자극을 바꾸어놓을 수 있다고 말하고, 그러한 대체물이 쾌락과 고통을 우리와는 엄연히 무관한 환경들에 소속시킨다고 말하며, 전이에 전이를 통하여 우리의 자연적 쾌락과 고통과는 분명히 아무런 관계도 없는 제2의 또는 제3의 가치가 구성된다고 말하고자 한다. 객관적 세계는 '요소적' 감정 상태의 건반을 점점 덜 건드려도, 그 가치는 쾌락과 고통의 영구적 가능성으로 남아 있다. 이것이 말할 거리가 전혀 없는 쾌락과 고통의 경험에 있지 않기에, 주체는 그것과 분리되어 자신의 표상 능력에 의해 규정되고, 감정은 의식의 원래적 방식으로 인식되지 않는다. 이러한 규정이 정당하다면 성적 무능은 어떤 표상의 상실 또는 쾌락의 약화로 귀결되어야 한다. 사람들은 그럴 리가 없다는 것을 보게 될 것이다. 환자는[1] 더 이상 스스로 성적 행동을 추구하지 않는다. 그에게 외설 장면들이나 성적 주체에 관한 대화들, 신체의 지각 등은 어떤 욕망도 탄생시키지 않는다. 그 환자는 결코 입 맞추지 않고 그에게 입맞춤은 성적 자극의 가치를 갖지 않는다. 반응들은 엄밀하게 국소적이고 접촉 없이는 시작도 하지 않는다. 전주곡이 그 순간에 중지되면 성적 과정은 애써 계속되지 않는다. 성적 **삽입** 행위는 자발적이지 않다. 먼저 상대에게 오르가슴이 일어나서 사라지게 되면 윤곽을 잡은 욕망은 사라진다. 이러한 행위는 언제나 주체가 행해야 할 것을 모르는 것처럼 일어난다. 너무 짧은 오르가슴 전의 몇몇 순간을 제외하고는 능동적 움직임은 없다. 몽정은 드물고 언제나 꿈이 아닌 상태에서 사정한다. 우

---

[1] 슈나이더를 말함. 앞서 우리는 이 환자의 운동 및 지능 결손을 연구했고 슈타인펠트에 의해 그 감정적·성적 행동이 분석된 바 있다. Steinfeld, *Ein Beitrag zur Analyse der Sexualfunktion*, pp. 175~180.

리는 이러한 성적 무기력 — 앞서 말한 운동적 발의권의 상실처럼 — 을 시각적 표상들의 사라짐에 의해 설명하려고 애쓰는가? 그러나 난처하게도, 그러한 설명에 따르면 거기에는 성적 행동의 그 어떤 촉각적 표상도 없었다는 주장이 될 것이고 따라서 슈나이더에게 시 지각들만이 아니라 촉각적 자극들이 왜 그 많은 성적 의미들을 잃어버렸는가를 이해해야 하는 문제가 주어지게 된다. 이제 우리가 시각적 표상의 일반적 실패와 마찬가지로 촉각적 표상의 그것을 가정한다면 성적 영역에서 이러한 매우 뚜렷한 결손을 띠는 구체적 모습을 기술하는 문제가 남아 있다. 왜냐하면 결국, 이를테면 사정의 희소성은 그 원인이기보다 오히려 그 결과인 표상들의 박약에 의해서 설명되지 않고, 성 생활 자체의 변화를 지시하는 것 같기 때문이다. 사람들은 정상적인 성적 반사나 쾌락 상태의 어떤 약화를 가정할 것인가? 그러나 이렇게 가정하는 경우는 오히려 성적 반사와 순수한 쾌락 상태가 없다는 것을 보여주는 데 적절한 것이다. 왜냐하면 사람들은 후두부의 부분적인 상처에서 발생하는 슈나이더의 모든 장애들을 기억하고 있기 때문이다. 성이 인간에게 자동 반사 장치였다면, 성적 대상이 해부학적으로 특정한 어떤 쾌락 기관에 영향을 주었다면, 대뇌 상처는 결과적으로 그러한 자동 운동들을 해방시켜야 하고 두드러진 성적 행동에 의해서 표현되어야 할 것이다.

2_성적 상황 속의 존재

병리학은 자동 운동과 표상 사이에서 앞서 말한 운동적, 지각적, 지적 가능성처럼 환자의 성적 가능성을 다듬어내는 생명 지대를 명료화한다. 성 생활의 전개를 보장하는, 성 생활에 내재하는 기능이 있어야 하고 성의 정상적 연장은 유기체의 내적 능력에 의존해야 한다. 원래적 세계에 생명을 불어넣어주고 외부 자극에 성적 가치나 의미를 부여하며 개개의 주체들에게 자신의 객관적 신체의 용도를 그려주는 **에로스**나 **리비도**가 있어야 한다. 슈나이더의 경우에 변화되는 것은 지각이나 성적 경험의 구조 자체이다. 정상인의 경우에 신체는 단지 어떤 대상으로 지각되지 않으며, 이러한 객관적 지각은 보다 비밀스러운 지각에 의해 살게 된다. 즉 가시적 신체는, 성감대를 강화하고 성적 용모를 그려주며, 그러한 감정적 전체에 통합된 남성적 신체 자체의 동작을 불러일으키는, 엄밀하게 개별적인 성적 도식에 의해 기초지어진다. 반대로 슈나이더에 있어서 여성의 신체는 특수한 본질이 없다. 그는 무엇보다도 여성을 매력적이게 하는 것이 품성이고, 신체로 보자면 여성들은 모두 유사하다고 말한다. 밀착된 신체적 접촉은 성적 행동을 '발진시키는' 데, 일정한 방식의 결단을 청하는 데 충분한 '모호한 느낌' '어떤 미규정된 사물의 인식'만을 일으킨다. 지각은 시간상에서와 마찬가지로 공간상에서도 자신의 성적 구조를 상실했다. 환자에게 사라진 것은 자기 앞에서 성적 세계를 기투하고 자신을 성적 상황 속에 놓는 능력이며, 또는 그러한 상황이 윤곽적으로 잡혀지기만 해도 이를 유지하거나 만족에 이르도록 실천하는 능력이다. 운동과 상태의 과정을 청하고 이들을 '형태화하고' 이들 속에서 실현을 발견하는 의도와 성적 발의권의 결여 때문에 만족이라는 말조차도 그에게는 더 이상 아무것도 의미하지 않는다. 환자가 다른 경우에는 훌륭하게 사용하는 촉각적 자극들이 그 성적 의미를 상실했다면, 그것은 그 자극들이, 말하자면 자신의 신체에게 말하는 것을, 신체를 성의 관계 아래 위치시키는 것을 그만두었기 때문이다. 또는 달리 말해, 환자가 정상적 성이라는 이 말없는 영원한 문제를 자신의 주위 환경에 돌리는 것을 그만두었기 때문이다. 슈나이더와 성 불능자의 대부분은 '자기들이 행하는 것에 속해 있지 않다'. 그러나 소홀함과 때가 맞지 않는 표상들은 원인이 아니고 결과이다. 그리고 주체가 그 상황을 그저 그렇게 지각한다면 그것은 먼저 그가 그것을 살지 않기 때문이고 그것에 참여하지 않기 때문이다.

여기서 사람들은 객관적 지각과는 다른 양식의 지각을, 지적 의미와는 다른 종류의 의미를, '어떤 사물의 순수 의식'이 아닌 지향성을 예감한다. 성적 지각은 **사고 대상**을 겨냥하는 **사고 작용**이 아니다. 그것은 오히려 신체를 통해서 다른 신체를 겨냥하고, 세계에서 일어나지 의식에서 일어나지 않는다. 하나의 장면이 나에 대하여 성적 의미를 가지는 것은, 내가 성 기관이나 쾌락 상태와의 가능한 관계를 모호하게라도 표상할 때가 아니라, 주어진 자극들을 성적 상황에 결속해서 그 상황에 맞는 성적 행동을 할 준비가 언제나 되어 있는 나의 신체, 이 능력에 대하여 그 관계가 존재할 때이다. 오성적 질서의 것이 아닌 성적 '이해'가 있다. 왜냐하면 욕망이 신체와 신체를 연결함으로써 맹목적으로 이해하는 반면, 오성은 경험을 관념 아래 통각함으로써 이해하기 때문이다. 그럼에도 불구하고 오랫동안 신체적 기능의 유형으로 간주되어왔던 성에서조차도 우리는 말초적 자동 운동과 관계하는 것이 아니라 실존의 일반적 운동을 따라가고, 그 운동과 동시에 함께 허물어진 스스로 쇠잔하는 지향성과 관계한다. 슈나이더는 일반적으로 더 이상 감정적 또는 이데올로기적 상황에 있지 않듯이 더 이상 몸을 성적 상황에 맡길 수 없다. 그에게 얼굴들은 공감적이지도 반감적이지도 않으며, 사람들은 그가 사람들과 직접적으로 그리고 사람들이 자기를 향해 취하는 태도, 자기에게 표시하는 주의와 염려에 따라 교제하는 그 점에서만 사랑의 자격을 얻는다. 해와 비는 즐겁지도 슬프지도 않고, 유머는 요소적인 유기적 기능들에만 의존하며, 세계는 감정적으로 중립이다. 슈나이더는 자신의 인간적 환경을 확장하지 않는다. 그가 새로운 우정을 시작할 때 그것은 이따금 나쁘게 끝난다. 그것은 우리가 분석에서 아는 대로 자발적 운동에서가 아니라 추상적 결심에서 나오기 때문이다. 그는 정치와 종교에 대해 생각할 수 있기를 바라나 시도조차 하지 못하며, 자신에게 그러한 영역이 접근 불가능하다는 것을 알고, 우리는 일반적으로 그가 어떤 본래적 사고 행위도 수행하지 못하며, 수의 직관과 의미의 파악을 기호의 조작과 '받침대'의 기술로 교체하는 것을 보았다.[2] 우리는 성 생활을 원래적 지향성으로서 재발견함과 동시에 지각, 운동성, 표상이라는 이 모든 '과정들'을, 환자에게는 허물어진 것이나 정상인에게는 경험에 그 생명성과 다산성의 정도를 부여하는 '지향 호'에 기초지음으로써 그 생명적 뿌리들을 재발견한다.

3 _ 정 신 분 석

따라서 성은 자동 과정이 아니다. 그것은 인식하고 행동하는 모든 존재와 내적으로 연결되어 있고 행동의 저 세 부분〔지각, 운동성, 표상〕은 유일한 유형적 구조를 표시하며 상호 표현의 관계에 있다. 여기서 우리는 정신분석의 보다 지속적인 획득물과 다시 만나게 된다. 프로이트Freud의 원리의 진술이 무엇일 수 있었던 간에 정신분석적 연구는 사실상 인간을 성적 하부 구조에 의해서 설명하는 데서 끝나는 것이 아니라, 사전에 **의식적** 관계들과 태도들로 간주되고 있었던 관계들과 태도들을 성에서 찾아내는 데서 끝나고, 정신분석의 의미는 사람들이 '순수 신체적'이라 믿는 기능들에서 변증법적 운동을 발견하고 성을 인간 존재에 재통합하는 것이 아닌 만큼 심리학을 생물학적으로 만드는 것에 있는 것이 아니다. 예를 들면, 프로이트에서 이탈한 제자는[3] 불감증이 해부학적 또는 생리학적 조건들과 거의 좀처럼 연결되지 않고 보다 자주 오르가슴, 여성적 조건, 성적 존재 조건의 거부를 나타낸다는 것을 보여주며, 이 후자가 재차 성적 상대의 거부, 그가 제시하는 계획의 거부를 나타낸다. 심지어 프로이트에게서조차도 사람들이 정신분석은 심리적 동기들의 기술을 배제하고 현상학적 방법과 대립한다고 믿는 것은 잘못일 것이다. 반대로, 그것은 (부지불식간에) 모

2 이 책의 p. 212 참조.
3 W. Steckel, *La Femme frigide*.

든 인간의 행동은 '의미를 갖는다'[4]는 것을 확신하면서, 그리고 사건을 기계적 조건들에 연결시키는 대신 사건을 어디서든지 이해하고자 노력하면서 프로이트의 그 말에 따라 그러한 기술을 개발하는 데 이바지했다. 프로이트 그 자신에게 성적인 것은 생식적인 것이 아니고, 성 생활은 생식기가 본거지가 되는 과정들의 단순 결과가 아니며, 리비도는 본능, 즉 규정된 목표를 향해 자연적으로 정위된 활동이 아니고, 여러 환경들에 접착해 있는, 여러 경험들에 의해 정착하는, 행동의 구조들을 획득하는 일반적 능력으로서 정신물리적 주체가 가지고 있는 일반적 능력이다. 그것은 인간이 역사를 가지게 되도록 하는 것이다. 인간의 성의 역사가 인간의 삶의 실마리를 제공한다면, 그것은 인간의 성에 세계, 즉 시간과 타인에 대한 인간의 존재 방식이 기투되기 때문이다. 모든 신경증의 근원에는 성적 증상이 있으나 이 증상은 사람들이 잘 해독한다면, 이를테면 정복의 태도이든 도피의 태도이든 모든 태도의 상징이다. 모든 심리적 동기들은 삶의 일반적 형태의 정련으로서 인식된 성의 역사에 스며든다. 왜냐하면 더 이상 두 인과성의 간섭은 없고 생식의 삶은 주체의 전체적 삶에 연동되기 때문이다. 그리고 문제는 사람들이 성이라 이해하는 것이 무엇인가를 아는 것이 아닌 만큼 인간의 삶이 성에 의존하는가 혹은 그렇지 않는가를 아는 것이 아니다. 정신분석은 사고의 이중 운동을 나타낸다. 한편으로는, 삶의 성적 하부 구조를 강조하고 다른 한편으로는, 존재 전체를 성에 통합할 만큼 성을 '부풀린다'. 그러나 바로 그 때문에 그 결론들은 앞 문단의 결론들처럼 애매한 상태에 있다. 사람들이 성의 개념을

4 Freud, *Introduction à la Psychanalyse*, p. 45. 프로이트 스스로는 자신의 구체적 분석에서 증상이 항상 복수적 의미를 가지고 또는 그가 말한 대로 '과잉 규정적'이라는 것을 보게 될 때, 인과적 사고를 포기한다. 왜냐하면 이것은, 증상은 그것이 확정된 순간에 항상 **존재 이유**가 주체 안에 있는 것으로 발견한다는 것을 인정하는 것과 같기 때문이고, 그래서 삶의 어떠한 사건도 엄밀하게 말하면 외적으로 규정되지 않기 때문이다. 프로이트는 외적 사건을, 진주조개에게 진주를 낳는 기회에 불과한 소외된 신체에 비유한다. 예컨대, *Cinq Psychanalyses*, chap. I, p. 91, note 1.

일반화하고 그것을 물리적인 상호 인간적 세계에 존재하는 방식으로 만든다면, 결국 모든 실존은 성적 의미를 가진다고 아니면 모든 성적 현상은 실존적 의미를 가진다고 말하고 싶을 것인가? 첫 가설에서 실존은 성 생활을 가리키기 위한 추상이요, 다른 이름일 것이다. 그러나 성 생활이 더 이상 한정될 수 없는 것이기에, 유기체적 장치의 고유한 인과성에 의해 규정 가능한 독립적 기능이 아니기에, 모든 실존은 성 생활에 의해 이해된다고, 아니 오히려 그 명제는 동어반복이 된다고 말해서는 더 이상 아무런 의미도 없다. 따라서 역으로, 성적 현상은 우리의 환경을 기투하는 우리의 일반적 능력의 표현일 뿐이라고 말해야 하는가? 그러나 성 생활은 실존의 단순한 반영이 아니다. 정치적 이데올로기의 차원에서 유능한 삶은 예컨대 손상된 성을 수반할 수 있고 그 손상으로부터 혜택을 입을 수도 있다. 역으로, 성 생활은 예를 들어 카사노바Casanova의 경우에 세계-에로-존재의 특수한 원기에 일치하지 않는 일종의 기술적 완전성을 소유할 수 있다. 성적 기관이 삶의 일반적 흐름에 의해 관류되더라도 자신의 이익을 위해 그것을 몰수할 수 있다. 삶은 분리된 흐름 속에서 특수화된다. 그렇지 않으면 말들은 어떤 의미도 갖지 않거나, 아니면 성 생활은 성의 존재와 특수 관계에 있는 우리의 삶의 부분을 가리킨다. 마치 성이 부수 현상에 불과하다는 듯 그것을 실존에 해소시키는 것이 문제일 수 없다. 당연히, 사람들이 신경증에 의한 성적 장애가 신경증의 기본적 드라마를 표현하고 이를 신경증의 확대로서 제시한다고 인정한다면, 그 드라마의 성적 표현이 왜 여타의 표현보다 조숙하며 빈번하고 눈에 띄는가를, 성이 왜 기호만이 아니라 특전적 기호이기도 하는가를 알아야 할 문제가 남아 있다. 여기서 우리는 이미 여러 번 만났던 문제를 다시 발견한다. 사람들은 감각 기관에 직접적으로 의존하는 감각 소여의 층을 제공할 수 없다는 것을 **형태** 이론과 더불어 보여 주었다. 최소의 감각 소여도 성형화에 통합된 채로만, 이미 '형태화'된 채로만 나타난다. 그렇다고 해도 사람들은 역시 '보다'와

'듣다'라는 말이 의미를 가진다고 말했다. 다른 곳에서[5] 우리는 뇌의 특수 영역, 예컨대 '시각 지대'가 독립적으로 기능하지 않는다는 사실을 주목한 바 있다. 그렇다고 해도 이제 사람들은 역시 손상이 위치해 있는 영역에 따라 시각적 또는 청각적 측면이 질병의 묘사에 지배적이라고 말했다. 결국 우리는 조금 전에 생물학적 존재가 인간 존재로 연동되고 그의 고유한 리듬에 무관하지 않다고 말했다. 그렇다고 해도 이제 사람들은 '살다'가 이러저러한 세계를 '체험하는' 것이 가능해지도록 하는 입각점으로서의 원초적 작용이고, 우리는 지각하기 전에, 관계의 삶에 이르기 전에, 시각에 의해 색과 빛에 속하기 전에, 청각에 의해서 소리에 속하기 전에, 성에 의해서 타인의 신체에 속하기 전에, 인간 관계의 삶에 이르기 전에 영양분을 섭취하고 호흡해야 한다고 첨언할 것이다. 따라서 시각, 청각, 성, 신체는 통과점만은 아니고 개인적 실존의 도구나 현시만은 아니다. 개인적 실존은 자신의 익명적 소여 존재를 자신 속에 받아들이고 맞아들인다. 우리가 신체적 또는 관능적 삶과 정신 현상이 상호 **표현**의 관계에 있다고 말할 때, 또는 신체적 사건이 언제나 정신적 **의미**를 가진다고 말할 때, 이러한 공식은 따라서 설명될 필요가 있다. 인과적 사고를 배제하는 데 유효하다 해서 이들 공식이 신체가 정신의 투명한 외피라고 말하고자 하는 것은 아니다. 신체와 정신의 소통이 이해되는 바 환경으로서의 실존으로 복귀하는 것은 의식이나 정신으로 복귀하는 것이 아니며, 실존적 정신분석이 정신주의의 복원을 위한 구실이 되어서는 안 된다. 우리는 이 점을 구성된 언어 및 사고의 세계에 속하는 것이면서 우리가 방금 무비판적으로 신체와 정신의 관계에 적용했던, 그러면서 역으로 신체의 경험이 우리에게 교정할 것을 알려주지 않으면 안 되는 '표현'과 '의미 작용'의 개념을 정확히 함으로써 보다 더 잘 이해하게 될 것이다.

5 메를로-퐁티, 『행동의 구조』, p. 80 및 이하.

4_실존적 정신분석은 정신주의로의 복귀가 아니다

사랑하는 젊은 남자를 다시 만나는 것을 어머니가 금했던 한 젊은 소녀는[6] 잠을 자지 못했으며 식욕을 잃었고, 결국 언어를 사용할 수 없게 되었다. 사람들은 실성증(失聲症)aphonia*의 최초의 표시를 지진을 겪은 그녀의 어린 시절에서 발견하고 그뒤 강렬한 두려움에 이어 실성증으로 되돌아간 것을 발견한다. 엄밀한 프로이트적 해석은 성 구순기(口脣期)를 끌어들일 것이다. 그러나 입술에 '고착되는' 것은 성적 존재만이 아니라 보다 일반적으로 언사parole가 수단이 되는 타자와의 관계들이다. 정서가 자신을 실성증으로 표현하도록 한다면, 그것은 언사가 공통 존재 또는 우리가 말하는 대로라면, 공존재와 보다 밀접하게 연결된 신체의 모든 기능들이기 때문이다. 따라서 실성증은 공존재, 말하자면 다른 주체들 속에 있는 공존재의 거부를 표현하고 신경성 발작은 상황에서 벗어나는 수단이다. 그 환자는 가족 환경 가운데서 가지는 관계의 삶을 중단한다. 보다 일반적으로, 그녀는 삶과 단교하는 경향을 보인다. 그녀가 음식을 더 이상 삼킬 수 없다면 그것은 삼킴이 사건들에 의해 자신을 실어 나르고 또한 사건들을 동화하는 실존의 운동을 상징하기 때문이다. 그 환자는 자신에게 강요된 금지를 글자 그대로 '삼킬' 수가 없다.[7] 그 주체의 어린 시절에 공포는 실성증으로 나타났다. 왜냐하면 임박한 죽음이 공존재를 강렬하게 차단시켰기 때문이고, 그 주체를 그런 개인적 처지에 놓이게 했기 때문이다. 실성증의 증상은 다시 나타나는데, 어머니의 금지가 동일한 상황을 비유적으로 재현하기 때문이고, 더욱이 그 주체에게 미

---

6 Binswanger, *Über Psychotherapie*, p. 113 및 이하.

* 실성증은 발성 기관의 미비나 기타 기질적 장애 또는 심리적 요인에 의해서 말소리를 내지 못하는 장애를 말한다.

7 빈스방거는 환자가 자신의 상처받은 기억을 찾아내서 의사에게 말할 때 괄약근이 이완됨을 느낀다고 지적한다. Binswanger, 같은 책, p. 188.

래를 차폐시킴으로써 또다시 미래를 그녀가 애호하는 행동으로 인도하기 때문이다. 이러한 동기화들은 우리의 주체에 있어 목과 입의 특수한 감성을 이용했을 것이며, 이 감성은 그녀의 리비도의 역사와 성의 구순 단계와 연결되어 있을 것이다. 따라서 증상들의 성적 의미를 통해서 사람들은 그것들이 과거와 미래, 나와 너, 즉 존재의 근본적 차원들과의 관계에 의해 보다 일반적으로 의미하는 것을 대략적으로 발견한다. 그러나 신체가 끊임없이 실존의 양상들을 표현한다면 우리는 그것이 계급장이 지위 고하를 의미하거나 번지수가 집을 가리키거나 하는 것과 같지 않다는 것을 곧 볼 것이다. 여기서 기호는 그 의미 작용만을 가리키지 않으며 그것에 의해 살아지는 것이고, 또한 초상이 부재하는 피에르의 의사-현존이듯[8] 또는 마술에서 밀랍 모양들이 그것들이 대표하는 것이듯, 좌우간 그것은 그것이 의미하는 바 그것이다. 그 소녀 환자는 '자신의 의식에서' 일어나고 있었던 드라마를 자신의 신체로 흉내내지 않는다. 그녀는 목소리를 상실함으로써 '내적 상태'를 밖으로 나타내지 않으며, 열차의 기관사와 악수하고 농부를 껴안는 대통령처럼 또는 나에게 더 이상 말도 건네지 않는 기분 상한 친구처럼 아무런 '표시'도 내지 않는다. 실성증이라는 것은 침묵을 지키는 것이 아니다. 사람들은 말할 수 있을 때만 침묵을 지킨다. 실성증은 틀림없이 마비가 아니다. 이에 대한 증명은 그녀가 심리 요법으로 치료받고 가족으로부터 자유로워져 자기가 사랑하는 사람을 재회하게 되면 다시 말을 되찾는다는 사실에 있다. 그렇지만 실성증은 구체적 침묵도 원했던 침묵도 아니다. 사람들은 히스테리 이론이 어떻게 암시증pithiatisme*의 개념과 더불어 마비(또는 무감각)와 꾀병이라는 대안을 넘어서게 했는가를 알고 있다. 히스테리 환자가 병을 사칭하는 자라면 먼저 그것은 그 자신을 향해서이고, 그렇다면

8 J. P. Sartre, *L'Imagianire*, p. 38.
* 암시에 의해 발생하고 영향을 받거나, 암시에 의해 억압되고 완화될 수 있는 히스테리 증상을 말한다.

그가 **진정으로** 겪거나 사고하거나 하는 것과 밖으로 표현하는 것을 병렬시키는 것은 불가능하다. 암시증은 코기토의 질병이고 양가적이 된 의식이지, 사람들이 아는 것을 시인하는 것에 대한 정교한 거부가 아니다. 마찬가지로, 여기서 그 젊은 소녀는 말하기를 **그만두지** 않으며 사람들이 기억을 상실하는 것처럼 목소리를 '상실한다'. 정신분석이 보여주는 대로, 기억은 우연히 상실되지 않는다는 것은 여전히 사실이고, 기억은 내가 거부하는 나의 삶의 어떤 영역에 속하는 한, 어떤 의미를 가지는 한 상실되며, 모든 의미들처럼 그 의미는 어떤 사람에 대해서만 존재한다. 따라서 망각은 하나의 행위이다. 나는 내가 보기를 원하지 않는 사람을 그의 측면에서 주시하듯이 그 기억을 거리를 두고 유지한다. 그러나 정신분석이 역시 훌륭하게 보여주는 것처럼, 저항이 사람들이 저항하는 기억과의 의도적 관계를 정말로 가정한다면, 그것은 기억을 우리 앞에 하나의 대상으로서 놓지 않으며 구체적으로 지정하여 거절하지 않는다. 그것은 우리의 경험의 한 영역, 어떤 일정한 범주, 어떤 일정한 유형의 기억들을 겨냥한다. 아내가 자기에게 선물한 책을 서랍에 넣어둔 채 잊어버리고 그녀를 다시 만나기만 하면 잊어버린 그 책을 생각해내는 주체는,[9] 그 책을 결코 잃어버린 것이 아니라 어디에 있었는가를 더 이상 **알지** 못하고 있는 것이다. 아내와 관련되고 있었던 것은 그에게 더 이상 존재하지 않고 있었고, 그는 그것을 자신의 삶으로부터 가로막았으며, 아내와 관계되는 모든 행동들을 단번에 회로 밖에 놓아두었고, 따라서 그는 자발적인 인식과 무지, 긍정과 부정의 이쪽 편에 있었다. 따라서 히스테리와 억압의 경우에서 우리는 완전하게 그것을 알면서도 그것을 무시할 수 있다. 왜냐하면 우리의 기억들과 신체는 단일하고 규정된 의식적 행동들에서 우리에게 주어지는 대신 일반성에 싸여 있기 때문이다. 이 일반성을 통해서 우리는 그것들을 여전히 '가지며' 그러

---

9 Freud, *Introduction à la Psychanalyse*, p. 66.

나 우리와는 거리를 둔 채 그것들을 유지하기에는 충분하다. 이로써 우리는 감각 기관의 전갈들이나 기억들이, 이들이 관련하는 우리의 신체와 삶의 지대에 일반적으로 점착되어 있다는 조건 아래에서만 우리에 의해 분명하게 파악되고 인식된다는 것을 발견한다. 감각 기관의 획득과 상실이 물리적 장의 대상을 직접적 장악에 제공하거나 빼앗듯이, 저러한 점착이나 거부가 주체를 일정한 상황에 놓아두며 직접적으로 마음대로 할 수 있는 정신적 장을 그에 대하여 한계짓는다. 사람들은 이렇게 창조된 사실의 상황이 상황의 단순한 의식일 것이라고 말할 수 없다. 왜냐하면 이것은 '망각된' 기억, 팔, 다리가 나의 의식 앞에 펼쳐져 있고, 나의 과거나 신체의 '보존' 지대로서 나에게 제시되며, 가까이 있다고 말하는 것이 될 것이기 때문이다. 사람들은 실성증이 원했던 것이라고도 말할 수 없다. 의지는 내가 선택하게 되는 가능적인 것들의 장을 가정한다. 여기 피에르가 있는데, 나는 그에게 말할 수 있거나 말을 건네지 않을 수도 있다. 대조적으로, 내가 실성증에 걸린다면 더이상 피에르는 나에 대하여 원했던 또는 거부된 대화자로서 존재하지 않는다. 무너지는 것은 가능성들의 장이며, 나는 나 자신을 그러한 방식의 의사 소통과 침묵이라는 의미로부터 떼어놓는다. 물론 여기서 사람들은 위선이나 기만에 대하여 말할 수 있을 것이다. 그러나 그때는 심리학적 위선과 형이상학적 위선을 구별해야 할 것이다. 전자는 주체에 의해서 분명하게 인식된 사고들을 타인들에게 숨김으로써 이들을 기만한다. 이것은 쉽게 피할 수 있는 우연이다. 후자는 일반성을 통해 스스로 잘못 생각한다. 그렇게 해서 그것은 불가피성은 아니나, 과해진 것 또는 원했던 것이 아닌 상태나 상황으로 끝나고, '성실한' 또는 '본래적' 인간이 무엇이든지 간에 거리낌 없이 그 무엇이고자 자처할 때마다 바로 그에게서 발견되는 것이기도 하다. 그것은 인간 조건의 일부를 구성한다. 신경성 발작이 극도에 달할 때 그 주체가 이를 난처한 상황에서 벗어나는 수단으로서 추구하며 피난처로서 거기에 빠져든다 해도, 그는 더 이상 **거의** 듣지 못하고, 더 이상 **거의** 보지 못하며, 경련을 일으켜 헐떡거리면서 마침내 침대에서 **거의** 발버둥치는 존재가 되다시피 한다. 그 어지러운 분노는 X에 대한 분노, 삶에 대한 분노, 즉 절대적 분노가 되고 만다. 흘러가는 순간마다 자유는 손상되고 그 가망은 감소된다. 자유가 불가능하지 않고 언제나 기만의 변증법을 유산시킬 수 있다 하더라도, 밤이 되어 잠을 자는 것이 그와 동일한 능력을 가진다는 것은 여전히 사실이다. 이러한 익명적 힘에 의해 극복될 수 있는 것은 틀림없이 바로 이것과 동일한 본성의 것이어야 하고, 따라서 분노나 실성증은 지속하는 정도에 따라 사물이 그렇듯 일관적이게 된다는 것, 자신들을 구조이게 한다는 것, 그리고 자신들을 중지시키고 있었던 결심은 '의지'보다 **더 낮은 것**에서 나온다는 것이 최소한 인정되어야 한다. 어떤 곤충들이 자기 자신의 다리를 잘라내듯 그 환자는 소리에서 분리된다. 글자 그대로 그는 목소리가 없는 상태이다. 마찬가지로, 정신 요법은 그 환자에게 병의 근원을 **알게** 함으로써 효험을 보는 것이 아니다. 손의 접촉이 이따금 경련들을 멈추게 하고 환자에게 말을 되찾게 한다.[10] 이러한 동일한 과정이 제식화되면 나중에 새로운 발작을 진정시키는 데도 충분할 것이다. 어떤 경우라도 정신적 치료에서 의식적 파악은 순수하게 인지적인 것으로 남을 것이고, 그 환자는 자신이 의사와 맺었던 개인적 관계, 그에 대한 신뢰와 호의, 이러한 호의에서 결과하는 실존적 변화가 없으면 사람들이 그에게 조금 전에 밝혀주었던 장애들의 의미를 수용하지 않을 것이다.

---

10 Binswanger, *Über Psychotherapie*, p. 113 이하.

5_성은 어떤 의미에서 실존을 표현하는가: 실존을 실현하면서

증상과 치유는 객관적 또는 정립적 의식의 수준에서가 아니라 그 아래에서 다듬어진다. 상황으로서의 실성증은 여전히 잠에 비유될 수 있다. 나는 나의 침대 위에서 왼쪽으로 모로 누워 무릎을 굽히고 눈을 감고 있으며 숨을 천천히 쉬면서 나의 계획들로부터 풀려난다. 그러나 나의 의지나 의식의 능력은 바로 거기서 멈춘다. 디오니소스의 종교 의식에서 신자들이 신의 삶의 장면들을 흉내 냄으로써 신에게 구원을 비는 것처럼, 나는 잠자는 사람의 호흡과 그 자세를 모방함으로써 잠이 오기를 청한다. 신은 신자들이 자신들이 연기하는 역할과 더 이상 구별되지 않을 그때, 그들의 신체와 의식이 그들에게 자신들의 특수한 불투명성을 대하게 하는 것을 그만두고 서로 완전하게 섞여서 신화로 될 때, 바로 거기에 존재한다. 잠이 '오는' 순간이 있고, 잠은 내가 제의하고 있었던 잠의 모방에 의거해서 과해지며, 나는 내가 그런 존재인 체하고 있었던 그런 존재가 되는 데 성공한다. 즉 한 공간의 어떤 지점에 꼼짝 못 하게 고정되어 시선도 없고 거의 생각도 없는 덩어리, 감각의 익명적 경계 상태에 의하지 않고는 더 이상 세계에 존재하지 않는 덩어리가 된다. 틀림없이 이 마지막 끈이 잠을 깨우는 것을 가능하게 한다. 이 반쯤 열린 문을 통해서 사물들은 다시 돌아올 것이고 잠자는 사람은 세계로 되돌아올 것이다. 마찬가지로, 공존재와 단교한 그 환자는 여전히 타자의 감각적 외피를 지각할 수 있고 달력을 통해서 미래를 추상적으로 인지할 수 있다. 이러한 의미에서 잠자는 사람은 자신 속에 완전하게 갇혀 있지 않고 전적으로 잠자는 사람이 아니며, 환자는 상호 주관적 세계와 전적으로 끊긴 것이 아니고 전적으로 환자인 것이 아니다. 그러나 이들에게 참다운 세계로의 복귀를 가능하게 만드는 것은 여전히 비개인적 기능들, 즉 감각 기관들, 언어일 뿐이다. 우리는 잠을 자지 않고 깨어 있는 건강한 상

지각의 현상학

태를 언제나 유지하는 한에서는 그 수면과 질병에 관해서 자유로운 상태이지만, 우리의 자유는 우리가 상황 속에 있다는 것에 의존하고 또한 우리의 자유 자체가 하나의 상황이다. 수면, 각성, 질병, 건강은 의식이나 의지의 양상들이 아니고 '실존적 행보'를 가정한다.[11] 실성증은 말하는 것을, 식욕 부진은 먹고사는 것을 거부하는 것만을 대표하지 않는다. 이것들은 그러한 타자의 거부 또는 '내부 현상들'의 수동적 본성에서 벗어나 일반화되고 소모되어 사실적 상황으로 된 그러한 미래의 거부이다.

신체의 역할은 이러한 형태의 변화를 보장하는 것이다. 그것은 관념을 사물로, 나의 수면의 모방을 실제적 수면으로 바꾼다. 신체가 실존의 상징일 수 있다면 그것은 신체가 실존을 실현하기 때문이고 실존의 현실성이기 때문이다. 그것은 수축과 확장의 이중 운동을 조성한다. 한편으로는, 사실상 자기 자신에서 이탈하는 것, 자신을 익명적이고 수동적이게 하는 것, 스콜라 철학에 정착하는 것은 나의 존재 가능성이다. 우리가 말한 그 환자*의 경우에 미래, 살아 있는 현재, 또는 과거를 향한 운동, 학습 능력, 성숙 능력, 의사 소통의 가담 능력은 말하자면 신체적 증상에 하나로 묶여 정지되어 있고 실존은 경직되어 있으며 신체는 '삶의 은폐물'이 된다.[12] 그 환자에게는 더 이상 아무것도 일어나지 않고 자신의 삶에서 어떤 것도 의미를 지니지 않으며 형성하지 않는다. 아니, 더 정확하게 말하면, 언제나 서로 닮은 '지금들'만 일어나고 삶은 삶 자신을 향해 역류하며 역사는 자연적 시간으로 용해된다. 정상인으로서 상호 인간적 상황들에 참여하고 있는 주체라고 하더라도 그는 신체를 가지는 한 그러한 상황들을 피하는 능력을 줄곧 유지한다. 내가 세계에 살고 있는 바로 그 순간에, 내가 나의 계획들, 직업들, 친구들, 기억들에 종사하고 있는 바로 그 순간에, 나는 눈을 감을

---

11 같은 책, p. 188 이하.

* 실성증을 보이는 젊은 소녀.

12 같은 책, p. 182.

수 있고 길게 누울 수 있으며, 나의 귀를 울리는 나의 노래를 들을 수 있고 쾌락이나 고통과 섞일 수 있으며, 나의 개인적 삶의 기초가 되는 이 익명적 삶에 잠길 수 있다. 그러나 당연하게도, 나의 몸은 세계로부터 닫혀 있을 수 있기 때문에 또한 나를 세계를 향해 열려 있게 할 수 있으며 나를 세계 내의 상황 속에 둘 수 있는 것이다. 타자, 미래, 세계를 향한 실존의 운동은 강이 해빙되듯 회복될 수 있다. 우리가 '우리의 정신에서'가 아니라 '우리의 머리에서' 또는 '우리의 입에서' 잊어버린 이름을 찾아서 생각해내듯, 환자는 지적 노력이나 의지의 추상적 명령에 의해서가 아니라 자신의 신체가 집중시키는 변환에 의해서, 진정한 동작에 의해서 자신의 목소리를 되찾는다. 기억과 목소리는 신체가 타자나 과거에 또다시 열릴 때, 신체가 공존재에 의해 관통되고 또다시 (능동적 의미에서) 자신을 넘어서 의미하게 될 때 되찾아진다. 더욱이 신체는 실존의 회로와 단절되어 있다 하더라도 전적으로 자기 자신에게로 되돌아가지는 않는다. 내가 나의 신체의 경험과 감각의 적막에 빠져 있다 해도 나의 삶과 세계와의 모든 관계를 없애는 데는 이르지 못한다. 어떤 의도가 나로부터 새로이 용솟음칠 때마다 그것은 내 주위에서 내 눈에 들어오는 대상들을 향한 것이거나, 발생하여 내가 방금 체험했던 것을 과거로 밀어내는 순간들을 향한 것이다. 나는 완전하게 세계 속의 사물이 되지는 않으며 사물과 같은 존재의 충만이란 나에게 항상 결여되어 있고, 나의 고유한 실체는 나로부터 내부적으로 달아나며 어떤 의도가 언제나 나타난다. 의도가 '감각 기관들'을 휴대하는 한, 신체적 실존은 자족하지 않으며, 언제나 능동적 무에 의해서 움직이고, 체험할 것을 지속적으로 제안하며, 자연적 시간은 발생하는 개개의 순간에 쉬지 않고 참다운 사건의 공허한 형식을 윤곽적으로 그려낸다. 틀림없이, 그렇게 제안해도 반응이 없는 것은 여전히 그대로이다. 자연적 시간의 순간은 아무것도 확립하지 못하며 곧장 다시 되풀이해야 하고, 사실상 다른 순간에 다시 되풀이한다. 감각적 기능들 그 자체만으로는 나를 세계-에로-존재로 만들지 못한다. 내가 나의 신체에 빠져 있을 때 나의 눈은 사물들의, 타인들의 감각적 외피만을 제공하고, 사물들 자체는 비실재성에 말려들며 행동들은 터무니없는 것으로 분해되고, 현재 자체는 오인에서처럼 자신의 일관성을 상실하고 영원성으로 변질된다. 나와 공모하지 않고도 나를 통해서 일어나는 신체적 실존은 진정한 세계-에로-현전의 소묘일 뿐이다. 그것은 적어도 그 현전의 가능성을 기초짓고 세계와의 최초의 협정을 확립한다. 나는 여전히 인간적 세계를 떠날 수 있고 개인적 실존을 벗어버릴 수 있으나, 그것은 이번에 이름 없이 내가 존재라고 선고받게 되는 동일한 능력을 신체에서 되찾기 위해서일 뿐이다. 사람들은 신체가 '자기 존재의 은폐된 형식'[13]이라고 또는 역으로, 개인적 실존은 주어진 상황 내의 존재의 회수이자 표시라고 말할 수 있다. 따라서 우리가 신체는 줄곧 실존을 표현한다고 말한다면 그것은 언사가 사고를 표현한다는 의미에서이다. 이미 나와 타자에게 개개의 기호에 대한 의미가 주어져 있다는 이유에서만 나의 사고를 타자에게 표시하고, 이런 의미에서 참다운 의사 소통을 실현하지 않는 인습적 표현 수단의 이편에서, 우리들은 표현된 것이 표현과 별도로 존재하지 않으면서 기호들 자체가 자신들의 의미 밖으로 인도하는 의미의 원초적 활동 작용을 잘 인식하지 않으면 안 되는 것을 보게 될 것이다. 신체가 실존 전체를 표현하는 것은 이러한 방식인데, 이것은 신체가 실존 전체의 외적 수반물이 아니라 이 수반물이 신체에서 실현되기 때문이다. 이 육화된 의미는 신체와 정신, 기호와 의미 작용이 추상적 계기들로 되는 중심 현상이다.

---

13 같은 책, p. 188; "eine verdeckte Form unseres Selbstseins."

6_성적 드라마가 형이상학적 드라마로 환원되는 것이 아니라, 성이 형이상학적이다

이와 같이 이해되면 표현과 표현된 것, 기호와 의미 작용의 관계는 원전과 번역 사이에 존재하는 관계와 같은 유일한 의미의 관계가 아니다. 신체도 **실존도** 인간 존재의 원본으로 간주될 수 없다. 왜냐하면 이들은 각각 상대를 전제하고, 신체는 응결된 또는 일반화된 실존이며, 실존은 끊임없는 육화이기 때문이다. 특히, 사람들이 성은 실존적 의미를 가진다거나 실존을 표현한다고 말할 때, 성적 드라마가[14] 결국은 실존적 드라마의 표시이거나 징후에 **불과한 것**처럼 이해해서는 안 된다. 실존을 신체나 성으로 '환원하는 것'을 막는 동일한 이유가 역시 성을 실존으로 '환원하는 것'을 막는다. 그것은 실존이 사람들이 다른 것들로 환원시킬 수 있는 또는 이것들 자체가 환원될 수 있는 ('심적 사실들'과 같은) 사실들의 질서가 아니라 자신의 의사 소통의 모호한 환경, 자신의 한계들이 흐려지는 지점, 또는 그야말로 자신의 공통적 씨실이기 때문이다. 인간 존재로 하여금 '머리에 의거해서' 걷도록 하는 것이 문제가 아니다. 정숙, 욕망, 사랑 일반은 형이상학적 의미라는 것, 말하자면 사람들이 인간을 자연 법칙에 의해 통제된 기계로, 심지어 '본능 다발'로 취급한다면 그것들은 이해될 수 없다는 것, 그리고 그것들은 의식으로서의 인간, 자유로서의 인간에 관계한다는 것을 틀림없이 인지해야 한다. 통상 인간은 자신의 신체를 보여주지 않는다. 그리고 인간이 그렇게 할 때 그것은 때때로 두려워서이고 때때로 유인하려는 의도에서이다. 자신의 신체를 훑어보는 타인의 시선은 그에게서 그의 신체를 훔치는 것처럼 보이거나, 반대로, 자신의 신체의 노출은 무방비 상태의 타인을 곧 자기에게 넘겨줄 것처럼 보인다. 이때는 예속 상태로 되는 자가 타인이다. 따라서 수

---

14 폴리처가 이미 한 대로, 우리는 이 낱말을 그 어원적인 의미에서 그리고 낭만적인 반향 없이 받아들인다. Politzer, *Critique des fondements de la psychologie*, p. 23.

치와 무치(無恥)가 주인과 노예의 변증법인 나와 너의 변증법에 자리 잡는다. 내가 신체를 가지는 한, 나는 타인의 시선 아래에서 대상으로 변할 수 있고 더 이상 그에게 사람으로 여겨지지 않는다. 아니면 정반대로, 나는 그의 주인이 될 수 있고 재차 그를 주시할 수 있으나, 이러한 지배는 하나의 곤경인데, 왜냐하면 나의 가치가 타인의 욕망에 의해 인지될 때 타인은 더 이상 내가 인정받게끔 내가 원하는 사람이 아니라, 자유가 없는 유혹된 존재로서 이 때문에 더 이상 나에게 존중되지 않는 존재이기 때문이다. 따라서 내가 신체를 가진다고 말하는 것은 내가 대상으로 보여질 수 있다고, 내가 주체로 보여지기를 애쓴다고, 타인이 나의 주인이거나 노예일 수 있다고, 그래서 수치와 무치가 의식의 복수성의 변증법을 표현한다고, 이것들이 참으로 형이상학적 의미를 가지고 있다고 말하는 방식인 것이다. 사람들은 성적 욕망에 대해 그렇게 말하고 있다. 제3의 존재가 나타나는 것을 달갑지 않게 여긴다거나 상대방에게는 그저 자연스러운 태도이고 아무래도 좋다는 표현을 적대감의 표시로 받아들인다면, 이는 그가 상대를 유혹하고자 하기 때문이고, 제3자나 마음이 넓은 상대가 그 유혹에 걸려들지 않기 때문이다. 따라서 사람들이 소유하고자 애쓰는 것은 신체가 아니라 의식에 의해 생명을 부여받은 신체이다. 알랭이 말한 대로, 사람들은 미치광이의 광기 이전에 그 미치광이를 사랑했던 것이 아닌 한에서라면 그 같은 사람을 사랑하지 않는다. 따라서 신체에 결부된 중요성, 사랑의 모순들은 타자에게는 대상이고 나에게는 주체인 나의 신체의 형이상학적 구조에서 기인하는 보다 일반적 드라마에 연결되어 있다. 성적 경험이 자율과 의지의 가장 일반적 계기들에서 인간 조건을 경험하는 것으로서 만인에게 주어지는 것이자 접근될 수 있는 것이 아니라면, 쾌락의 격렬함은 성이 인간의 삶에서 차지하는 자리와, 예컨대 에로티시즘의 현상을 설명하는 데 충분하지 않다. 따라서 사람들은 인간 행동의 당혹성과 불안을 설명함에 있어, 이 인간 행동을 성적 관심에 결부시킴으로써 설명하지 못하는 셈이다. 왜냐하면 성적 관심은 이미 인간 행동의 당혹성과 불안을 포함하고 있기 때문이다. 그러나 역으로, 사람들은 성을 신체의 애매성에 결부시킴으로써 그것을 자신과 다른 사물로 환원시키지 않는 셈이다. 왜냐하면 사고 앞에서 신체는 대상이기에 애매한 것이 아니기 때문이다. 그것은 우리가 신체에 대해 갖는 경험에서만, 탁월하게는 성적 경험에서 그리고 성적 사실에 의해서 대상으로 된다. 성을 변증법으로 다루는 것은 그것을 인식의 과정으로 만드는 것도 아니고, 인간의 역사를 인간의 의식의 역사로 귀결시키는 것도 아니다. 변증법은 모순적인 분리 불가능한 사고들 사이의 관계가 아니다. 그것은 다른 실존에 대한 한 실존의 긴장으로서 그 다른 실존을 거부하는 그런 긴장이고, 그럼에도 불구하고 그 다른 실존이 없으면 긴장이 지속되지 않는 그런 긴장이다. 형이상학 — 자연을 넘어서 어떤 것이 출현하는 것 — 은 인식의 수준에 국한되지 않는다. 그것은 '타자'에로의 열림과 함께 시작하고, 성이 특유하게 발달한 곳이면 어디든지 이미 존재한다. 우리가 프로이트와 함께 성의 개념을 일반화했다는 것은 사실이다. 따라서 우리는 어떻게 성의 특유한 발달에 관해 말할 수 있는가? 우리는 어떻게 의식의 내용을 성적인 것으로 특징지을 수 있는가? 사실상, 우리는 그것을 할 수 없다. 성은 일반성의 가면 아래에서는 자신을 숨긴다. 성은 자신이 구축하는 긴장과 드라마에서 피하고자 끊임없이 노력한다. 그러나 거듭 말하지만, 성이 여전히 우리의 삶의 주체인 것처럼 그것이 그 자신을 숨긴다고 말할 권리를 우리는 어디서 얻는가?

지각의 현상학

7_성은 초월될 수 없다

우리는 그것이 초월되며 실존의 보다 일반적 드라마에 파묻힌다고 간단하게 말해서는 안 되는가? 여기에는 피해야 할 두 가지 잘못이 있다. 하나는 의식의 철학들이 그러하듯, 다른 표상들 속에 펼쳐진 자신의 명백한 내용과는 다른 내용을 실존에서 인식하지 못하는 것이다. 다른 하나는 무의식의 심리학들이 그러하듯, 저 명백한 내용을 역시 표상들로 이루어진 잠재적 내용에 의해서 재생하는 것이다. 성은 인간의 삶에서 초월되지도 무의식의 표상들에 의해서 그 중심이 나타나지도 않는다. 그것은 거기서 끊임없이 분위기로서 현존한다. 꿈꾸는 자는 자기 꿈의 잠재적 내용, 즉 '제2의 이야기'에 의해 드러날 것을 적절한 영상의 도움으로 그려보는 것부터 시작하지 않는다. 그는 우선 생식적 기원의 홍분들을 생식적인 것으로 지각하는 것부터 시작하고, 이어서 그 텍스트를 비유적 언어로 번역하는 것은 아니다. 그러나 깨어 있는 상태의 언어에서 벗어나 있는 꿈꾸는 자에게는 이러저러한 생식적 홍분 또는 성적 충동은 그냥 사람들이 기어 올라가는 벽의 상 또는 건물 정면의 상**이고** 바로 이것이 사람들이 명백한 내용에서 발견하는 것이다. 성은 자기 자신으로부터 어떤 유형적 관계들만을, 어떤 감정적 관계들만을 유치하는 상들로 확산된다. 꿈꾸는 자의 성기는 명백한 내용에 나타나는 그러한 뱀이 **된다**.[15] 사람들이 꿈꾸는 자에 대해 방금 말했던 것은 우리의 표상들의 이편에서 우리가 느끼는, 우리가 언제나 잠자며 보냈던 그런 부분에 대해서도 사실이고, 우리가 거쳐서 세계를 지각하게 되는 개개의 막연함에 대해서도 역시 사실이다. 바로 여기에 혼동스러운 형태들이 있고, 결코 '무의식적'이지 않으면서도 우리가 모호하다고, 성과 관계한다고 우리가 너무나 잘 아는, 그렇지만 이것을 분명히 나타내지 않는 그러한 특전적 관계들이 있다. 성은 자신이 보다 특별하게 거주하는 신체적 영역으로부터 향기나 소리처럼 멀리 퍼져나간다. 여기서 우리는 신체 도식을 연구하면서 이미 신체에서 인식한 침묵의 전위의 일반적 기능을 다시 발견한다. 내가 손을 대상으로 가져갈 때 나는 나의 팔이 풀리는 것을 암암리에 알고 있다. 내가 나의 눈을 움직일

---

15 Laforgue, *L'Echec de Baudelaire*, p. 126.

때 나는 그것을 명백하게 의식하지 않고도 눈의 운동을 고려하고, 이로써 나는 시각 장의 혼란이 표면적일 뿐이라는 것을 이해한다. 마찬가지로, 성은 명백한 의식 행위의 대상이지 않고도 나의 경험의 특전적 형태들을 동기화할 수 있다. 이렇게 파악된다면, 즉 애매한 분위기로서 파악된다면 성은 삶과 동연적이다. 달리 말하면, 다의성은 인간 존재에 본질적이다. 우리가 체험하거나 사고하는 모든 것은 언제나 여러 의미를 가진다. 삶의 양식 — 회피의 태도와 고독의 필요 — 은 아마도 성의 어떤 상태의 일반화된 표현일 것이다. 이렇게 실존으로 되면서, 성은 너무 일반적인 의미를 띠고 성적 주제는 그 주체에게 그 자체로 정당하고 참된 너무 많은 고찰의 기회, 이성에 기초한 너무 많은 결심의 기회가 될 수 있었고, 이러한 과정에서 너무 많은 부하가 걸리게 되어 실존의 형태의 설명을 성의 형태에서 찾는 것은 불가능하게 된다. 변함없는 사실은 이러한 실존이 성적 상황의 회수이고 명시화이며, 따라서 그것은 언제나 적어도 이중 의미를 가진다는 것이다. 성과 존재 사이에는 상호 침투가 있다. 말하자면, 실존이 성에 퍼지면 역으로 성이 실존에 퍼지고, 그래서 주어진 결단이나 행동에 대하여 성적 동기화의 부분과 다른 동기화의 그것을 정하는 것이 불가능하며, 결단이나 행동을 '성적' 또는 '비성적'이라고 특징짓는 것이 불가능하다. 따라서 인간 존재에는 미규정성의 원리가 있고 이러한 규정성은 우리에 대해서만 존재하는 것은 아니며, 우리의 인식의 어떤 불완전성에서 오는 것이 아니다. 우리는 신이 심장과 신장을 검진할 수 있고 신이 우리가 자연에서 빚지고 있는 바를, 자유에서 빚지고 있는 바를 한계지을 수 있을 것이라고 믿어서는 안 된다. 실존은 실존의 근본 구조 때문에 그 자체로 미규정적인데, 그것은 실존의 근본 구조가, 의미를 갖지 않는 것에 의미를 실어주는 작용 자체인 한에서이고, 성적 의미만을 갖는 것에다 보다 일반적 의미를 실어주는 작용 자체인 한에서이다. 우연은 이유로 변하는데, 그것은 이유가 사실적 상황의 회수인 한에서이다. 우리는 실존이 사실적 상황을 회수하게 되고 변형시키게 되는 운동을 초월이라 부를 것이다. 바로 이러한 운동이 초월이기 때문에 실존은 어떠한 것도 확정적으로 초월하지 못한다. 왜냐하면 그렇게 되면 실존을 규정하는 긴장은 사라질 것이기 때문이다. 실존은 스스로 자기 자신을 떠나지 않는다. 실존이라고 하는 것은 실존에게 외적이고 우연적인 것으로 남아 있지 않는데, 왜냐하면 실존은 실존이라고 하는 것을 자신 속에 회수하기 때문이다. 따라서 성처럼 신체 일반도 우리의 경험의 우연적 내용으로 간주되어서는 안 된다. 실존은 우연적 속성을 가지지 않으며 자기에게 형식을 제공하는 데 기여하지 않는 내용을 가지지 않는다. 실존은 자신 속에 어떤 순수 사실도 인정하지 않는데, 왜냐하면 실존은 사실들이 인수되는 운동이기 때문이다. 아마도 사람들은 우리의 신체 조직이 우연적이라고, '손, 다리, 머리 없는 인간,'[16] 더욱이 성이 없으면서도 꺾꽂이나 휘문으로 번식하는 인간을 생각할 수 있다고 응수할 것이다. 그러나 사람들이 손, 다리, 머리나 성적 장치를 살아 있는 기능에서가 아니라 단지 추상적으로, 즉 물질의 조각으로 간주한다면, 사람들이 인간에 대하여 역시 사고 작용만을 포함시키는 추상적 개념을 형성한다면, 그때만 그것은 사실이다. 반대로, 사람들이 인간을 인간의 경험에서, 즉 세계를 형태화하는 고유한 방식에서 규정하고 '기관들'을 이들이 재단되는 전 기능에 재통합한다면, 손이나 성적 체계가 없는 인간은 사고 없는 인간만큼이나 생각될 수가 없다. 다시 한 번 사람들은 우리의 명제가 동어반복이 됨으로써만 역설적이기를 멈춘다고 응수할 것이다. 요컨대, 우리는 인간은 인간이라는 것과 다르고, 따라서 실제로 그가 소유하는 관계의 체계 중 어느 하나라도 인간에게 없다면 더 이상 인간이 아니라고 단언하고 있다. 그러나 첨언해본다면, 그것은 우리가 인간을 인간이 사실적으로 존재한다는 이러한 경험적 인간에 의해서 규정하기 때문이고, 여러 원인들

16 Pascal, *Pensées et Opuscules*(ed., Brunschvicg), Section VI, No. 339, p. 486.

의 만남과 자연의 변덕에 의해서 수집된 전 소여의 특성들을 본질적 필연성에 의해서 그리고 선천적 인간성 내에서 연결짓기 때문이다. 사실상, 우리는 회고적 환상에 의해 본질적 필연성을 상상하지 못하며 실존의 연결을 확증하지 못한다. 우리가 앞서 슈나이더 사례의 분석에서 보여준 바와 같이, 성에서 운동성과 지능에 이르기까지 인간 내의 모든 '기능'은 엄밀하게 유대적이기 때문에, 사람들이 우연적 사실로 취급하는 신체적 조직을 인간의 전 존재에서 보면 인간의 다른 필연적 속성과 구별하는 것은 불가능하다. 모든 것이 인간에게는 필연성이다. 예를 들어 이성적 존재는 또한 서 있거나 나머지 손가락과 반대 방향으로 꺾이는 엄지손가락을 가지는 존재라는 것은 단순한 일치가 아니며, 이러한 존재 방식은 여기저기에 나타난다.[17] 모든 것이 인간에게는 우연성이라는 것은 다음과 같은 의미에서이다. 즉 이러한 인간의 존재 방식은 태어날 때 받았던 어떤 본질에 의해 모든 아동에게 보장되는 것이 아니라는 의미에서 그리고 그러한 존재 방식은 객관적 신체의 우연들을 통해서 그에게 끊임없이 다시 형성되어야 한다는 의미에서이다. 인간은 역사적 관념이지 자연종이 아니다. 달리 말하면, 인간 존재에는 어떤 무조건적 인간적 소유도 없으면서 그럼에도 불구하고 어떤 우연적 속성도 없다. 인간 존재는 우리에게 필연성과 우연성에 대한 우리의 통상적 개념을 수정할 것을 강요할 것이다. 왜냐하면 인간 존재는 회수 행위에 의해서 우연성을 필연성으로 변화시키는 것이기 때문이다. 우리는 우리의 것으로 만드는 사실적 상황을 기초로 해서, 무조건적 자유가 아닌 일종의 **탈주**에 의해서 우리가 끊임없이 변형시키는 사실적 상황을 기초로 해서 우리인 모든 것이다. 성을 그 자신과 다른 사물로 환원시키는 유의 성에 대한 설명은 없다. 왜냐하면 성은 이미 그 자신과 다른 사물이고, 원컨대 우리의 전 존재이기 때문이다. 우리는 성이, 우리가 우리의 전 개

17 메를로-퐁티, 『행동의 구조』, pp. 160~61.

인적 삶을 거기에 참여시키기 **때문에** 드라마적이라고 말한다. 그러나 왜 우리는 그렇게 하는가? 왜 우리의 신체가 우리에 대해 우리의 존재의 거울인가? 우리의 신체가 **자연적 자아**이고 주어진 실존의 흐름이기 때문이 아니라면, 그 결과로 우리는 우리를 지탱하는 힘들이 이 힘 자신의 것인지 우리의 것인지 알지 못해서가 아니라면, 아니 더 정확하게 말해서, 그 힘들이 결코 이 힘 자신의 것도 우리의 것도 아니라서가 아니라면 왜 그렇다는 말인가. 자기에게 갇혀 있는 성이 없듯이 성의 초월도 없다. 어떤 사람도 완전하게 구원되지 않으며 완전하게 잃어버려지지 않는다.

8_변증법적 유물론의 실존적 해석에 관한 주석 [18]*

18 사람들은 기술 · 현상학적 방법의 이름으로 '환원주의적' 개념과 인과적 사고를 책망함으로써 정신분석과 마찬가지로 역사적 유물론을 제거할 수 없다. 왜냐하면 역사적 유물론은 정신분석과 마찬가지로 사람들이 제공할 수 있을 '인과적' 정식화에 연결되어 있지 않기 때문이고 정신분석처럼 다른 언어로 서술될 수 있을 것이기 때문이다. 그것은 역사를 경제적으로 만드는 만큼 경제를 역사적으로 만드는 데서 성립한다. 역사적 유물론이 역사의 기초를 놓는 경제는 고전 과학에서처럼 객관적 현상의 폐쇄된 과정이 아니다. 그것은 생산력과 생산 양식의 대결, 즉 생산력이 그 익명성에서 나오고, 자신을 의식하며, 그렇게 해서 미래를 형태지을 수 있게 될 때만 완결되는 대결인 것이다. 이제 의식적 파악은 분명하게 문화적 현상이며 이로써 모든 심리학적 동기가 역사의 씨실에 도입될 수 있게 된다. 1917년 혁명의 '유물론적' 역사는 문제의 순간의 상세 가격표에 의해 개개의 혁명적 발전을 설명하는 데서 성립하는 것이 아니라, 그것을 계급의 역학, 의식적 관계, 2월과 10월의 변수, 새로운 프롤레타리아 세력과 수구 세력 사이에 놓게 하는 데서 성립하는 것이다. 역사가 경제에 환원되기보다는 오히려 경제가 역사에 재통합되는 것으로 드러난다. '역사적 유물론'은 자신이 영감을 준 활동에서 볼 때 때때로, 자신의 명백한 내용, 예컨대 민주 '시민'의 공적 관계, 그리고 자신의 잠재적 내용, 이를테면 구체적 삶에서 실제적으로 확립되어 있는 인간의 상호 관계를 제외하면, 고려에 넣고 있는 역사의 구체적 개념 규정 이외의 별다른 것이 아니다. '유물론적' 역사가 민주주의를 '형식적' 제도로 특징짓고 그 제도가 선동하는 갈등을 기술할 때, 자신이 시민의 법적 추상 작용 아래에서 찾고자 애쓰는 역사의 실재적 주체는 경제적 주체, 즉 생산 요인으로서의 인간뿐만 아니라, 보다 더 일반적으로 말해서, 살아 있는 주체, 즉 생산자로서의 인간, 자신의 삶에 형태를 부여하기를 원하는 자, 사랑하고 증오하는 자, 예술 작품을 창조하거나 창조하지 않는 자, 자녀를 가지거나 가지고 있지 않는 자로서의 인간인 것이다. 역사적 유물론은 경제를 배제하는 인과성이 아니다. 사람들은 그것이 역사와 사고 방식의 근거를 생산과 일하는 방식에 두게 하는 것이 아니라, 보다 더 일반적으로 말해서, 존재 방식과 공존재 방식, 인간의 상호 관계에 두게 하는 것이라고 말하고 싶을 것이다. 그

것은 사상사를 경제사로 귀결시키는 것이 아니라, 그 양자가 모두 표현하는 단 하나의 역사, 사회적 존재의 역사인 단 하나의 역사에 그 양자를 놓이게 하는 것이다. 철학적 교의로서 유아론은 사유 재산의 결과가 아니라, 고립과 불신이라는 실존적 선입견이 경제 제도와 세계의 개념 규정으로 투사되는 것이다.

그러나 역사적 유물론에 대한 이러한 해석은 모호하게 보일지도 모르겠다. 우리는 프로이트가 성의 개념을 과장하듯 경제의 개념을 '과장하고' 있다. 우리는 생산 과정, 경제력과 경제 형식의 투쟁 이외에 그 투쟁을 같이 결정하는 심리학적 · 도덕적 동기의 위상을 만들어 끌어들이고 있다. 그러나, 그렇다면 경제라는 말은 지정될 수 있는 모든 의미를 상실하는 것이 아닌가? 이것이 공존재의 방식으로 표현되는 경제적 관계가 아니라면, 경제적 관계로 표현되는 공존재의 방식인가? 우리가 사유 재산과 유아론을 공존재의 어떤 구조에 관계시킨다면, 우리는 다시 한 번 역사를 머리로 걷게 하는 것이 아닌가? 그것은 다음의 두 명제 가운데 선택하게 하는 것은 아닌가? 공존재의 드라마는 순수하게 경제적 의미를 가지든가 경제적 드라마는 더 일반적 드라마로 용해되고 유심론을 도로 데려오는 바, 실존적 의미만을 가지든가이다.

실존의 개념이, 잘 이해만 된다면, 이러한 택일을 넘어설 수 있게 해준다. 여기서 다시 한 번 우리가 앞서 '표현'과 '의미 작용'의 실존적 개념 규정에 대해 말했던 것이 적용되어야 한다. 실존적 역사 이론은 애매하다. 그러나 이 애매성 때문에 그 이론이 책망될 수 없다. 왜냐하면 애매성이 사물 속에 있기 때문이다. 역사가 점차 거의 경제에 육박하는 것은 오로지 혁명이 다가오는 때인 것이다. 개인의 삶에서 질병이 그 사람을 자신의 신체의 생체 리듬에 잡아매듯, 총파업과 같은 혁명적 상황에서 생산 관계는 밝히 드러나고 결정적인 것으로 명백하게 지각된다. 그럴지라도 우리는 방금 결과가, 현존하는 세력들이 서로를 생각하는 방식에 의존한다는 것을 보았다. 더구나, 침체기의 경제적 관계들은 사람에 의해 체험되고 인수되는 정도로만, 말하자면 신비화의 과정에 의해서, 아니 오히려 역사의 일부를 구성하고 자신의 무게를 가지는 영속적인 애매성에 의해서 이데올로기적인 파편에 포장되는 정도로만 영향을 미친다. 보수도 프롤레타리아도 경제적 투쟁에만 관여하고 있다는 것을 의식하지 못하고 항상 자신의 행동에 인간적 의미를 부여한다. 이러한 의미에서 순수한 경제적 인과성은 없다. 왜냐하면 경제는 폐쇄된 체계가 아니라 사회의 전체적 · 구체적 실존의 일부이기 때문이다. 그러나 역사의 실존적 개념 규정은 경제적 상황에게서 그 **동기화**의 능력을 박탈하지 않는다. 실존이, 사람이 스스로 부담을 지게 되고 어떤 사실적 상황을 맡아 책임지는 영속적 운동이라면, 자기가 하는 사고의 어느 것도 자신이 살고 있는 역사적 맥락, 특히 자신의 경제적 상황과 전혀 분리될 수 없을 것이다. 경제는 폐쇄된 세계가 아니고 모든 동기화는 역사의 중심에서 짜여지기 때문에 외부는 내부가 되고 내부는 외부가 된다. 우리의 실존의 어떠한 구성분도 넘어서는 것으로 될 수 없다. 발레리의 시를 경제적 소외의 단순한 삽화적인 사건으로 간주하는 것은 어처구니없는 일일 것이다. 말하자면 순수시는 영원한 의미를 가질 수 있다. 그러나 사회적 · 경제적 드라마에서, 우리의 공존재의 방식에서 그러한 의식을 가지고 파악하는 동기를 찾는 것은 어처구니없는 일은 아니다. 우리가 말했던 대로, 우리의 모든 삶은 '순수하게 성적'이든 또는 전혀 아니든 그러한 하나의 의식적 내용을 사람들이 지정할 수 없어도 성적 분위기를 호흡하는 것과 같이, 경제적 · 사회적 드라마는 개개의 의식에 스스로 자신의 방식으로 해독해야 할 어떤 지(地) 심지어 어떤 **이마고**를 제공한다. 이러한 의미에서 그것은 역사와 동연적이다. 예술가 또는 철학자의 행위는 자유롭지만 동기가 없는 것은 아니다. 그들의 자유는 우리가 조금 전에 말한 애매성의 능력에 거주하고 심지어 우리가 방금 말한 탈주 과정에 거주한다. 그것은 자신에게 자신의 고유한 의미를 넘어 형태지어진 의미를 부여하면서 사실적 상황을 떠맡는 데서 성립한다. 따라서 마르크스는 변호사의 아들, 철학 연구자**이다**라는 것에 만족하지 않고 자기 자신의 상황을 '소시민적 지식인'의 그것으로 새로운 계급 투쟁의 조망에서 **사고한다**. 따라서 발레리는 타자가 아무것으로도 만들지 못했던 불안과 고독을 순수시로 변형시킨다. 사고는 그것이 이해되고 해석되는 대로의 인간 상호간의 삶이다. 이러한 자발적 재파악에서, 객관적인 것에서 주관적인 것으로의 이행에서, 역사의 힘이 어디에서 끝나고 우리의 힘은 어디에서 시작하는가를 말하는 것은 불가능하다. 엄밀하게 보면 이 문제는 아무것도 말하기를 원하지 않는다는 것이다. 왜냐하면 역사를 살고 역사적 상황에 놓인 주체에 대해서만 역사는 있기 때문이다. 역사의 유일무이한 의미라는 것은 없다. 우리가 하는 것은 언제나 다수의 의미를 가진다. 바로 이 점에서 실존적 역사 규정은 유물론 및 유심론과 구별된다. 그러나 모든 문화적 현상은 다른 현상들 사이에서 경제적 의미를 가지고, 역사가 경제로 환원되지 않는 것과 마찬가지로 역사도 원칙적으로 경제를 초월하지 않는다. 신체의 부분들이 동작의 통일성에서 상호 함축하듯이, '생리학적' '심리학적' '도덕적' 동기들이 행동의 **통일성**에서 짜여지듯이, 법·도덕·종교·경제적 구조에 대한 개념 규정은 사회적 사건의 통일성에서 상호 의미한다. 개인의 삶을 신체적 기능이든 우리가 그 삶에 대해서 가지는 인식이든 이렇게 환원하는 것이 불가능하듯이, 인간 상호의 삶을 경제적 관계이든 인간이 사고한 법적 또는 도덕적 관계이든 이렇게 환원하는 것은 불가능하다. 그러나 개개의 경우에, 의미의 질서 중의 하나가 지배적인 것으로 간주될 수 있다. 이를테면 이 동작은 '성적'으로, 저 동작은 '열애'로, 다른 동작은 '싸움'으로, 심지어 공존하는 일정한 역사의 시기가 무엇보다도 문화적인 것으로, 우선적으로 정치적인 것 또는 경제적인 것으로 간주될 수 있다. 우리 시대의 역사가 경제에서 중요한 의미를 가지고 있는가 또는 우리의 이데올로기가 그 역사에 파생적 또는 2차적 의미만을 부여하는가를 아는 것은 더 이상 철학에 속하지 않고 정치에 속하는 문제이며, 사람들이 경제적 시나리오 또는 이데올로기적 시나리오가 그 사실들을 가장 완전하게 포함하는가 하는 것을 규명함으로써 해결할 수 있는 문제이다. 철학은 이러한 인간 조건에 입각해서, 그것이 **가능하다**는 것을 보여줄 뿐이다.

* 메를로-퐁티는 8절의 내용을 각주로 처리했다.

제6장 표현으로서의 신체, 그리고 언사

1_실어증 이론에서 경험주의와 주지주의는 똑같이 불충분하다

우리는 신체에서 과학적 대상의 통일성과는 다른 통일성을 인식했다. 우리는 방금 '성적 기능'에서 지향성과 의미 능력을 발견했다. 우리는 언사parole의 현상과 의미 작용의 분명한 행동을 기술하려고 노력함으로써 주관과 객관의 고전적 이분법을 확정적으로 넘어설 수 있는 기회를 가진다.

의식적으로 언사를 원래적 영역으로 파악하는 것은 당연하게도 늦은 감이 있다. 도처에서 그러하듯 여기서도 **소유**의 관계는 습관이라는 말의 어원학에서 보여질 수 있으면서도, 먼저 **존재** 영역의 관계 또는 사람들이 말할 수 있는 바, 세상 내부의 존재적 관계에 의해서 은폐되고 있다.[1] 언어의 소유는 먼저 '어휘의 상,' 즉 발음되거나 들린 말에 의해 우리에게 남겨진 흔적의 단순한 실제적 존

---

[1] 존재와 소유의 이러한 구별은 가브리엘 마르셀의 그것을 배제하지는 않지만 일치하는 것은 아니다(G. Marcel, *Être et Avoir*). 마르셀은 소유를 소유 관계를 가리킬 때(나는 집을 가지고 있다, 나는 모자를 가지고 있다) 지니는 약한 의미에서 받아들이고, 이와 동시에 존재를 ~에 속한다, 담당한다(나는 나의 신체이다, 나는 나의 삶이다)는 실존적 의미에서 받아들인다. 우리는 존재라는 용어에 사물로서의 존재, 술어라는 약한 의미(탁자가 있다, 큰 탁자이다)를 부여하는 용법, 그리고 소유라는 낱말로 자신이 투사되는 용어(나는 생각을 가지고 있다, 나는 욕망을 가지고 있다, 나는 두려움을 가지고 있다)에 대한 주체의 관계를 가리키는 용법을 고려하고 싶다. 이로부터 우리의 '소유'는 대략 마르셀의 존재에, 우리의 존재는 그의 '소유'에 상응하게 된다.

재로서 이해된다. 이러한 흔적들이 신체적이든 '무의식적 정신 현상'에 침전되어 있든 그것은 거의 중요하지 않으며, 그 두 경우에서 언어의 개념은 '말하는 주체'가 없다는 점에서 동일하다. 자극들이 신경 역학의 법칙에 따라 말의 분절을 일으킬 수 있는 흥분들을 개시하는 것, 아니면 의식 상태들이 후천적 연합에 의해 알맞은 어휘의 상의 출현을 야기시키는 것은 저 두 경우에서 3인칭적으로 현상 회로에 자리를 차지하고 있고, 말하는 사람은 없으나, 말들을 지배하는 말함의 어떤 의도도 없이 증식되는 말들의 흐름은 있다. 말들의 의미는 명명하는 것이 문제일 뿐인 자극들이나 의식 상태들과 함께 주어지는 것으로 간주되고, 말의 반향적 또는 분절적 성형화는 대뇌적 또는 정신적 흔적과 함께 주어지며, 언사는 행동이 아니고 주체의 내적 가능성들을 표시하지 않는다. 인간은 전등이 빛을 발할 수 있는 것처럼 말할 수 있다. 구어에는 영향을 주나 문어에는 영향을 주지 않는 또는 문자에는 영향을 주나 언사에는 영향을 주지 않는 선택적 장애들이 있기 때문에, 그리고 언어가 조각들에 의해서 붕괴될 수 있기 때문에, 언어는 일련의 독립적 공헌들에 의해서 구성되고 언사는 일반적 의미에서 이성적 존재이게 되는 셈이다.

사람들이 말의 분절에 관계하는 실구어증(失構語症) anarthrie* 을 넘어서 지능의 장애 없이 진행하지 않는 진정한 실어증을 식별하는 데로 인도되었을 때, 사실상 3인칭적 운동 현상인 자동 언어를 넘어서 대부분의 실어증에만 오직 관계하는 의도적 언어를 식별하는 데로 인도되었을 때, 실어증 및 언어에 관한 이론은 완전하게 변형되는 것처럼 보였다. '어휘의 상'의 개체성은 사실상 분리되어 고립된 것으로 판명되었다. 환자가 상실했고 정상인이 소유하고 있는 것, 그것은 저장된 어떤 말들이 아니라 말들을 사용하는 어떤 방식이다. 자동 언어의 수준에서는 환자의 처분에 맡겨져 있

---

* 대화를 나눌 수 없을 정도로 심하게 말을 더듬는 장애.

는 그 동일한 말이 무상 언어의 수준에서는 그에게서 빠져나간다. 의사의 질문에 대하여 거부하고자 할 때, 즉 현실적으로 체험된 것의 부정을 의도할 때는 손쉽게 '아니다'라는 말을 발견하는 그 동일한 환자는 감정적이고 생명적인 관계가 없는 문제에서는 그 말을 하는 데 실패한다. 여기서 사람들은 말 뒤에 있는 태도, 말을 조건짓는 언사의 기능을 밝혀냈다. 사람들은 행동의 도구로서의 말과 무심한 호칭 수단으로서의 말을 구별했다. '구체적' 언어가 3인칭 과정으로 남아 있었다면 무상적 언어, 본래적 호칭은 사고의 현상으로 되었을 것이고, 실어증의 어떤 형태의 근원이 찾아져야 하는 곳은 사고의 장애에서일 것이다. 예를 들어, 색 이름에 대한 기억 상실은 환자의 전체적 행동에서 자리를 잡게 하면 보다 일반적 장애의 특수한 표시로서 나타났다. 제시받은 색을 명명할 수 없는 환자들은 마찬가지로 주어진 지시에 따라 색을 분류할 수도 없다. 예를 들어, 그들에게 견본들을 기본 색조에 따라 분류하라고 요구하면, 우선 그들이 정상인보다 천천히 세심하게 그 일을 한다는 것이 드러난다. 그들은 비교하고자 하나의 견본을 다른 견본에 접근시키지만 '같이 있는' 견본들을 한눈에 알아보지 못한다. 더욱이 많은 청색 리본을 정확하게 수집한 이후에 그들은 이해할 수 없는 실수들을 범한다. 예를 들어, 마지막 청색 리본이 창백한 색조의 것이라면, 그들은 '청색들'을 무더기로 모으면서 창백한 색조의 녹색과 빨간색을 계속 이어 나간다. 마치 제시된 분류의 원칙을 지키며 시종일관 색깔의 관점에서 고찰하는 것이 불가능한 것처럼. 따라서 그들은 감각적 소여들을 하나의 범주에 포섭할 수 없게 되고, 견본들을 청색의 **형상**의 대표자로서 단번에 볼 수 없게 된다. 그들이 실험 초에 비교적 정확하게 과제를 수행할 때라도 그것은 그들을 인도하는 관념에 그 견본들이 부합해서가 아니라 직접적 유사성의 경험 때문이고, 이런 이유에서 그들은 하나를 다른 하나에 접근시킨 후에만 견본들을 분류할 수 있게 된다. 배합 실험이 그들의 근본 장애를 분명히 하거니와, 색 이름의 기억 상실은 그러한 장애의 다른 표시일 뿐이다. 왜냐하면 대상을 명명하는 것, 그것은 대상이 가지는 개별적인 것, 유일한 것을 자신에게서 떼어놓아 그 속에서 본질이나 범주의 대표자를 보는 것이기 때문이다. 그리고 환자가 견본들을 명명할 수 없다면, 그가 적색이나 청색이라는 말의 어휘의 상을 상실했기 때문이 아니라, 감각적 소여를 범주에 포섭하는 일반적 능력을 상실했기 때문이고, 범주적 태도에서 구체적 태도로 되돌아갔기 때문이다.[2]* 이러한 분석들 및 이와 유사한 분석들은 우리를 어휘의 상에 관한 이론의 대척점으로 인도하는 것 같다. 왜냐하면 언어는 지금 사고에 의해 조건지어지는 것으로 나타났기 때문이다.

2_언어는 의미를 가진다

사실상 우리는 경험주의적 또는 기계론적 심리학들과 주지주의적 심리학들 사이에 친족 관계가 있음을, 또한 한 명제에서 반대 명제에로 이행함으로써 언어의 문제가 해결되는 것은 아니라는 것을 다시 한 번 알게 될 것이다. 조금 전에는 말의 재생산, 어휘의 상의 재생은 본질적인 것이었다. 이제 그것은 내적 작용인 참다운 호칭과 본래적 언사의 외피일 뿐이다. 그러나 이 두 개념은 양쪽 모두에 있어 말이 의미를 **가지지** 않는다는 바로 그 점에서 일치한다. 첫번째의 경우에 이것은 분명하다. 왜냐하면 말의 환기는 어떤 개념에 의해서도 매개되지 않기 때문이고, 주어진 자극이나 '의식 상태'는 신경 역학의 법칙이나 연합 법칙에 따라 말을 불러오기 때문이고, 따라서 말은 의미를 휴대하지 않고 어떤 내적 능력도 가지

2 Gelb와 Goldstein, *Über Farbennamenamnesie.*
* 범주적 능력(태도)은 대상을 분류해서 범주에 집어넣는 능력(태도)을 말한다. 예컨대, 정상인은 동일한 색의 명도나 채도가 조금씩 차이가 나더라도 그 색을 빨강 또는 노랑으로 분류한다. 그러나 실어증 환자는 색깔이 조금만 달라도 범주화시키는 데 실패한다. 즉 환자는 범주화하는 능력 또는 태도를 상실한 것이다.

지 않으며 객관적 인과성의 활동에 의해 다른 현상들과 병렬되어 빛을 보게 되는 심리적, 생리학적, 심지어는 물리적 현상들일 뿐이기 때문이다. 사람들이 범주적 작용에 의해 호칭을 복제할 때도 사정은 다르지 않다. 말은 여전히 고유한 효력을 빼앗긴 상태인데, 이번에는 그것이 자신이 없어도 일어날 수 있는, 자신이 전혀 기여하는 바가 없는 내적 인식의 외적 기호일 뿐이기 때문이다. 그것은 의미를 빼앗긴 상태는 아닌데, 왜냐하면 그뒤에 범주적 작용이 있기 때문이다. 그러나 그 의미는, 말이 **가지지** 않고 있는 것이며 소유하지 않고 있는 것이다. 의미를 가지는 것은 사고이고 말은 공허한 외피로 남아 있다. 그것은 분절적 · 음향적 현상이거나 이러한 현상의 의식일 뿐이지만 어떻든 언어는 사고의 외적 수반물일 뿐이다. 첫번째의 개념에서 우리는 의미적인 것으로서의 말의 이편에 있고, 두번째의 경우에 우리는 그것의 저편에 있다. 첫번째의 경우에 말하는 사람은 없다. 두번째의 경우에 주체는 확실히 있으나 그는 말하는 주체가 아니다. 그는 사고하는 주체이다. 언사 그 자체에 관한 한, 주지주의는 경험주의와 거의 다르지 않고 경험주의처럼 자동 운동에 의한 설명 없이 지낼 수 없다. 범주적 조작은 한번 이루어지기만 하면 그것을 마무리하는 말의 출현을 설명해야 하는 문제를 남긴다. 따라서 사람들이 그 일을 하고자 할 때 틀림없이 생리학적 기능이나 정신적 기능에 의해서 할 것이다. 왜냐하면 말은 불활성 외피이기 때문이다. 따라서 사람들은 **말이 의미를 가진다**는 단순한 주목에 의해서 경험주의를 초월하듯 주지주의를 초월한다.

3_언어는 사고를 전제하지 않고 완성한다

언사가 사고를 전제하고 있었다면, 말하는 것이 무엇보다도 인식의 의도나 표상에 의해서 대상과 결합하는 것이었다면, 사람들은 왜 사고가 자신의 완성을 향하듯 표현을 향하는가를, 왜 가장 익숙한 대상이 우리가 그 이름을 되찾지 못했던 한 우리에게 미규정된 것으로 나타나는가를 이해하지 못한다. 사람들은 책에 써넣을 바를 정확하게 알지 못하면서도 책을 쓰기 시작하는 그토록 많은 작가들이 실례로 보여주듯이, 왜 사고하는 주체가 자신의 사고들을 대자적으로 정식화하지 못하는 한, 심지어 말하거나 쓰거나 하지 못하는 한, 자신의 사고에 대하여 일종의 무지 상태에 있는가를 이해하지 못하고 있었다. 언사나 의사 소통의 불편과 상관없이 대자적으로 존재하는 것에 만족하는 사고는 나타나자마자 무의식에 떨어졌는데, 이는 사고가 대자적으로도 존재하지 않았다고 말하는 셈이다. 칸트의 유명한 질문에 대하여 사람들은 우리의 사고를 내적 또는 외적 언사에 의해서 우리에게 제공한다는 의미에서 사실상 그것이 사고하는 경험이라고 대답할 수 있다. 그것은 그야말로 순간적으로 게다가 섬광처럼 진행하나 이어서 그것을 제것으로 삼는 일이 남아 있으며, 그렇게 되는 것은 표현에 의해서이다. 대상의 호칭은 인식 후에 오지 않는다. 그것은 인식 자체이다. 내가 희미한 빛에서 대상을 응시하고 "이것은 솔이다"라고 말할 때, 나의 정신에는 그 아래에서 내가 그 대상을 포섭하고 있는, 또 한편으로는 '솔'이라는 말과의 잦은 연합에 의해 연결되어 있는 그런 솔의 개념은 없으나, 그 말은 의미를 담고 있고, 그 의미를 대상에 부과함으로써 나는 그 대상에 도달하는 것을 의식한다. 사람들이 때때로 말했던 것처럼[3] 아동에게 대상은 명명될 때만 인식되고, 그 이름이 그 대상의 본질이며, 색깔과 형태와 같은 자격으로 그 대상에 존재한다. 선과학적 사고에 있어 명명한다는 것은 대상을 존재하게 한다는 것이거나 수정한다는 것이다. 신은 명명함으로써 존재를 창조하고 마술사는 말함으로써 영향을 미친다. 이러한 '실수들'은 언사가 개념에 의존한다면 이해될 수 없을 것이다. 왜냐하

---

3 예를 들면, Piaget, *La Représentaion du Monde chez l'Enfant*, p. 60 및 이하.

면 개념은 언제나 자신을 언사와 다른 것으로 인식해야 하고 언사를 외적 수반물로서 인식해야 하기 때문이다. 사람들이 아동은 언어의 지시를 통해서 대상을 인식하는 법을 배운다고, 즉 먼저 언어적 실재로서 대상이 주어지며 2차적으로만 자연적 존재를 받아들이고, 결국 언어적 공동체의 실제적 존재가 아동의 신념들을 설명한다고 응답한다면, 이러한 설명은 문제를 그대로 놓아둔 것이다. 왜냐하면 아동이 자신을 **자연**의 사고를 통해 인식하기 이전에 언어적 공동체의 일원으로서 인식할 수 있다면, 이것은 주체가 보편적 사고로서 알려질 수 있고 자신을 언사로서 파악하며, 말이 대상들과 의미들의 단순 기호이기는커녕 사물들에 거주하고 의미들을 운반한다는 것을 조건으로 하기 때문이다. 따라서 말하는 자에게 있어 언사는 이미 형성된 사고를 번역하는 것이 아니라 그것을 완성한다.[4] 더욱이 듣는 사람은 사고를 언사 자체로부터 받아들인다는 것을 인정해야 한다. 언뜻 보기에, 사람들은 자신이 들은 언사가 자신에게 아무것도 가져올 수 없다고 믿을 것이다. 말과 문구에 의미를 제공하는 것은 그 자신이다. 그리고 말과 문구의 결합도 외부에서 주어지는 것이 아니다. 왜냐하면 그것은 자신을 자발적으로 실현하는 능력을 따르는 그에게서 인식되지 않았다면 이해되지 않았을 것이기 때문이다. 도처에서 그렇듯 여기서도 의식은 자신이 거기에 놓아둔 것만을 자신의 경험에서 발견할 수 있다는 것이 우선은 사실인 것 같다. 따라서 의사 소통의 경험은 환상일 것이다. 의식은 X에 대하여, 동일한 사고를 가질 기회를 다른 의식에 제공하는 언어 기계를 구성하나, 사실상 어떤 것도 한 의식에서 다른 의식으로 이행하지 않는다. 그러나 문제는 의식이 어떻게 현상에 따라 어떤 사물을 학습하는가를 아는 데 있기 때문에, 그 해결은 의식이 미리 모든 것을 안다고 말하는 데서 성립할 수 없다. 우리가 자발적으로 사고하는 것을 넘어서 이해하는 능력을 가지고

지각의 현상학

---

4 물론 처음으로 형성하는 본래적 언사와 2차적 표현, 즉 경험적 언어의 관례일 뿐인 언사에 대한 언사를 구별하는 이유가 있다. 처음 것만이 사고와 동일시된다.

있음은 사실이다. 사람들은 우리가 미리 이해하는 언어만을 우리에게 말할 수 있고, 어려운 텍스트의 개개의 말은 우리에게 미리 속해 있던 사고들을 우리에게 일깨운다. 그러나 때때로 이러한 의미들은 그 모두를 개정하는 새로운 사고와 맺어지고 우리는 그 책의 핵심으로 전송되며 원천에 이른다. 여기에는 사람들이 기지항과의 관계에 의해서 미지항을 발견하는 문제의 해결에 비유될 만한 것이 전혀 없다. 왜냐하면 그 문제는 규정될 때만, 즉 소여들의 교차 검증이 미지의 것에 하나 또는 그 이상의 확정적 가치를 부여할 때만 해결될 수 있기 때문이다. 타자를 이해하는 데 있어 그 문제는 언제나 규정되지 않은 채로 있다.[5] 왜냐하면 소여들을 수렴하는 것들로서 회고적으로 나타나게 하는 것은 오직 문제의 해결뿐이고, 철학자의 텍스트에 적절한 기호의 가치를 부여할 수 있는 것은 오직 철학의 중심 동기가 이해되었을 때뿐이기 때문이다. 따라서 언사를 통한 타자의 사상에 대한 회수가 있고, 타자에 비친 반성이 있으며, 우리 자신의 사고를 풍부하게 하는 바 **타자를 따라서** 사고하는 능력[6]이 있다. 틀림없이, 여기서 말의 의미는 최종적으로 말 자체에 의해서 인도되지 않으면 안 되고, 오히려 정확하게 말하면, 말의 개념적 의미는 언사에 내재하는 바 **동작적 의미**에 의거한 선취에 의해서 형성되지 않으면 안 된다. 외국에서 내가 말의 의미를, 행동의 맥락에서 그 말이 차지하는 지위와 공동 생활에의 동참을 통해서 이해하기 시작할 때, 마찬가지로 잘못 이해된 철학적 텍스트가 나에게 그 의미의 최초의 소묘인 어떤 '양식'을 적어도 드러낼 때 스피노자의 양식이든 비판철학 양식이든 현상학적 양식이든 나는 그러한 사고의 존재 방식으로 스며 들어감으로써, 그 철학자의 어조, 강세를 재생산함으로써 철학을 이해하기 시작

---

5 다시 한 번, 우리가 여기서 말하는 것은 발원적 언사에만 적용될 뿐이다. 이를테면, 최초로 말을 하는 아이의 언사, 자신의 감정을 드러내는 연인의 언사, '말을 한 최초의 인간'의 언사, 전통의 이면에 있는 원초적 경험을 일깨우는 작가와 철학자의 언사 등.

6 Nachdenken, nachvollziehen. Husserl, *Ursprung der Geometrie*, p. 212 및 이하.

한다. 요컨대 모든 언어는 스스로를 가르치고 자신의 의미를 청자의 정신에 가져다 나른다. 처음에는 이해되지 않는 음악이나 그림은 진실로 그것이 어떤 것을 **말한다면** 마침내 스스로 자신의 공중(公衆)을 창조하게 되고, 즉 스스로 자신의 의미를 분비하게 된다. 산문이나 시의 경우에 언사의 힘은 덜 드러난다. 왜냐하면 우리는 어떤 텍스트일지라도 이해하는 데 필요한 것, 즉 말의 공통 의미와 함께 우리 내부에 이미 소유하고 있는 환상을 가지고 있는 반면, 자연적 지각이 우리에게 제공하는 그대로의 그림 물감의 색깔들과 도구들의 거친 소리들은 음악의 음악적 의미와 그림의 회화적 의미를 형성하는 데 충분하지 않기 때문이다. 그러나 사실을 말하자면, 문학 작품의 의미가 말의 공통 의미에 의해 형성되는 경우보다 그것이 말의 공통 의미를 수정하는 데 공헌하는 경우가 더 많다. 따라서 듣거나 읽는 사람에게서든 말하거나 쓰는 사람에게서든 주지주의가 의심하지 못하는 **언사 속의 사고**가 있다.

4 _ 말 속 의 사 고

우리가 이 점을 고려하고자 한다면 언사의 현상으로 되돌아가야 하고, 사고와 언사를 응고시켜 이들 사이에서 외적 관계만을 인지하게 하는 일상적 기술을 문제삼아야 한다. 우선, 말하는 주체에게 있어 언사는 표상이 아니라는 것, 즉 대상이나 관계를 분명하게 정립하지 않는다는 것을 인식해야 한다. 언사는 말하기에 앞서 생각하지 않으며, 심지어 말하는 동안에도 마찬가지이다. 즉 언사가 바로 사고인 것이다. 마찬가지로, 청중은 기호에 대하여 인식하는 것이 아니다. 연사의 '사고'는 그가 말하는 동안 비어 있으며, 사람들이 우리 앞에서 텍스트를 읽을 때 표현이 잘되어 있다면, 우리는 그 텍스트 자체에 대하여 주변적인 생각을 갖지 않는다. 오히려 말들이 우리의 모든 정신을 점유하고 정확하게 우리의 기대를 채워주며 우리는 연설의 필연성을 느낀다. 그러나 우리는 연설을 예측할 수 없고 그것에 의해 소유된다. 연설이나 텍스트의 끝은 마술의 끝일 것이다. 사고가 연설이나 텍스트를 향해 일어나는 갑작스러운 순간은 바로 이때이며, 그전에 연설은 즉석에서 이루어지고 있었고, 텍스트는 사고가 하나도 없이 이해되고 있었으며, 의미는 도처에 현존하고 있었다. 그러나 그 어느 것도 자기 자신에 대하여 정립되었던 것은 아니었다. 말하는 주체가 자신이 말하는 것의 의미를 사고하지 않는다면, 자신이 사용하는 말을 표상하는 것은 아닌 셈이다. 말이나 언어를 안다는 것은 사람들이 말한 대로 기성의 신경 조립품들을 마음대로 이용한다는 것이 아니다. 그러나 그것은 그만큼 말에 대한 어떤 '순수한 기억,' 어떤 희미한 기억을 간수한다는 것도 아니다. 습관적 기억과 순수한 기억*이라는 베르그송의 대안은 내가 아는 말들의 가까운 현존을 고려하지 않는다. 대상들이 내 등뒤에 있거나 나의 도시의 지평이 내 집 뒤에 있듯이, 그 말들은 내 뒤에 있다. 나는 그들 편에 있거나 그들에게 의존하고 있으나, '어휘의 상'을 하나도 가지고 있지 않다. 그들이 내 속에 지속한다면, 오히려 그것은 프로이트가 말하는 이마고 Imago**로서 그러하거니와, 이 이마고는 이전의 지각의 표상이라기보다는 경험적 기원들과는 분리된 너무나 뚜렷하고 너무나 일반적인 정서적 본질인 것이다. 학습된 말에 관해 나에게 남아 있는 것은 그 말의 분절적·음향적 양식이다. 우리가 앞서 '운동의 표상'에 대해 말했던 것이 어휘의 상에 대해서도 말해져야 한다. 나는 이것에서 저것에로 움직이기 위하여 외적 공간과 나의 고유한

---

* 『물질과 기억』에 나오는 베르그송의 기억에 관한 구별. 습관적 기억은 반복된 노력을 통해서 가령 암기에 의한 기억을 말한다. 이 기억은 신체적 습성처럼 기계적·자동적 특징을 가진다. 이와는 달리 순수 기억은 아무런 노력 없이 자발적·독립적으로 이루어지는 기억이다. 이 기억은 반복될 수 없는 일회성으로 의식의 본성을 구성한다.
** 타인에 대한 무의식적 표상을 가리키는 정신분석적 용어. 프로이트는 이 용어를 가령 유년기에 자신과 아주 동일시한 아버지에 대해 가졌던 사실이 아닌 이상화된 상을 가리킬 때 사용했다.

신체를 표상할 필요가 없다. 그것들이 나에 대하여 존재하고 내 주위에 뻗은 어떤 행동의 장을 구성하는 것으로 충분하다. 동일한 방식으로, 나는 말을 알고 말하기 위하여 그 말을 표상할 필요가 없다. 나는 그 말의 분절적·음향적 본질을 나의 신체의 가능한 용도의 하나로서, 변조의 하나로서 소유하는 것으로 충분하다. 나의 손이 사람들이 찍어 가리키는 나의 신체의 장소로 향하듯 나는 말을 참조한다. 말은 나의 언어적 세계의 어떤 장소에 있고 나의 비품의 일부이다. 예술가가 자신이 드러내고자 하는 바를 표상하는 수단만을 가지듯이, 즉 그것은 작업을 해야 함에 있듯이, 나는 말을 표상하는 수단으로 가지며, 즉 그것은 말을 함에 있다. 내가 피에르가 없다고 상상할 때 나는 피에르 자신과 수적으로 다른 피에르의 상을 생각하는 것을 의식하지 않는다. 그가 멀리 있다 하더라도 나는 그를 세계 안에서 가리키는데, 나의 상상 능력은 나의 세계를 내 주위에 지속하는 것 이외의 아무것도 아니다.[7] 내가 피에르를 상상한다고 말하는 것은 내가 '피에르의 행동'을 터뜨림으로써 피에르의 의사-현전을 얻는다는 것을 말하는 것이다. 상상된 피에르가 나의 세계-에로-존재의 양상들의 하나일 뿐이듯이, 어휘의 상도 많은 다른 것들과 함께 나의 신체의 전체적 의식에 주어진 나의 음성적인 동작의 양상들 중 하나일 뿐이다. 분명히 이것은 베르그송이 회상의 '운동 틀'에 대해 말할 때 의미하고자 하는 바이지만, 그러나 과거의 순수한 표상들이 그 틀에 끼어들게 되면 사람들은 왜 그것들이 다시 현실적인 것이 되기 위해 운동 틀을 필요로 하는가를 이해하지 못하게 된다. 기억에서 맡는 신체의 역할은, 기억이 과거를 구성하는 의식이 아니라 현재의 함축에 입각해서 시간을 다시 열어주는 노력일 때만, 신체가 '태도를 취하는' 따라서 우리에게 의사-현재를 만드는 우리의 영원한 수단이면서 시간과 공간과의 의사 소통의 수단일 때만[8] 이해된다. 기억에서 수행하는 신체

---

7 Sartre, *L'Imagination*, p. 148.
8 "내가 이렇게 깨어나서 나의 정신이 여기가 어디인가를 알아맞히려고 활동하기 시작

의 기능은 운동의 초기화에서 우리가 이미 만났던 것과 동일한 투사의 기능이다. 신체는 어떤 운동의 본질을 고함으로써 변화시키고 말의 분절적 양식을 음성 현상으로 전개시키며, 자신이 다시 취하는 옛날의 태도를 과거의 파노라마로 전개시키고 운동의 의도를 실제적 운동으로 기투한다. 왜냐하면 신체는 자연적 표현 능력이기 때문이다.

5_사고는 표현이다

이러한 고찰들 때문에 우리는 말하는 행위에 대하여 그 자신의 참다운 용모를 회복시켜주게 된다. 우선, 사람들이 연기가 불의 표시이듯이 언사를 다른 것을 알려주는 현상이라고 이해한다면 언사는 사고의 '기호'가 아니다. 언사와 사고는 양쪽 모두가 주제적으로 주어졌을 때만 그러한 외적 관계를 인정할 것이다. 실제로, 이들은 하나가 다른 하나에 포함되어 있고, 의미는 언사에 잡혀 있으며, 언사는 의미의 외적 존재이다. 사람들이 보통 그렇듯이 우리는 언사가 응고의 단순한 수단이며 또는 그야말로 사고의 외피이고 의복이라는 것을 인정할 수 없다. 이른바 어휘의 상들이 매번 재구성될 필요가 있다면 왜 낱말이나 문구를 떠올리는 것이 사고를 떠

하여 애를 쓰나 성공하지 못하는 채로 있을 때, 모든 것은 모호하게 사물, 지역, 연도 속에서 나의 주위를 맴돌고 있다. 너무 둔해 움직일 수 없는 나의 신체는 피로의 형태에 따라서 사지의 위치를 분석하려고 애를 쓰고, 이로부터 벽의 방향, 가구의 위치를 이끌어내고 자신이 놓여 있는 집을 다시 짓고 불러내려고 한다. 내 신체의 기억, 내 신체의 옆구리, 무릎, 어깨의 기억은 자신이 잠을 잤던 여러 방들을 연속적으로 스스로에게 제시하고 그 사이에 보이지 않는 벽들은 상상된 방의 형태에 따라 장소를 바꾸면서 내 신체의 주위에서 어둠 속에 요동치고 있다…… 내가 놓여져 있었던 측면이기도 하고 나의 정신이 결코 망각해서는 안 되었던 과거의 충실한 관리자이기도 한 나의 신체는 천장에 연결되어 매달린 항아리 같은 형태를 한, 보헤미아 사람의 유리등 불꽃을 생각나게 했고, 깨어나는 순간에 나에게 정확하게 재현할 수 없으나 내가 현실이라고 생각한 그 먼 시절, 콩브레에 있는 나의 침실에 있고 나의 조부 집에도 있는 시에나의 대리석 굴뚝을 생각나게 했다." Proust, 『스완네 집 쪽으로 *Du Côté de chez Swann*』, I, pp. 15~16.

올리는 것보다 더 용이한가? 그리고 사고가 자신의 의미를 자신 속에 휴대하고 포함하지 않는다면 왜 그것은 자기를 복제하려고 노력하거나 일련의 발성으로 보이려고 노력하는가? 말들은 '사고의 요새'일 수 없고 사고는 언사가 그 자체로 이해 가능한 텍스트일 때만, 또한 언사가 자신만의 고유한 의미의 힘을 소유할 때만 표현을 추구할 수 있다. 어떻든 말과 언사는 사고의 감각적 세계상의 현존이 되고자, 또는 사고의 의복이 아니라 사고의 표징이나 신체가 되고자 대상이나 사고를 지시하는 방식이기를 그만두어야 한다. 심리학자들이 말한 대로 '언어적 개념'[9]이나 어휘적 개념이 있어야 하고 "특별하게 어휘적인 중추적 내적 관계가 있어야 하며 이 관계 덕분에 들린, 말해진, 읽혀진, 또는 씌어진 소리가 언어적 사실이 된다."[10] 환자들은 이해하지 못하고도 '어조를 넣으면서' 텍스트를 읽을 수 있다. 따라서 언사나 말은 자신에게 점착해 있는, 그리고 사고를 개념적 진술로서보다는 오히려 양식으로서, 감정적 가치로서, 실존적 몸짓으로서 제시하는 최초의 의미 층을 가지고 있다. 여기서 우리는 언사의 개념적 의미 아래에서 언사에 의해 번역되지 않을 뿐만 아니라 거기에 거주하여 분리가 불가능한 실존적 의미를 발견한다. 표현의 가장 큰 이득은 잃어버릴 수 있는 사고들을 저서에 기록해둔다는 것이 아니다. 작가는 자신의 작품을 거의 다시 읽지 않으며, 위대한 작품은 우리가 나중에 꺼낼 모든 것을 처음 읽을 때 우리에게 남겨준다. 표현 활동은 잘될 때 독자와 작가 자신에게 비망록조차도 남기지 않으며, 의미를 텍스트의 핵심에 있는 사물로서 존재하게 하고 말의 유기체에 살게 하며, 작가나 독자에게 새로운 의미 기관으로서 자신을 확립하고, 새로운 장이나 차원을 우리의 경험에 열어준다. 이러한 표현의 힘은 예술, 예컨대 음악에서 잘 알려진다. 소나타의 음악적 의미는 그것을 실어 나르는 소리와 분리해서 생각할 수 없다. 우리가 그것을 듣기

9 Cassirer, *Philosophie der symbolischen Formen*, III, p. 383.

10 Goldstein, *L'Analyse de l'aphasie et l'essence du langage*, p. 459.

전에는 어떤 분석도 우리에게 그것을 예측하는 것을 허용하지 않는다. 연주가 끝나기만 하면 우리는 그 음악의 지적 분석에서 경험의 순간을 회상하는 것 이외에는 아무것도 할 수 없다. 연주하는 동안 소리들은 소나타의 '기호'일 뿐만 아니라, 소나타는 소리들을 통해 거기에 있고 소리들 속에 묵는다.[11] 동일한 방식으로, 여배우는 보이지 않고 나타나는 것은 페드르Phédre이다. 의미는 기호들을 먹어 삼키고 페드르는 베르마Berma를 너무나 완전하게 소유하고 있기 때문에 페드르에 그가 빠져 있음은 우리에게 자연스러움과 용이함의 극치인 것처럼 보인다.[12] 미적 표현은 자신이 표현하는 것에다 즉자 존재를 수여하고, 이것을 모든 사람에게 접근 가능한 지각된 사물로서 자연에 확립하며, 역으로 기호들 자체를──희극 배우의 용모, 화가의 색과 화폭──이들의 경험적 존재에서 떼어놓고 이들을 다른 세계로 데려간다. 어느 누구도 표현적 활동이 의미를 실현하거나 구현하고 그것을 번역하는 것만으로 만족하지 않는다는 것을 부인하지 않을 것이다. 외관상일지라도 언사에 의해 사고를 표현하는 경우에도 사정은 다르지 않다. 사고는 '내적'인 것이 아니다. 또한 그것은 세계와 말의 밖에 있지 않다. 그점에 있어 우리를 속이는 것, 표현에 앞서 대자적으로 존재한다는 사고를 우리로 하여금 믿게 하는 것, 이것은 이미 구성된 것이자 이미 표현된 것인 사고들이며, 이것들을 우리는 말없이 스스로에게 회상시키고 이것들에 의해 우리는 스스로에게 내적 삶의 환상을 제공한다. 그러나 사실상, 이 자칭의 침묵은 언사에 의해 울려 퍼지고, 저 내적 삶은 내적 언어이다. '순수' 사고는 의식의 어떤 공백, 순간적 희망으로 귀착된다. 새로운 의미 부여적 의도는 이미 마음대로 이용할 수 있는 의미들, 즉 이전의 표현 행동들의 결과로 되덮임으로써만 자신을 안다. 마음대로 이용할 수 있는 의미들은 미지의 법칙에 따라 갑자기 서로 뒤섞이고, 단숨에 새로운 문화적

11 Proust, 『스완네 집 쪽으로』, II, p. 192.
12 Proust, 『게르망트 쪽 Le Côté de Guermantes』.

실재가 존재하기 시작한다. 따라서 우리의 신체가 습관의 획득에서 갑자기 새로운 동작에 응하게 되듯, 우리의 문화적 획득이 저 미지의 법칙에 이바지하도록 동원될 때 사고와 표현은 동시적으로 구성된다. 언사는 참다운 동작이고 동작이 자신의 의미를 포함하듯 언사도 자신의 의미를 포함한다. 이것이 바로 의사 소통을 가능하게 하는 것이다. 내가 타인의 언사들을 이해하려면 분명히, 그의 어휘와 구문은 나에 의해 '이미 인식되어 있어야' 한다. 그러나 그것은 언사들이 자신들과 결합된 '표상들'을 나에게 불러일으켜서 마침내 그 표상들의 모임이 말하는 사람의 원래적 '표상들'을 재생산하는 데 영향을 미친다는 것을 말하고자 함이 아니다. 내가 우선 의사 소통하는 것은 '표상들'이나 사고들이 아니라, 말하는 주체이고 어떤 존재 양식이며 그가 겨냥하는 '세계'이다. 타자의 언사를 가동시킨 의미 부여적 의도가 명시적 사고가 아니라 충족을 추구하는 어떤 결핍인 것과 마찬가지로, 그러한 의도를 내가 회수하는 것은 나의 사고 활동이 아니라 나 자신의 실존의 공시적 변조이고 나의 존재의 변형이다. 우리는 언어가 **제도화된** 세계에 살고 있다. 이 모든 틀에 박힌 언사들에 대하여 우리는 이미 형성된 의미들을 우리 자신 속에 소유한다. 이것들은 2차적 사고들만을 우리에게 불러일으킨다. 이 사고들은 재차 우리에게 어떤 참다운 표현 노력도 요구하지 않는, 청중에게 어떠한 이해 노력도 청구하지 않는 다른 언사들로 번역된다. 따라서 언어와 언어의 이해는 자명한 것처럼 보인다. 언어적, 상호 주관적 세계는 우리를 더 이상 놀라게 하지 않으며, 우리는 그 같은 세계와 세계 자체를 더 이상 구별하지 않는다. 우리가 반성하는 것은 이미 말해진, 그리고 말하는 세계의 내부에서이다. 우리는, 말하는 것을 배우는 아동에서이든, 어떤 것을 처음으로 말하고 사고하는 작가에서이든, 결국 어떤 침묵을 언사로 변형하는 모든 사람들에게서든, 표현과 의사 소통에 우연적인 것이 있다는 것을 모르게 된다. 그럼에도 불구하고 일상적 삶에서 사용되는 구성된 언사가 표현의 결정적 단계를 거친 것이라고 가정하는 것은 매우 분명하다. 우리가 그 근원으로 거슬러 올라가지 않는 한, 우리가 언사의 재잘거림 아래의 원초적 침묵을 찾아내지 않는 한, 우리가 그러한 침묵을 깨는 동작을 기술하지 않는 한, 인간에 대한 우리의 시각은 표피적인 것으로 남아 있을 것이다. 언사는 동작이고 그 의미는 세계이다.

6 _ 동 작 의 이 해

　　현대 심리학은[13] 관람자가 자신이 목격하는 동작의 의미를 자신 속에서 그리고 자신의 친숙한 경험에서 찾지 않는다는 것을 잘 보여주었다. 분노의 동작이든 위협의 동작이든, 나는 그것을 이해하기 위해 내 쪽에서 동일한 동작들을 수행하고 있었을 때, 내가 느꼈던 감정들을 회상할 필요가 없다. 나의 내부로부터라면 나는 분노의 표현을 너무 잘못 알고 있고 따라서 유사성에 의한 연합이나 유비에 의한 추리는 결정적 요소를 빠뜨리고 있다. 더욱이 나는 분노나 위협을 동작 뒤에 숨어 있는 정신적 사실로서 지각하지도 않는다. 내가 동작에서 분노를 읽고 그 동작이 나로 하여금 분노를 **사고하게 하는 것은 아니다.** 그 동작은 분노 자체이다. 그러나 동작의 의미는, 예를 들어 양탄자의 색깔이 지각되는 것처럼 지각되지 않는다. 그것이 나에게 사물처럼 주어진다면, 나는 왜 동작에 대한 나의 이해가 거의 언제나 인간적 동작에 국한되는가를 알지 못한다. 나는 개의 성적 몸짓을 '이해하지' 못한다. 하물며 풍뎅이나 사마귀의 그것에 있어서랴. 나는 미개인의 정서적 표현을 이해하지 못하기도 하고 또한 나의 환경과 매우 다른 환경에서 일어나는 정서적 표현을 이해하지 못하기도 한다. 아동에게 우연히 정사 장면을 목격하는 일이 일어난다면, 그는 그 장면을 번역하는 신체

---

13 예를 들면, Scheler, *Nature et Formes de la Sympathie*, p. 347 및 이하.

적 욕망이나 태도들을 경험하지 않고도 이해할 수 있지만, 정사 장면은 걱정되는 별난 광경일 뿐이고, 그러한 행동이 아동에게 가능하게 되는 성적 성숙의 단계에 이르지 않았다면 그 장면은 의미를 가지지 않는다. 때때로 타자 인식이 자기 인식을 분명히 한다는 것은 사실이다. 외부의 광경은 아동 자신의 욕구들에 목표를 제시함으로써 아동에게 욕구들의 의미를 드러낸다. 그러나 이 사례는 아동의 내적 가능성들과 만나지 않는다면 지각되지 않은 채로 넘어간다. 동작의 의미는 주어지는 것이 아니라 이해되는 것, 즉 관람자의 행동에 의해 재파악되는 것이다. 모든 어려움은 그 행동을 잘 인식하는 것이고, 그것을 인식 작용과 혼동하지 않는 것이다. 동작의 의사 소통이나 이해는 나의 의도와 타자의 동작의 상호성, 나의 동작과 타자의 행동에서 읽혀질 수 있는 의도의 상호성에 의해 얻어진다. 모든 것은 타자의 의도가 나의 신체에 거주하는 것처럼 또는 나의 의도가 그의 신체에 거주하는 것처럼 일어난다. 내가 목격자인 그 동작은 지향적 대상을 점묘로 그린다. 이 대상이 현실적이 되고 충분히 이해되는 것은 나의 신체의 능력이 그 대상에 일치하고 그 대상을 회복할 때이다. 동작은 내 앞에서 문제로 되고 나에게 세계의 어떤 감각적 지점들을 지시하며, 나를 그 지점들에 도달하게끔 한다. 의사 소통은 나의 행동이 그러한 길에서 자기 자신의 길을 발견할 때 완성된다. 나에 의한 타자의 확증이 있고 타자에 의한 나의 확증이 있다. 우리가 사물의 지각적 경험을 복구해야 하는 것처럼 바로 여기서 주지주의적 분석에 의해 왜곡된 타자의 경험을 복구해야 한다. 내가 사물, 예컨대 난로를 지각할 때 나로 하여금 난로의 존재라고 결론 내리게 하는 것은 실측된 것으로서의, 이 모든 조망들의 공통 의미로서의 여러 측면들의 일치가 아니다. 역으로, 나는 사물을 그 자신의 명증에서 지각하고, 바로 이것이 무한히 계속되는 일치하는 장면들을 지각적 경험의 펼침에 의해서 획득한다는 것을 나에게 보증한다. 지각적 경험을 통한 사물의 동일성은 탐색 중인 고유한 신체의 동일성의 다른 측면일 뿐이다. 따라서 이들은 상호 동일한 종류의 것이다. 신체 도식처럼 난로는 어떤 법칙의 인식에 기초하는 것이 아니라 신체적 현전의 체험에 기초하는 등가들의 체계이다. 나는 나의 신체와 같이 사물들에 참가하고 사물들은 육화된 주체로서 나와 같이 공존한다. 사물들의 이러한 삶은 과학적 대상의 구성과 공통적인 것이 하나도 없다. 동일한 방식으로, 나는 타자의 동작을 지적 해석 활동에 의해서 이해하지 않는다. 의식들의 의사 소통은 의식들의 경험들의 공통적 의미에 기초하는 것이 아니라 실로 그것을 기초짓는 것이다. 내가 어떤 광경에 응하게 되는 운동은 환원 불가능한 것이라고 인식하지 않으면 안 되고, 나는 의미의 지적 규정과 정밀성에 선행하는 일종의 맹목적 인식에서 그 운동에 가담한다. 한 철학자[14]가 애무와 같은 성적 동작의 지적 의미, 즉 그 속에 수동적 신체를 감금하는 것, 신체를 쾌락의 수면 상태에서 유지하는 것, 신체가 사물과 타자에로 투사되는 지속적 운동을 중단하는 것과 다름없는 지적 의미를 규정하기도 전에, 그러한 동작은 세세대대로 '이해되고' 수행된다. 내가 '사물'을 지각하는 것이 나의 신체에 의해서이듯 내가 타자를 이해하는 것은 나의 신체에 의해서이다. 이렇게 '이해된' 동작의 의미는 신체 뒤에 있지 않으며, 동작이 그려내는 것이자 내가 내 쪽에서 회수하는 것인 바 세계의 구조와 뒤섞인다. 동작의 의미는 동작 자체에 의거해서 펼쳐진다. 마치 지각적 경험에서 난로의 의미가 나의 시선과 운동이 세계에서 발견하는 대로의 감각적 광경과 난로 자체를 넘어서지 않듯이.

7_언어적 동작

언어적 동작은 다른 모든 동작처럼 그 자신의 의미를 그려낸다.

---

14 사르트르를 말함. J. P. Sartre, 『존재와 무 *L'Etre et le Néant*』, p. 453 및 이하.

이러한 생각은 처음에는 놀라운 것이지만, 사람들이 언제나 절박한 문제, 즉 언어의 근원을 이해하고자 한다면, 심리학자와 언어학자가 실증적 지식의 이름으로 그 문제를 거부하는 데 일치한다 하더라도, 그 생각으로 가지 않을 수 없다. 동작에 대해서처럼 말에 대해서 내재적 의미를 부여하는 것은 처음에는 불가능한 것처럼 보인다. 왜냐하면 동작은 인간과 감각적 세계 사이의 어떤 관계를 지시하는 것으로 그치기 때문이고, 감각적 세계는 자연적 지각에 의해서 관람자에게 주어지기 때문이며, 따라서 지향적 대상은 동작 자체와 동시적으로 목격자에게 제공되기 때문이다. 반대로 어휘의 동작은 우선 어떤 사람에게도 주어지지 않으면서 의사 소통의 기능을 위해 자신만이 가지는 정신적 풍경을 겨냥한다. 그러나 여기서 자연이 제공하지 않는 것, 이것을 제공하는 것은 바로 문화이다. 마음대로 이용할 수 있는 의미들, 말하자면 이전의 표현 행동들은, 동작이 감각적 세계에 관계하듯 말하는 주체들 사이에서 현실적인 새로운 언사가 관계하는 공동 세계를 확립한다. 그리고 언사의 의미는 언사가 언어적 세계를 다루는 또는 획득된 의미들의 폭에 따라 변조하는 방식 이외의 아무것도 아니다. 나는 그것을 외침만큼 짧은, 분할되지 않은 행동에서 파악한다. 사실을 말하자면 문제의 방향이 바뀌어지고 있을 뿐이다. 즉 마음대로 이용할 수 있는 의미들이 어떻게 구성되는가 하는 문제이다. 언어가 한번 형성되기만 하면 사람들은, 언사가 동작처럼 공통적인 정신적 지반 위에서 의미할 수 있다는 것을 인지한다. 그러나 여기서 전제되어 있는 바, 구문적 형식들과 어휘적 형식들은 그 속에 자신들의 의미를 가지고 있는가? 사람들은 동작과 그 의미에, 즉 정서들의 표현과 정서들 자체에 공통적인 것이 있음을 잘 안다. 미소, 긴장이 풀린 얼굴, 동작의 환희는 기쁨 자체인 행동의 리듬, 세계-에로-존재의 방식을 현실적으로 포함한다. 반대로 언어적 기호와 그 의미 사이의 연결은 수많은 언어들의 존재가 역시 보여주듯 아주 우연적이지 아니한가? 그리고 '최초의 발화자'와 두번째 사람 사이에 있는 언어적 요소들의 의사 소통은 반드시 동작들에 의한 의사 소통과 전적으로 다른 유형의 것이지 아니한가? 이것이 사람들이 정서적 동작이나 몸짓이 '자연적 기호들'이고 언사가 '약정적 기호'라고 말하면서 흔히 표현하는 것이다. 그러나 약정들은 인간 사이의 사후 관계 방식이고 먼저 있어야 할 의사 소통을 가정하며 언어를 그러한 의사 소통의 흐름 가운데 놓아두어야 한다. 사람들이 말의 개념적 · 종국적 의미만을 고찰한다면 어휘적 형태는——어미에 의한 것을 제외하고——자의적으로 보인다는 것은 사실이다. 그러나 우리가 말의 정서적 의미, 앞서 시에 본질적인 '동작적' 의미라고 불렀던 것을 고려한다면 사정은 그렇지 않을 것이다. 그때는 사람들은 단어, 모음, 음소가 세계를 노래하는 수많은 방식이라는 것을, 소박한 의성어 이론이 믿는 대로 이것들은 객관적 유사성 때문이 아니라, 정서적 본질을 추출하고 말의 본래적 의미에서 표현하기 때문에 대상들을 표상하기로 되어 있다는 것을 발견할 것이다. 사람들이 어휘로부터 음성학의 역학 법칙, 외국어의 혼효(混淆), 문법학자의 합리화, 언어의 자기 모방에 빚지고 있음을 공제한다면, 틀림없이 개개의 언어의 근원에서 꽤 축소된 그러나 예컨대 사람들이 빛을 빛이라 부른다면 밤을 밤이라 부르는 것이 자의적이 아닐 그런 표현의 체계를 발견할 것이다. 한 언어에서 모음의 지배, 다른 언어에서 자음의 지배, 구성 및 구문론의 체계는 동일한 사고를 표현하기 위한 많은 자의적 약정들을 대표하는 것이 아니라, 인간 신체가 세계를 축하하고 마침내 살기 위한 여러 방식들을 대표한다. 이로부터 한 언어의 **충분한** 의미는 다른 언어로 번역될 수 없다는 결과가 나온다. 우리는 여러 언어들을 말할 수 있으나 이 중의 하나는 언제나 우리가 살고 있는 언어로 남아 있다. 언어를 완전하게 동화하려면 그 언어가 표현하는 세계를 떠맡아야 하나, 사람들은 단번에 두 세계에 속하지 못한다.[15] 보편적 사고가 있

15 "몇 해가 연장되어 아라비아 사람의 복장으로 살고 그들의 정신적 틀에 적응하기 위한

다면, 사람들은 자신이 한 언어에 의해 시련을 겪었던 대로 표현
및 의사 소통의 노력을 되풀이함으로써, 모든 애매성을 떠맡음으
로써, 언어적 전통이 만들어지고 표현 능력을 정확하게 측정하는
모든 의미의 파급을 떠맡음으로써 그것을 획득한다. 약정적 연산
방식은——게다가 언어와 관련해서만 의미를 가지는——인간 없는
자연 이외에는 아무것도 표현하지 않을 것이다.

8_자연적 기호도 순수 약정적 기호도 없다

따라서 엄밀하게 말해, 약정적 기호들, 즉 대자적으로 순수하고
분명한 사고의 단순 표기는 없고, 언어 전체의 역사가 압축되어 있
으며 아무런 보증 없이 놀라운 언어적 우연 한가운데서 의사 소통
을 실현하는 언사들만 있다. 우리에게 언제나 언어가 음악보다 더
투명하게 보인다면, 그것은 우리가 대부분의 시간을 구성된 언어
에 머물러 있기 때문이고, 상호간에 마음대로 이용할 수 있는 의미
들을 제공하기 때문이며, 규정들에 있어서 사전처럼 규정들의 등
가물을 지시하는 것에 그치고 말기 때문이다. 문구의 의미는 처음
부터 끝까지 우리에게 이해 가능한 것 같고 그 문구 자체와 분리
가능하며 이해 가능한 세계에서 규정되는 것 같다. 왜냐하면 우리

노력 때문에 나는 나의 영국적 개성을 버리게 되었다. 따라서 나는 서양과 그 관습을 새
로운 눈으로 고찰할 수 있었다. 사실상 그것을 믿는 것을 그만둘 수 있었다. 그러나 어떻
게 아라비아 사람처럼 되는가? 내 편에서 보면 그것은 순수하게 하나의 영향이었다. 사
람에 대한 자신의 신념을 상실하게 되는 것은 쉬운 일이나, 이어서 다른 신념으로 개종
하는 것은 어려운 일이다. 하나의 형태를 잃고 새로운 다른 형태를 획득하지 못했기 때
문에 나는 마호메트의 전설적인 관처럼 되어버렸다…… 물리적 노력과 지리한 고립 생
활에 지친 사람은 이러한 분리를 최상의 것으로 인식했다. 그의 신체는 기계처럼 걷는
동안 그의 정신은 자신을 버리고 이러한 거추장스러운 것의 목표와 존재 이유를 물으면
서 자신에게 비판적 시각을 던진다. 때때로 동일 인물인 이 사람이 이렇게 공허한 대화
를 스스로 주고받고 그 다음에는 거의 미칠 지경에 이른다. 내가 믿기로, 이것은 우주를
동시적으로 두 의복, 두 교육, 두 환경의 장막을 통해서 볼 수 있는 모든 사람에게 있는
일이다." T. E. Lawrence, *Les Sept Piliers de la Sagesse*, p. 43.

는 문구가 언어의 역사에 빚지고 있는, 그리고 그 의미를 결정하는 데 이바지하는 모든 관련들이 주어진 것이라고 가정하기 때문이다. 반대로, 음악에서는 어떤 어휘도 전제되지 않고 의미는 소리의 경험적 현존에 연결되어 있는 것 같으며 이것이 음악이 우리에게 말이 없는 것 같은 이유이다. 그러나 사실상, 우리가 말한 대로 언어의 명료성은 모호한 지반 위에 확립되고 우리가 그러한 조사를 충분히 밀고 나간다면, 우리는 결국 언어가 역시 그 자신에게 자신 이외의 아무것도 말하지 않는다는 것, 또는 언어의 의미는 언어 자신과 분리될 수 없다는 것을 발견할 것이다. 따라서 언어의 최초의 밑그림을 정서적 몸짓에서 추구해야 하거니와, 바로 이러한 정서적 몸짓에 의해 인간은 주어진 세계 위에 인간에 의해 이루어진 세계를 쌓아올린다. 여기에는 인공적 기호를 자연적 기호로 되돌리고 언어를 정서의 표현으로 환원하려고 애쓰는 유명한 자연주의적 개념들과 닮은 것이 하나도 없다. 인공적 기호는 자연적 기호로 환원되지 않는다. 왜냐하면 인간에게 자연적 기호가 없기 때문이다. 그리고 우리의 세계-에로-존재의 변양으로서의 정서가 이미 우리의 신체에 포함된 기계 장치와 관련해서 우연적이라는 것과 언어의 수준에서 절정에 달하는 자극과 상황을 형태화하는 동일한 능력을 표시한다는 것이 사실이라면, 우리는 언어를 정서적 표현에 접근시킴으로써 언어가 가지는 특별한 것을 위태롭게 하는 것도 아니다. 우리는 주어진 '의식 상태'에 대하여 우리의 신체의 해부학적 조직이 일정한 동작을 대응시킬 때만 '자연적 기호'에 대하여 말할 수 있다. 그런데 사실상 분노나 사랑의 몸짓은 일본 사람과 서양 사람에게서 동일한 것이 아니다. 보다 정확하게 말해, 몸짓의 차이는 정서 자체의 차이를 포함한다. 신체적 조직과 관련해서 우연적인 것은 동작만이 아니다. 그것은 상황을 받아들이고 체험하는 방식 자체이다. 분노한 일본 사람은 미소짓지만 서양 사람은 얼굴을 붉히고 발로 차거나 아니면 창백해지거나 씩씩거리며 말한다. 두 의식적 주체가 동일한 기관과 동일한 신경 체계를 가지고 있어 동일한 정서가 그 두 주체에게 동일한 기호를 제공한다는 것으로는 불충분하다. 중요한 것은 그들이 자신의 신체를 사용하는 방식이고 정서에서 일어나는 자신의 신체와 세계의 동시적 형태화이다. 정신생리학적 장비는 많은 가능성들을 열어주고, 여기서도 본능의 영역에서처럼 최종적으로 주어진 인간의 본성이란 없다. 자신의 신체에 대한 인간의 사용은 단순한 생물학적 존재로서의 인간 신체에 비해서 초월적이다. 탁자를 탁자라고 부르는 것보다 분노해서 소리치는 것이나 사랑해서 키스하는 것은 더 자연적이지도 덜 약정적이지도 않다.[16] 정감과 정열적 행동은 말이 그렇듯 발명되는 것이다. 인간 신체에 새겨진 것 같은 이것들조차도 부성이 그렇듯 사실상 제도들이다.[17] 사람들이 '자연적'이라 부르는 최초의 행동 층과 가공된 문화적 또는 정신적 세계를 인간 속에 쌓아올리는 것은 불가능하다. 사람들이 말하고자 하듯 인간에게 있어 모든 것은 가공된 것이자 자연적인 것이다. 이것은 단순히 생물학적 존재에 빚지지 않는 어떤 것도 말이나 행동에는 없다는 의미에서이고, 그와 동시에 사람을 규정하는 데 사용될 수 있는 일종의 **탈주**와 모호성의 자질에 의해서 동물적 삶의 단순성을 피하지 않고 생명적 행동의 의미를 바꾸어놓지 않는 어떤 것도 말이나 행동에는 없다는 의미에서이다. 살아 있는 존재의 단순한 현존이 이미 물리적 세계를 변형시키거니와, 여기서는 '식량'으로 다른 곳에서는 '은신처'로 나타나게 하며 자극에 없었던 의미를 '자극'에 부여한다. 게다가 인간의 동물 세계상의 현존도 그러하다. 행동들은 해부학적 장치와 관련해서는 초월적이나, 상호 가르치고 이해되기 때문에 행동 그 자체에 내재적인 의미들을 창출한다. 사람들이 의

---

16 사람들은 입맞춤이 일본의 전통적 풍속의 일례가 아님을 알고 있다.

17 트로브리앙 제도의 토인들에게 부성은 알려져 있지 않다. 아이들은 외삼촌의 권위 아래 양육된다. 남편은 장기 여행에서 돌아와서 집에 새로운 아이가 있음을 발견하고 기뻐한다. 그는 자신의 아이인 것처럼 보살피고 감시하고 사랑한다. Bertrand Russell, *Le Mariage et la Morale*, Gallimard, 1930. p. 22. 이 저서에 말리노프스키의 다음 저서가 인용됨. Malinowski, *The Father in primitive Psychology*.

미들을 창조하고 전달하는 이러한 비합리적 능력의 목록을 작성하는 것은 불가능하다. 언사는 그러한 능력의 특수한 경우일 뿐이다.

9_언어 속의 초월

모든 표현적 활동들 가운데서 비할 나위 없는 언사만이 침전할 수 있고 상호 주관적 획득물을 구성할 수 있다는 것은 참으로 사실이고, 우리가 평소에 언어에서 특별한 상황을 만들어내는 것을 정당화하는 것도 바로 그 사실이다. 사람들은 이 사실을 언사가 지면에 기록될 수 있는 반면, 동작이나 행동은 직접적 모방에 의해서만 전이된다는 것을 주목함으로써 설명할 수 없다. 왜냐하면 음악도 역시 기록될 수 있기 때문이다. 음악에 전통적인 전수와 같은 어떤 것이 있다 할지라도 고전 음악을 거치지 않고 무조 음악에 들어가는 것이 아마도 불가능할지라도 또 개개의 작곡가는 처음부터 과제를 다시 시작하고 전달할 새로운 세계를 가지는 반면, 언사의 질서상 개개의 작가는 다른 작가들이 이미 전념한 것과 동일한 세계를 겨냥하는 것을 의식한다. 발자크의 세계와 스탕달의 세계는 의사 소통이 없는 혹성이 아니며, 언사는 자기 노력의 추정적 한계로서 진리의 이념을 우리 속에 가설한다. 그것은 우연적 사실로서 자신을 망각하고 자신에 의존하며, 이것이 우리가 본 대로 우리에게 언사 없는 사고의 이상을 제공하는 것이다. 그런 반면, 소리 없는 음악의 이념은 불합리하다. 여기서 이념-한계와 반-의미가 문제일지라도, 언사의 의미가 어떤 언사에 내속되어 있음에서 해방될 수 없다 하더라도, 언사의 경우에 표현적 활동이 무한정하게 반복될 수 있다는 것, 사람들이 그림 그리기에 대해 그림 그릴 수 없는 반면 언사에 대해 말할 수 있다는 것, 결국 모든 철학자는 모든 언사를 종결짓는 하나의 언사를 생각했던 반면, 화가나 음악가는 가능한 모든 그림이나 음악을 소진시키기를 원하지 않는다는 것은 여전히 변함없는 사실이다. 따라서 이성의 특전이 있다. 그러나 바로 그것을 잘 이해하기 위해서 사고를 표현의 현상들 가운데 자리잡게 하는 것부터 시작하지 않으면 안 된다.

10_현대 실어증 이론을 통한 확증

언어의 이러한 규정은 실어증에 대한 가장 훌륭한 최근의 분석들에까지 연장되거니와 우리는 앞서 그 일부만을 이용했을 뿐이다. 우리는 실어증 이론이 피에르 마리Pierre Marie 이래로 경험주의 시기를 거친 후 주지주의로 넘어가는 것 같다는 것을 앞서 보았으며, 언어의 장애에서 '표상의 기능'이나 '범주적' 활동을[18] 끌어들이고 언사를 사고에 기초짓는 것을 보았다. 사실상, 그 이론이 향해 가는 곳은 새로운 주지주의가 아니다. 그 저자들이 알든 모르든 그들은 우리가 실존적 실어증 이론이라고 부르는 것, 즉 사고와 객관적 언어를 근본적 활동의 두 표시로서 취급하고 그 활동에 의해서 인간은 '세계'를[19] 향해 기투한다는 이론을 정식화하려고 애쓰고 있다. 색 이름에 대한 기억 상실증을 예로 들어보자. 우리는 배색 시험에 의해서 기억 상실증 환자가 색들을 범주에 포섭하는 일반적 능력을 상실했다는 것을 보여주었으며, 사람들은 언어적 결손을 동일한 이유로 돌렸다. 그러나 사람들이 구체적 기술들을 회상한다면, 범주적 활동이 사고나 인식이기 이전에 세계와 관계하는 어떤 방식이고, 마찬가지로 경험의 양식 또는 성형화라는 것을 알 것이다. 정상 주체의 경우에 많은 견본들에 대한 지각은 주

---

18 이러한 종류의 개념들은 다음 저자의 저술에서 발견된다. Head, van Woerkom, Bouman, Grünbaum, Goldstein.

19 예를 들면 그륀바움(Grünbaum, *Aphasie und Mororik*)은 실어증 장애가 **일반적**이고 **운동적**이라는 것을 동시에 보여준다. 바꾸어 말하면 그는 운동성을 지향성 또는 의미 작용의 원래적 방식으로 만든다(이 책의 p. 225). 마침내 이것은 사람을 더 이상 의식으로서가 아니라 실존으로서 인식하는 것과 같다.

어진 지시에 따라서 조직된다. "견본과 동일한 범주에 속하는 색들은 다른 색들을 지로 해서 분리되고"[20] 예를 들어, 모든 빨간색들은 총체를 구성하고 그 주체는 그 총체를 구성하는 모든 견본들을 모으기 위해 그 총체를 해체하기만 하면 된다. 반대로, 환자의 경우에 견본들 하나하나는 개체 존재로 갇혀진다. 이것들은 주어진 원칙에 따라 총체를 구성함에 있어 일종의 점성이나 불활성을 대조시킨다. 객관적으로 유사한 두 색이 환자에게 제시될 때, 그 두 색은 반드시 유사한 것으로 나타나지 않는다. 한 색에서는 기본 색조가 지배적이고 다른 색에서는 밝음이나 따스함의 정도가 지배적인 일이 일어날 수 있다.[21] 우리는 많은 견본들 앞에서 수동적 지각의 태도를 취함으로써 그러한 유형의 경험을 얻을 수 있다. 동일한 색들은 우리의 시선 아래 모이지만, 유사하기만 할 뿐인 색들은 서로 불확실한 관계만을 맺을 뿐이고, "그 무리는 불안정하게 보이며 움직이고 우리는 끊임없는 변화를 확인하며, 다른 관점에 따른 가능한 여러 색군들 사이에서 일종의 경쟁을 확인한다."[22] 우리는 관계들의 직접적 경험으로 환원되고 이러한 것이 환자의 상황인 것은 틀림없다. 우리가 환자는 주어진 분류의 원칙을 준수할 수 없다고, 하나의 원칙에서 다른 원칙으로 간다고 말하는 것은 잘못이다. 사실상 그는 어떤 원칙도 채택하지 않는다.[23] 장애는 "색들이 관찰자에게 무리지어지는 방식, 시각 장이 색의 관점에서 분명해지는 방식"에[24] 관계한다. 관계하는 것은 사고나 인식만이 아니고 색의 경험 자체이기도 하다. 사람들은 다른 저자들과 더불어 정상적 경험은 개개의 요소가 여타의 모든 요소를 대표하도록 하는 내적 '원환'과 '선회'를 포함하고, 말하자면 개개의 요소를 여타의 모든 요소에 연결하는 '벡터'를 가지고 있다고 말할 수 있다. 환자

20 Gelb와 Goldstein, *Über Farbennamenamnesie*, p. 151.

21 같은 책, p. 149.

22 같은 책, p. 150∼52

23 같은 책, p. 150.

24 같은 책, p. 162.

에게 "이러한 삶은 보다 협애한 한계 속에 갇혀 있고 정상인에 의해 지각된 세계와 비교해볼 때 보다 자그마한 축소된 원환에서 움직인다. 선회의 주변에서 발생하는 운동은 그 중심에까지 미치지 않으며, 달리 말해서 자극받은 지대의 내부에 남아 있거나 아니면 자신의 직접적 주위까지만 전이된다. 보다 포괄적인 의미의 통일성은 더 이상 지각된 세계의 내부에서 구성될 수 없다. (중략) 여기서 거듭 말하지만, 개개의 감각적 인상은 '의미의 벡터'에 의해서 영향을 받으나 이러한 벡터들은 더 이상 공통적 방향을 가지지 않으며 주요한 결정된 중심을 정위하지 않고 정상인의 경우에는 보다 훨씬 더 많이 흩어진다."[25] 이상이 사람들이 기억 상실증의 저변에서 발견하는 '사고'의 장애이다. 사람들이 보는 것은 사고의 장애가 판단에 관계하기보다는 판단이 발생하는 경험의 환경에 관계한다는 것이고, 자발성에 관계하기보다는 감각적 세계에 대한 자발적 파악 그리고 어떤 의도라도 그 세계에서 나타내는 우리의 능력에 관계한다는 것이다. 칸트적 용어로 말하면, 그것은 오성에 관계하기보다는 생산적 구상력에 관계한다. 따라서 범주적 행동은 최종적 사실이 아니며 어떤 '태도'에서 구성된다. 언사 자신이 기초지어지는 것은 이러한 태도 위에서이고, 그리하여 언어를 순수 사고에 의존하게 하는 것은 불가능하다. "범주적 행동과 의미있는 언어의 소유는 단 하나의 동일한 근본적 행동을 표현한다. 그 둘 중의 어느 것도 원인이거나 결과일 수 없을 것이다."[26] 우선 사고는 언어의 결과가 아니다. 색들을 주어진 견본과 비교함으로써 무리 지을 수 없는 어떤 환자들은[27] 언어의 매개에 의해서 성공할 수 있게 된다는 것은 사실이다. 이들은 표본의 색에 이름을 붙이고, 그 다음에 그 표본을 보지 않고 그 이름이 들어맞는 모든 견본들을 수집한다. 비정상적 아동들은[28] 사람들이 그들에게 동일한 이름으로

25 Cassirer, *Philosophie der symbolischen Formen*, T. III, p. 258.
26 Gelb와 Goldstein, *Über Farbennamenamnesie*, p. 158.
27 같은 책.

지각의 현상학

색들을 가리키는 법을 가르쳤다면 다른 색들일지라도 한꺼번에 분류한다는 것 역시 사실이다. 그러나 그것은 바로 비정상적 방법들일 뿐이다. 즉 그것들은 언어와 사고의 본질적 관계가 아니라, 자신의 살아 있는 의미와는 똑같이 단절된 언어와 사고의 병리적 또는 우연적 관계를 표현한다. 사실상, 많은 환자들은 색들을 분류할 수 있는 정도의 능력이 없이도 색 이름을 반복할 수 있다. 따라서 기억 상실적 실어증의 경우에 "범주적 행동을 어렵게 또는 불가능하게 만드는 것은 자체 속에 잡혀 있는 말의 결여일 수 없다. 말들은 자신에게 정상적으로 속하는, 그리고 자신을 범주적 행동과의 관계에서 사용되는 데 적당한 것으로 만드는 어떤 것을 상실해야만 했다."[29] 그렇다면 그것들은 무엇을 상실했는가? 자신들의 개념적 의미인가? 사람들은 개념이 말들에서 떨어져 나온다고 말해야 하고 사고를 언어의 원인으로 만들어야 하는가? 그러나 분명히, 자신의 의미를 상실할 때의 말은 자신의 감각적 측면에서도 변화되고 **공허하다.**[30] 사람들이 색 이름을 제공하는 기억 상실증 환자는 그에게 대응하는 견본을 선택하라고 요구할 때, 그 이름에서 어떤 것을 기다리는 것처럼 그 이름을 반복한다. 그러나 그 이름은 그에게 아무런 소용도 없고 아무것도 **말하지** 않으며 우리가 너무나 오랫동안 반복하는 이름들이 우리에 대해서 그렇듯이 낯설고 불합리한 것이다.[31] 말들이 자신의 의미를 상실한 환자들은 가끔씩 관념을 연결하는 능력을 최고도로 보존한다.[32] 따라서 그 이름은 이전의 '연합들'과 분리되지 않으며 생명 없는 신체처럼 스스로 변화된다. 말과 그 자신의 살아 있는 의미와의 연결은 연합에 의한 외적 연결이 아니며, 의미는 말에 거주하고 언어는 '지적 과정의

---

28 같은 책.
29 같은 책.
30 같은 책.
31 같은 책.
32 사람들은 그 말들이 사례(빨간색의)가 눈앞에 주어지면 동일한 색깔(딸기 색)에 대한 기억을 불러일으키고 이로부터 색 이름(빨간 딸기, 빨간색의)을 회복하는 것을 본다. 같은 책, p. 177.

외적 수반물이 아니다'.[33] 따라서 말할 나위도 없이 우리는 우리가 앞서 말했던 것처럼 언사의 동작적 또는 실존적 의미를 인식하는 데로 인도된다. 언어는 확실히 내부를 가지고 있으며 그러나 그 내부는 자기에게 갇혀 있는 사고, 자기 의식적 사고가 아니다. 따라서 언어가 사고를 표현하지 않는다면 그것은 무엇을 표현하는가? 그것은 자신의 의미의 세계에서 주체의 위치의 파악을 제시한다. 정확하게 말하면 바로 그러한 파악**이다.** 여기서 '세계'라는 용어는 말하는 방식이 아니다. 그것은 '정신적' 또는 문화적 삶이 자신의 구조들을 자연적 삶에서 빌려온다는 것, 사고하는 주체가 육화된 주체에 기초해야 한다는 것을 말하고자 함이다. 나의 신체적 행동이 나와 타인에 대하여 나를 둘러싸고 있는 대상에 어떤 의미를 부여하듯이, 음성적 동작은 말하는 주체와 듣는 주체에 대하여 경험의 어떤 구조화, 실존의 어떤 변조를 실현한다. 동작의 의미는 물리적 또는 생리학적 현상처럼 동작 안에 포함되어 있지 않다. 말의 의미는 소리처럼 말에 포함되어 있지 않다. 그러나 일련의 규정되지 않은 불연속적 행동에서 자신의 자연적 능력을 넘어서고 변형하는 의미있는 핵을 제 것으로 삼는 것은 인간 신체의 규정이다. 이러한 초월의 행동은 우선 행동의 획득에서 만나지고 다음에 동작의 말없는 의사 소통에서 만나진다. 신체가 새로운 행동에 열려 있는 것, 그것을 외부 증인에게 이해시키는 것은 동일한 바로 그 힘에 의해서이다. 여기와 저기서 일정한 능력의 체계가 갑자기 탈중심화하고 부서지며, 주체나 외부 증인에게 인식되지 않으면서도 그 순간에 그들에게 드러나는 법칙에서 재조직된다. 예를 들어, 다윈에 따르면, 태양으로부터 눈을 보호하는 데 대비한 눈의 찌푸림이나 선명하게 보고자 대비하는 눈의 집중은 명상하는 인간적 행동의 구성 성분이 되고 이 행동을 보는 사람에게 의미를 갖는다. 언어 또한 다른 문제를 제기하지 않는다. 목구멍의 수축, 혀와 치

33 같은 책, p. 158.

아 사이에서 휘파람 소리를 내는 공기의 배출, 우리의 신체를 연출하는 어떤 방식이 갑자기 **비유적 의미**를 부여받게 되고 그 의미를 우리 밖으로 실어 나른다. 이것은 욕망에서 나오는 사랑이나 유아기에 협응이 안 된 운동에서 나오는 동작보다 더한 기적도 덜한 기적도 아니다. 기적이 일어나기 위해서는 음성적 몸짓은 이미 획득된 의미들의 문자를 사용해야 하고, 다른 동작의 이해가 만인이 자신의 의미를 풀어 펼치는 공통적으로 지각된 세계를 가정하는 것처럼, 어휘의 동작은 화자에게 공통된 어떤 파노라마에서 수행되어야 한다. 그러나 이러한 조건은 충분하지 않다. 동작이 발의적인 동작이라면 그 동작이 제일 먼저 대상에 인간적 의미를 부여하는 것처럼, 언사가 본래적 언사라면 새로운 의미를 일으키게 한다. 더욱이 지금 획득된 의미들은 새로운 의미들이었어야 한다. 따라서 의미하는, 즉 의미를 동시에 파악하고 전달하는 이 열린, 한계 없는 힘을 최종적 사실로서 인식해야 하고, 그 힘에 의해서 인간은 자신의 신체와 언사를 통해서 새로운 행동이나 타자를 향해 또는 자기 자신의 생각을 향해 스스로를 초월한다.

그 저자들이 실어증에 대한 분석을 언어의 일반적 개념으로 끝맺음하려고 노력할 때[34] 사람들은 다시 한 번 보다 분명히 그들이 피에르 마리를 따라 브로카Broca의 개념들에 대한 반작용으로 채택했던 주지주의적 언어를 포기하는 것을 본다. 사람들은 언사에 대해 그것이 '지능의 작용'이라고도 '운동 현상'이라고도 말할 수 없다. 그것은 완전히 운동성 전체이고 지성 전체이다. 언사가 신체에 내속함을 증명하는 것은 언어적 질환들이 통일성으로 환원될 수 없다는 점이고, 주요 장애가 때로는 말의 신체, 어휘적 표현의 물질적 도구, 때로는 말의 용모, 어휘의 의도, 우리가 말을 정확하게 말하거나 쓰거나 하는 데 있어 기초가 되는 그런 종류의 총체적 계획, 때로는 말의 직접적 의미, 그 독일 저자들이 언어적 개념이

---

34 Goldstein, *L'Analyse de l'aphasie et l'essence du langage.*

라 부르는 것, 때로는 우리가 앞서 분석한 기억 상실적 실어증의 경우에서처럼 결국 언어적 경험만이 아닌 경험 전체의 구조에 관계한다는 점이다. 따라서 언사는 상대적으로 분리 가능한 능력들의 성층에 근거한다. 그러나 그와 동시에 '순수 운동적'이고 언어의 의미에 어느 정도 관계하지 않는 언어의 장애를 어느 곳에서도 발견하는 것은 불가능하다. 순수 실독증alexie*의 경우 주체가 단어의 철자를 더 이상 인식할 수 없다면, 그것은 시각적 소여들을 형태화하는 능력, 단어의 구조를 구성하는 능력, 단어의 시각적 의미를 이해하는 능력의 부족 때문이다. 운동성 실어증의 경우 잃어버린 단어 목록과 보존된 단어 목록은 그 단어들의 객관적 특성(길이나 복잡성)이 아니라 주체에 대한 그 단어들의 가치에 일치한다. 환자는 '형'과 '지'를 구분하고 단어나 철자에 자유롭게 형의 가치를 부여하는 능력의 부족 때문에 익숙한 운동계의 내부에서 단어나 철자를 따로 발음할 수 없다. 발음상의 정확성과 구문상의 정확성은 언제나 서로 역비례하고 이것이 단어의 분절이 다만 운동적일 뿐인 현상이 아니라는 것, 구문적 질서를 조직하는 동일한 에너지의 도움을 구한다는 것을 보여준다. 더욱이 철자가 빠지고 잘못 놓이거나 첨가되는 그리고 단어의 리듬이 변화되는 문자 착어증paraphasie**의 경우에서처럼 말하는 의도의 장애가 문제일 때, 엔그램engramme***의 파괴가 문제인 것이 아니라, 형과 지의 수평화, 단어를 구조화하고 그 단어의 분절적 용모를 파악하는 무능력이 문제인 것은 분명하다.[35] 사람들이 이상의 두 가지 연

---

* 실독증은 적혀 있는 글을 이해하지 못하는 실어증의 한 형태를 말한다.
** 착어증은 글자를 알아보고 이해는 하나 바르게 말할 수 없는 실어증을 말한다.
*** 자극이나 학습에 의해 신경 조직 또는 정신에 남아 있는 지속적 흔적 또는 영향을 말한다. 기억 흔적, 기억 인자라고도 한다.

35 Goldstein, *L'Analyse de l'aphasie et l'essence du langage*, p. 460. 고전적 개념(Broca)과 현대 연구(Head) 사이의 택일을 넘어선다는 점에서 골드슈타인은 그륀바움(Grünbaum, *Aphasie und Motorik*)과 일치한다. 그륀바움이 현대 연구자들에게 가지는 불만은 "운동의 외화, 그리고 이 외화가 의지하는 정신물리적 구조들을 실어증의 묘사를 지배하는 근본 영역으로서 최우선시하지 않는다"는 것이다(p. 386).

속적인 논구를 요약하고자 한다면 모든 언어적 작용이 의미의 이해를 가정하며, 그러나 의미는 여기와 저기서 말하자면 특수화된 것이라고 말해야 할 것이다. 단어의 시각적 의미에서 언어적 개념을 거치면 개념적 의미에 이르기까지의 여러 가지 의미의 층들이 있다. 사람들이 '운동성'의 개념과 '지능'의 개념 사이에서 계속 오고간다면 그리고 이 개념들을 통합하는 것을 허용하는 제3의 개념, 즉 모든 수준에서 동일한 기능, 분절된 현상에서만큼 언사의 숨겨진 준비들에서도 역시 활동 중일 기능, 언어의 모든 건축물을 감당할 그러면서도 상대적으로 자율적인 과정에서 안정되어 있을 기능을 발견하지 않는다면, 저 두 생각을 동시에 이해하지 못할 것이다. 언사에 본질적인 이러한 힘을, 우리는 사고도 '운동성'도 뚜렷하게 영향을 받지는 않지만 언어의 '삶'이 변질하게 되는 경우들에서 보게 될 기회를 가질 것이다. 어휘, 구문, 언어체는 변함없이 그대로이지만 주절이 예외적으로 부각되는 경우가 있다. 그러나 환자는 그때의 그 재료들을 정상적 주체처럼 사용하지 않는다. 그는 사람들이 그에게 질문하거나 자신이 질문할 기선을 잡을 때만 말한다. 그에게는 자녀가 학교에서 귀가할 때 날마다 던지는 질문과 같은, 판에 박은 질문 이외에는 아무것도 중요하지 않다. 그는 단순히 가능한 상황을 표현하고자 언어를 사용하지 않는다. 거짓 명제들(하늘은 검다)은 그에게 의미가 없다. 그는 문장을 준비했을 때만 말할 수 있다.[36] 사람들은 그에게 있어 언어는 자동적이 되었다고 말할 수 없고 일반적 지능의 약화의 어떤 기호도 없다. 실로 단어들이 조직되는 것은 그것들의 의미에 의해서인 것이다. 그러나 이 의미는 말하자면 응고되어 있는 것이다. 슈나이더는 말할 필요를 전혀 느끼지 않으며, 그의 경험은 언사를 향하지 않고 그에게 질문을 생기게 하지 않는다. 그것은 모든 물음, 가능적인 것에 관한 모든 지시, 모든 경이, 모든 즉흥을 질식시키고 있는, 이

---

36 Benary. *Analyse eines Seelenblindes von der Sprache aus.* 우리가 운동성과 성과 관련하여 분석한 바 있는 슈나이더의 사례가 여기서 다시 한 번 문제가 되고 있다.

러한 실재에 대한 명증성과 충족성을 계속 가지고 있는 채로 있다. 이와는 대조적으로, 사람들은 정상적 언어의 본질을 알아본다. 말하는 의도는 열린 경험에서만 발견될 수 있고 그것은 액체의 비등처럼 공허한 지대가 존재의 두께에서 구성되고 밖으로 이동할 때 나타난다. "인간이 자신과의 또는 자신의 동료와의 살아 있는 관계를 확립하려고 언어를 사용하자마자 언어는 더 이상 도구가 아니고 **수단이 아니며, 우리를 세계와 우리의 동료에 결합하는 친숙한 존재 및 정신적 연결의 현시이고 계시이다.** 환자의 언어는 아무리 많은 지식을 드러낸다 해도 소용이 없고, 일정한 활동들을 위해 아무리 다양하게 사용될 수 있다 해도 소용이 없다. 인간의 가장 심오한 본질을 형성하고 어떤 문명의 창조에서도 언어 자체의 창조만큼 아마도 그렇게 분명하게 드러나지 않을 생산성을 그것은 전적으로 결여하고 있다."[37] 사람들은 저 유명한 구별*을 다시 가져와서 이렇게 말할 수 있을 것이다. **언어**langage, 즉 구성된 어휘 체계 및 구문 체계, 다시 말하면 경험적으로 존재하는 '표현 수단들'은 **언사**parole 행위의 적립과 침전이고, 이 언사 행위에서 표현되지 않은 의미는 밖으로 번역되는 수단을 발견할 뿐만 아니라 대자적 존재를 획득하기도 하고 그야말로 의미로서 창조된다고 말할 수 있다. 다시 말해서 사람들은 **말하는 언사** parole parlante와 **말해진 언사**parole parlée를 구별할 수 있다. 전자는 의미있는 의도가 탄생하는 상태에 있게 되는 그것이다. 여기서 실존은 어떤 자연적 대상에 의해서도 규정될 수 없는 어떤 '의미'로 성극하고 자신이 합치하려고 노력하는 존재를 넘어서 있다. 이것이 실존이 자기 자신의 비존재의 경험적 받침대로서 언사

지각의 현상학

---

37 Goldstein, *L'Analyse de l'aphasie et l'essence du langage*, p. 496. 강조는 우리가 했다.

* 언어를 랑그와 파롤로 나누었던 소쉬르의 구별. 인간이 언어를 사용할 때 각종 언어의 문법 구조와 같은 사회적 관습으로서의 객관적 체계에 관여하는 면과 그러한 공통적·객관적 체계를 사용해서 개개인이 자신의 언어 능력을 주관적으로 발휘하고 실행하는 면이 있다. 소쉬르는 이러한 언어 활동의 객관적·사회적 면과 주관적·개인적 면을 각각 랑그langue와 파롤parole이라고 부른다.

를 창조하는 이유이다. 언사는 자연적 존재를 초과하는 우리의 실존의 잉여이다. 그러나 표현 행위는 언어적 세계와 문화적 세계를 구성하고 존재 너머로 향해 있는 것을 다시 존재로 떨어지게 한다. 이리하여 말해진 언사는 마음대로 이용할 수 있는 의미들을 획득된 부처럼 향유한다. 이러한 획득물에 입각해서 또 다른 본래적 표현 행위, 즉 작가, 예술가 또는 철학자의 표현 행위가 가능하게 된다. 존재의 충만에서 언제나 재창조된 이러한 열림은 아동의 최초의 언사와 작가의 언사, 말의 구성과 개념의 구성을 조건짓는 것이다. 이러한 것이 사람들이 언어를 통해서 예견하는 기능이고 스스로 반복되는 기능이며, 자기 자신을 자기 근거로 삼는 기능이고 또는 파도처럼 자기 자신을 넘어 기투하고자 모이고 다시 시작하는 기능이다.

11_언어와 세계에 있어서 표현의 기적

언사 및 표현의 분석은 신체적 공간성과 통일성에 대한 우리의 논고보다 더욱더 우리로 하여금 고유한 신체의 수수께끼 같은 본성을 잘 인식하도록 한다. 그것은 하나하나가 즉자로 존재하는 분자들의 집합도 아니고 단번에 규정된 과정들의 혼합도 아니다. 그것은 자신이 존재하는 곳에 존재하지 않으며 자신인 그것도 아니다. 왜냐하면 우리는 자신의 어느 곳에서도 오지 않는 '의미'를 자신 속에 분비하는 것, 이를 자신의 물질적 주위에 기투하고 다른 육화된 주체에게 전달하는 것을 보기 때문이다. 우리는 동작이나 언사가 신체를 변형시키고 있음을 언제나 주목했으나, 사람들은 그것들이 다른 힘, 즉 사고나 영혼을 전개하거나 표시하고 있다고 말하는 것에 만족했다. 사람들은 그것을 표현할 수 있으려면 결국 신체가 스스로 우리에게 의미하는 사고나 의도가 되어야만 한다는 것을 보지 못했다. 보여주는 것도 말하는 것도 신체이다. 바로 이것이 우리가 이 장에서 배웠던 바이다. 세잔은 초상화에 대해 다음과 같이 말했다. "내가 아주 연한 청갈색으로 칠한다면 나는 그것이 실제로 응시하는 것처럼 그렇게 응시하게 만든다······ 음영의 녹색을 적색에 조화시킴으로써 사람들이 어떻게 슬픈 입술이게 하거나 미소짓는 뺨이게 하는가를 의심하는 것은 염려할 바가 아니다."[38] 살아 있는 신체에 내재하는 또는 태동하는 의미의 이러한 계시는, 우리가 보게 되겠지만, 모든 감각적 세계에 미치고, 우리의 시선은 고유한 신체의 경험에 의해 주목을 받게 되면 여타의 모든 '대상들'에서 표현의 기적을 발견할 것이다. 『슬픔의 피부*Peau du Chagrin*』에서 발자크는 "황금색의 조그만 식빵들로 장식된 식기들이 어우러져 일어서 있던, 갓 내린 눈으로 덮인 것과 같은 하얀 식탁보"라고 기술했다. 세잔은 이렇게 말했다. "젊은 시절 내내 나는 저기 식탁보를 갓 내린 눈처럼 칠하고 싶었다······ 나는 지금 오로지 이렇게, 즉 식기들이 어우러져 일어서 있던 것처럼, 그리고 황금색의 조그만 식빵들처럼 칠하고자 해야 한다는 것을 알고 있다. 만일 내가 장식된 것처럼 칠한다면 나는 끝장난 사람이라는 것을 당신들은 이해하는가? 진실로 내가 식기들과 식빵들의 균형을 잡아 자연에 따른 것처럼 음영짓는다면, 장식된 것, 눈, 그리고 그 밖의 모든 것이 거기에 있을 것이라고 확신할 것이다."[39] 세계의 문제 그리고 그 첫째로, 고유한 신체의 문제는 **모든 것이 거기에 그대로 있다**는 바로 그것에서 성립한다.

12_신체와 데카르트의 분석

우리는 데카르트적 전통 때문에 대상을 우리로부터 떼어놓는 데 익숙해져 있다. 반성적 태도는 신체를 내부가 없는 부분들의 총합

---

38 J. Gasquet, *Cézanne*, p. 117.
39 같은 책, p. 123 및 이하.

으로, 영혼을 거리가 없이 자기에게 완전하게 현전하는 존재로 규정함으로써 신체와 영혼에 공통적인 개념을 동시적으로 순화한다. 이러한 상관적 규정들은 우리 내부의 명석성과 우리 외부의 명석성을 확립한다. 즉 비밀스러운 데가 없는 대상의 투명성과 존재한다고 생각하는 것 이외의 아무것도 아닌 주체의 투명성이 그것이다. 대상은 처음부터 끝까지 대상이고 의식은 처음부터 끝까지 의식이다. 존재한다는 말의 두 가지 의미가 있고 그 두 가지 의미만이 있을 뿐이다. 즉 사람들은 사물로서 존재하고 의식으로서 존재한다. 반대로, 고유한 신체의 경험은 애매한 존재 방식을 우리에게 드러낸다. 내가 그것을 한 묶음의 3인칭 과정 '시각' '운동성' '성'으로 생각하고자 노력한다면, 그러한 '기능들'이 인과성의 관계에 의해서 상호 연결될 수 없고 외부 세계에 연결될 수 없다는 것을 깨닫는다. 그것들은 모두 하나의 독특한 드라마에 혼동스럽게 재파악되고 함축되어 있다. 따라서 신체는 대상이 아니다. 동일한 이유에서, 내가 그에 대해 가지는 의식은 사고가 아니다. 말하자면 그에 대한 명석한 관념을 형성하기 위해 그것을 해체하거나 재합성할 수 없다. 그 통일성은 언제나 암시적이고 혼동스럽다. 그것은 언제나 자신인 것과는 다른 어떤 것이고, 자유임과 동시에 성이며, 문화에 의해 변형되는 순간에도 자연에 뿌리내리고 있으며, 자기 자신에 갇혀 있지 않으면서도 초월되지 않는다. 타자의 신체가 문제이든 나의 고유한 신체가 문제이든, 나는 인간 신체를 체험하는 것, 즉 신체를 관통하는 드라마를 내 쪽에서 재파악하고, 나와 그를 혼동하는 것 이외의 다른 인식 수단을 가지고 있지 않다. 따라서 나는 적어도 내가 경험을 가지는 정도에 따라 나의 신체이고, 역으로, 나의 신체는 자연적 주체와 같고 나의 존재 전체의 잠정적 소묘와 같다. 그러므로 고유한 신체의 경험은 주관과 객관을 상호 분리하는 반성적 운동, 우리에게 신체에 대한 사고나 관념으로서의 신체를 줄 뿐, 신체의 경험이나 실재로서의 신체를 주지 않는 반성적 운동과 대립된다. 데카르트는 이를 잘 알고 있었다. 왜냐하면 엘리자베스에게 보낸 유명한 편지에서 그는 삶 속에서 이용되는 가운데 인지되는 그러한 신체와, 오성에 의해서 인지되는 그러한 신체를 구별하고 있기 때문이다.[40] 그러나 데카르트에게 있어 우리가 신체라는 유일한 사실에서 우리가 우리의 신체에 대해 갖는 이 특이한 인식은 관념에 의한 인식에 예속된 것으로 남는다. 왜냐하면 사실적으로 존재하는 대로의 인간 뒤에는 우리의 사실적 상황의 이성적 작자로서 신이 존재하기 때문이다. 이러한 초월적 보증에 기초해서 데카르트는 우리의 비합리적 조건을 평화스럽게 수용할 수 있다. 이성을 감당하는 책임을 지는 자는 우리가 아니다. 우리가 사물의 기초에서 그 점을 한 번이라도 인식했다면, 세계에서 행동하고 세계에서 사고한다는 것만이 우리에게 남아 있을 뿐이다.[41] 그러나 우리와 신체의 결합이 실체적이라면 우리는 어떻게 우리 자신 속에서 순수 영혼을 경험할 수 있으며 그로부터 절대 정신에 이를 수 있는가? 이러한 문제를 제기하기 전에 고유한 신체의 재발견에 함축된 모든 것을 잘 살펴보자. 말하자면 그것은 반성 가운데의 한 대상, 반성에 저항하면서 주체에 달라붙어 있는 그러한 대상이기만 한 것은 아니라는 것이다. 모호성이 지각된 세계 전체에 퍼져 있다.

---

40 *A Elisabeth, 28 juin 1643*, AT, T. III, P. 690.

41 "결국, 우리에게 신과 우리의 영혼에 대한 인식을 주는 것은 형이상학의 원리들이기 때문에 생에 한 번이라도 그 원리를 잘 이해하고 있는 것이 매우 필요하다고 내가 믿는 것처럼, 오성은 상상력과 감각의 기능을 잘 수행할 수 없기 때문에 오성을, 그 원리들을 성찰하는 데 때때로 사용하는 것은 매우 유해할 것이라고 나는 또한 믿고 있다. 그러나 최선의 것은 사람들이 일찍이 도출한 결론을 자신의 기억과 신념 속에 간직해서 향후 자신의 연구 시간을 오성이 상상력 및 감각과 함께 작용하는 사고에 사용하는 것만으로 만족하는 데 있다고 믿는다." 같은 책.

제2부 **지각된 세계**

서론: 신체론은 이미 지각론이다

심장이 유기체 안에 있는 것처럼 고유한 신체는 세계 안에 있다. 그것은 시각적 광경을 살아 있게 계속적으로 유지하고 생명을 불어넣으며, 내적으로 풍부하게 하고 그것과 더불어 하나의 체계를 형성한다. 내가 나의 아파트를 걸어 다닐 때, 그 아파트가 나에게 자기 모습을 드러내게 되는 여러 가지 국면들이 제각각 여기서 또는 저기서 보여진 아파트를 표상한다는 것을 내가 모른다면, 나 자신의 운동을 내가 의식하지 않고 나의 신체를 그 운동의 단계들을 통해서 동일한 것으로 내가 의식하지 않는다면, 그 국면들은 동일한 사물의 측면들로 나에게 나타나지 않을 것이다. 분명히, 나는 그 아파트를 생각으로 훑어볼 수도 있고 상상할 수도 있으며 또는 종이 위에 도면으로 그릴 수도 있다. 그러나 그때라고 해도 나는 신체적 경험의 매개가 없다면 대상의 통일성을 파악할 수 없다. 왜냐하면 내가 도면이라고 부르는 것은 보다 폭넓은 조망일 뿐이기 때문이다. 그것은 '높은 곳에서 보여진' 아파트이다. 내가 그 속에 모든 습관적 조망들을 요약할 수 있다면, 그것은 하나의 동일한 육화된 주체가 다른 위치에서 차례차례로 볼 수 있다는 것을 안다는 조건 아래에서이다. 아마도 사람들은 우리가 대상을 신체적 경험에다, 이 신체적 경험의 극들 가운데 하나로서 되돌려놓음으로써 곧바로 대상의 대상성을 형성하는 것을 대상으로부터 빼앗는다고 응수할 것이다. 나의 신체의 관점에서 나는 유리로 만들어진 입방체라 할지라도 그 입방체의 여섯 면을 똑같이 볼 수 없다. 그런데도 '입방체'라는 말은 의미를 가지고 입방체 자체, 진리로서의 입방체는 자신의 감각적 출현을 넘어서 자기 자신의 똑같은 여섯 면을 가진다. 내가 그 주위를 돌아봄에 따라 정사각형이었던 앞면이 변형되어 사라지는 것을 보는 반면, 다른 면들이 나타나서 제각각 돌아가면서 정사각형이 된다. 그러나 나에 대하여 이러한 경험의 전개는 똑같은 여섯 면을 동시적으로 가진 입방체 전체와, 이것을 설명하는 이해 가능한 구조를 생각할 기회일 뿐이다. 마찬가지로, 내가 입방체의 주위를 도는 것이 '입방체가 여기에 있다'라는 판단을 동기짓기 위해서는, 나의 이동이 그 자체 객관적 공간에 위치하고 있어야 하고, 운동 경험이 대상의 위치를 조건짓기는커녕 정반대로, 내가 지각적 출현을 해독할 수 있고 사실대로 입방체를 구성할 수 있는 것은 나의 신체 자체를 움직이는 대상으로 사고함으로써이다. 따라서 운동 그 자신의 경험은 지각의 심리학적 환경일뿐이고, 대상의 의미를 결정하는 데 공헌하지 않는다. 대상과 나의 신체는 확실히 체계를 형성할 것이나, 한 묶음의 객관적 상관들이 문제이지 우리가 앞서 말한 대로 체험을 통한 일치의 총체가 문제인 것은 아니다. 대상의 통일성은 사고되는 것이지 우리의 신체의 통일성의 상관자로서 경험되는 것은 아닐 것이다. 그렇다고 대상은 자신이 주어지게 되는 현실적 조건들에서 분리될 수 있는가? 사람들은 숫자 여섯의 개념, '측면'의 개념, 균등의 개념을 논증적으로 수집할 수 있고, 이 개념들을 입방체의 정의인 공식으로 연결할 수 있다. 그러나 이러한 정의는 사고할 어떤 것을 우리에게 제공한다기보다 오히려 문제를 제기한다. 사람들은 그러한 술어들을 한꺼번에 가지는 단일한 공간적 존재를 통각함으로써만 맹목적인 상징적 사고에서 벗어난다. 한 조각의 공간을 균등한 여섯 면 사이에 포함하는 특수한 형태를 사고로 그려내는 것이 문제이다. 그런데 '포함하다'와 '사이에'라는 말들이 우리에 대하여 의미를 가진다면, 그것은 그 말들이 의미를 육화된 주체로서의 우리의 경험으로부터 빌려오기 때문이다. 공간 **자체**에는 정신물리적 주체의 현전 없이 어떤 방향도 어떤 안도 밖도 없다. 우리가 방의 벽 사이에 갇혀 있듯이 공간은 입방체의 면 사이에 '갇혀 있다'. 입방체를 사고할 수 있기 위해 우리는 공간에, 때로는 그 표면 위에, 때로는 그 속에, 때로는 그 밖에 자리 잡으며 그때부터 입방체를 조망적으로 본다. 균등한 여섯 면의 입방체는 보이지 않는 것일 뿐만 아니라 사고될 수 없는 것이다. 그것은 대자적으로 존재할 입방체이지만 대자적으로 존재하지 않는다. 왜냐하면 그것은 대상이기 때문이다. 반성적 분석이 제거해주는 최초의 독단론, 즉 대상이 무엇인가를 생각하지 않고 대상이 즉자적으로 또는 절대적으로 존재한다는 것을 단언하는 데서 성립하는 최초의 독단론이 있다. 그러나 대상이 어떻게 우리의 경험에 들어오는가를 생각하지 않고 대상의 추정적 의미를 단언하는 데서 성립하는 또 다른 독단론이 있다. 반성적 분석은 대상의 절대적 존재를 절대적 대상의 사고로 바꾸며, 대상을 훑어보고 관점 없이 사고하고자 함으로써 대상의 내적 구조를 파괴한다. 나에 대하여 여섯 면을 지닌 입방체가 있고, 내가 그 대상과 결합할 수 있다면 그것은 내가 그것을 내부로부터 구성하기 때문이 아니다. 그것은 내가 지각적 경험에 의해서 세계의 두께에 빠져들기 때문이다. 균등한 여섯 면의 입방체는 내 눈앞에서, 내 손 아래에서, 자신의 지각적 명증성에서 바로 거기에 있게 되는 입방체의 육신적인charnelle 현전을 내가 표현하는 한계 이념이다. 입방체의 측면들은 그 투사들이 아니라 바로 그 측면들이다. 내가 그것들을 연달아서 조망의 출현에 따라 통각할 때, 나는 그 조망들을 설명하는 실측도의 이념을 구성하는 것이 아니라, 그 입방체가 면전에서 이미 거기에 있는 것이고 조망들을 통해서 드러나는 것이다. 나는 나 자신의 운동에서 객관적 전경을 꺼낼 필요가 없고 대상의 참다운 형태를 대상이 출현한 다음 재구성하기 위해 나 자신의 운동을 고려할 필요가 없다. 고려는 이미 이루어진 상태이고, 이미 새로운 출현은 체험된 운동과 혼합되어 있으며, 입방체의 출현으로서 일어난다. 사물과 세계는 나의 신체의 부분들과 함께 '자연적 기하학'에 의해서가 아니라, 나의 신체 자체의 부분들 사이에 존재하는 연결과 비교 가능한, 더 정확히 말해 동일한, 살아 있는 연결에 의해서 나에게 주어진다.

　외부의 지각과 고유한 신체의 지각은 동일한 행위의 두 면이기 때문에 같이 변한다. 사람들은 오랫동안 아리스토텔레스의 유명한 착각*을, 평소와 다른 손가락들의 위치가 그 손가락들의 지각의 종합을 불가능하게 한다는 것을 인정함으로써 설명하려고 노력했다. 집게손가락의 왼편과 가운뎃손가락의 오른편은 통상 함께 '작업하지' 않는다. 따라서 두 손가락 모두에 동시적으로 접촉이 되면 구슬이 두 개 있어야 하는 셈이다. 실제로, 두 손가락의 지각들은 따로인 것만은 아니고 거꾸로가 된다. 즉 피험자는 가운뎃손가락에 의해 접촉된 것을 집게손가락이 했다고 하고, 그 역도 성립하는데, 우리는 이것을 그 두 손가락에 서로 다른 자극, 즉 뾰족한 끝과 둥근 공을 적용함으로써 보여줄 수 있다.[1] 아리스토텔레스의 착각은 우선 신체 도식의 장애이다. 하나의 대상에 대한 두 가지 촉각적 지각들의 종합을 불가능하게 만드는 것은 손가락의 위치가 평소와 다르거나 통계학적으로 드물어서가 아니라, 가운뎃손가락의 우면과 집게손가락의 좌면이 대상의 협력 작용적 탐색에 부합할 수 없어서이고, 손가락들의 교차가 강제된 운동처럼 그 손가락들 자체의 운동 가능성을 능가해 운동을 달성할 수 없어서이다. 따라서 여기서 대상의 종합은 고유한 신체의 종합을 통해서 이루어지며 그 응답이거나 상관자이다. 하나의 구슬을 지각하는 것과 두 손가락을 하나의 기관처럼 이용하는 것은 글자 그대로 동일한 것이다. 신체 도식의 장애는 어떤 자극의 지원 없이도 직접적으로 외부 세계에 나타날 수도 있다. 그 피험자는 자기 상 환시 héautoscopie

---

* 한 손의 가운뎃손가락과 집게손가락을 교차시켜서 그 사이에 구슬을 끼우면 눈을 감은 채 지각하는 경우 구슬이 두 개가 있다고 느껴진다.

1 Tastevin, Czermak, Schilder가 레미트Lhermitte에 의해 인용됨. Lhermitte, *L'Image de notre Corps*, p. 36 및 이하.

의 경우 자신을 보기 전에 언제나 꿈같은, 몽상적인, 불안한 상태를 거치고, 밖에 나타나는 자기 상은 이인증(離人症) dépersonnalisation의 이면일 뿐이다.[2]* 환자는 마치 떠올랐다 갑자기 정지하는 승강기에 있는 기분이듯 자기 밖의 사본에 있는 기분이다. 나는 나의 신체의 실체가 머리를 통해 나를 벗어나는 기분이고 나의 객관적 신체의 한계들을 초월하는 기분이다. 정상인은 어떤 사람이 뒤에서 자기를 보고 있다는 것을 목덜미가 뜨거워짐으로써 알듯이, 환자가 자기 눈으로 보지 못했던 **타자**의 접근을 느끼는 것은 자신의 고유한 신체에서이다.[3] 역으로, 어떤 형태의 외적 경험은 고유한 신체에 대한 어떤 의식을 함축하고 가져온다. 많은 환자들은 자신들에게 환영을 가져오는 '육감 sixième sens'을 말한다. 자신의 시각적 장이 객관적으로 전도된 스트래튼 Stratton의 피험자는 처음에는 대상들을 거꾸로 보며 실험 3일째 되는 날에는 대상들이 바로 서 있기 시작할 때 '자신의 뒤통수에 불을 보는 이상한 인상에' 사로잡힌다.[4] 이것은 시각적 장의 정위와 이 장의 힘으로서의 고유한 신체에 대한 의식 사이에는 직접적 등가가 있기 때문이고, 그리하여 그러한 실험상의 격동은 현상적 대상들의 전도나 신체의 감각적 기능들의 재분배에 의해서 무차별적으로 나타날 수 있다. 피험자가 아주 멀리 보고자 시선의 초점을 맞춘다면 가까이 있는 모든 대상에 대해서처럼 자기 자신의 손가락에 대해서도 모상을 가진다. 사람들이 피험자에 접촉하거나 찌르면 그는 이중 접촉이

2 같은 책, pp. 136~88, 191 참조: "자기 상이 지속되는 동안 주체는 이중 상에까지 연장, 침투되어 영향을 미치는 심각한 비애감에 의해 사로잡혀 있고, 이 이중 상은 원모습을 회상하는 감정적 진동과 동일한 진동에 의해 활기를 띠는 것 같다.": "그의 의식은 자신 바깥으로 나와 있는 것 같다." 그리고 Menninger-Lerchantal, *Das Truggebilde der eigenen Gestalt*, p. 180: "나는 갑자기 나의 신체 바깥에 있다는 인상을 받는다."

* 이인증은 자아에 대한 존재 감각을 상실하는 증상. 자신의 생각과 행동이 자기의 것이 아니라고 느끼는 자아감 상실이 대표적 예이고, 자아와 세계의 대립을 느끼지 못한다든지 외적 세계가 현실처럼 느껴지지 않는 경우도 있다.

3 Menninger-Lerchantal, *Das Truggebilde der eigenen Gestalt*, p. 76에서 인용된 야스퍼스.

4 Stratton, *Vision without inversion of the retinal image*, p. 350.

나 찔림을 지각한다.[5] 따라서 복시(複視)는 신체의 이중화로 연장된다. 나의 신체의 모든 지각은 외적 지각의 언어에 명시되듯이 모든 외적 지각은 나의 신체의 어떤 지각과 동의적이다. 우리가 본 대로, 이제부터 신체가 투명한 대상이 아니라면, 원이 기하학자에게 주어지듯 신체가 구성 법칙에 의해서 우리에게 주어지는 것이 아니라면, 신체는 사람들이 그것을 떠맡음으로써만 알 수 있게 되는 표현적 통일성이라면, 이러한 구조는 감각적 세계에 전달될 것이다. 신체 도식의 이론은 암시적으로 지각의 이론이다. 우리는 우리의 신체를 감각하는 법을 다시 배웠고 신체에 대한 객관적이고 분리된 지식 아래에서 바로 그 신체에 대해 그와는 다른 지식을 다시 발견했다. 이것은 신체가 언제나 우리와 함께 있다는 것 때문이고, 우리가 신체라는 것 때문이다. 동일한 방식으로, 우리가 우리의 신체에 의해서 세계에 존재하는 한, 우리의 신체로 세계를 지각하는 한, 세계의 경험을 세계가 우리에게 나타나는 대로 소생시키는 것이 필요할 것이다. 그러나 신체 및 세계와의 만남을 이와 같이 재파악하면서 우리가 발견하게 될 것은 역시 우리 자신이다. 왜냐하면 사람들이 자신의 신체를 가지고 지각한다면 신체는 자연적 자아이자 말하자면 지각의 주체이기 때문이다.

5 Lhermitte, *L'Image de notre Corps*, p. 39.

제1장 감각한다는 것

1_지각의 주체는 누구인가

객관적 사고는 지각의 주체를 무시한다. 그 이유는 객관적 사고가 기성의 세계를 모든 가능한 사건의 환경으로서 자기 자신에게 제공하기 때문이고, 지각을 그 가능한 사건의 하나로서 취급하기 때문이다. 예를 들어 경험주의적 철학자는 주체 X가 지각하는 중이라고 보고, 일어나고 있는 것을 기술하려고 노력한다. 즉 주체의 존재 상태나 존재 방식인 그리고 그 때문에 진정한 정신적 사물인 감각들이 **있다**는 것이다. 지각하는 주체는 이러한 사물들의 장소이며 사람들이 먼 지역의 동물계를 기술하듯 철학자는 감각들과 그 기층을 기술한다. 자신이 스스로 지각한다는 것, 자신이 지각하는 주체라는 것, 자신이 체험하는 대로의 지각은 지각 일반에 대하여 그 자신이 말하는 모든 것에 어긋난다는 것을 깨닫지 못한 채로 말이다. 왜냐하면 내부에서 볼 때 지각은, 세계에 관하여, 물리학자가 기술하는 대로의 **자극**에 관하여, 생물학자가 기술하는 대로의 감각 기관에 관하여 우리가 다른 통로를 통해 알고 있는 것에 하등 신세를 지지 않기 때문이다. 우선 지각은 사람들이 이를테면 인과성의 범주를 적용할 수 있는 세계의 사건으로서가 아니라 매 순간 세계의 재창조나 재구성으로서 주어진다. 우리가 세계의 과거, 물리적 세계, '자극,' 우리의 책들이 표상하는 대로의 유기체를 믿는다면, 우선 그것은 우리가 현재의 현실적·지각적 장, 세계와의 접면 또는 접면이 세계에 지속적으로 뿌리내림을 소유하기 때문이고, 파도가 해변의 표류물을 둘러치듯이 세계가 끊임없이 주체성을 공격하고 둘러싸기 때문이다. 모든 지식은 지각에 의해 열린 지평에 자리 잡는다. 지각 자체를 세계에서 일어나는 사실들의 하나로서 기술하는 데는 의문의 여지가 있을 수 없다. 왜냐하면 우리는 세계를 그리는 데 있어 우리 자신인 그러한 빈틈, 세계가 어떤 사람에 대하여 존재하게 되는 그러한 빈틈을 지울 수 없기 때문이고, 지각은 그러한 '거대한 다이아몬드의 흠집'*이기 때문이다. 주지주의는 확실히 자기 의식을 향한 진일보를 대표한다. 경험주의적 철학자가 암시하고 있었던, 지각의 사건을 기술하고자 암묵적으로 자리 잡고 있었던 세계 밖의 장소가 이제는 이름을 얻고 기술에서 역할을 맡는다. 그것이 바로 선험적 자아이다. 이것에 의해서 경험주의의 모든 명제는 역전되는 것으로 드러난다. 의식 상태는 상태의 의식이 되고, 수동성이 수동성의 정립이 되며, 세계는 세계의 사고의 상관자가 되고 구성하는 자에 대해서만 존재할 뿐이다. 그럼에도 불구하고 주지주의는 역시 자신에게 기성의 세계를 제공한다. 왜냐하면 그가 인식하는 대로의 세계 구성은 다음과 같은 형식 조항에 불과하기 때문이다. 즉 사람들은 경험주의적 기술의 개개의 항에다 '~에 대한 의식'이라는 색인을 덧붙이면 된다. 사람들은 모든 경험의 체계 ——세계, 고유한 신체, 경험적 자아 ——를 세 개의 항들 사이의 관계를 감당하는 임무를 띠는 보편적 사상가에게 맡겨버렸다. 그러나 그는 그 일에 참가하지 않으므로 그 관계는 여전히 경험주의의 그것으로 남아 있다. 즉 인과성의 관계가 우주적 사건들의 차원으로 퍼진다. 그런데 고유한 신체와 경험적 자아가 경험의 체계의 요소들일 뿐이고, 참다운 나의 시선 아래의 대상들 가운데 하나일 뿐이라면, 어떻게 우리가 자신과 자신의 신체를 혼동할 수 있으며, 어떻게 우리가 정신의 검사를 통해

---

* 발레리의 시 「해변의 묘지」에 나오는 시구. "나의 후회, 나의 의혹, 나의 속박은 네가 말하는 그 거대한 다이아몬드의 흠집이리."

실제로 파악하는 것을 눈으로 보고 있었다고 믿을 수 있었고, 어떻게 세계가 우리의 면전에서 완전하게 명시적이 아니며, 왜 세계는 '전체로서'가 아니라 조금씩 전개될 뿐이고, 결국 어떻게 우리가 지각한다는 것이 일어나는가? 우리가 이것을 이해하는 것은 경험적 자아와 신체가 그야말로 대상이 아니라는 한에서만, 전혀 대상이 되지 않는다는 한에서만, 내가 눈으로 한 조각의 밀랍을 본다고 말하는 데 어떤 의미가 있는 한에서만이고, 이와 마찬가지로, 반성이 우리의 토대에서 열어주는 것이자 사람들이 선험적 나라고 부르는 것, 즉 부재의 가능성, 도주와 자유의 차원이 처음부터 주어지지 않아 절대로 획득되지 않는 것인 한에서만, 내가 '나'를 절대적으로 말할 수 없고 모든 반성적 행동, 자발적 입장 채택이 선개인적 의식의 삶의 토대와 명제 위에 확립되는 한에서만이다. 지각의 주체는 우리가 능산적인 것과 소산적인 것, 의식 상태로서의 감각과 상태 의식으로서의 감각, 즉자 존재와 대자 존재의 양자택일에서 벗어날 수 없다면 무시된 것으로 남게 될 것이다. 따라서 감각으로 되돌아가서, 그 감각으로부터 지각하는 자와 그 신체 및 그 세계와의 살아 있는 관계를 우리가 배울 수 있을 정도로 자세히 살펴보자.

2_감각과 행동의 관계: 실존 방식의 구체성으로서의 성질, 공존재로서의 감각함

귀납적 심리학이, 감각은 상태나 성질도 또한 상태의 의식이나 성질의 의식도 아니라는 것을 보여주면서 감각을 위한 새로운 지위를 추구하는 데 도움을 줄 것이다. 사실상, 소위 성질들──적색, 청색, 색깔, 소리──은 저마다 어떤 행동에 삽입된다. 정상인의 경우에 감각적 흥분, 특히 자기에게 생명적 의미를 가지지 않는 실험실의 흥분은 일반적 운동성을 거의 변화시키지 못하고 만다. 그러나 소뇌 또는 전두피질의 질병들은, 이들이 전체적 상황에 통합되지 않고 긴장이 정상인에 있어서 어떤 특별한 과제를 목적 삼아 통제되지 않는다면, 근육 긴장에 대한 감각적 흥분의 영향이 무엇일 수 있는가를 분명히 한다. 사람들이 운동 교란의 표지로서 간주할 수 있는 팔을 드는 동작은, 그 폭과 방향이 빨간, 노란, 파란, 또는 푸른 시각적 장에 의해서 달리 변화된다. 특히 빨강과 노랑은 미끄러운 운동에 유리하고, 파란색과 푸른색은 급격한 운동에 유리하다. 예를 들어, 오른쪽 눈에 적용된 빨간색은 밖을 향해 팔을 늘이는 운동에 유리하고, 푸른색은 등뒤로 팔을 굽히는 운동에 유리하다.[1] 정상인보다 환자가 더 많이 신체와 떨어져 있는 팔의 특별한 위치——피험자가 자신의 팔이 균형 잡혀 있다거나 정지해 있다고 느끼는 위치——는 색깔의 제시에 의해서 변화된다. 즉 푸른색은 그 위치를 신체 가까이에 데려다놓는다.[2] 시각적 장의 색깔은, 주어진 넓이의 운동을 수행하는 것이 문제이든, 손가락으로 일정한 길이를 보여주는 것이 문제이든, 피험자의 반응을 다소간 정확하게 해준다. 푸른 시각적 장과 함께 평가는 정확해지고, 빨간 시각적 장과 함께 평가는 지나치게 부정확해진다. 밖으로 향하는 운동은 푸른색에 의해 가속화되고 빨간색에 의해 지연된다. 피부 자극의 국소는 빨간색에 의해 외전(外轉) 방향에서 변화를 보인다. 노란색과 빨간색은 무게와 시간 평가상의 오류를 강조하고, 파란색 그리고 특히 푸른색은 소뇌 환자의 경우에는 오류를 상쇄한다. 이러한 다른 실험들에서 개개의 색깔은 언제나 동일한 방향으로 작용하고 그래서 사람들은 색깔에 일정한 운동적 가치를 부여할 수 있다. 전체적으로 볼 때, 빨간색과 노란색은 외전에, 파란색과 푸른색은 내전(內轉)에 유리할 수 있다. 이제 일반적으로 말하면, 내전은 유기체가 자극 쪽으로 돌아서 세계에 의해 유인된다는 것을

1 Golstein과 Rosenthal, *Zur Problem der Wirkung der Farben auf den Organismus,* pp. 3~9.

2 같은 책.

지각의 현상학

의미하고, 외전은 유기체가 자극 쪽에서 돌아서 그로부터 멀어져 자신의 중심을 향해 **빠져든다**는 것을 의미한다.[3] 따라서 감각들, '감각적 성질들'은 어떤 기술할 수 없는 상태나 **질** quale의 체험으로 환원되는 것과는 거리가 멀고, 그것들은 운동의 용모와 함께 제공되고 생명적 의미로부터 전개된다. 사람들은 오랫동안 감각에 '운동적 수반'이 있다는 것을, 자극이 감각이나 성질과 연결되어 그 주위에 무리를 형성하는 '태동하는 운동'을 터뜨린다는 것을, 행동의 '지각적 측면'과 '운동적 측면'이 상호 교통한다는 것을 알고 있었다. 그러나 사람들은 거의 언제나 이러한 관계가 자신이 확립되는 항들을 변화시키지 않는 것인 체한다. 왜냐하면 우리가 앞서 제공한 사례들에서 감각 자체를 손대지 않은 채로 내버려두는 외적 인과 관계는 문제가 아니기 때문이다. 청색에 의해 일어나는 운동적 반응들, 즉 '청색의 운동'은 어떤 파장이나 강도에 의해 규정된 색깔이 객관적 신체에 미친 결과가 아니다. 대조를 통해 얻어진 청색, 따라서 상응하는 어떤 물리적 현상도 없는 청색은 동일한 운동적 훈륜(暈輪)halo으로 둘러싸인다.[4] 색깔의 운동적 용모가 구성되는 것은 물리학자의 세계 안에서도 아니고, 어떤 숨겨진 과정의 결과에 의해서도 아니다. 따라서 그것은 '의식 안에서'이고 감각적 성질로서의 청색의 경험이 현상적 신체에 어떤 변화를 생기게 해야 한다고 말해야 하는가? 그러나 사람들은 왜 어떤 것에 대한 의식의 파악이 그 크기에 대한 나의 이해를 수정하는가를, 더욱이 왜 색깔을 **감각한** 결과가 그 색깔이 행동에 행사하는 영향과 언제나 정확하게 일치하지 않는가를 보지 못한다. 적색은 내가 그것을 통각하지 않고도 나의 반응들을 과장할 수 있다.[5] 색깔의 운동적 의미가 이해되는 것은 색깔이 자기에게 갇혀진 상태이기를 멈추고, 사고하는 주관의 확증에 제공된 기술할 수 없는 성질이기

---

3 메를로-퐁티, 『행동의 구조』, p. 201.
4 Goldstein과 Rosenthal, 앞의 책, p. 23.
5 같은 책.

를 멈추는 한에서, 색깔이 내가 세계에 적응하게 되는 어떤 일반적 조립을 내 안에서 달성하는 한에서, 색깔이 나에게 새로운 평가 방식을 권유하는 한에서, 다른 한편 운동성이 현재의 또는 가까운 장소상의 나의 변화에 대한 단순한 의식이기를 멈추어 나의 크기의 표준과 나의 세계-에로-존재의 변화 가능한 범위를 끊임없이 확립하는 기능이 되는 한에서일 뿐이다. 청색은 나에게 어떤 방식으로 보도록 촉구하는 그것이고, 나의 시선에 의해 규정된 운동에 의해서 만져지도록 하는 그것이다. 그것은 나의 눈과 전신의 힘에 제공된 어떤 장이거나 분위기이다. 여기서 색깔의 경험은 귀납심리학에 의해 확립된 상관 관계들을 확증하고 이해시킨다. 녹색은 흔히 '피로를 덜어주는' 색으로 간주된다. 어떤 환자는[6] 이렇게 말한다. 즉 "그것은 나를 내 속에 가두고 나를 평화스럽게 한다." 그것은 "우리에게 어떤 것도 요구하지 않으며 아무것도 청하지 않는다"고 칸딘스키Kandinsky는 말한다. 청색은 "우리의 시선에 굴복하는" 것 같다고 괴테는 말한다. 반대로, 적색은 "눈에 침투한다"고 괴테는 다시 한 번 말한다.[7] 빨강은 "찢는 듯하고" 노랑은 "찌르는 듯하다"고 골드슈타인의 어떤 환자는 말한다. 일반적으로 말해서, 사람들은 한편으로는 빨강 및 노랑과 함께 '서러움의 경험, 중심에서 멀어지는 경험'을 가지고 다른 한편으로는 청색 및 녹색과 함께 '평온과 집중의 경험'을 가진다.[8] 사람들은 희미한 또는 단속적 자극을 사용함으로써 성질들의 생장적, 운동적 기초와 생명적 의미를 드러낼 수 있을 것이다. 그때 색깔은 보이기 전에, 그 색깔에만 적합하고 또 그것을 정확하게 규정하는 어떤 신체적 태도의 경험에 의해서 자신을 알려준다. "나의 신체에는 높은 데서 낮은 데로의 미끄러짐이 있고 이것은 따라서 녹색일 수 없고 청색일 수

지각의 현상학

---

6 같은 책, p. 23.

7 Kandinsky, *Form und Farbe in der Malerei*: Goethe, *Farbenlehre*, 특히 293절. 골드슈타인과 로젠탈에 의해 모두 인용됨.

8 Goldstein과 Rosenthal, 앞의 책, pp. 23~25.

있을 뿐이다. 그러나 사실상 나는 청색을 보지 못한다"[9]고 한 피험자는 말한다. 다른 피험자는 이렇게 말한다. "나는 이를 악물었는데 바로 여기서 그것이 노란색이라는 것을 안다."[10] 사람들이 역하치(閾下値)에서 시작하여 점차 자극역(刺戟閾)이 주어진다고 믿게 한다면, 우선적으로 어떤 신체적 성향의 경험이 있게 되고 갑자기 감각이 연장되어 '시각적 영역에 퍼진다'.[11]* 눈을 주의 깊게 살펴보면서 나는 반사와 투명의 세계로 변화되는 분명한 '백색'을 해체하는 것처럼, 사람들은 소리의 내부에서 '극소 멜로디'를 발견할 수 있고, 울려 퍼지는 음정은 전신에서 우선적으로 느껴진 어떤 긴장의 최종적 형태화일 뿐이다.[12] 사람들은 색의 표상을 상실한 피험자들에게 어떤 실재적 색이든 그들 앞에 제시함으로써 표상을 가능하게 한다. 실재적 색은 피험자에게 '색들을 눈에 끌어모으는 것'을 허용하는 '색 경험의 집중'을 그에게 일으킨다.[13] 따라서 객관적 광경이기 전에 성질은 본질적으로 그 성질을 겨냥하는 유형의 행동에 의해서 인식되고, 이것이 내가 청색의 태도를 채택하자마자 청색의 의사-현전을 획득하는 이유이다. 따라서 어떻게 그리고 어째서 적색이 노력이나 폭력을, 녹색이 휴식과 평화를 의미하는가를 의아하게 생각해서는 안 되고, 그 색들을 우리의 신체가 체험하는 대로, 즉 평화나 폭력의 구체성으로 체험하는 법을 배워야 한다. 우리가 적색은 우리의 반응의 폭을 증대시킨다고 말할 때 여기에는 두 가지 다른 사실, 즉 적색의 감각과 그 운동적 반응들이 문제되고 있다고 이해해서는 안 된다. 이미 적색은 우리의 시선이 따라가서 들어맞는 직물에 의한 우리의 운동적 존재의 확

---

9 Werner, *Untersuchungen über Empfindung und Empfinden*, I, p. 158.
10 같은 책.
11 같은 책, p. 159.
* 아무런 반응도 일으키지 못하는 정도의 자극에서 시작하여 점차로 강도를 높여 반응을 일으키는 정도에 이르게 하면 이러한 일이 생긴다는 뜻이다.
12 Werner, *Über die Ausprägung von Tongestalten*.
13 Werner, *Untersuchungen über Empfindung und Empfinden*, I, p. 160.

대라고 이해해야 한다. 감각의 주체는, 성질에 주목하는 사고하는 자도 아니고, 감각에 의해 영향을 받거나 변화되는 불활성 환경도 아니다. 그 주체는 어떤 존재의 환경에서 같이 탄생하는 또는 그와 종합해서 동시에 일어나는 힘이다. 감각하는 자와 감각적인 것의 관계는, 자는 자와 잠의 관계에 비유될 수 있다. 잠이 오는 것은 어떤 자발적 태도가 스스로 기다리고 있었던 확증을 갑자기 밖으로부터 받아들일 때이다. 나는 잠을 청하고자 천천히 깊이 숨쉬고 있는데, 갑자기 사람들은 나의 입이 숨을 불어넣고 빼내는 외부의 어떤 커다란 폐와 연결되어 있다고 말하고, 내가 조금 전에 의도했던 어떤 호흡의 리듬은 바로 나의 존재가 되며, 그때까지 의미로서 겨냥된 잠은 갑자기 상황화되기에 이른다. 마찬가지로, 나는 귀를 세우거나 주시하면서 어떤 감각을 기대하고 있는데, 갑자기 감각적인 것이 나의 귀나 시선을 잡고, 나는 나의 신체의 일부, 심지어 나의 전신을 청색이나 적색인 공간을 진동시키고 채우는 이러한 특수한 방식에 전적으로 내맡긴다. 성례(聖禮)가 일종의 감각적인 것을 통해서 은총 행위를 상징할 뿐만 아니라, 신의 실재적 현전이기도 하고 그 현전을 한 조각의 공간에 머무르게 하며, 성찬의 빵을 먹는 사람들에게, 내적으로 준비가 되어 있다면, 신의 현전을 알려주는 것처럼, 이와 마찬가지로, 감각적인 것은 운동적·생명적 의미를 가질 뿐만 아니라 어떤 공간 지점에서 우리에게 제시되는 세계-에로-존재의 어떤 방식, 우리의 신체가 할 수 있다면 떠맡고 부담하는 세계-에로-존재의 어떤 방식 이외의 다른 것이 아니다. 감각은 문자 그대로 성찬식이다.

3_감각적인 것에 달라붙어 있는 의식

이러한 관점에서 주지주의가 거절했던 '감각sens의 개념'에 가치를 되찾아주는 것이 가능해진다. 주지주의는 나의 감각과 지각이 어떤 사물의 감각이나 지각, 예를 들면 청색이나 적색의 감각, 탁자나 의자의 지각임으로써만 특수하게 지정될 수 있고, 따라서 나에 대하여 존재할 수 있다고 말한다. 이제 청색과 적색은 내가 그것들과 일치할 때 내가 체험하지만, 기술할 수 없는 경험이 아닌 것이고, 탁자나 의자는 나의 시선에 좌우되는 일시적인 출현들이 아닌 것이다. 말하자면 대상은 전체적으로 열려 있는 일련의 가능한 경험들을 통해서만 확인 가능한 존재로서 규정될 뿐이고, 그러한 확인을 수행하는 주체에 대해서만 존재할 뿐이다. 존재는 그 고려에서 물러설 수 있는, 따라서 그 자체 절대적으로 존재 밖에 있는 어떤 사람에게만 존재한다. 정신이 지각의 주체가 되고, '감각'의 개념이 더 이상 사고될 수 없는 것으로 되고 마는 것은 그렇게 해서이다. 보는 것 또는 듣는 것이 인상을 사고로 둘러싸기 위해 인상에서 분리되는 것이 되고, 인식하기 위해 존재하는 것을 멈추는 것이 된다면, 내가 나의 눈으로 본다거나 나의 귀로 듣는다고 말하는 것은 불합리하다. 왜냐하면 나의 눈, 나의 귀는 여전히 세계의 존재들이기 때문이고, 바로 그 점 때문에 그것은 자신이 보여질 또는 들릴 주관성의 영역을 자신 앞에서 처리할 수 없기 때문이다. 나는 나의 눈이나 귀를 나의 지각의 도구들이 되게 함으로써 그것에 인식하는 힘을 저장할 수조차 없다. 왜냐하면 그 개념은 애매하고 그 도구들은 신체적 흥분의 도구들일 뿐이지 지각 자체의 도구들은 아니기 때문이다. 즉자와 대자 사이에 중간은 없고, 나의 감각은 여럿인즉 나 자신이 아니므로 대상들일 수 있을 뿐이다. 나는 나의 눈이 본다고, 나의 손이 만진다고, 나의 발이 고통을 겪는다고 말하나, 이러한 소박한 표현들은 나의 참다운 경험을 번역하지 못한다. 이 표현들은 이미 나의 경험을 그 본연의 주체로부터 분리하는 해석을 나에게 제공한다. 나는 빛이 나의 눈에 비친다는 것, 그 접촉들이 피부에 의한다는 것, 나의 구두가 나의 발에 아픔을 준다는 것을 알기 때문에, 나의 영혼에 속하는 지각들을 나의 신체에 분포시키고 지각을 지각된 것에 놓는다. 그러나 그것은 의식 행위의 시공간적 항적일 뿐이다. 내가 그것을 내부에서 고찰한다면 나는 장소 없는 특이한 인식, 부분 없는 영혼을 발견한다. 보는 것과 듣는 것 사이처럼 사고하는 것과 지각하는 것 사이에 어떤 차이도 없다. 우리는 이러한 조망을 고수할 수 있는가? 내가 나의 눈으로 보지 못한다는 것이 사실이라면 어떻게 내가 그러한 진리를 무시할 수 있었는가? 내가 말하고 있었던 것을 알지 못해서, 반성하지 못해서인가? 그러나 따라서 어떻게 나는 반성할 수 없었던가? 어떻게 정신의 검사, 나 자신의 사고의 행위가 나에게 은폐될 수 있었던가? 왜냐하면 정의상 나의 사고는 대자적이기 때문이다. 반성이 반성으로서, 즉 진리를 향한 진보로서 정당화될 수 있다면, 세계의 시각을 그와 다른 것으로 바꾸는 데 그쳐서는 안 되고, 우리에게 어떻게 세계의 소박한 시각이 반성적 시각에 포함되고 초월되는가를 보여주어야 한다. 반성은 자신이 뒤를 잇는 비반성적인 것을 분명히 해야 하고, 자신을 시작으로 이해할 수 있도록 비반성적인 것의 가능성을 보여주어야 한다. 나의 신체에 놓여진 것이자 오감을 갖춘 나의 사고가 여전히 나라고 말하는 것은 분명히 언어상의 해결일 뿐이다. 왜냐하면 반성하는 나를 나는 육화된 나에서 인식할 수 없고, 따라서 육화는 원칙적으로 환상으로 남으며 이 환상의 가능성은 이해 불가능한 것이 되기 때문이다. 우리는 '감각들'을 대상들의 세계로 내쫓았고 주관성을 모든 신체적 점착의 절대적 비존재로서 해방시켰던 즉자와 대자 사이의 양자택일을 문제시해야 한다. 이것이 우리가 감각을 공존재 또는 성찬식으로 규정하면서 성취하는 것이었다. 청색의 감각은 기하학자의 원이 파리나 도쿄에서 동일하듯이 그렇게 내가 가지는 모든 경험들을 통한 어떤 확인 가능한 것의 인식이나 정립이 아니다. 그것은 틀림없이 지향적이며, 즉 그것은 사물처럼 즉자적으로 놓여 있지 않으며 자신을 넘어 겨냥하고 의미한다. 그러나 그것이 겨냥하는 항은 나의 신체와 그것과의 친숙성에 의해 맹목적으로만 인식될 뿐이고 충분히 명료하게는 구성되지 않으며, 잠재되어 그것에 불투명성과 개체성을 허용하는 지식에 의해서 재구성되거나 되찾아진다. 감각은 지향적이다. 왜냐하면 나는 감각적인 것에서 어떤 실존의 리듬——내전이나 외전의 제시를 발견하게 되기 때문이고, 이렇게 제시함과 동시에 나에게 그렇게 제의된 어떤 실존의 형태로 바뀌면서 나는 외부의 존재로 열리든 닫히든 그와 관계하기 때문이다. 성질들이 그 주위에서 어떤 실존 방식을 비춘다면, 성질들이 현혹 능력과 조금 전에 우리가 성례의 가치라 불렸던 것을 소유한다면, 그것은 감각하는 주체가 성질들을 대상들로 정립하는 것이 아니라, 그것들과 교감하고 자기의 것으로 만들며 그것들 속에서 자신의 순간적 법칙을 발견하기 때문이다. 보다 더 정확히 하자. 감각하는 자와 감각적인 것은 두 개의 외항으로서 대면하지 않으며, 감각은 감각적인 것이 감각하는 자로 침투함이 아니다. 색의 기초가 되는 것은 나의 시선이고 대상의 형태의 기초가 되는 것은 나의 손 운동이다. 더 정확히 말하면, 나의 시선은 색과 한 쌍을 이루고 나의 손은 단단함과 부드러움과 한 쌍을 이루며, 감각의 주체와 감각적인 것 사이의 이러한 교환에서 우리는 하나는 능동, 다른 하나는 수동적이라고, 하나가 다른 하나에 의미를 부여한다고 말할 수 없다. 나의 시선이나 손의 탐색이 없어 나의 신체가 그와 함께 동시에 일어나기 전에는 감각적인 것은 모호한 청원에 불과하다. "주체가 빨강에 적합한 신체적 태도를 취하면서 일정한 색, 예컨대 청색을 경험하려고 노력한다면, 그는 내적 갈등, 즉 파랑에 일치하는 신체적 태도를 채택하자마자 멈추는 일종의 경련을 초래한다."[14] 이와 같이 곧 감각될 감각적인 것은 나의 신체에 일종의 혼동의 문제를 제기한다. 나는 규정하는 그러면서 청색이 되는 수단을 신체에게 곧 제공할 태도를 발견해야 하고, 잘못 정식화된 문제에 대한 대답을 발견해야 한다. 그렇지만 나는 감각적인 것의 청원에 따라서만 그런 것을 할 뿐이고, 나의 태도는 나로 하여금 청색을 바로 보게

14 같은 책, p. 158.

하거나 딱딱한 표면을 바로 만지게 하는 데 충분하지 않다. 감각적인 것은 내가 그것에 빌려주었던 것을 나에게 돌려주기는 하나, 빌려주었던 것을 내가 얻는 것은 바로 그 감각적인 것으로부터이다. 하늘의 파란색을 관조하는 나는 초우주적 주체로서 그 **면전에** 있지 않고, 사고로 그것을 소유하지 않으며, 나에게 비밀을 알려줄지도 모르는 청색의 관념을 그 앞에서 펼치지 않는다. 나는 그에 빠져들며 그 신비에 잠기고, 그것이 '내 속에서 스스로 생각하고,'* 나는 모이고 수집되며 대자적으로 존재하기 시작하는 하늘 자체이며, 나의 의식은 이 무제한적 파란색에 의해 막혀 있다. 그렇다고 하늘은 정신이 아니고, 하늘이 대자적으로 존재한다고 말하는 것은 아무런 의미도 없는가? 물론 지리학자나 천문학자의 하늘이 대자적으로 존재하지 않는다는 것은 확실하다. 그러나 하늘을 훑어보고 하늘에 거주하는 시선에 의해 지각된 또는 감각된 하늘, 나의 신체가 취하는 어떤 생명적 진동의 장소로서의 하늘에 대하여, 사람들은 그것이 외부의 부분들로 구성되지 않는다는 의미에서, 총체의 개개의 부분들이 여타의 모든 것에서 일어나는 바를 '감각하고' 그것을 '동적으로 인식한다'는[15] 의미에서 대자적으로 존재한다고 말할 수 있다. 감각의 주체에 관해 말하자면, 그는 지상에서 무게를 하나도 지니지 않는 순수 무일 필요가 없다. 이것은 감각의 주체가, 구성하는 의식처럼 일시에 편재해야 하는 한에서만, 존재와 동연적(同延的)이어야 하는 한에서만, 우주의 진리를 사고해야 하는 한에서만 필연적일 것이다. 그러나 지각된 광경은 순수 존재가 아니다. 내가 그것을 보는 바 꼭 그대로 파악한다면, 그것은 나의 개인적 역사의 계기이고, 감각은 재구성이기 때문에, 내 속에 선행하는 구성에 의한 침전을 가정하며 '감각하는 주체로서 나는' 제일 먼저 놀라게 되는 자연적 능력으로 매우 가득 차 있다. 따라서 나는 헤겔의 말에 의하면, '존재의 구멍'이 아니라 기성의 것이

* 앞서 말한 발레리의 시 「해변의 묘지」에 나오는 시구.
15 Kölher, *Die physischen Gestalten*, p. 180.

면서도 헤쳐질 수 있는 함몰, 주름이다.[16]

4 _ 감각의 일반성과 특수성

이 점을 강조해보자. 어떻게 우리는 대자와 즉자의 양자택일에서 벗어날 수 있었고, 어떻게 지각적 의식이 그 대상에 의해 막힐 수 있고, 어떻게 우리는 감각적 의식을 지적 의식과 구별할 수 있는가? 그것은 이러하다.

(1) 모든 지각은 일반성의 분위기에서 일어나고 우리에게 익명적인 것으로 주어진다. 나는 내가 책을 이해한다거나 심지어 나의 생애를 수학에 바치기로 결심한다고 말하는 의미에서 **내**가 하늘의 청색을 본다고 말할 수 없다. 나의 지각은 내부에서 보더라도 하나의 주어진 상황을 표현한다. 즉 나는 색에 **감각적**이기 때문에 청색을 본다. 반대로, 개인적 행동들은 상황을 창조한다. 즉 나는 수학자가 되기로 결심했기 때문에 수학자이다. 따라서 내가 정확하게 지각적 경험을 번역하고자 한다면, 나는 **사람들이** 내 속에서 지각한다고 말해야 하고 내가 지각한다고 말해서는 안 된다. 우리가 감각의 차원에서 참되게 체험할 때 그 감각이 우리를 놓이게 하는 일종의 혼미에 의해 우리가 경험하는 것처럼, 모든 감각은 그러한 꿈 또는 이인증dépersonnalisation의 싹을 포함한다. 틀림없이, 인식은 나에게 감각은 나의 신체의 적응 없이 일어나지 않는다고, 예컨대 나의 손 운동 없이 규정된 접촉은 없을 것이라고 확실하게 가르친다. 그러나 이러한 활동은 나의 존재의 주변에서 전개되고, 나는 나의 탄생이나 죽음을 의식하지 않는 것과 마찬가지로, 나의 감각의 참다운 주체라는 것을 의식하지 않는다. 나의 탄생도 죽음

---

16 우리는 다른 곳에서 외부에서 보여진 의식이 순수 대자 존재일 수 없다는 것을 보도록 했다(메를로-퐁티, 『행동의 구조』, p. 168 및 이하). 사람들은 내부에서 보여진 의식의 경우에도 사정은 다르지 않다는 것을 보기 시작한다.

도 나에게 나 자신의 경험으로서 나타날 수 없는데, 왜냐하면 내가 그것을 그렇게 생각한다면 내가 선재하고 있다고 가정할 것이고, 또는 내가 체험하도록 사후에도 존재한다고 가정할 것이기 때문이며, 따라서 나는 나의 탄생이나 죽음을 진심으로 생각하지 않게 될 것이기 때문이다. 그러므로 나는 나를 '이미 탄생한' 그리고 '여전히 살아 있는' 것으로 파악할 수밖에 없고 나의 탄생과 죽음을 선개인적 지평으로 파악할 수밖에 없다. 즉 나는 사람들이 태어나고 죽는다는 것을 알고 있으나 나의 탄생과 죽음을 인식할 수 없다. 개개의 감각은 엄밀하게 말하자면 그 종의 최초의 것, 최종적인 것, 둘도 없는 것으로서 하나의 탄생이자 하나의 죽음이다. 그것을 경험하는 주체는 감각과 함께 시작하고 함께 끝난다. 그는 앞서갈 수도 잔존할 수도 없기 때문에 감각은 반드시 일반성의 환경에서 그 자신에게 나타나고, 나 자신의 이편에서 나오며, 나의 탄생과 죽음이 익명적 출생률과 사망률에 속하는 것처럼 감각은 자신보다 선행했고 잔존할 **감성**에서 일어난다. 나는 나의 개인적 삶과 나 자신의 행동을 가장자리로 해서 감각을 통해 그러한 삶과 행동이 드러나는 어떤 주어진 의식의 삶, 자연적 나 앞에 있는 나의 눈·손·귀의 삶을 파악한다. 나는 감각을 경험할 때마다 그것이 내가 책임지고 결단하는 나 자신의 존재에 관심을 둔다는 것을 내가 경험하는 것이 아니라, 이미 세계 편에 속해 있던 다른 자아, 말하자면 세계의 어떤 국면들에 열리어 이것들과 함께 동시에 일어나는 다른 자아에 관심을 둔다는 것을 내가 경험한다. 나의 감각과 나 사이에는 나의 경험이 그 자신에 대하여 분명해지는 것을 막는 **발원적 획득**의 두께가 언제나 존재한다. 나는 감각을, 물리적 세계에 이미 바쳐진 채 내가 그 작자도 아니면서 나를 통해서 용해하는 일반적 실존의 양상으로 경험한다.

(2) 감각은 부분적이라는 이유에서만 익명적일 수 있다. 보고 만지는 사람은 볼 수 있는 세계와 만질 수 있는 세계가 세계 전체가 아니기 때문에 결코 나 자신이 아니다. 내가 대상을 볼 때 나는

내가 현실적으로 보는 것 너머로 여전히 존재, 즉 볼 수 있는 존재뿐만 아니라 만질 수 있거나 또는 잡을 수 있는 존재가 있다는 것을, 감각적 존재뿐만 아니라 어떠한 감각의 선취도 소진시키지 못할 대상의 깊이가 있다는 것을 언제나 경험한다. 같은 방식으로, 나는 이러한 작용들 속에만 있는 것은 아니다. 그것들은 주변적인 것으로 남아 있다. 그것들은 내 앞에서 일어나고, 보거나 듣거나 하는 나는 어떻게 보면 존재의 한 부분에만 익숙해 있는 특화된 나이다. 이것을 대가로 해서, 시선과 손은 곧장 정확히 지각하는 운동을 예지할 수 있고, 자신들에게 자동 운동적으로 모습을 부여하는 선견을 나타낼 수 있다.

5 _ 감 각 은 장 이 다

우리는 이 두 가지 사상을 모든 감각은 어떤 **장**에 속한다고 말함으로써 요약하고자 한다. 내가 시각적 장을 가진다고 말하는 것은 위치에 의해 내가 존재들, 즉 가시적 존재들의 체계에 접근하고 열려 있다는 것을 의미하고, 그것들이 일종의 원초적 접촉을 통해 자연의 은총을 받아 내 쪽에서의 어떤 노력도 없이 나의 시선이 마음대로 할 수 있다는 것을 의미한다. 따라서 그것은 시각이 선개인적인 것임을 의미한다. 그와 동시에 그것은 시각이 언제나 한계를 가진다는 것을, 나의 현실적 시각의 주위에 언제나 보여지지 않는, 심지어 볼 수 없는 사물들의 지평이 있다는 것을 의미한다. 시각은 **어떤 장에 구속된 사고**이다. 바로 이것이 사람들이 **감각**이라 부르는 것이다. 내가 감각들을 가져 이것들이 나로 하여금 세계로 접근하게 한다고 말할 때, 나는 혼동의 희생이 되고 있는 것이 아니고 인과적 사고와 반성을 뒤섞고 있는 것이 아니다. 나는 통합적인 반성에 부과되는 진리, 즉 나 스스로 구성 작용에 의해서 존재의 어떤 국면들에 의미를 부여함이 없이도 공자연성 connaturalité에 의해서 그 국면들에서 의미를 발견할 수 있다는 진리를 표현하고 있는 것뿐이다.

6_감 각 의 복 수 성

감각과 지적 작용의 구별로써 여러 가지 감각들의 구별도 정당화되는 것으로 드러난다. 감각들과 감각 작용은 내가 그것들을 분석하기 위해 구체적 인식 행위로 되돌아갈 때만 나타나기 때문에, 주지주의는 감각에 대하여 말하지 않는다. 그렇게 되면 나는 거기에서 우연적 질료와 필연적 형상을 구별하지만, 질료는 관념적 계기일 뿐이지 전체적 행동과 분리 가능한 요소가 아니다. 따라서 감각들은 없고 의식만 있다. 예를 들어, 주지주의는 공간의 경험에 대한 감각의 공헌이라는 유명한 문제를 제기하는 것을 거부한다. 왜냐하면 감각적 성질들과 감각들은 인식의 질료로서, 객관성 일반의 형식인 공간이자, 특히 성질의 의식이 가능해지는 수단인 공간을 자기의 것으로 소유할 수 없기 때문이다. 하나의 감각은 어떤 사물의 감각이 아니라면 아무 감각도 아닐 것이고, 그 말의 가장 일반적 의미에서 '사물들'은, 예컨대 일정한 성질들은, 혼동된 인상의 무리들이 조망에 잡히고 공간에 의해 조정되는 한에서만 그 무리들 가운데에서 뚜렷이 그려진다. 이와 같이 모든 감각들은 우리로 하여금 이러저러한 형태의 존재에 접근하게 해야 한다면, 말하자면 그것들이 감각들이라면 공간적이다. 그리고 동일한 필연성에 의해, 모든 감각들은 동일한 공간에 열려 있어야 하고, 그렇지 않으면 모든 감각들이 우리로 하여금 의사 소통하게 하는 감각적 존재들은 자신들이 관계하는 감각에 대해서만 존재할 것이고, 유령들이 밤에만 나타나듯이 감각적 존재들에게 존재의 충만은 결여될 것이며, 우리는 그들을 참되게 의식할 수 없을 것이다. 즉 참다운 존재로서 정립할 수 없을 것이다.

7_어떻게 주지주의는 경험주의를 넘어서고 반대하는가

경험주의는 이러한 연역에 사실들을 대립시키는 헛된 노력을 할 것이다. 예를 들어, 사람들이 접촉한다는 것이 그 자체 공간적이 아니라는 것을 보여줄 수 있다면, 사람들이 맹인이나 정신적 실명의 경우에 순수 촉각적 경험을 발견하고자 노력해서 이 경험이 공간에 따라 분절되지 않음을 보여주고자 노력한다면, 이러한 실험적 증명들은 확립되는 것으로 여겨지는 바로 그것을 전제하는 셈이다. 육체적 실명과 정신적 실명이 환자의 경험에서 '시각적 소여들'을 떼어놓는다는 것에 한정된다는 것, 이러한 시각적 소여들이 자신의 촉각적 경험의 구조에 역시 영향을 미치지 않는다는 것을 사실상 어떻게 아는가? 경험주의는 첫째 가설을 당연한 것으로 여기고, 사실이 결정적인 것으로 되는 것도 바로 그것을 조건으로 해서이다. 그러나 바로 이 때문에 경험주의는 증명하는 것이 문제이지 않을 수 없는 감각의 분리를 요청하는 셈이다. 더 정확히 말하면, 내가 공간은 처음에는 본다는 것에 속한다는 것을 인정하고, 겉으로 보기에, 성인에게 공간의 촉각적 지각이 있는 것처럼 공간이 봄에서 만짐과 다른 감각으로 이행한다는 것을 인정한다면, 적어도 나는 '순수 촉각적 소여들'이 시각에 근원을 두는 경험에 의해서 뒤바뀌고 되덮인다는 것, 그 순수 촉각적 소여들이 궁극적으로 식별 불가능해지는 전체적 경험에 통합된다는 것을 인정하지 않을 수 없다. 그러나 그렇다면 어떠한 권리에서 '촉각적' 공헌을 성인의 그러한 경험에서 식별할 수 있는가? 내가 맹인에게 호소하면서 발견하고자 노력하는 자칭 '순수 촉각적인 것'은 통합된 접촉의 기능과 아무런 공통적인 것이 없는, 그리고 통합적 경험을 분석하는 데 이용될 수 없는 너무 특수한 종류의 경험이 아닌가? 사람들은 감각의 공간성을 귀납적 방법에 의해서, 그리고 '사실들'

——예컨대 맹인의 경우에 있어서 공간 없는 접촉——을 생산함으로써 결정할 수 없다. 왜냐하면 그 사실은 해석되어야 할 필요가 있고, 사람들은 그 사실을 유의미하되 만짐의 본성 자체를 드러내는 사실로, 또는 우연적이되 사람들이 감각 일반 및 이것들이 전체적 의식에서 갖는 관계에 대해 품는 관념에 따라 병적 만짐의 특수한 성질들을 표현하는 사실로 간주할 것이기 때문이다. 문제는 확실히 반성의 영역에 속하지 경험주의자가 말하는 의미의 경험, 즉 과학자들이 절대적 객관성을 꿈꿀 때 파악하는 그런 경험의 영역에 속하지 않는다. 따라서 사람들은 모든 감각이 공간적이라고 선천적으로 말하는 것에 관해 기초를 다진 셈이고, 우리에게 공간을 주는 것이 무엇인가를 아는 문제는, 사람들이 감각이 무엇인가를 반성한다면 이해 불가의 것으로 간주될 수밖에 없다. 그러나 여기서 두 종의 반성이 가능하다. 하나는 주지주의적 반성으로서 대상과 의식을 주제화하고, 칸트의 표현을 빌리면, 대상과 의식을 '개념으로 데리고 간다'. 이때부터 대상은 있는 것이 되고 따라서 만인에게 영원히 있는 것(일시적 삽화로서만 존재하나 객관적 시간에 존재했다고 말하는 것이 언제나 사실일 그런 것)이다. 의식은 반성에 의해 주제화되면 대자 존재이다. 그리고 의식과 대상에 대한 이러한 관념 덕분에 사람들은 모든 감각적 성질이 우주적 관계의 맥락에서만 충분하게 대상이라는 것, 감각이 유일무이한 중심의 나에 대해서 존재한다는 조건에서만 존재할 수 있다는 것을 쉽게 보여준다. 사람들이 반사 운동의 중단에 유의해서, 예를 들면 부분적 의식이나 고립된 대상을 말하려고 한다면, 사람들은 어떤 점에서 자신을 알지 못했던 의식, 따라서 의식이 아닌 의식을 가질 것이고, 모든 곳에서 접근될 수 없어서 그 정도까지는 대상이 아닌 대상을 가질 것이다.

8_그런데도 어떻게 반성적 분석은 추상적으로 남는가

그러나 사람들은 언제나 주지주의에게 당신은 의식과 대상의 이러한 관념 및 본질을 어디에서 가져오는가를 물을 수 있다. 주체가 순수 대자라면, "내가 사고한다 함은 우리의 모든 표상들에 동반할 수 있어야 한다." "세계가 사고될 수 있어야 한다면," 성질이 세계를 싹으로서 포함해야 한다. 그러나 무엇보다도 우리는 순수 대자가 있다는 것을 어디서 알고, 세계가 사고될 수 있어야 한다는 것을 어디서 파악하는가? 아마도 사람들은 그것이 바로 주체와 세계의 규정이고, 이렇게 이해하지 않기에 사람들은 주체와 세계를 말하면서도 무엇을 말하고 있는지를 더 이상 알지 못한다고 대답할 것이다. 그리고 사실상 구성된 언사의 차원에서, 사람들이 말하고 있는 것은 그야말로 세계와 주체의 의미이다. 그러나 언사들은 자신의 의미를 어디서 받는가? 철저한 반성은 내가 주관의 관념과 객관의 관념을 형성하고 정식화하고 있는 동안에 나를 재파악하는 반성이고, 이 두 관념의 원천을 밝히는 반성이며, 작용하는 반성일 뿐만 아니라 작용하면서 자신을 의식하는 반성이다. 아마도 사람들은 여전히 반성적 분석이 주관과 객관을 단순히 '관념'으로서 파악하는 것이 아니고, 그것이 경험이며, 반성함으로써 나는 나를 이미 나였던 무한한 주관에 되돌려놓고, 객관을 이미 그 객관을 기초지은 관계들 속에 되돌려놓는다고 대답할 것이고, 결국 주관과 객관의 관념은, 그것이 없으면 사람에게 어떤 것도 없을 조건들을 단순하게 정식화한 것이기 때문에, 내가 그러한 관념을 어디서 파악하는가를 물을 이유가 없다고 대답할 것이다. 그러나 반성적 나는 비반성적 나와 적어도 주제화되었다는 바로 그 점에서 다르고, 주어지는 것은 의식도 순수 존재도 아니다. 칸트가 심각하게 표현한 대로, 그것은 경험이고 달리 말하면, 유한한 주관과 이 주관이 떠오르면서도 관여해 머물러 있는 불투명한 존재와의 의사 소통이다. 이것은 "자신의 의미의 순수한 표현을 이끌어내는 것이 문제인 순수하고도 이를테면 말없는 경험인 것이다."[17] 우리는 세계의 경험을 가지되, 개개의 사건을 전적으로 규정하는 관계들의 체계라는 의미에서가 아니라, 종합이 완결될 수 없는 열린 전체성이라는 의미에서 가진다. 우리는 나의 경험을 가지되, 절대적 주체성의 의미에서가 아니라, 시간의 흐름에 의해 분할 불가능하게 해체되고 재형성되는 의미에서 가진다. 주관의 통일성 또는 객관의 통일성은 실재적 통일성이 아니라, 경험의 지평에 있는 추정적 통일성이다. 우리는 주관과 객관의 관념의 이편에서 나의 주체성과 태동하는 상태의 객관을 발견해야 하고, 관념과 사물이 탄생하는 원초적 층을 발견해야 한다. 의식에 관한 한, 나는 내가 존재한다는 의식과 먼저 관계함으로써만 의식의 개념을 형성할 수 있고, 특히 나는 감각들을 먼저 규정해서는 안 되지만 내가 내부에서 체험하는 감각성과의 접촉을 되찾아야 한다. 우리는, 없으면 세계가 사고되지 않을 조건들을 세계에 선천적으로 부여할 필요가 없다. 왜냐하면 사고될 수 있기 위해서 세계는 먼저 무시되어서는 안 되고, 나에 대하여 존재해야 하며, 즉 주어져야 하기 때문이고, 내가 세계를 정립하는 신이고 세계에 던져진 것으로 드러나는, 말 그대로 '세계와 관련이 있는' 인간이 아닌 한에서만 선험적 감성론은 선험적 분석론과 혼동될 것이기 때문이다. 따라서 우리는 단 하나뿐인 공간을 연역함에 있어 칸트를 따르면 안 된다. 단 하나뿐인 공간은, 없으면 사람들이 객관성의 충만을 사고할 수 없는 조건이다. 내가 여러 공간들을 주제화하려고 노력한다면, 이것들은 통일성으로 귀결되고, 그 공간들은 각각 다른 것과 위치상의 어떤 관계를 맺으며, 따라서 하나가 된다는 것은 전적으로 사실이다. 그러나 우리는 완전한 객관성이 사고될 수 있다는 것을 아는가? 모든 조망들이 동시에 가능하다는 것을 아는가? 그것들이 어느 한 곳에서

17 Husserl, *Méditations cartésiennes*, p. 33.

동시에 한꺼번에 주제화될 수 있다는 것을 아는가? 촉각적 경험과 시각적 경험이 상호 감각적 경험 없이 빈틈없게 다시 합쳐질 수 있는지를 아는가? 나의 경험과 타인의 경험은 상호 주관적 경험의 유일한 체계에서 연결될 수 있다는 것을 아는가? 개개의 감각적 경험에서이든 개개의 의식에서이든 어떤 합리성도 공략할 수 없는 '환각들'이 아마도 있을 것이다. 모든 **선험적 연역**은 진리의 전 체계의 확언에 달려 있다. 사람들이 반성하고자 할 때 거슬러 올라가야 하는 것은 바로 그러한 확언의 원천이다. 이러한 의미에서 우리는 후설과[18] 더불어 흄이 철저한 반성에 있어서 누구보다도 의도적으로 멀리 나아갔다고 말할 수 있다. 왜냐하면 그는 진정으로 모든 이데올로기의 이편에서 더욱이 그가 경험을 잘라내고 분리시켰다고 할지라도 우리를 우리가 경험하는 현상으로 도로 데려가고자 했기 때문이다. 칸트가 「선험적 변증론」에서 엄밀하게 비판을 수행했고, 존재의 총화의 관념에 기대고 있는 단 하나뿐인 공간의 관념과 단 하나뿐인 시간의 관념은 판단 중지되어야 하고, 우리의 현실적 경험에 입각하여 그 계보학이 저술되어야 한다.

9_선천적인 것과 경험적인 것

현상학적으로 규정된 이러한 새로운 반성 개념은 환언하면, 선천적인 것에 대한 새로운 규정을 제공하는 데로 귀착한다. 칸트는 선천적인 것이 경험에 앞서, 즉 우리의 사실성의 경계 밖에서 인식 가능하지 않다는 것, 인식의 두 가지 실재적 요소, 즉 선천적인 것과 후천적인 것을 구별하는 것에는 의문의 여지가 없다는 것을 이미 보여주었다. 선천적인 것이 그의 철학에서 사실적으로 그리고 인간학적 규정으로 존재하는 것과 대조적으로 존재**해야 하는** 것

---

18 예를 들면, *Formale und Transzendentale Logik*, p. 226.

의 특성을 보존한다면, 이것은 그가 우리의 사실적 조건에 의해 우리의 인식 능력을 규정하기 위한 것이었던, 그리고 모든 인지 가능한 존재를 바로 이 세계를 바탕으로 해서 다시 놓도록 강제해야 했던 자신의 프로그램을 스스로 끝까지 따르지 않았던 정도까지만 그러하다. 경험——즉 우리의 사실적 세계에로의 열림——이 인식의 시작으로 인정되는 순간부터 선천적 진리의 면과 사실적 진리의 면, 세계이어야 하는 바와 현실적으로 세계인 바를 구별하는 수단은 더 이상 존재하지 않는다. 선천적 진리로 간주된 감각들의 통일성은 근본적 우연성, 즉 우리가 세계에 있다는 사실의 형식적 표현 이외의 아무것도 아니다. 후천적으로 주어진 것으로 간주된 감각들의 다양성은 이것이 인간 주체에서 취하는 구체적 형태를 포함하면서 이 세계, 즉 우리가 결과적으로 사고할 수 있는 이 유일한 세계에 필연적인 것으로 나타난다. 따라서 감각들의 다양성은 선천적 진리가 된다. 모든 감각은 공간적이며, 우리가 이 명제에 따르는 것은 대상으로서의 성질이 공간에서만 사고될 수 있기 때문이라서가 아니라, 성질이 존재와의 원초적 접촉으로서, 감각적인 것에 의해서 지시된 존재의 어떤 형태를 감각하는 주체가 재파악이라는 것을 한다는 것으로서, 감각하는 자와 감각적인 것의 공존재로서, 그 자체 공존재의 환경을, 말하자면 공간을 구성하기 때문이다. 우리는 어떤 감각도 바늘의 끝점과 같지 않다고, 모든 감각성은 어떤 장을 가정하고, 따라서 공존재를 가정한다고 선천적으로 말하며, 이로부터 우리는 라슐리에에 반대하여 맹인이 공간의 경험을 가진다고 결론 내린다. 그러나 이러한 선천적 진리들은 사실의 명시화, 즉 감각적 경험의 사실을 존재의 어떤 형태의 재파악으로서 명시화함에 다름아니다. 또한 이러한 재파악은 내가 끊임없이 거의 전적으로 나로 하여금 만지게 하거나 보도록 할 수 있다는 것을 함축하고, 나의 의식이 어느 정도 막힘을 당하고 자신이 마음대로 할 수 있는 사물을 상실하는 일 없이는 내가 보거나 만질 수 없다는 것도 함축한다. 따라서 감각들의 통일성과 다양성은 동일한 무리에 속하는 진리들이다. 선천적인 것은 이해된 사실, 명시화된 사실, 자신의 말없는 논리의 모든 결과에 뒤따른 사실이며, 후천적인 것은 고립된 암시적 사실이다. 공간성 없는 만짐을 말하는 것은 모순일 것이고, 공간에서 만지는 일 없이 만진다는 것은 선천적으로 불가능하다. 왜냐하면 우리의 경험은 세계의 경험이기 때문이다. 그러나 촉각적 조망을 이렇게 우주의 존재에 삽입하는 것은 만짐에 외적인 어떤 필연성도 표현하고 있는 것이 아니며, 삽입은 촉각적 경험 자체에서 자기 자신의 방식에 따라 자발적으로 일어난다. 경험이 우리에게 넘겨주는 대로의 감각은 더 이상 무차별적 질료, 추상적 계기가 아니라 우리가 존재와 접촉하는 면이고, 의식의 구조이며, 또한 유일한 공간인 대신 모든 성질들의 보편적 조건이다. 우리는 성질들 하나하나와 함께 공간에 존재하는 특수한 방식을, 그리고 결과적으로 공간을 형성하는 방식을 가진다. 개개의 감각이 큰 세계의 내부에 작은 세계를 구성하는 것은 모순적인 것도 불가능한 것도 아니며, 감각이 전체에 필수적이고 전체에 열려 있다는 것은 그 자신의 특수성에 의한 것이기도 하다.

10_감각마다 자기 세계가 있다

요컨대, 선천적인 것과 경험적인 것, 형식과 내용의 구별이 한 번만이라도 없어지게 되면, 감각적 공간들은 유일한 공간인 바 전체적 성형화의 구체적 계기들이 된다. 거기로 갈 수 있는 능력은 감각을 분리함에 있어 자신을 그 감각으로부터 떼어낼 수 있는 능력과 분리시킬 수 없다. 연주 홀에서 내가 눈을 뜰 때 가시적 공간은 조금 전에 음악이 흘러나간 다른 공간에 비해서 나에게 협소하게 보이고, 내가 눈을 뜨고 있는 동안 사람들이 곡을 연주하고 있을지라도 그 음악은 나에게 그 음악이 이 꼭 맞는 수수한 공간에 참되게 차 있지 않는 것처럼 보인다. 환각을 겪는 사람들에게는 지각된 사물의 밝은 공간이 다른 현전들이 가능해지는 '어두운 공간'을 신비스럽게도 배가시키듯이, 그 음악은 자신이 펼쳐지는 새로운 차원을 가시적 공간을 통해 넌지시 말해준다. 세계에 대한 타자의 조망이 나에 대하여 그렇듯이, 개개의 감각의 공간적 영역은 다른 감각에 대하여 절대적으로 인식될 수 없는 것이고, 그만큼 그들의 공간성을 제약한다. 비판철학에게는 경험적 호기심만 제공하고 선천적 확실성을 훼손시키는 이러한 기술들은 우리에게 있어 철학적 중요성을 되찾는데, 그것은 공간의 통일성이 감각적 영역들의 상호 맞물림에서만 발견될 수 있기 때문이다. 바로 이것이 비공간적 지각의 저 유명한 경험주의적 기술에 참되게 남아 있는 것이다. 백내장 수술을 받은 선천성 맹인들의 경험은 공간이 시각과 함께 그들에게 개시된다는 것을 증명하지 못했으며 증명하지 못할 것이다. 그러나 그 환자는 이제 막 접근하게 되었던 저 시각적 공간에 끊임없이 놀라워하고, 그 공간에 관하여 자신의 촉각적 경험이 너무 빈약해서 수술 전에는 공간의 경험을 가져본 적이 없었음을 기꺼이 시인하고 있었다.[19] 환자의 놀라움과 자신이 발을 들여놓은 새로운 시각적 세계에 대한 머뭇거림은, 만짐이 시각**처럼** 공간적이지 않다는 것을 보여준다. 사람들은 이렇게 말한다. "수술 후에 봄으로써 주어지는 대로의 형태는 환자들에게 자신들의 촉각적 경험과 관계를 맺지 않는 절대적으로 새로운 무엇이다."[20] "환자는 자신이 보고 있다고 단언하나, 자신이 무엇을 보고 있는지를 알지 못한다. 그는 자신의 손을 손 자체로 인식하지 못하고, 움직

---

19 어떤 주체는 수술 전에 **자신이 가지고 있다고 믿었던** 공간적 개념들이 진정한 공간의 표상을 제공하지 않았으며 다만 '사고의 노력으로 획득된 인식'일 뿐이었다고 선언한다 (Von Senden, *Raum-und Gestaltauffassung bei operierten Blindgeborenen vor und nach der Operation*, p. 23). 시각의 획득은 역시 촉각에 관계하는 실존의 일반적 구조의 재조직을 포함한다. 세계의 중심은 이동하고 촉각적 도식은 망각되며, 촉각을 통한 인식은 덜 확실하고 이후부터 실존적 결과가 시각을 거쳐간다. 환자가 말하고 있는 것은 바로 이러한 약화된 촉각에 관해서인 것이다.

20 같은 책, p. 36.

이고 있는 하얀 점만을 말할 뿐이다."[21] 원과 사각형을 시각에 의해
구별하고자 하면 그는 손으로[22] 하듯이 눈으로 그 도형의 변을 따
라가야 되는데, 그는 사람들이 그의 시선 앞에 제시하는 대상들을
언제나 잡고 싶어한다.[23] 이로부터 어떤 결론이 나오는가? 촉각적
경험은 공간의 지각을 준비하지 않는다는 결론인가? 그러나 촉각
적 경험이 공간적이 아니라면, 어떻게 피험자가 사람들이 그에게
보여주는 대상을 향해 손을 뻗치는가? 이러한 동작은 만짐이 적어
도 시각적 소여의 환경에 유비되는 환경에 열려 있다는 것을 가정
한다. 사실들은 무엇보다도, 시각이 시선의 사용 없이는 아무것도
아니라는 것을 보여준다. 환자들은 "먼저 우리가 냄새를 맡듯이
색들을 본다. 즉 냄새는 우리를 감싸고 우리에게 작용하나, 그런데
도 규정된 면적의 규정된 형태를 써넣지 않는다."[24] 먼저 모든 것이
섞여 있고 운동하는 중인 것 같다. 색 면들의 분별과 운동의 정확
한 이해는 피험자가 "보는 것이 무엇인가"[25]를 이해했을 때, 즉 그
가 자신의 시선을 손으로서가 아니라 시선으로서 지도하고 옮겨
보낼 때 나중의 것이 되어버린다. 바로 이것이 개개의 감각 기관은
자신의 방식으로 대상을 심문한다는 것, 자신이 어떤 종류의 종합
의 대행자인 것을 증명한다. 그러나 공간이라는 말을 시각적 공간
을 지시하고자 유명적 정의로 보존하지 않는 한, 사람들은 공존재
들의 파악이라는 의미에서 만짐의 공간성을 인정하지 않을 수 없
다. 참다운 시각이 전이 과정에서 그리고 눈을 통한 일종의 만짐의
의해서 마련된다는 사실조차도 최초의 시각적 지각들이 삽입될 수
있는 의사-공간적인 촉각적 장이 없었더라면 이해될 수 없을 것이
다. 만짐이 아무리 인위적으로 고립되어 있다 해도, 공존재를 가능
하게 하는 방식으로 조직되지 않는다면, 봄은 정상인의 경우가 그

21 같은 책, p. 93.
22 같은 책, pp. 102~04.
23 같은 책, p. 124.
24 같은 책, p. 113.
25 같은 책, p. 123.

러하듯 직접적으로 만짐과 통하지 않을 것이다. 촉각적 공간의 관념을 배제하기는커녕 정반대로 사실들은, 너무나 엄격히 촉각적이라서 그 분절이 우선 시각적 공간의 분절과 동의 관계에 있지 않고 동의 관계에 있지도 않을 그러한 촉각적 공간이 있다는 것을 증명한다. 경험주의적 분석은 진정한 문제를 혼동스러운 상태로 제기한다. 예를 들어, 만짐은 작은 범위의 면적—신체 및 그 도구의 면적—에만 동시적으로 미친다는 사실은, 촉각적 공간의 제시에 관계할 뿐만 아니라 그 감각도 변화시킨다. 지능—적어도 고전 물리학적인 지능—에 있어서 동시성은 인접한 두 점에서 일어나든, 멀리 떨어진 두 점에서 일어나든 동일한 것이다. 어떤 경우라도 사람들은 가까운 거리의 동시성으로 먼 거리의 동시성을 점진적으로 구성할 수 있다. 그러나 경험에 있어서 그와 같이 구성 작용에 끼어드는 시간의 두께는 그 결과를 변화시키고 극단에 있는 두 점의 동시성에 어떤 '변동'을 초래한다. 그 정도로 시각적 조망의 폭은 수술 받은 맹인에게 참다운 계시가 될 것이다. 왜냐하면 그것은 처음으로 먼 동시성 **그 자체**의 예시를 제공해줄 것이기 때문이다. 수술 받은 환자들은 촉각적 대상들이 참다운 공간적 전체가 아니라고, 여기서 대상의 파악은 '부분들의 상호 관계의 인식'일 뿐이라고, 원과 사각형은 만짐에 의해서 참되게 지각되는 것이 아니라 어떤 '기호들'— '점들'의 현존과 부재—에 따라 인식된다고 진술한다.[26] 촉각적 장이 시각적 장의 폭을 가지고 있지 않다는 것, 촉각적 대상이 시각적 대상처럼 그 부분들 하나하나에 전적으로 현존하는 것은 아니라는 것, 요컨대 만진다는 것은 본다는 것이 아니라는 것을 이해하도록 하자. 틀림없이 맹인과 정상인은 서로 대화를 주고받는다. 또한 맹인은 적어도 도식적 의미일지라도 그 의미를 성공적으로 부여하지 못할 단 한마디의 말을, 심지어 색 이름에 관한 어휘에서 발견한다는 것은 아마도 불가능할 것이다.

26 같은 책, p. 29.

열두 살 맹인 소년이 시각의 차원을 너무나 잘 규정하고 있다. 그는 이렇게 말한다. "보는 사람들은 아주 멀리서 나를 에워싸는, 나의 뒤를 따르는, 나를 관통하는, 나의 기상에서 취침까지, 말하자면 나를 그 지배 아래 두는 미지의 의미에 의해서 나와 관계를 맺고 있다."[27] 그러나 이러한 표지들은 맹인에게는 개념적이고 문제적인 것으로 남아 있다. 그것들은 시각만이 대답할 수 있는 질문을 제기한다. 그리고 이것이 우리가 어떤 사람이 우리 자신이 알고 있는 것과 다르다는 것을 언제나 발견하는 것처럼, 수술 받은 맹인이 세계가 자신이 기대했던 것과 다르다는 것을 발견하는 이유이다.[28] 맹인의 세계와 정상인의 세계는 그들이 마음대로 할 수 있는 질료의 성질에 의해서뿐만 아니라 총체의 **구조**에 의해서도 다를 것이다. 맹인은 만짐에 의해서 가지와 잎, 팔과 손가락이 무엇인가를 너무나 정확하게 알고 있다. 수술 후에 그는 나무와 인체 사이에 '그처럼 많은 차이'가 있음을 발견하고는 놀란다.[29] 봄이 나무의 인식에 새로운 세목들을 부가하는 것만은 아니었음은 분명하다. 대상을 변형시키는 새로운 제시 방식과 종합 유형이 문제인 것이다. 예를 들어 빛-조사 대상의 구조는 촉각적 영역에서는 꽤 모호한 유비들을 발견할 뿐이다. 이것이 18년간의 실명 생활을 보낸 후 수술 받은 환자가 태양 광선을 만지려고 노력하는 이유이다.[30] 우리의 삶의 전체적 의미——개념적 의미는 그것의 추상만은 아니다——는 우리에게 시각이 없다면 달라질 것이다. 우리로 하여금 우리가 체험하지 못했던 경험들, 예컨대 우리가 보지 못했던 것을 말하는 경험의 추상적 의미에 접근하도록 허용하는 대체와 교체의 일반적 기능이 있다. 그러나 유기체에서 교체의 기능은 상해당한 기능과 정확하게 등가가 아니며 통합의 외관만을 줄 뿐이다. 지능

27 같은 책, p. 45.
28 같은 책.
29 같은 책, p. 50 이하.
30 같은 책, p. 186.

은 여러 경험들 사이에서 외관상의 의사 소통만을 보증할 뿐이고, 수술 받은 선천성 맹인의 경우에 시각적 세계와 촉각적 세계의 종합, 상호 감각적 세계의 구성은 감각적 영역 그 자체에서 일어나야 하고, 그 두 경험들의 의미의 공통성이 그 둘을 접합해서 단 하나의 경험을 보증하는 데는 충분하지 않다. 감각들은 제각각 꼭 그대로 전이될 수 없는 존재의 구조를 스스로 가져오는 한, 서로 다르고 지적 작용과도 다르다. 우리는 이것을, 의식의 형식주의를 거부했고 신체를 지각의 주체로 만들었기 때문에 인정할 수 있다.

11_감각의 의사 소통

그리고 그것을 우리는 감각의 통일성을 위협하지 않고도 인정할 수 있다. 왜냐하면 감각들은 의사 소통하기 때문이다. 음악은 가시적 공간에 있는 것이 아니라, 그 공간을 서서히 잠식하고 에워싸며 뒤바꾸어놓는다. 이제 곧 매우 잘 차려입은 청중들은 바닥이 동요하고 있음을 통각하지도 못한 채 평가의 태도를 취하며 촌평과 미소를 주고받는데, 이러한 청중들은 바로 폭풍우를 맞아 뒤흔들린 승무원과 같다. 이 두 공간은 공통적 세계를 바탕으로 해서만 구별되고, 이들 모두는 똑같이 전체적 존재임을 요구한다는 이유에서만 경쟁적이 될 수 있다. 이들은 대립하는 그 순간에 통일된다. 내가 나의 감각들의 하나에 스스로 갇혀 있고자 하고, 이를테면 나자신을 전적으로 나의 눈에 투사시켜 하늘의 푸르름에 빠져든다면 즉각적으로 나는 보고 있다는 것을 더 이상 의식하지 못할 것이고, 내가 나를 그야말로 시각이 되게 하고자 하는 순간에 하늘은 그 순간의 나의 세계이기 위해서 '시 지각'이기를 멈춘다. 감각적 경험은 잘 변하며 우리의 모든 신체와 함께 동시에 일어나는, 상호 감각적 세계에 열려 있는 자연적 지각과는 이질적이다. 감각적 성질의 경험처럼 분리된 '감각'의 경험은 매우 특수한 태도에서만 일어나고, 직접적 의식의 분석에는 이용될 수 없다. 나는 내 방에 앉아서 탁자 위에 놓여 있는 하얀 종이들을 본다. 어떤 것들은 창문을 통해 빛을 받고, 어떤 것들은 그림자가 드리워져 있다. 내가 나의 지각을 분석하지 않고 그 전체적 광경에 만족한다면, 나는 모든 종이들이 나에게 똑같이 하얗게 보인다고 말할 것이다. 그러나 그것들 중의 어느 것들은 벽의 그림자가 드리워져 있다. 어떻게 그 어느 것들이 다른 것들처럼 하얀 것인가? 나는 더 잘 보기로 결심한다. 나는 나의 시선을 그 어느 것들에 고정시키고, 말하자면 나의 시각적 장을 제한한다. 나는 이것들을 장의 나머지와 분리시키는 성냥 상자를 통해서 또는 창이 나 있는 '축소 스크린'을 통해서 관찰할 수도 있다. 내가 이러한 장치들의 하나를 사용하든 육안으로 관찰하는 것에 만족하든 '분석적 태도'에서라면[31] 그 종이들의 모습은 바뀐다. 그것은 더 이상 그림자에 의해 가려진 하얀 종이가 아니다. 그것은 회색의 또는 푸르스름한 색의 어설프게 놓인 두터운 실체이다. 내가 다시 전 광경을 검토한다면, 나는 그림자가 드리워져 있는 종이가, 빛을 받고 있는 종이와 동일하지 않았고 동일한 적이 한 번도 없었으며, 더욱이 빛을 받고 있는 종이와 객관적으로 다른 적도 없었다는 것을 주목한다. 그림자가 드리워져 있는 종이의 하얀색은 흑백 계열에서 보아 정확하게 분류되지 않는다.[32] 그것은 규정된 어떤 성질도 아니었다. 나는 나의 눈을 시각적 장의 일부에 고정시킴으로써 그 성질을 나타나게 했다. 그때, 바로 그때만 나는, 나의 시선이 끌려 들어가는 어떤 질quale의 현전에 직면해 있는 것으로 드러난다. 이제 고정한다는 것은 무엇인가? 대상의 측면에서, 그것은 고정된 영역을 장의 나머지와 분리시킨다는 것이고, 밝기를 고려하면서 개개의 시각적 표면에 일정한 색을 부여한, 보이는 것의 전체적 삶을 중단시킨다는 것이다. 주체의 측면에서, 그것은 전체적 시각을 대신한다는 것인데, 이러한 전체적 시

---

31 Gelb, *Die Farbenkonstanz der Sehdinge*, p. 600.
32 같은 책, p. 613.

각에서 우리의 시선은 광경 전체에 부합되고 사로잡히게 된다. 또한 그것은 관찰, 다시 말하면 주체가 제 마음대로 통제하는 국소적 시각을 대신한다. 감각적 성질은 지각과 동연적이기는커녕, 호기심 어린 태도나 관찰의 특수한 산물이다. 그것이 나타나는 것은, 나의 시선 전체를 세계에 넘겨주는 대신 내가 그 시선 자체의 힘을 빌릴 때이고, **내가 정확하게 무엇을 보고 있는가**를 물을 때이다. 그것은 나의 시각과 세계와의 자연적 교류에서 나타나지 않는다. 그것은 나의 시선의 어떤 물음에 대한 대답이고, 자신을 자신의 특수성에서 알고자 노력하는 제2의 또는 비판적 시각의 결과이며, 내가 나를 속일 것이라고 생각할 때이거나 시각의 과학적 연구를 기도하고자 할 때이거나 간에 내가 그때 행사하는 '순수 시각적인 것에 대한 주의'의[33] 결과이다. 이러한 태도가 광경을 사라지게 한다. 내가 축소 스크린을 통해서 보는 색이나 화가가 잘 보려고 눈을 지그시 감음으로써 얻는 색은 더 이상 대상-색깔 ——**벽**의 색이나 **종이**의 색——이 아니라 두께가 없지 않으면서도 허구적 면 위에 아주 모호하게 국소화된 색 지대이다.[34] 따라서 내가 나의 시선과 한편이 되고 이로써 나를 광경에 넘겨주는 시각의 자연적 태도가 있다. 이때 장의 부분들은 이것들을 인식 가능하게 하고 확인 가능하게 하는 조직에서 연결된다. 성질, 분리된 감각성이 나타나는 것은 내가 나의 시각의 이러한 전체적 구조화를 깨뜨릴 때, 내가 나 자신의 시선을 고수하기를 멈출 때, 내가 시각을 체험하기 전에 그것에 대해 물을 때, 내가 나의 가능성을 기도하고자 할 때, 내가 나의 시각과 세계와의 연계, 나 자신과 나의 시각과의 관계를 선포해서 그것을 포착하고 기술하기 위해서일 때이다. 이러한 태도에서 세계는 감각적 성질들로 잘게 쪼개짐과 동시에 지각하는 주체의 자연적 통일성은 부서지고, 나는 시각적 장의 주체로서 알려지지 않게 되는 단계에 이른다.

---

33 순수 광학에 대한 태도. 겔프에 의해서 카츠Katz가 인용됨. Gelb, 같은 책, p. 600.
34 같은 책.

12_감각 이전에 감각함

 이제 자연적 통일성이 발견되어야 하는 것과 마찬가지로 개개의 감각의 내부에서 감각의 분화에 앞서는 감각함의 '발원적 층'을 나타나게 해야 한다.[35] 내가 대상을 고정하거나 눈을 이동시키거나 하는 데 따라서, 아니면 결국 내가 그런 일을 수행하는 데 따라서 동일한 색깔은 나에게 표면상의 색——이것은 일정한 공간적 장소를 차지하고 하나의 대상에 뻗쳐 있다——으로 나타나고, 아니면 분위기상의 색이 되어 그 대상의 주위에 전체적으로 퍼진다. 아니면 나는 그것을 나의 눈에서 나의 시선의 진동으로서 감각한다. 또는 결국 그것은 동일한 존재 방식을 나의 모든 신체에 전하고 나를 가득 채워서 더 이상 색 이름을 받을 자격이 없게 된다. 마찬가지로, 기기 안에서 내 밖으로 반향하는 객관적 소리가 있고, 대상과 나의 신체 **사이에** 분위기적 소리가 있으며, '내가 플루트나 추시계라도 된 것처럼' 내 속에서 진동하는 소리가 있다. 마침내 소리의 요소가 사라져 나의 모든 신체의 변화에 대한 경험, 더욱이 매우 정확하게 규정된 경험이 되는 마지막 단계만 남는 셈이다.[36] 감각적 경험은 협소한 가장자리만을 정리할 뿐이다. 소리와 색은 그 자신의 배치에 의해서 대상, 즉 재떨이, 바이올린을 그려나가고 이러한 대상은 곧장 그대로 모든 감각에 말한다. 아니면 다른 극단의 경험에서 소리와 색은 나의 신체 안으로 받아들여져서 나의 경험을 단 하나의 감각적 등록 장부에 제한하는 것이 어렵게 된다. 즉 그것은 자발적으로 여타의 모든 감각들을 향해 넘쳐흐른다. 우리가 방금 기술한 제3의 단계에 있는 감각적 경험은 오히려 소리의 방향이나 색의 방향을 지시하는 '강세'에 의해서만 구체화된다.[37]

35 Werner, *Untersuchungen über Empfindung und Empfinden*, I, p. 155.
36 같은 책, p. 157.
37 같은 책, p. 162.

이러한 차원에서 경험의 애매성은, 청각적 지원이 없다면 동일한 상들의 연속이 너무 느려서 스트로보스코프stroboscope적 운동*을 불러일으킬 수 없을 때 청각적 리듬이 영상들을 합병시켜 운동의 지각을 야기하는 그런 것이다.[38] 소리들은 색에 의한 연속적 상들을 변화시킨다. 보다 강한 소리는 그 상들을 강화시키고, 소리의 중단은 색을 옅어지게 하며, 낮은 소리는 청색을 보다 진하게 하거나 안을 보다 깊숙하게 한다.[39] 개개의 자극에 단 하나의 감각만을 부여하는 항상성 가설은[40] 사람들이 자연적 지각에 한층 더 접근하는 그만큼 덜 검증되는 셈이다. "항상성 가설이 자극과 그 특정한 감각적 반응의 관계에 관해서 수용 가능하게 되는 것, 그리고 예컨대 소리의 자극이 특정한 영역, 여기서는 청각적 영역에 제한되는 것은 행동이 지적이고 편파적이지 않는 한에서이다."[41]

13 _ 공 감 각

메스칼린mescalin 중독은 편파성 없는 태도를 위협하고 피험자를 그 활력에 맡겨버리기 때문에 따라서 공감각을 조장하지 않을 수 없을 것이다. 사실상 메스칼린을 복용하면, 플루트의 소리는 청록색으로 되고, 메트로놈의 소리는 어두운 곳에서 회색 반점으로 표현되며, 시각의 공간적 간격은 그 소리의 시간적 간격에, 회색 반점의 크기는 그 소리의 강도에, 그 공간적 높이는 그 소리의 높이에 일치한다.[42] 메스칼린 복용자는 한 조각의 쇠를 발견해 창문

---

* 스트로보스코프적 운동mouvement stroboscopique은 정지된 그림을 위치를 조금씩 바꾸면서 연속적으로 보여주면 움직이는 것같이 나타나 보이는 운동을 말한다. 가령 영화의 필름은 실제로는 움직이지 않는 그림이나 스크린을 통하여 계속 연결시킴으로써 물체와 사람이 움직이는 것처럼 보인다.

38 Zietz와 Werner, *Die dynamische Struktur der Bewegung.*

39 같은 책, p. 163.

40 이 책의 「서론: 고전적 편견들과 현상으로의 복귀」 제1장 1절 참조.

41 Werner, 앞의 책, p. 154.

받침대를 내리치고는 "여기에 마술이 있다," 나무가 더 푸르러진 다고 말한다.[43] 개가 짖는 소리는 기술 불가능한 방식으로 광선을 초래하고 오른발에 울려 퍼진다.[44] 모든 것은 사람들이 "진화 과정 에서 감각들 사이에 확립된 벽들이 때때로 무너지는 것"[45]을 보는 것처럼 일어난다. 자신의 불투명한 성질들을 가진 객관적 세계의 조망에서 보면, 그리고 분리된 기관을 가진 객관적 신체의 조망에 서 보면, 공감각의 현상은 역설적이다. 따라서 사람들은 감각의 개 념을 언급하지 않고 설명하고자 노력한다. 예를 들어, 흔히 뇌 영 역——시각적 지대나 청각적 지대——에 제한된 흥분들은 그 경계 들을 넘어서 간섭할 수 있다고 가정되어야 할 것이고, 따라서 비특 정적 성질이 특정적 성질에 연합되는 것으로 판명 나야 할 것이다. 이러한 설명이 자신을 위한 대뇌 생리학적 논증을 가지거나 말거 나 간에[46] 그것은 공감각적 경험을 설명하지 못하고, 따라서 감각 의 개념과 객관적 사고를 문제삼을 수 있는 새로운 기회가 된다. **왜냐하면 피험자는 자신이 소리와 색을 동시에 가진다고만 말하지 않기 때문이다. 즉 그가 색이 형성되는 지점에서 보 는 것은 소리 자체이다.**[47] 이러한 공식은 사람들이 시각을 시각 적인 것에 의해서, 소리를 울려 퍼지는 것에 의해서 규정한다면 의 미를 고스란히 잃어버리게 된다. 그러나 그 공식에서 의미를 발견 하는 방식으로 규정을 제공하는 것은 우리의 책임이다. 왜냐하면

---

42 Stein, *Pathologie der Wahrnehmung*, p. 422.

43 Mayer-Gross와 Stein, *Über einige Abänderungen der Sinnestätigkeit im Meskalinrausch*, p. 385.

44 같은 책.

45 같은 책.

46 예를 들면, 메스칼린 복용 상태에서 시치의 변양을 관찰하는 것은 가능하다. 이러한 사실은, 사람들이 보여주겠지만, 다수의 감각적 성질들의 병존이 공감각적 경험에서 주어지는 바와 같은 지각적 대립을 이해시킬 수 없다면, 객관적 신체에 의한 공감각의 설명을 구성하는 것이 결코 아니다. 시치의 변화는 공감각의 원인이지 않을 터이지만, 그러나 객관적 신체에 **소재**를 두지 않으면서 세계-에로-존재의 통로로서 현상적 신체에 관계하는 전체적이며 보다 심층적인 사건의 객관적 표현이거나 기호인 것이다.

47 Werner, 앞의 책, p. 163.

소리의 시각이나 색의 청각은 현상들로 존재하기 때문이다. 그리
고 이것은 예외적 현상들이 아니기도 하다. 공감각적 지각은 하나
의 규칙이거니와 우리가 이것을 간취하지 못한다면, 그것은 과학
적 지식이 경험을 뒤바꾸어놓아서이고, 우리가 보아야 하고 들어
야 하며 감각해야 하는 것을 물리학자가 인지하는 대로 우리의 신
체적 조직과 세계로부터 연역하느라고, 보는 방식, 듣는 방식, 감
각하는 방식을 잊어서이다. 사람들은 시각이 우리에게 색들이나
빛들만을, 그리고 이것들과 함께 색의 윤곽들인 형태들을, 색 반
점의 위치 변화인 운동들을 줄 수 있다고 말한다. 그러나 어떻게
투명성이나 '혼탁한' 색들이 그 색들의 도(度)에서 위치지어지는
가? 사실상, 개개의 색은 자신이 보다 친밀한 것을 가지고 있다는
그 점에서 보면 밖에 드러난 사물의 내적 구조일 뿐이다. 황금의
광채는 우리에게 동질적 구성을 눈에 띄게 제시하고, 나무의 광택
없는 색은 이질적 구성을 제시한다.[48] 감각들은 사물의 구조에 열
림으로써 상호간에 의사 소통한다. 사람들은 유리의 경성과 연성
을 보고, 유리가 투명한 소리를 내면서 깨어질 때 나는 그 소리는
눈에 보이는 유리가 날라다준다.[49] 사람들은 강철의 탄성, 붉게 물
든 강철의 전성(展性), 대팻날의 경도, 대팻밥의 부드러움을 본다.
대상의 형태는 그 기하학적 윤곽이 아니다. 그것은 자기 자신과의
어떤 관계를 가지고 봄에 대해서뿐만 아니라 모든 감각에 대해서
말한다. 아마포나 면포의 주름의 형태는 우리로 하여금 섬유의 유
연성이나 무미건조성, 피륙의 차가움이나 훈훈함을 보게 한다. 결
국 가시적 대상의 운동은 시각적 장에서 그 대상에 상응하는 색 반
점의 단순한 전치(轉置)가 아니다. 새가 방금 떠나버린 나뭇가지
의 운동에서 사람들은 그 나뭇가지의 유연성이나 탄력성을 읽으
며, 그렇게 해서 사과나무의 가지와 자작나무의 가지가 직접적으
로 서로 구별된다. 사람들은 모래에 가라앉은 주철 덩어리의 무게,

---

48 Schapp, *Beiträge zur Phänomenologie der Wahrnehmung*, p. 23 및 이하.
49 같은 책, p. 11.

물의 유동성, 시럽의 점성을 본다.[50] 동일한 방식으로, 나는 차 소리에서 도로의 견성과 편평도를 들으며, 사람들은 당연하게 그 소리가 '부드럽다' '흐릿하다' 또는 '메마르다'고 말한다. 청각이 우리에게 참다운 '사물'을 제공한다는 것을 사람들이 의심할 수 있다 해도 그것이 공간에서 들려오는 소리를 넘어서 '울려 퍼지는' 어떤 사물을 우리에게 제시하고, 그렇게 해서 그것이 다른 감각들과 의사 소통하는 것은 적어도 확실하다.[51] 결국 내가 눈을 감은 채 강철 막대기와 참피나무 가지를 구부린다면, 나는 두 손에서 금속과 나무의 가장 비밀스러운 직물을 통각한다. 따라서 '여러 가지 감각의 소여들'이 비교 불가능한 성질로서 받아들여진다면 그 소여들은 너무 많은 분리된 세계들을 들추어 일으켜 세우는 것이 되고, 그렇다면 그 하나하나가 자신의 특수한 본질에서 사물을 주조하는 방식으로 되면서, 모두 자신의 유의미한 핵에 의해서 의사 소통한다.

14_쌍안의 외상들과 같이 다르면서도 식별되지 않는 감각들

감각적 의미의 본성을 정확히 해야 하는 것만이 요구된다. 그렇지 않으면 우리는 앞서 멀리했던 주지주의적 분석으로 돌아가고 말 것이다. 내가 접촉하고 보는 것은 동일한 탁자이다. 그러나 사람들이 했던 대로, 내가 듣고 헬렌 켈러Helen Keller가 접촉하는 것은 동일한 소나타이고, 내가 보고 맹인 화가가 그리는 것은 동일한 인간이라고 덧붙여야 하는가?[52] 지각적 종합과 지적 종합 사이

50 같은 책, p. 21 및 이하.
51 같은 책, pp. 32~33.
52 Specht, *Zur Phänomenologie und Morphologie der pathologischen Wahrnehmungstäuschungen*, p. 11.

에는 점차로 더 이상 어떤 차이도 없을 것이다. 감각의 통일성은 과학의 대상의 통일성과 동일한 질서의 것이 될 것이다. 내가 대상을 동시적으로 접촉하고 주시할 때, 하나의 대상이 그 두 출현의 공통 이유인 것은, 금성이 샛별과 개밥바라기의 공통 이유인 것과 마찬가지이다. 그래서 지각은 시작하는 과학이 될 것이다.[53] 이제 지각이 우리의 감각적 경험들을 하나의 세계로 통일시킨다면, 그것은 과학적 총괄이 대상이나 현상을 수집하는 방식이지 않을 것이고, 쌍안이 단 하나의 대상을 파악하는 방식일 것이다. 이러한 '종합'을 더 자세히 기술해보자. 나의 시선이 무한대에 고정될 때 나는 가까이 있는 대상에 대하여 이중상을 가진다. 내가 다시 그 대상에 시선을 고정시킬 때, 나는 그 두 상이 단 하나의 대상으로 모아지면서 급기야는 그 속으로 사라지는 것을 본다. 이때 종합이 그 두 상을 단 하나의 대상의 상들로 동시에 사고하는 데서 성립한다고 말해서는 안 된다. 정신적 행동이나 통각이 문제라면 그것들은 내가 그 두 상의 동일성을 주목하자마자 일어나야 하는 한편, 대상의 통일성은 시선 고정이 그 두 상을 감추어 없앨 때까지 매우 오랫동안 사실상 대기하고 있는 셈이다. 단 하나의 대상은 그 두 상을 사고하는 어떤 방식이 아니다. 왜냐하면 그 두 상은 단 하나의 대상이 나타나자마자 순간에 주어지는 것을 그만두기 때문이다. 따라서 '상들의 융합'은 타고난 신경 체계의 어떤 장치에 의해서 얻어졌는가? 우리는 결국 말초에서가 아니라면 적어도 중추에서, 두 눈을 통해 매개된 단 하나의 흥분만을 가진다고 말하고자 하는가? 그러나 두 망막의 단순한 존재가 복시증을 설명할 수 없는 것은 복시증이 항상적이지 않기 때문이듯,[54] 이와 마찬가지로,

53 Alain, *81 Chapitres sur l'Esprit et les Passions*, p. 38.
54 "전도체가 존재하는 모습 그대로 수렴한다는 것이 단순한 쌍안상의 상들이 구별 불가하다는 것을 조건짓는 것은 아니다. 왜냐하면 외안들의 대립이 일어날 수 있기 때문이다. 그리고 망막의 분리는 구별이 일어날 때 그 구별을 설명하지 못한다. 왜냐하면 모든 것이 수용기와 전도체에서 동일한 상태이고 구별이 일어나지 않기 때문이다." R. Déjean, *Étude psychologique de la distance dans la vision*, p. 74.

시각적 중추의 단순한 존재가 단 하나의 대상을 설명할 수 없는 것은 복시증이 때때로 일어나기 때문이다. 사람들이 단 하나의 대상뿐만 아니라 복시증까지도 정상적 시각에서 이해할 수 있다면, 그것은 시각적 장치의 해부학적 배치에 의해서가 아니라, 그 기능과 정신물리적 주체가 행하는 사용에 의해서일 것이다. 따라서 우리는 복시증이 우리의 눈이 그 대상에 맞추어지지 않고 망막 위에 비대칭적 상들을 형성하기 **때문에** 일어난다고 말하는가? 시선 고정이 그 두 상을 두 망막의 동질적 지점에 데려오기 때문에 하나의 상으로 합병된다고 말하는가? 그러나 눈의 분산과 수렴은 복시증과 정상적 시각의 원인인가 결과인가? 백내장 수술을 받은 선천성 맹인들의 경우 사람들은 시각을 해치는 것이 눈의 비협조인지, 비협조를 조장하는 것이 시각적 장의 혼동인지를, 눈은 시선 고정할 수 없어서 보지 못한다는 것인지, 볼 어떤 사물을 가질 수 없어서 시선 고정하지 못한다는 것인지를 수술 후에는 말할 수 없다. 내가 무한대로 주시해서, 예를 들면 나의 눈 가까이에 있는 내 손가락 하나가 그 상을 나의 망막의 비대칭적 지점에 투사할 때, 그 망막 위에 있는 상들의 배치는 복시증을 종결시킬 시선 고정 운동의 원인일 수 없다. 왜냐하면 우리가 고찰했던 대로[55] 상들의 소멸은 즉자적으로 존재하지 않기 때문이다. 나의 손가락은 나의 좌측 망막의 어떤 지대와, 좌측 망막과 대칭적이지 않은 우측 망막의 지대 위에 그 상을 형성한다. 그러나 우측 망막의 대칭적 지대는 역시 시각적 흥분들로 가득 차 있다. 그 두 망막 위의 **자극**의 분포는 그 두 무리를 비교하고 확인하는 주체와 관련해서만 '이상 대칭적'일 뿐이다. 그 망막들 자체 위에는 대상으로 간주된 채 비교 불가능한 두 무리의 **자극**만 있을 뿐이다. 아마도 사람들은, 시선 고정 운동이 없는 한, 그 두 무리는 서로 포개질 수 없고 어떤 사물의 시각도 일으키지 않으며, 이러한 의미에서 그 두 자극의 현존은 그 자체만

---

55 Koffka, *Some problems of space perception*, p. 179.

으로도 불균형의 상태를 창조한다고 응수할 것이다. 그러나 이것은 우리가 보여주고자 노력하는 것을 곧바로 인정하는 것이다. 즉 단 하나의 대상의 시각은 시선 고정의 단순한 결과가 아니라는 것, 그것은 시선을 고정하는 행동 그 자체에서 예상된다는 것, 사람들이 말한 대로 시선의 고정은 '전망적 활동'이라는 것을 인정하는 것이다.[56] 나의 시선이 가까운 대상으로 옮겨져 눈이 그곳에 집중하려면, 그것은 복시증을 불균형이나 불완전한 시각으로서 겪어야 하고[57] 긴장의 해소와 시각의 완성을 정위하듯 단 하나의 대상을 정위해야 한다. 즉 "보기 위해 '주시'해야 한다."[58] 따라서 쌍안상의 대상의 통일성은 그 두 외상을 합병함으로써 최종적으로 단 하나의 상을 산출하는 어떤 제3인칭 과정에서 나오지 않는다. 사람들이 복시증에서 정상적 시각으로 이행할 때, 단 하나의 대상은 그 두 상을 대신하나 분명히 그 두 상의 단순한 중첩은 아니다. 단 하나의 대상은 그 두 상과는 다른 질서의 것이고, 그 두 상보다 비교할 수 없게 확고하다. 복시증의 그 두 상은 쌍안적 시각에서 단 하나의 상으로 혼합되지 않고 대상의 통일성은 참으로 지향적이다. 그러나——바로 여기에 우리가 목적하는 바가 있다——그렇다고 해서 그것이 개념적 통일성인 것은 아니다. 사람들은 복시증에서 단 하나의 대상으로 이행하지만 그것은 정신의 검사에 의해서가 아니라, 두 눈이 제각각 자신의 기능을 그만두고 단 하나의 시선에 의해서 오로지 하나의 기관으로 사용될 때이다. 종합을 실현하는 것은 인식론적 주관이 아니다. 그것은 분산에서 벗어나, 모든 수단을

56 R. Déjean, 앞의 책, pp. 110~11. 저자는 다음과 같이 말한다. "'정신의 전망적 활동,' 이 점에 대하여 우리가 그를 이해하지 못한다는 것을 보게 될 것이다."

57 사람들은 형태 이론이 이 정위된 과정의 근거를 '결합 지대' 상의 어떤 물리적 현상에 두는 것으로 알고 있다. 우리는 다른 곳에서 심리학자에게 다양한 현상 또는 구조를 생각나게 해서 그 가운데 어떤 하나, 즉 물리적 형태에 의해서 그 모두를 설명하는 것은 모순적이라고 말한 적이 있다. 일시적 형태로서의 고정은 모든 형태가 현상적 세계에 속한다는 단순한 이유로 해서 물리적 또는 생리학적 사실이 아니다. 이 점에 관해서는 메를로-퐁티, 『행동의 구조』, p. 175 및 이하, p. 191 및 이하 참조.

58 R. Déjean, 앞의 책.

다해 자신의 운동이라는 유일무이한 목적을 향할 때의 신체이고, 그렇게 하면서 유일무이한 의도가 협력 작용의 현상을 통해서 이해될 때의 신체이다. 우리는 현상적 신체, 말하자면 자신의 주위에 어떤 '환경'을 투사하는 한의[59] 신체, 그 '부분들'이 상호 동적으로 인식되고 그 수용기들이 협력 작용에 의해 대상의 지각을 가능하게 하는 방식을 준비하는 한의 신체에 종합을 부여하기 위해서만 객관적 신체에게서 종합을 거둔다. 이러한 지향성이 사고가 아니라고 말하면서, 그와 동시에 그것이 의식의 투명에서 실현되지 않는다는 것, 그리고 그것이 나의 신체가 소유하는 모든 잠재적 자기 지식을 당연한 것으로 간주한다고 말하고 싶어하며, 신체 도식의 선논리적 통일성에 기대게 되면, 지각적 종합은 고유한 신체의 비밀도 대상의 비밀도 갖게 되지 않는다. 바로 이것이 지각된 대상이 언제나 초월적인 것으로 나타나는 이유이고, 종합이 대상 그 자체에 대하여 일어나고 세계 안에서 일어나는 이유이며, 사고하는 주관인 형이상학적 일점(一點)에서 일어나지 않는 이유이거니와, 또한 바로 이 점에서 지각적 종합은 지적 종합과 구별된다. 내가 복시증에서 정상적 지각으로 이행할 때, 나는 두 눈으로 **동일한** 대상을 보는 것을 그저 의식하는 것만은 아니다. 나는 대상 **그 자체**를 향해 다가가는 것을 의식하고, 결국 그 육체적 현전을 가지는 것을 의식한다. 외상들은 사물들 **앞에서** 모호하게 떠돌고 있고, 세계에서 어떤 지위도 가지지 않으며, 환각들이 대낮의 햇빛에 자신들의 출생지였던 대지의 균열로 다시 돌아가듯, 외상들은 갑자기 세계의 어떤 장소로 물러나기도 하고 삼켜지기도 한다. 쌍안의 대상은 외상들을 흡수하고 그 속에서 종합이 일어나며 이것이 분명해지면서 외상들은 마침내 자신을 그 대상의 출현들로 인식한다. 일련의 나의 경험들이 일치하는 것으로 주어지고 종합이 일어나게 되는 것은, 외상들이 모두 어떤 상수를 대상의 동일성에서 표

[59] 환경적 지향성 Umweltintentionalität이 있는 한에서. Buytendijk와 Pleßner, *Die Deutung des mimischen Ausdrucks*, p. 81.

현하는 한에서가 아니라, 외상들이 모두 그들 중 최후의 것에 의해서 사물의 자기성 ipséité에서 수집되는 한에서이다. 자기성은 물론 **달성되지** 않는다. 우리의 지각에 걸려드는 사물의 개개의 국면은 여전히 자신을 넘어 지각하게끔 초대함이요, 지각 과정의 순간적 중지일 뿐이다. 사물 자체에 도달되었다면, 사물은 그때부터 우리 앞에 신비하지 않게 전시되어 있을 것이다. 사물은 우리가 그것을 소유한다고 믿을 때 사물로서 존재하기를 멈출 것이다. 따라서 사물의 '실재성'을 형성하는 것은 정확하게 그것을 우리의 소유로부터 감추는 바로 그것이다. 사물의 자존성, 부인할 수 없는 사물의 현전, 그리고 사물이 숨는 지각적 부재는 초월의 불가분리적 양면이다. 주지주의는 이 둘을 무시한다. 우리가 사물을 열린 계열의 경험의 초월적 종점으로서 설명하고자 한다면, 지각의 주체에 신체 도식의 끝없이 열려 있는 통일성을 부여해야 한다. 바로 이것이 쌍안적 시각의 종합이 우리에게 가르치는 바인 것이다.

15_신체에 의한 감각들의 통일성

이것을 감각들의 통일성의 문제에 적용해보자. 감각들의 통일성은 감각들이 발원적 의식에로 포섭됨에 의해서가 아니라, 감각들이 단 하나의 인식하는 유기체로 끝없이 통합됨에 의해서 이해될 수 있을 것이다. 상호 감각적 대상이 가지는 시각적 대상과의 관계

---

60 감각들이 모두 똑같이 객관성을 불사하고 지향성을 투과시키는 것처럼 동일한 수준에 놓여져서는 안 되는 것은 사실이다. 경험은 우리에게 감각들을 등가물로 제공하지 않는다. 시각적 경험이 촉각적 경험보다 더 사실인 것 같고 그 속에 자신의 진리를 맞아들이고 거기에다 추가한다. 왜냐하면 보다 풍부한 자신의 구조는 촉각에 의해 의심받을 수 없는 존재의 양상들을 나에게 제시하기 때문이다. 감각의 통일성은 그 자신의 구조에 비례해서 교차적으로 실현된다. 그러나 우리가 다른 눈이 복종하는 '지도적인 한 눈'을 가지는 것이 사실이라면, 사람들은 유비적인 어떤 것을 쌍안에서 발견하게 된다. 이 두 사실, 즉 감각적 경험을 시각적 경험에서 재파악하는 것과 한 눈의 기능을 다른 눈에 의해 재파악하는 것은 경험의 통일성이 형식적 통일성이 아니라 자생적 조직이라는 것을 증명한다.

는 시각적 대상이 가지는 복시증의 외상들과의 관계와 같고,[60] 감각들이 지각에서 의사 소통하는 것은 두 눈이 시각에서 협력하는 것과 같다. 소리를 보는 것 또는 색을 듣는 것이 실현되는 것은 시선의 통일성이 두 눈을 통해 실현되는 것과 같다. 이것은 "나의 신체가 병존 기관들의 총합이 아니라, 그 모든 기능들이 세계-에로-존재의 일반적 운동에서 회복되고 결합되는 협력 작용 체계인 한에서이고," 나의 신체가 실존이 응결된 모습인 한에서이다. 시각이나 청각이 불투명한 것의 단순 소유가 아니라, 실존 양상의 체험이고 나의 신체와 그것과의 공시화synchronisation라면, 내가 소리를 보거나 색을 듣는다고 말하는 것은 일리가 있다. 공감각의 문제는 성질의 경험이 어떤 운동 방식 또는 어떤 행동 방식의 경험이라면 해결의 실마리를 보이기 시작한다. 내가 소리를 본다고 말할 때 나는 소리의 진동에 대해서만 말하는 것일 뿐이고, 나는 나의 모든 감각적 존재에 의해서 특히 색에 유능한 나의 감각적 일부에 의해서 반향한다. 객관적 운동 및 공간의 변위로서가 아니라 운동의 기도 또는 '가상적 운동'[61]으로서 이해된 운동이 감각들의 통일성의 기초이다. 유성 영화가 장면에 소리를 동반하게 할 뿐만 아니라 장면 자체의 취지도 바꾸어놓는다는 것은 주지의 사실이다. 내가 영사실에서 프랑스어로 더빙하고 있는 필름을 보고 있을 때, 나는 대사와 그 장면의 불일치를 확인할 뿐만 아니라 갑자기 나에게 그것이 **다른 것**을 말하는 것처럼 보이기도 한다. 영사실과 나의 귀는 더빙 언어로 가득 차 있지만, 그것은 나에 대하여 청각적 존재를 도대체 가지고 있지 않고, 나는 청각을 화면에서 나오는 소리 없는 다른 대사를 위해서만 가지고 있다. 소리의 정지가 갑자기 화면에서 계속적으로 동작하고 있는 등장 인물을 소리 없는 인물로 만들 때, 갑자기 나에게서 빠져나가는 것은 그의 담화의 의미뿐만은 아니다. 즉 화면 자체도 역시 변화한다. 조금 전의 활기 있는 얼굴 표정은 둔감해지고 당황한 사람의 그것처럼 응고되어버리며,

소리의 중단은 일종의 혼미의 형태로 화면을 휩쓴다. 관객의 경우에 동작들과 대사들은 관념적 의미 작용으로 포섭되는 것이 아니라, 대사는 동작을 되찾고 동작은 대사를 되찾는다. 이것들은 나의 신체를 통해서 의사 소통하고 나의 신체의 감각적 국면들로서 서로에게 직접적으로 상징적이 된다. 왜냐하면 나의 신체는 바로 감각 상호간의 등가 및 전이의 기성 체계이기 때문이다. 감각들은 해석 없이도 상호 번역되고 생각을 경유하지 않고도 상호 이해된다. 이러한 논의에서 헤르더의 다음 말에 그 말의 의미 그대로를 부여하는 것이 허용된다. "인간은 때로는 이 측면에서 때로는 저 측면에서 영향을 받는 영원한 감각 총중추이다."[62] 신체 도식의 개념과 함께 하면서 새로운 방식으로 기술되는 것은 신체의 통일성뿐만이 아니다. 감각의 통일성 및 대상의 통일성도 역시 신체의 통일성을 통해서 그렇게 기술된다. 나의 신체는 표현의 장소, 아니 오히려 표현의 현실성 자체이고, 이 점에서 예컨대 시각적 경험과 청각적 경험은 서로에게 잉태적이며, 이들의 표현적 가치는 지각된 세계의 선술어적 통일성의 기초를 마련하고, 선술어적 통일성에 의해서 설명과 의미의 기초를 마련한다.[63] 나의 신체는 모든 대상에 공통적인 직물이고, 적어도 지각된 세계에 관한 한, 나의 '이해'의 일반적 도구이다.

16_세계의 일반적 상징 체계로서의 신체

자연적 대상에뿐만 아니라 말과 같은 문화적 대상에도 의미를 부여하는 것이 바로 나의 신체이다. 사람들이 단어를 알아들을 수

---

62 베르너에 의한 인용. Werner, *Untersuchungen über Empfindung und Empfinden*, I, p. 152.

63 카시러가 행한 표현, 설명, 의미의 구별에 대해서는 Cassirer, *Philosophie der symboli-schen Formen*, III.

없을 정도로 짧은 시간 내에 피험자에게 제시한다면, 예를 들어 '뜨거운'이라는 말은 그 피험자의 주위에 의미의 무리로서 일종의 더위의 경험을 유인한다.[64] '굳은'[65]이라는 말은 일종의 등과 목의 뻣뻣함을 야기하고, 그런 다음에야 그것은 시각적 또는 청각적 장에 투사되며 기호나 어휘의 모습을 띤다. 개념의 표지이기 전에 그것은 먼저 나의 신체를 장악하는 사건이고, 나의 신체에 대한 이러한 파악은 자신이 관계하는 의미의 지대를 제한한다. 피험자는 '축축한'이라는 단어의 제시에 따라 자신이 축축하고 차가운 느낌 이외에도, 신체의 내부가 말초에 이르는 것처럼, 팔과 다리에까지 집중된 신체의 실재성이 다시 중심으로 돌아오려고 애쓰는 것처럼 신체 도식의 전 조정을 경험한다고 진술한다. 그렇다면 그 단어는 그 단어가 유인하는 태도와 구별되지 않고, 그것이 외적 상으로서 나타나고 그 의미가 사고로서 나타나는 것은 그 제시가 길어질 때 뿐이다. 말들이 용모를 가지는 것은 우리가 개개인에 대해서처럼 그 말들에 대해서, 그 말들이 주어지는 순간 단숨에 나타나는 어떤 행동을 취하기 때문이다. "나는 **붉은**rot이라는 말을 살아 있는 표현으로 파악하려고 기도하나, 우선 그것은 나에 대하여 말초적일 뿐이고 그 의미를 알아보는 기호일 뿐이다. 그것은 붉음 자체가 아닌 셈이다. 그러나 갑자기 나는 그 말이 나의 신체를 헤치고 나아간다는 것을 주목한다. 나의 신체를 휩쓸면서 동시에 나의 구강에 둥근 형태를 부여하는 것은 일종의 감각 마비를 가져오는 충만함의 느낌——기술하기 어려운——이다. 그리고 바로 그 순간에 정확히, 나는 종이 위의 그 말이 자신의 표현적 가치를 수여받는다는 것을 주목한다. 그것은 검붉은 훈륜으로 내 앞으로 오게 되는 반면, 글자 o는 내가 나의 입에서 앞서 느꼈던 그와 같은 둥근 구멍을 직관적으로 제시한다."[66] 말의 이러한 행동이, 말은 불가분리적

359
제2부——제1장 감각한다는 것

---

64 Werner, 앞의 책, p. 160 및 이하.
65 또는 독일어로는 일반적으로 hart.
66 Werner, *Untersuchungen über Empfindung und Empfinden, II, Die Rolle der*

으로 사람들이 말하고 듣고 보는 것이라는 것을 각별히 이해시킨다. "읽혀진 말은 한 조각의 시각적 공간의 기하학적 구조가 아니고, 언어적 행동과 운동을 자신의 동적 충만함 속에 제시함이다."[67] 말을 지각하는 것이 문제이든, 또는 보다 일반적으로 말해서, 대상을 지각하는 것이 문제이든, "거기에는 상을 구조화하는 데 필요한 동적 긴장의 특수 방식, 즉 어떤 신체적 태도가 있다. 살아 있는 동적 총체로서의 인간은 정신물리적 유기체의 일부로서 시각적 장에 형태를 묘사하기 위해서 자신을 형태화하지 않으면 안 된다."[68] 요컨대, 나의 신체는 다른 모든 대상들 가운데의 하나, 다른 성질들 가운데 있는 감각적 성질들의 복합체일 뿐만 아니라, 다른 모든 대상에 대하여 **감각을 가지는** 대상이면서 모든 소리에 반향하고 모든 색깔에 진동하고 말에 원초적 의미를 자신이 받아들이는 방식에 따라 부여하는 대상이다. 여기서는 '뜨거운'이라는 말의 의미를 경험주의자의 공식에 따라 더위의 감각들에로 환원하는 것이 문제가 아니다. 왜냐하면 내가 '뜨거운'이라는 말을 읽으면서 감각하는 더위는 실제적 더위가 아니기 때문이다. 더위에 준비하고, 말하자면 그 형태를 그리는 것은 오로지 나의 신체인 것이다. 마찬가지로, 사람들이 내 앞에서 나의 신체의 일부를 지정할 때, 또는 내가 그것을 마음속에 그려볼 때, 나는 해당하는 부위에서 나의 신체의 그 부분이 신체 도식 전체에서 출현하는 것에 다름아닌 의사-접촉감을 느낀다. 따라서 우리는 말의 의미, 심지어 지각된 것의 의미를 '신체적 감각'의 총합으로 환원하는 것이 아니라, 신체

Sprachempfindung im Prozeß der Gestaltung ausdrucksmäßig erlebter Wörter, p. 238.

67 같은 책, p. 239. 사람들이 말에 대해 말한 것은 문장에 대해서 훨씬 더 사실이다. 문장을 채 다 읽기도 전에 우리는 그것이 '기사체'라고 또는 '삽입절'이라고 말할 수 있다(같은 책, pp. 251~53). 사람들은 문장을 이해할 수 있고 또는 적어도 전체로부터 부분으로 나아감으로써 어떤 의미를 줄 수 있다. 베르그송이 말한 대로 우리가 최초의 단어에 관하여 '가설'을 세우기 때문이 아니라 마치 감각 기관이 자극의 방향으로 향하여 그것과 일체화가 되는 것처럼 우리에게 언어 기관이 있기 때문에, 즉 자신에게 제시되는 언어적 성형화에 들어맞는 언어 기관을 가지고 있기 때문이다.

68 같은 책, p. 230.

가, '행동'을 가지는 한, 자신의 부분들을 세계의 일반적 상징 체
계로서 이용하는, 따라서 결과적으로 우리가 세계에 '자주 출현
할' 수 있게 되고 세계를 '이해할' 수 있으며 세계에서 의미를 발견
할 수 있게 되는 이채로운 대상이라고 말하고 있다.

　사람들은 틀림없이 이 모든 것이 현상의 기술로서 어떤 가치를
가진다고 말할 것이다. 그러나 결국 이러한 기술들이 우리가 사고
할 수 있다는 것 이외의 아무것도 의미하지 않는다면, 반성이 그러
한 기술들의 무의미를 입증한다면, 무엇이 우리에게 그토록 중요
하다는 것인가? 소견을 말하라는 차원에서라면, 고유한 신체는 다
른 대상들과의 관계에서 구성된 대상이자 구성하는 대상이다. 그
러나 사람들이 무엇에 대해 말하고 있는가를 알고자 한다면 선택
하지 않을 수 없고, 마침내 신체를 구성된 대상의 편에 다시 놓아
두지 않을 수 없다. 사실상 둘 중 하나이다. 즉 나는 나를 세계의
환경에 있다고 보고 인과 관계에 의해 둘러싸인 나의 신체에 의해
그 속에 삽입되어 있다고 본다. 이렇게 되면 '감각'과 '신체'는 물
질적 장치들이고 무엇이든 전혀 인식하지 못한다. 대상은 망막 위
에 상을 형성하고 망막의 상은 다른 상에 의해 시각 중추에서 증식
된다. 그러나 거기에는 **보여지는 사물**만 있고 **보는 사람**은 없다.
우리는 하나의 신체적 단계에서 다른 신체적 단계로 끝없이 되돌
려보내지고 인간 속의 '작은 인간'을, 이 인간 속의 다른 인간을,
시각에 잡히지도 않지만 가정한다. 아니면 나는 시각이 어떻게 있
는가를, 그러나 내가 언제 구성된 것, 즉자적인 것에서 벗어나야
하는가를, 내가 언제 반성에 의해 대상이 존재할 수 있게 되는 존
재를 파악해야 하는가를 진정으로 이해하고자 한다. 이제 대상이
주관의 시선에 대하여 존재할 수 있기 위해 이 '주관'이 그 대상을
시선으로 포착하는 것 또는 나의 손이 나무 조각을 잡듯이 그 대상
을 잡는 것으로는 충분하지 않다. 아직도 그는 자신이 그 대상을
잡거나 본다는 것을 알아야 하고, 스스로 잡는 것 또는 보는 것을
인식해야 하며, 자신의 행동이 전적으로 자기 자신에게 주어져야

한다. 결국 그 주관은 자신이 무엇이라고 의식하고 있는 그것 이외의 다른 것이어서는 안 된다. 그렇지 않으면 우리는 대상을 제3자의 편에서 파악하거나 응시하거나 하는 반면, 자칭 주관은 자기 의식을 결여한 채 자신의 행동에서 흩어져버릴 것이고 어떤 것도 의식하지 못할 것이다. 대상의 시각 또는 촉각적 지각이 있기 위해서 감각에는 언제나 이런 부재의 차원이 결여될 것이고, 주관이 자기 인식일 수 있게 되고 대상이 주관에 존재할 수 있게 되는 이런 비실재성이 결여될 것이다. 결합된 것의 의식은 결합하는 자의 의식과 그의 결합 행위의 의식을 전제한다. 대상 의식은 자기 의식을 전제한다. 오히려 이것들은 동의어이다. 따라서 어떤 사물의 의식이 있다면, 그것은 주관이 절대적으로 아무것도 아님**이기** 때문이고, '감각들,' 인식의 '질료'가 의식의 계기들이나 거주자들이 아니기 때문이며, 그것들은 구성된 것의 편에 있기 때문이다. 이러한 증거들에 대하여 우리의 기술들은 무엇을 할 수 있고 이러한 택일에서 어떻게 벗어날 것인가?

지각적 경험으로 돌아가보자. 나는 내가 지금 글을 쓰고 있는 이 탁자를 지각한다. 이것은 여러 가지 중에서도 나의 지각 행위가 **나를 점령한다는 것을 의미하고**, 내가 실제로 탁자를 지각하는 동안 나를 지각하는 자로 통각할 수 없을 만큼 충분히 나를 점령한다는 것을 의미한다. 내가 그렇게 하고자 할 때, 나는 말하자면 나의 시선에 의해 그 탁자에 빠져드는 것을 그만두고 지각하는 나에게로 돌아가며, 이때는 나의 지각이 어떤 주관적 현상들을 관통해야 했고, 나의 어떤 '감각들'을 해석해야 했다는 것을 깨닫는다. 결국 나의 지각은 나의 개인적 역사의 조망에서 나타난다. 내가 분석적 태도를 취하면서 지각을 성질과 감각으로 분해할 때 결합 활동을 2차적으로 의식하는 것도 결합된 것에 입각해서이고, 감각과 성질에 입각해서 내가 먼저 던져진 대상에 이르기 위하여 내가 나의 분석의 대립항일 뿐인 종합 행위를 가정하지 않을 수 없는 것도 결합된 것에 입각해서이다.

17_인간은 감각 총중추이다

나의 지각 행위는 그 소박성에서 파악하면 그 자체 이러한 종합을 실현하지 않는다. 그것은 이미 행해진 일을 이용하고 단숨에 구성된 일반적 종합을 이용한다. 바로 이것이 나의 신체, 나의 감각은 세계의 습관적 지, 앎이요, 암묵적 또는 침전된 학이기에, 내가 나의 신체나 감각으로 지각한다고 말하면서 의미하고자 했던 점이다. 나의 의식이 자신이 지각하는 세계를 현실적으로 구성하고 있다면, 의식과 세계에는 어떤 거리도 없고 어떤 가능한 간격도 없으며, 의식은 가장 비밀스러운 분절에 이르기까지 세계에 침투하고, 지향성이 우리를 대상의 핵에까지 데려다놓을 것이고 동시에 지각된 것은 현재의 두께를 가지지 않을 것이며, 의식은 지각된 것 속으로 사라지지 않을 것이고 빠져들지 않을 것이다. 이와는 반대로, 우리는 소진 불가의 대상을 의식하고 대상에 빨려든다. 왜냐하면 대상과 의식 사이에는, 우리의 시선이 이용하되 합리적 전개가 가능하고 언제나 우리의 지각의 저편에 있다고만 가정할 뿐인 잠재적 앎이 있기 때문이다. 우리가 말한 대로 모든 지각이 익명적인 어떤 것을 가지고 있다면, 그것은 지각이 자신이 문제시하지 않는 획득물을 인수하기 때문이다. 지각하는 **사람**은 의식이 그렇게 해야 하듯 자기 자신 앞에서 펼쳐지지 않는다. 그는 역사적 두께를 가지고 지각적 전통을 인수하며 현재와 대면한다. 지각에서 우리는 대상을 사고하지 않으며, 대상을 사고하면서 우리 자신을 사고하지 않는다. 우리는 대상에 속해 있으며 사람들이 종합해야 하는 세계, 동기, 수단에 대해서 우리가 아는 것보다 더 많이 아는 신체와 뒤섞여 있다. 이것이 우리가 헤르더와 함께 인간은 감각 총중추이다라고 말했던 이유이다. 사람들이 진실되게 지각의 행위와 부합하고 비판적 태도를 포기하는 조건 하에서 발견하는 이러한 감각함의 발원적 층에서, 나는 주관의 통일성을 체험하고 사물의 상호 감각적 통일성을 체험한다. 나는 반성적 분석과 과학이 할 것처럼 그렇게 그 통일성을 사고하는 것이 아니다. 그러나 결합 없는 결합된 것이란 무엇인가, 누군가에 대하여 아직 대상이 아닌 대상이란 도대체 무엇인가? 나의 지각 행위를 나의 역사의 사건으로 정립하는 심리학적 반성은 당연히 2차적일 것이다. 그러나 나를 대상의 비시간적 사고자로 드러내는 선험적 반성은 이미 대상에 있지 않은 그 어떤 것도 자신에 도입하지 않는다. 즉 그것은 '탁자' '의자'에 의미를 부여하는 것이 무엇인가를, 이들의 안정적 구조를 형성하는 것이 무엇인가를, 나의 객관성의 경험을 가능하게 하는 것이 무엇인가를 정식화하는 데 국한한다. 결국, 만드는 것이 아니라면 대상 또는 주관의 통일성을 체험하는 것이란 무엇인가? 사람들이 그것은 나의 신체의 현상과 함께 나타난다고 가정할지라도, 내가 그것을 나의 신체의 현상에서 발견하기 위해 그것을 그 현상에서 사고해서는 안 되는가? 내가 그것을 경험하기 위해 그 현상의 종합을 행해서는 안 되는가? 우리는 대자를 즉자에서 끌어내고자 노력하지 않는다. 우리는 어떤 종류의 경험주의에로 돌아가지 않는다. 우리가 지각된 세계의 종합을 위탁하는 신체는 순수 소여가 아니고 수동적으로 수용된 사물이 아니다.

18_지각적 종합은 시간적이다

그러나 지각적 종합은 우리에 대하여 시간적 종합이고, 주체성은 지각의 차원에서 시간성 이외의 별다른 것이 아니며, 시간성은 우리로 하여금 지각의 주체에 불투명성과 역사성을 남기도록 허용하는 바로 그것이다. 나는 나의 탁자를 향해 눈을 뜬다. 나의 의식은 색들과 혼잡한 반사들로 가득 차고 나의 의식에 제공되는 것과 거의 구별되지 않는다. 나의 의식은 나의 신체를 통해 아직 그 무엇의 광경도 아닌 광경으로 드러난다. 갑자기, 나는 아직 거기 없는 탁자에 시선을 고정시키고, 그리고 나서 아직 깊이를 지니지 못한 거리에서 그것을 보며, 나의 신체는 아직도 가상적 대상에 자신을 집중시키고 그것을 현실적이게 하는 방식으로 감각적 표면들을 정리한다. 이렇게 해서 나는 나와 접촉한 어떤 사물에게 세계에 있어서의 자기의 위치를 되돌려줄 수 있다. 왜냐하면 나는 미래로 물러남으로써 직접적 과거에다 나의 감각에 대한 세계의 최초의 공격을 되돌려줄 수 있기 때문이고, 가까운 미래를 향해서처럼 결정된 대상을 향해 방향을 잡을 수 있기 때문이다. 주시 행위가 불가분리하게 전망적인 것은 대상이 나의 시선 고정 운동의 끝에 있기 때문이고, 주시 행위가 회고적인 것은 마치 '자극', 동기 또는 최초의 운동이 전 과정에서 시초부터 그러하듯, 대상은 출현하기에 앞서 먼저 주어졌던 것이 될 것이기 때문이다. 공간적 종합과 대상의 종합은 이러한 시간의 전개에 기초한다. 개개의 시선 고정 운동에서 나의 신체는 현재, 과거, 미래를 동시에 동여매고 시간을 분비하며 더 정확히 말하면, 그것은 사건들이 처음으로 서로를 존재에로 밀어내는 대신 현재의 주위에서 과거와 미래의 이중 지평을 기투하고 역사적 방향을 받아들이는 자연의 장소가 된다. 실로 여기에는 영원한 능산자의 경험이 아니라 주문이라고 하는 것이 있다. 나의 신체는 시간을 소유하고 현재에 대하여 과거와 미래를 존재시킨다. 그것은 사물이 아니다. 그것은 시간을 수용하는 대신 형성한다. 그러나 모든 시선 고정의 행위는 갱신되어야 하고 그렇지 않으면 무의식으로 떨어진다. 대상은 내가 눈으로 훑어보는 한 내 앞에서 분명히 남아 있고 움직이기 쉬움은 시선의 본질적 속성이다. 시간의 구분에 대한 우리의 시선의 지배, 시선이 실현하는 종합은 그 자체 시간적 현상이고 흘러가는 것이며, 그 자체 시간적인 새로운 행위에서 재파악되는 채로만 존속할 수 있다. 개개의 지각적 행위의 객관성은 그 다음 것에 의해 다시 주장되고 재차 깨어지고 새로이 주장된다. 지각적 의식의 이러한 영구적 처지는 그 시작부터 예견 가능한 것이었다. 내가 과거 속에서 대상과 거리를 둠으로써만 그것을 볼 수 있다면, 그것은 나의 감각에 대한 대상의 최초의 공격처럼 뒤를 잇는 지각이 역시 나의 의식을 점령하고 지워버리기 때문이고, 따라서 그 지각은 자기대로 가버릴 것이고 지각의 주체는 절대적 주체성이 아니기 때문이며, 나중의 나에 대한 대상으로 될 운명이기 때문이다. 지각은 언제나 '**세상 사람**'의 방식으로 있다. 그것은 내가 나의 삶에 새로운 의미를 부여하게 될 개인적 행위가 아니다. 감각적 탐색에서 현재에 과거를 부여하고 현재를 미래로 인도하는 것은 자율적 주체로서의 내가 아니다. 그것은 신체를 가지는 한의, '볼' 줄 아는 한의 나이다. 지각이 진정한 역사가 아니라고 하기보다는 지각이 우리 속에서 '전사 prehistoire'를 증언하고 갱신한다. 그리고 이것이야말로 시간에 본질적인 것이다. 헤겔처럼 말해, 지각이 과거를 현재의 깊이에서 보존하지 않고 그 깊이 속에 압축하지 않는다면, 현재, 즉 두께와 소진 불가한 부(富)를 가진 감각적인 것은 존재하지 않을 것이다. 지각이 그 대상의 종합을 현실적으로 수행하지 않는 것은 지각이 종합을 경험주의적 방식대로 수동적으로 받아들이지 않기 때문이 아니라, 대상의 통일성이 시간을 거쳐 나타나고 시간은 자신이 재파악되는 데 따라 사라지기 때문이다. 시간 덕분에 나는 이전의 경험들을 나중의 경험들에 끼워 넣고 복원한다. 그러나 어느 곳에서도 나에 의한 나의 절대적 소유는 없다. 왜냐하면 미래의 공동(空洞)이 언제나 새로운 현재로 가득 채워지기 때문이다. 결합 없는, 주관 없는 어떠한 결합된 대상도 없고, 통합 없는 어떠한 통일성도 없다. 그러나 모든 종합은 시간에 의해 동시에 확장되고 재형성되거니와 시간은 한 번의 운동으로 모든 종합을 의문시하기도 하고 확증하기도 한다. 왜냐하면 시간이 과거를 보유하는 새로운 현재를 산출하기 때문이다. 따라서 소산과 능산의 양자택일은 구성된 시간과 구성하는 시간의 변증법으로 변환된다. 우리가 스스로 제기한 문제——감각 총중추성의 문제, 즉 유한한 주체성의 문제——를 해결해야 한다면, 그것은 시간에 대해 반성함으로써일 것이고 시간이 어떻게 주체성에 대해서만 존재하는가를 보여줌으로써일 것이다. 왜냐하면 주체성이 없으면 즉자적 과거는 더 이상 존재하지 않고 즉자적 미래는 아직 존재하지 않을 것이기에 더 이상 시간도 없을 것이기 때문이다. 그리고 그럼에도 불구하고 그것은 이 주체성이 어떻게 시간 자체인가를, 사람들이 헤겔과 함께 어떻게 시간이 정신 존재라고 말할 수 있는가를, 또는 후설과 함께 어떻게 시간의 자기 구성에 대하여 언급할 수 있는가를 보여줌으로써일 것이다.

19_반성함은 비반성적인 것을 되찾음이다

우선 앞서의 기술들과 아래의 기술들이 우리에게 우리 문제의 해결을 기대하는 새로운 종류의 반성에 익숙해지게 한다. 주지주의에 있어서 반성한다는 것은 감각과 거리를 둔다거나 객관화한다는 것이고, 감각을 대면하여 그 다양성을 훑어볼 수 있는, 그 다양성에 대하여 존재할 수 있는 공허한 주체를 나타나게 한다는 것이다. 주지주의는 의식의 모든 불투명성을 걷어냄으로써 의식을 순화하는 데 따라 **질료**에서 참다운 사물을 만들어낸다. 구체적 내용의 이해, 사물과 정신의 만남은 사고 불가의 것이 된다. 사람들이 인식의 내용은 분석의 결과이고 실재적 요소로서 취급되어서는 안 된다고 대응한다면, 마찬가지로 통각의 종합적 통일성은 경험의 개념적 형성이고 발원적 가치를 받아들여서는 안 된다는 것, 요컨대 인식 이론은 다시 시작되어야 한다는 것이 인정되어야 한다. 우리 쪽에서 볼 때 우리는 인식의 내용과 형식이 분석의 결과라는 것을 시인한다. 내가 지각에 대한 발원적 신앙과 절교함으로써 지각에 대한 비판적 태도를 취하고 '내가 진정으로 무엇을 보고 있는가'라고 물을 때, 나는 인식의 내용을 정립하게 된다. 철저한 반성의 과제, 다시 말해 자신을 이해하고자 하는 과제는 역설적이게도 세계의 비반성적 경험을 되찾는 데서 성립하고, 그리하여 검증의 태도와 반성적 작용을 비반성적 경험으로 되돌려놓는 데서, 반성을 나의 존재 가능성의 하나로서 나타나게 하는 데서 성립한다. 그렇다면 우리는 애초에 무엇을 가지고 있는가? 훑어보고 철저하게 투시하는 종합의 통각이 같이하는 다양한 소여가 아니라, 세계를 지(地)로 하는 어떤 지각 장이다. 여기서는 어떤 것도 주제화되지 않고 있다. 객관도 주관도 **정립되지** 않고 있다. 사람들은 발원적 장에서 성질들의 모자이크를 가지는 것이 아니라, 총체의 요구에 따라 기능적 가치를 배분하는 전체적 성형화를 가진다. 예를 들면 우리가 본 대로, 그늘 속의 '하얀' 종이는 객관적 성질의 의미에서 하얗지 않으나 하얀 것과 다름없다. 사람들이 감각이라 부르는 것은 지각들 중에서 가장 단순한 것일 뿐이고, 실존의 양상으로서 다른 지각들처럼 궁극적으로는 지인 세계와 분리될 수 없다. 이와 마찬가지로, 개개의 지각적 행위는 세계에의 전면적 점착에 의거해서 선취되는 것 같다. 이러한 체계의 중심에는 광경의 일부를 지켜보면서 지각 장 전체를 그 시선에 바침으로써 생명적 의사 소통을 중지시키는 능력, 아니면 적어도 그것을 제약하는 능력이 있다. 우리가 본 대로, 다양한 것이 아직 분리되지 않을 때는, 비판적 태도에서 얻어질 규정들이 원초적 경험에서 실현되어서도 안 되고 따라서 현실적 종합에 대해서 말해서도 안 된다. 그렇다면 종합의 관념과 인식의 질료의 관념을 거부해야 하는가? 우리는 빛이 야밤에 대상을 밝히듯 지각이 대상을 드러낸다고 말할 것인가? 말브랑슈가 말한 대로, 눈에서 비롯되어 세계의 대상을 수색하는 영혼을 상상하는 실재론을 우리의 입장을 위해 다시 차용해야 하는가? 이것은 종합의 관념 같은 것을 우리로부터 제거해주지 못할 것이다. 왜냐하면 예컨대 표면을 지각하기 위해 그 표면을 수색하는 것으로는 충분하지 않고 탐사의 계기들을 고려해야 하고 표면의 지점들을 상호 관련시켜야 하기 때문이다. 그러나 우리는 발원적 지각이 비정립적·선객관적·선의식적 경험이라는 것을 보았다. 따라서 가능적이기만 할 뿐인 인식의 질료가 있다고 **잠정적으로** 말해두자. 공허하게 규정된 일정한 의도들은 원초적 장의 개개의 지점에서 출발하고, 이 의도들을 실현하면서 분석은 과학의 대상, 사적 현상으로서의 감각, 그리고 그 둘을 정립하는 순수 주체에 도달할 것이다. 이 세 항들은 원초적 경험의 지평에만 존재할 뿐이다. 정립적 사고의 반성적 이상이 기초를 두게 될 곳은 사물의 경험인 것이다. 따라서 반성은 자신이 전제하고 수혜받는, 그리고 자신을 위해 본연적 과거, 결코 현재였던 적이 없었던 과거를 구성해주는 비반성적 기초들을 언급하는 한에서 자신의 충만한 의미를 알게 된다.

제2장 공간

서론_공간은 인식의 형식인가?

우리는 분석이 인식의 질료를 이념적으로 분리 가능한 계기로서 **정립할** 권리를 가지고 있지 않다는 것과, 그리고 이 질료는 우리가 명백한 반성 행위에 의해 질료를 실현할 때 이미 세계와 관계하고 있다는 것을 깨닫게 되었다. 반성은 구성이 이미 거친 길을 역으로 다시 걷지 않는다. 세계에 대한 질료의 자연적 관계는 우리를 새로운 지향성 개념으로 인도한다. 왜냐하면 세계의 경험을, 구성하는 의식의 순수 행위로 다루는 고전적 개념은[1] 의식을 절대적 비존재로 규정하면서, 마찬가지로 내용을 불투명한 존재에 속하는 '질료의 층'으로 떠미는 그 정도로만 성공적으로 그렇게 할 뿐이기 때문이다. 이제 지각 형식의 대칭적 개념과, 특히 공간의 개념을 검토함으로써 저러한 새로운 지향성에 보다 직접적으로 접근해야 한다. 칸트는 외적 경험의 형식으로서의 공간과 이 경험에 주어진 사물들 사이에 엄밀한 경계선을 긋고자 했다. 물론 담는 것과 담기는 것의 관계가 문제인 것은 아니다. 왜냐하면 이 관계는 대상들 사이에만 존재하기 때문이다. 그렇다고 개체와 집합 사이에 존재하는 관계처럼 논리적 포함 관계가 문제인 것도 아니다. 왜냐하면 공간

---

1 이것으로 우리는 라쉬즈-레이(P. Lachièze-Rey, *L'Idéalisme Kantien*)와 같은 칸트주의자의 구성하는 의식이나 후설의 중기 철학(『이념들』의 시기)의 구성하는 의식을 이해하고 있다.

은 소위 공간의 부분들에 앞서 있고 이 부분들은 언제나 공간에서 잘려지기 때문이다. 공간은 사물들이 그 속에서 배치되는 (실재적 또는 논리적) 환경이 아니라 사물들의 위치가 가능해지는 수단이다. 말하자면 우리는 공간을 모든 사물들이 잠겨 있는 일종의 에테르로서, 상상 또는 사물들의 공통적인 특성으로서 추상적으로 인지하는 대신, 사물들의 관계들의 보편적 힘으로 생각해야 한다. 따라서 다음 둘 중의 하나이다. 즉 나는 반성하지 않고, 사물들 속에 살고 있으며, 공간을 때로는 사물들의 환경으로 때로는 사물들의 공통 속성으로 모호하게 간주하고 있다. 아니라면, 나는 반성하고, 공간을 그 근원에서 되찾으며, 그 말의 근저에 있는 관계들을 현실적으로 사고하고, 이렇게 해서 나는 그 관계들이 이 관계들을 기술하고 보유하는 주체에 의해서만 살아 있다는 것을 깨달으며, 공간화된 공간에서 공간화하는 공간으로 옮아가게 된다. 전자의 경우, 나의 신체, 사물들, 그리고 상하, 좌우, 원근에 따른 그들 사이의 관계들은 나에게 환원 불가능한 다양성으로 보일 것이고, 후자의 경우, 나는 공간을 기술할 수 있는 유일하고도 분할 불가한 능력을 발견한다. 전자의 경우, 나는 달리 규정된 영역들의 물리적 공간과 관계하고, 후자의 경우, 나는 대체 가능한 차원들을 가지는 기하학적 공간과 관계하며, 동질적·등방적 공간성을 가지고 있고, 적어도 나는 움직이는 동체에 아무런 변화도 가져오지 않는 장소의 순수 변화를 사고할 수 있으며, 따라서 대상의 **상황**과는 구별되는 바, 순수 **위치**를 구체적 맥락에서 사고할 수 있다. 사람들은 어떻게 이러한 구별이 과학적 지식의 차원에서 근대적 공간 개념들에 와서는 흐릿해지는가를 알고 있다. 바로 여기서 우리는 그것을 근대 물리학이 제공한 전문적 도구들과 대조시키고 싶은 것이 아니라, 공간에 관한 모든 지식들의 최종 심급(칸트의 말)으로서의 우리의 공간 경험과 대조시키고 싶은 것이다. 사물을 공간에서 지각하는 것이거나, 아니면 (우리가 반성해서 우리 자신의 경험들이 무엇을 의미하는가를 알고자 한다면) 공간을, 구성하는 정신이 완성하는 결합 행위의 불가분적 체계로 사고하는 것이거나, 이 중에서 우리가 택일할 것이라고 함은 사실인가? 공간의 경험은 여타의 모든 종류의 종합에 의해 공간의 통일성의 기초를 제공하지 않는가?

(1) 상하

1_정위는 내용들과 함께 주어지지 않는다

모든 개념적 세공화가 이루어지기 전의 공간 경험을 검토해보자. '상'과 '하'에 대한 우리의 경험을 예로 들어보자. 우리는 그것을 삶의 일상성에서 파악할 수 없다. 왜냐하면 그때는 그것은 우리 자신의 **획득물** 뒤로 숨겨지기 때문이다. 우리는 그러한 경험이 눈앞에서 해체되고 다시 만들어지는 예외적인 경우, 예컨대 망막에 역립상이 없는 시각의 경우에 호소해야 한다. 사람들이 피험자에게 망막의 상을 정립상으로 고쳐 세우는 안경을 끼도록 한다면, 처음에는 모든 것이 비실재적이고 거꾸로인 것으로 보이며, 다음날에는 피험자 자신의 신체가 거꾸로 된 느낌을 가지는 것 외에는 정상적 지각으로 되돌아오기 시작한다.[2] 일주일 동안 계속된 두번째 실험에서[3] 대상들은 우선 거꾸로인 것으로 보이나 처음처럼 그렇게 비실재적이지는 않다. 이튿날에 그 광경은 더 이상 거꾸로이지 않으나 신체가 비정상적 위치에 있다고 느낀다. 3일째에서 7일째까지 신체는 점진적으로 바로 서고 결국 정상적 위치에 있는 것으로 보인다. 특히 피험자가 능동적일 때 그러하다. 그가 움직이지 않고 소파에 누워 있을 때, 신체는 여전히 이전의 공간을 기초로 해서 나타나고, 신체의 보이지 않는 부분들에 관해서는 좌와 우가

2 Stratton, *Some preliminary experiments on vision without inversion of the retianl image.*
3 Stratton, *Vision without inversion of the retianl image.*

이전의 부분을 실험이 끝날 때까지 유지한다. 외부의 대상들은 점점 더 '실재'의 모습이 되어간다. 5일째부터, 새로운 시각 방식에 의해 처음으로 기만당해, 시각의 혼란을 참작하여 교정되어야 했던 동작들이 틀리지 않고 자기 목표를 달성한다. 이전의 공간을 기초로 해서 따로 분리되어 있었던 최초의 새로운 시각적 현상들은 우선은(3일째) 자발적 노력으로, 다음에는(7일째) 힘들이지 않고 그 자신들처럼 정위된 지평에 둘러싸인다. 7일째, 소리의 장소는 소리를 내는 대상이 들리기도 할 뿐만 아니라 보이기도 한다면 정확하게 지정된다. 그것은 소리를 내는 대상이 시각 장에 나타나지 않는다면 이중적 표상을 지닌 채 불확실하게 심지어 부정확하게 남아 있다. 실험이 끝날 무렵에 사람들의 안경을 벗긴다면, 대상들은 틀림없이 거꾸로 보이는 것이 아니라 '야릇하게' 보이고 운동 반응은 역으로 나타난다. 즉 피험자는 왼손을 내밀어야 할 때 오른손을 내민다. 우선 심리학자는, 시각적 세계가 안경을 착용한 후의 피험자에게 꼭 180도 돈 것처럼 주어지고, **그 결과로**, 그에게 전도된 것으로 주어진다고 말하고 싶을 것이다.[4] 사람들이 우리가 잠시 다른 곳을 보는 동안, 보고 있는 책의 그림을 재미 삼아 '위가 아래가' 되도록 바꾸어놓는다면, 그 그림은 우리에게 뒤집혀 보이는 것과 마찬가지로, 파노라마를 이루는 감각 덩어리는 뒤집어져 있고 역시 '위가 아래로' 바뀌어 있다. 그러는 동안에 촉각적 세계인 그와 같은 다른 감각 덩어리는 '오른편'에 그대로 있다. 그것은 더 이상 시각적 세계와 일치하지 않는다. 특히 피험자는 자신의 신체에 대한 화해 불가능한 두 표상을 가진다. 즉 하나는 촉각적 감각들에 의해서 그리고 시기적으로 실험에 앞서 보존할 수 있었던 '시각적 상들'에 의해 주어지는 표상이고, 다른 하나는 '발이 공중에' 있는 신체를 피험자 자신에게 보여주는 현재의 시각에 의한 표상이다. 이러한 상들의 갈등은 두 대립항의 하나가 사라질 때만 종

---

4 이것이 적어도 암시적으로는 스트래튼의 해석이다.

결될 수 있다. 그렇다면 정상적 상황이 어떻게 원상태로 돌아오는 가를 아는 것은 세계와 고유한 신체의 새로운 상이 어떻게 다른 하나를 '무색하게'[5] 만들 수 있는가 또는 '전위'시킬[6] 수 있는가를 아는 것과 같다. 사람들은 피험자가 보다 능동적인 만큼, 예컨대 그가 손을 썼은 이튿날부터 더 잘 그렇게 된다는 점을 주목한다.[7] 따라서 그것은 피험자에게 시각적 소여와 촉각적 소여를 조화시키는 법을 가르치는 시각에 의해 통제된 운동의 경험이다. 예컨대 그는 손이 다리에 닿는 데 필요한 운동, 지금까지 '하'향적 운동이었던 이 운동이 이전에 '상'향적이었던 운동에 의해 새로운 시각적 광경으로 나타난다는 사실을 깨닫는다. 이러한 종류의 확증으로부터, 시각적 소여를 해독되어야 할 단순한 기호로 간주하여 이전의 공간의 언어로 번역함으로써 부적절한 동작들을 교정하는 것이 우선적으로 가능해진다. '습관적'이[8] 되기만 하면, 이러한 확증들은 과거의 방향들과 새로운 방향들 사이에서, 시각에 의해 제공받기에 우세한 후자를 위해 결국은 전자를 지우는 견고한 '연합'을[9] 창출한다. 다리가 먼저 보이는 시각 장의 '위'는 촉각에 대하여 아래임과 자주 동일한 것으로 확인되므로, 즉각적으로, 피험자는 하나의 체계에서 다른 체계로 옮아가기 위해 통제된 운동의 매개를 거칠 필요가 없게 되고, 그의 다리는 피험자가 시각 장의 '위'라고 부른 것에 머무를 수밖에 없으며, 게다가 그는 그것을 그곳에서 '보고' 있을 뿐만 아니라 '느끼고'[10] 마침내, "이전에 시각장의 '위'였던 것이 '아래'에 속한 것과 너무나 닮은 인상을 주기 시작하며 그 역도 마찬가지이다."[11] 촉각적 신체가 시각적 신체와 합칠 때, 피험자의 발이 나타난 시각 장의 영역은 '위'로서 규정되는 것

5 Stratton, *Vision without inversion*…, p. 350.

6 Stratton, *Some preliminary experiments*…, p. 617.

7 Stratton, *Vision without Inversion*…,

8 Stratton, *The spatial Harmony of Touch and Sight*…, pp. 492~505.

9 같은 책.

10 Stratton, *Some preliminary experiments*…, p. 614.

11 Stratton, *Vision without inversion*…, p. 350.

을 그친다. 이러한 지적은 머리가 나타나는 영역에서 재현되고 발의 영역은 다시 한 번 아래가 된다.

그러나 이러한 해석은 이해가 불가능하다. 사람들은 광경의 전도와 이어지는 정상적 시각으로의 복귀에 대하여, 위와 아래가 서로 혼동되고 **상에 주어진** 머리와 발의 외견상의 방향에 따라 변한다고 제안함으로써 설명하고, 또한 말하자면, 감각의 실제적 분포에 따라 감각 장에 표시된다고 설명한다. 그러나 어떤 경우이든 ──세계가 '전도되는' 실험의 시작에서이든 세계가 '바로 서는' 실험의 끝에서이든── 장의 정위는 그곳에 나타나는 머리와 발, 즉 내용들에 의해서 주어질 수 없다. 왜냐하면 이 내용들이 장에 방향을 주기 위해서는 스스로가 방향을 가지고 있어야 했기 때문이다. '거꾸로임'과 '똑바로 섬'은 분명히 그 자체 아무것도 의미하지 않는다. 사람들은 이렇게 대답할 것이다. 즉 안경을 쓴 후 시각 장은 사람들이 명목상의 정의에 의해서 '똑바로 서 있다'고 말하는 바, 촉각 신체적 장 또는 일상의 시각적 장과 관계해서 거꾸로 보인다고 대답할 것이다. 그러나 우리가 표준으로 채택했다는 그 장들에 대해서 동일한 문제가 제기된다. 즉 그들의 단순한 현존은 있는 그대로의 그런 방향을 부여하기에는 충분하지 않다. 사물의 경우 방향을 규정하는 데는 두 지점만으로 충분하다. 우리는 사물 안에 홀로 존재하는 것이 아니라, 게다가 우리 앞에 놓인 감각들의 모음이 아닌 감각적 장들, 때로는 '위로 향한 머리,' 때로는 '아래로 향한 머리'를 가지기도 한다. 그러나 **자극**의 성좌에 어떤 변화가 없어도 실험 도중에 정위가 달라지는 현상의 체계들도 가진다. 문제가 되는 것은 이러한 유동적 현상들이 갑자기 굳어져 '위'와 '아래'의 관계 속에서 자리를 잡을 때 무엇이 일어나는가를 아는 것이다. 촉각 신체적 장은 '똑바로 서' 있고 시각적 장은 '전도된' 실험의 시작 단계이든, 후자가 바로 서게 되는 동안 전자는 거꾸로가 되는 그 다음 단계이든, 마침내 양자가 '똑바로 서는' 것에 거의 근접하는 실험의 끝 단계이든 관계없다. 사람들은 세계와 정위된 공간을 감각적 경험의 내용 또는 신체 자체와 함께 주어진 것으로 간주할 수 없다. 왜냐하면 실험은 동일한 내용들이 차례차례 이런저런 방향으로 정위될 수 있다는 것, 물리적 상의 위치에 의해 망막에 등재된 객관적 관계들이 '위'와 '아래'에 대한 우리의 경험을 결정할 수 없다는 것을 보여주기 때문이다. 정확히 말해서, 대상이 어떻게 우리에게 '똑바로 서 있는 것'으로 또는 '전도된 것'으로 보이는가, 그리고 이 말들이 무엇을 의미하는가를 아는 것이다.

2_정위는 역시 정신에 의해서도 구성되지 않는다

이 문제는 공간의 지각을 우리의 내부로 실재적 공간을 수용하는 것으로, 대상의 현상적 정위를 대상이 세계에서 정위되는 것의 반영으로 다루는 경험주의 심리학에 대해서뿐만 아니라, 역시 '바로'와 '거꾸로'가 관계들이라고 하면서 사람들이 빌려오는 바 표준화된 것들에 의존한다고 하는 주지주의 심리학에도 강요된다. 선택된 좌표축이 무엇이더라도, 그것이 여전히 여타의 표준화된 것 등등과의 관계에 의해서만 공간에 위치지어지며, 또한 적당하게 세계의 장소를 차지하는 것이 무기한 연기되듯 '위'와 '아래'는, 사람들이 불가능한 모순에 의해 어떤 내용에서 그 내용 자신을 공간에 배치시킬 수 있는 능력, 즉 경험주의와 그 난점을 가져오는 것을 인식하지 않는다면, 할당받을 수 있는 모든 의미를 상실한다. 방향은 방향을 잡는 주체에 대해서만 존재할 수 있다는 것을 보여주는 것은 쉬운 일이고, 구성하는 정신은 공간에서 모든 방향을 추적할 수 있는 탁월한 능력을 가지고 있다. 그러나 그것은 현실적으로 모든 공간적 규정에 점차로 의미를 부여할 수 있는 실제적 출발점, 절대적 여기가 없이는 어떠한 방향도 없고 따라서 어떠한 공간도 없다. 경험주의처럼 주지주의 역시 정위된 공간의 문제 저편에 있다. 왜냐하면 주지주의는 문제를 제기조차 할 수 없기 때문이다.

경험주의에서처럼 그 자체로 전도된 세계의 상이 어떻게 나 자신에 대하여 바로 설 수 있는가를 아는 것이 문제이다. 주지주의는 세계의 상이 안경을 쓴 후 전도된다는 것을 인정조차 할 수 없다. 왜냐하면 구성하는 정신에 대하여 안경을 쓰기 전과 후에라도 그 두 경험을 구별하는 그 어떤 것도 존재하지 않기 때문이거나, 또는 구성하는 정신이 **아무 데서도** 광경을 고찰하지 않아서 신체와 주위의 모든 객관적 관계들이 새로운 광경에 보존되므로, '전도된' 신체의 시각적 경험과 '바로 선' 신체의 촉각적 경험을 양립 불가능하게 만드는 그 어떤 것도 존재하지 않기 때문이다. 따라서 사람들은 이제 그 문제를 이렇게 본다. 즉 경험주의는 사람들이 우리에 대하여 방향이 있다는 것을 이해하고자 한다면, 나의 신체적 경험의 실제적 정위와 동시에 우리가 필요로 하는 고정점을 기꺼이 자기 부여하지만, 경험과 반성은 어떤 내용도 그 자체로서 정위되지 않음을 보여준다. 주지주의는 위와 아래의 이러한 상대성에서 출발하지만, 공간의 실제적 지각을 설명하기 위해 그 밖으로 벗어날 수 없다. 따라서 우리는 공간의 경험을 내용의 고찰에 의해서도 순수 결합 활동에 의해서도 이해할 수 없고, 우리가 방금 먼저 보았던 제3의 공간성, 즉 사물이 공간 속에 있다는 공간성도 아니고 공간을 공간화한다는 공간성도 아닌, 그 때문에 칸트적 분석을 피해 가고 그러한 분석에 의해 전제되는 제3의 공간성에 있게 된다. 우리는 상대적인 것 속에 있는 절대적인 것, 다시 말해서 현상들을 가볍게 다루지 않으면서 그들 속에 정박해 있고 그들에 의해 견고해지며 그런데도 그들과 함께 실재론적 방식으로 주어지지 않는, 또한 스트래튼의 실험이 보여주는 대로, 그들의 혼란에도 살아남는 공간을 필요로 한다. 우리는 형식과 내용의 구별을 넘어 있는 저 공간의 발원적 경험을 탐구해야 한다.

3_공간적 수준, 정박점, 그리고 실존적 공간

사람들이, 피실험자가 자기가 있는 방을 45도에서 직각을 유지하면서 비추는 거울을 통해서만 볼 수 있도록 준비한다면, 그 피실험자는 우선 방이 '비스듬해지는 것'을 본다. 그곳에서 움직이는 사람은 한 면에 기대어 걷는 것처럼 보인다. 문틀을 따라 떨어지는 판지 조각은 떨어지는 방향이 비스듬해 보인다. 전체가 '이상하게' 된다. 몇 분 후 갑자기 어떤 변화가 생긴다. 즉 벽, 그 방에서 이동하는 사람, 판지 조각의 낙하 방향이 '수직'이 된다.[12] 스트래튼의 실험과 유사한 이 실험은 운동을 검사하지 않고도 위와 아래의 순간적 재분포를 분명히 하는 이점을 가지고 있다. 우리는 기울어진 (또는 전도된) 상이 그 상과 함께 새로운 광경에 대한 운동적 검사에 의해 우리가 읽어내는 위와 아래의 새로운 위치 설정을 가져온다고 말하는 것이 의미가 없다는 것을 이미 알고 있다. 그러나 우리는 지금 그러한 검사가 필요하지조차 않고, 결과적으로 정위는 지각하는 주체의 전체적 행위에 의해 구성된다는 것을 보고 있다. 지각은 실험에 앞서 실험의 그 광경이 관계 맺어져 우선적으로 비스듬해 보이게 되는 어떤 **공간적 수준**을 인정한 셈이라고 말해보자. 그리고 실험 과정에서 그 광경은 시각적 장 전체가 다시금 바로 서 있는 것으로 보일 수 있게 관계 맺어지는 다른 수준을 유인했다고 말해보자. 모든 것은 마치 주어진 수준과의 관계에 의해 기울어진 것으로 규정된 몇몇 대상들(벽, 문, 방안에 있는 사람의 신체)이 그 자체로서 특전의 방향을 제공하기를 바라고 스스로에게 수직을 불러오며, '정박점'[13]의 역할을 맡고 이전에 확립된 수준에 동요를 일으키는 것처럼 일어난다. 우리는 여기서 시각적 광경과 함께 공간적 방향을 부여하는 실재론적 오류에 빠지지 않는다. 왜냐하면 실험의 광경은 어떤 수준과의 관계에 의해서만 우리에게

12 Werthemier, *Experimentelle Studien über das Sehen von Bewegung*, p. 258.
13 같은 책, p. 253.

(비스듬히) 정위되고 따라서 그 자체로서 우리에게 위와 아래의 새로운 방향을 제공하지 않기 때문이다. 모든 수준 구성은 이미 확립된 여타의 수준을 가정하기에, 언제나 그 자체 선행하는 바로 이 수준이 무엇인가, 어떻게 '정박점'이 자신의 안정성을 도출하는 어떤 공간 한가운데로부터 우리에게 하나의 정박점으로서 다른 정박점을 구성하도록 이끄는가, 마침내 '위'와 '아래'가 감각적 내용으로서 정위되는 것을 가리키기 위한 이름에 불과한 것이 아니라면 도대체 위와 아래가 무엇인가를 알지 않으면 안 된다. 고유한 신체의 의식이 틀림없이 수준의 구성──머리가 기울어져 있는 피실험자는 수직적으로 놓이게 하라는 명령을 받고는 움직이는 끈을 비스듬히 놓이게 한다[14]──에 공헌한다면, 그것은 그러한 기능에 있어서 경험의 다른 부분과 경쟁적이다. 그리고 수직적인 것은 시각적 장이 비어 있고 '정박점'이 결여되어 있을 때만, 예컨대 사람들이 어둠 속에서 움직일 때만 머리의 방향을 따라가는 경향이 있다. 촉각적이며 미로 같은 운동 감각적 소여들의 집체로서 신체는 다른 내용들이 그렇듯 규정된 정위를 가지지 않으며, 신체 역시 그러한 규정을 경험의 일반적 수준으로부터 받아들인다. 베르트하이머의 관찰은 시각적 장이 어떻게 신체의 것이 아닌 정위를 부과할 수 있는가를 정확히 보여준다. 그러나 신체는 주어진 감각들의 모자이크로서 어떠한 방향도 규정하지 않는데도 행위자로서 수준의 확립에 본질적 역할을 담당한다. 근육 긴장의 변화들은 비록 충만한 시각적 장에서일지라도, 외견상의 수직적인 것을 변화시켜 피실험자가 이 경사진 수직적인 것에 평행이 되도록 자신의 머리를 한쪽으로 기울어지게 한다.[15] 사람들은 수직적인 것은 협력 작용 체계로서의 우리 신체의 대칭축에 의해 규정된 방향이라고 말하고 싶을 것이다. 그러나 나의 신체는 내가 지면에 누울 때처럼 위와 아래를 끌어들이지 않고도 움직일 수 있고, 베르트하이머의 실험

14 나겔Nagel이 베르트하이머에 의해 인용됨. Wertheimer, 같은 책, p. 257.
15 메를로-퐁티, 『행동의 구조』, p. 199.

은 나의 신체의 객관적 방향이 광경의 외견상의 수직적인 것을 잴 수 있는 각을 이룰 수 있음을 보여준다. 광경의 정위에 중요한 것은 객관적 공간 내의 사물과 같이 사실적으로 존재하는 나의 신체가 아니라, 가능한 행동의 체계로서의 나의 신체, 즉 현상적 '장소'가 그 과제와 상황에 의해 규정되는 잠재적 신체이다. 나의 신체는 신체가 행해야 할 어떤 사물을 가지는 바로 그곳에 있다. 베르트하이머의 피실험자가 자신을 위해 준비한 장치 가운데 자리를 잡을 때, 그의 가능한 행동 영역——걷는 것, 찬장을 여는 것, 탁자를 이용하는 것, 앉는 것——은 그가 눈을 감고 있어도 가능한 환경을 윤곽짓는다. 거울의 상은 우선 그에게 다르게 정위된 방을 제공하고, 말하자면 그는 그 방에 있는 용구를 파악하지 못하고, 그 방에 거주하지 않으며, 그가 보고 있는 이리저리 걷는 사람과 함께 그 방에 거주하지 않는다. 몇 분 후, 그가 시선을 거울 밖으로 내던짐으로써 자신의 최초의 정박을 보강하지 않는다면, 반사된 방이 그 방에서 살 수 있는 피실험자를 불러내는 경이로운 일이 발생한다. 이 잠재적 신체는 피실험자가 실제적으로 존재하는 이 세계에 자기 자신이 더 이상 존재하지 않는다고 느끼는 만큼, 그리고 반사된 방에서 걷고 행동하기 위해 실재적 다리와 팔 대신에 가져야 하는 다리와 팔을 자기 자신이 느끼는 만큼 실재적 신체로 바꾸어 대신한다. 즉 그는 그 방에 거주한다. 공간적 수준이 동요하고 새로운 위치를 확립하는 것은 바로 그때이다. 따라서 그것은 나의 신체에 의한 세계의 어떤 소유이고 세계에 대한 나의 신체의 어떤 **파악**이다. 정박점의 부재 시 나겔Nagel의 실험에서처럼 나의 신체——신체가 가라앉아 있어 베르트하이머의 실험에서처럼 광경의 요구에 의해서만 규정되기 때문에——의 태도에 의해서만 투사되기 때문에, 그것은, 나의 실제적 신체가 광경에 의해 요구되는 잠재적 신체와 일치하고 실제적 광경이 나의 신체가 그 주위에 투사하는 환경과 일치하게 될 때, 나의 운동 의도와 나의 지각적 장의 결합에서 정상적으로 나타난다. 그것은, 어떤 동작 능력으로서의 신체, 어떤 특전적 면의 요구로서의 신체와, 동일한 동작의 초대로서, 동일한 행동의 무대로서의 지각된 광경 사이에서 나에게 공간의 향유를 제공하고, 사물에 나의 신체를 지배하는 직접적 힘을 제공하는 협정이 확립될 때 정착한다. 공간적 수준의 구성은 충만한 세계의 구성 수단들 중 하나일 뿐이다. 즉 나의 신체는 나의 지각이 나에게 가능한 한 다양하면서 명확히 분절된 광경을 제공하고, 나의 운동 의도들이 그 전개와 함께 기대하는 반응들을 세계로부터 받아들일 때 세계를 파악한다. 지각과 행동상의 이러한 최대의 선명도가 지각적 토대, 나의 삶의 기초, 나의 신체와 세계의 공존에 대한 일반적 환경을 규정한다. 공간적 수준의 개념, 공간의 주체로서의 신체의 개념과 더불어 사람들은 스트래튼이 설명 없이 기술했던 현상들을 이해한다. 장의 '복원'이 이전의 위치와 새로운 위치의 연합의 결과라면, 어떻게 그 작용이 체계적인 외양을 가질 수 있으며 지각적 지평의 일부 전체가 어떻게 이미 '바로 복원된' 대상들과 단숨에 하나로 합쳐질 수 있겠는가? 정반대로, 새로운 정위가 사고 작용의 결과이고 조정의 변화에서 성립한다면, 어떻게 청각적 또는 촉각적 장이 전위에 저항할 수 있는가? 구성하는 주체는 불가능한 방식으로 자기 자신과 함께 하지 못하고 분리되어야 하고, 자기가 저기서 하는 것을 여기서 무시할 수 있지 않으면 안 된다.[16] 전위가 체계적이면서도 부분적이고 전진적이라면, 그것은 음악을 전혀 모른 채로 들은 곡조를 다른 음고로 노래하는 사람처럼 내가 두 체계 중 어느 하나의 열쇠도 없이 한 위치의 체

16 음향 현상에서 수준의 변화는 획득하기가 매우 어려운 것이다. 사람들이 의사-전화기*를 가지고 좌측에서 나오는 소리를 왼쪽 귀에 도달하기 전에 오른쪽 귀에 도달하게 하려고 한다면, 스트래튼 실험의 시각 장의 전도에 비교되는 청각 장의 전도를 얻게 된다. 이제 오랫동안 습관이 되었음에도 사람들은 청각 장을 '바로잡는 것'을 달성할 수 없게 된다. 소리를 청각만으로 국소화하기란 불가능하다. 그것이 정확하고 소리가 좌측에 위치한 대상으로부터 나오는 것처럼 보이는 것은 대상이 들리는 것과 동시에 보여질 때이다. P. T. Young, *Auditory localization with acoustical transposition of the ears.*
* 의사-전화기는 왼편 소리가 오른쪽 귀에, 오른편 소리가 왼쪽 귀에 들리도록 인위적으로 만든 교차된 나팔 모양의 전화기.

계에서 다른 위치의 체계로 가기 때문이다. 소리의 소유가 음고를 변화시키는 능력을 포함하듯, 신체의 소유는 그와 함께 수준을 변화시키는 능력과 공간을 '이해하는' 능력을 포함한다. 지각적 장은 평형 상태를 되찾고 그 점을 나는 실험의 마지막에 가서 개념 없이 확인한다. 왜냐하면 나는 그 속에 살고 있고 전적으로 새로운 광경을 향하며, 나의 중심을 그곳에 두기 때문이다.[17] 실험의 시초에 시각적 장은 거꾸로이고 **비실재적인** 것으로 보인다. 왜냐하면 피실험자는 그 속에 살지 않고 그것을 파악하고 있지 않기 때문이다. 실험 도중에 사람들은 촉각적 신체는 거꾸로이나 풍경은 바르게 나타나는 매개의 단계를 인정하는데, 그것은 이미 내가 그 풍경에 살고 있어 이로써 그 풍경을 바로 서 있는 것으로 지각하고 실험에 의한 교란이 고유한 신체에 의존하는 것으로 드러나기 때문이며, 이렇듯 신체는 실제적 감각 뭉치가 아니라 주어진 광경을 지각하기 위해서 요구되는 신체가 되기 때문이다. 이 모든 것은 우리를 주체와 공간의 유기적 관계, 공간의 근원이라고 하는 그 주체의 세계에 대한 주체의 파악으로 되돌려보낸다.

4_존재는 그 정위를 통해서만 의미를 가진다

그러나 사람들은 분석을 더 할지도 모른다. 사람들은 왜 선명한 지각과 확실한 행동이 정위된 현상적 장에서만 가능한가라고 물을 것이다. 그것은 지각과 행동의 주체가 절대적 방향이 이미 존재하는 세계와 대면해서 자신의 행동의 차원을 세계의 그것에 맞추어야 할 때만 분명할 것이다. 그러나 우리는 우리 자신을 지각의 내부에 놓고 있으며 어떻게 그것이 절대적 방향에 도달할 수 있는가

---

17 주체는 청각적 전도 실험에서 소리가 나는 대상을 볼 때 정확한 국소화의 환상을 제공한다. 왜냐하면 그는 자신의 음향 현상을 억제하고 시각적인 것에서 '살기' 때문이다. P. T. Young, 같은 책.

를 정말 의아스럽게 생각하고, 따라서 우리는 그러한 방향이 우리의 공간적 경험의 발생에서 주어진 것이라고 가정할 수 없다. 이러한 반대는 애초에 우리가 지적했던 것과 다르지 않다. 즉 수준의 구성은 언제나 주어진 다른 수준을 가정하고 공간은 언제나 그 자체 선행한다. 그러나 이러한 언급은 난처한 입장을 단순하게 인정하고 마는 것이 아니다. 그것은 우리에게 공간의 본질과 그것을 이해하도록 허락하는 유일한 방법을 가르친다. '이미 구성되어 있음'은 공간에 본질적인 것이며, 우리는 세계 없는 지각으로 물러나면 그 점을 전혀 이해할 수 없다. 왜 존재가 정위되는가, 왜 존재가 공간적인가, 조금 전의 우리 언어로 표현해서 왜 우리의 신체가 모든 위치에서 세계를 파악하지 않는가, 왜 신체와 세계의 공존이 경험을 성극하고 방향을 용출하게 하는가를 의아스럽게 생각해서는 안 된다. 그 물음은 이러한 사실들이, 공간에 무차별적인 주관과 객관에 일어난 우연성일 때만 제기될 수 있다. 정반대로, 지각적 경험은 우리에게 그 사실들이 우리와 존재의 원초적 만남에 전제되어 있으며 존재는 존재가 위치지어짐과 동의적이라는 것을 보여준다. 사고하는 주체에 대하여, '겉으로 드러나' 보이는 얼굴과 '뒤집어져' 보이는 얼굴은 식별 불가능하다. 지각의 주체에 대하여, '뒤집어져' 보이는 얼굴은 알아보기 힘들다. 어떤 사람이 침대에 누워 있고 내가 침대 머리에서 그를 볼 때, 그 얼굴은 잠시 동안 정상이다. 실로 얼굴 모습에 어떤 무질서가 있고, 미소를 미소로 이해하는 것이 어려운 일이 된다. 나는 침대를 돌아갈 수 있다고 판단하고 침대 끝에서 관객의 눈으로 그를 본다. 그 광경이 연장되면 갑자기 얼굴 모습에 변화가 일어난다. 즉 얼굴이 괴물처럼 되고 표정은 기겁을 하게 만들며 속눈썹과 눈썹은 내가 전에는 발견한 적이 없는 물성의 모습을 띤다. 처음으로 나는 뒤집힌 그 얼굴을, 바로 그것이 그 자신의 '자연적' 자세인 것처럼 본다. 즉 내 앞에서 나는 머리카락이 없는 날카로운 머리를 가지는데, 그 이마에는 이가 가득 차 있고 붉은 구멍이 있으며, 입에는 거친 수염에 의해

부각되면서 반짝이는 털로 둘러싸인 움직이는 두 둥근 테가 있다. 틀림없이, 사람들은 '바로 있는' 얼굴이 얼굴의 가능한 모든 모습들 가운데서 가장 자주 나에게 주어지는 얼굴이라고, 뒤집힌 얼굴은 내가 드물게만 보기 때문에 나를 놀라게 한다고 말할 것이다. 그러나 얼굴들은 엄밀하게 수직적인 위치에서 자주 주어지는 것은 아니며, '바로 있는' 얼굴에 유리한 어떠한 통계학적 특전도 없다. 문제는 이러한 상황에서 그것이 왜 다른 것보다 더 자주 주어지는가를 아는 것이다. 사람들이 나의 지각이 그것에 특전을 제공하고 대칭을 이유로 해서 그것을 하나의 규범으로 조회한다고 인정한다면, 우리는 왜 '복원'이 어떤 경사를 넘어서 일어나지 않는가를 물을 것이다. 온 얼굴을 주시하고 선호하는 행진 방향을 가지는 나의 시선은 어떤 불가역적 질서에서 얼굴의 세목들과 만날 때만 얼굴을 인식하지 않으면 안 되고, 대상의 의미조차도——여기서는 얼굴과 그 표정——프랑스어 'sens'의 이중 의미[뜻과 방향]가 보여주는 바와 같이, 자신의 정위와 결합되지 않으면 안 된다. 대상을 뒤집는다는 것은 대상에서 그 의미를 빼앗는다는 것이다. 따라서 대상이 존재라는 것은 사고하는 주체에 대한 존재가 아니라, 어떤 각도에서 대상을 만나는, 그렇게 하지 않고는 대상을 인식하지 못하는 시선에 대한 존재라는 것이다. 이것이 개개의 대상이 주어진 수준에 대하여 자신의 '자연적' 장소, 즉 그 대상이 점유 '해야' 하는 것을 가리키는 '자신의' 위와 '자신의' 아래를 가지는 이유이다. 얼굴을 보는 것은 대상이 모든 가능한 정위에서 확고하게 따르는 어떤 구성 법칙의 관념을 형성하는 것이 아니다. 그것은 그에 관한 파악력이 있다는 것이고, 어떤 지각로(知覺路), 말하자면 내가 조금 전에 힘들게 올랐다가 지금 다시 큰걸음으로 내려가고자 하는 산처럼 역방향을 취하면 알아볼 수 없는 높낮이를 가진 어떤 지각로를 표면적으로 따라갈 수 있게 된다는 것이다. 지각의 주체가 어떤 사물의 정위에 관계해서만 그 사물을 파악하는 그런 시선이 아니었다면, 일반적으로 우리의 지각은 윤곽, 형, 지, 대상을 포함하지 않을 것이고, 따라서 어떤 것의 지각이지 않을 것이며, 결국 지각은 없을 것이다. 공간에 정위된다 함은 대상의 우연적 특성이 아니다. 그것은 대상을 인식하고 대상을 대상으로서 의식하는 수단이다. 틀림없이, 나는 서로 다른 정위에서 동일한 대상을 의식하고 우리가 방금 말한 대로, 뒤집힌 얼굴을 인식할 수도 있다. 그러나 이것은 언제나 우리가 그 앞에서 생각 속에 일정한 태도를 취한다는 조건 아래에서이고, 가끔씩이지만, 우리는 옆 사람이 가지고 있는 사진을 보고자 머리를 비스듬히 기울일 때처럼 실제로 그런 태도를 취한다. 따라서 모든 인지 가능한 존재가 직접 또는 간접적으로 지각된 세계와 관계하기 때문에, 그리고 지각된 세계가 정위에 의해서만 파악되기 때문에, 우리는 존재를 존재가 위치지어짐으로부터 분리할 수 없고, 공간을 '기초짓거나' 모든 수준의 수준이 무엇인가를 요구하거나 할 이유가 없다. 원초적 수준은 우리의 모든 지각의 지평, 그러나 원칙적으로 명시적 지각에서 도달될 수 없고 주제화될 수 없는 그런 지평에 속해 있다. 우리가 번갈아 그 속에 살고 있는 개개의 수준은 우리가 우리에게 제시된 어떤 '환경'에 닻을 내릴 때 나타난다. 그 환경 자체는 사전에 확립된 수준에 관계해서만 공간적으로 규정된다. 이렇듯 일련의 우리의 경험들은 최초의 것까지 포함해서 이미 획득된 공간성에 전달된다. 우리의 최초의 지각은 자기 차례가 주어지면 지각보다 선행한 정위에 조회함으로써만 공간적이 될 수 있다. 따라서 그것은 우리가 이미 세계에서 활동하고 있다는 것을 발견하지 않으면 안 된다. 그러나 이것은 **어떤** 세계, **어떤** 광경일 수 없다. 왜냐하면 우리는 우리의 근원에 놓인 우리이기 때문이다. 최초의 공간적 수준은 자신의 정박점을 **어디에서도** 발견할 수 없다. 왜냐하면 그것은 공간적으로 규정되기 위해 그 최초의 수준에 앞선 수준을 필요로 할 것이기 때문이다. 그리고 그것은 '그 자체로서' 정위될 수 없기 때문에 세계에 대한 나의 최초의 지각과 세계에 대한 나의 최초의 파악은 X와 세계 일반 사이에 이루어진 가장 오랜 협정의 집행으로서 나에게 나타나야 하고, 나의 역사는 이전 역사의 연속이되 그 후천적 결과들을 이용해야 하는 역사이고, 나의 개인적 실존은 선개인적 전통의 재파악이어야 한다. 따라서 내 밑에 다른 주체가 있고 그 주체에 대하여 내가 여기 있기 전의 어떤 세계가 존재하고, 그 주체는 나의 장소를 그 세계에 표시했던 주체이다. 이러한 얽혀 있는captif 또는 자연적인 정신이 바로 나의 신체이고 나의 개인적 선택의 도구이자 이런저런 세계에 고정된 일시적 신체가 아니라, 모든 특수한 고정을 일반적 투사로 끌어넣는 익명적 '기능' 체계인 신체이다. 그리고 세계에 대한 이러한 맹목적인 점착, 존재를 애호하는 이러한 선입견은 나의 삶의 시초에만 관여하지 않는다. 그것은 차후의 모든 공간 지각에 그 의미를 부여하는 것이고 순간순간마다 다시 시작된다. 공간, 그리고 일반적으로, 지각은 주체의 중심부에서 주체가 탄생한다는 것, 주체의 신체성을 항구적으로 가져온다는 것, 사고가 그런 것보다 더 오래된 세계와 교통한다는 것을 나타낸다. 바로 여기에 그것들이 의식을 틀어막고 반성에 불투명한 이유가 있다. 수준의 불안정성은 무질서의 지적 경험뿐만 아니라 우리의 우연성의 의식이자 공포인 바 현기증과 구역질의[18] 생명적 경험을 제공한다. 수준의 정립은 그러한 우연성의 망각이고 공간은 우리의 사실성에 토대를 둔다. 그것은 대상도 주체의 결합 행위도 아니다. 그것은 모든 관찰에 전제되어 있기 때문에 사람들은 관찰할 수도 없고, 이미 구성되어 있음이 그 본질이기 때문에 구성 작용에서 나오는 것이라고 볼 수도 없다. 바로 이러한 방식으로 그것은 자기를 현상하지 않으면서도 마술적으로 광경에 공간적 규정을 부여할 수 있는 것이다.

386
지각의 현상학

---

18 Stratton, *Vision without inversion*⋯, 실험의 첫날. 베르트하이머는 '시각적 현기증'에 대해 말한다(Wertheimer, *Experimentelle Studien*⋯, pp. 257~59). 우리는 골격의 역학 또는 근육 상태의 신경 통제에 의해서 서 있는 것이 아니라, 우리가 세계에 참여되어 있기 때문에 서 있게 되는 것이다. 이러한 참여가 풀어헤쳐지게 되면, 신체는 무너지고 다시 대상이 된다.

(2) 깊이

5 _ 깊이와 너비

지각의 고전적 개념들은 깊이가 가시적이라는 것을 부인하는 데서 일치한다. 버클리Berkeley는 깊이가 기록될 수 없다면 시각에 주어질 수 없다는 것을 보여준다. 왜냐하면 우리의 망막은 분명히 평면적 투사에 의해서만 광경을 받아들이기 때문이다. 우리가 버클리에 반대하여 '항상성 가설'의 비판을 따라 우리의 망막에 그려진 것에 의해서 우리가 보는 것을 판단할 수 없다고 주장한다면, 버클리는 틀림없이 망막의 상이 무엇이라 하더라도 깊이는 보여질 수 없다고 대답할 것이다. 왜냐하면 그것은 우리의 시선 아래에서 전개되지 않기 때문이고 축소되어서만 시선에 나타나기 때문이다. 반성적 분석에서 깊이가 보여질 수 없는 것은 원칙적인 이유에서이다. 즉 깊이는 우리의 눈에 새겨질지라도, 감각적 인상은 시야에 도착하는 다양성 자체만을 제공하고, 따라서 여타의 공간적 관계들처럼, 거리는 종합을 파악하고 사고하는 주체에 대해서만 존재하기 때문이다. 그 두 이론이 대립된다 할지라도, 모두 우리의 현실적 경험으로부터 동일하게 압력을 받고 있음을 은연중에 암시한다. 두 경우에 있어 모두 깊이는 암묵적으로 **측면에서 고찰된 너비**와 같고, 이것이 바로 깊이를 보이지 않게 만드는 것이다. 사람들이 버클리의 주장을 아주 명시적이게 하면, 그것은 거의 바로 위와 같은 것이 된다. 내가 깊이라 부르는 것은 사실상 너비에 비교될 수 있는 두 점의 병존이다. 간단하게 말해서, 나는 그것을 볼 수 없는 잘못된 입장에 놓여 있다. 내가 대상들이 나에 대하여 서로를 숨기는 반면, 내 앞에 배치된 일련의 대상들을 측면에서 눈으로 포착할 수 있는 관객의 입장에 있다면, 또는 나의 신체에서 최초의 대상까지의 거리가 나에 대하여 하나의 점으로 압축되는 반면, 내가 그 거리를 볼 수 있는 관객의 입장에 있다면, 나는 그것을 볼 것이다. 깊이를 나에 대하여 볼 수 없게 만드는 것은, 관객에 대하여 그것을 너비의 견지에서 보일 수 있게 만드는 바로 그것이다. 즉 점들을 나의 시선의 방향인 바로 그 방향으로 동시적으로 병존시키는 것이다. 따라서 사람들이 보이지 않는 것이라고 선언하는 그 깊이는 이미 너비로 확인된 깊이이고, 이러한 조건이 아니라면, 그 주장은 일관성을 외견상으로라도 가지지 못할 것이다. 마찬가지로, 주지주의는 실현된 깊이를 반성하고, 나에게 일어난 깊이가 아니라 측면에 위치한 관객에 대한 깊이인 바, 점들의 동시적 병존, 궁극적으로는 너비를 반성한다는 이유에서만 종합을 파악하는, 사고하는 주체를 깊이의 경험에서 나타나게 할 수 있을 뿐이다.[19] 하나를 다른 하나와 아무런 문제없이 같게 함으로써 그 두 철학은 우리가 오히려 거슬러 추적해야 하는 구성 작업의 결과를 당연한 것으로 간주한다. 깊이를 측면에서 고찰된 너비로 다루기 위해서, 등방적 공간에 도달하기 위해서 주체는 자신의 공간을 벗어나야 하고 세계에 대한 자신의 관점을 포기해야 하며, 자신을 동시에 도처에 있다고 생각해야 한다. 편재하는 신에 대하여 너비는 바로 깊이와 등가이다. 주지주의와 경험주의는 세계에 대한 인간의 경험을 설명하지 못한다. 그들은 이 문제에 대하여 신이 그것에 대해 생각할지도 모르는 것을 말한다. 우리에게 차원들을 바꾸도록 이끌고 세계를 아무 관점 없이 사고하도록 이끄는 것이 바로 세계 자체임은 틀림없다. 모든 인간은 아무런 사색도 하지 않고 깊이와 너비가 등가임을 시인한다. 그것은 상호 주관적 세계의 명증적 일부이고, 그 결과, 철학자들은 다른 사람처럼 깊이의 원래성을 망각할 수 있게 된다. 그러나 우리는 여전히 세계와 객관적 공간에 대하여 아무것도 모르며 세계의 현상을 기술하고자 노력한다. 즉 개개의 지각이 우리를 다시 배치하고, 여전히 우리는 홀로일 뿐이며, 타인들은

19 나와 관계하는 사물의 깊이와 두 대상 사이의 거리와의 구별은 팔리아르가 행한 것이다. Paliard, *L'Illusion de Sinnsteden et le problème de l'implication perceptive*, p. 400. E. Straus, *Vom Sinn der Sinne*, pp. 267~69.

나중에 나타날 뿐인 저 현상의 장에서, 또한 지식, 특히 과학이 개인적 조망을 아직 다림질하지도 고르지도 못한 저 '현상'의 장에서 세계가 우리에 대하여 탄생하는 것을 기술하고자 노력한다. 우리가 세계에 접근해야 함은 그것을 통해서, 그것에 의해서이다. 따라서 우선 그것을 기술하지 않으면 안 된다. 공간의 다른 차원들보다 더 직접적으로 깊이는 우리에게 세계에 대한 편견을 거부하고 세계가 솟아오르는 원초적 경험을 회복하도록 강요한다. 말하자면 그것은 모든 차원들 중 가장 '실존적'이다. 왜냐하면 깊이는——버클리의 주장에 진실이 있는 것은 바로 여기서인데——대상 자체에 표시되는 것이 아니고, 극히 명증적으로 조망에 속하고 사물에 속하지 않기 때문이다. 따라서 그것은 사물에서 끌어낼 수도 의식에 의해 사물에 놓일 수도 없다. 깊이는 사물과 나 사이의 어떤 불가분리한 결합을 알려주는데, 이것에 의해서 나는 대상들 앞에 위치지어지는 반면, 너비는 얼핏 보기에 지각하는 주체가 포함되지 않는 대상들 자체 사이의 관계로 간주될 수 있다. 깊이의 시각을 회복함으로써, 다시 말해 외부의 점들끼리에 의해 아직 객관화되지도 구성되지도 않는 깊이에 의해서 우리는 다시 한 번 고전적 대안들을 넘어서고 주관과 객관의 관계를 명확히 할 것이다.

6_소위 깊이의 기호들은 동기들이다

여기에 나의 탁자가 있고 **더 멀리에는** 피아노 또는 벽이 있다. 다시 말하면, 내 앞에 세워둔 차가 움직이기 시작해서 **멀어진다.** 이 말들은 무엇을 의미하는가? 지각적 경험을 되살아나게 하기 위해, 세계와 대상에 의해 붙잡힌 사고가 우리에게 제공하는 표면적 설명에서 출발해보자. 그것은 이 말들이 탁자와 나 사이에 어떤 간격이 있고 차와 나 사이에는 내가 있는 곳에서 볼 수 없으나 대상의 외현적 크기에 의해 나의 눈에 띄는, 커져가는 간격이 있음을 의미한다. 탁자, 피아노, 벽의 실재적 크기와 비교할 때 이것들을 공간적 장소에 놓이게 하는 것은 바로 그것들의 외현적 크기이다. 차가 천천히 꼬리를 자르면서 저 지평선을 향해 다가갈 때 나는 이러한 현상을 설명하기 위해 내가 비행기 위에서 관찰할 때 지각하는 그런 너비, 결국은 깊이의 의미 전부가 되는 그런 너비에 따라 이동을 구성한다. 그러나 나는 여전히 거리의 다른 기호를 가진다. 대상이 다가옴에 비례해서 대상을 응시하는 나의 눈은 더 한층 집중적이 된다. 거리는 나에게 밑변과 밑각이 주어진 삼각형의 높이이고,[20] 내가 멀리서 본다고 말할 때 나는 삼각형의 높이가 그런 주어진 크기와의 관계에 의해서 규정된다는 것을 말하고자 한다. 고전적 관점에 따르면 깊이의 경험은 어떤 주어진 사실들——눈의 수렴, 상의 외현적 크기——을 해독하는 데서 성립하되, 그 사실들을 바로 그것들을 설명하는 객관적 관계들의 맥락에 다시 놓음으로써 해독한다. 그러나 내가 그 외견상의 크기로부터 그 의미에로 되돌아갈 수 있다면 그것은 변형되지 않은 대상 세계가 있고, 나의 신체가 이 세계를 거울처럼 대면하며, 나의 신체 화면에 거울의 상처럼 형성되는 상이 정확하게 신체를 대상으로부터 떼어놓는 간격에 비례한다는 조건 아래에서이다. 내가 수렴을 거리의 기호로 이해할 수 있다면 그것은 대상이 가까워지는 만큼 서로 더 기우는 장님의 두 지팡이처럼[21] 나의 시선을 나에게 재현한다는 조건 아래에서이다. 달리 말하면, 그것은 나의 눈, 나의 신체, 나의 외부를 동일한 객관적 공간에 삽입한다는 조건 아래에서이다. 따라서 가설상, 우리를 공간의 경험으로 들이밀어야 하는 '기호들'은 이것들이 이미 공간에 실려 있고 공간은 이미 알려져 있을 때만 공간을 전달할 수 있다. 지각은 세계에로의 초입이고, 사람들이 심오하게 말한 대로, '지각에 앞서는 정신이라는 것은 없기'[22] 때문에 우리는 아직

20 Malebranche, *Recherche de la vérité*, Livre I, chap. IX.
21 같은 책.
22 Paliard, *L'Illusion de Sinnsteden et le problème de l'implication perceptive*, p. 383.

지각의 수준에서 구성되지 않는 객관적 관계들을 지각에 놓을 수 없다. 이것이 데카르트주의자들이 '자연적 기하학'을 말한 이유이다. 외현적 크기와 수렴, 즉 거리의 의미는 아직 펼쳐질 수 없고 주제화될 수 없다. 외현적 크기와 수렴 그 자체들은 객관적 관계의 체계상의 요소들처럼 주어질 수 없다. '자연적 기하학' 또는 '자연적 판단'은 아직 정립되지도 사고되지도 않는 의미를 포장하거나 '포함'하고자, 역시 아직 정립되지도 사고되지도 않는 기호들 속에서 그려내도록 예정된 플라톤적 의미의 신화들이다. 바로 이것이 지각적 경험에 되돌아감으로써 우리가 이해해야 하는 것이다. 외현적 크기와 수렴을 과학적 지식이 인식하는 대로가 아니라 우리가 내부로부터 파악하는 대로 기술하지 않으면 안 된다. 형태심리학은[23] 그것들이 지각 자체에서 명시적으로 인식되지 않는다는 점과——내가 멀리서 지각할 때 나는 나의 눈의 수렴이나 외현적 크기를 명시적으로 의식하지 않으며, 그것들은 내 앞에서 지각된 사실들로서 존재하지 않는다——그런데도 그것들은 입체경과 원근법의 착각이 충분히 보여주는 바와 같이, 거리의 지각에 개입한다는 점을 주목했다. 심리학자들은 이로부터 그것들이 기호들이 아니라 깊이의 조건이나 원인이라고 결론 내린다. 우리는 어떤 크기의 망막상이나 어떤 정도의 수렴이 객관적으로 신체에서 일어날 때 깊이로의 조직이 나타난다는 것을 확증했다. 이것은 그야말로 물리학의 법칙에 비유될 만한 법칙이다. 즉 그것을 기록하는 것 이외에는 아무것도 더 이상 필요 없다. 그러나 여기서 심리학자는 자기의 과제를 비껴간다. 즉 그가 외현적 크기와 수렴이 객관적 사실처럼 지각 자체에 현존하지 않음을 안다면, 그는 우리에게 객관적 세계 이전의 현상에 대한 순수 기술을 상기시키고 모든 기하학의 바깥에 있는 체험된 깊이를 어렴풋이 예상하게 한다. 그리고 그가 그 객관적 세계에 자신을 다시 놓이게끔 그러한 기술을 중단하는

23 Koffka, *Some problems of space perception.* Guillaume, *Traité de Psychologie,* Chap. IX.

것도, 깊이로의 조직을 객관적 사실의 사슬에서 도출하는 것도 바로 그때이다. 따라서 사람들은 현상적 질서를 원래적 질서로 인식하기만 한다면, 기술을, 경험이 그 결과만을 기록할 뿐인 유명한 연금술에 한정하고, 현상적 깊이의 산물을 그러한 연금술에 위탁할 수 있는가? 둘 중의 하나이다. 즉 우리는 행동주의와 함께 경험이라는 말의 모든 의미를 거부하고 지각을 세계의 산물로서 구성하려고 노력하거나, 아니면, 경험은 역시 우리에게 존재의 접근을 허용하고 그러기에 우리는 경험을 존재의 부산물로 다룰 수 없다는 것을 인정하는 것이다. 경험은 아무것도 아니거나 전부이지 않으면 안 된다. 유명한 생리학에 의해 산출된 깊이로의 조직이 무엇일 수 있는가를 묘사하도록 해보자. 어떤 주어진 외현적 크기와 수렴에 대해서 깊이로의 조직과 동형적으로 상응하는 기능적 구조가 두뇌의 어떤 장소에서 나타난다. 그러나 이것은 어떤 경우에도 주어진 깊이, 사실적 깊이일 뿐이고 그것을 의식해야 할 일이 남아 있다. 구조를 경험하는 것은 그 자체를 수동적으로 받아들이는 것이 아니다. 그것은 구조를 체험하는 것, 재파악하는 것, 감당하는 것, 그 내재적 의미를 재발견하는 것이다. 따라서 경험은 그 원인에 결부되는 것처럼 어떤 사실적 조건에 결부될 수 없고,[24] 거리의 의식이 어떤 가치를 지닌 수렴과 어떤 크기의 망막상에 관계해서 산출된다면 그것은 이 요소들이 거리의 의식 속에 나타나는 그만큼만 그 요소들에 의존한다. 우리는 이에 대한 어떤 결론을 내릴 수밖에 없다. 수렴과 외현적 크기는 깊이의 기호도 원인도 아니다. 그것은 그 어떤 **명백한** 경험도 가지지 않기 때문에, 우리는 그에 대한 비정립적 경험을 가진다고 들은 바 있는 **동기**가 분절되지 않고 분리되어 정립되지 않을 때라도, 결심에 현존하듯 깊이의 경험에 현존한다. 사람들은 동기로서 무엇을 의미하는가, 그리고 사람

---

24 달리 말하면, 의식 작용은 어떠한 **원인**도 가질 수 없다. 그러나 우리는 형태심리학이 이의를 제기할 수 있을, 그러나 우리로서는 아무런 제한 없이 받아들이지 못하는 의식 개념을 소개하고 싶지는 않다. 우리는 경험의 이의 불가한 개념에만 열중할 것이다.

들이 예컨대 여행이 동기지어진다고 말할 때 무엇을 말하고자 하는가? 사람들은 그럴 때 그것이 자신의 근원을 어떤 주어진 사실들에서 갖고 이 사실들이 오로지 그 자체에서 동기를 생산하는 물리적 능력을 갖는 것이 아니라, 이 사실들이 동기를 이해하는 이유를 제공하는 한에서만 그러하다는 것을 의미한다. 동기는 그 의미를 통해서만 작용하는 선행사이고, 그 의미를 유효한 것으로 확증하고 그 의미에 힘과 효력을 제공하는 것은 바로 결심이라는 점도 덧붙여져야 한다. 동기와 결심은 한 상황의 두 요소이다. 즉 전자는 사실로서의 상황이고 후자는 떠맡은 상황이다. 따라서 죽음은 여행을 동기화한다. **왜냐하면** 여행은 그것이 유족을 위로하기 위한 것이든, 고인에게 '마지막 존경'을 표하기 위해서이든, 나의 현존이 요구되는 하나의 상황이고, 여행을 결심함으로써 나는 제시되는 그 동기를 유효화하면서 그 상황을 떠맡기 때문이다. 따라서 동기화하는 것과 동기지어지는 것의 관계는 상호적이다. 그런데 실로 수렴의 경험 또는 외현적 크기의 경험과 깊이의 경험 사이에 존재하는 관계가 그런 것이다. 그것들은 '원인'의 자격으로서 기적적으로 깊이로의 조직을 나타내는 것이 아니라, 이미 그것을 그것들의 의미에서 포함하는 한에서, 그리고 그것들이 이미 거리를 주시하는 어떤 방식인 한에서 그것을 말없이 동기짓는다. 이미 우리는 눈의 수렴이 깊이의 원인이 아님을, 그 자체가 멀리 놓인 대상을 향하는 정위를 전제한다는 것을 보았다.

7_외현적 크기에 대한 분석

이제 외현적 크기의 개념을 강조해보자. 오래 보면 우리에게 잔상을 남길 분명한 대상을 주시하고 나서 다른 거리에 놓인 화면을 응시한다면, 그 잔상은 화면이 멀리 있는 만큼 더 큰 크기의 외현적 직경을 가진 채로 화면에 투사된다.[25] 오랫동안 사람들은 지평선에서 커지는 달에 대하여, 거리를 예민하게 드러내는, **결과적으로** 외현적 직경을 증대시키는 많은 수의 삽입된 대상들에 의해 설명해왔다. 이것은 '외현적 크기'라는 현상과 거리라는 현상이 장의 전체적 조직의 두 계기라는 것과, 전자는 다른 것과의 관계에서 기호와 의미의 관계도 원인과 결과의 관계도 아니라는 것, 그리고 동기짓는 것과 동기지어지는 것처럼 자신의 의미에 의해서 소통한다는 것을 의미한다. 체험된 외현적 크기는 그 자체 보이지 않는 깊이의 기호나 색인인 대신, 우리의 깊이 시각을 표현하는 방식 이외의 다른 것이 아니다. 실로 형태 이론은 멀리 있는 대상의 외현적 크기가 망막의 상처럼 변하지 않는다는 것, 동일한 직경의 원반이 줄지어 있는 가운데 하나가 나가고 잇달아 나가는 또 하나의 원반의 외현적 형태는 기하학적 조망에 좇아 우리가 예상하는 대로 변하지 않는다는 것을 보여주는 데 공헌했다. 멀리 있는 대상은 나의 지각에 대하여 나의 망막의 물리적 상보다 더 천천히 작아지고, 다가오는 대상은 더 천천히 커진다. 이것이 영화 장면에서 우리에게 달려오는 기차가 실제보다 훨씬 크게 보이는 이유이다. 이것이 우리에게 높아 보이는 언덕이 사진에서 그 표정을 잃어버리게 되는 이유이다. 결국 이것이 세잔과 다른 화가들이 내부가 보이게 놓여 있는 수프 접시를 측면에서 묘사함으로써 보여준 것처럼, 우리의 얼굴과 비스듬히 놓인 원반이 기하학적 조망에 저항하게 되는 이유이다. 만약 조망에 의한 왜곡이 우리에게 명시적으로 주어진다면 우리는 조망을 배워서는 안 될 것이다. 그러나 형태 이론은 비스듬한 접시의 변형이 정면에서 본 접시의 형태와 기하학적 조망 사이의 타협이고, 멀리 있는 대상의 외현적 크기는 손댈 정도의 거리에 있는 외현적 크기와 기하학적 조망이 부여하는 훨씬 짧은 거리의 크기 사이의 타협인 것처럼 설명한다. 사람들은 형태나 크기의 항상성이 실재적 항상성인 것처럼, 망막에 있는 대상의 물리

25 Quercy, *Études sur l'hallucination, II, la Clinique*, p. 154 및 이하.

적 상 이외에도 이 상이 변할 때 상대적으로 항상적인 것으로 머물러 있을 동일한 대상의 '정신적 상'이 있는 것처럼 말한다. 사실상, 재떨이의 '정신적 상'은 망막에 있는 동일한 대상의 물리적 상보다 더 큰 것도 더 작은 것도 아니다. 사람들이 하나의 사물처럼 물리적 상과 비교할 수 있는 정신적 상은 없다. 또한 물리적 상과의 관계에 의해서 규정된 크기를 가지고 나와 사물 사이의 화면이 되는 정신적 상이란 것도 없다. 나의 지각은 의식의 내용에 관계하지 않는다. 즉 그것은 재떨이 그 자체에 관계한다. 지각된 재떨이의 외현적 크기는 측정 가능한 크기가 아니다. 사람들이 나에게 직경이 얼마로 보이는가라고 물을 때, 나는 두 눈을 뜨고 보는 한, 그 물음에 대답할 수 없다. 자발적으로, 내가 눈을 지그시 감고 측정 도구, 예컨대 팔 끝에 놓인 연필을 집어 재떨이가 잡아먹는 크기를 연필 위에 표시한다. 이렇게 하면서 나는 지각적 조망을 기하학적 조망으로 환원시켰을 뿐이라고, 내가 광경의 비율을 변화시켰을 뿐이라고, 대상이 멀리 있다면 대상을 작게 보이게 했을 뿐이라고, 대상이 가까이 있다면 대상을 크게 보이게 했을 뿐이라고 말해서는 안 된다. 오히려 지각적 장을 절단함으로써, 재떨이를 고립시킴으로써, 재떨이를 홀로 정립함으로써, 나는 크기를 지금까지 그 크기를 포함하지 않았던 것에 나타나게 했다고 말해야 한다. 멀어지는 대상에서 나타나는 외현적 크기의 항상성은 단단한 대상이 압력에 저항하는 것처럼, 조망적 변형에 저항하는 대상의 어떤 정신적 상의 실재적 영구성이 아니다. 수프 접시의 둥근 형태의 항상성은 조망적 평면화에 대한 원형태의 저항이 아니다. 바로 이것이 화가가 체험된 조망을 돌려주고자 노력할지라도, 실재적 캔버스 위에 실재적 묘사를 통해서만 그것을 그릴 수 있는 화가가 대중을 놀라게 하는 이유이다. 내가 지평선을 향해 내달리는 내 앞의 길을 볼 때 도로변들이 수렴되는 것으로 나에게 주어진다고 말해서도 안 되고, 나에게 평행하게 주어진다고 말해서도 안 된다. 그것들은 **깊이로 평행하게 되는** 것이다. 조망적 현상은 정립되는 것이 아니며 평행도 아니다. 도로의 잠재적 변형을 통해서 **나는 길 자체의 것이다.** 그리고 깊이는 도로의 조망적 투사도 '현실적' 도로도 정립하지 않는 의도 자체이다. 그러나 사람은 5보 앞에서보다 2백 보 앞에서 **더 작아** 보이지 않는가? 내가 그 사람을 지각된 맥락에서 분리시켜 외현적 크기를 측정하면 그는 그렇게 된다. 그렇게 하지 않으면, 그는 크기에서 작지도 더욱이 같지도 않다. 즉 그는 같음과 같지 않음에 앞서 있고 **보다 더 멀리서 보인 바로 그 사람**이다. 사람들은 2백 보 떨어진 곳의 사람이 훨씬 덜 뚜렷한 형태이고, 나의 시선에 훨씬 더 작고 덜 명확한 파악을 가져다주며, 나의 탐사력에 훨씬 덜 엄밀하게 포착된다고 말할 수 있을 뿐이다. 다시 말하자면, 사람들은 시각 장이 그 자체 측정 가능한 영역이 아니라는 것을 상기시키면서 그가 나의 시각 장을 덜 완전하게 점유한다고 말할 수 있다. 대상이 시각 장을 조금만 차지한다고 말하는 것은 궁극적으로, 그것이 나의 뚜렷한 시력을 모두 소모할 정도로 충분한 성형화를 제공하지 않는다고 말하는 것이다. 나의 시각 장은 어떤 규정된 능력도 가지지 않으며 내가 사물들을 '멀리서' 또는 '가까이서' 보는 데 따라 그 사물들을 더 많이 또는 더 적게 포함할 수 있다. 따라서 외현적 크기는 거리와 분리되어서는 규정될 수 없다. 외현적 크기는 거리를 포함하는 것과 마찬가지로 거리에 의해 포함된다. 수렴, 외현적 크기, 거리는 하나에서 다른 하나를 읽고, 당연히 상호 상징하며 상호 의미하고, 하나의 상황의 추상적 요소들일 뿐만 아니라 그 속에서 상호 동의적이다. 지각의 주체가 그들의 객관적 관계를 정립해서가 아니라 정반대로, 그들을 별도로 나누어 정립하지 않고 따라서 명시적으로 결합할 필요가 없기 때문이다. 멀어지는 대상의 상이한 '외현적 크기들' 중의 어느 것도 정립의 대상이 아니었다면, 종합에 의해 그 크기들을 결합할 필요가 없다. 우리는 멀어지는 대상을 '가지고,' 그것을 끊임없이 '잡고,' 장악한다. 그리고 멀어지는 거리는 너비가 그런 것처럼 팽창하는 외부성이 아니다. 즉 그 크기들, 그것은 사물이 우리

지각의 현상학

의 시선의 파악에서 빠져나가기 시작하고 그 파악에 덜 엄격하게 들어온다는 것을 표현할 뿐이다. 거리는 이러한 대충적인 파악과 완전한 파악 또는 근사성을 구별짓는 것이다. 따라서 우리는 앞서 '똑바로'와 '비스듬히'를 규정한 것처럼 그렇게 거리를 규정할 것이다. 즉 그것은 파악 능력과 관계한 대상의 상황에 의해서 규정된다.

8_착각은 구성물이 아니고 지각된 것의 의미는 동기화된다

우리가 깊이를 오성의 구성으로 간주하게 되는 습관을 가지게 된 것은 무엇보다도 깊이에 관한 착각 때문이다. 사람들은 입체경에 대해서처럼 눈에 어느 정도의 수렴을 부과함으로써 또는 주체에 조망적 묘사를 제시함으로써 착각을 불러일으킬 수 있다. 여기서 나는 깊이가 없을 때에도 깊이를 본다고 믿으므로 이것은 기만적인 기호들이 가설을 낳기 때문은 아닌가? 그리고 소위 거리의 시각은 언제나 기호들의 해석이기 때문은 아닌가? 그러나 그 요청은 분명하다. 사람들은 존재하지 않는 것을 보는 것은 불가능하다고 가정하고, 따라서 사람들은 시각을 감각적 인상에 의해 규정하고 있다. 사람들은 동기화라는 원래적 관계를 결하고 있고 그 관계를 의미의 관계로 대체한다. 우리는 수렴의 운동을 야기하는 망막상들의 불균형이 즉자적으로 존재하지 않는다는 것을 보았다. 그것은 동일한 구조의 외안적 현상들을 합병하려고 애쓰고 협력 작용 체계를 향하는 주체에 대해서만 존재할 뿐이다. 따라서 쌍안적 시각의 통일성 그리고 깊이가 없이 실현될 수 없는 그 통일성과 함께 하는 깊이는, 외안적 상들이 '불균형한 것'으로 주어지는 그 순간에 거기 존재한다. 내가 입체경을 들여다볼 때 이미 가능적 질서가 묘사되는, 상황이 윤곽지어지는 하나의 전체가 제시된다. 나의 운동 반응이 그와 같은 상황을 떠맡는다. 세잔은 자신의 '동기'와 대면하는 화가는 '자연의 방황하는 손'[26]과 만나려고 한다고 말했다. 입체경을 응시하는 운동 역시 그 자체로는 주어진 것에 의해 제기된 문제에 대한 답이고, 그 답은 그 문제에 포함된다. 가능한 한 완전한 대칭을 향해 정위하는 것은 장 자체이고, 깊이는 단 하나의 사물에 대한 지각적 신념의 계기일 뿐이다. 조망적 묘사는 우선 도면 위의 묘사로서 지각되고 나서 그 다음에 깊이로 조직되는 것이 아니다. 지평선을 내달리는 선들은 우선 비스듬한 것으로 주어지고 나서 그 다음에 지평적인 것으로 사고되는 것이 아니다. 묘사의 전체는 깊이에 따라 패어짐으로써 자신의 균형을 추구한다. 사람보다 작게 묘사되는 포플러는 지평선 쪽으로 물러남으로써만 진정으로 하나의 나무가 되는 데 성공한다. 떨어지는 돌이 아래로 향하듯 깊이로 향하는 것은 묘사 자체이다. 대칭, 충만, 규정이 여러 가지 방식으로 얻어질 수 있다면, 사람들이 애매한 묘사에서 보듯, 조직은 안정적이지 않을 것이다. 이리하여 〈그림 1〉에서 사람들은 ABCD를 윗면으로 하면서 아래에서 위로 보여진 입방체, EFGH를 위에서 아래로 보아 밑면으로 하는 입방체, 열 개의 삼각형과 하나의 정사각형으로 구성된 주방의 모자이크 평면도를 지각할 수 있다. 반대로, 〈그림 2〉는 거의 불가피하게 하나의 입방체로 보여질 것이다. 왜냐하면 그 그림을 완전한 대칭에 놓이게 하는 유일한 조직이 바로 그 입방체이기 때문이다.[27] 이제 깊이가 나의 시

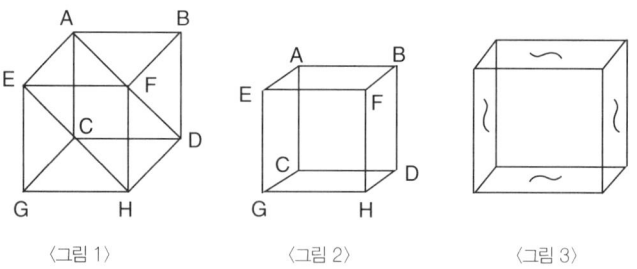

〈그림 1〉   〈그림 2〉   〈그림 3〉

---

26 J. Gasquet, *Cézanne*, p. 81.

선 아래에서 탄생한다. 왜냐하면 나의 시선이 **어떤 사물**을 보려고 노력하기 때문이다. 그러나 우리의 시각적 장에서 작동하면서 언제나 더 많은 규정을 향하는 이러한 지각적 재능이란 무엇인가? 우리는 실재론으로 되돌아가지 않는가? 보기를 검토해보자. 내가 어떤 선들(〈그림 3〉은 좋은 입방체로 남아 있다)이 아니라 동일한 면의 요소들을 분해하고 서로 다른 면의 요소들을 결합하는 선들(〈그림 3〉)을 추가하면 깊이로의 조직은 파괴된다.[28] 이러한 선들이 그 자체로 깊이의 파괴를 수행한다고 말하면서 사람들은 무엇을 말하고자 하는가? 우리는 연합론자처럼 말하지 않는가? 우리는 선 EH가(〈그림 1〉) 원인처럼 작동하면서 그 자신이 유입되는 입방체를 분해한다고 말하고자 하는 것이 아니라, 더 이상 깊이로의 파악이 아닌 전체의 파악을 유도한다고 말하고자 한다. 선 EH는 내가 그것을 그 자체로 파악하고 훑어보며 스스로 그릴 때만 개체성을 소유한다는 점은 이해된다. 그러나 그 파악과 훑음은 자의적이 아니다. 그것들은 현상들에 의해 지시되거나 천거된다. 여기서의 요구는 최우선적인 것이 아니다. 왜냐하면 애매한 형태가 문제이기 때문이다. 그러나 정상적인 시각적 장에서 면 및 윤곽의 분리는 저항 불가능한 것이다. 예컨대 내가 거리를 따라 걸을 때 나무 사이의 간격을 사물로서 보도록, 나무들 자체를 지(地)로서 보도록 할 수 없다. 풍경을 경험하는 것은 실로 나 자신이나, 나는 그러한 경험에서 사실적 상황을 떠맡음을, 현상들에 흩어진 의미를 수집함을, 현상들이 그 스스로 말하고자 하는 바를 말함을 의식한다. 조직이 애매하거나 내가 그것을 변화시킬 수 있는 경우라고 하더라도, 나는 직접적으로는 거기에 도달하지 못한다. 즉 입방체의 면들의 어떤 하나는, 내가 우선 그것을 보고 거기서 나의 시선이 출발하여 모서리를 따라가 결국 제2의 면을 규정되지 않은 지로서 발견할 때만 최초의 면이 된다. 내가 〈그림 1〉을 주방의 모자이크

27 Koffka, *Some problems of space perception*, p. 164 및 이하.
28 같은 책.

평면도로 볼 때 그것은 우선 나의 시선을 중심에 놓고, 그리고 나서 모든 그림에 동시에 똑같이 그것을 분배하는 것을 조건으로 한다. 베르그송이 각설탕이 녹기를 기다린다면, 나는 조직이 생겨날 것을 때때로 기다려야만 하는 셈이다. 더욱이, 정상적 지각에서라면 지각된 것의 의미는 그 속에 설치된 것으로 나에게 나타나지 나에 의해 구성된 것으로 나타나지 않으며, 시선은 사물들이 광경으로 되기 위해 파악되어야 하는 그곳에서 사물들을 파악하는, 또는 사물들을 그 자연적 분절에 따라 재단하는 일종의 인식 기계로서 나타난다. 틀림없이, 직선 EH는 내가 그것을 훑어볼 때만 직선의 가치를 가질 수 있다. 그러나 정신의 검사가 아니라 시선의 검사가 문제이다. 즉 나의 작용은 발원적이지도 구성적이지도 않고 청원된 것 또는 동기화된 것이다. 모든 고정은 언제나 고정되어야 할 것으로 나타나는 어떤 사물의 고정이다. 내가 입방체의 면 ABCD를 뚫어지게 볼 때 그것은 내가 그 면을 뚜렷한 시각 상태에 넘긴다는 것을 말하고자 하는 것만이 아니라, 그 면에 형태의 가치를 가지게 하고 다른 면보다 나에게 조금 더 가까이 있게 한다는 것, 요컨대 나는 입방체를 조직하고, 시선은 사물들이 우리 앞에 존재하기 위해 기다리는 반응을 그 사물들에 부여할 줄 아는, 사고하는 주체 아래의 지각적 재능이라는 것을 말하고자 하는 것이다. 따라서 결국, 입방체를 본다는 것은 무엇인가? 경험주의는 그것이 그려진 실제의 국면에다 일련의 다른 현상들, 즉 보다 가까이서, 측면에서, 다른 각도에서 보여져 제공된 현상들을 연합시키는 것이라고 말한다. 그러나 내가 입방체를 볼 때 나는 내 속에서 그러한 어떤 상도 발견하지 못하며, 그러한 상은 바로 이 상을 가능하게 하면서 그 상에서 결과하지 않는 깊이의 지각의 작은 변화이다. 따라서 내가 모든 현상의 가능성을 파악하게 되는 이 독특한 작용이란 무엇인가? 주지주의는 그것이 입방체를 동일한 여섯 면과 상호 직각을 이루는 동일한 열두 변으로 된 입체라고 사고하는 것이라고 말한다. 그리고 깊이는 이 여섯 면과 열두 변의 공존 이외의 다른 것이 아니다. 그러나 여기서 다시 한 번 우리는 깊이의 결과에 불과한 것을 깊이의 규정으로 삼고 있다. 여섯 면과 열두 변은 깊이의 의미 전체를 형성하지 않으며, 반대로, 그 규정은 깊이 없이는 어떤 의미도 없다. 여섯 면과 열두 변은 깊이에서 배열될 때만 나에 대하여 공존할 수 있고 동시에 똑같을 수 있다. 예각 또는 둔각에 직각의 가치를, 변형된 변에 정사각형의 가치를 주는, 현상들을 고쳐 잡는 행동은 기하학적 동등 관계 또는 이 관계가 속하는 기하학적 존재를 사고함이 아니다. 대상을 꿰뚫고 활기를 불어넣는 것은 나의 시선을 통한 대상 집중이고, 우리가 옆면들을 마름모꼴의 조망적 측면에서 보지 않도록 즉각적으로 '일그러진 정사각형'으로 돋보이게 하는 것도 나의 시선을 통한 대상 집중이다. 이것이 상호 배타적인 경험들인데도 이러한 경험들에 동시적으로 현존하는 것, 하나의 경험이 다른 경험에 함축되는 것, 모든 가능한 과정이 단 하나의 지각적 작용 속에 축약되는 것이 바로 깊이의 원래성을 구성한다. 크기와 높이가 사물들이 병존되는 차원들인 반면, 깊이는 사물들 또는 사물들의 요소들이 상호 감싸는 차원이다.

9 _ 깊 이 와 전 이 의 종 합

따라서 사람들은 깊이의 종합에 대해 말할 수 없다. 왜냐하면 종합은 추상적 용어들을 전제하고, 적어도 칸트의 종합처럼 그러한 용어들을 정립하기 때문이며, 깊이는 분석이 이용할 조망적 현상들의 다양성을 정립하지 않고 안정된 사물을 지로 해서만 어렴풋이 그 다양성을 예상하기 때문이다. 이러한 의사-종합은 우리가 그것을 시간적인 것으로 이해한다면 분명해진다. 내가 대상을 거리를 두고 본다고 말할 때, 나는 이미 그것을 붙잡고 있으며 또는 그것을 여전히 붙잡고 있다는 것을 말하고자 하는 것이고, 그 대상은 공간뿐만 아니라 미래 또는 과거에 있다.[29] 아마도 사람들은 이 것이 나에 대해서만 그러하다고 말할 것이다. 즉 내가 지각하는 등 불 자체는 지각하는 나와 동시에 존재하고, 거리는 함께 하는 대상 들 사이에 있으며, 이 동시성은 지각의 의미 자체에 포함되어 있 다. 이것은 의심의 여지가 없다. 그러나 공간을 사실상 규정하는 공존은 시간과 무관하지 않고 두 현상이 동일한 시간적 파동에 속 해 있음이다. 지각된 대상과 나의 지각의 관계에 관해 말하자면, 그것은 이 둘을 공간 안에서도 시간 밖에서도 결합하지 않는다. 이 둘은 **동시적**이다. '공존하는 것의 질서'는 '연속하는 것의 질서'와 분리될 수 없다. 더 정확히 말해서, 시간은 연속의 의식만은 아니 다. 지각은 두 가지 차원으로 확장되는 넓은 의미에서 '현재의 장'[30] 을 제공한다. 즉 여기저기의 차원과 과거-현재-미래의 차원이 그 것이다. 후자가 전자를 포함한다. 내가 어떠한 변형이나 순간에 삽 입된 '상기' 없이도 가까운 과거를 '여전히 손에 쥐고 있듯이,'[31] 공간적 조망의 명시적 위치(외현적 크기와 형태) 없이도 나는 멀 리 있는 대상을 '쥐고' '가지고 있다'. 사람들이 여전히 종합을 말 할 수 있다면, 그것은 후설이 말한 대로, '전이의 종합'이려니와, 이것은 분리된 조망들을 결합하지 않으나 하나에서 다른 하나로의 '이행'을 실현한다. 심리학자는 기억의 기초를 어떤 내용이나 상 기, 망각된 과거의 현재적 흔적(신체나 무의식상의)의 소유에 두 고자 했을 때 끝없는 난점에 말려 들어간다. 왜냐하면 사람들은 흔 적에 입각해서는 과거를 과거로 인식하는 것을 이해할 수 없기 때 문이다. 마찬가지로, 사람들은 상기가 과거를 현재에 투사함이듯, 일종의 동등한 거리에 주어진 내용, 세계의 평면적 투사에서 출발 하면 거리의 지각을 이해할 수 없을 것이다. 그리고 사람들이 기억

---

29 시공간적 차원으로서의 깊이의 관념을 스트라우스가 가르쳐준다. E. Straus, *Vom Sinn der Sinne*, pp. 302, 306.

30 Husserl, *Präsenzfeld*. 이것은 『시간 의식 *Zeitbewußtsein*』, pp. 32~35에서 규정된다.

31 같은 책.

을 순간에 삽입된 어떤 내용도 없는 과거의 직접적 소유로서만 이해할 수 있는 것과 마찬가지로, 거리의 지각을, 나타나는 바로 그곳에서 만나게 되는 **먼 존재**로서만 이해할 수 있다. 기억은 그 기초를 점차 한 순간에서 다른 순간으로 계속적으로 이행하는 것, 자신의 전 지평을 가진 개개의 것을, 뒤따라오는 다음 것의 두께 속에 끼워 맞추는 것에 놓게 된다. 동일하게 계속되는 전이는 자신의 '실재적' 크기를 가진 채 저기 있는 대상, 마침내 내가 옆에 있었으면 그 자리에서 내가 가지게 되는 지각에서 볼 수 있었을 그런 대상을 함축한다. '상기의 보존' 위에 세워질 논의는 없으나, 시간을 보는 어떤 방식, 즉 과거를 의식의 양도 불가능한 차원으로서 분명히 하는 어떤 방식만이 있는 것과 마찬가지로, 거리의 문제 같은 것은 없고 우리가, 거리가 구성되는 살아 있는 현재를 발견할 줄 안다면 거리는 즉각적으로 보이는 것이다.

10_깊이는 나와 사물의 관계이다

우리는 모두에 지적한 대로, 객관화되고 경험에서 분리되어 너비로 변한 깊이, 즉 사물들 사이의 또는 평면들 사이의 관계로서의 깊이에서 이 깊이에 의미를 부여하고, 사물 없는 매개의 두께인 원초적 깊이를 재발견하지 않으면 안 된다. 우리가 우리 자신을, 세계를 능동적으로 떠맡지 않는 세계-에로-존재이도록 하거나 이러한 태도를 애호하는 병든 상태에 있는 세계-에로-존재이도록 한다면, 평면들은 더 이상 서로 구별되지 않고, 색들은 더 이상 표면색으로 응축되지 않으며, 대상들 주위로 퍼져 어떤 풍의 색들이 된다. 예컨대 종이 위에 무언가를 쓰고 있는 환자는 종이에 펜이 닿기 전에 그 펜으로 그 백색의 두께를 뚫고 들어가야만 한다. 이러한 용적성은 보는 색에 따라 변하고, 말하자면 그 질적 본질의 표현이다.[32] 따라서 아직 대상들 사이에 자리를 차지하지 않는 깊이,

더욱이 아직 상호 거리를 재지 않은 그런 깊이, 지각이 이제 막 규정되기 시작한 어떤 유령 같은 사물에 열리고 있음에 불과한 그런 깊이가 있다. 정상적 지각에서조차도 깊이는 우선적으로 사물에 적용되지 않는다. 상과 하, 좌와 우는 지각된 내용과 함께 주체에 주어지지 않으며, 사물들이 관계 맺어 위치지어지는 공간적 수준과 함께 매순간 구성되는 것과 마찬가지로, 깊이와 크기는 모든 대상 표정에 앞서 원과 근, 대와 소를 규정하는 거리와 크기의 수준에 관계해서[33] 위치지어짐으로써 사물에 귀속된다. 우리가 대상이 거대하거나 아주 작다고, 멀거나 가깝다고 말할 때는 비록 암시적으로라도 어떤 다른 대상과의 비교가 이루어지지 않으며, 심지어 우리 자신의 객관적 크기나 위치와의 비교도 이루어지지 않는 경우가 많다. 다만 그것은 우리의 동작의 어떤 '범위,' 자기 주위에 대한 현상적 신체의 어떤 '파악'과 관계하고 있을 뿐이다. 우리가 크기와 거리가 이토록 뿌리깊다는 것을 인식하고자 하지 않는다면, 우리에 대하여 크기나 거리가 어떻게 존재할 수 있는가를 이해하지 않은 채로 표준화된 한 대상에서 다른 대상으로 되돌아가게 될 것이다. 소시증micropsie 또는 거시증macropsie과 같은 병리학적 경험은* 장의 모든 대상의 외현적 크기를 변화시키기 때문에, 대상들이 관계 맺어 평소보다 더 크게 또는 더 작게 보일 수 있게 되는 어떠한 표정도 남기지 않으며, 따라서 거리와 크기의 선객관적 표준과 관계해서만 이해될 수 있다. 따라서 깊이는 초우주적 주체의 사고로 이해될 수 있는 것이 아니라, 참여된 주체의 가능성으로서 이해될 수 있는 것이다.

32 Gelb와 Goldstein, *Über den Wegfall der Wahrnehmung von Oberflächenfarben*.

33 Wertheimer, *Experimentelle Studien*…, 부록, pp. 259~61.

 * 소시증은 사물이 실제보다 작게 보이는 시각 장애이고 거시증은 그 반대의 장애이다.

11_높이와 너비도 역시 나와 사물의 관계이다

이러한 깊이의 분석은 '우리가 높이와 너비를 가지고 만들고자 노력한 것과 다시 만난다. 우리가 이 장에서 깊이를 다른 차원들과 대비시킴으로써 시작했다면, 그것은 이 차원들이 얼핏 보기에 사물들의 상호 관계에 관련되는 것 같았고, 반면 깊이는 주체와 공간의 결합을 즉각적으로 드러내기 때문이었다. 그러나 사실상, 우리는 앞서 수직적인 것과 수평적인 것도 역시 궁극적으로 세계에 대한 우리의 신체의 최적의 파악에 의해서 규정되는 것을 보았다. 너비와 높이는 대상들의 관계로서는 파생적이며 그 발원적 의미에서는 역시 '실존적' 차원들이다. 하나의 평면 위의 광경은 그 모든 부분이 나의 얼굴의 면에서 같은 거리에 있음을 가정하기 때문에, 우리는 라노Lagneau와 알랭Alain과 함께 높이와 너비가 깊이를 **전제한다**고 말하기만 해서는 안 된다. 즉 그 분석은 이미 객관화된 너비, 높이, 깊이에만 관계하고 그러한 차원들을 우리에게 열어주는 경험에는 관계하지 않는다. 수직적인 것과 수평적인 것, 가까운 것과 먼 것은 유일한 상황적 존재에 대한 추상적 지시들이고, 그것은 주체와 세계의 동일한 '맞닥뜨림'을 전제한다.

(3) 운동

12_운동의 사고는 운동을 파괴한다

운동은 바로 그 운동에 의해 규정될 수 없을지라도 장소의 이동 또는 위치의 변화이다. 우리가 먼저 위치를 객관적 공간상의 관계에 의해 규정하는 그런 위치의 관념을 만난 것처럼, 세계의 관념을 확실한 것으로 간주함으로써 운동을 세계 내의 관계에 의해 규정하는 객관적 운동 개념이 있다. 그리고 우리가 공간적 위치의 근원

을 자신의 환경에 자리 잡는 주체의 선객관적 위치 또는 국소성에
서 되찾아야 했던 것과 마찬가지로, 우리는 운동의 객관적 사고 아
래에서 운동이 자신의 의미를 빌려오는, 또는 운동이 여전히 운동
을 지각하는 자와 연결된 채로 있으면서, 세계에 대한 주체의 파악
의 변양이 되는 선객관적 경험을 재발견해야 할 것이다. 우리는 운
동을 사고하고 운동의 철학을 세우고자 할 때 곧장 비판적 태도나
검증의 태도에 들어가고 운동에서 우리에게 정확히 주어지는 것이
무엇인가를 물으며, 운동의 진리에 도달하기 위해 현상들을 거부
하는 것을 배우게 되고 현상을 변형시키며 현상 자체에 도달하는
것을 방해하는 것이 바로 그러한 태도라는 것을 깨닫지 못하거니
와, 그 이유는 그러한 태도가 진리 자체의 개념과 더불어 나에 대
한 운동의 탄생을 나에게 숨길 수 있는 전제들을 끌어들이기 때문
이다. 나는 돌을 던지고 그것은 나의 정원을 지나간다. 그것은 잠
시 동안 확실치 않은 유성이 되고 약간 먼 거리의 땅에 떨어질 때
다시 돌이 된다. 내가 그 현상을 '분명하게' 사고하고자 한다면 그
것을 해체시켜야 한다. 나는 돌 그 자체는 사실상 운동에 의해 변
화되지 않는다고 말할 것이다. 내가 손에 쥐고 있는 돌이나 비행이
끝나 지면에서 발견하게 되는 돌이나 모두 동일한 돌이다. 따라서
공기를 가르는 돌도 동일한 돌이다. 운동은 움직이는 동체의 우연
한 속성일 뿐이고, 말하자면 운동은 돌에서는 보이지 않는다. 그것
은 돌과 주위의 관계상의 변화일 수 있을 뿐이다. 주위와의 상이한
관계들 아래에서 지속하는 것이 동일한 돌일 때만 우리는 변화에
대하여 말할 수 있다. 반대로, 내가 그 돌이 점 P에 도달하자마자
사라지고 동일한 다른 돌이 사람이 원하는 만큼 그 최초 지점에 가
까이 다가가도록 만들 점 P'에서 무로부터 솟아오른다고 가정한다
면, 우리는 더 이상 단 하나의 운동이 아니라 두 운동을 가진다. 따
라서 출발점에서 도착점까지 중단 없이 운동을 싣고 있는 움직이
는 동체 없이는 운동도 없다. 운동은 움직이는 동체에 내재하는 어
떤 것도 아니고, 전적으로 그 동체가 가지는 주위와의 관계에서 성

립하기 때문에, 운동은 외부의 표정 없이 진행하지 않고 결국 운동을 표정보다 오히려 '움직이는 동체'에 귀속시키는 어떠한 방법도 없다. 이리하여 움직이는 동체와 운동의 구별이 행해지기만 한다면, 움직이는 동체 없이는 운동도 없고 객관적 표정 없이는 운동도 없으며, 절대적 운동은 없다. 그러나 운동을 이렇게 사고하는 것은 사실상 운동을 부정하는 것이다. 즉 운동과 움직이는 동체를 엄밀하게 구별하는 것은 '움직이는 동체'가 엄밀하게 말해 **움직이지** 않는다고 말하는 것이다. 운동 중인 돌이 정지 중인 돌과 어떻든 다른 것이 아니라면, 그것은 결코 운동 중**이지** 않게 된다(더욱이 정지 중도 아니다). 우리가 운동 내내 동일하게 남아 있는 움직이는 동체의 관념을 끌어오자마자 제논Zeno의 논증은 다시 받아들일 만한 것이 된다. 사람들은 운동을 일련의 불연속적 순간에 잇달아 점유된 일련의 불연속적 위치로 간주해서는 안 된다고, 공간과 시간이 분리된 요소들의 집합으로 구성되어 있지 않다고 헛되이 반론할 수 있으리라. 왜냐하면 사람들이 두 한계 순간과 한계 지점을 검토할 때, 그 차이가 주어진 양 이하로 줄어들 수 있고 그 차이가 초기 단계의 것이라 하더라도, 움직이는 동체가 운동 단계 내내 동일하다는 관념은 '이동'의 현상을 그저 겉보기에 불과한 것이라고 배제하고, 공간적·시간적 위치가 우리에게 그렇지 않을지라도 언제나 그 자체 동일하다는 관념을 포함하며, 따라서 언제나 존재하고 변하지 않는 돌의 관념을 포함하기 때문이다. 사람들이 위치와 순간의 일정치 않은 다양성을 설명하도록 허용하는 수학적 도구를 발명했다 할지라도, 사람들은 동일한 움직이는 동체에서 두 순간과 두 위치 사이에 언제나 있는 그 전이의 행동을 인식하지 못하며, 아무리 가까워서 그것들을 선택했다 할지라도 그러하다. 결과적으로, 운동을 분명히 사고하기 위해서인데도 나는 운동이 나에 대하여 시작할 수 있다는 것, 나에게 현상으로 주어질 수 있다는 것을 이해하지 못한다.

13_심리학자의 운동 기술

　그러나 이러한 명석한 사고의 요구와 대안에도 불구하고 나는 걸으며 운동을 경험하거니와, 이것은 모든 근거에 반대하여 내가 동일한 움직이는 동체 없이, 외부의 표정 없이, 어떤 상대성 없이 운동을 지각한다는 것을 불러온다. 우리가 피실험자에게 빛나는 두 선 A와 B를 교대로 제시하면, 그는 A에서 B로, B에서 A로, 다시 A에서 B로 계속되는 운동을, 그것들에 어떤 매개적 위치나 극단의 위치가 독립적으로 주어지지 않아도

본다. 우리는 끊임없이 오고가는 단 하나의 선을 가진다. 반대로 사람들은 제시하는 속도를 높이거나 늦춤으로써 극단의 위치들을 구별되도록 나타나게 할 수 있다. 그때는 스트로보스코프적 운동이 나뉘는

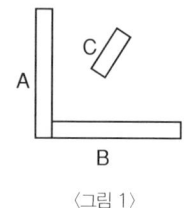

〈그림 1〉

성향을 보인다. 즉 먼저, 선은 위치 A에 붙잡힌 것처럼 나타나고 갑자기 거기서 벗어나 위치 B로 뛴다. 사람들이 속도를 계속해서 높이거나 낮추면, 스트로보스코프적 운동은 끝나고 두 동시적 선 또는 연속적 선을 가진다.[34] 따라서 위치의 지각은 운동의 지각에 반비례한다. 우리는 운동이 그 두 극단 사이에 자리한 모든 위치들을 움직이는 동체에 의해 연속적으로 점유하는 것이 아니라는 것도 보여줄 수 있다. 우리가 스트로보스코프적 운동을 위해 검은 바닥 위의 하얀 또는 유색 그림들을 이용한다면, 운동이 미치는 공간은 어느 순간에도 운동에 의해 분명해지거나 채색되지 않는다. 우리가 극단의 위치 A와 B 사이에 작은 막대기 C를 놓으면 그 막대기는 어느 순간에도 통과하는 운동에 의해 완성되지 않는다(〈그림 1〉). 사람들은 '선의 이행'이 아니라 순수 '이행'을 갖는다. 사람들이 타키스토스코프tachistoscope*로 작업한다면, 피실험자는 운동

34 Wertheimer, 같은 책, pp. 212~14.
＊ 아주 짧은 시간에 순간적으로 대상을 보여주고 닫는 실험용 상자.

하는 무엇에 대해 말할 수 없어도 때때로 운동을 지각한다. 실재적 운동이 문제일 때도 사정은 다르지 않다. 즉 내가 트럭에서 짐을 내려 이쪽에서 저쪽으로 벽돌을 던지는 인부를 볼 때, 최초의 위치에서 동작이 끝나는 위치에 이르는 인부의 팔을 보지 어떤 매개의 위치에서 보지 않는다. 그런데도 나는 팔의 운동의 생생한 지각을 가진다. 내가 점을 표시한 종이를 앞에 두고 연필을 재빠르게 스쳐 지나가게 하면, 나는 어느 순간에도 연필이 표시된 점 위에 있는 것으로 의식하지 못하며, 어떤 매개의 위치도 보지 못한다. 그런데도 나는 운동의 경험을 가진다. 역으로, 내가 운동을 늦추어 연필을 보지 못하게 되지 않도록 하면, 바로 그 순간에 운동의 인상은 사라진다.[35] 운동은 객관적 사고가 제공하는 정의에 가장 일치할 바로 그때 사라진다. 이렇게 해서 사람들은 움직이는 동체가 운동으로 파악되는 것으로만 나타날 뿐인 그런 현상들을 얻을 수 있다. 움직인다는 것은, 움직이는 동체가 일련의 일정치 않은 위치들을 연달아 통과한다는 것이 아니다. 움직이는 동체는 자신의 운동을 개시하고 추구하며 성취하는 것으로 주어질 뿐이다. 그 결과, 움직이는 동체가 보이는 경우에도 운동은 그 자신에 대하여 외재적 명칭, 즉 자신과 외부 사이의 관계가 아니며 우리는 표정 없는 운동을 가질 수 있다. 사실상, 사람들이 운동의 잔상을 어떤 대상도 윤곽도 없는 동질적 장에 투사한다면, 운동은 모든 공간을 소유하고, 장터의 귀신 나오는 집에서처럼, 이동하는 것은 시각적 장 전체이다. 우리가 고정된 틀이 하나도 없는 경우 중심을 돌고 있는 나선의 잔상을 화면에 투사한다면, 동요하며 중심에서 주변으로 팽창하는 것은 공간 자체이다.[36] 마침내, 운동은 더 이상 움직이는 동체 자체와의 외적 관계 체계가 아니며, 이제 그 어떤 것도 우리로 하여금 지각이 우리에게 언제라도 실제로 제공하는 바와 같은 절대적 운동을 인식하는 것을 방해하지 못한다.

35 같은 책, pp. 221~33.
36 같은 책, pp. 254~55.

14_그러나 그 기술은 무엇을 말하고자 하는가?

사람들은 언제나 이러한 기술에 대하여, 그것은 어떤 것도 말하고 있지 않다고 반대할 수 있다. 심리학자는 운동의 합리적 분석을 거부하고 사람들이 그에게 모든 운동은 운동이기 위해 어떤 사물의 운동이지 않으면 안 된다고 권고할 때, 그는 "그것은 심리학적 기술에 기초하지 않는다"[37]고 대답한다. 그러나 심리학자가 기술하는 것이 운동이라면, 그것은 운동하는 동일한 어떤 것에 관계하지 않으면 안 된다. 내가 내 방의 탁자 위에 시계를 놓고, 그것이 갑자기 사라져 잠시 후 옆방의 탁자 위에 다시 나타난다면, 나는 운동이 있었다고 말하지 않을 것이다.[38] 매개의 위치들이 실제로 나의 시계에 의해 점유되었을 때만 운동은 있다. 심리학자는 스트로보스코프적 운동이 두 극단의 위치 사이의 매개적 자극 없이도 발생한다는 것을, 더욱이 빛나는 선 A가 자신을 B로부터 분리시키는 공간에서 이동하지 않는다는 것을, 어떤 광선도 스트로보스코프적 운동이 이루어지는 동안에 A와 B 사이에서 지각되지 않는다는 것을, 결국 나는 두 극단의 위치 사이에서 연필이나 인부의 팔을 보지 않는다는 것을 잘 보여줄 수 있을지 모르나, 어떻게 해서든지 운동이 출현하기 위해 움직이는 동체는 이동 지점마다 현존했어야 한다. 비록 움직이는 동체가 그 지점마다 눈에 띄게 현존하지 않는다고 해도, 현존하는 것처럼 여겨진다. 운동뿐만 아니라 변화에 대해서도 사정은 마찬가지이다. 나는 마술사가 달걀을 손수건으로 바꾸거나 마술사가 궁전의 지붕 위의 새로 변하는 것을 볼 때,[39] 대상이나 존재가 사라졌고 즉각 다른 것으로 대체되었다는 것을 단순히 말하고자 하는 것이 아니다. 사라지는 것과 탄생하는 것 사이

37 같은 책, p. 245.
38 Linke, *Phänomenologie und Experiment in der Frage der Bewegungsauffassung*, p. 653.
39 같은 책, pp. 656~57.

에 내적 관계가 있어야 하고, 양자가 두 형태로 잇달아 나타나는 동일한 어떤 사물의 두 표시 또는 출현 혹은 단계이어야 한다.[40] 마찬가지로, 운동의 도착점은 '인접한' 출발점과 하나를 이루어야 하고, 이것은 단숨에 한 장소를 떠나 다른 장소를 점령하는 움직이는 동체가 있을 때만 일어난다. "원으로 파악되는 어떤 것은 원에 본질적인 '둥근 형태'라는 계기나 모든 직경의 동일성이 그 속에 현존하기를 그치자마자 우리에게 원으로서의 가치를 상실한다. 원이 지각되거나 사고되거나 하는 것은 중요하지 않다. 어쨌든, 우리가 그 두 경우에 우리에게 나타나는 것을 원으로서 특징짓고 다른 여타의 현상들과 구별짓지 않을 수 없게 하는 공통적 규정이 현존하지 않으면 안 된다."[41] 마찬가지로, 사람들이 운동 감각이나 운동의 **독립적** 의식에 대해 말할 때, 또는 형태 이론에서처럼 어떤 움직이는 동체도 주어지지 않는, 움직이는 동체의 어떤 특수한 위치도 주어지지 않는 전체적 운동 감각, 파이 현상phénomène Ø에 대해 말할 때, "이러한 감각이나 현상에서 주어지는 것 또는 그것을 통하여 파악되는 것이 어떻게 즉각 운동으로 기록되는가"[42]에 대해 말하지 않는다면 그것은 그야말로 말뿐이다. 운동의 지각이 **운동의** 지각일 수 있고 운동의 지각이 운동을 운동으로서 인식할 수 있는 것은, 그 지각이 운동을 그 의미와 함께, 그리고 그 운동을 구성하는 모든 계기들, 특히 움직이는 동체의 동일성과 함께 이해할 때뿐이다. 심리학자는 운동이, "색과 형태와 같은 감각적으로 주어진 내용처럼 대상에 관계하는, 그리고 주관적인 것으로가 아니라 객관적인 것으로 나타나는, 그러나 다른 정신적 소여와 달리 그 본질이 정적이 아니라 동적인 '정신적 현상들' 중의 하나"라고 대답한다. "예를 들면, 뚜렷하게 특화된 '이행'은 일상적, 시각적 소여에 기초한 구성에서 형성될 수 없는 운동의 살이요,

---

40 같은 책.
41 같은 책. p. 660.
42 같은 책. p. 661.

피이다."[43] 사실상, 정적 지각들로 운동을 구성하는 것은 가능하지 않다. 그러나 그것은 문제도 아니고 사람들은 운동을 정지로 환원할 생각도 없다. 정지 중인 대상 역시 확인을 필요로 한다. 그것이 부단히 사라지고 재창조된다면, 그것이 여러 가지 순간적 표현들에서 지속하지 않는다면 정지 중이라고 말해질 수 없다. 따라서 우리가 말하는 동일성은 운동과 정지의 구별에 앞선다. 운동은 자신을 묘사하고 그 통일성을 형성하는 움직이는 동체 없이는 아무것도 아니다. 여기서 동적 현상의 비유는 심리학자를 기만하고 있다. 우리에게 하나의 힘은 그 자체 자신의 통일성을 보장하는 것처럼 보이나, 그것은 우리가 결과의 전개에서 그것을 확인하는 어떤 사람을 언제나 가정하기 때문이다. '동적 현상들'은 그것들을 체험하고 훑어보고 그 종합을 수행하는 나로부터 자신들의 통일성을 얻는다. 따라서 우리는 운동을 파괴하는 운동의 사고에서 운동을 기초짓고자 애쓰는 운동의 경험으로 이행하고, 또한 이러한 경험에서 엄밀하게 말해 사고가 없으면 그런 경험이 아무것도 의미하지 않게 되는 그런 사고로 이행한다.

15_운동의 현상 또는 주제화되기 이전의 운동

따라서 우리는 심리학자도 논리주의자도 모두 옳다고 인정할 수 없다. 아니, 오히려 양쪽이 옳다고 인정되어져야 하고 정립과 반정립으로서 그 양쪽이 참되다고 인식할 수 있는 방법을 우리는 발견해야 한다. 논리주의자는 '동적 현상' 자체의 구성을 요구하고 우리가 그 진로를 추적하는, 움직이는 동체에 의해 운동을 기술할 때는 옳다. 그러나 그가 움직이는 동체의 동일성을 명시적 동일성으로 제시하고 이것을 스스로 인정하지 않을 수 없을 때는 옳지 않

43 Wertheimer, *Expermentelle Studien*…, p. 227.

다. 심리학자의 편에서는 심리학자가 현상을 가장 가까이서 기술할 때 본의 아니게 움직이는 동체를 운동에다 놓게 되기는 하나, 움직이는 동체를 인식하는 자신의 구체적 방식 때문에 이점을 가진다. 우리가 방금 뒤를 밟았고 심리학자와 논리주의자 사이의 영원한 논쟁을 해명하는 데 이바지했던 논의에서 베르트하이머가 말하고자 하는 것은 근본적으로 무엇인가? 그는 운동의 지각이 움직이는 동체의 지각과 관계해서 2차적이 아니라는 것을, 여기서 움직이는 동체를 지각하고 저기서 움직이는 동체를 지각한 다음, 그 두 위치를 연속적으로 결합하는 동일화를 가지는 것이 아니라는 것을,[44] 움직이는 동체의 다양성이 초월적 통일성 아래 포섭되지 않는다는 것을, 결국 움직이는 동체의 동일성은 '경험으로부터'[45] 직접 나온다는 것을 말하고자 한다. 달리 말해서, 심리학자가 운동을 출발점 A와 도착점 B(즉 AB)를 포함하는 현상으로 말할 때, 그는 어떠한 운동의 주체도 없다는 것이 아니라, 어떤 경우에도 운동의 주체는 자신의 장소에 현존하고 정지해 있는 것으로 먼저 주어진 대상 A는 아니라는 것을 말하고자 한다. 운동이 있는 한, 움직이는 동체는 운동에서 파악된다. 틀림없이, 심리학자는 모든 운동에는 움직이는 동체un mobile가 없으면 적어도 **운동하는 존재** un mouvant라도 있다는 것을 인정할 수 있을 것이다. 이것은 사람들이 운동하는 존재를, 운동을 진로 상의 어떤 지점에 고정시킴으로써 획득할 수 있는 어떤 정적 형태들과도 혼동하지 않는다는 것을 단서로 한다. 그리고 심리학자가 논리주의자보다 유리한 것은 바로 여기서이다. 왜냐하면 세계에 관한 모든 편견에서 벗어나 운동의 경험을 되찾지 못했기에, 논리주의자는 운동 자체만을 말

---

44 베르트하이머는 말하기를, 움직이는 동체의 동일성은 추측으로 얻어지지 않는다. 즉 "여기저기서 그것은 동일한 대상**이지 않으면 안 된다.**" Wertheimer, 같은 책, p. 187.

45 사실을 말하면, 베르트하이머는 운동 지각이 이러한 직접적 동일성을 포함한다는 것을 적극적으로 말하지 않는다. 그는 운동을 판단에 관련시키는 주지주의적 개념, 즉 '체험으로부터 직접적으로 나오지 않는' 동일성을 우리에게 주는 주지주의적 개념을 비난할 때 그것을 암시적으로 말할 뿐이다(같은 책, p. 187).

하고, 운동의 문제를 존재의 견지에서만 제기하며, 결국, 이것이 그 문제를 해결 불가능하게 만들기 때문이다. 운동의 상이한 현상들이 그 진로 상의 상이한 지점들에 있다면, 그 현상들은 동일한 움직이는 동체, 동일한 현상하는 자, 그 현상들을 통해서 자신을 드러내는 동일한 어떤 것의 현상들일 때만 동일한 운동의 현상들이라고 논리주의자는 말한다. 그러나 움직이는 동체는, 행로 상의 상이한 지점의 그 현상들이 분리된 조망으로서 실현될 때만, 별도의 존재로 정립될 필요가 있다. 논리주의자는 원칙적으로 정립적 의식만을 인식한다. 자신의 다양성의 개념, 따라서 종합의 개념에 무거운 부담을 지우는 것은 바로 그 요청, 즉 완전하게 규정된 세계, 순수 존재의 가정이다. 움직이는 동체, 차라리 우리가 말한 대로, 운동하는 존재는 운동의 단계 **아래에서** 동일자가 아니며, 그 **단계에서** 동일자이다. 그것은 내가 운동 과정에서 동일하다고 믿는 땅에 떨어진 그 돌을 발견하기 때문이 아니다. 반대로, 그것은 내가 그것을 운동 과정에서 동일하다고——기술되어야 할 것으로 남아 있는 암시적 동일성——지각했기 때문이고, 내가 그것을 곧 주워 되찾을 것이기 때문이다. 우리는 운동 중인 돌에서 우리가 달리 돌에 대해 알고 있는 모든 것을 현실화해서는 안 된다. 논리주의자는 내가 지각하는 것이 원이라면 모든 직경은 똑같은 것**이다** 라고 말한다. 그러나 그렇다면 지각된 원에도 역시 기하학자가 발견할 수 있었고 발견할 수 있을 모든 속성을 넣도록 해야 한다. 그런데 미리 그 자체로서 분석이 발견할 모든 속성을 소유하고 있는 것은 세계의 사물로서의 원이다. 둥근 나무 줄기는 이미 유클리드 Euclid 이전에 그가 발견했던 속성들을 가지고 있었다. 그러나 유클리드 이전에 그리스인들에게 나타난 바 현상으로서의 원에서 접선의 정사각형은 그 외부의 전분할선에 의한 산물과 같지 않았다. 그 정사각형과 그 산물은 현상에서 일치되지 않았고, 마찬가지로, 반경은 반드시 일치하지 않았다. 일련의 무한정한 명시적·일치적 지각들의 대상으로서 움직이는 동체는 속성들을 갖고, 운동하는 존재는 양식style만을 갖는다. 불가능한 것은 지각된 원이 부등의 직경을 가졌다는 것이거나 운동은 운동하는 존재 없이 존재한다는 것이다. 그러나 그렇다고 해서 지각된 원이 동등한 직경을 갖는 것은 아니다. 왜냐하면 그것은 도대체 직경을 갖지 않기 때문이다. 그것은 자신의 둥근 생김새에 의해서 나에게 알려지고 여타의 모든 도형과 구별지어지는 것이지, 정립적 사고가 이어서 발견할 수 있을 '속성'에 의해서가 아니다. 마찬가지로, 운동은 반드시 움직이는 동체, 즉 규정된 속성들의 총체에 의해 규정된 대상을 가정하지 않고 '움직이는 어떤 것,' 기껏해야 실제적 색도 빛도 없는 '색 또는 빛을 가진 어떤 것'을 포함하는 것으로 충분하다. 논리주의자는 이러한 제3의 가설을 배제한다. 즉 원의 반경은 같거나 같지 않거나 하지 않으면 안 되고, 운동은 움직이는 동체를 갖거나 갖지 않거나 하지 않으면 안 된다. 그러나 그는 원을 사물로서 간주하거나 즉자적 운동을 가짐으로써만 그렇게 할 수 있다. 그런데 우리는 결국 이것이 운동을 불가능하게 한다는 것을 보았다. 운동에 관한 모든 주장들의 원천인 바, 객관적 세계 이전의 운동이 없다면, 아직 주제화되지는 않을지라도 사람들이 인식할 수 있고 확인할 수 있으며 말할 수 있는, 요컨대 의미를 가지고 있는 바 존재 이전의 현상이 없다면, 사고할 어떤 것도 심지어 운동의 현상도 갖지 못할 것이다.[46] 심리학자가 우리를 되돌려보내는 곳은 바로 이러한 현상적 층이다. 우리는 그것이 비합리적이거나 반논리적이라고 말하지

---

46 린케Linke가 마침내 시인하는 것은 운동 주체가 미규정적일 수 있다는 것(우리가 스트로보스코프적 제시에서 삼각형이 원을 향해 움직이고 원으로 변형되는 것을 볼 때처럼), 움직이는 동체가 명시적 지각 작용에 의해서 정립될 필요가 없다는 것, 그것은 운동 지각에서 '같이 보여지고' 또는 '같이 파악된다'는 것, 그것은 대상의 뒷면 또는 나의 배후의 공간으로만 보여진다는 것, 결국 움직이는 동체의 동일성은 지각된 사물의 통일성처럼 범주가 대자적으로 사고되지 않고도 기능하는 범주적 지각에 의해서 파악된다는 것이다(후설). 그러나 범주적 지각의 개념은 선행하는 모든 분석을 문제시한다. 왜냐하면 그것은 운동 지각에 비정립적 의식을 도입하는 것, 말하자면 우리가 보여준 대로 본질필연성으로서의 선천적인 것뿐만 아니라 칸트적 종합의 개념을 거부하는 것과 마찬가지이기 때문이다. 린케의 저술은 유형적으로 후설 현상학의 중기, 즉 형상적 방법, 또는 초기의 논리주의에서 후기의 실존주의로 이행하는 중간 시기에 관한 것이다.

않는다. 움직이는 동체가 없는 운동의 정립만이 그러할 것이다. 움직이는 동체의 명시적 거부만이 배중률에 배치될 것이다. 현상적 층은 문자 그대로 선논리적이고 언제나 선논리적으로 남아 있을 것이라고 말하지 않으면 안 된다. 우리의 세계상은 부분적으로만 존재에 의해 구성될 수 없다. 우리는 사방에서 존재를 둘러싸는 현상을 인정하지 않으면 안 된다. 우리는 논리주의자에게 이성에 대해 무의미나 비의미를 형성하는 경험들을 고찰하라고 요구하는 것이 아니며, 우리에 대해 의미를 가지는 것의 한계 뒤로 물러서고, 주제적 의미의 협소한 지대를 그런 의미를 포괄하는 비주제적 의미의 지대에 다시 배치하고자 할 뿐이다. 운동의 주제화는 동일한 움직이는 동체로 결말을 보고 운동을 파괴하는 운동의 상대성으로 결말을 보고 만다. 우리가 진지하게 운동의 현상을 파악하고자 한다면, 우리는 사물에 의해서만 구성되는 세계가 아니라, 순수한 전이에 의해서 구성되는 세계를 인식해야 한다. 우리가 변화의 구성에 필요한 것으로 인식한, 전이 중인 어떤 것은 자신의 '이행하는' 특수한 방식에 의해서만 규정된다. 예컨대 나의 정원을 날아가는 새는 운동하는 동안에는 단지 회색빛의 비행 능력일 뿐이고, 일반적으로 말해서, 우리는 사물들이 우선 자신의 '거동'에 의해서 규정되지 정적 '속성'에 의해서 규정되지 않는다는 것을 볼 것이다. 통과된 매 지점과 순간에서 명시적 특성들에 의해 규정된 동일한 새를 인식하는 것은 내가 아니다. 자신의 운동의 통일성을 만드는 것은 비행하는 새이고 이동하는 것도 새이다. 꼬리를 가진 혜성처럼 일종의 편재 속에 이미 저기에 있는 것은 방금 여기의 깃털의 동요이다. 선객관적 존재, 주제화되지 않는 운동하는 존재는 이미 우리가 말한 암시적 시공간과 다른 문제를 제기하지 않는다. 우리는 공간의 부분들이 너비, 높이, 깊이에 따라 병존되는 것이 아니라 공존한다고 말했다. 왜냐하면 그 모두가 세계에 대한 우리의 신체의 유일한 파악에 포함되기 때문이다. 그리고 그 관계들은 공간적이기 전에 시간적이었다는 것을 우리가 보여주었을 때 이미 명료화되었다. 사물들이 공간에 공존하는 것은 그 사물들이 지각하는 동일한 주체에 **현전하고** 동일한 시간적 파동에 싸여 있기 때문이다. 그러나 개개의 시간적 파동의 통일성과 개별성이 가능한 것은 그것이 선행하는 것과 후속하는 것 사이에 압착되어 있고, 그것을 터져 나오게 하는 동일한 시간적 고동이 여전히 선행하는 것을 보유하면서도 미리 후속하는 것을 품고 있을 때뿐이다. 연속적 순간으로 구성되는 것은 객관적 시간이다. 체험된 현재는 과거와 미래를 자신의 두께 속에 포함하고 있다. 운동의 현상은 보다 분별 가능한 방식으로 시공간적 함축을 명백히 할 뿐이다. 우리는 어떠한 해석 없이 멀리 있는 대상과 그 참된 크기를 알듯, 그리고 언제라도 어떤 명시적 회상 없이 우리의 과거의 두께 속에서 사건의 장소를 알듯, 객관적 정립 의식 없이 운동과 운동하는 존재를 안다. 운동은 이미 친숙한 환경의 변조이고, 한 번 더, 우리는 우리의 중요한 문제, 즉 모든 의식 작용의 배경이 되는 그 환경이 어떻게 구성되는가 하는 문제로 되돌아간다.[47]

---

47 사람들은 이 문제를 이미 실재론, 이를테면 베르그송의 유명한 기술을 초월하지 않고서는 정립할 수 없다. 베르그송은 외적 사물의 다양한 병존에 의식의 '융합과 상호 침투의 다양성'을 대립시킨다. 그는 회석화의 방법으로 나아간다. 그는 의식에 대하여 순간과 위치가 서로 섞이는 액체처럼 말한다. 그는 그 속에서 그들의 분산이 없어지는 요소를 찾는다. 움직이는 나의 팔의 분할될 수 없는 동작은, 나에게 나 자신이 외적 공간에서 발견할 수 없는 운동을 준다. 왜냐하면 나의 내적 삶에 다시 놓인 나의 운동은 거기서 비연장적인 통일성을 발견하기 때문이다. 베르그송이 사유된 것에 대립시키는 체험된 것은 그에게는 확증적인 것이고 직접적인 '소여'이다. 이것은 애매성에서 해결을 찾는 것과 같다. 사람들은 공간, 운동, 시간을 그들의 다양성이 **실재적으로** 사라지고 없어지는 경험의 '내적' 층을 발견함으로써 이해시킬 수 없다. 그렇게 된다면 더 이상 공간도 운동도 시간도 남아 있지 않을 것이다. 나의 동작 의식은 이것이 참으로 분할될 수 없는 의식 상태라면, 더 이상 전혀 운동 의식이 아니라 우리에게 운동을 가르쳐줄 수 없는 형언 불가의 성질인 것이다. 칸트가 말한 대로 외적 경험은 형언 불가한 내적 경험의 필수 조건이다. 그러나 형언 불가한 것은 그것이 아무것도 말하기를 원하지 않기 때문이다. 계속성의 원리에 따라 과거는 여전히 현재의 것이고 현재는 이미 과거의 것이라면, 더 이상 과거도 현재도 없다. 의식이 스스로 눈사람처럼 자꾸 커진다면, 그것은 눈사람과 모든 사물처럼 전적으로 현재 안에 있다. 운동의 단계가 점차로 확인된다면, 움직이는 아무것도 없다. 시간의 통일성, 공간의 통일성, 운동의 통일성은 혼합에 의해 얻어질 수 없고, 사

동일한 움직이는 동체의 정립은 운동의 상대성으로 끝난다. 우리는 운동을 움직이는 동체에 다시 끌어들였으므로, 이것은 다음과 같은 의미에서만 이해되어야 한다. 즉 운동이 시작하는 것은 움직이는 동체에서이고, 운동이 장에서 전개되는 것은 그 동체로부터이다. 나는 돌이 움직이지 않고 있는 것을, 정원과 나 자신이 운동 중인 것을 마음대로 볼 수 없다. 물리적 이론의 개연성이 그 이론이 조정하는 사실들의 수에 의하는 것처럼, 운동은 그 개연성이 측정되는 가설이 아니다. 그것은 가능적 운동만을 제공할 뿐이다. 운동은 사실이다. 돌은 사고되지 않고 운동에서 보여진다. 왜냐하면 운동이 사실상 그리고 반성에 대하여 단지 관계들의 변화로 귀착된다면, "운동하고 있는 것은 돌이다"는 가설은 어떠한 고유한 의미도 갖지 않기 때문이고, 또한 그 가설은 "운동하고 있는 것은

람들이 그것을 이해할 수 있게 되는 것은 어떠한 실재적 작용에 의해서가 아니다. 의식이 다양성이라면 그 다양성을 다양성으로 체험하기 위해 누가 그 다양성을 거두어들일 것인가? 의식이 융합이라면, 의식은 어떻게 자신이 융합하는 순간적인 다양성을 알게 될 것인가? 베르그송의 실재론에 반대해서, 칸트의 종합 개념은 받아들일 만한 것이고, 이러한 종합의 대행자로서의 의식은 어떠한 사물, 심지어 흐르는 사물과도 혼동될 수 없다. 우리에게 제일 중요하고 직접적인 것은 액체처럼 분산되지 않는, 능동적 의미에서 **스스로** 흩어지는, 따라서 자신이 그렇게 한다는 것을 알지 않고서는, 자신이 스스로 흩어지게 되는 능동적 작용에서 자신을 거두어들이지 않고서는 그렇게 할 수 없는 흐름이거니와, 바로 이것이 칸트가 어디선가 말했던 '지나가지 않는 시간'인 것이다. 따라서 우리에게 운동의 통일성은 실재적 통일성이 아니다. 그러나 다양성 또한 그러하다. 우리가 후설의 어떤 칸트 텍스트에 대해서와 마찬가지로 칸트의 종합 개념을 질책하는 것은 그것이 적어도 관념적으로는 극복해야 할 실재적 다양성을 전제하고 있다는 점 때문이다. 우리에게 발원적 의식이라는 것은 자신 앞에서 자유롭게 즉자적 다양성을 정립하고 그것을 철두철미하게 구성하는 선험적 나라는 것이 아니다. 그것은 오로지 시간**의 덕분으로** 다양성을 지배하고 자유 그 자체가 자신의 운명인 그러한 나이고, 그래서 나는 시간의 절대적 작자라는 의식이 없으며 내가 사는 운동을 구성하는 의식이 없다. 내가 보기에, 자리를 이동하는 것, 한 순간 또는 한 위치에서 다른 순간, 다른 위치로의 이행을 실현하는 것은 운동 그 자체인 것 같다. 운동의 현상, 그리고 일반적으로 실재적인 것의 현상을 정초하는 이 관계적, 선개인적 나는 분명하게 어떤 해명을 요구한다. 우리는 종합의 개념보다 아직 다양성의 명시적 정립을 지시하지 않는 이 개략적인 개념을 더 좋아한다고만 말해두자.

정원이다"는 가설과 하등 구별되지 않기 때문이다. 따라서 운동은 돌에 거주한다. 그러나 우리는 심리학자의 실재론을 옳다고 인정하려는 것인가? 우리는 운동을 성질처럼 돌 속에다 놓으려는가? 그것은 분명히 지각된 대상과의 어떤 관계도 가정하지 않고 완전하게 동질적인 장에서 가능한 것으로 남아 있다. 다시 말하지만, 모든 움직이는 동체가 장에 주어진다는 것은 사실이다. 우리는 운동에서 운동하는 존재를 필요로 하는 것처럼 운동의 기초를 필요로 한다. 시각적 장의 가장자리가 언제나 객관적 표정을 제공한다고 말하는 것은 우리의 잘못이었다.[48] 거듭 말하지만, 시각적 장의 가장자리는 실재적 선이 아니다. 우리의 시각적 장은 객관적 세계에서 재단되지 않고 창틀에 끼위지는 광경처럼 단호한 가장자리를 가진 세계의 단편이 아니다. 우리는 거기에서 사물에 대한 우리의 시선의 파악이 미치는 만큼 멀리 보며, 분명한 시각의 범위를 넘어서 심지어 우리의 배후까지 본다. 우리는 시각 장의 한계들에 이를 때 시각에서 비시각으로 이행하지 않는다. 가까이 있으나 내가 명시적으로 보지 못하는 죽음기는 여전히 나의 시각적 장에 고려된다. 역으로, 우리가 보고 있는 것은 언제나 어떤 점에서 보이지 않고 있다. 즉 사물들의 '앞' '우리 앞의' 사물들이 있어야 하고 결국 지각이 있어야 한다면, 사물의 숨겨진 측면들, '우리 뒤의' 사물들이 있지 않으면 안 된다. 시각적 장의 한계들은 세계의 조직에 필요한 계기이지 객관적 윤곽이 아니다. 그러나 그럼에도 불구하고 결국 대상이 우리의 시각적 장을 주파한다는 것, 대상은 거기서 이동한다는 것, 운동은 그 관계를 벗어나서는 아무런 의미를 가지지 않는다는 것은 사실이다. 우리가 장의 일부에 형의 가치 또는 지의 가치를 부여하는 데 따라서 그것은 우리에게 운동 중인 것으로 또는 정지 중인 것으로 보인다. 우리가 해안을 따라 운항하는 배 위에 있다면, 라이프니츠가 말한 대로, 우리가 해안이 우리 앞에서

48 Wertheimer, 앞의 책, pp. 255~56.

지나가는 것을 볼 수 있다는 것, 또는 그것을 고정된 지점으로 간주할 수 있다는 것, 그리고 그 배가 운동 중이라고 느낄 수 있다는 것은 사실이다.

17_운동의 상대성

그러므로 우리는 논리주의자가 옳다고 인정하는가? 전혀 아니다. 왜냐하면 운동이 구조의 현상이라고 말하는 것은 그것이 '상대적'이라고 말하는 것이 아니기 때문이다. 운동을 구성하는 바로 그 특수한 관계는 **대상들 사이에** 있지 않으며 그 관계를 심리학자는 무시하지 않고 논리주의자보다 더 훌륭하게 기술한다. 우리가 시선을 뱃전에 고정시킨 채로 있으면 해안은 우리의 시선 아래로 지나가고, 우리가 해안을 주시하면 움직이는 것은 배이다. 어둠 속에 빛나는 두 점, 즉 움직이지 않는 점과 운동 중인 점 중에서 우리가 시선을 고정시키는 것은 운동 중인 점인 것으로 보인다.[49] 우리가 보는 것이 구름이고 강이라면, 구름은 종각 위로 떠가고 강은 다리 아래로 흘러간다. 우리가 보는 것이 종각이나 다리라면, 종각은 하늘을 가로질러 만나고 다리는 그 자리에 가만히 있는 강 위로 미끄러진다. 장의 일부에 움직이는 동체의 가치를 부여하고, 다른 일부에 지의 가치를 부여하는 것은 우리가 주시 행위를 통해서 그것들과 우리의 관계를 확립하는 방식이다. 돌이 공중으로 날아간다는 이 말은 정원에 자리를 잡아 닻을 내린 우리의 시선이 돌에 의해 끌려가고, 말하자면 그 돌이 닻을 내리는 데로 향한다는 것이 아니라면 무엇을 말하고자 함인가? 움직이는 동체와 그 지와의 관계가 우리의 신체를 지나간다. 이러한 신체의 매개가 어떻게 인식

---

49 이러한 현상 법칙들은 따라서 좀더 명확하게 되어야 할 것이다. 확실한 것은 법칙들이 있다는 것이고 운동 지각은 애매할 때라도 자의적인 것은 아니고 고정점에 의존한다는 것이다. Duncker, *Über induzierte Bewegung.*

될 수 있는가? 대상과 신체의 관계가 대상을 움직이는 것으로 또는 정지 중인 것으로 규정할 수 있다는 것은 어디로부터 오는가? 우리의 신체는 대상이 아닌가? 그리고 우리의 신체는 자신을 정지와 운동의 관계 아래에서 규정하는 것을 필요로 하지 않는가? 때때로 사람들은 눈의 운동에 있어 대상들이 우리에 대하여 움직이지 않는 것으로 있다고 말한다. 왜냐하면 우리는 눈의 이동을 고려하기 때문이고, 눈의 이동이 정확하게 현상의 변화에 비례하는 것을 발견하면서 대상이 움직이지 않는다고 결론 내리기 때문이다. 사실상, 우리가 수동적 운동에서와 같이 눈의 이동을 의식하지 않는다면, 대상은 움직이는 것 같다. 눈 운동 근육의 부전마비에서처럼, 대상과 눈의 관계가 변화하지 않아도 눈 운동에 대한 착각을 가진다면, 우리는 대상의 운동을 본다고 믿는다. 우선, 대상과 우리 눈의 관계는 망막에 새겨지는 대로 의식에 주어지고 동시에 우리는 우리 눈의 이동이나 정지를 고려함으로써 대상의 정지나 운동 정도를 삭감에 의해서 획득하는 것처럼 보인다. 사실상, 이러한 분석은 전적으로 인위적이고 신체와 광경의 참된 관계를 우리에게 숨기는 데 적절하다. 내가 나의 시선을 한 대상에서 다른 대상으로 옮길 때, 나는 나의 눈을 객관적 공간에서 이동하는 또는 정지해 있는 대상이나 궤도에 걸려 있는 천체로서도 의식하지 않으며, 이것들이 망막 위에 결과하는 것으로도 의식하지 않는다. 가정된 계산의 요소들은 나에게 주어지지 않는다. 사물의 부동은 시선의 행동에서 연역되지 않으며, 그것은 엄밀하게 동시적이다. 그 두 현상들은 서로를 포함한다. 그것들은 대수학적 총합의 두 요소들이 아니라, 그 둘을 총괄하는 한 조직의 두 계기들이다. 나의 눈은 나에 대하여 사물들과 만나는 어떤 능력이지, 사물들이 투사되는 화면이 아니다. 나의 눈과 대상의 관계는 대상이 눈에 투사되는 기하학적 형태에서 주어지는 것이 아니라, 주변의 시각에서는 아직 모호하나 내가 대상을 집중할 때는 보다 간결 명확해지는 그런 대상에 대한 나의 눈의 어떤 파악으로서 주어진다. 눈의 수동적 운동에서 내가 결여하고 있는 것은 어떤 경우에도 나에게 주어지지 않는 바, 눈의 궤도 상의 이동의 객관적 표상이 아니다. 그것은 대상들에 대한 나의 시선의 정확한 맞물림이거니와, 이것이 없으면 대상들은 더 이상 부동할 수도 없고 심지어 참되게 운동할 수도 없게 된다. 왜냐하면 내가 나의 안구를 누를 때 나는 참다운 운동을 지각하지 못하고, 이동하는 것이 사물들인 것은 더욱 아니고, 바로 그 표면 위의 얇은 막이기 때문이다. 마침내 나는 눈 운동의 부전마비의 경우 망막상의 항상성을 대상의 운동에 의해 설명하지 않는다. 그러나 나는 대상에 대한 나의 시선의 파악이 느슨하게 되지 않는다는 것을 경험한다. 나의 시선이 그 시선에 따라 대상을 운반하고 이동시킨다. 따라서 나의 눈은 지각에서 대상이 아니다. 사람들이 움직이는 동체 없이 운동을 말할 수 없다면, 그것은 정말 고유한 신체의 경우에서 그러하다. 고정시키고자 하는 것을 향하는 나의 눈 운동은 다른 대상과의 관계에 의한 대상의 이동이 아니고 실재적인 것을 향한 행진이다. 나의 눈은 그 눈이 접근하는 또는 물러나는 사물과의 관계에 의해 운동 중이거나 정지 중이다. 신체가 운동의 지각에 그 지각이 확립되기 위해 필요한 토대나 기초를 제공한다면, 그것은 지각 능력으로서이고 그만큼 신체는 어떤 영역에서 확립되고 세계에 맞물려 있다. 정지와 운동은 그 정지와 운동에 따라 본디 규정되지 않는 그런 대상과, 나의 신체가 어떤 대상에 닻을 내릴 때 대상으로서 더 이상 규정되지 않는 그런 나의 신체 **사이에서** 나타난다. 상하처럼 운동은 수준의 현상이고 모든 운동은 변할 수 있는 어떤 정박지를 가정한다. 사람들이 혼란스럽게 운동의 상대성에 대해 말할 때 가치 있는 것이라고 말하고자 하는 것이 바로 여기에 있다. 그런데 정박지라는 것은 무엇이고 그것이 어떻게 정지의 기초를 구성하는가? 그것은 명시적 지각이 아니다. 정박지점들은 우리가 그것들에 집중할 때 대상들이 아니다. 종각은 내가 하늘을 주변의 시각에 놓이게 할 때만 운동 중이게 된다. 소위 운동의 표정의 본질적인 것은 그것이 현실적 인식에서 정립되지 않는다는 것, 언제나 '이미 거기에' 존재한다는 것이다. 그것은 지각 앞에 주어지지 않으며 선의식적 작용에 의해 지각을 에워싸고 또 그것에 줄곧 따라다닌다. 그리고 이 선의식적 작용의 결과들이 무엇이든 사실로서 우리에게 나타난다. 우리가 마음대로 우리의 정박지를 선택할 수 있는 애매한 지각의 경우들은, 우리의 지각이 그 맥락과 과거로부터 인위적으로 재단되는 경우들이고, 우리가 우리의 전 존재로 지각하지 않는 경우들이며, 우리가 우리의 신체에게 언제나 모든 역사적 개입과 단절하게 하면서 스스로 책임지고 가능하게 하는 일반성과 우리의 신체로부터 연출하는 경우들이다. 그러나 우리가 인간 세계와 단절할 수 있다 해도, 우리는 우리의 눈을 고정시키지 않을 수 없다——이것은 우리가 살고 있는 한, 인간적 환경이 아니라면, 적어도 물리적 환경에 참여한 채로 남아 있다는 것을 말한다——또한 고정된 시선의 지각은 임의적인 것이 아니다. 하물며 신체의 삶이 우리의 구체적 존재에 통합되어 있을 때 그러하겠는가. 내가 아무것도 하지 않거나 운동의 착각에 대해 조사하거나 한다면, 나는 마음대로 내가 타고 있는 기차나 움직이고 있는 인접한 기차를 볼 수 있다. 그러나 내가 기차 안에서 카드 게임을 할 때 출발하는 것이 실제로 내가 타고 있는 기차라 해도, 나는 옆 차가 움직이는 것을 본다. 내가 다른 열차를 보고 거기서 어떤 사람을 찾을 그때 출발하는 것은 내가 타고 있는 기차이다.[50] 우리가 선택한 그 기차간은 '정지 중'이고, 그 안벽은 '수직'이며, 풍경이 우리 앞에서 지나가고, 측면에서는 창문을 통해 보여진 전나무들이 우리에게 비스듬히 나타난다. 우리가 창문으로 옮겨 앉으면, 우리의 조그만 세계를 넘어서 커다란 세계로 돌아오고 전나무들은 바로 세워져 움직이지 않으며, 기차는 비탈길을 따라 기울고 들판을 가로질러 내달린다. 운동의 상대성은 일정한 지역을 넓은 영역 내에서 변경시키는, 우리가 가진 능력에 귀착한다. 주위에

50 Koffka, *Perception*…, p. 578.

한번이라도 참여함으로써, 우리는 우리 앞에 운동이 절대적인 것으로 나타나는 것을 본다. 명시적 인식 행위, 사고 작용뿐만 아니라 언제나 과거에 있으며 우리가 세계를 제공받게 되는 보다 비밀스러운 행위까지도 고려한다면, 또한 비정립적 의식을 인식한다면, 우리는 실재론의 난점에 빠지지 않고도 심리학자가 절대적 운동이라 부르는 것을 인정할 수 있고, 논리주의자처럼 운동을 파괴하는 일을 범하지 않고도 운동의 현상을 이해할 수 있다.

(4) 체험된 공간

18_공간성의 경험은 우리가 세계에 고정됨을 표현한다

우리는 지금까지 고전 철학자와 심리학자가 한 대로, **공간의 지각**, 다시 말하자면 초연한 주체가 대상들과 그 기하학적 특성들 사이의 공간적 관계들에 대하여 얻을 수 있다는 인식을 고찰해왔다. 그러나 그럼에도 불구하고 공간에 대한 우리의 모든 경험을 포괄하는 것과는 정반대인 이러한 추상적 기능을 분석함으로써, 우리는 주체를 환경에서 확립하는 것, 그리고 결국 주체가 세계에 내속되어 있다는 것을 공간성의 조건으로서 나타나게 하는 데로 귀착했다. 달리 표현하면, 우리는 공간적 지각이 구조의 현상이라는 것과, 공간적 지각이 구체적 주체에게 가능한 정박지를 제시함으로써 지각을 동기화하는 데 전적으로 공헌하는 지각적 장의 내부에서만 이해된다는 것을 인식해야 했다. 공간 지각, 그리고 일반적으로, 지각의 고전적 문제는 보다 광범한 문제에 재통합되어야 한다. 사람들이 어떻게 명백한 작용에서 공간적 관계들과 '속성들'을 가진 대상들을 규정할 수 있는가를 묻는 것은 2차적인 문제를 제기하는 것이고, 이미 친숙한 세계를 지로 해서만 나타나는 작용을 발원적이라고 표명하는 것과 같고, 사람들이 아직 세계의 경험을 의식하지 못했다는 것을 시인하는 것과 같다. 자연적 태도에서 나는 **지각들**을 갖지 않는다. 나는 이 대상과 저 대상의 객관적 관계를 이 대상이 저 대상 옆에 있는 것으로 정립하지 않는다. 나는 연속적으로만이 아니라 동시적으로도 서로를 암시하고 명시하는 경험들의 흐름을 가진다. 파리는 나에 대하여 많은 면면을 가진 대상이 아니고, 지각의 집합도 아니며 심지어, 모든 지각들의 법칙도 아니다. 한 존재가 그의 손 동작, 걸음걸이, 말소리에서 동일한 감정적 본질을 명백히 하듯, 나의 파리 여행의 명백한 개개의 지각은――카페들, 사람들의 얼굴, 강변의 포플러들, 센 강의 소용돌이――파리의 전 존재에서 두드러지고 파리의 어떤 양식이나 의미를 확증하게 할 뿐이다. 그리고 내가 거기에 처음 도착했을 때, 역을 떠나면서 내가 본 최초의 길은 모르는 사람의 최초의 발언처럼 여전히 애매한, 그러나 이미 비교 불가능한 본질의 표시일 뿐이다. 우리는 친숙한 얼굴의 눈을 보지는 않지만 그 시선과 표현을 보는 것처럼 그렇게 대상을 거의 지각하지 않는다. 경치와 도시에 퍼져 있는 잠재적 의미가 분명히 있으며 우리는 그것을 규정하지 않고도 특별한 증거에서 발견한다. 애매한 지각들, 즉 우리가 우리 자신에게 제기하는 문제에 대답하거나, 우리가 취하는 태도에 의해 우리 자신이 의미를 부여하는 지각들만이 명백한 작용처럼 나타날 뿐이다. 그것들은 지각적 장의 분석에 이용될 수 없다. 왜냐하면 그것들은 지각적 장에 벌써 그려진 것이고, 지각적 장을 전제하기 때문이며, 세계와의 만남에서 우리가 취득한 조립들을 이용함으로써만 그것들을 우리가 얻기 때문이다. 아무런 지가 없는 최초의 지각이란 생각될 수 없다. 모든 지각은 지각하는 주체의 어떤 과거를 가정하고, 지각의 추상적 기능은 대상의 만남으로서, 우리가 우리의 환경을 정련하게 되는 보다 비밀스러운 작용을 함축한다. 다가오는 대상들은 메스칼린 중독 상태에서 작게 보인다. 신체의 사지나 일부분, 즉 손, 입, 혀는 크게 보이고, 그 나머지는 부속물 이외의 아무것도 아니다.[51] 방벽은 150미터 떨어져 있고 벽 너머는 황량하게 텅 비어 있다. 확대된 손은 벽만큼 높다. 외적 공간과 신체적 공간은 주체가 '한 차원을 다른 차원에서'[52] 먹는다는 인상을 가질 정도로 서로 분리된다. 어떤 순간에 운동은 더 이상 보이지 않고 마술적인 방식으로 사람들은 한 지점에서 다른 지점으로 이동한다.[53] 주체만 홀로 빈 공간에 버려진 채 있으며, "그는 사물들 사이의 공간만을 잘 볼 수 있을 뿐이고 그 공간은 비어 있다고 불평한다. 대상들이 어떻든 거기에 여전히 잘 있지만, 있어야 하는 그대로는 아니다……"[54] 사람들은 인형처럼 보이고 그 운동들은 꿈속에서처럼 느리다. 나뭇잎들은 자신의 구조와 조직을 상실한다. 개개의 지점의 나뭇잎들은 여타의 모든 지점의 나뭇잎들과 동일한 가치를 지닌다.[55] 정신분열증 환자는 이렇게 말한다. 즉 "새가 정원에서 지저귄다. 나는 새 소리를 듣고 그 새가 지저귀는 것을 안다. 그러나 그것이 새라는 것과 그것이 지저귄다는 것, 이 두 가지는 서로 너무 멀리 떨어져 있다…… 심한 간격이 있다…… 새와 지저귐은 서로 어떤 관계도 없는 것처럼."[56] 다른 정신분열증 환자는 추시계, 말하자면 우선, 바늘이 한 지점에서 다른 지점으로 이동하는 것과 특히 그 운동과 그 기계의 추진력의 관계, 추시계의 '진행'을 '이해하는' 데 더 이상 성공하지 못한다.[57] 이러한 장애들은 지각을 세계의 인식으로서 관계하고 있는 것이 아니다. 즉 신체의 확대된 부분들, 다가오면서 매우 작게 보이는 대상들은 바로 그와 같은 부분이나 대상인 것으로 정립되지 않는다. 축구 경기장의 두 끝이 정상인에 대하여 서로 멀리 떨어져 있는 것처럼, 방의 벽

51 Mayer-Gross와 Stein, *Über einige Abänderungen der Sinnestätigkeit im Meskalin-rausch*, p. 375.
52 같은 책, p. 377.
53 같은 책, p. 381.
54 Fisher, *Zeitstruktur und Schizophrenie*, p. 572,
55 Mayer-Gross와 Stein, 앞의 책, p. 380.
56 Fisher, 앞의 책, pp. 558~59.
57 Fischer, *Raum-Zeitstruktur und Denkstörung in der Schizophrenie*, p. 247 및 이하.

지각의 현상학

들은 환자에 대하여 서로 멀리 떨어져 있지 않다. 그 주체는 음식과 자신의 고유한 신체가 동일한 공간에 있다는 것을 잘 알고 있다. 왜냐하면 그는 자신의 손으로 음식을 집기 때문이다. 공간은 '비어' 있으나, 그럼에도 지각의 모든 대상들은 바로 거기에 있다. 장애는 사람들이 지각에서 끌어낼 수 있는 안내에 근거하지 않으며 '지각' 아래에 있는 의식의 보다 심층적인 삶을 분명히 한다. 운동에 관해서 비지각이 있을 때라도 지각적 결손은 현상들을 상호 분절하는 데 관계하는, 보다 일반적 장애의 한계 경우인 것으로만 보일 뿐이다. 새가 있고 지저귐이 있으나, 새는 더 이상 지저귀지 않는다. 바늘 운동이 있고 태엽이 있으나, 추시계는 더 이상 '진행하지' 않는다. 마찬가지로, 신체의 어떤 부분들은 굉장히 커지고 인접한 대상들은 매우 작아진다. 왜냐하면 총체가 더 이상 체계를 형성하지 않기 때문이다. 그런데 세계가 잘게 쪼개지거나 조각나는 것은 고유한 신체가 인식하는 신체이기를, 모든 대상들을 단 하나의 파악 속에 끌어넣기를 멈추었기 때문이다. 신체가 이렇게 하나의 유기체로 전락하는 것 자체는 미래를 향해 일어서지 않고 자기 자신에 다시 빠지는 시간의 함몰 탓으로 돌리지 않으면 안 된다. "한때 나는 영혼과 살아 있는 신체를 가진 인간이었으며 지금은 존재 이외의 아무것도 아니다…… 이제 유기체만 있을 뿐이고 영혼은 죽었다…… 나는 듣고 보나 더 이상 아무것도 알지 못하고, 삶은 이제 나에 대하여 하나의 문제이다…… 나는 지금 영원성 속에 계속 살고 있다. 나뭇가지들은 흔들리고 다른 사람들은 방에서 오고 가나, 시간은 더 이상 나에 대하여 경과하지 않는다…… 사고는 변했으며 양식은 더 이상 없다…… 미래란 무엇인가? 사람들은 그것에 도달할 수 없다…… 모든 것이 의문점이다…… 모든 것이 너무 단조롭다. 아침에도, 정오에도, 저녁에도, 과거에도, 현재에도, 미래에도. 모든 것이 언제나 다시 시작된다."[58]

---

58 Fischer, *Zeitstruktur und Schizophrenie*, p. 560.

공간의 지각은 특수한 종류의 '의식 상태' 또는 '작용'이 아니다. 그 양상들은 언제나 주체의 모든 삶을 표현하고 주체가 자신의 신체와 세계를 통하여 미래를 향할 때 같이하는 에너지를 표현한다.[59]

19_밤의 공간성

따라서 우리는 우리의 탐구를 확대시키는 곳으로 향한다는 것을 발견한다. 공간성의 경험이 우리가 세계에 고정되어 있다는 것과 한 번이라도 관계한다면, 이러한 고정의 개개의 양상에 대하여 원래적 공간성이 있을 것이다. 예컨대, 분명하고 뚜렷한 대상 세계가 없어진 것으로 드러날 때, 자신의 세계와 단절된 우리의 지각적 존재는 사물 없는 공간성을 그린다. 이것이 밤에 일어나는 것이다. 밤은 내 앞의 대상이 아니고, 나를 에워싸며 나의 모든 감각을 관통하고 나의 상기를 질식시키며, 나의 인격 동일성을 거의 파괴한다. 나는 더 이상, 거리를 두고 움직이는 대상들의 윤곽을 보는 것으로부터 나의 지각적 조망으로 물러서지 않는다. 밤은 측면이 없고 그 자체로 나와 접하며, 밤의 통일성은 **마나**mana*의 신비적 통일성이다. 외침이나 먼 빛도 모호하게만 밤을 채울 뿐이다. 밤은 그야말로 전체로서만 생명을 가지고, 그것과 나 사이에는 평면도 표면도 거리도 없는 순수 깊이이다.[60] 모든 공간은 반성하는 자에 대하여 그 부분들을 결합하는 사고에 의해서 지탱되나, 그 사고는 아무 곳에서도 이루어지지 않는다. 반대로, 내가 그것과 결합하게 되는 것은 밤 공간의 한가운데서이다. 밤에 느끼는 신경증 환자의

---

59 "정신분열 증세는 정신분열증 환자의 인격으로 가는 길 이외에는 아무것도 아니다." 크론펠트Kronfeld가 피셔에 의해 인용됨. Fischer, *Zur Klinik und Psychologie des Raumerlebens*, p. 61.

* 미개 종족들이 사물이나 생명체에 존재한다고 믿었던 초자연적 힘을 말한다.

60 Minkowski, *Le Temps vécu*, p. 394.

불안은 밤이 우리로 하여금 우리의 우연성을 느끼게 하는 것에서 나오고, 우리가 항상 발견할 것이라는 어떤 보장도 없이 사물에 닻을 내리고 사물로 초월하기를 애쓰게 하는, 그칠 줄 모르는, 근거 없는 운동을 느끼게 하는 것에서 나온다. 그러나 밤은 여전히 비실재적인 것에 대한 우리의 가장 현저한 경험인 것은 아니다. 가령, 내가 나의 아파트 방을 더듬어서 갈 때처럼 나는 밤인데도 대낮의 몽타주[배치 구도]를 보존할 수 있다. 어떠한 경우에도 밤은 자연의 일반적 범위 안에 놓이고 어두운 공간에서도 사람의 마음을 풀어주는 세속적인 어떤 것이 있다.

20_성적 공간

반대로, 수면의 경우에, 나는 세계를 멀리 잡아두기 위해서만 그 세계를 나에 대하여 현존하는 것으로 간직하고, 나의 실존의 주관적 원천으로 복귀한다. 꿈의 환각들은 밝은 공간과 관찰 가능한 대상이 눌러붙어 있는 일반적 공간성을 한층 더 잘 드러낸다. 예를 들어, 그야말로 신화와 시에서처럼 꿈에서 자주 나타나는 상승과 하강의 주제를 고찰해보자. 사람들은 꿈속에 나타나는 이러한 주제들이 동시 발생하는 호흡 운동 또는 성적 충동에 관계될 수 있다는 것을 알고 있다. 위와 아래의 생명적·성적 의미를 인식하는 것이 최초의 순서이다. 그러나 이러한 설명들은 오래 가지 못한다. 왜냐하면 꿈속의 상승과 하강은 호흡 운동과 욕망에 의한 각성 시의 지각들처럼 가시적 공간에 있지 않기 때문이다. 왜 주어진 순간에 꿈꾸는 자가 호흡과 욕망의 신체적 사실들에 전적으로 응하는가, 그리하여 그 사실들이 상(像)의 형태로서, 예컨대 날아가다가 소총에 맞아 떨어져 조그만 검은 종이 더미로 변하는 그러한 거대한 새의 상으로서 꿈에 나타나는 것을 볼 정도로, 바로 그 사실들에 일반적·상징적 의미를 주입하는가를 이해하지 않으면 안 된다. 객관적 공간에 자리 잡고 있는 호흡의 사건과 성적 사건이 어떻게 그로부터 빠져나와 꿈속에 있고 다른 무대에서 확립되는가를 이해하지 않으면 안 된다. 사람들은 각성 시에서라도 신체에 상징적 가치를 부여하지 않으면 그것에 도달할 수 없을 것이다. 우리의 정서, 욕망과 우리의 신체적 태도 사이에는 우연적 관계, 심지어 유비적 관계만이 존재하는 것은 아니다. 내가 낙담해서 고개를 떨군다고 말한다면, 그것은 낙담에 뒤이어 신경 메커니즘의 법칙에 의한 허탈한 동작이 수반되기 때문만은 아니며, 내가 나의 욕망 대상과 나의 욕망 사이에서, 높은 데 있는 대상과 그 대상을 향한 나의 동작 사이의 관계와 동일한 관계를 발견하기 때문만은 아니다. 즉 물리적 공간상의 방향으로서의 위를 향한 운동과 욕망의 목표를 향한 욕망의 운동은 상호 상징적이다. 왜냐하면 그 둘 모두는 환경과 관계해서 위치지어진다는 우리 존재의 동일한 본질적 구조를 표현하기 때문이고, 이것이 오로지 물리적 세계의 위와 아래의 방향에 의미를 부여하는 것이라는 것을 우리는 이미 보았던 터이다. 사람들이 고매한 도덕 또는 천한 도덕을 말할 때 물리적 세계에서만 충분한 의미를 가질 뿐인 관계를 정신적인 것으로 확대하지 않는다. 사람들은 "말하자면 상이한 영역들을 지나가고 개개의 영역에서 특수한 (공간적, 청각적, 정신적, 심리적) 의미를 부여받는 의미의 방향을"[61] 이용한다. 꿈의 환각들, 신화의 환각들, 개개인이 애호하는 상들, 결국 시적 상들은 전화 번호와 가입자의 이름 사이에 존재하는 관계와 같은 기호와 의미의 관계에 의해서 자신들의 의미와 결합되지 않는다. 그것들은 진실로 자신들의 의미를 포함하고, 이 의미는 개념적 의미가 아니라 우리의 실존의 방향인 것이다. 내가 날아간다거나 떨어진다는 꿈을 꿀 때, 내가 그것들을 깨어 있는 세계의 물리적 현상들로 환원하지 않고 그 모든 실존적 함축들을 파악한다면, 그 꿈의 모든 의미는 그렇게 날아감 또는 떨

61 Binswanger, *Traum und Existenz*, p. 674.

어짐 속에 들어 있다. 날다가 떨어져 한 줌의 재가 되는 새는 물리적 공간에서는 날지 않고 떨어지지 않으며, 자신을 관통하는 실존적 물결과 함께 올라가고 내려간다. 거듭 말하지만, 그것은 나의 실존의 고동이고 수축이며 이완이다. 제시되는 세계와 우리의 만남이 깨어 있는 생활에서 실재들의 공간을 규정하듯, 순간순간 일어나는 이러한 물결의 수준이 환각들의 공간을 규정한다. '지각'에 선행하는 위와 아래의 규정이 있고, 그리고 일반적으로, 장소의 규정이 있다. 삶과 성이 그들의 세계와 장소에 드나든다.

21_ 신화적 공간

원주민들은 신화에 살고 있는 한, 그러한 실존적 공간을 넘어갈 수 없다. 이것이 꿈들이 그들에게 지각들만큼 중요한 이유이다. 공간과 위치가 대규모의 감정적 실재들의 거주를 통해서 규정되는 신화적 공간이 있다. 원주민들에게 종족의 야영지가 어디에 있는가를 아는 것은 표준화된 어떤 대상과의 관계에 의해서 그곳을 위치짓는 것이 아니다. 그것은 모든 표정들의 표정이다. 그것은 마치 나에 대하여 나의 손이 어디에 있는가를 아는 것이, 잠시 잠들어 있다가 내가 인수하여 나 자신의 것으로 재발견할 수 있는 어떤 힘과 결합하는 것과 같이, 어떤 평화나 기쁨의 자연적 장소를 향하듯 그곳을 향하는 것이다. 나에 대하여 나의 오른손과 왼손은 나의 숙련과 미숙의 육화이듯이, 점술가에 대하여 좌와 우는 몰락과 영화가 나오는 원천이다. 신화에서처럼 꿈에서, 우리는 우리 자신의 욕망이 도달하는 곳, 우리의 마음이 두려워하는 것, 우리의 삶이 의존하는 것을 경험함으로써 **어디서** 현상이 발견되는가를 배운다.

22_체험된 공간

깨어 있는 생활에서도 사정은 다르지 않다. 나는 휴양촌에 도착하여 나의 작업과 일상적 환경에서 벗어나게 되어 행복하다. 나는 그 마을에 짐을 푼다. 그 마을이 나의 삶의 중심이 된다. 강에 없는 물, 옥수수나 호두의 수확이 나에 대하여 사건이다. 그러나 친구가 나를 보러 오고 파리의 소식을 나에게 가져온다면, 또는 라디오와 신문이 전쟁의 위험이 있다는 것을 나에게 알려준다면, 나는 그 휴양촌에서 소외를 느끼고 진정한 삶에서 배제되어 있으며 멀리 갇혀 있다는 것을 느낀다. 우리의 신체와 우리의 지각은 우리에게 제공하는 광경을 우리로 하여금 세계의 중심으로 간주하도록 언제나 촉구한다. 그러나 그 광경이 반드시 우리의 삶의 중심은 아니다. 나는 여기에 머물면서도 '다른 곳에 있을 수' 있다. 사람들이 나를, 내가 사랑하는 것으로부터 멀리 붙잡아둔다면, 나는 진정한 삶에서 일탈되어 있는 것으로 느낀다. 보바리슴bovarysme과 어떤 형태의 농부의 불안은 중심을 이탈한 삶의 보기들이다. 반대로, 편집광은 도처가 중심이다. "그의 정신적 공간은 크고 광채를 발한다. 제시되는 모든 대상들에 대하여 예민한 그의 사고는 한 대상에서 다른 대상으로 활공하고 대상의 운동에 이끌린다."[62] 나와 모든 사물 사이에 존재하는 물리적 거리나 기하학적 거리 이외의 체험된 거리가 나를, 나에 대하여 문제가 되고 나에 대하여 존재하는 사물들과 한데 묶고, 그 사물들을 상호 연결한다. 이러한 거리는 매순간 나의 삶의 '폭'을 재어준다.[63] 때때로 나와 사건들 사이에는, 사건들이 나와 관계하는 것을 멈추는 일 없이도 나의 자유를 마련해주는 어떤 유희(공간)가 있다. 때때로 그와 정반대로, 체험된 거리는 너무 짧고 동시에 너무 광대하다. 사건들의 대부분은 나

지각의 현상학

---

62 Binswanger, *Über Ideenflucht*, p. 78 및 이하.

63 Minkowski, *Les Notions de distance vécue et d'ampleur de la vie et leur application en psychopathologie*, 다음을 참조할 것. *Le Temps vécu*, ch. VII.

에 대하여 중요한 것이기를 멈추는 반면, 가장 가까이 있는 사건들이 나의 곁을 떠나지 않고 있다. 이것들이 밤처럼 나를 에워싸고 나에게서 나의 개별성과 자유를 빼앗는다. 문자 그대로 나는 더 이상 숨을 쉴 수가 없다. 나는 사로잡혀 있다.[64] 그와 동시에 사건들은 서로 응집한다. 한 환자는 극히 차가운 바람기, 군밤의 냄새, 비의 냉기를 느낀다. 아마도 그는 "바로 그 순간에 나와 같은 암시 작용을 받고 있는 사람이 비가 오는 가운데 군밤 장수 앞을 지나갔다"[65]고 말할 것이다. 민코프스키Minkowski도 돌보고 마을의 신부도 돌보았던 어떤 정신분열증 환자는 그들이 자기에 대하여 의논하고 싶어 만났다고 믿는다.[66] 나이 많은 정신분열증 환자는 다른 사람을 닮은 어떤 사람이 자기를 알아보았다고 믿는다.[67] 환자에게 더 이상 어떠한 여유도 주지 않는 체험된 공간의 협착이 우연에 어떠한 역할도 더 이상 허용하지 않는다. 공간처럼 인과성은 대상들 사이의 관계이기 전에 사물에 대한 나의 관계에 기초한다. 방법론적 사고의 긴 인과적 연쇄처럼 정신착란 상태의 '짧은 회로'의[68] 인과성은 존재 방식들을 표현한다.[69] 즉 "공간의 경험은 다른 모든 경험의 방식들, 다른 모든 심리적 소여들과 얽혀 있다."[70] 모든 대상들이 똑같이 중요하고 똑같이 존재할 권리를 가지는 밝은 공간, 이 정직한 공간은 병적 변양들이 드러내는 다른 공간성에 의해 둘러싸여 있을 뿐만 아니라 처음부터 끝까지 침투되어 있다. 정

---

64 "거리에서 이것은 **그를 완전하게 에워싸는** 중얼거림과 같은 것이다. 마찬가지로, 마치 그는 **그 주위**에 현존하는 사람들이 항상 있었던 것처럼 하고는 자유를 빼앗겼다고 느낀다. 카페에서 이것은 **그 주위**에 어떤 흐린 사물이 있는 것과 같고 그는 공포를 느낀다. 소리가 특별히 잦고 여러 가지이면, **그 주위의** 분위기는 불로 가득 차 있고 이것이 심장과 폐의 내부에 억눌림을 야기시키며 머리 주위에 안개를 야기시킨다." Minkowski, *Le Problème des hallucinations et le problème de l'espace*, p. 69.

65 같은 책.

66 Minkowski, *Le Temps vécu*, p. 376.

67 같은 책, p. 379.

68 같은 책, p. 381.

69 이것이 셸러(Scheler, *Idealismus-Realismus*, p. 298)와 함께 사람들이 뉴턴의 공간은 '심장의 텅 빔'을 표현한다고 말할 수 있는 이유이다.

70 Fischer, *Zur Klinik und Psychologie des Raumerlebens*, p. 70.

신분열증 환자는 산의 풍경을 보고 정지한다. 곧 그는 위협 같은 것을 느낀다. 그가 어떤 대답도 발견할 수 없는 질문이 밖에서 자기에게 주어지는 것처럼, 자기를 둘러싸는 모든 것에 대한 특별한 관심이 그에게 일어난다. 갑자기 그 풍경은 낯선 힘에 의해 그에게서 박탈된다. 그것은 제2의 끝없는 검은 하늘이 푸른 저녁 하늘을 관통하는 것 같다. 이 새로운 하늘은 비어 있고 "날카롭고 보이지 않으며 무섭다." 때로는 이 하늘은 가을 풍경 속에서 움직이고 때로는 풍경 자체가 움직인다. 그러는 동안에 그 환자는 이렇게 말한다. 즉 "영원한 문제가 나에게 제기된다. 그것은 쉬거나 죽거나 또는 멀리 가라는 명령과 같다."[71] 보이는 공간을 가로지르는 제2의 공간은 세계를 투사하는 우리 자신의 방식을 매순간 구성하는 공간이고, 정신분열증 환자의 장애는 그러한 지속적 투사가 객관적 세계, 즉 지각에 의해 여전히 제공되는, 말하자면 자기 속에 물러나 있는 객관적 세계와 분리되는 그 점에서 성립한다. 그 정신분열증 환자는 더 이상 공통 세계에서가 아니라 사적 세계에서 살고, 지리적 공간까지 나아갈 수 없다. 그는 '풍경의 공간'에[72] 머물러 있고, 그 풍경 자체는 공통 세계와 끊어지기만 하면 현저하게 왜소화된다. 바로 여기에 정신분열적 물음이 있다. 즉 모든 것이 괴상하고 불합리하고 비실재적이다. 왜냐하면 사물들을 향한 실존의 운동은 자신의 에너지를 잃었기 때문이고 모든 것이 그에게는 우연성에서 나타나기 때문이며, 세계는 더 이상 자명하지 않기 때문이다. 반대로, 고전적 심리학이 말하는 자연적 공간이 확고하고 자명하다면, 그것은 실존이 그곳에 뛰어들고 실존이 그 속에서 알려지지 않기 때문이다.

지각의 현상학

71 Fischer, *Raum-Zeitstruktur und Denkstörung in der Schizophrenie*, p. 253.
72 E. Straus, *Vom Sinn der Sinne*, p. 290.

23_이러한 공간들은 기하학적 공간을 전제하는가?

인간학적 공간의 기술은 끝없이 추구될 수 있다.[73] 사람들은 객관적 사고가 이에 대하여 언제나 반대할 것이라는 것을 잘 이해한다. 즉, 그러한 기술들이 철학적 가치를 가지는가? 말하자면 그것들은 우리에게 의식의 구조에 관한 어떤 것을 가르치는가, 아니면 우리에게 인간적 경험의 내용을 제공하는가? 꿈의 공간, 신화적 공간, 정신분열적 공간은 참된 공간들인가? 이것들은 그 자체에 의해 존재할 수 있고 사고되는가? 아니면, 그 가능성의 조건으로서 기하학적 공간을 전제하고, 이것과 함께 자신을 펼치는 구성적 순수 의식을 전제하는 것이 아닌가? 미개인에게 재수 없는 곳, 흉조를 뜻하는 좌측——또는 나의 신체에서 나의 미숙의 측면으로서의 좌측——은 우선 내가 좌를 우와의 관계에서 사고할 수 있을 때만 방향으로서 규정되고, 결국 좌가 확정되는 그런 용어들에 대하여 공간적 의미를 제공하는 것은 바로 이러한 관계이다. 말하자면, 내가 내 발의 다친 곳을 아는 것은 나의 고통과 더불어서가 아니듯, 원주민이 공간을 겨냥하는 것은 자신의 불안이나 기쁨과 더불어서가 아니다. 즉 체험된 불안·기쁨·고통은 이들의 경험적 조건이 발견되는 객관적 공간의 장소와 관계한다. 모든 내용들을 공간에서 펼치면서도 이 내용들에서 자유로운 날카로운 의식 없이는 어느 곳에도 그 내용들은 없을 것이다. 우리가 공간의 신화적 경험을 반성하고 그것이 말하고자 하는 바를 묻는다면, 우리는 그것이

---

73 예컨대, 사람들은 미적 지각이 또다시 새로운 공간성을 열어준다는 것을 보여줄 수 있을 것이다. 즉 예술 작품으로서의 그림은 자신이 물리적 사물과 색칠된 캔버스로서 거주하는 공간 안에 있지 않다는 것이다. 춤은 목표와 방향 없는 공간에서 펼쳐지고 우리의 역사의 부유 상태이다. 춤에서 주체와 그 세계는 더 이상 대립하지 않고 서로 떨어지지 않으며, 결과적으로 신체의 부분들은 자연적 경험에서처럼 더 이상 두드러져 선명하게 되지 않는다. 몸통은 더 이상 운동이 일어나는 지(地), 운동이 행해지기만 하면 다시 잠기는 지가 아니다. 그는 춤을 지휘하고 사지의 운동은 그의 시중이다.

객관적이고 유일한 공간의 의식에 근거한다는 것을 반드시 발견할 것이다. 왜냐하면 객관적이지도 유일하지도 않을 공간은 공간이 아닐 것이기 때문이다. 절대적 '밖'이라는 것, 상관적이라는 것이 공간에 본질적인 것이 아닌가 하는 것뿐만 아니라, 주체성의 부정, 그리고 사람들이 표상할 수 있는 모든 존재를 포괄하는 것이 공간에 본질적인 것이 아닌가 하는 것이며, 이것은 사람들이 공간 밖에 정립하고자 하는 모든 것이 바로 그 때문에 공간과 관계하고, 따라서 그 속에 있기 때문이다. 꿈꾸는 자가 꿈꾼다는 것이 그의 호흡 운동과 성적 충동이 있는 그대로의 그것들로 간주되지 않는 이유이며, 자신들을 세계에 얽어매는 닻줄을 버리는 이유이고, 그의 호흡 운동과 성적 충동이 자기 앞에서 꿈의 형태로 부유하는 이유이다. 그러나 결국 그는 정확히 무엇을 보는가? 우리는 말만으로 그를 믿으려 하는가? 그가 무엇을 보고 있는가를 알고자 하고 자신의 꿈을 스스로 이해하고자 한다면, 그는 깨어나지 않으면 안 될 것이다. 즉각적으로, 성은 자신의 생식 장소와 통할 것이고, 불안과 그 환각들은 다시 한 번 언제나 자신들이었던 바, 즉 흉곽 지점에서 느끼는 호흡의 답답함이 될 것이다. 정신분열증 환자의 세계를 침입하는 어두운 공간은 자신을 밝은 공간에 연결함으로써만 공간으로서 정당화될 수 있고 공간성의 자격을 갖출 수 있다. 그 환자가 자기 주위에 제2의 공간이 있다고 주장한다면, 그렇다면 그것은 **어디에** 있는가라고 물어보자. 그 환각을 위치지으려고 노력함으로써 그는 그것을 환각으로서 사라지게 할 것이다. 그리고 그가 스스로 고백하듯이, 대상들은 언제나 거기에 있기 때문에, 그는 밝은 공간과 더불어 환각들을 추방하고 공통 세계로 되돌아가는 수단을 언제나 간직한다. 환각들은 밝은 세계의 파편들이고, 그 세계로부터 자신들이 가질 수 있는 모든 특전을 빌려온다. 결국 마찬가지로, 우리가 기하학적 공간을 그 세계 내부의 관계들을 가지고 실존의 발원적 공간성에 기초짓고자 노력한다면, 사람들은 우리에게 사고는 자신 또는 사물만을 안다고, 주체의 공간성은 사고될 수 없다고, 따라서 우리의 명제는 엄밀하게 의미를 상실한다고 대답할 것이다. 우리는 그것이 주제적 의미나 명시적 의미를 가지지 않는다고, 객관적 사고 앞에서는 사라저버린다고 대답할 것이다. 그러나 그것은 비주제적 또는 암시적 의미를 가지며 그것은 **보다 작은 의미**는 아닌데, 왜냐하면 객관적 사고는 그 자체 비반성적인 것에서 자양분을 취하며, 비반성적인 의식의 삶의 명시화로서 나타나기 때문이다. 그래서 철저한 반성은 세계나 공간과 이것들을 사고하는 주체를 병행적으로 주제화하는 데서 성립할 수 있는 것이 아니라, 그러한 주제화 자체를 바로 그것에 의미를 부여하는 암시적 지평을 가지고 재파악해야만 한다. 반성하는 것이 발원적인 것을 추구하는 것이고, 이 발원적인 것에 의해서 나머지가 존재할 수 있고 사고될 수 있다면, 반성은 객관적 사고에 갇혀 있을 수 없고, 객관적 사고의 주제화 행위를 올바르게 사고해야 하며, 그 행위의 맥락을 재구성해야 한다. 달리 말하면, 객관적 사고는 이른바 꿈의 현상, 신화의 현상 그리고 일반적으로 실존의 현상을 거부한다. 왜냐하면 그것은 이 현상들이 사고 불가능한 것이라는 걸 발견하기 때문이고, 또한 주제화할 수 있는 어떤 것도 말해주지 않기 때문이다. 그것은 사실 또는 실재적인 것을 가능적인 것과 명증성의 이름으로 거부한다. 그러나 그것은 명증성 자체가 사실에 기초한다는 것만을 볼 뿐이다. 반성적 분석은 꿈꾸는 자와 정신분열증 환자가 체험하는 바를, 체험하는 그들 자신보다 더 잘 안다고 믿는다. 게다가, 철학자는 자신이 지각하는 바를 그 지각에서 아는 것보다 반성에서 더 잘 안다고 믿는다. 그리고 그가 인간학적 공간들을 참다운 유일한 객관적 공간의 혼동된 현상들로서 거부할 수 있는 것은 이러한 조건 아래에서일 뿐이다. 그러나 그는 자신에 대한 타인의 증언이나 자신에 대한 자기 지각의 증언을 의심함으로써 자기가 명증적으로 파악하는 것을, 바로 그 명증성에서 꿈꾸는 자, 미친 사람, 지각을 탁월하게 이해한다고 의식할지라도, 참되게 절대적으로 확증할 권리를 스스로 없앤다. 다음 둘 중의 하나이다. 어떤 것을 체험하는 사람은 동시에 자기가 체험하는 것을 알고, 그렇다면 미친 사람, 꿈꾸는 자 또는 지각의 주체는 말에 의거해서 믿어져야 하며, 사람들은 그들의 언어가 그들이 체험하는 것을 잘 표현한다고 확신해야만 한다. 아니면, 어떤 것을 체험하는 사람은 자기가 체험하는 것에 의해 판단되지 않고, 그렇다면 명증적 체험은 환상일 수 있다. 신화적 경험, 꿈의 경험, 또는 무엇이든 적극적 가치를 가진 지각을 폐기시키기 위해, 이러한 공간들을 기하학적 공간에 재통합하기 위해, 요컨대, 사람들은 꿈꾼다는 것, 광인이라는 것, 또는 정말 지각한다는 것을 부정하지 않으면 안 된다.

24 _ 이러한 공간들은 원래적인 것으로 인식되어야 한다

사람들은 적어도 꿈, 정신분열 또는 지각을 반성의 부재로서 인정하는 한——없게 되면 어떠한 진리도 가능하지 않게 되는 의식의 증언에 가치를 보존하고자 한다면, 사람들이 어떻게 그렇게 하지 않겠는가——모든 경험들을 단 하나의 세계로, 모든 실존의 양상들을 단 하나의 의식으로 평준화하는 권리를 가지고 있지 않다. 그렇게 하기 위해서 사람들은 지각적 의식과 환각적 의식을 따르도록 할 수 있는 상급 법원을 마련해야 하고, 내가 꿈꾸거나 지각하는 데 한정될 때 나의 꿈이나 지각을 사고하는 나보다 더 나 자신에 친숙한 나, 내가 그 현상만을 가질 때 나의 꿈과 지각의 진정한 실체를 소유하는 나보다 더 나 자신에 친숙한 나를 마련해야 한다. 그러나 현상과 실재적인 것의 이러한 구별은 신화의 세계에서도 환자의 세계에서도 아동의 세계에서도 이루어지지 않는다. 신화는 현상에서 그 본질을 지니며, 신화적 현상은 표상이 아니라 참다운 현전이다. 영혼이 개개의 신체적 부분에 현전하듯이 비의 신은 주문 후에 떨어지는 개개의 빗방울에 현전한다. 여기서 모든 '현상'은 육화이고[74] 존재들은 그 외관적 특성들만큼 그 '속성들'에 의해서 규정되지 않는다. 바로 이것이 사람들이 어린아이나 원주민의 정령주의에 대해 말하면서 가치 있는 것이라고 말하고자 하는 그것이다. 유아와 원주민은 콩트Comte가 말한 대로, 의도나 의식에 의해 설명하고자 노력할 대상들을 지각하기 때문이 아니라——의식은 대상처럼 정립적 사고에 속한다——사물들이 자신들이 표현하는 바의 육화로 간주되기 때문이고, 그것들의 인간적 의미는 자신들 속에 으깨어져 들어 있으며, 문자 그대로 자신들이 말하고자 하는 바로서 나타나기 때문이다. 지나가는 그림자, 나무가 부서지는 소리는 의미를 가지고 있다. 도처에 예고하는 사람 없는 예고가 있다.[75] 신화적 의식은 아직 사물의 개념 또는 객관적 진리의 개념을 가지고 있지 않기 때문에, 그것이 어떻게 자신이 체험한다고 생각하는 것을 비판할 수 있으며, 또는 어떻게 정지를 위한 고정점을 발견하고 자신을 순수 의식으로 통각할 수 있고, 환각들을 넘어서 참된 세계를 통각할 수 있을 것인가? 정신분열증 환자는 창문 가까이 놓인 솔이 자기에게 다가와 머리 안으로 들어오는 것을 느끼면서도, 솔이 거기에 있다는 것을 끊임없이 알고 있다.[76] 그가 창문을 주시하면 여전히 솔을 통각한다. 솔은 명시적 지각의 확인 가능한 항으로서 환자의 머리에 물질 덩어리로 있지 않다. 그러나 환자의 머리는 그에 대하여 모든 사람이 볼 수 있는 대상, 환자 자신이 거울에서 보는 대상이 아니다. 그것은 자신이 신체 꼭대기에서 느끼고 듣고 망보는 초병이고, 시각과 청각에 의해 모든 대상들과 만나는 능력이다. 마찬가지로, 감각에 들어오는 솔은 외피나 환영일 뿐이다. 이러한 현상들에서 육화되는 참다운 솔, 뻣뻣한 존재, 가시는 시선에 응고되고 창문을 떠났으며, 자신의 무력한 껍질만 남

74 Cassirer, *Philosophie der symbolischen Formen*, T. III, p. 80.
75 같은 책, p. 82.
76 Binswanger, *Das Raumproblem in der Psychopathologie*, p. 630.

겼다. 명시적 지각에 대한 어떠한 호소도 환자를 그러한 몽상에서 깨울 수 없다. 왜냐하면 그는 명시적 지각에 이의를 제기하지 않으며, 자기가 체험하는 것에 기대어 아무것도 증명하지 못한다고만 주장하기 때문이다. 환자가 의사에게 "당신은 나의 소리를 듣지 못합니까?"라고 묻는다. 그는 평온하게 "따라서 나는 그것을 듣는 유일한 사람이다"라고[77] 결론 내린다. 정상인을 정신착란이나 환영으로부터 보호하는 것은 그의 비판이 아니라 그의 공간의 구조이다. 대상들은 그 앞에 있고 자신들의 거리를 유지하며, 말브랑슈가 아담에 대하여 말한 것처럼, 대상들은 경건하게 그의 마음을 끈다. 환각과 신화를 형성하는 것은 체험된 공간이 오그라드는 것, 사물들이 우리의 신체에 닻을 내리는 것, 대상이 어지럽게 접근하는 것, 인간과 세계의 유대이거니와, 이 유대는 매일의 지각이나 객관적 사고에 의해 없어지는 것이 아니라, 다져지는 것이고 철학적 의식이 재발견하는 것이다. 틀림없이, 내가 신화, 꿈, 지각에서 위치와 방향 의식을 반성한다면, 내가 객관적 사고의 방법에 따라 그것들을 정립하고 확고히 한다면, 나는 그것들 속에서 기하학적 공간의 관계들을 발견한다. 이로부터 이미 그러한 관계들이 있었다고 결론 내려서는 안 된다. 역으로, 진정한 반성은 그와 같은 것이 아니라는 것이다. 신화적 또는 정신분열적 공간이 말하고자 하는 바를 알기 위해서 우리는 반성적 분석이 사라지게 하는 주체와 세계의 관계를 우리 속에서, 우리의 현실적 지각 속에서 일깨우는 방법이외의 다른 방법을 가지고 있지 않다. 이론적 · 정립적 사고의 '의미 작용'에 앞서 '표현적 체험들'을, 의미되어진 의미에 앞서 표현적 의미를, 내용이 형태로 포섭되기 전에 형태가 내용에 상징적으로 '잉태되는 것'을[78] 인식하지 않으면 안 된다.

77 Minkowski, *Le Problème des hallucinations et le problème de l'espace*, p. 64.
78 Cassirer, 앞의 책, p. 80.

25_그러나 이러한 공간들은 자연적 공간에 의거해서 구성된다

이것은 사람들이 심리주의가 옳다는 것을 인정하는 것을 말하고자 함인가? 상이한 공간적 경험들만큼의 공간들이 있기 때문에, 그리고 우리가 유아의 경험, 병적 또는 원시적 경험에서 미리 성인의 경험, 정상적이고 문명화된 경험의 성형화를 실현할 권리를 자신에게 주지 않기 때문에, 우리는 개개의 유형의 주체성을, 결국은 개개의 의식을 자신의 개인적 삶에 포함하지 않는 것인가? 우리는 내 속에서 보편적·구성적 의식을 발견하는 합리주의적 코기토 대신에 우리 자신의 삶의 체험에 있어서 소통 불가능한 상태에 있는 심리학자의 코기토를 사용하는 것이 아닌가? 우리는 주체성을 개개인과 그 체험과의 일치에 의해서 규정하는 것은 아닌가? 공간의 탐구, 그리고 일반적으로, 태동 상태의 경험에 대한 탐구, 또 이것들이 객관화되기도 전에 경험 자체에게 그 자신의 의미를 요구하는 결정은, 요컨대 현상학은 존재와 의미의 부정으로 끝나는 것이 아닌가? 현상의 이름 아래 현상학이 귀착하는 것은 외관과 억지가 아닌가? 현상학은 정확한 인식의 근원에다 광인을 광기에 가두어 놓는 결심만큼 거의 정당화될 수 없는 결심을 가져다놓는 것이 아닌가? 그리고 이러한 지혜의 최종적 해답은 아무 일도 하지 않는 분리된 주체성의 불안으로 귀결되는 것이 아닌가? 우리가 없애야 하는 것은 바로 이러한 오해들이다. 신화적 또는 꿈같은 의식, 광기, 지각은 차이가 있다는 점에서 그 자신에게 갇혀 있지 않고, 사람들이 빠져나올 수 없으며 소통 없는 경험들의 작은 외딴 섬들이 아니다. 우리는 기하학적 공간을 신화적 공간에 내재하는 것으로 만드는 것, 그리고 일반적으로 모든 경험을 그 경험의 절대적 의식, 즉 자신을 진리의 전체에 자리 잡게 하는 그러한 절대적 의식에 복종시키는 것을 거부했다. 왜냐하면 이렇게 이해된 경험의 통일성은 자신의 다양성을 이해 불가능하게 만들기 때문이다. 그러나 신화적 의식은 가능적 객관화의 지평에 열려 있다. 원주민은 자신의 일상적 삶의 행위들, 즉 수렵, 사냥, 문명족과의 교제가 가능할 정도로 분명하고 뚜렷한 지각적 토대 위에서 자신의 신화를 살고 있다. 신화 자체는 아무리 퍼져 있다 하더라도 원주민에게는 확인할 수 있는 의미를 가진다. 왜냐하면 바로 그것이 세계를, 말하자면 개개의 요소가 다른 요소와의 의미 관계를 갖게 되는 총체성을 형성하기 때문이다. 틀림없이, 신화적 의식은 사물의 의식은 아니다. 말하자면 주관적 측면에서, 그것은 흐름이고 고정되지 않으며, 자기 자신을 인식하지 않는다. 객관적 측면에서, 그것은 서로 분리될 수 있고 분절될 수 있는 어떤 수의 속성들에 의해 규정된 항들을 자기 앞에 정립하지 않는다. 그러나 그것은 자신의 고동의 어느 하나에 의해서도 휩쓸려가지 않거니와, 그렇지 않으면 그것은 도대체 아무것도 의식하지 못할 것이다. 그것은 자신의 대상에 대하여 거리를 취하지 않으나, 그것들 중의 하나와 함께 사라진다면, 객관화의 운동을 윤곽짓지 않는다면, 신화에서 구현되지 않을 것이다. 우리는 예컨대, 콩트에서처럼, 신화를 이해 불가능하게 만드는 조숙한 합리화로부터 신화적 의식을 구제하고자 노력했는데, 왜냐하면 신화가 실존의 투사이고 인간적 조건의 표현인 반면, 그런 합리화는 신화 속에서 세계의 설명과 과학의 예기를 찾기 때문이다. 그러나 신화를 이해하는 것은 신화를 믿는 것이 아니다. 모든 신화가 사실이라면, 그것은 신화가 의식을 파악하는 데 있어 자신의 기능을 가리킴으로써, 결국 자신의 의미를 철학자에 대한 의미 위에 기초짓는 정신현상학에서 새로이 배열될 수 있음으로써이다. 마찬가지로, 내가 꿈의 이야기를 요구하는 것은 지난밤의 나였던 꿈꾸는 자를 향해서이나, 결국 그 꿈꾸는 자는 아무것도 이야기하지 않으며, 이야기하는 사람은 깨어 있는 자인 것이다. 깨지 않으면 꿈들은 순간적인 변조들에 불과하고 우리에 대해서 존재하지도 않을 것이다. 꿈꾸는 동안 우리는 세계를 떠나는 것이 아니다. 꿈의 공간은 밝은 공간과 격리되어 있으나, 그 모든 분절을 이용하고, 세계는 잠자는 동안에도 우리를 줄곧 떠나지 않는다. 우리가 꿈꾸는 것은 세계에 관해서인 것이다. 동일한 논리로, 광기가 돌고 있는 것은 세계의 둘레인 것이다. 대우주의 파편으로서 사적 영역을 짓고자 노력하는 병적 몽상이나 정신착란에 대해서는 말하기가 거북하다 하더라도, 환자가 죽음에 거처를 정하고, 말하자면 죽음의 집을 짓는 가장 심한 우울증 상태에 대해서라면, 그것은 여전히 그렇게 하기 위해 세계-에로-존재의 구조를 이용하고, 자신을 부정하기 위해 있지 않으면 안 되는 것을 바로 그 자신으로부터 빌려온다. 신화적 또는 유아적 의식에 이미 존재하는, 그리고 수면이나 광기에서 언제나 지속하는 이러한 주체성과 객체성 사이의 연결을 사람들은 차라리 정상적 경험에서 발견한다. 나는 인간학적 공간에서 전적으로 살지 않고 언제나 나의 뿌리에서부터 자연적·비인간적 공간에 결부되어 있다. 내가 콩코드 광장을 지나서 전적으로 파리에 붙잡혀 있다고 믿는 동안에도, 나는 튈르리 궁전의 벽돌에 눈길을 쏟을 수 있고, 그리하여 콩코드 광장은 사라지고 더 이상 역사 없는 돌만 남게 된다. 나는 여전히 오톨도톨한 황색 표면에 시선을 빼앗길 수 있고, 그리하여 더 이상 돌은 없고 한정 없는 물질 위에 빛의 유희만 있을 뿐이다. 나의 전체적 지각은 이러한 분석적 지각들로 만들어지지 않으나, 언제나 그러한 지각들 속에 용해될 수 있고, 나의 습관에 의해 인간적 세계로의 삽입을 보장하는 나의 신체는, 그림 아래의 캔버스처럼 언제나 다른 것 아래에서 비쳐 보이면서도 그것을 근거 없는 것으로 보이게 하는 자연적 세계에 우선 나를 투사함으로써만 그렇게 할 뿐이다. 욕망에 의해 욕망되는 것의 지각이 있고, 사랑에 의해 사랑되는 것의 지각이 있으며, 증오에 의해 증오되는 것의 지각이 있다 할지라도, 그것이 아무리 옹색한 감각적인 핵이라 하더라도 언제나 그 핵의 주위에서 형성되고 자신의 검증과 충만을 발견하는 것은 감각적인 것에서이다. 우리는 공간이 실존적이라고 말했고 또한 실존이 공간적이라고 말했으며, 말하자면 내적 필연성에 의해서 실존은 사람들이 정신적 공간 그리고 '의미의 세계와 그 의미에서 구성되는 사고 대상의 세계'[79]에 대해서 말할 수 있을 정도로 '밖'으로 열려 있다고 말할 수 있다. 인간학적 공간들은 그 자체 자연적 공간에 근거한 구성물로, 후설처럼 말하면, '비객관화 작용들'은 '객관화 작용들'[80]에 근거한 것으로 나타난다. 현상학의 새로움은 경험의 통일성을 부정하는 것이 아니라, 고전적 합리주의와 다르게 그것을 기초짓는 것이다. 왜냐하면 객관화하는 행위들은 표상들이 아니기 때문이다. 자연적·원초적 공간은 기하학적 공간이 아니고, 마찬가지로, 경험의 통일성은 이로부터 내 앞에 내용들을 펼치며, 나에게 모든 과학과 능력을 자기편에서 보증하는 보편적 사고자에 의해 보장되는 것이 아니다. 그것은 가능적 객관화의 지평들에 의해서만 지시될 뿐이고, 나를 개개의 특수한 환경을 모두 포함하는 자연적 세계 또는 즉자적 세계에 결합한다는 이유에서만 그러한 환경으로부터 나를 벗어나게 한다. 우리는 어떻게 실존이 단 한 번의 운동으로서 나에게 객관성을 숨기는 세계들을 자기 주위에 투사하는가를, 그리고 유일한 자연적 세계를 지로 해서 그러한 세계들을 풀어 떼어놓음으로써, 어떻게 그 자연적 세계를 의식의 목적론에 따른 목표로서 설정하는가를 이해하지 않으면 안 될 것이다.

26_ 의 식 의 애 매 성

신화, 꿈, 착각이 가능할 수 있어야 한다면, 현상적인 것과 실재적인 것은 객관에서 그렇듯 주관에서도 애매한 것으로 남아 있어야 한다. 사람들은 때때로 정의상 의식이 현상과 실재의 분리를 인정하지 않는다고 말했고, 그것을 우리의 자기 인식에서, 현상은 실재라는 의미로 이해했다. 내가 본다거나 느낀다고 생각한다면, 외

79 Binswanger, *Das Raumproblem in der Psychopathologie*, p. 617.
80 Husserl, *Logische Untersuchungen*, T. II, Ve Unters., p. 387 및 이하.

부 대상이야 어찌 되었건 틀림없이, 나는 보거나 느낀다. 여기서 그야말로 실재는 전적으로 나타나고 실재적임과 현상적임은 하나가 되며, 현상과 다른 어떤 실재도 없다. 이것이 사실이라면 착각과 지각이 동일한 현상을 가질 것이라는 것, 나의 착각들은 대상 없는 지각들이거나 나의 지각들이 참된 환각들이라는 것은 있을 수 없다. 지각의 진리성과 착각의 허위성은 어떤 내재적 특성에 의해서 그것들 자체 속에 표시되어 있어야 하는데, 왜냐하면 그렇지 않으면 유일한 가능적 기준으로 남아 있는 바 다른 감각의 증언, 나중의 경험의 증언, 타인의 증언은 제각각 불확실한 것으로 되고, 우리는 지각과 착각을 지각과 착각이라고 의식하지 못하게 될 것이기 때문이다. 나의 지각의 모든 존재와 나의 착각의 모든 존재는 그것들이 현상하는 방식에 있다면, 하나를 규정하는 진리와 다른 하나를 규정하는 허위는 나에게 똑같이 현상하지 않으면 안 된다. 따라서 그것들 사이에는 구조적 차이가 있을 것이다. 참된 지각은 그야말로 완전히 참된 지각일 것이다. 착각은 지각이 아닐 것이고, 확실성은 사유된 것으로서의 시각이나 감각에서 대상을 구성하는 것으로서의 지각에까지 확대되어야 할 것이다. 의식의 투명성은 대상의 내재성과 절대적 확실성을 가져온다. 그러나 자신을 착각으로 나타내지 않음이 진정 착각의 고유성이다. 여기서 나는 만일 비실재적 대상을 지각하지 못한다면, 적어도 대상의 비실재성을 보지 못할 수 있어야 한다. 즉 적어도, 지각하지 못하는 비의식이 있지 않으면 안 되고, 착각은 자신인 것 같은 것이 아니어야 하고, 단 한 번만일지라도, 의식 작용의 실재성은 현상을 넘어서지 않으면 안 된다. 따라서 우리는 주체의 견지에서 현상을 실재와 차단하려고 하는가? 단절은 한 번이라도 이루어진다면 회복 불가능하다. 가장 분명한 현상이 차후에 기만적일 수 있고 이때 불가능하게 되는 것은 진리의 현상이다. 우리는 지각과 진리만을 설명하는 내재성의 철학 또는 합리주의와, 착각이나 오류만을 설명하는 초월성의 철학 또는 불합리성의 철학 중에서 택일해서는 안 된다. 우리는 진리를 가지고 있다는 이유에서만 오류가 있음을 알고, 바로 이러한 진리의 이름으로 우리는 오류를 수정하고 오류를 오류로서 인식한다. 역으로, 진리의 명백한 인식은 의심할 점이 없는 생각이 우리 속에 그저 있다는 것 이상이고, 나타나 보이는 것에 대한 직접적 신념 이상이다. 그것은 물음, 의심, 직접적인 것과의 단절을 가정하며 가능적 오류의 수정이다. 모든 합리주의는 적어도 자신이 명제로 정식화되어야 한다는 것을 아는 불합리성을 인정한다. 불합리성의 모든 철학은 적어도 불합리성의 단정 속에 있는 어떤 의미를 인식한다. 나는 모든 단정을 중지시킬 때만, 몽테뉴나 정신분열증 환자처럼 내가 정식화조차 해서는 안 되는 물음——나는 정식화함으로써 모든 규정적 질문처럼 대답을 포함하는 물음을 제기하는 셈이다——에 틀어박혀 있을 때만, 결국 나는 진리에, 진리의 부정이 아니라 단순한 비진리의 상태나 애매성의 상태, 나의 실존의 현실적 불투명성을 대립시킬 수 있을 때만, 불합리성 속에 남아 있을 수 있다. 동일한 논리로, 나는 모든 단정을 보류할 때만, 어떤 것도 나에 대하여 더 이상 자명하지 않을 때만, 후설이 원하는 대로 내가 세계 앞에서 놀라[81] 나를 실어 나르는 동기화들의 흐름이 나타나도록 해서 나의 삶을 일깨워 전적으로 명시화하도록 그 세계에 가담하기를 그칠 때만, 절대적 명증성 속에 있을 수 있다. 내가 질문에서 단정으로 이행하고 **게다가**, 나 자신을 표현하고자 할 때, 나는 동기들의 무한정한 총체를 의식 작용에서 구현하게 하며 암시적인 것, 즉 모호한 것, 세계의 유희에로 돌아온다.[82] 나의 나 자신과의 절대적 접촉, 존재와 현상의 동일성은 정립될 수 있는 것이 아니라 모든 단정을 넘어 체험될 수 있을 뿐이다. 따라서 그것은 양쪽 모두에 있어서 동일한 침묵이고 진공이다. 불합리성의 체험과 절대적 명증성의 체험은 상호 함축적이고 식별될 수조차 없다. 세계는 절대적 의식의 요구가 바로 그 의식에 우글거리는 의미

지각의 현상학

81 Fink, *Die phänomenologische Philosophie Husserls in der gegenwärtigen Kritik*, p. 350.
82 이러한 표현의 문제가 핑크에 의해 지시된다. Fink, 같은 책, p. 382.

들로부터 언제라도 분리될 때만 불합리하게 보일 뿐이고, 역으로, 이러한 요구는 그 의미들의 갈등에 의해 동기화된다. 절대적 명증성과 불합리성은 철학적 단정으로서뿐만 아니라 경험으로서도 등가물이다. 합리주의와 회의주의는 그 둘이 은연중에 기만적으로 암시하는 의식의 실제적 삶으로부터 자양분을 얻고, 그것이 없다면 그것들은 사고될 수도 체험될 수조차도 없다. 그것이 있기에 사람들은 **모든 것이 의미를 가진다**거나 또는 **모든 것이 비의미라고** 말할 수 없고, 다만 **의미가 있다**고만 말할 수 있을 뿐이다. 파스칼이 말한 대로, 교리는 조금만 공격해도 모순 투성이가 되나, 그럼에도 그것은 분명하게 보이고 원래 고려된 의미를 갖고 있다. 불합리성을 지로 하는 진리, 의식의 목적론이 진리로 변화될 수 있다고 추정하는 불합리성, 이런 것이 발원적 현상이다. 의식에서 현상과 실재가 일체라고 말하는 것, 또는 현상과 실재가 분리된다고 말하는 것은, 무엇에 대한 의식이건, 의식을 현상의 자격으로서도 불가능하게 만드는 것이다. 그런데——이런 것이 참다운 **코기토**인데——어떤 것의 의식이 있고 어떤 것이 스스로를 보여준다. 즉 의식은 자기의 정립도 자기의 무지도 아니고 자기에게 **감추어지지 않는 것**이다. 말하자면 의식은 자기에게 고지되는 것을 명백하게 알 필요는 없지만, 어떻게 해서든지 자기에게 고지되지 않는 어떤 것도 그 속에는 없다는 뜻이다. 의식에서 현상은 존재가 아니라 현상이다. 이러한 새로운 **코기토**는 드러난 진리와 오류를 넘어서 있기 때문에 그 양자를 가능하게 한다. 체험된 것은 정말로 나에 의해 체험되고, 나는 내가 억제하는 감정을 모르지 않으며, 그런 의미에서 무의식은 없다. 그러나 나는 내가 나에게 제시하는 것보다 더 많은 것을 경험할 수 있고, 나의 존재는 나로부터 명백히 나에게 나타나는 것으로 환원될 수 없다. 단순하게 체험되는 것은 양면적이다. 내 속에는 내가 명명하지 못하는 느낌들도 있고, 내가 전적으로 나를 내어주지 못하는 거짓 행복들도 있다. 착각과 지각 사이의 차이는 내재적이고, 지각의 진리는 지각 자체에서만 읽혀질 수 있다. 내가 움푹 패인 길에서 저 멀리 지면 위에 있는, 사실상 얼룩진 양지인 납작한 큰 돌을 본다고 믿는다면, 나는 얼룩진 양지에 접근함으로써 내가 볼 수 있을 것이라는 의미에서 그 납작한 돌을 본다고 말할 수 없다. 납작한 돌은 저 멀리 있는 모든 것처럼 연관들이 아직 분명히 분절되지 않은 혼동된 구조의 장에서만 나타난다. 그러한 의미에서 착각은 상처럼 관찰 불가능하다. 즉 나의 신체는 그것을 파악하지 못하고 탐색 행위에 의해 내 앞에 펼칠 수 없다. 그러나 나는 이러한 구별을 놓칠 수 있고 착각에 빠질 수 있다. 나는 내가 참으로 보는 것에 한정한다면 착각하지 않는다는 것, 감각은 적어도 확실하다는 것은 사실이 아니다. 모든 감각은 이미 의미를 잉태하고, 혼동된 또는 분명한 성형화에 끼워진다. 내가 착각의 돌에서 진상의 얼룩진 양지로 이행할 때 동일하게 남아 있는 어떠한 감각적인 소여도 없다. 감각의 명증성은 지각의 그것을 가져올 것이고 착각을 불가능하게 할 것이다. 나는 나의 모든 지각적 · 운동적 장이 밝은 얼룩에 '길 위의 돌'이라는 의미를 부여한다는 그러한 의미에서 그 착각의 돌을 본다. 그리고 나는 이미 나의 발밑에서 이러한 반들반들하고 단단한 표면을 느낄 준비가 되어 있다. 그것은 충전적 사고와 비충전적 사고, 즉 절대적으로 충일한 사고와 결함 있는 사고가 구별되는 것처럼, 바른 시각과 착각의 시각이 구별되지 않기 때문이다. 나는 나의 신체가 그 광경을 정확하게 파악할 때 내가 바르게 지각한다고 말한다. 그러나 그것은 나의 파악이 전체적이라는 것을 말하고자 하는 것이 아니다. 그렇게 되는 것은 내가 대상의 모든 내적 · 외적 지평들을 분절된 지각 상태로 환원할 수 있었을 때, 그러나 원칙적으로 불가능한 때뿐이다. 지각적 진리의 경험에서 나는 지금까지 경험된 일치가 보다 자세한 관찰에도 유지될 것이라고 추정한다. 즉 나는 세계를 신뢰한다. 지각한다는 것은 엄밀하게 경험의 모든 미래를 보장하지 않는 현재에서 단번에 그 모든 미래에 동참한다는 것이고 세계를 믿는다는 것이다. 그것은 지각적 진리, **지각**의 실제적 실현을 가능하게 하는, 그리하여 우리에게 전술한 착각을 '차단하게' 하고 그 것을 무효의 것으로 간주하게 하는 세계로의 열림이다. 나는 나의 시각 장의 주변에서 조금 멀리 움직이고 있는 커다란 그림자를 보 았으며, 그쪽으로 시선을 돌려본다. 그 환영은 오그라들어 제자리 를 찾는다. 즉 그것은 나의 눈 가까이 있는 파리였을 뿐이다. **나는 그림자를 보는 것을 의식했고 이제는 파리만을 보았을 뿐이 라고 의식한다.** 세계에 대한 나의 점착은 나에게 **코기토**의 동요 를 보상하도록, 한 **코기토**를 다른 코기토를 위해 옮겨놓도록, 나 의 사고가 현상을 넘어 진리에 이르도록 허락한다. 착각의 그 순간 에 수정이 나에게 가능한 것으로 주어졌는데, 왜냐하면 착각은 역 시 세계에 대한 동일한 믿음을 이용하고, 그것에 힘입어서만 단단 한 현상으로 굳어지게 되기 때문이며, 그리하여 언제나 추정적 검 증의 지평으로 열려 있으면서 나를 진리와 분리하지 않기 때문이 다. 그러나 동일한 이유로, 나는 오류를 막지 못하는데, 왜냐하면 내가 개개의 현상에서 겨냥하고, 현상에 옳건 그르건 간에 진리의 무게를 제공하는 세계는 반드시 여기 이 현상을 요구하지 않기 때 문이다. 어떤 특수한 사물의 확실성이 아닌, 세계 일반의 절대적 확실성이 있는 것이다. 의식은 존재와 그 자신의 존재에서 멀어지 고 동시에 세계의 두께에 의해 그것들과 통합한다. 참다운 **코기토** 는 사고와 그 사고의 사고와의 맞대면이 아니다. 즉 그것들은 세계 를 통해서만 다시 만난다. 세계 의식은 자기 의식에 **정초되는** 것 이 아니라 엄밀하게 말해서 동시적이다. 즉 내가 나를 모르지 않기 때문에 나에 대하여 세계가 있다. 내가 세계를 가지기 때문에 나는 나 자신에게 감추어지지 않는 것이다. 이러한 세계의 선의식적 소 유를 선반성적 **코기토**에서 분석해야 할 일이 아직 남아 있다.

제3장 사물과 자연적 세계

(1) 지각의 항상성

1_형태 및 크기의 항상성

사물은 안정된 '특성'이나 '속성'에 의해 규정될 수는 없지만 그런 것을 가지고 있으며, 우리는 지각적 상수들을 연구함으로써 실재의 현상에 접근한다. 우선, 사물은 외현적일 뿐인 지각적 변화들 아래에서 **자신의** 크기와 형태를 가진다. 우리는 이러한 외현적 변화들을 대상에 귀속시키지 않는다. 그것들은 우리와 대상의 관계의 우연성이고 대상 자체에 관계하지 않는다. 이것으로서 우리는 무엇을 말하고자 하고, 따라서 무엇에 근거해서 우리는 형태나 크기가 **대상의** 형태와 크기라고 판단하는가?

심리학자는 개개의 대상에 있어서 우리에게 주어지는 것이 조망에 따라서 언제나 변화 가능한 크기들과 형태들이라고 말할 것이다. 그리고 우리는 접촉할 정도의 거리에서 얻는 크기나 앞면과 평행하는 면에 있을 때의 대상이 가지는 형태를 참다운 것으로 간주하는 것을 인정한다. 이것들은 다른 어떤 것보다 더 참된 것은 아니나, 이러한 전형적 거리와 정위가 항상 주어진 표정, 즉 우리의 신체의 도움으로 규정되기 때문에 우리는 언제나 그것들을 인식할 수단을 가지며, 그것들은 우리가 결국 지나가는 현상들을 고정시키고 서로 구별하며, 요컨대 대상성을 구성할 수 있도록 관계 맺어지는 표정을 우리에게 제공한다. 거의 마름모꼴에 가까운, 비스듬히 보이는 정사각형은 사람들이 정위를 고려할 때만, 예컨대 사람들이 정면에 나타나는 마름모꼴을 단 하나의 결정적 현상으로서 선택하고 주어진 모든 현상이 그러한 조건에서 무엇으로 될 것인가 하는 것과 관계시킬 때만, 진정한 마름모꼴과 구별된다. 그러나 객관적 크기나 형태를 이렇게 심리학적으로 재구성하는 것은 자신이 설명해야 하는 것들, 즉 실재적 크기나 형태가 될 하나를 선택할 정도로 충분할, 온갖 범위의 **규정된** 크기들과 형태들을 스스로에게 제공한다. 우리는 멀어지는 또는 자전하는 동일한 대상에 대하여 점점 작아지는, 점점 변형되는 그리하여 내가 약정의 선택을 할 수 있게 되는 일련의 '정신적 상'을 갖고 있지 않음을 이미 말했다. 내가 이러한 용어들로 나의 지각을 설명한다면 그것은 내가 이미 객관적 크기들과 형태들을 가진 세계를 나의 지각에 도입했기 때문이다. 문제는 어떻게 모든 외현적 크기들이나 형태들 가운데에서 하나의 크기나 형태가 항상적인 것으로 간주되는가를 아는 것만이 아니다. 그보다는 훨씬 더 철저한 것이 요구되는데, 즉 하나의 규정된 형태나 크기가——참되든 외현적이든——어떻게 내 앞에서 나타나는가, 그것이 어떻게 나의 경험의 흐름에서 구현되는가, 마침내 나에게 주어지는가, 요컨대 어떻게 대상적인 것이 있는가를 아는 것이 문제이다.

적어도 얼핏 보기에는, 이 문제를 피해 가는 방법이 있을 것이다. 그것은 크기와 형태가 최종적으로는 개별적 대상의 속성으로 지각되지 않는다는 것, 그것들은 현상적 장의 부분들 사이의 관계들을 가리키기 위한 이름일 뿐이라는 것을 인정하는 것일 수 있다. 조망의 변화들을 통해서 실재적 크기나 형태가 항상적이라는 것은 현상들과 그 출현 조건 사이의 관계가 항상적이라는 것뿐이다. 예를 들어, 나의 펜대의 참된 크기는 그 펜대에 대한 나의 지각들의 어느 하나에 고유한 성질과 같은 것이 아니고, 붉음, 따뜻함, 달콤함처럼 나의 지각에 주어지거나 확증되는 것이 아니다. 그것이 항상적인 것으로 남아 있는 것은 내가 그렇다고 확증한 이전의 경험의 상기를 보존하기 때문이 아니다. 그것은 시각적 출현과 그 외현적 거리에 상관하는 변화들의 상수나 법칙이다. 실재성은 특전적 출현이 아니고 또한 다른 출현들 아래에서 머물고 있는 출현도 아니다. 그것은 모든 출현들이 만족시키는 관계들의 결구이다. 내가 나의 눈 가까이에서 펜대를 잡아 거의 모든 광경을 나에게 감추도록 한다면, 펜대의 실재적 크기는 작아지는데, 그것은 모든 것을 감추는 그 펜대가 역시 **가까이에서 보여진** 펜대이기 때문이고, 나의 지각에서 언제나 언급되는 이러한 조건이 그 출현을 작은 비율로 축소하기 때문이다. 사람들이 나에게 비스듬히 제시하는 정사각형은 정사각형으로 남아 있는데, 그것은 내가 그 외현적 마름모꼴에 대하여 정면에서 잘 인식된 정사각형의 형태를 불러일으켜서가 아니라, 비스듬하게 제시된 이 마름모꼴의 출현이 정면에서 제시되는 정사각형의 출현과 직접적으로 동일하기 때문이고, 이러한 개개의 성형화와 더불어 동일화를 가능하게 하는 대상의 정위가 나에게 주어지기 때문이며, 성형화가 서로 다른 조망적 제시들을 선험적 기반에 있는 등가물로 만드는 관계들의 맥락에서 나타나기 때문이다. 조망에 의해 측면들이 변형된 입방체는 여전히 입방체로 남아 있는데, 그것은 내가 머리를 돌리면서 둘러보아 여섯 면을 연속적으로 붙잡도록 그 면들을 상상해서가 아니라, 조망적으로 변형된 것들이 나를 대면하는 측면의 완전한 형태처럼 질박한 소여들이 아니라서 그렇다. 사람들이 입방체로부터 그 모든 지각된 의미를 전개한다면, 그 입방체의 개개의 요소는 그에 대한 관찰자의 현실적 관점을 언급한다. 오로지 외현적 형태나 크기만이 현상과 나의 신체가 같이 형성하는 엄밀한 체계에 아직도 위치하지 못하고 있다. 그것은 그 체계에 자리를 잡자마자 자신의 진리를 발견하며, 조망적 변형은 더 이상 받아들여지는 것이 아니라 이해되는 것이다. 출현은 기만적이 아니다. 그것은 미규정적일 때만 그 고유한 의미에서 출현이다. 어떻게 우리에 대하여 참다운, 객관적 또는 실재적 크기들이나 형태들이 있는가를 아는 문제는 어떻게 우리에 대하여 규정적 형태들이 있는가를 아는 문제로 된다. 그리고 규정적 형태들, '정사각형' '마름모꼴'과 같은 어떤 것, 실제적인 공간적 성형화가 있는 것은 사물들에 대한 관점으로서의 우리의 신체와 하나의 세계의 추상적 요소로서의 사물들이, 개개의 계기들이 여타의 모든 것들을 직접적으로 의미하는 체계를 형성하기 때문이다. 대상에 관계하는 나의 시선의 어떤 정위는 대상의 어떤 출현과 그와 가까운 대상들의 어떤 출현을 의미한다. 이 모든 출현에 있어서 대상이 불변의 특성들을 간직하고 그 자체 불변의 것으로 남아 있으며 대상인 까닭은, 크기와 형태에 있어 자신이 가질 수 있는 가능한 모든 가치들이 미리 자신과 맥락과의 관계의 공식에 포함되어 있기 때문이다. 우리가 대상에서 규정되는 것으로 단언하는 것은 사실상, 변화하지 않는 **전우주의 일면**이고 바로 여기에서 대상의 모든 출현들의 등가성과 대상 존재의 동일성이 기초지어진다. 객관적 크기와 형태의 논리를 따라가면서 사람들은 칸트와 함께 그 논리가 세계를 엄밀하게 관련된 체계로 정립하는 것으로 되돌아가는 것을, 우리가 현상에 갇혀 있지 않는 것을, 결국 대상만이 충분히 **현상할** 수 있다는 것을 볼 수 있을 것이다.

이리하여 우리는 단숨에 대상에 놓이고 심리학자의 문제들을 무시한다. 그러나 과연 우리는 그 문제들을 넘어섰는가? 사람들이 참된 크기나 형태는 현상, 거리, 정위의 변화가 따르는 항구적 법칙이라고 말할 때, 그것들은 측정 가능한 변수나 크기로서 취급될 수 있고, 따라서 그것들이 어떻게 규정적인 것이 되는가를 아는 것이 문제가 되는 바로 그때, 그것들이 이미 규정적이라는 것을 사람들은 은연중에 암시하고 있다. 칸트가 지각은 그 본성상 대상을 향해 성극한다고 말한 것은 옳다. 그러나 그에게 이해 불가능하게 되는 것은 현상으로서의 현상이다. 대상에 대한 조망적 봄이 단숨에 세계의 객관적 체계에 다시 놓이면서 주체는 지각하기보다는 오히려 자신의 지각과 그 지각의 진리를 사고한다. 지각적 의식은 우리에게 지각을 과학으로서, 대상의 크기와 형태를 법칙으로서 제공하지 않는다. 과학의 수많은 규정들은 그 이전에 이미 형성된 세계의 구성의 점선 위를 다시 지나간다. 과학자처럼 칸트는 이러한 선과학적 경험의 결과들을 당연한 것으로 간주하고 그 결과들을 이용한다는 이유에서만 그러한 경험을 묵과할 수 있을 뿐이다. 내가 내 방의 가구들을 내 앞에서 주시할 때, 형태와 크기를 가진 탁자는 나에 대하여 현상 전개의 법칙이나 규칙, 불변의 관계가 아니다. 그것은 내가 거리나 정위의 변화에 상관하는 크기와 형태의 변화라고 추정하는, 즉 규정된 크기와 형태를 가진 탁자를 내가 지각하기 때문이다. 그리고 그 역은 아니다. 사물들이 항상적 관계로 환원되기는커녕, 관계들의 항상성이 기초지어지는 것은 사물의 명증성에서이다. 과학과 객관적 사고에 대하여, 1백 보의 거리에서 보여진, 외현적 크기가 작은 대상은 보다 큰 각도에서 10보의 거리에서 보여진 동일한 대상과 구별될 수 없고, 대상은 외현적 크기와 거리의 항상적 산물 이외의 다른 것이 아니다. 그러나 지각하는 나에 대하여, 1백 보 거리의 대상은 그것이 10보 거리에 있는 대상이라는 의미에서 현전하는 것이 아니며 또한 실재적인 것도 아니다. 모든 조망들이 내가 어떤 거리와 전형적 정위에서 얻는 지각을 향해 수렴하는 한, 나는 모든 위치에서, 모든 거리에서, 모든 현상에 걸쳐서 대상을 확인한다. 이러한 특전적 지각이 지각적 과정의 통일성을 보증하고, 다른 모든 현상들을 자기 속에 거두어들인다. 화랑의 모든 그림과 같이 모든 대상에는 자신이 보여지도록 요구하는 최적 거리가 있고 자신이 더 많이 주어지는 방향이 있다. 그 이편과 저편에서 우리는 초과나 결핍에 의한 혼동스러운 지각만을 가질 뿐이고, 그때 우리는 최대 가시성을 향하는 성향을 보이며, 현미경에서처럼 더 많이 볼 수 있는 안점을 찾는다.[1] 이것은 내적 지평과 외적 지평의 어떤 평형에 의해 획득된다. 살아 있는 신체는

1 Schapp, *Beiträge zur Phänomenologie der Wahrnehmung*, p. 59 및 이하.

너무 가까이에서 보여지고, 자신이 떨어져 나오게 되는 어떤 지가 없다면 더 이상 살아 있는 신체가 아니라, 사람들이 확대경으로 피부 조각을 들여다봄으로써 언급할 수 있듯이 달 풍경만큼 낯선 물질 덩어리이다. 너무 멀리서 보면 그것은 실로 자신의 살아 있는 가치를 상실해버리는 인형이나 자동 기계일 뿐이다. 살아 있는 신체 **그 자신**은 자신의 미시 구조가 지나치게 가시적이지도 반대로 덜 가시적이지도 않을 때 나타나고, 그 순간이 또한 자신의 실재적 형태와 크기를 결정한다. 나와 대상의 거리는 커지거나 작아지는 크기가 아니라 하나의 규범의 주위에서 동요하는 긴장이다. 나와 관련한 대상의 경사진 정위는 그 대상이 나의 얼굴 면과 더불어 형성하는 각도에 의해 측정되는 것이 아니라, 균형 일탈로서, 나에 대한 대상의 영향의 불균등한 분포로서 체험된다. 현상적 변화들은 커지든 작아지든 크기의 변화들이 아니고 실재적 변형들이 아니다. 그 현상적 변화들의 부분들은 단순히, 때로는 섞이기도 하고 혼합되기도 하며, 때로는 서로 분명하게 분절되기도 하고 자신의 풍부성을 드러내기도 한다. 동시에 이 세 규범들을 만족시키면서 모든 지각적 과정이 향하는 나의 지각의 원숙 지점이 있다. 내가 대상에 가까이 다가가거나 대상을 '더 잘 보기' 위해 손가락으로 대상을 돌려본다면, 그것은 나의 신체의 개개의 태도가 나에 대하여 단숨에 어떤 광경에 도달하는 능력이고, 개개의 광경은 운동 감각적 상황 속에 있는 그대로의 광경이기 때문이다. 달리 말하면, 나의 신체는 사물들을 지각하기 위하여 지속적으로 자리를 지키고 있고, 역으로 나에 대하여 현상들은 어떤 신체적 태도에 언제나 연계되어 있기 때문이다. 따라서 내가 현상들과 운동 감각적 상황의 관계를 인식한다면, 그것은 법칙에 의해서거나 공식에 의해서가 아니라, 내가 신체를 가지고 있고 그 신체에 의해서 세계를 파악하는 한에서이다. 그리고 지각적 태도들이 하나씩 나에 의해 인식되는 것이 아니라, 최적 태도로 이끄는 동작 단계들로서 암시적으로 주어지는 것과 마찬가지로, 그것들에 상응하는 조망들은 내 앞에서 연속적으로 정립되는 것이 아니라, 크기와 형태를 가진 사물 자체를 향한 통로들로서만 나타난다. 칸트는 이것이 규정된 형태와 크기가 어떻게 나의 경험에 나타나는가를 아는 문제가 아니라는 사실을 잘 보았다. 왜냐하면 그렇지 않으면 나의 경험은 어떤 것의 경험도 아닐 것이기 때문이고, 모든 내적 경험은 외적 경험을 지로 해서만 가능하기 때문이다. 그러나 칸트는 이로부터, 나는 세계를 둘러싸고 구성하는 의식이라고 결론 내렸고, 이 반성적 운동에서 그는 신체의 현상과 사물의 현상에 관심을 기울이지 않았다. 반대로, 우리가 그것들을 기술하고자 한다면 나의 경험은 사물들과 통하게 되고, 사물들에서 자신을 초월한다고 말하지 않을 수 없다. 왜냐하면 그것은 나의 신체의 규정인 세계에 관한 어떤 조립의 틀에서 언제나 실현되기 때문이다. 크기들과 형태들은 세계에 대한 포괄적 파악 양식을 제공하게 할 뿐이다. 사물은 나의 시선이 그것을 포함할 수 없을 때 큰 것이 되고, 반대로, 그것을 쉽게 포함할 때 작은 것이 된다. 중간 크기들은 동일한 거리에서 나의 시선을 더 크게 또는 더 작게 동화시키거나 상이한 거리에서 나의 시선을 동일하게 동화시키는 데 따라서 서로 구별된다. 대상이 둥근 것이 되는 것은 나에게서 그 모든 측면이 똑같은 거리에 있고 나의 시선 운동에 어떤 구부리는 변칙도 부과하지 않게 되면, 또는 나의 신체와 함께 나에게 주어지는 세계의 인식에 따라 나의 시선 운동에 부과되는 것이 경사지게 제시된 탓이라면 그렇게 된다.[2] 따라서 사물, 형태, 크기를 실재적인 것으로 지각하는 모든 지각, 모든 지각의 항상성은 세계의 정립으로, 나의 신체와 현상들이 엄밀하게 관

---

2 그러므로 지각에서 형태와 크기의 항상성은 지적 기능이 아니라 실존적 기능이다. 말하자면, 이것은 자신이 선논리적 작용에 관계해야 한다는 것을 의미하고 이것에 의해서 주체는 자신의 세계에 정착한다. 인간적 주체가 동일한 직경의 원반이 고정되어 있는 영역의 한가운데에 자리할 때, 사람들은 그 항상성이 수직적 차원보다 수평적 차원에서 훨씬 더 완전하다는 것을 인정한다. 지평선 상에서는 커지고 천정점 상에서는 작아진 달은 이러한 동일한 법칙의 특수한 경우일 뿐이다. 반대로 원숭이의 경우, 나무 위에서의 수직적 이동은 우리의 지상에서의 수평적 이동만큼 자연스럽고, 그 수직적 항상성은 탁월하다. Koffka, *Principles of Gestalt Psychology*, p. 94 및 이하.

련되는 경험 체계의 정립으로 되돌아가는 것은 정녕 사실이다. 그러나 경험의 체계는 내가 신인 양 내 앞에서 정렬되지 않는다. 그것은 나에 의해 어떤 관점에서 체험된다. 나는 경험의 체계의 정관자가 아니다. 나는 그 일부이다. 나의 지각이 유한하다는 것과 나의 지각이 모든 지각의 지평으로서의 세계 전체로 열리는 것을 동시에 가능하게 하는 것은 내가 어떤 관점에 내속하고 있음이다. 내가 지평선 위의 한 나무가 가까이에서 지각하는 그런 나무라는 것을 알고 있고 그 나무가 실재적 형태와 크기를 유지한다면, 그것은 오로지 이 지평이 나의 직접적 주위의 지평이라는 한에서이고, 지평이 포함하는 사물들에 대한 지각적 소유가 차츰 나에게 보증되는 한에서이다. 달리 말하면, 지각적 경험들은 상호 연결되고 상호 동기화되며 상호 함축하고, 세계의 지각은 나의 현전의 장의 팽창일 뿐이며 그 본질적 구조들을 초월하지 않는다. 여기에서 신체는 언제나 대행자로 남아 있고 대상이 되지 않는다. 칸트가 「선험적 변증론」에서 지적하기는 했으나 「선험적 분석론」에서는 잊어버린 것처럼, 세계는 내가 위치지어지는 열린 무한정적 통일성이다.

2_색깔의 항상성: 색깔의 현상 방식과 조명

사물의 성질들, 예컨대 색깔, 경도, 무게는 기하학적 속성들보다 사물에 대하여 우리에게 훨씬 많은 것을 알려준다. 탁자는 모든 자연적 햇빛과 인공적 조명 아래에서도 여전히 갈색이고 갈색으로 남아 있다. 따라서 애당초 이러한 실재적 색깔은 무엇이고 우리는 그것에 어떻게 접근하는가? 사람들은 내가 가장 자주 탁자를 보게 되는 것이 색깔, 즉 짧은 거리의 '정상적' 조건, 말하자면 가장 자주 출현하는 조건에서 햇빛에 의해 탁자가 띠게 되는 색깔 아래에서라고 대답하고 싶을 것이다. 거리가 너무 멀거나 조명이 석양이

나 전기 광선처럼 적당한 색깔을 가진다면, 나는 실제의 색깔을 기억된 색깔로 대체하거니와[3] 이 기억된 색깔은 수많은 경험에 의해 내 속에 새겨진 압도적인 색깔이다. 따라서 색깔의 항상성은 실재적 항상성이다. 그러나 여기서 우리는 현상의 인위적 재구성만을 가질 뿐이다. 왜냐하면 지각 그 자체를 고찰할 때 사람들은 탁자의 갈색이 동일한 갈색으로서, 기억에 의해 실제적으로 주어진 동일한 성질로서 모든 조명 아래에서 나타난다고 말할 수 없을 것이기 때문이다. 그림자가 드리워져 우리가 그렇게 있는 그대로 인식하는 하얀 종이는 순수하고 무결하게 하얗지가 않다. 그것은 흑백 계열에 만족하는 방식으로 위치지어지도록 허용하지 않는다.[4] 그림자가 드리워진 하얀 벽과 빛 속의 회색 종이가 있다면 사람들은 그 벽이 하얗게 남아 있고 그 종이가 회색이라고 말할 수 없다. 그 종이는 시선에 더 많은 인상을 남기고[5] 더 빛나며 더 밝고, 그 벽은 더 짙으며 더 불투명하다. 말하자면 조명의 변화에도 남아 있는 것은 '색깔의 실체'뿐이다.[6] 소위 색깔의 항상성은 우리가 계속해서 우리의 시각에서 기본적 성질을 받아들이는 동안에는 의심의 여지 없는 변화를 방해하지 않으며, 말하자면 그 속에 실체적인 것이 있다는 것이다.[7] 이 동일한 이유 때문에 우리는 색깔의 항상성을, 판단의 탓으로 돌릴 수 있는 관념적 항상성으로 취급하지 못할 것이다. 왜냐하면 주어진 현상에서 조명의 일부를 구별할 수 있는 판단은 대상의 고유한 색깔의 확인에 의해서만 이루어질 수 있을 것이기 때문이다. 경험주의와 주지주의의 약점은 반성적 태도에서 나타나는 응고된 성질들과는 다른 색깔을 인식하지 못하는 것이고, 반면 살아 있는 지각에서 색깔은 사물에 대한 입문이다. 물리학에 의해 고무된 이러한 환상, 즉 지각된 세계가 색깔-성질로 구성된

지각의 현상학

3 헤링Hering이 말하는 기억 색Gedächtnisfarbe.
4 Gelb, *Die Farbenkonstanz der Sehdinge*, p. 613.
5 독일어로 eindringlicher.
6 Stumpf, 겔프에 의해 인용되었음. Gelb, 앞의 책, p. 598.
7 Gelb, 같은 책, p. 671.

다는 환상을 없애지 않으면 안 된다. 화가들이 주목한 대로, 자연에는 색깔이 거의 없다. 색깔의 지각은 아동에 있어 나중에 오고 어쨌든 세계의 구성 이후에 온다. 마오리족은 3천 개의 색 이름을 가지고 있는데, 그것은 그들이 색 이름을 많이 지각해서가 아니라, 반대로 색깔들이 다른 구조의 대상에 속할 때를 확인하지 못해서이다.[8] 지각은 눈에 색깔을 정립하지 않고도 시선의 표현을 파악할 수 있듯이 셸러Scheler가 말한 대로, 지각은 색깔을 거치지 않고도 사물로 곧장 바로 간다. 우리는 질적 현상이 변화하는 데도 남아 있을 수 있는 색깔-기능의 상태를 만듦으로써만 지각을 이해할 수 있을 것이다. 나는 나의 만년필이 검다고 말하고 석양 아래에서 그것이 검다는 것을 본다. 그러나 이 흑(黑)은 대상이 반사된 빛으로 뒤덮여 있을 때라고 하더라도 대상에서 방사하는 어두운 힘보다는 훨씬 덜한 감각적 성질의 흑이고, 심증상의 흑이 가시적이라는 의미에서만 가시적일 뿐이다. 지가 형 아래에서 지속하듯 실재적 색깔은 현상들 아래에서 머물고 있다. 말하자면, 그것은 보여진 또는 사고된 성질의 자격으로서가 아니라, 비감각적 현전으로서이다. 물리학 그리고 역시 심리학은 색깔에 대한 자의적 규정을 제공하고 있으며, 이 규정은 사실상 색깔의 현상 방식의 하나에만 적합하고 여타의 현상 방식을 우리에게 오랫동안 은폐시킨 규정일 뿐이다. 헤링 Hering은 사람들이 색깔의 연구와 비교에서 순수 색깔만을 사용하고 모든 외적 여건들을 떼어놓을 것을 요구한다. 일정한 대상에 속하는 색깔들에 대해서가 아니라, 평평하든, 공간을 채우든, 일정한 소지자가 없이 대자적으로 지속하는 그 무엇에 대해서 작업하지 않으면 안 된다.[9] 스펙트럼의 색깔들이 이러한 조건들을 거의 충족시킨다. 그러나 이러한 색환색들은 사실상 색깔의 가능적 구조들의 하나일 뿐이고, 이미 종이의 색깔 또는 표면의 색깔은 더 이상 동일한 법칙에 따르지 않는다. 변별역(閾)은 색환색들보

---

8 Katz, *Der Aufbau der Farbwelt*, pp. 4~5.
9 카츠에 의해 인용됨, Katz, 같은 책, p. 67.

다 표면색들이 더 낮다.[10]* 색환색들은 멀리에서 그 위치가 결정되나 부정확한 방식으로이고 듬성듬성한 측면을 가지는 반면, 표면색들은 촘촘하고 자신의 표면에 시선을 고정시키게 한다. 색환색들은 언제나 앞면과 평행인 데 반해, 표면색들은 모든 정위들을 제시할 수 있다. 결국 색환색들은 언제나 모호하게 평평하고 색환표상의 성질을 잃지 않으면 특수한 형태와 합치할 수 없으며 굽은 것으로 또는 표면에 퍼지는 것으로 나타날 수 없다.[11] 그래도 색깔의 이 두 가지 현상 방식은, 때때로 이 두 방식이 서로 혼동되기까지 하는 심리학자의 실험에 나타난다. 그러나 심리학자들이 오랫동안 말하지 못한 다른 현상 방식들이 많이 있다. 즉 공간의 세 차원들을 차지하는 투명한 물체들의 색깔인 빛나는 색깔, 반짝이는 색깔, 방사하는 색깔이 있다. 그리고 일반적으로, 조명의 색깔이 있거니와, 이 색깔은 광원의 색깔과 조금도 혼동되지 않아 화가는 대상에 명암을 배분함으로써 조명의 색깔을 재현할 수 있으나, 광원의 색깔은 재현하지 못하는 색깔이다.[12] 편견은 여기서 그 자체로 불변하는 색깔에 대한 지각의 상이한 배열들이 문제이고, 동일한 감각적 질료에 주어진 상이한 형태들이 문제라고 믿는 것이다. 사실상 사람들은 이른바 질료가 완전하게 사라지는 색깔의 상이한 기능들을 가지고 있다. 왜냐하면 형태화는 감각적 속성들 자신들의 변화에 의해서 얻어지기 때문이다. 특히 조명과 대상의 고유한 색깔의 구별은 지적 분석에서 결과하지 않는다. 그것은 감각적 질료에

---

10 Ackermann, *Farbschwelle und Feldstruktur.*

* 변별역seuil différentiel은 감각이나 반응의 차이를 불러일으키는 최소의 역치를 말하고 색환color circle은 빨강–노랑–황록–청록–파랑–청자–보라–적자–빨강순으로 배열된 고리 형태의 색표를 말한다.

11 Katz, *Der Aufbau der Farbwelt*, pp. 8~21.

12 같은 책, pp. 47~48. 조명은 표면색처럼 직접적인 현상적 소여이다. 아동은 그것을 시각적 장을 관통하는 힘의 선으로 지각한다. 그리고 이것이 대상 뒤에서 대상에 상응하는 그림자가 동시에 그 대상과의 살아 있는 관계에 놓이게 되는 이유이다. 이를테면, 아동은 그림자가 '빛에서 달아난다'고 말한다. Piaget, *La Causalité physique chez l'enfant*, Chap.VIII, p. 21.

개념적 의미를 부여함도 아니다. 그것은 색깔 자신의 어떤 조명 - 조명된 사물의 구조의 확립이거니와, 우리가 고유한 색깔의 항상성을 이해하고자 한다면 그 구조를 더 자세히 기술하지 않으면 안 된다.[13]

가스 빛을 받는 청색 종이는 청색으로 보인다. 그러나 사람들이 그것을 광도계로 고찰할 때, 햇빛 받는 갈색 종이와 동일한 혼합 광선을 눈에 보내는 것을 통각하고는 놀란다.[14] 희미하게 조명받은 하얀 벽은 자유롭게 보면 하얗게 보이고(앞서 진술한 조건들과 함께), 광원을 감추는 화면 창을 통해서 통각하면 청회색으로 보인다. 화가는 화면 없이도 동일한 결과를 얻고, 색깔들을 그 주위와 분리한다는 조건에서, 예컨대 눈을 반쯤 감으면서 반사된 빛의 양과 질이 규정하는 대로 그 색깔들을 보기에 이른다. 이러한 양상의 변화는 색의 구조의 변화와 분리될 수 없다. 우리가 우리의 눈과 광경 사이에 화면을 삽입하자마자, 그리고 우리가 눈을 반쯤 감자마자, 우리는 색깔들을 물체의 표면의 대상성에서 벗어나게 하고 단순히 광판의 조건에로 되돌아오게 한다. 우리는 실재적 물체들, 즉 벽, 종이를 더 이상 일정한 색깔을 가지고 있는 것으로, 세계에서 자신의 자리를 가지고 있는 것으로 보지 못하며, 모든 것이 희미하게 '허구적인' 동일한 면 위에 위치해 있는 유색의 반점들을 본다.[15] 화면이 정확히 어떻게 작용하는가? 우리는 다른 조건 아래에서 동일한 현상을 관찰함으로써 그것을 보다 더 잘 이해할 수 있

---

13 사실을 말하면, 사람들은 색깔의 항상성이 더 이상 표면색도 조명의 지각도 가지고 있지 않는 주체에게서 발견될 수 있다는 것을 보여주었다(Gelb와 Goldstein, *Psychologische Analysen hirnpathologischer Fälle, Über den Wegfall der Wahrnehmung von Oberflächenfarben*). 항상성은 훨씬 더 기초적인 현상이다. 그것은 눈보다 훨씬 더 단순한 감각 장치를 가진 동물에게서도 발견된다. 따라서 조명-조명된 대상의 구조는 조직적으로 고도화된 특수한 유형의 항상성이다. 그러나 그것은 정밀하고 객관적인 항상성, 그리고 사물의 지각에 여전히 필수적인 것이다(Gelb, *Die Farbenkonstanz der Sehdinge*, p. 677).

14 이 실험은 이미 헤링에 의해 보고됨. Hering, *Grundzüge der Lehre von Lichtsinn*, p. 15.

15 Gelb, *Die Farbenkonstanz der Sehdinge*, p. 600.

다. 내부가 하나는 하얗게 다른 하나는 검게 칠해져 있고, 조명이 하나는 강하고 다른 하나는 약하게 주어지는 커다란 두 상자의 내부를 접안 구멍을 통해 연달아 주시하면, 그리하여 눈이 수용하는 빛의 양이 그 두 경우에 동일하면, 그리고 두 상자의 내부에 색채상의 어떠한 음영도 불규칙성도 없도록 준비하면, 그때는 그 내부의 색깔들은 분간되지 않으며 이 상자와 저 상자에서 사람들은 회색으로 퍼지는 빈 공간만을 볼 뿐이다. 사람들이 하얀 종이 조각을 검은 상자 안에 넣거나 검은 종이 조각을 하얀 상자 안에 넣으면 모든 것이 변하게 된다. 즉각적으로, 전자는 검고 강렬하게 조명되어 보이고, 후자는 하얗고 약하게 조명되어 보인다. 따라서 조명-조명된 대상의 구조가 주어지도록 하기 위해서는 반성 능력이 달라지는 두 표면이 적어도 있지 않으면 안 된다.[16] 사람들이 검은 원반에 호광등(弧光燈) 빛이 정확하게 비치도록 준비하고 표면 위의 울퉁불퉁함이 미치는 영향을 제거하기 위해 원반을 움직이게 하면, 원반은 방의 나머지가 그렇듯 약하게 조명받은 것처럼 보이고, 호광등 빛은 원반이 토대가 되는 희끄무레한 고체가 된다. 우리가 하얀 종이 조각을 원반 앞에 놓는다면 동시에 원반을 '검은' 것으로, 종이를 '하얀' 것으로 보고 양자가 강렬하게 조명받는 것으로 본다.[17] 이 변형은 너무나 완전해서 사람들은 새로운 원반이 나타나는 것을 보는 인상을 받는다. 화면이 끼지 않는 이러한 실험들은 화면이 끼는 실험들을 이해하게 만든다. 즉 항상성의 현상에서 결정적 요인은, 즉 화면을 사용하지 않는, 자유로운 시각에서 작용할 수 있는 이 결정적 요인은 장의 총체의 분절이고, 장의 총체가 포함하는 구조들의 풍부함과 섬세함이다. 주체가 화면 창을 통해서 주시할 때 더 이상 그는 조명의 관계들을 '지배하지' 못하고, 말하자면 가시적 공간에서 각자가 자기 자신의 명료성을 가진 채로 하나가 다른 하나에 의거해서 떼어지는 모든 종속된 것을 지각하지

지각의 현상학

16 같은 책, p. 673.
17 같은 책, p. 674.

못한다.[18] 화가가 눈을 반쯤 감을 때 그는 장의 깊이로의 조직을 파괴하고 이와 함께 조명의 명확한 대조들을 파괴하며, 더 이상 자신의 고유한 색깔을 가진 일정한 사물들은 없다. 사람들이 그림자가 드리운 하얀 종이와 조명받은 회색 종이의 경험에서 다시 시작하고 이 두 지각의 부정적 잔상들을 화면에 투사한다면, 사람들은 항상성과 조명-조명된 대상의 구조가 잔상들이 퍼진 공간에서가 아닌 사물들에서만 일어나는 것처럼, 항상성의 현상이 유지되지 못한다는 것을 확인한다.[19] 이 구조들이 장의 조직에 의존한다는 것을 인정함으로써 사람들은 단번에 항상성의 현상의 모든 경험적 법칙들을 이해한다.[20] 그것은 광경이 투사되는 망막적 영역의 크기에 비례하고, 보다 더 확장되고 보다 더 분절된 세계의 조각이 관련된 망막적 공간에서 투사되는 그만큼 더욱더 뚜렷하다. 그것은 중심의 시각보다 주변의 시각에서, 쌍안의 시각보다 외안의 시각에서, 연장된 시각보다 짧은 시각에서 덜 완전하다. 그것은 거리가 아주 멀어지면 약해진다. 그것은 개인에 따라 다르고 개인의 지각적 세계의 풍부함에 따라 다르다. 마침내 그것은 구조적 차이들을 침해하지 않는 무색 조명에 있어서보다, 대상의 표면적 구조들을 지우고 상이한 표면들에 대한 반성 능력을 평준화하는 유색 조명에 있어서 덜 완전하다.[21] 따라서 항상성의 현상, 장의 분절, 조명의 현상 사이의 연관은 확립된 사실로 간주될 수 있다.

그러나 이러한 기능적 관계는 아직 우리로 하여금 그것이 연결하는 용어들도 따라서 이것들의 구체적 결합도 이해하지 못하게 하고, 우리가 일상적 의미에서 파악된 세 용어들의 상관적 변화의 단순한 확증에 만족한다면, 가장 큰 발견적 이점이 상실될 것이다. **어떤 의미에서** 대상의 색깔은 항상적으로 남아 있다고 말하지 않

---

18 같은 책, p. 675.
19 같은 책, p. 677.
20 이 법칙들은 카츠의 저서에 나오는 법칙들이다. Katz, *Der Aufbau der Farbwelt.*
21 Gelb, *Die Farbenkonstanz der Sehdinge*, p. 677.

으면 안 되는가? 광경의 조직이란 무엇인가, 광경이 조직되는 **장이란 무엇인가**? 결국 **조명이란 무엇인가**? 우리가 단 하나의 현상이 함축하는 세 변수들을 그 현상에 끌어 모으는 데 성공하지 못한다면, 그리고 그 현상이 마치 손으로 하는 것처럼 우리를 항상성의 현상의 소위 '원인들'이나 '조건들'이 그 현상의 계기들로서 그 현상과의 본질적 관계에서 나타날 직관으로 인도하지 않는다면, 심리학적 귀납은 맹목적인 것으로 남는다.[22] 따라서 방금 우리에게 드러난 현상들을 숙고하고 이것들이 상호 전체적 지각에서 어떻게 동기화되는가를 알아보도록 하자. 우선 사람들이 조명이라 부르는 바 빛이나 색깔의 특수한 현상 방식을 고찰해보자. 그 특수함이란 무엇인가? 한 줌의 빛이 그 자체로서 고려되는 대신 조명으로 포착되자마자 무엇이 일어나는가? 눈의 반사가 없으면 원주민의 그림에서처럼 눈은 흐릿하고 보이지 않는 것으로 남아 있게 되는데, 이렇게 사람들이 눈의 반사를 깨닫는 데 이르기까지는 수백 년간의 그림이 필요했다.[23] 반사는 너무 오랫동안 알려지지 않은 채로 지나칠 수 있었기 때문에 그 자신에 대하여 보이지 않는다. 그렇지만 그것은 한 번이라도 없게 되면 얼굴에 대해서처럼 대상을 죽이고 대상의 표현을 빼앗기 때문에, 지각에서 자신의 기능을 가진다. 반사는 눈가에서만 보인다. 그것은 우리의 지각의 목표로서 나타나지 않는다. 그것은 우리의 지각의 보조자나 매개자이다. 반사는 자신은 보이지 않고 그 나머지를 보이게 한다. 사진에서 반사와 조

22 사실상, 심리학자는 자신이 실증주의적으로 남으려고 해도, 스스로 귀납적 연구의 모든 가치가 우리를 현상의 관점으로 이끌어간다고 느낀다. 그는 적어도 이러한 새로운 의식적 파악을 지시하고자 하는 유혹을 완전하게 물리치는 것은 아니다. 따라서 기욤은 색깔의 항상성의 법칙을 설명하면서 눈이 '조명을 설명한다'고 쓴다(P. Guillaume, *Traité de Psychologie*, p. 175). 우리의 연구는 어떤 의미에서 이러한 간결한 문구를 발전시키도록 할 뿐이다. 그것은 엄밀한 실증성의 차원에서는 아무것도 의미하지 않는다. 눈은 정신이 아니고 물질적 기관일 뿐이다. 그것이 어떻게 그 무엇을 '설명할 수' 있겠는가? 우리가 객관적 신체 이외에 현상적 신체를 도입할 때만, 객관적 신체를 현상적 신체로 만들 때만, 결국 우리가 지각의 주체로서 의식 대신에 실존, 즉 신체를 통한 세계-에로-존재로 대체할 때만 그렇게 할 수 있다.

23 Schapp, *Beiträge zur Phänomenologie der Wahrnehmung*, p. 91.

명은 사물로 변형되기 때문에 때때로 잘못 재현되고 필름에서, 예컨대 등장 인물이 손에 램프를 들고 동굴로 들어간다면, 우리는 그 빛줄기를 어둠을 파헤치고 대상들을 나타나게 하는 비물질적 존재로서 보지 못한다. 그것은 응고되고 더 이상 우리에게 저 끝에 있는 대상을 보여줄 수 없으며, 벽 위로 이동하는 빛은 벽 위가 아니라 화면 바로 위에 위치가 설정되는 눈부신 뚜렷한 웅덩이만을 산출할 뿐이다. 따라서 조명과 반사는 신중한 중개자로 자리를 내놓고 우리의 시선을 고정시켜놓는 대신, **인도할** 때만 자신의 역할을 수행한다.[24] 그러나 이것으로서 우리는 무엇을 의미해야만 하는가? 사람들이 내가 알지 못하는 주택에서 나를 그 집주인에게로 인도할 때, 나 대신 알고 있는 어떤 사람이 있는 것이고, 펼쳐지는 광경은 바로 그 사람에 대하여 의미를 제공하는 것이며, 목표를 향해 나가는 사람도 그 사람이거니와 나는 내가 소유하지 않는 지식에 나를 맡기고 응한다. 사람들이 나로 하여금 내가 혼자서는 구별할 수 없었던 광경의 세목을 보도록 한다면, 거기에는 이미 보았던 어떤 사람, 어디에 놓여 있고 보기 위해 어디를 주시해야 하는가를 아는 어떤 사람이 있다. 조명은 나를 인도하고 나로 하여금 대상을 보게 한다. 따라서 어떤 의미에서 조명은 대상을 **알아본다**. 내가 극장의 어떤 무대를, 즉 막이 오르면 밝은 무대 장치가 드러나는 관람객 없는 무대를 상상한다면, 나에게 그 광경은 **그 자체로 가시적인 것 같고** 또는 보이도록 준비되어 있는 것 같으며, 무대 면을 돌아다니는, 음영을 분명히 해주는, 광경의 이곳에서 저곳까지 스며드는 빛은 우리 앞에서 일종의 시각을 실현한다. 역으로, 우리가 문장을 들을 때 낯선 사고의 흔적을 발견하고는 놀라듯이, 우리 자신의 시각은 단지 조명이 지나가는 길을 따라 자기 나름으로 광경의 집중을 되찾기 위해 애쓰고 있다. 우리가 말을 주고받을 때 타인을 따라 사고하듯이 우리는 빛을 따라 지각한다. 그리고 의사

---

24 조명의 본질적 기능을 기술하기 위해 카츠는 화가로부터 빛의 지도Lichtführung라는 용어를 빌려온다(Katz, *Der Aufbau der Farbwelt*, pp. 379~81).

465

제2부 ─ 제3장 사물과 자연적 세계

소통이 (새로운 본래적 언사의 경우에 의사 소통을 넘어서고 풍부하게 하면서도) 의미가 말에 거주하게 되는 어떤 언어적 조립을 가정하듯이, 지각은 빛의 청원들의 상스sens에 따라(말하자면 청원들의 방향과 의미인데 이것들은 일체이다) 그 청원들에 응답할 수 있는, 흩어진 가시성을 한 곳에 모을 수 있는, 광경에 윤곽이 잡혀 있는 것을 성취할 수 있는 장치를 우리 속에 가정한다. 이러한 장치는 시선인데, 달리 말하면, 현상과 우리의 운동 감각적 전개의 자연적 상관성이거니와, 이것은 법칙에서 인식되는 것이 아니라, 세계의 유형적 구조들에 대한 우리 신체의 참여로서 체험되는 것이다. 조명과, 그 상관자로서의 조명된 사물의 항상성은 우리의 신체적 상황에 직접 의존한다. 강렬하게 조명된 방에서 우리가 음영진 가장자리에 놓인 하얀 원반을 관찰하면 백(白)의 항상성은 불완전하다. 우리가 원반이 발견되는 음영진 지대로 접근하면 그 항상성은 호전된다. 우리가 그 지대로 들어갈 때 그 항상성은 완전해진다.[25] 음영은 그것이 보아야 할 사물로서 우리 앞에 놓이기를 그칠 때만, 그것이 우리를 에워쌀 때만, 그것이 우리가 자리를 잡게 되는 우리의 환경이 될 때만 진정한 음영이 된다. 사람들은 이러한 현상을, 광경이 대상들의 총합이거나, 초우주적 주체 앞에 펼쳐진 성질들의 모자이크이기는커녕, 주체를 둘러쌀 때만, 주체에게 협정을 제의할 때만 이해할 수 있다. 조명은 대상의 측면에 있지 않다. 그것은 우리가 떠맡는 것이고 우리가 규범으로 간주하는 것이며, 반면 조명된 사물은 우리 앞에서 분리되어 우리와 대면한다. 조명은 색깔도 아니고 그 자체로는 빛조차도 아니다. 그것은 색깔과 조도의 구별을 넘어서 있다. 그리고 바로 이것이 조명이 우리에 대하여 언제나 '중립적'이 되려고 하는 이유이다. 우리가 머물고 있는 어슴푸레한 빛은 우리에게 너무 자연적이라서 더 이상 어슴푸레한 빛으로 지각조차 되지 않는다. 우리가 햇빛을 끊어버리자

25 Gelb, *Die Farbenkonstanz der Sehdinge*, p. 633.

마자 우리에게 황색으로 나타나는 전기 조명은 순식간에 우리에 대하여 어느 일정한 색깔을 가지기를 그만두며, 나머지 햇빛이 그 방에 스며들면 그것은 우리에게 청색을 띤 것으로 나타나는 '객관 적으로 중립적인' 빛이 된다.[26] 전기의 황색 조명이 황색으로 지각 되기 때문에 우리는 그 현상을 평가함에 있어 그것을 설명하는 셈 이고, 따라서 대상의 고유한 색깔을 관념적으로 찾는 셈이라고 말 해서는 안 된다. 황색 빛은 퍼짐에 따라 햇빛 모양으로 보여지고, 따라서 다른 대상들의 색깔이 실재적으로 항상적인 것으로 남아 있다고 말해서는 안 된다. 황색 빛은 조명의 기능을 떠맡음으로써 자신의 위치가 모든 색깔을 넘어 설정되기를 원하고 색깔의 영점 을 향한다고 말해야 하며, 마찬가지로 대상들은 이 새로운 분위기 에 대한 저항 정도와 방식에 따라 스펙트럼의 색깔들을 배분받는 다고 말해야 한다. 따라서 모든 색깔-**질** quale은 색깔-기능에 의 해 매개되고 변화할 수 있는 수준과의 관계에 의해서 규정된다. 수 준이 정해지고 이와 함께 그 수준에 의존하는 모든 색깔의 명도가 정해지는데, 이때는 우리가 지배적 분위기에 살기 시작해서 이러 한 기본적 규약에 따라 대상들에 스펙트럼의 색깔들을 재분배할 때이다. 우리가 그 정착이 수반하는 전위(轉位)와 함께 어떤 색깔 환경에 정착하는 것은 신체적 작용이고, 나는 새로운 분위기에 **접 어듦**으로써만 그것을 완성할 수 있다. 왜냐하면 나의 신체는 세계 의 모든 환경에 거주할 수 있는 일반적 능력, 즉 세계를 항상적이 게 유지하는 모든 전위와 등가의 열쇠이기 때문이다. 따라서 조명 은 복잡한 구조의 한 계기일 뿐이려니와, 이 구조의 다른 계기들은 우리의 신체가 실현하는 장의 조직이고, 항상성에 있는 조명된 사 물이다. 사람들이 이 세 현상들 가운데서 발견할 수 있는 기능적 상관성들은 그 현상들의 '본질적 공존재'의 표시들일 뿐이다.[27]

---

26 Koffka, *Principles of Gestalt Psychology*, p. 255 및 이하. 메를로-퐁티, 『행동의 구조』, p. 108 및 이하.

27 독일어로 Wesenskoexistenz. Gelb, 앞의 책, p. 671.

이제 뒤의 두 가지부터 상론함으로써 이 점을 더 잘 해명해보자. 장의 조직으로서 무엇을 이해해야 하는가? 우리는 사람들이 지금까지 빛이 비치는 원반과 뒤섞여서 원추형 고체로 지각된 호광등 빛에 하얀 종이를 넣는다면, 곧장 그 빛줄기와 원반은 분리되고 그 조명은 조명으로서의 자격을 갖춘다는 것을 보았다. 빛줄기에 종이를 넣는 것은 분명하게 그 원추형 빛의 '비고체성'을 강요하면서, 자신을 유지시키고 빛으로서의 자신의 특성을 드러내주는 원반에 대한 자신의 의미를 변화시킨다. 사물들은 비친 종이의 시각과 고체의 원추의 시각 사이에 어떤 체험된 양립 불가능성이 있는 것처럼, 광경의 일부의 의미가 총체의 의미를 수정하도록 유인하는 것처럼 일어난다. 마찬가지로, 우리는 하나씩하나씩 파악된 시각 장의 상이한 부분들에서는 사람들이 대상의 고유한 색깔과 조명의 색깔을 분간할 수 없었으나, 시각 장의 총체에서는 개개의 부분들이 여타의 성형화로부터 혜택을 받는 일종의 상호 행동에 의해서 일반적 조명이 나타나, 개개의 국소의 색깔에 자신의 '참된' 가치를 부여한다. 여기서 다시 한 번 모든 것은 광경의 단편들이 저마다 혼자서는 조명의 시각을 야기할 수 없는데도 결합함으로써 그것을 가능하게 하는 것처럼, 장에 흩어진 색깔의 명도들을 통해서 어떤 사람이 체계적 변형의 가능성을 읽는 것처럼 일어난다. 화가가 뚜렷한 대상을 재현하고자 한다면, 그는 반사와 음영을 그 주위 대상들에 적절하게 배분함으로써 거기에 이르는 것만큼, 대상에 선명한 색깔을 입힘으로써 거기에 이르지 못한다.[28] 사람들이 잠시 동안 움푹 패인 대상을 양각, 예컨대 인장(印章)으로 보는 데 성공한다면 갑자기 그 대상의 내부에서 나오는 마술적 조명의 인상을 받는다. 그것은 인장에 있어서 빛과 음영의 관계가 그 당시 그 장소의 조명을 고려해서 있어야 하는 그대로와는 정반대이기 때문이다. 사람들이 일정하게 불변한 거리를 유지하면서 램프를

28 Katz, *Der Aufbau der Farbwelt*, p. 36.

상반신 주위로 돌리면, 램프 자체가 보이지 않을 때라도 우리는 유일하게 주어진 것들인 조명과 색깔의 변화들의 복합체에서 광원의 회진을 지각한다.[29] 따라서 '조명의 논리'[30]나 아니면 '조명의 종합,'[31] 시각 장의 부분들의 공가능성이 있거니와, 여기서 시각 장은 이접 명제들에서, 예를 들면 화가가 자신의 그림을 평론가 앞에서 정당화하고자 한다면 잘 설명될 수 있는, 그러나 그림의 일관성 또는 광경의 실재성으로 우선 체험되는 시각 장이다. 게다가 그림 또는 광경의 전체적 논리, 느껴진 색깔들의 정합성, 대상의 공간적 형태들과 의미가 있다. 화랑의 그림은 적절하게 떨어져 보면 개개의 색깔 지점에 색깔의 가치뿐만 아니라 어떤 표상적 가치를 제공하는 내적 조명을 가진다. 그림은 너무 가까이서 보면 화랑의 지배적 조명 아래에서 비치고 그렇다면 색깔들은 더 이상 표상적으로 작용하지 않으며, 우리에게 더 이상 어떤 대상의 상을 제공하지 않고 그림 위의 물감처럼 작용한다.[32] 우리가 산의 경치 앞에서 장의 일부를 분리하는 결정적 태도를 취한다면 색깔 자체는 변하고, 초록색이었던 녹색은 맥락과 분리되면 자신의 표상적 가치뿐만 아니라 동시에 자신의 두께와 색깔을 잃는다.[33] 색깔은 더 이상 그저 색깔이 아니고 어떤 대상의 색깔이며, 양탄자의 청색은 양털이 수북한 청색이 아니라면 하나의 동일한 청색일 수 없을 것이다. 조금 전에 우리는 시각 장의 색깔들이 하나의 수준으로 간주된 조명인 그 지배적인 것 주위에 정돈된 체계를 형성한다는 것을 보았다. 이제 우리는 장의 조직의 보다 더 심층적인 의미를 어렴풋이 예감한다. 즉 체계를 형성하는 것은 색깔들일 뿐만 아니라, 기하학적 특성들이고 모든 감각적 소여들이며, 대상들의 의미라는 것이다. 우리의 모든 지각은 개개의 대상에 대하여 다른 대상의 규정들과의

---

29 같은 책, pp. 379~81.
30 같은 책, p. 213.
31 같은 책, p. 456.
32 같은 책, p. 382.
33 같은 책, p. 261.

제휴에 의해서 모든 규정들을 부여하는 논리, 모든 일탈적 소여들을 비실재적인 것으로 '내쫓는' 논리에 의해서 생명을 부여받는다. 우리의 모든 지각은 세계의 확실성을 그 토대로 한다. 이러한 관점에서 우리는 마침내 지각의 항상성의 참다운 의미를 통각한다. 색깔의 항상성은 사물의 항상성의 추상적 한 계기일 뿐이고, 사물의 항상성은 우리의 모든 경험의 지평으로서의 세계에 대한 원초적 의식에 기초한다. 따라서 내가 사물을 믿는 것은 내가 다양한 조명 아래에서 항상적 색깔을 지각하기 때문이 아니며, 또한 사물은 항상적 특성들의 총합이 아닐 것이다. 정반대로, 내가 항상적 색깔을 발견하는 것은 나의 지각이 그 자체로서 세계 및 사물에로 열림에 따라서이다.

3_소리 · 온도 · 무게의 항상성

항상성의 현상은 일반적이다. 사람들은 소리,[34] 온도, 무게[35]의 항상성에 대하여 말할 수 있었고, 마침내 엄밀한 의미에서 촉각적인 소여들의 항상성이면서 개개의 감각적 장에 있는 어떤 구조들, 어떤 '현상 방식들'에 의해서 매개된 항상성에 대하여 말할 수 있었다. 무게의 지각은 여기에 협력하는 근육들이 무엇이고 그 최초의 위치가 무엇이든 간에 동일하게 남아 있다. 사람들이 눈을 감은 채로 대상을 들어올릴 때 그 무게는 다르지 않다. 그 무게가 손에 추가되든 그렇지 않든 간에 (그리고 그 무게가 손등에 압력을 더 주든 손바닥을 더 끌어당기든 간에)──손이 마음대로 움직이든 반대로 묶여 손가락만 움직이든 간에──한 손가락이나 그 이상의 손가락이 그 일을 하든 간에──우리가 손 또는 머리, 발 또는 이빨

---

34 Von Hornbostel, *Das Räumliche Hören*.
35 Werner, *Grundfragen der Intensitätspsychologie*, p. 68 및 이하. Fischel, *Transformations-erscheinungen bei Gewichtshebungen*, p. 342 및 이하.

로 그 대상을 들어올리든 간에—마침내 우리가 그 대상을 공중에서 또는 물에서 들어올리든 간에 그렇다. 이리하여 촉각적 인상은 활동하는 부위의 본성과 수, 그리고 이것이 나타나게 되는 물리적 상황을 고려해서 '해석된다'. 바로 이렇게 해서 그 자체 너무 상이한 인상들은 이마 피부의 압력, 손의 압력처럼 무게의 동일한 지각을 매개한다. 여기서 해석이 명시적 귀납에 의존한다든지, 앞의 실험에서 주체가 그러한 상이한 변수들이 대상의 실제적 무게에 미치는 영향을 측정할 수 있었다든지 하고 가정하는 것은 불가능하다. 그가 무게의 견지에서 이마에 주어진 압력을 해석할 기회를 갖지 못했다는 것, 통상적인 무게의 척도를 발견하기 위해 손가락이 받는 국소적 인상에다 물속으로 잠기면서 줄어든 부분적 팔 무게를 추가할 기회를 갖지 못했다는 것은 틀림없다. 사람들이 그가 신체를 사용해서 점차로 무게 등가 계산표를 얻었다는 것을 인정하고 손가락의 근육들에 의해 받은 인상이 손 전체에 의해 받은 인상과 같다는 것을 배운다고 할지라도, 이러한 귀납들은 그가 이 귀납들을 무게를 들어올리는 데 사용되지 않았던 신체 부위들에 적용하기 때문에, 적어도 모든 부위들을 체계적으로 포괄하는 신체의 전체적 인식의 골격에서 풀이되어야 한다. 무게의 항상성은 실재적 항상성이 아니다. 그것은 가장 자주 사용되고, 연합에 의해 다른 경우에 닿게 되는 기관들에 의해 제공된 '무게의 인상'이 우리의 내부에서 지속하는 항상성이 아니다. 따라서 대상의 무게는 관념적 상수일 것이고 무게의 지각은 우리가 개개의 경우에 인상을, 이 인상이 나타나는 신체적·물리적 조건들과 관계지음으로써 이 두 변수들 사이의 항상적 관계를 자연적 물리학에 의해 관계짓는 판단일 것인가? 그러나 그럴 수 있는 것은 오직 다음과 같이 말함으로써이다. 즉 우리는 기술자가 자기 스스로 부분부분 구축한 기계를 아는 것처럼, 우리의 신체, 우리 기관의 힘, 무게, 범위를 알지 못한다. 그리고 우리가 우리의 손이 하는 일과 손가락이 하는 일을 비교할 때 이것들이 구별되고 확인되는 것은, 우리의 이전 손

발의 전체적 힘을 지로 해서이고, 상이한 기관들의 작용들이 등가로 나타나는 것은 '나는 할 수 있다'의 통일성에서이다. 마찬가지로, 그 기관들의 하나하나에서 제공된 '인상들'은 실재적으로 구별되지 않으며 오직 명시적 해석에 의해 결합될 뿐이다. 이것들은 '실재적' 무게의 상이한 표시들로서 단숨에 주어지고, 사물의 선객관적 통일성은 신체의 선객관적 통일성의 상관자이다. 따라서 무게는 등가적 동작의 체계로서의 우리 신체를 지로 해서 사물의 확인 가능한 속성으로 나타난다.

4_촉각적 경험의 항상성과 운동

이러한 무게 지각의 분석은 모든 촉각적 지각을 분명히 한다. 고유한 신체의 운동은 시각에서 조명이 무엇인가를 말해준다.[36] 모든 촉각적 지각은 객관적 '속성'에 열리는 것과 동시에 신체적 성분을 포함한다. 예를 들면, 대상의 촉각적 국소는 신체 도식의 기본 지점과의 관계에 의해서 대상을 적당한 자리에 놓는다. 얼핏 보기에, 촉각과 시각을 완전히 구별하는 저 속성은 정반대로 이것들을 결합시키는 것을 허용한다. 가시적 대상이 우리 앞에 있지 우리 눈 위에 있지 않음은 틀림없다. 그러나 우리는 최종적으로 가시적 위치, 크기, 형태가 정위, 폭 그리고 그것들에 대한 우리 시선의 파악에 의해 결정되는 것을 보았다. 틀림없이, 수동적 접촉(예컨대 귀나 코의 내부로 접촉하는 것, 그리고 일반적으로 통상 덮여 있는 신체 부위로 접촉하는 것)은 우리 자신의 신체의 상태만을 우리에게 제공하고 대상에 관계하는 것은 거의 아무것도 제공하지 않는다. 우리의 촉각적 표면의 가장 예민한 부위들에서조차도 운동 없는 압력은 거의 확인 불가능한 현상만을 제공한다.[37] 그러나 역시

---

36 Katz, *Der Aufbau der Tastwelt*, p. 58.
37 같은 책, p. 62.

눈부신 광선의 시각에서처럼 시선 없는 수동적 시각이 있는데, 이것은 더 이상 우리에게 객관적 공간을 펼치지 않으며, 광선이 광선이기를 그치고 우리의 눈 자체로 마구 밀려오는, 고통을 주고자 하는 시각이다. 그리고 참다운 봄의 탐색적 시선처럼 '인식하는 접촉'은[38] 운동에 의해 우리를 우리의 신체 밖으로 내던진다. 나의 손의 하나가 다른 하나에 접촉할 때 움직이는 손은 주체의 기능을 수행하고 다른 하나는 객체의 기능을 수행한다.[39] 사람들이 탐색적 운동을 그만두면 완전하게 사라지는 까칠까칠함과 매끈매끈함처럼, 촉각적 현상들, 이른바 촉각적 성질들이 있다. 운동과 시간은 인식하는 접촉의 객관적 조건들이기만 한 것이 아니라, 촉각적 소여들의 현상적 성분이기도 하다. 이것들은 광선이 가시적 표면의 성형화를 윤곽짓듯 촉각적 현상들의 형태화를 실현한다.[40] 매끈매끈함은 유사한 압력들의 총합이 아니라, 표면이 우리의 촉각적 탐색 시간을 이용하거나 우리의 손의 운동을 변조하는 방식이다. 이러한 변조 양식들은 그 정도만큼 촉각적 현상의 현상 방식들을 규정하는데, 이것들은 서로 환원 불가능하고 요소적인 촉각적 감각에서 연역될 수 없다. 또한 '표면적·촉각적 현상들'이 있는데 여기서는 두 가지 차원의 촉각적 대상이 접촉되도록 주어지고 다소 확고하게 침투에 대항한다. 그런가 하면 색환에 비교될 수 있는 세 가지 차원의 환경들이 있는데, 예컨대 우리가 우리의 손을 집어넣어 늘어뜨려놓는 공기의 흐름이나 물의 흐름이다. 그리고 촉각적 투명성이 있다. 축축함, 미끌미끌함, 끈적거림은 보다 복잡한 구조들의 층에 속한다.[41] 우리가 접촉하는 조각된 나무에서 우리는 귀가 소음 가운데에서 음조를 구별하듯 직접 나무의 자질을 구별해서 그 자연적 구조와 조각가에 의해 주어진 인공적 구조를 구별한다.[42] 바

38 같은 책, p. 20.
39 같은 책.
40 같은 책, p. 58.
41 같은 책, pp. 24~35.
42 같은 책, pp. 38~39.

로 여기에 탐색적 운동의 상이한 구조들이 있으며, 사람들은 상응하는 현상들을 요소적 · 촉각적 인상들의 집합으로 취급할 수 없다. 왜냐하면 이른바 구성의 인상들은 주체에게 주어지지도 않기 때문이다. 내가 솔의 가시와 아마실 중에 아마포나 솔을 접촉한다면 촉각적인 어떤 것도 없는 것이 아니라 질료 없는 촉각적 공간이 있고 촉각적 지(地)가 있다.[43] 복잡한 촉각적 현상이 실재적으로 분해될 수 있는 것이 아니라면, 그것은 동일한 이유에서 관념적으로 그러한 것이 아닐 것이고, 만약 우리가 딱딱함이나 부드러움, 까칠까칠함이나 매끈매끈함, 모래나 벌꿀을 마찬가지로 촉각적 경험의 전개의 법칙이나 규칙으로 규정하고자 한다면, 우리는 여전히 그 속에 그 법칙이 정돈하는 요소들의 인식을 투입해야 한다. 까칠까칠함이나 매끈매끈함을 접촉하고 인식하는 자는 요소들도 요소들의 관계들도 정립하지 않으며 시종일관 그것들을 생각하는 것도 아니다. 접촉하거나 만져보는 것은 의식이 아니다. 그것은 손이고, 손은 칸트가 말한 대로, '인간의 외부 두뇌'이다.[44] 촉각적 경험보다 더 멀리 객관화를 밀고 나가는 시각적 경험에서 우리는 적어도 처음 보기에는 세계를 구성한다고 할 수 있다. 왜냐하면 그것은 저 멀리 우리 앞에 펼쳐진 광경을 우리에게 제시하기 때문이고, 즉각 도처에 현존하나 어느 곳에서도 위치지어지지 않는다는 착각을 우리에게 제공하기 때문이다. 그러나 촉각적 경험은 우리의 신체의 표면에 붙어 있고 우리는 그것을 우리 앞에 펼칠 수 없다. 그것은 전혀 대상이 되지 않는다. 마찬가지로, 접촉의 주체로서 나는 도처에 있으면서 어디에도 없다는 것을 자만할 수 없다. 여기서 나는 내가 세계에 이르는 것이 나의 신체를 통해서라는 것을 망각할 수 없다. 촉각적 경험은 내 '앞에서' 일어나지 내 안에서 중심을 구하지 않는다. 접촉하는 것은 내가 아니라 나의 신체이다. 내가 접촉할 때 나는 다양한 것을 생각하지 않고 나의 손들은 자신의 운

---

43 같은 책, p. 42.
44 카츠가 출처 없이 인용함. Katz, 같은 책, p. 4.

동적 가능성들의 일부가 되는 어떤 양식을 찾아낸다. 바로 이것이 사람들이 지각적 장에 대해 말할 때 말하고자 하는 바이다. 즉 나는 현상이 내 속에서 반향에 부딪힐 때만, 현상이 나의 의식의 어떤 본성과 일치할 때만, 만남에 이르는 기관이 현상과 동시적으로 일어나게 될 때만, 효과적으로 접촉할 수 있다. 촉각적 현상의 통일성과 동일성은 개념적 인식의 종합에 의해 실현되지 않는다. 그것들은 협력 작용 체계의 총체로서의 신체의 통일성과 동일성에 기초한다. 대낮에 유아는 자신의 손을 무언가를 집는 유일한 도구로서 이용하는데, 마찬가지로 그것은 접촉의 유일한 도구가 된다.[45] 나는 나의 손가락과 신체를 전적으로 유일한 기관으로 사용할 뿐만 아니라, 신체의 통일성 덕분으로 기관에 의해 획득된 촉각적 지각들은 단번에 다른 기관들의 언어로 번역되기도 한다. 예컨대, 우리의 등이나 가슴과 아마포나 양털의 접촉은 손이 하는 접촉의 형태로 기억에 남아 있고,[46] 보다 일반적으로, 우리는 대상과 효과적으로 접촉한 적이 없는 우리의 신체 부위들을 가지고 그 대상과 기억 속에서 접촉할 수 있다.[47] 따라서 대상과 우리의 객관적 신체 부위와의 개개의 접촉은 사실상 현실적인 또는 가능적인 현상적 신체의 총체성과의 접촉인 셈이다. 바로 여기에 촉각적 대상의 항상성이 자신의 상이한 표시들을 통해서 어떻게 실현될 수 있는가가 있다. 그것은 나의 신체에 대한 항상성이요, 나의 총체적 행동의 상수이다. 신체는 자신의 모든 표면과 기관을 통해서 동시에 촉각적 경험을 향해 나아가고 자기 자신과 더불어 어떤 유형의 촉각적 '세계'를 가진다.

45 같은 책, p. 160.
46 같은 책, p. 46.
47 같은 책, p. 51

(2) 사물 또는 실재적인 것

5_지각의 규범으로서의 사물

이제 우리는 상호 감각적 사물의 분석에 접근할 수 있게 되었다. 우리에 대하여 연속적 경험을 통해서 동일하게 유지되는 시각적 사물(달의 둥근 표면) 또는 촉각적 사물(내가 만질 때 느낄 수 있는 두개골)은 실제적으로 지속하는 **질**도 객관적 성질의 개념이나 의식도 아니라, 우리의 시선이나 운동에 의해 발견되거나 되찾아지는 것이고, 이것들이 정확하게 응답하는 문제인 것이다. 시선이나 촉지(觸肢)에 제공되는 대상은 고유한 신체의 운동을 겨냥하는 것이 아니라, 그것들이 걸려 있는 사물 자체를 겨냥하는 어떤 운동적 의도를 일으킨다. 그리고 나의 손이 딱딱함과 부드러움을 안다면, 나의 시선이 달빛을 안다면, 그것은 현상과 합쳐지고 의사 소통하는 어떤 방식으로서이다. 딱딱함과 부드러움, 까칠까칠함과 매끈매끈함, 달빛과 햇빛은 우리의 상기에서 무엇보다도 먼저 감각적 내용으로서가 아니라, 어떤 공생의 유형으로, 외부가 소유하는 우리에게 밀려오는 어떤 방식, 우리가 소유하는 바깥을 맞아들이는 어떤 방식으로서 주어지고, 여기서 상기는 자신이 탄생하는 지각의 결구를 끌어내도록 해주는 것일 뿐이다. 개개의 감각의 상수들이 이렇게 이해된다면, 그 상수들이 통합되는 상호 감각적 사물을 안정적 속성들의 총체 또는 그 총체의 개념에 의해서 규정하는 문제는 있을 수 없을 것이다. 사물의 감각적 '속성들'은 나의 시선처럼 한꺼번에 동일한 사물을 구성하고, 나의 접촉과 여타의 모든 감각들은 한꺼번에 단 하나의 행동에서 통합된 동일한 신체의 힘들이다. 내가 탁자를 모호하게 보면서 탁자의 표면으로 인식하려고 하는 그 표면은 이미 나를 하나의 초점으로 유인하고 자신의 '참된' 모습을 자기 자신에게 제공하는 시선 고정 운동을 불러일으킨다. 마찬가지로, 하나의 감각에 주어진 모든 대상은 다른 모든 감각들의 일치 작용을 그 자신에 대하여 불러일으킨다. 내가 표면의 색깔을 보는 것은, 내가 시각 장을 가지고 있고 장의 배열이 나의 시선을 그 표면에까지 인도하기 때문이다. 내가 사물을 지각하는 것은, 내가 실존의 장을 가지고 있고 개개의 현상이 나의 전신을 그 장을 향해 지각적 힘들의 체계로 성극시키기 때문이다. 나의 경험이 최대의 명료함을 띨 때, 나는 현상들을 관통해서 색깔이나 실재적 형태에 도달한다. 버클리는, 파리는 동일한 대상을 달리 볼 것이고, 보다 나은 현미경은 그것을 변화시킬 것이라는 훌륭한 이의를 제기할 수 있을 것이다. 나에게 이러한 상이한 현상들은 지각된 성형화가 충분한 명료성을 위해 자신의 최대의 풍부함에 도달하게 되는 어떤 참된 광경의 현상들이다.[48] 내가 시각적 대상들을 가지는 것은 내가 풍부함과 명료성이 상호 반비례하는 시각적 장을 가지기 때문이고, 이 두 요구, 즉 그 하나하나가 별도로 떼어지게 되면 무한대와 통하게 될 이 두 요구가 결합되기만 하면, 지각 과정에서 어떤 원숙 지점과 최대치를 결정하기 때문이다. 동일한 방식으로, 나는 현상에 대한 나의 충일한 공존, 즉 현상이 어떤 점으로 보나 자신의 분절의 최대치에 있을 그 순간에, 그리고 현미경에서 겨냥된 나의 표적들이 특전을 부여받은 하나의 표적의 주위에서 망설이는 것처럼 '상이한 감각 소여들'이 단 하나의 극점을 향해 정위될 그 순간에 내가 그 현상과 충일하게 공존하는 것을 사물이나 실재—— 시각에 대한 또는 촉각에 대한 실재뿐 아니라 절대적 실재——의 경험이라 부른다. 나는 색환들처럼 내가 가지는 상이한 경험들에 어떤 최대 가시성도 제공하지 않는 현상을, 또는 지평에서는 멀리 있어 얇고 정점에서는 불완전하게 위치지어지고 번지는 하늘처럼 자신에게 가장 가까이 있는 구조들에 의해서 감염되도록 하면서, 그 구조들에 어떤 성형화도 대응시키지 않는 현상을 시각적 사물이라 부를 수 없으리라. 현상——예컨대 반사이든 가벼운 바람기이든——이 나의 감각의 하나에만 주어진다면 그것은 환각이다. 현상은 세차게 불어와 풍경을 엉망으로 만드는 데서 보여지는 바람처럼 요행히도 나의 다른 감각에 말할 수 있게 될 때만 실재적 존재에 다가갈 수 있다. 세잔은 그림이 그 자체 속에 풍경의 냄새까지 포함한다고 말했다.[49] 그는 사물에 색깔을 배치하는 것이 (그리고 예술 작품이 사물을 전체적으로 파악하는 경우) 그 자체만으로 사물이 다른 감각들의 물음에 제공할 모든 반응들을 의미한다는 것, 사물이 또한 이러한 형태, 이러한 촉각적 속성들, 이러한 음향, 이러한 냄새를 갖지 않았더라면 그러한 색깔을 갖지 않았을 것이라는 것, 사물은 그 앞에서 나의 분할되지 않은 실존이 투사하는 절대적 충만성이라는 것을 말하고자 했다.

6 _ 사물의 실존적 통일성

모든 응고된 속성들을 넘어서 있는 사물의 통일성은 기체, 공허한 X, 내속시키는 주체가 아니라, 그 속성들 하나하나에서 발견되는 유일한 어조이며, 그 속성들 하나하나가 제2의 표현이 되는 유일한 존재 방식이다. 예를 들면, 부서지기 쉬움, 견고성, 투명성, 유리의 맑은 소리는 유일한 존재 방식을 표현한다. 환자가 악령을 본다면 그는 역시 그 냄새, 불길, 연기도 본다. 왜냐하면 의미적 통일성인 악령은 그 본질이 맵고 불타는 유황의 것이기 때문이다. 사물에는 개개의 감각적 성질을 다른 성질에 결합하는 상징 체계가 있다. 더위는 일종의 사물의 진동과 같은 경험에 관여하고, 색깔로 말하자면, 그것은 사물이 자기 자신을 벗어나는 것과 같다. 너무 뜨거운 대상이 벌겋게 되는 것은 **선천적으로** 필연적이고 그 대상을 그렇게 나타내는 것은 대상의 과도한 진동 때문이다.[50] 우리의

49 J. Gasquet, *Cézanne*, p. 81.
50 이러한 감관적 경험들의 통일성은 유일한 삶 속에 이루어지는 그들의 통합에 의지하거

시선이나 손에서 감각적 소여들이 펼쳐짐은 그 자체 가르쳐지는 언어, 즉 의미가 기호의 구조 바로 그것에 의해서 분비되는 그런 언어와 같고, 바로 이것이 사람들이 우리의 감각이 사물에게 묻고 사물은 그에 응답한다고 문자 그대로 말할 수 있는 이유이다. 감각적 현상은 드러나는 것이요, 자신이 아닌 것을 그대로 표현한다.[51] 우리는 새로운 행동을 이해하는 것처럼, 말하자면 우리는 지적 포섭 작용에 의해서가 아니라 관찰 가능한 기호들이 우리 앞에 어렴풋이 그리는 존재 방식을 우리 나름으로 회복함으로써 사물을 이해한다. 행동은 세계를 취급하는 어떤 방식을 묘사한다. 마찬가지로, 사물의 상호 작용에서 개개의 사물은 자신이 외부와의 모든 만남에서 관찰하는 일종의 **선천적인 것**에 의해서 특징지어진다. 영혼이 신체에 거주하듯 사물의 의미는 그 사물에 거주한다. 현상 뒤에서가 아니다. 재떨이의 의미(적어도 지각에서 주어지는 그대로의 전체적 그리고 개별적 의미)는 그 감각적 상들을 조정하고 오성에게만 접근 가능한 재떨이의 어떤 관념이 아니다. 그것은 재떨이에 생명을 불어넣고 그 속에 명증적으로 육화되어 있다. 이것이 우리가 지각에서 사물은 우리에게 '몸소' 주어진다고 말하는 이유이다. 타인들보다 먼저 사물이 표현의 기적, 즉 밖에서 드러나는 안, 세계로 내려와 거기서 존재하기 시작하여 사람들이 자신의 위치에서 비추어 보아 추구함으로써만 충분히 이해할 수 있는 의미를 실현한다. 따라서 사물은 나의 신체의 상관자이고, 보다 일반적으로는, 나의 실존의 상관자인데, 나의 실존은 나의 신체가 안정화된 구조일 뿐인 그런 실존이거니와, 사물은 사물에 대한 나의 신체의 파악에서 구성되며, 우선 그것은 오성에 대한 의미가 아니라 신

니와, 이 경험들은 따라서 그 통합의 가시적 증언이고 표징이 된다. 지각된 세계는 다른 감각의 견지에서 개개의 감각의 상징 체계일 뿐만 아니라, 정열의 '불꽃,' 정신의 '빛,' 기타 여러 비유나 신화가 그렇듯, 인간적 삶의 상징이다. H. Conrad-Martius, *Realontologie*, p. 302.

51 H. Conrad-Martius, 같은 책, p. 196. 동일한 저자가 대상의 **자기 고지**에 대하여 말한다 (*Zur Ontologie und Erscheinungslehre der realen Außenwelt*, p. 371).

체의 탐사로 접근될 수 있는 구조이다. 우리가 실재적인 것을 그것이 지각적 경험에서 우리에게 나타나는 그대로 기술하고자 한다면, 우리는 그것이 인간학적 술어들로 채워져 있는 것으로 발견할 것이다. 사물들의 관계나 사물들의 모습들의 관계는 언제나 우리의 신체에 의해 매개되어 있고, 자연 전체는 우리 자신의 삶의 연출이요, 일종의 대화 속에 있는 우리의 대화자이다. 궁극적으로, 바로 여기에 우리가, 지각되지 않거나 지각될 수 없는 사물을 인식할 수 없는 이유가 있다. 버클리가 말한 대로, 미답의 사막조차도 적어도 한 명의 관찰자를 가지며, 그것은 우리가 그것을 사유할 때의 우리 자신이며, 즉 우리가 그것을 지각하는 정신적 경험을 할 때의 우리 자신이다. 사물은 그것을 지각하는 어떤 사람과 분리될 수 없다. 사물이 실제로 즉자적일 수가 없는 것은 사물의 분절들이 우리의 실존의 그것들 자체이기 때문이고, 시선의 끄트머리 또는 인간성으로 뒤덮인 감각적 탐색의 끝에서 정립되기 때문이다. 이 정도로 모든 지각은 의사 소통 또는 교통, 즉 낯선 의도에 대한 우리의 재파악 또는 성취이거나, 역으로 우리의 지각적 힘들의 자기 바깥으로의 실현이고, 요컨대 우리의 신체와 사물의 결합이다. 사람들이 보다 일찍이 이것을 통각하지 못한 것은 지각된 세계의 의식적 파악이 객관적 사고의 편견에 의해 어렵게 되어버렸기 때문이다. 이 객관적 사고는 주체와 세계의 결합을 증거하는 모든 현상을 변형시키는 것, 그리고 모든 현상을, 대상을 즉자적인 것으로, 주체를 순수 의식으로 분명히 하는 것으로 대체하는 것을 끊임없이 자기 직분으로 삼는다. 따라서 그것은 사물과 육화된 주체를 결합하는 사슬을 끊고 우리의 세계를 구성하기 위해서, 우리가 기술한 현상 방식들은 제외하고 감각적 성질들만을 존속시키며, 또한 유난히도 시각적 성질들을 그런 것으로 만드는 것은 이러한 성질들이 자동적 현상을 가지기 때문이고, 신체와 덜 직접적으로 결합되기 때문이며, 우리를 분위기로 이끄는 것보다 오히려 대상을 우리에게 제시하기 때문이다. 그러나 사실상, 모든 사물들은 환경의

지각의 현상학

구체성들이고 사물에 대한 모든 명시적 지각은 어떤 분위기와의 사전 교통을 먹고 산다. 우리는 축복받은 투사들을 가진 눈, 귀, 촉각 기관의 집합이 아니다. 모든 문학 작품들이 언어를 구성하는 소리와 그 문자적 기호의 가능적 교체들의 특수 사례인 것처럼, 성질들이나 감각들은 우리의 세계의 대서사시가 만들어지는 요소들을 표상한다. 그러나 소리와 문자만을 알고 있는 어떤 사람이 문학을 전혀 알지 못한다는 것, 그 궁극적 존재를 파악하는 것이 아니라 도대체 어떤 것도 파악하지 못한다는 것이 확실한 만큼이나, 세계 역시 그와 마찬가지로 주어지지 않으며, 세계의 어떤 것도 '감각들'이 주어지게 되는 사람들에게는 접근될 수 없다.[52]

7 _ 사 물 이 반 드 시 대 상 인 것 은 아 니 다

지각된 것은 인식되어야 할 항으로서 반드시 내 앞에 현존하는 대상인 것은 아니다. 그것은 실천적으로만 나에게 현존하는 '가치의 통일성'일 수 있다. 사람들이 거실의 그림을 치워버린다면 우리는 무엇인지는 알지 못하지만 변화를 지각할 수 있다. 나의 환경의 일부인 모든 것이 지각되고 나의 환경은 존재나 비존재, 본성과 변화가 나에 대하여 실천적으로 중요해지는 그 모든 것을 포함한다.[53] 이를테면, 아직 오지 않아 내가 그 조짐들을 헤아릴 줄도 모르고 미리 보지도 못하나 내가 '올라가면서' 대비하는 폭풍, 히스테리 환자가 분명하게 파악하지 못하나 그럼에도 불구하고 그의 운동과 정위를 같이 결정하는 시각적 장의 주변 풍경, 멀어지게 되면 나를 불안정하게 하는 것이기에 내가 더 이상 깨닫지는 못하고 있으나 나에 대하여 거기에 있지 않을 수 없는 타인으로부터 받는 존경이나 변함없는 우정.[54] 사랑은 포옹에 있는 것만큼 분명하게 모

---

52 Scheler, *Der Formalismus in der Ethik und die materiale Wertethik*, pp. 149~51.
53 같은 책, p. 140.

르소프 부인을 위해 펠릭스 드 방드니스가 준비하는 꽃에도 **있다.**
"나는 마치 악절이 사랑하는 마음과 사랑받는 마음에 수많은 기억
들을 되살아나게 하듯이, 색깔과 꽃잎이 조화를 가졌고 눈을 즐겁
게 하면서 오성에서 그 모습을 드러내는 시를 가졌다고 생각했다.
색깔이 조직된 빛이라면 그것은 곡조의 결합이 자신의 의미를 가
지듯 의미를 가져서는 안 되는가? 사랑은 자신의 문장(紋章)을 가
지고 있고 백작 부인은 그것을 은밀히 해독할 것이다. 그녀는 상처
부위에 손을 대면 소리치는 환자의 울부짖음을 닮은 찌르는 듯한
시선을 나에게 던졌다. 그녀는 부끄러워하고 있었지만 동시에 마
음을 빼앗기고 있었다."* 꽃은 분명히 사랑의 꽃인데, 그 속의 무
엇이 사랑을 의미하는 것인지를 말하는 것은 불가능하다. 이것이
바로 모르소프 부인이 맹세를 어기지 않고 그것을 받을 수 있는 이
유이다. 그것을 보는 것 이외에는 그것을 이해하는 다른 방법은 없
으며, 그러나 바로 그때 그것은 자신이 말하고자 하는 바를 말한
다. 그 의미는 실존의 흔적이고 그것은 타인에 대해서도 해독 가능
하며 이해 가능하다. 자연적 지각은 과학이 아니다. 그것은 과학이
근거하는 사물들을 정립하지 않는다. 그것은 사물들을 관찰하기
위해 그것들을 멀리하지 않는다. 그것은 사물들과 함께 살고 우리
의 일부로서의 우리의 세계에 우리를 결합하는 '속견' 또는 '발원
적 신앙'이다. 지각된 것의 존재는 선술어적 존재인데, 우리의 실
존 전체가 이 존재를 향해 성극된다.

54 같은 책.

* 모르소프 Mortsauf와 펠릭스 드 방드니스 Félix de Vandenesse는 발자크의 『골짜기의 백
합』에 나오는 인물들이고 인용문은 그 소설 작품에서 빌려온 것이다.

8_소여들 상호간의 동일성으로서, 그리고 소여와 그 의미와의 동일성으로서 실재적인 것

그러나 우리는 사물을 우리의 신체 및 우리의 삶의 상관자로 규정함으로써 그 의미를 남김없이 규정한 것은 아니다. 결국 우리는 사물의 통일성에서만 우리의 신체의 통일성을 파악했을 뿐이었고, 우리의 손과 눈, 우리의 모든 감각 기관이 다수의 대체 가능한 도구들로서 우리에게 나타나는 것은 사물들로부터였다. 홀로만의 신체, 정지 중인 신체는 모호한 덩어리일 뿐이고, 우리가 그것을 명확한 확인 가능한 존재로서 지각하는 것은 그것이 사물을 향해 움직이고 바깥을 향해 지향적으로 자신을 투사하는 한에서이다. 더욱이 그러한 지각은 눈가로부터 그리고 중심이 사물들과 세계에 의해 점령되는 의식의 가장자리에서일 뿐이다. 우리는 사람들이, 지각하는 사람 없이 지각된 사물을 사고할 수 없다고 말했다. 그러나 사물이 그것을 즉자적 사물로 지각하는 그 사람에게 나타나고 우리에 대한 진정한 즉자의 문제를 제기한다는 사실은 여전히 변함이 없다. 우리는 보통 그 점을 주목하지 못하는데, 그것은 우리의 지각이 점령의 맥락에서 사물들의 친숙한 현전을 발견하기에 충분할 만큼만 그 사물들에 착지하지, 그 속에 비인간적인 것을 숨기는 것을 재발견하기에 충분할 만큼 착지하지 않기 때문이다. 그러나 사물은 우리를 무시하고 즉자적으로 쉬고 있다. 우리는 이것을 우리의 점령을 중지시켜, 형이상학적이며 초연한 태도로 사물을 대한다면 알게 될 것이다. 그때는 사물은 적대적이고 낯설며 더이상 우리에 대하여 대화자가 아니라 단호하고 말없는 **타자**이고 낯선 의식의 친숙성만큼 우리를 피해 가는 **자기**이다. 우리는 사물과 세계가 그 표현이 즉각적으로 이해되는 낯익은 얼굴처럼 지각적 의사 소통에 나타난다고 말했다. 그러나 바로 그때는 얼굴이 얼굴을 구성하는 색깔과 빛들의 배열에 의해서만 어떤 사물을 표현하고, 시선의 의미는 눈 뒤에 있지 않으며 바로 눈 위에 있고, 화가에게 색감의 다소로도 초상의 시선은 변화되는 데 충분하다. 젊은 시절의 작품에서 세잔은 우선적으로 표현을 채색하는 데 애썼는데, 이것이 그에게 표현이 없는 이유이다. 그는 점차 표현이 사물 자체의 언어이고 사물의 성형화에서 탄생한다는 것을 배우게 되었다. 그의 그림은, 사물들의 용모와 얼굴들을 바로 이것들의 감각적 성형화의 통합적 재구성에 의해 만나고자 하는 시도이다. 바로 이것이 자연이 매순간 애쓰지 않고도 행하는 것이다. 그리고 이것이 세잔의 풍경들이 아직 인간이 있지 않았던 선-세계의 풍경들이라고 말하는 이유이다.[55] 사물은 조금 전 우리에게 신체의 목적론의 종극으로서, 우리의 정신생리학적 몽타주의 규범으로서 나타났다. 그러나 그것이야말로 규정된 것의 전 의미를 명시하지 못하는, 그리고 사물을 우리가 그것을 만나게 되는 경험들로 환원하는 심리학적 규정일 뿐이다. 그러나 이제 우리는 실재의 핵을 발견한다. 즉 사물이 사물인 것은 사물이 우리에게 무엇을 말하더라도, 이것을 사물이 우리에게 자신의 감각적 모습들의 조직에 의해 말하기 때문이다. '실재적인 것'은 개개의 순간이 여타의 순간과 분리될 수 없을 뿐만 아니라, 어떻게 보면, 다른 것들과 동의적이기까지 한 환경이고, 그 '모습들'이 절대적 등가성에서 상호 의미되는 환경이다. 그것은 초극될 수 없는 충만성이다. 이것은 양탄자이고 양털로 만들어진 양탄자라고 말하지 않고서, 또한 양탄자의 색깔 속에 어떤 촉각적 가치, 어떤 무게, 소리에 대한 어떤 저항을 포함하지 않고서, 그 색깔을 완전하게 기술하는 것은 불가능하다. 사물은 속성의 완전한 규정이 그 전 주체의 규정을 요구하는, 결과적으로, 의미가 전 현상과 구별되지 않는 그런 존재 방식이다. 세잔은 다시 한 번 이렇게 말한다. 즉 "윤곽과 색깔은 더 이상 별개의 것이 아니다. 사람들이 채색하는 데 따라서 윤곽을 잡아가고 색깔이 조화를 이루어나갈수록 윤곽은 점점 더 명확해지고 색깔이 풍부함에

---

55 F. Novotny, *Das Problem des Menschen Cézanne im Verhältnis zu seiner Kunst*, p. 275.

이를 때 형태가 충만성에 이른다."[56] 조명-조명된 것의 구조와 더불어 원근들이 있을 수 있다. 사물의 현상과 더불어 마침내 포괄적인 형태들과 위치들이 있을 수 있다. 현상들의 체계, 선공간적 장들은 닻을 내리고 마침내 공간이 된다. 그러나 색깔들과 혼동되는 것은 기하학적 특성들만이 아니다. 사물의 의미 자체는 우리의 눈앞에서 구성되고, 어떤 어휘 분석도 남김없이 규명할 수 없는 의미는 사물의 명증적 제시와 혼동된다. 세잔이 취하는 개개의 색감은 베르나르가 말한 대로, "분위기, 빛, 특성, 윤곽, 양식을 포함해야 한다."[57] 가시적 광경의 각 부분들은 무수한 조건들을 만족시키고, 자신의 요소들에 무한한 관계들을 축약시키는 것이 실재적인 것의 고유성이다. 사물처럼 그림은 보아야 할 것이지 규정해야 할 것이 아니다. 그러나 결국 그림이 다른 세계에서 열리는 소세계와 같은 것이라 해도 동일한 실체성을 가지는 것이라 주장할 수 없다. 우리는 그림이 윤곽지음에 의해 만들어진다는 것, 그림에서 의미는 존재에 선행한다는 것, 의미는 의사 소통을 위해 자신에게 필요한 최소한의 질료에 의해 에워싸인다는 것을 진정으로 느낀다. 반대로, 실재적 세계의 경이는 그 세계에서 의미가 존재와 하나라는 것에 있고, 의미는 진실로 존재에 정주하는 것을 우리가 본다는 것에 있다. 상상의 경우에는 내가 보려고 하는 의도를 인지하자마자 이미 나는 보았다고 믿는다. 상상은 깊이를 가지고 있지 않다. 그것은 우리의 관점을 바꾸고자 하는 우리의 노력에 답하지 않으며 우리의 관찰에 응하지 않는다.[58] 우리는 결코 그것을 장악하고 있지 않다. 반대로, 개개의 지각에서 의미와 형태를 맡고 있는 것은 질료 자체이다. 내가 침침하게 비치는 가로등이 있는 거리에서 잠시 후 어느 집의 현관 앞으로 나올 어떤 사람을 기다린다면, 현관 앞으로 나오는 모든 사람은 순간적으로 혼동된 형태로 나타난다. 현관을

56 J. Gasquet, *Cézanne*, p. 123.
57 E. Bernard, *La Méthode de Cézanne*, p. 298.
58 J. P. Sartre, *L'Imaginaire*, p. 19.

나오는 사람이 **어떤 사람**이며 누구든 그가 바로 내가 기다리는 사람이라고 인지할 수 있는지를 나는 아직 알지 못한다. 땅이 땅을 덮은 안개에서 나오듯, 잘 아는 듯한 모습의 그림자가 그 같은 흐릿함에서 나올 것이다. 실재적인 것이 우리의 허상과 구별되는 것은 실재적인 것에는 의미가 질료를 둘러싸고 깊숙이 침투하기 때문이다. 우리가 그림을 찢어버린다면 우리는 우리의 손 안에 물감이 칠해진 캔버스 조각만을 가질 뿐이다. 우리가 돌과 돌조각을 부순다면 우리가 얻는 조각들은 여전히 돌의 조각들이다. 실재적인 것은 무한한 탐사에 응하고 소진 불가하다. 이것이 인간적 대상들, 도구들은 우리에게 세계에 기초를 두는 것으로 나타나는 반면, 사물들은 비인간적 자연의 지에 뿌리를 내리고 있는 이유이다. 사물은 우리의 실존에 대하여 당기는 극점일 때보다 밀어내는 극점일 때가 더 많다. 우리는 사물 속에서 알려지지 않는다. 바로 이것이 사물을 사물이게 하는 것이다. 우리는 우선 사물의 조망적 모습들을 인식하는 것부터 시작하지 않는다. 사물은 우리의 감각, 느낌, 조망들에 의해 매개되지 않는다. 우리는 바로 사물과 통한다. 그리고 우리가 우리의 인식과 인식하는 자로서의 우리 자신의 한계들을 아는 것은 2차적인 일이다. 여기에 주사위가 있다고 가정하고, 이것을 지각에 대해 묻지 않은 채로 사물들 속에 살고 있는 자연적 태도의 주체에게 나타나는 대로 고찰해보자. 주사위가 거기에 있고 그것은 세계에 놓여 있다. 주체가 그 주위를 둘러보면 나타나는 것은 **기호들**이 아니라 주사위의 면들이다. 그는 사영들, 심지어, 주사위의 음영들도 지각하지 않는다. 그러나 그는 어떤 때는 이쪽에서 어떤 때는 저쪽에서 동일한 주사위를 본다. 아직 고정되지 않은 현상들이 서로 의사 소통하고 서로 지나치며, 그것들을 신비적으로 연결하는 중심적인 **입방체성**Wurfelhaftigkeit[59]으로부터 퍼져 나온다.

---

[59] Scheler, *Der Formalismus in der Ethik*, p. 52.

9_인간에 앞선 사물

일련의 변화들이 우리가 지각하는 주체를 고려하는 순간부터 일어난다. 우선, 나는 이것이 나에 대해서만 있다는 것을 주목한다. 아마 결국은 나의 곁에 있는 사람들은 주사위를 보지 못하게 되고 바로 그러한 지적에 의해 주사위는 이미 자신의 실재성을 잃는다. 즉 그것은 개인적 역사의 극점이기 위해 즉자적으로 존재하기를 그친다. 곧이어서, 나는 주사위가 엄밀하게 말해서, 시각에 의해서만 나에게 주어진다는 것을 주목하며, 드디어 나는 전체적 주사위의 외피밖에 가지는 것이 없고 주사위는 자신의 물성을 상실하고 비어지며, 시각적 구조, 즉 형태와 색깔, 그림자와 빛으로 환원된다. 적어도 형태, 색깔, 그림자, 빛은 진공 속에 있지 않으며 여전히 받침대를 가진다. 즉 그것은 시각적 사물이다. 특히, 시각적 사물은 특수 가치의 질적 속성들에 영향을 미치는 공간적 구조를 여전히 가진다. 사람들이 나에게 그 주사위는 눈가림용일 뿐이라고 알려준다면 그 색깔은 단숨에 변한다. 주사위는 공간을 변조하는 동일한 방식을 더 이상 가지지 않는다. 사람들이 주사위에서 명시적으로 발견할 수 있는 모든 공간적 관계들, 예컨대 앞면과 뒷면의 거리, 각도의 '실재적' 크기, 면의 '실재적' 방향은 가시적 주사위라는 데서는 분할될 수 없는 것이다. 사람들이 시각적 사물에서 조망적 모습들로 옮겨가는 것은 제3의 변화에 의해서이다. 즉 나는 주사위의 모든 면들이 내 눈앞에 들어올 수 없다는 것, 그것들 중의 어떤 것들은 변형을 겪는다는 것을 주목한다. 마침내 마지막 변화에 의해 나는 더 이상 사물의 속성도 조망적 모습도 아니라, 나의 신체의 변양인 감각에 이른다.[60] 사물의 경험은 이 모든 매개들을 거치지 않으며, 결과적으로 사물은 개개의 구성적 층을 상위의 층의 대표로서 파악하는, 또한 사물을 처음부터 끝까지 구성하는

60 같은 책, pp. 51~54.

정신에는 나타나지 않는다. 그것은 우선 명증성으로 있고, 사물을 규정하는 모든 시도는 나의 신체적 삶의 극으로서이든, 감각들의 항구적 가능성으로서이든, 현상들의 종합으로서이든, 발원적 존재로 있는 사물 자체를 주관적 단편들의 도움을 받아 사물의 불완전한 재구성으로 바꾸어놓는다. 사물이 나의 인식하는 신체의 상관자라는 것과 아울러 그 신체를 거부한다는 것을 어떻게 동시에 이해할 수 있는가?

10_사물은 내가 세계에 존재하기 때문에 인간학적 술어들을 넘어서 있다

주어진 것, 이것은 사물 단독이 아니라 사물의 경험, 주체성의 항적(航跡)으로의 초월, 역사 너머로 비쳐 보이는 자연이다. 사람들이 실재론과 더불어 지각을 사물과의 일치로 만들고자 한다면, 지각적 사건이 무엇인가를, 주체가 어떻게 사물을 제것으로 동화시킬 수 있는가를, 주체가 사물과 일치한 후에 어떻게 그것을 자기 자신의 역사 속에 데려오는가를 이해할 수 없을 것이다. 왜냐하면 가설상, 그는 사물에 관한 어떤 것도 소유하지 않았을 것이기 때문이다. 우리가 사물들을 지각하려면 그것들을 체험하지 않으면 안 된다. 그러나 우리는 종합의 관념론을 거부하는데, 그것은 관념론이 역시 우리와 사물과의 체험된 관계를 변형시키기 때문이다. 지각하는 주체가 지각된 것의 종합을 행한다면, 그는 지각의 질료를 지배하고 사고하지 않으면 안 되고 내부에서 사물의 모든 모습들을 조직하고 연결하지 않으면 안 된다. 말하자면, 지각은 제각각 주체 및 관점과의 내속성을 상실하고 사물은 자신의 초월성과 불투명성을 상실한다. 사물을 체험한다 함은 그것과 일치한다는 것도, 처음부터 끝까지 철저하게 사고한다는 것도 아니다. 따라서 우리는 우리의 문제를 본다. 지각하는 주체는 자신의 장소와 관점을 포기함이 없이 감각함의 불투명성 속에서 자신이 사전에 열쇠를 가지고 있지도 않는, 그러면서 자신 속에 투사를 가져오는 사물들을 향해 가고, 자신의 보다 깊은 곳에서 대비하는 절대적 **타자**에로 열린다. 사물은 더미가 아니다. 지각적 모습들, 현상들의 흐름은 명시적으로 정립되지 않는다면, 내가 그것들로부터 사물로 탈주할 수 있도록 하기 위해서이지 않으면 안 되는 한에 있어서, 적어도 비정립적 의식에서 지각되고 주어질 용의가 있다. 내가 자갈을 지각할 때 나는 눈에 의해서만 그것을 지각하는 것을, 그것의 어떤 조망적 모습들만을 가지는 것을 뚜렷하게 의식하지 않는다. 그러나 내가 이렇게 분석해도, 이렇게 분석하는 것은 나를 놀라게 하지 않는다. 나는 전 지각이 나의 시선을 가로지르고 이용한다는 것을 어렴풋하게 알고 있었고, 자갈은 나의 신체 기관의 두터운 어둠 앞에서 충일한 빛의 모습으로 나에게 나타났다. 내가 조금이라도 문득 눈을 감거나 조망을 생각했더라면, 나는 단단한 사물 더미 속에 있는 가능한 균열이 되어버렸을 것이다. 사물이 주관적 현상들의 흐름에서 구성된다고 말하는 것이 사실인 것은 바로 이러한 점에서이다. 그럼에도 불구하고, 나는 그것을 현실적으로 구성하지 않았으며, 다시 말해서, 나는 모든 감각적 단면들의 상호 관계 그리고 이 단면들과 나의 감각적 장치들과의 관계를 능동적으로 또한 정신의 검사에 의해서 정립하지 않았다. 바로 이것이 내가 나의 신체로 지각한다고 말하면서 우리가 표현했던 바이다. 시각적 사물은 나의 시선이 광경의 지시들을 따르고 광경에 퍼지는 빛과 그림자를 재조립하면서 빛이 드러내는 것인, 즉 조명된 표면에 이를 때 나타난다. 나의 시선은 그렇게 비쳐진 빛이 그러한 맥락에서 의미하는 바를 '알고' 조명의 논리를 이해한다. 보다 일반적으로, 나의 전신이 합치하고 상호 감각적 사물들이 우리에 대하여 가능해지도록 되는 세계의 논리가 있다. 협력 작용을 할 수 있는 한에 있어서의 우리의 신체는 색깔의 가감이 나의 신체의 경험의 총체에 대하여 무엇을 의미하는가를 알고, 이것이 대상의 제시 및 의미에 대하여 미치는 영향을 즉각적으로 파악한다. 감각을 가진다 함은 예컨대, 시각을 가지는 것은 이러한 일반적 몽타주를 소유하는 것이고, 이러한 유형의 가능적·시각적 관계들을 소유하는 것이며, 이러한 관계들의 도움을 받아 우리는 주어진 시각적 모든 성좌를 떠맡을 수 있다. 신체를 가진다 함은 보편적 몽타주를 소유하는 것이고, 모든 지각적 전개들과 모든 상호 감각적 상응들의 유형을 소유하는 것이며, 이러한 유형은 우리가 실제적으로 지각하는 세계의 편린의 저쪽에 있다. 따라서 사물은 지각에서 실제적으로 **주어지지** 않는다. 그것은 우리에 의해서 내적으로 다시 잡히고, 사물이 우리가 우리 자신과 함께 근본 구조들을 가져오는 세계이자, 사물이 세계의 가능적 구체성들일 뿐인 것으로 되는 그런 세계와 결합되는 한에서 우리에 의해 재구성되고 체험된다. 그것은 우리에 의해 체험되지만 그래도 역시 우리의 삶을 초월한다. 왜냐하면 인간의 신체는 그 주위에 인간적 주위를 윤곽짓는 자신의 습성과 함께 세계 자체를 향한 운동에 의해 관통되기 때문이다. 동물의 행동은 동물적 환경과 저항의 중심들을 겨냥한다. 사람들이 그 행동을 구체적 의미를 잃은 자연적 자극에 복종하도록 의도할 때 신경증을 유발시킬 것이다.[61] 인간의 행동은 세계에 열려 있고 또한 그 행동이 자신을 위해 만드는 도구들을 넘어 있는 대상에 열려 있다. 그것은 고유한 신체를 대상으로 취급할 수 있다. 인간의 삶은 객관적 사고의 자신을 자기가 부정할 수 있는 능력에 의해 규정되고, 이 능력을 세계에 대한 자신의 원초적 결합에서 끌어낸다. 인간의 삶은 이러저러한 일정한 환경뿐만 아니라 무한한 가능적 환경들도 '이해한다'. 인간의 삶이 이해되는 것은 그것이 자연적 세계에 던져져 있기 때문이다.

---

61 메를로-퐁티, 『행동의 구조』, p. 72 및 이하.

(3) 자연적 세계

11_유형으로서의 세계

따라서 명료하게 되어야 하는 것은 세계에 대한 이와 같은 발원적 이해이다. 우리는 자연적 세계가 상호 감각적 관계들의 유형이라고 말했다. 우리는 칸트적 방식으로 자연적 세계가, 모든 존재자가 인식될 수 있어야만 한다면 따라야 하는 불변적 관계들의 체계라고 이해하지 않는다. 그것은 모든 가능적 모양들이 자신의 구성법칙에 의해 인식되도록 되어 있는, 그리고 은폐된 면들이 실제로는 투명하게 보이도록 되어 있는 크리스털 입방체와 같지 않다. 세계는 자신의 면들을 정신이 상호 연결할 수 없고 기하학적인 것의 개념으로 통합할 수 없어도 자신의 통일성을 가진다.

12_양식으로서의 세계

이 통일성은, 개인이 비록 환경과 생각을 바꾼다 하더라도 자신의 모든 말과 행동에서 동일한 양식을 간직하고 있기 때문에, 내가 개인의 성격을 정식화하는 데 성공하기 전에 이미 거부할 수 없는 명증성으로 인식하는 개인의 통일성에 비유될 수 있다. 양식은 내가 규정할 수 없을지라도 일종의 모방에 의해 나름대로 다시 되찾음으로써 내가 개인이나 작가에게서 확인하거나 이해하는 바, 상황을 다루는 어떤 방식인데, 그 규정은 아무리 정확하더라도 정확한 등가물을 제공하지 못하며, 이미 그런 경험을 가진 사람들에게만 중요하다. 나는 내가 양식을 인식하듯이 세계의 통일성을 경험한다. 그럼에도 불구하고 사람의 양식, 도시의 양식은 나에 대하여 항상적인 것으로 남지 않는다. 나이에 의한 변화를 언급하지 않는다 해도, 10년 지기에게서도 다른 사람과 관계하는 것 같은 느낌을 받을 수 있고, 10년을 거주해도 다른 지역에 있는 것 같을 수 있다. 그러나 변하고 있는 것은 **사물의 인식**일 뿐이고, 거의 드러나지 않지만, 그것은 지각의 전개에 의해서 변형된다.

13_개인으로서의 세계

세계 자체는 나의 모든 삶에 걸쳐 동일하게 남아 있다. 왜냐하면 세계는 내가 그 내부에서 모든 인식의 교정을 시행하는, 그 교정에 의해 통일성이 손상당하지 않는, 그 명증성이 나의 운동을 현상과 오류를 통해서 진리로 향하게 성극시키는 영원한 존재이기 때문이다. 그것은 아직 인식되지 않았으나 거부될 수 없는 현전과 같은, 아동의 최초의 지각의 끝에 있는 것으로서, 그 지각은 곧이어 인식으로 규정되고 채워 넣어진다. 나는 잘못 생각할 수 있고, 나의 확실성들을 수정해야 하며, 나의 착각들의 존재를 물리쳐야 하나, 잠시 동안은 사물들 자체가 양립될 수 있었고 공가능적이었음을 의심하지 않는다. 왜냐하면 처음부터 나는 유일한 존재와 의사 소통하는 중이고 이 존재는 나의 경험들이 선취되는, 대도시의 왁자지껄함이 우리가 거기서 만드는 모든 것의 지의 구실을 하는 것처럼, 나의 삶의 지평에 거주하는 무한한 개인이기 때문이다. 사람들은 말하기를, 소리나 색깔은 감각적 장에 속한다고 하고, 이것은 한번 지각된 소리는 다른 소리에 의해서만, 또는 청각적 무가 아니라 소리의 부재인 침묵에 의해서만, 따라서 음향적 존재와의 의사 소통을 유지시키는 침묵에 의해서만 그 뒤가 이어질 수 있기 때문이라고 한다. 내가 반성하고 반성하는 동안에 듣는 것을 그쳤다가 다시 소리와의 접촉을 회복하게 되면 소리는 이미 거기에 있는 것으로 나에게 나타나며 내가 빠뜨렸으나 끊기지는 않은 실마리를 되찾는다. 장은 내가 어떤 유형의 경험들에 대하여 가지는 몽타주이고, 한번 확립되면 무효화될 수 없는 몽타주이다. 우리의 세계 소유는 사람들이 청각적 장이 없는 주체를 생각할 수 있으나, 세계 없는 주체를 생각할 수 없다는 것을 제외한다면 그와 동일한 종류의 것이다.[62] 듣는 주체에게 소리의 부재는 소리의 세계와의 의사 소통을 끊는 것이 아닌 것과 마찬가지로, 태어날 때부터 눈과 귀가 먼 주체에게 시각적 세계와 청각적 세계의 부재는 세계 일반과의 의사 소통을 끊는 것이 아니다. 그를 대면하는 어떤 것, 즉 해독해야 할 존재, **실재의 전부**omnitudo realitatis가 언제나 있다. 이 가능성은 최초의 감각적 경험이 아무리 협소하고 불완전하다 해도 그것에 의해 영구히 기초지어진다. 우리는 언제라도 우리 속에서 일어나는 이러한 단정을 다시 잡는 것 이외에는 세계가 무엇인가를 아는 다른 방법을 가지고 있지 않다. 모든 세계 규정은 우리가 규정된 것에 이미 접근하지 못했다면, 우리가 있다는 이 유일한 사실로부터 그것을 알지 못했다면, 우리에게 아무것도 말해주는 것이 없었을 추상적 기록에 불과하다. 우리의 모든 논리적 의미 작용이 기초를 두어야 하는 것은 세계의 경험이고, 따라서 세계 자체는 우리가 우리의 모든 경험을 통해서 읽어내는, 그러면서도 그 모든 경험에 공통적인 어떤 의미가 아니고, 인식의 질료에 영혼을 불어넣어주는 어떤 이념이 아니다. 세계는 우리 속에 있는 의식과 하나로 결합되는 그런 음영들을 우리에게 부여하지 않는다.

14_세계는 음영을 가지고 있으나 오성의 종합에 의해 정립되지 않는다

틀림없이, 세계는 먼저 공간적으로 음영지어진다. 나는 거리의 남쪽 방면만을 본다. 그리고 내가 도로를 횡단한다면 북쪽 방면을 볼 것이다. 나는 파리만을 본다. 내가 방금 떠난 시골은 일종의 잠

62 E. Stein, *Beiträge zur phänomenologischen Begründung der Psychologie und der Geisteswissenschaften*, p. 10 및 이하.

재적 삶으로 돌아간다. 더 깊이 말하면, 공간적 음영들은 또한 시
간적이다. 사람들이 보았던 또는 볼 수 있을 어떤 사물은 언제나
어떤 딴 곳에 있다. 내가 그것을 현재와 동시적인 것으로 지각한다
할지라도 그것은 그것이 동일한 파동의 지속의 일부이기 때문이
다. 내가 다가가는 도시는, 내가 잠시 그것에서 눈을 떼어 다시 그
것을 볼 때 내가 그것을 체험하는 것처럼, 그 모습이 변한다. 그러
나 그 음영들은 내 앞에서 연속하지 않거나 또는 병존하지 않는다.
이러한 상이한 계기들 상의 나의 경험은 내가 상수의 개념에 의해
서 연결된 상이한 조망적 봄들을 가지지 못하도록 상호 결합된다.
지각하는 신체는 상이한 관점들을 사고하는, 장소 없는 의식의 시
선 아래에서 그 상이한 관점들을 연달아서 점유하지 않는다. 관점
들이나 조망들을 객관화하는 것은 반성이다. 내가 지각할 때 나는
나의 관점으로 세계 전체에 있고, 나의 시각적 장의 한계들을 알지
못한다. 관점들의 다양성은 지각되지 않는 미끄러짐, 현상의 어떤
'이동'에 의해서만 짐작된다. 마치 내가 자동차로 도시에 막 들어
가면서 간헐적으로 도시를 보는 경우와 같이 이 연속적 음영들이
실재적으로 상호 구별된다면, 더 이상 도시의 지각은 없다. 갑자기
나는 앞서 주어진 음영과는 아무런 공통적 척도가 없는 다른 대상
앞에 자기가 있다고 느끼고는 마침내 "야, 샤르트르다"고 판단하
면서 그 두 현상을 한꺼번에 결합한다. 그것은 그 두 현상이 세계
의 유일한 지각에서 선취된 두 가지이고, 결과적으로, 동일한 불연
속성을 인정할 수 없기 때문이다.

15_ 전이의 종합

　사람들은 대상의 쌍안적 시각을 두 개의 외안상에 기초해서 구
성할 수 없는 것처럼, 사물 및 세계의 지각을 상이한 음영들에 기
초해서 구성할 수 없다. 세계에 대한 나의 경험들은 내가 손가락으

로 나의 눈알을 누르고 나면 이중상이 사라져 단 하나의 사물로 되는 것처럼 단 하나의 세계에 통합된다. 나는 하나의 조망을 가지고, 그 다음 다른 조망을, 그리고 나서 그것들에 대한 오성의 결합을 가지는 것이 아니다. 개개의 조망은 다른 조망**으로 넘어간다**. 사람들이 여전히 종합에 대해 말할 수 있다면 '전이의 종합'이 문제일 것이다. 특히, 현실적 시각은 나의 시각적 장이 나에게 실제적으로 제공하는 것에 제한되지 않는다. 옆방, 언덕 뒤의 풍경, 그 대상의 내부나 배후는 상기되거나 표상되지 않는다. 나에 대하여 나의 관점은 나의 경험의 한계라기보다 세계 전체로 스며 들어가는 방식이다. 내가 지평선을 볼 때, 그것은 내가 거기에 있었더라면 보았을 다른 광경을 나로 하여금 사고하게 하는 것이 아니고, 그 광경이 나로 하여금 제3의 광경 등등을 사고하게 하는 것도 아니다. 나는 어떤 것도 **표상하지** 않는다. 그러나 모든 광경들은 그 조망들의 일치하는 연계와 열린 무한성에서 이미 거기에 있다. 내가 세잔의 꽃병의 밝은 녹색을 볼 때 그것이 나로 하여금 그 항아리를 **사고하게** 하지 않는다. 그것은 나에게 그 항아리를 제시하고, 그 항아리는 겉은 매끈하고 날씬하며 안은 작은 구멍이 많이 나 있는 채 녹색이 변조하는 특수한 방식에서 거기에 있다. 사물이나 광경의 내외적 지평에서 시간과 공간을 통해 맺어지는 음영들의 '공'현전 또는 '공'존재가 있다. 자연적 세계는 모든 지평들의 지평, 모든 양식들의 양식이요, 그것이 나의 개인적·역사적 삶의 모든 단절들 밑에 주어진, 의도된 것이 아닌 통일성을 나의 경험들에 보증하고, 내 속에 있는 그 상관자는 우리가 신체의 규정을 발견했던 나의 감각적 기능들의 주어진, 일반적·선개인적 실존이다.

16_세계의 실재성과 미완결성: 세계는 열려 있다

그러나 어떻게 나는 작용하면서 실존하는 개인으로서 세계를 경험할 수 있는가? 왜냐하면 내가 가지는 세계의 조망적 봄들의 어떤 것도 바로 그 세계를 소진시킬 수 없고, 지평들은 언제나 열려 있으며, 더욱이 어떤 인식도 심지어 과학적 인식조차도 우리에게 **전우주의 일면**에 관한 불변적 공식을 제공하지 않기 때문이다. 어떻게 어느 사물이 우리 앞에 진실로 **나타날** 수 있는가? 왜냐하면 사물의 종합은 달성되지 않고, 나는 언제나 사물이 단순한 환상으로 변하는 것을 예상할 수 있기 때문이다. 그럼에도 불구하고 어떤 사물이 있고 아무것도 없지 않다. 적어도 어느 정도의 상대성에서 규정된 것이 있다. 내가 궁극적으로 돌을 전혀 알지 못하고 그것에 관한 인식이 점차 무한대에 이르며 완성되지 않는다 해도 여전히 지각된 돌은 거기에 있고, 나는 그것을 인식하며 명명하고, 우리는 그에 관한 몇몇의 진술들에 동의한다. 따라서 우리는 모순으로 인도되는 것 같다. 즉 사물과 세계에 대한 신념은 완성된 종합의 가정만을 의미할 수 있을 뿐이고, 그러면서도 그 완성은 연결되어야 할 조망들의 본성에 의해 불가능하게 된다는 것이다. 왜냐하면 개개의 조망들은 자신의 지평들에 의해서 다른 조망들에로 끝없이 회송되기 때문이다. 우리가 존재의 차원에서 활동하는 한 실로 모순은 존재한다. 그러나 우리가 시간의 차원에서 활동하고 시간을 존재의 척도로 이해하는 데 성공한다면 모순은 그치고, 아니, 오히려 일반화되고 우리의 경험의 궁극적 조건들에 연결되며 삶과 사고의 가능성과 뒤섞인다. 지평의 종합은 본질적으로 시간적이다. 말하자면, 그것은 시간에 복종하고 시간을 감수하며 이겨내는 것이 아니라, 시간이 지나가는 운동과 뒤섞인다. 자신의 공간적 지평을 가진 나의 지각적 장에 의해서, 나는 나의 주위에 현전하고 저 멀리에 미치는 모든 다른 광경들과 함께 공존하며, 이 모든 조망들은 다 같이 하나의 시간적 파도, 세계의 순간을 형성한다. 자신의 시간적 지평을 가진 나의 지각적 장에 의해, 나는 나의 현재, 현재에 앞서는 모든 과거, 미래에 현전한다. 그리고 동시에 이러한 편재성은 실제적이 아니라 명백히 지향적일 뿐이다. 내가 눈앞에 보는 광경은 언덕 위의 은폐된 광경을 나에게 잘 알려줄 수 있고 그것은 어느 정도의 미규정성에서만 그렇게 한다. 여기 이것은 풀밭이고 저기에는 아마도 숲이 있을 것이다. 어쨌든, 가까운 지평 너머에 땅이나 바다가 있을 것이라는 것을 나는 알뿐이고, 또다시 얼음이 녹은 바다나 얼어붙은 바다 너머에서, 지구의 한가운데나 공중 너머 대기 끝에 일반적으로 지각해야 할 어떤 사물이 있다는 것을 나는 안다. 또한 나는 저 먼 곳에 관해서는 추상적 양식밖에 소유하지 못한다는 것을 알뿐이다. 마찬가지로, 개개의 과거가 지향성의 끼워 넣음에 힘입어 점차 이 과거를 전부, 곧바로 연결하는 보다 최근의 과거에 포함된다 할지라도, 과거는 훼손되고 나의 초년 시절은 나의 신체의 일반적 실존 속으로 사라지려니와, 나는 나의 신체가 지금 내가 보는 것과 닮은 색깔, 소리, 자연과 이미 마주쳤다는 것만은 안다. 따라서 미래의 소유처럼 먼 곳과 과거의 소유는 원칙적으로일 뿐이고, 나의 삶은 나로부터 사방으로 빠져나가며 비개인적 지대들에 의해 둘러싸인다. 우리가 세계의 실재성과 미완결성 사이에서 발견하는 모순은 그야말로 의식의 편재성과 그 의식이 현전의 장으로 참여하는 것 사이의 모순이다. 그러나 거기에 실로 모순과 양자택일이 있는가를 잘 주시하라. 내가 나의 현재에 포함된다고 말한다면 결국 사람들은 지각되지 않는 전이에 의해 현재에서 과거로, 가까운 곳에서 먼 곳으로 이행하기 때문에, 그리고 현재를 현재화된 것과 엄밀하게 분리하는 것이 불가능하기 때문에, 먼 곳의 초월은 나의 현재에 미치고 비실재성의 혐의를 내가 일치한다고 믿는 경험들에까지 들여온다. 내가 여기 지금 존재한다면, 나는 여기에도 지금도 존재하지 않는다. 반대로, 내가 과거와 다른 곳에 대한 나의 지향적 관계를 과거와 다른 곳을 구성하는 것으로 간주한다면, 내가 의식을 모든 시간성의 모든 국소성에서 벗어나게 하고 싶다면, 내가 나의 지각과 기억이 나를 인도하는 모든 곳에 있다면, 나는 어떤 시간에도 거주할 수 없고, 나의 현실적 현재를 규정하는 특전적 실재성과 함께 나의 이전의 현재나 우발적 현재의 실재성은 사라진다. 종합이 유효한 것일 수 있다면, 나의 경험이 폐쇄된 체계를 형성한다면, 사물과 세계가 이번에야말로 규정될 수 있다면, 시공간적 지평들이 관념적으로일지라도 명시적이 될 수 있고, 세계가 관점 없이 사고될 수 있다면, 그때는 아무것도 존재하지 않을 것이고 나는 세계 위를 거닐고 있을 것이다. 모든 장소와 시간은 동시적으로 실재적이 되기는커녕, 내가 그 중 어느 것에도 거주하지 않고 어디에도 참여하지 않기 때문에, 존재하기를 아주 그칠 것이다. 내가 항상 어디에서나 존재한다면 나는 결코 아무 데도 존재하지 않는다. 따라서 세계의 미완결성과 존재 사이에서, 참여와 의식의 편재성 사이에서, 초월과 내재 사이에서 선택은 없다. 왜냐하면 이러한 항들은 각기 홀로 단정지어질 때는 그 반대항을 나타나게 하기 때문이다. 이해해야만 하는 것은, 동일한 이유에서 내가 여기 지금 현전하게 되면서 다른 어떤 곳에서 언제나 현전하게 된다는 점이요, 내가 여기 지금 부재하게 되면서 모든 장소와 모든 시간에 부재하게 된다는 점이다. 이러한 애매성은 의식 또는 실존의 불완전성이 아니고 그것에 대한 정의이다.

17_시 간 의 핵 으 로 서 의 세 계

넓은 의미의 시간, 말하자면, 연속의 질서뿐만 아니라 공존의 질서는, 사람들이 상황을 점령하고 그것을 그 상황의 지평들을 통해서 전체적으로 파악함으로써 접근할 수 있고 이해할 수 있는 환경이다. 시간의 핵인 세계는 현재화된 것을 현재로부터 분리하면서 동시에 결합하는 이 유일한 운동에 의해서만 지속한다. 반대로, 명석성의 장소로 간주되는 의식은 바로 애매성의 장소이다. 이러한 조건에서 사람들은 원한다면, 아무것도 결코 존재하지 않는다고 충분히 말할 수 있고 사실상, 아무것도 존재하지 않는데 모든 것이 시간화된다고 말하는 것이 보다 더 정확할 것이다. 그러나 시간성은 줄어든 존재가 아니다. 객관적 존재는 충분한 존재가 아니다. 존재의 모형은 일견 완전하게 규정된 것으로 보이는 우리 앞의 사물들에 의해서 우리에게 제공된다. 이 돌은 하얗고 딱딱하고 미지근한 **것이다**. 세계는 그 속에서 굳혀지는 것 같고, 돌은 존재하기 위해 시간을 필요로 하는 것 같지 않으며, 즉시 자신을 완전하게 펼치는 것처럼 보이고, 존재의 일체의 잉여는 그에게 하나의 새로운 탄생인 것 같다. 순간적으로, 사람들은 세계가 어떤 사물이라면 이 돌과 유사한 사물들의 총합에 불과한 것이라고, 시간은 완전한 순간들의 총합에 불과한 것이라고 믿고 싶어한다. 이런 것은 데카르트적 세계이고 시간이다. 이러한 존재 개념이 참으로 불가피한 것이라는 점은 엄연한 사실인데, 왜냐하면 나는 한정된 대상들을 가진 시각적 장을 가지고, 감각적 현재를 가지기 때문이며, 모든 '다른 어떤 곳'은 여기의 다른 어떤 곳으로, 모든 과거와 미래는 지나간 또는 다가올 현재로 주어지기 때문이다. 단 하나의 사물에 대한 지각이 고전 논리학이 개진하는 객관적 또는 명시적 인식의 이상을 영구히 기초짓는다. 그러나 사람들이 이러한 확실성에 시선을 고정시키자마자, 그 확실성을 산출하는 지향적 삶을 일깨우자마자, 객관적 존재가 자신의 뿌리를 시간의 애매성에 두고 있다는 것을 깨닫는다. 나는 세계를 사물의 총합으로, 시간을 어김없는 '지금'의 총합으로 인지할 수 없다. 왜냐하면 개개의 사물은 다른 사물들이 먼 곳의 모호함 속으로 퇴각하는 한에서만 자신의 완전한 규정성을 가진 채로 제공될 수 있기 때문이고, 개개의 현재는 이전의 현재들과 나중의 현재들로부터 그와 동시 발생적인 현재를 배제함으로써만 자신의 실재성을 가진 채로 제공될 수 있기 때문이며, 그러기에 사물들의 총합이나 현재들의 총합은 무의미하기 때문이다. 사물들과 순간들은 사람들이 주체성이라 부르는 그 애매한 존재를 통해서만 세계를 형성하고자 서로 분절될 수 있고, 어떤 관점과 의도에서만 공현재적이 될 수 있다. 흘러서 부분적으로 존재하는 객관적 시간은 살아 있는 현재에서 과거와 미래로 투사되는 역사적 시간에 연루되지 않는다면, 아예 추측조차 되지 않을 것이다. 이른바, 대상과 순간의 충만성은 지향적 존재의 불완전성 앞에서만 솟아 나온다. 미래 없는 현재나 영원한 현재는 정확히 죽음의 규정이고, 살아 있는 현재는 이것이 다시 잡는 과거와 이것이 투사하는 미래 사이에서 찢어진다. 따라서 자신을 '열린 것'으로 나타내는 것, 자신의 규정된 표시들 저 너머로 우리를 회송하는 것, '보아야 할 다른 사물'을 언제나 우리에게 약속하는 것은 사물과 세계에 본질적인 것이다. 이것이 사람들이 사물과 세계는 신비하다고 말함으로써 때때로 표현하는 것이다. 사람들이 사물과 세계의 객관적 모습에 만족하기를 그치자마자, 그것들을 주체성의 한가운데로 다시 놓자마자, 과연 그것들은 그렇게 된다. 그것들은 어떠한 해명도 허용하지 않는 절대적 신비, 바로 그것이다. 그러나 이것이 우리의 인식의 잠정적 결핍에 의해서가 아님은, 만일 결핍에 의해서라면 그 신비는 단순한 문제의 신분으로 다시 떨어지기 때문이고, 게다가 해답이 있는 객관적 사고의 질서에 속하는 것이 아니기 때문이다. 우리의 지평선 저 너머에는 다른 광경들, 이와 또 다른 광경들 이외에는 보아야 할 어떤 것도 없으며, 사물의 내부에는 보다 작은 여타의 사물들 이외의 어떤 것도 없다. 객관적 사고의 이상은 시간성에 의해 기초지어지고 동시에 파괴된다. 세계는 그 말의 충분한 의미에서 대상이 아니다. 그것은 객관적 규정의 외피를 가지고 있으며, 그러나 역시 주체성들이 묶는, 아니 더 정확히 말해, 주체들 그 자체인 균열과 틈새를 가지고 있다. 사람들은 이제 자신에게 자신의 의미들을 부여하는 사물들이 지성에 제공된 의미들이 아니라, 불투명한 구조들이라는 이유를, 자신의 최종적 의미들이 불분명한 것으로 남는 이유를 이해한다. 사물과 세계는 나에 의해 또는 나와 같은 주체들에 의해 체험된 채로만 존

지각의 현상학

재할 뿐이다. 왜냐하면 그것들은 우리의 조망들의 연계이기 때문이다. 그러나 그것들은 모든 조망들을 초월하는데, 왜냐하면 그 연계는 시간적이고 미완결이기 때문이다. 부재의 광경들이 나의 시각적 장 너머로 계속해서 자신을 사는 것처럼, 나의 과거가 나의 현재 이쪽에서 한때 체험되는 것처럼, 세계는 그 스스로 나 밖에서 그 자신을 살고 있는 것처럼 보인다.

(4) 환각의 분석에 의한 반증

18_객관적 사고가 이해할 수 없는 환각

환각은 우리의 면전에서 실재적인 것을 해체하고 그것을 의사-실재성으로 바꾸어놓는다. 두 가지 방식으로 환각적 현상은 우리를 우리의 인식의 선논리적 기초들에로 되돌려놓고, 사람들이 사물과 세계에 대하여 앞서 말한 것을 확증한다. 중요한 사실은 환자들이 거의 언제나 자신의 환각들과 지각들을 구별한다는 점이다. 주사나 '전류'에 대한 촉각적 환각들을 가지는 정신분열증 환자들은 사람들이 그들에게 에틸염화물을 주사하거나 전류를 실제로 놓을 때 펄쩍 뛴다. 그들은 의사에게 "이번에는 당신 때문인데 왜냐하면 당신이 나에게 지금 시술을 하려고 하기 때문이다"라고 말한다. 창문 아래 정원에 어떤 사람이 서 있는 것을 본다고 말하면서 그 장소, 옷, 태도를 지적하는 다른 정신분열증 환자는, 사람들이 실제로 어떤 사람을 그가 지적한 장소의 그 정원에 동일한 자세와 동일한 복장으로 데려다놓으면 깜짝 놀란다. 그는 주의 깊게 본 뒤 외친다. "정말 저기에 사람이 있어요. 하지만 다른 사람이에요." 그러면서도 그는 정원에 두 사람이 있다는 것을 부인한다. 자신의 목소리를 하등 의심하지 않는 환자는, 자신의 것과 유사한 목소리를 축음기로 들려주면 작업을 중단하고 돌아보지도 않으면서 머리를 들어, 언제나 자신의 목소리를 듣는 것처럼 하얀 천사가 나타나는 것을 본다. 그러나 그녀는 이러한 경험을 그날의 '목소리'에 포함시키지 않는다. 즉 이번에는 그것이 동일한 것이 아니고 '직접적' 목소리, 아마도 의사의 목소리라는 것이다. 자신의 침대에서 늘 분이 발견된다며 불평하는 노망든 노파는 정말로 거기서 얇은 분을 발견할 때 펄쩍 띈다. 즉, "도대체 이게 뭐야. 이 분은 축축해. 다른 것은 건조한데." 알코올 중독 정신착란의 경우, 의사의 손을 인도산 돼지로 보는 환자는 사람들이 실제 인도산 돼지를 다른 손에다 가져다놓으면 즉각적으로 알아차린다.[63] 환자들이, 사람들이 전화나 라디오로 자기들에게 이런저런 말들을 한다고 너무 자주 말한다면, 그것은 바로 병적 세계가 인위적이라는 것, '실재성'이기 위한 어떤 것이 그들에게 결여되어 있다는 것을 표현하기 위한 것이다. 그 목소리들은 교양 없는 사람들의 목소리들이거나 '교양 없는 체하는 사람들의' 목소리들이다. 그것은 노인의 목소리를 흉내내는 젊은 청년이고, 독일인이 이디쉬Yiddish 언어를 말하려고 노력하는 것과 같다.[64] 그것은 한 사람이 어떤 것을 다른 사람에게 말할 그때와 같으나 소리를 내는 데까지는 이르지 못한다.[65] 이러한 고백들은 환각에 관한 모든 논쟁을 종결짓지 않는가? 환각은 감각 기관의 내용이 아니기 때문에 그것을 판단, 해석, 신념으로 간주하는 것 이외의 아무것도 남아 있지 않은 셈이다. 그러나 환자들이 사람들이 지각된 대상을 믿는 그런 동일한 의미에서 환각을 믿지 않는다면 주지주의적 환각 이론은 역시 마찬가지로 불가능하다. 알랭이 자신들이 실제로 보지 않은 것을 본다고 믿는 광인들에 대한 몽테뉴의 말을 인용한다.[66] 그러나 광인들은 실로 **본다**고 **믿지** 않으며 또는 사람들이 그들에게 조금이라도 묻기만

63 Zucker, *Experimentelles über Sinnestäuschungen*, pp. 706~64.
64 Minkowski, *Le Problème des hallucinations et le problème de l'espace*, p. 66.
65 Schröder, *Das Halluzinieren*, p. 606.
66 Alain, *Système des Beaux-Arts*, p. 15.

하면 그 점에 관한 그들의 언명을 정정한다. 환각이 판단이나 무분별한 신념이 아닌 것은 환각을 감각적 내용이 되지 못하도록 금지하는 동일한 이유에서이다. 즉 판단이나 신념은 환각을 사실인 것으로 정립하는 데서만 성립할 수 있을 뿐이다. 바로 이것이 실로 환자들이 하지 못하는 것이다. 판단의 수준에서 그들은 환각과 지각을 구별하고, 어쨌든 자신의 환각들에 대한 반대 의견을 개진한다. 즉 쥐들은 입에서 나올 수 없고 위로 다시 들어갈 수 없고,[67] 목소리들을 듣는 의사는 어떤 사람도 그에게 정말로 말을 하지 않는다는 것을 납득하기 위해 배 위로 올라가고 거친 바다로 노를 저어 간다.[68] 환각적 발작이 발생할 때 쥐와 목소리는 **여전히 거기에 있다.**

경험주의와 주지주의는 왜 환각을 이해하는 데 실패하는가? 그리고 우리는 다른 방법에 의해 성공할 기회를 가질 것인가? 경험주의는 지각에 대해서처럼 환각을 **설명하려고** 노력한다. 즉 감각적 소여들은 물리적 자극들이 신경 중추에 작용함으로써 지각에 나타나듯이, 어떤 생리학적 원인들의 결과, 예컨대 신경 중추의 흥분에 의해서 나타난다. 얼핏 보면, 이러한 생리학적 가설들과 주지주의적 개념 사이에는 공통적인 것이 하나도 없다. 사실상 사람들이 곧 보게 되겠지만, 이 두 교의는 객관적 사고의 우위성을 가정한다는 점, 유일한 존재 방식, 즉 객관적 존재만을 처리한다는 점, 환각적 현상을 억지로 객관적 존재로 끌어들인다는 점에서 공통성이 있다. 이렇게 해서 그것들은 환각적 현상을 왜곡하고 이러한 현상의 확실성의 고유한 방식과 내재적 의미를 놓친다. 왜냐하면 환자 자신에 따르면, 환각은 객관적 존재의 지위를 가지고 있지 않기 때문이다. 경험주의에 있어 환각은 자극에서 의식 상태로 나아가는 사건들의 연쇄 상에 있는 사건이다. 주지주의에 있어 사람들은

---

67 Specht, *Zur Phänomenologie und Morphologie der pathologischen Wahrnehmung-stäuschungen*, p. 15.

68 Jaspers, *Über Trugwahrnehmungen*, p. 471.

환각을 제거하고자, 정확히 말해 구성하고자 노력하며, 어떤 의식의 관념에 기초해서 환각일지도 모르는 것을 연역하고자 노력한다. **코기토**는 우리에게 의식의 존재가 존재한다는 의식과 혼동된다는 것, 따라서 의식의 존재가 알지 못하는 어떤 것도 그 속에 있을 수 없다는 것, 역으로 자신이 확실하게 아는 모든 것을 의식의 존재는 자기 자신 속에서 발견한다는 것, 결과적으로 경험의 진리성과 허위성은 외부적 실재와의 관계에서 성립해야 하는 것이 아니라, 의식의 존재 속에서 내적 명칭들로서 읽혀질 수 있어야 한다는 것을 가르치거니와, 이것이 없으면 경험의 진위성은 결코 인식될 수 없을 것이다. 이렇게 해서 허위의 지각들은 참된 지각들이 아니다. 환각에 사로잡힌 사람은, 그 말의 견실한 의미에서 듣거나 보거나 할 수 없다. 그는 판단하고 보거나 듣는다고 믿지만, 사실상 그는 보지도 않고 듣지도 않는다. 이러한 결론은 **코기토**조차도 구출하지 못한다. 즉 사실상, 주체가 실제로 듣고 있지 않고 있을 때 듣고 있다고 어떻게 믿을 수 있는가를 아는 문제가 남아 있다. 사람들이 이러한 믿음은 단순히 단정적인 것이라고 말하고, 사람들이 충분한 의미에서 믿고 있지 않으면서도, 비판이 없을 때만 지속하는 부유하는 현상들의 하나로서 기본적인 종류의 인식이라고 말한다면, 요컨대 우리의 인식의 단순한 사실적 상태라고 말한다면, 그때는 그 문제는 의식이 어떻게 이러한 부족 상태를 알지도 못한 채 그런 상태에 있을 수 있는가, 또는 의식이 그것을 안다면 어떻게 그 상태에 붙어 있는가를 아는 문제일 것이다.[69] 주지주의의 **코기토**는 처음부터 끝까지 자신이 소유하고 구성하는 모든 순수한 **사고된 것**만을 자기 면전에 허용한다. 코기토가 자신이 구

69 이로부터 알랭의 망설임이 생겨난다. 즉 의식이 언제나 자기 자신을 인식한다면, 그는 지각된 것과 상상적인 것을 직접적으로 구별하지 않으면 안 된다. 사람들은 상상적인 것은 보이는 것이 아니라고 말할 것이다(Alain, *Système des Beaux-Arts*, p. 15 및 이하). 그러나 환각적 기만이 있다면, 상상적인 것은 지각된 것으로 간주될 수 있지 않으면 안 되고 사람들은 판단이 시각을 포함한다고 말할 것이다(Alain, *Quatre-vingt-un chapitres sur l'esprit et les passions*, p. 18).

성하는 대상에 어떻게 속을 수 있는가를 이해하는 것은 아무런 희망도 없는 난점이다. 따라서 여기서도 마찬가지로 환각적 현상을 외면하는 것은 정녕 우리의 경험을 대상들로 환원함이요, 객관적 사고의 우위성이다. 경험주의적 설명과 주지주의적 반성 사이에는 현상들을 공통적으로 무시하는 깊은 근친성이 있다. 양자는 환각적 현상을 체험하는 대신 구성한다. 주지주의에 있는 가치 있는 새로운 것, 즉 그들이 지각과 환각 사이에 확립하는 본질적 차이조차도 객관적 사고의 우위성에 의해서 위태롭게 된다. 즉 환각에 사로잡힌 주체가 자신의 환각을 객관적으로 **인식하거나** 또는 그런 것으로서 사고한다면 어떻게 환각적 기만이 가능한가? 이 모든 것은 객관적 사고, 체험된 사물을 대상들로 환원하기, 주체성을 **사고작용**으로 환원하기가 주체로 하여금 선객관적 현상들에 모호하게 착생할 수 있을 어떤 자리도 내어주지 않는다는 사실로부터 나온다. 따라서 결과는 분명하다. 더 이상 환각을 구성해서도 안 되고, 또한 의식도 마찬가지인데, 특히 우리로 하여금 절대적 합치에 의해 규정하지 않을 수 없게 하고, 전개를 멈추는 것을 생각할 수 없는 것으로 만드는 그것의 어떤 본질이나 관념에 따라 의식을 일반적으로 구성해서도 안 된다. 사람들은 의식을 여타의 모든 사물로서 인식하는 것을 배운다. 환각에 사로잡힌 사람이 자신은 보고 듣는다고 말할 때, 그를 믿어야 하는 것이 아니라[70] 그를 이해하지 않으면 안 된다. 왜냐하면 그는 또한 정반대로 말하기도 하기 때문이다. 우리는 환각에 사로잡힌 의식에 대한 정상적 의식의 의견에 만족해서는 안 되고, 우리를 환각의 고유한 의미의 유일한 판관으로 간주해서도 안 된다. 이에 대하여 틀림없이, 사람들은 환각이 독립적으로 있는 그대로 그 환각에 도달할 수 없다고 응답할 것이다. 환각이나 타인 또는 자신의 과거를 사고하는 사람은 결코 환각, 타인, 있었던 그대로의 과거와 일치하지 않는다. 인식은 이러한 사실

---

70 그렇게 하는 심리학자를 알랭이 비난하는 것과 같이.

성의 한계를 넘어갈 수 없다. 이것은 사실이다. 그러나 이것이 작위적인 구성들을 정당화하는 데 이용되어서는 안 된다. 언사는 이미 분리이기 때문에 사람들이 일치를 이루는 경험들만을 말해야 한다면 어떤 것도 말하지 못할 것이라는 점은 사실이다. 더욱이 언사 없는 경험은 없고 순수하게 체험된 것이라는 것은 인간의 언어 생활에 있지 않다. 그러나 그럼에도 언사의 원래의 의미는 그 언사가 언표하고자 애쓰는 경험의 텍스트에 있다. 탐구되는 것은 나와 타인과의, 현존하는 나와 과거와의, 의사와 환자와의 괴물 같은 일치가 아니다. 우리는 타인의 상황을 떠맡을 수 없고 과거를 실재성의 과거 그대로 다시 체험할 수 없으며, 병을 병자가 체험하는 그대로 다시 체험할 수 없다. 타인의 의식, 과거, 병은 내가 그것에 대해 인식하는 것에 의해 그 존재 그대로 환원되지 않는다. 존재하고 참여하는 한에 있어서의 나 자신의 의식은 더 이상 내가 그것에 대해 인식하는 것으로 환원되지 않는다. 철학자가 메스칼린을 주사해서 자기에게 환각을 제공한다면, 또는 환각의 충동에 굴복한다면, 그때는 그는 환각을 체험할 것이고 그것을 인식하지 않을 것이다. 아니면, 그는 어떤 반성 능력과 같은 것을 유지해서, 환각에 '참여해' 환각을 겪는 사람의 증언이 아닌 그런 자신의 증언을 언제나 거부할 수 있을 것이다. 따라서 자기 인식의 특전이란 없으며 타인은 나 자신처럼 침투 불가능하다. 주어지는 것은 나가 아니고, 다른 한편으로 타인도 아니다. 또한 나의 현재도 아니며, 다른 한편으로 나의 과거도 아니다. 코기토를 가진 정상적 의식도 아니고, 다른 한편으로 환각적 의식도 아니거니와, 전자는 후자의 유일한 판관이고, 이 점에 관한 한, 전자는 자신의 내적 추측으로 축소된 전자로서, 주어지는 것은 환자와 **함께 하는** 의사, 타인과 **함께 하는** 나, 나의 현재**의 지평에 있는** 나의 과거이다. 나는 과거를 지금으로 불러냄으로써 그것을 변형시키지만, 그러나 그 변형들조차도 내가 고려할 수 있는 것들이며, 그것들은 내가 겨냥하는 사라진 과거와 나의 자의적 해석들 사이에서 지속하는 긴장에 의해 나에게 지시된다. 나는 타인을 나의 관점에서 보기 때문에 그를 잘못 생각할 수 있지만, 그러나 나는 저항하는 그를 들으며 마침내 그 타인을 조망들의 중심으로 생각한다. 내가 물어보는 환자의 상황은 나 자신의 상황의 내부에서 나에게 나타나고, 이 두 극의 현상에서 나는 타인을 인식하는 것을 배우게 되는 것과 동시에 나를 인식하는 것을 배우게 된다. 우리는 환각들과 '실재적인 것'이 우리에게 나타나는 실제적 상황으로 들어가야 하고, 이 상황이 환자와의 의사 소통에서 작용할 때 그것들 사이의 구체적 차이를 파악해야 한다. 나는 나의 주체 앞에 앉아 그와 담소한다. 그는 자신이 '보고' '듣고' 하는 것을 나에게 기술하고자 노력한다. 말하는 대로 그를 믿는 것도, 그의 경험들을 나의 것으로 환원하는 것도, 그와 일치를 이루는 것도, 나의 관점에 만족하는 것도 문제인 것이 아니라, 나의 경험을 설명하는 것, 그의 경험을 나의 것에 지시되는 그대로 설명하는 것, 그의 환각적 믿음과 나의 실재적 믿음을 설명하고 하나를 다른 하나에 의해 이해하는 것이 문제인 것이다.

19_환각적 현상으로의 복귀

내가 나의 대화자의 소리와 봄들을 환각들에 속하는 것으로 분류한다면, 그것은 나의 시각적 또는 청각적 세계에 있는 그와 유사한 어떤 것도 발견하지 못하기 때문이다. 따라서 나는 사적 광경을 구성할 뿐만 아니라 나에 대해서 그리고 타인에 대해서도 가능한 유일한 것인 현상의 체계를, 들음에 의해서, 그리고 무엇보다도 봄에 의해서 파악하고 있는 것을 의식한다. 그리고 바로 이것이 사람들이 실재적인 것이라고 부르는 것이다. 지각된 세계는 **나의** 세계만은 아니다. 내가 타인의 행동이 윤곽지어지는 것을 보는 것도 바로 그 세계에서이다. 타인의 행동들 역시 마찬가지로 그 세계를 겨냥하고, 이 세계는 나의 의식의 상관자이며 **내가 만날 수 있는**

모든 의식의 상관자이기도 하다. 내가 내 눈으로 보는 것이 나에 대하여 시각의 가능성들을 소진시킨다. 틀림없이, 나는 어떤 각도에서만 그것을 보고 또한 다른 방향의 관람자는 내가 예견할 수 있는 것만을 통각한다는 것을 인정한다. 그러나 대상들의 뒷면이나 아래가 그것들의 가시적 표면과 동시에 지각되듯이, 또는 옆방이 내가 그 방에 들어간다면 실제로 가질 지각에 선재하듯이, 이 다른 광경들은 현실적으로 나의 것에 포함되어 있다. 타인의 경험들이나 내가 자리 이동함으로써 얻을 경험들은 나의 현실적 경험의 지평에 의해서 지시되는 것만을 전개하고 그 이외에는 아무것도 그것에 부가하지 않는다. 나의 지각은 이 지각을 완전하게 확증하고 상호 일치하는 무수한 지각적 연계들을 공존하게 한다. 나의 시선과 손은 모든 실제적 자리 이동이 나의 기대에 정확히 일치하는 감각적 반응들을 불러일으킨다는 것을 알고 있고, 나는 내가 미리 소유하고 파악하는 것보다 더 자세한 무수한 지각 더미들이 나의 시선 아래에 우글거리는 것을 느낀다. 따라서 나는 나의 지각에 씌어지거나 지시되는 것 이상의 것에 '견디지' 못하는 환경을 지각한다는 것을 의식하고 최대의 충만성을 가지고 있는 현재 안에서 의사소통한다.[71] 그러나 환각에 사로잡힌 사람은 그 정도로까지 믿지 않는다. 즉 환각적 현상은 세계의 일부가 아니다. 말하자면, 그것은 **접근 불가**이고 그로부터 환각의 주체의 다른 모든 경험들이나 정상적 주체의 경험에로 이끄는 일정한 길은 없다. "당신은 나의 목소리를 듣지 않죠?"라고 환자는 묻는다. "따라서, 나는 그것을 듣는 유일한 사람입니다."[72] 환각들은 지각된 세계의 장면과는 다른 장면에서 연출되고 그 장면의 이중인화와 같은 것이다. 환자는 "이봐요, 우리가 말하고 있는 동안 사람들이 나에게 이것저것 말하는데 이런 것은 어디서 올 수 있지요?"라고 묻는다.[73] 환각이 안

---

71 Minkowski, *Le Problème des hallucinations et le problème de l'espace*, p.66.
72 같은 책, p. 64.
73 같은 책, p. 66.

정된 상호 주관적 세계에서 자리를 차지하지 못한다면, 그것은 그에게 참된 사물을 '즉자적'으로 놓여 있도록 하고 독립적으로 작용하고 존재하게 하는 충만성, 내적 분절이 없기 때문이다. 환각적 사물은 존재로 지탱시켜주는 조그만 지각들로 다져진 참된 사물과 같은 것이 아니다. 그것은 암시적이고 미분절된 의미이다. 참된 사물을 대면할 때 우리의 행동은 그 행동을 가득 채우고 그 의도를 정당화하는 '자극'에 의해 동기화되는 것을 느낀다. 환영이 문제라면 그 발의권은 우리에게서 나오고 우리 밖에서 응답하는 어떤 것도 없다.[74] 환각적 사물은 참된 사물처럼 자신 속에 지속의 두께를 축약하는 깊이의 존재가 아니며, 환각은 지각처럼 내가 살아 있는 현재에서 시간을 구체적으로 파악함이 아니다. 그것은 세계를 지나쳐버리듯 시간을 지나쳐버린다. 꿈에서 나에게 말하는 사람은 입을 굳게 다물고 있음에도 그의 생각은 마술적으로 나에게 전달되고, 나는 그가 아무것도 말하지 않았을지라도 그에 앞서 나에게 말하고 있는 바를 안다. 환각은 세계 안에 있지 않고 세계 '앞에' 있는데, 왜냐하면 환각을 겪는 사람의 신체는 현상의 체계에 자신을 삽입하는 것을 상실했기 때문이다. 모든 환각은 우선 고유한 신체의 환각이다. "마치 내가 입으로 듣는 것 같다." "말하는 사람은 나의 입술 위에 있다"[75]고 환자들은 말한다. '육화된 현존감'에서 환자들은 자신들이 보지 못하는 어떤 사람의 현존을 그들 가까이에서, 그들 뒤에서, 그들 위에서 직접적으로 겪는다. 그들은 그 사람이 다가오거나 멀어진다고 느낀다. 한 정신분열증 여자 환자는 등이 벗겨진 채 뒤가 노출되어 있는 인상을 부단히 받는다. 조르주 상드는 자신이 본 적은 없으나 자신을 끊임없이 보고 자기와 같은 목소리로 자기의 이름을 부르는 이중 인간을 가지고 있다.[76] 이인증과 신체 도식

---

74 이것이 팔라기Palagyi가 지각은 '직접적 환영'이고 환각은 '역전된 환영'이라고 말할 수 있었던 이유이다. Schorsch, *Zur Theorie der Halluzinationen*, p. 64.

75 Schröder, *Das Halluzinieren*, p. 606.

76 Menninger-Lerchenthal, *Das Truggebilde der Eigenen Gestalt*, p. 76 이하.

의 장애는 즉시 외부의 환영으로 나타나는데, 왜냐하면 우리에 대하여 우리의 신체를 지각하는 것과 우리의 상황을 어떤 물리적·인간적 환경에서 지각하는 것은 하나로 같은 것이기 때문이고, 그 이유는 우리의 신체는 우리의 신체가 실현되고 현실화되는 한에서의 그 상황에 다름아니기 때문이다. 장외환각 l'hallucination extracampine의 경우, 환자는 등뒤에 사람이 보인다고 믿으며 자기 주위의 모든 부분을 본다고 믿고 등뒤에 놓인 창문을 통해서 볼 수 있다고 믿는다.[77] 따라서 봄의 착각이 환상적 대상의 현존인 것은, 감각적 대응물이 없는 향후 시각적 능력의 전개와 광란이 환상적 대상의 현존인 것보다 훨씬 덜하다. 환각들이 있는 것은 우리가 현상적 신체에 의해서 이 신체가 투사되는 환경과의 항상적 관계를 가지기 때문이고, 이 신체가 실제적 환경과 분리되어 그 환경의 의사–현존을 자신의 몽타주에 의해 불러일으킬 수 있는 것으로 남아 있기 때문이다. 이 정도로 환각적 사물은 보이지도 가시적이지도 않다. 메스칼린 중독자는 기계의 나사를 유리병의 둥근 모양으로, 또는 고무 풍선의 융기로 지각한다. 그러나 정확히 그는 무엇을 보는가? "나는 부푼 세계를 본다. 그것은 마치 사람들이 나의 지각의 음표 기호를 갑자기 바꾼 것과 같고, 사람들이 나를 부풀림 속에서 지각하게 한 것과 같으며, 악보를 C장조로 또는 내림나단조로 연주하는 것과 같다. 이때 나의 모든 지각은 변형되고 잠시 나는 고무의 융기를 지각한다. 이것은 내가 그 이외에 다른 것을 보지 못한다는 것을 의미하는가? 아니다. 그러나 나는 달리 지각할 수 없도록 '설정되는' 것을 느꼈다. 세계는 그런 것이라는 신념이 나를 엄습하고 조금 지나 다른 변화가 일어났다. 모든 것은 나에게 내가 본 몇몇의 커다란 뱀들이 베를린 동물원에서 허물을 벗는 것처럼 끈적끈적하고 비늘이 있는 것처럼 보였다. 그때 뱀들로 둘러싸인 섬 위에 있다는 공포가 나에게 들이닥쳤다."[78] 환각은 부

77 같은 책, p. 147.
78 사르트르의 미출간된 자기 고찰.

풀림들, 비늘 같은 것들, 말들을 자신의 의미를 천천히 드러내는 둔중한 실재성들로서 나에게 제공하지 않는다. 다만 그것은 그러한 실재성들이 나의 감각적 존재와 나의 언어적 존재에서 나를 때리는 방식만을 재생산할 뿐이다. 그 환자가 접시에 담긴 요리를 '독이 든 것'이라고 거부할 때 그에게 그 말은 화학자에게 가지는 의미를 가지는 것이 아니라는 것을 이해하지 않으면 안 된다.[79] 환자는 그 음식이 객관적 신체에 해로운 독약 성분을 가지고 있다고 믿지 않는다. 여기서 독 성분은 감정적 실재이고 병과 재앙의 현전과 같은 마술적 현전이다. 대부분의 환각들은 여러 가지 면모를 지닌 사물들이 아니라 일시적 현상들, 즉 주사 맞기나 모기에 물림, 발작, 폭발, 통풍, 한파와 폭염, 전기 불꽃, 반짝거리는 작은 점, 섬광, 그림자 들이다.[80] 참된 사물, 예컨대 쥐가 문제일 때 이런 것은 그 양식이나 용모에 의해서만 표상될 뿐이다. 이러한 미분절된 현상들은 이들 상호간의 명확한 인과성의 연결을 허용하지 않는다. 이들의 유일한 관계는 공존——환자에게 언제나 의미를 가지는 공존——의 관계인데, 왜냐하면 우연성의 의식은 명확하고도 상이한 인과적 계열을 가정하고 여기서 우리는 파괴된 세계의 잔해 속에 있게 되기 때문이다. "코의 분비물은 특별한 분비물이 되고 지하철에서 존다는 사실은 기이한 의미를 획득한다."[81] 환각들은 개개의 감각적 장이 실존의 변화에 특수한 표현의 가능성들을 제공하는 한에서만 어떤 감각적 영역에 연결된다. 정신분열증 환자는 무엇보다도 청각적·촉각적 환각들을 가지는데, 왜냐하면 청각과 접촉의 세계는 그 자연적 구조에 의해서 소유된 존재, 노출된 존재, 평평해진 존재를 다른 세계보다 더 잘 나타낼 수 있기 때문이다. 알코올 중독자는 무엇보다도 시각적 환각들을 가지는데, 왜냐하면 볼 때 정신착란적 작용이 그가 직면해야 할 상대방 또는 과제

---

79 E. Straus, *Vom Sinn der Sinne*, p. 290.

80 Minkowski, *Le Problème des hallucinations et le problème de l'espace*, p. 67.

81 같은 책, p. 68.

를 불러내는 가능성을 찾아내기 때문이다.[82] 환각에 사로잡힌 사람은 정상적 의미에서 보고 듣지 않는다. 그는 자신의 감각적 장들을 이용하고 세계로 자연적으로 삽입해 들어가서 그 세계의 편린들로 자기 존재의 전 의도에 일치된 인위적 환경을 구축한다.

20_환각적 사물과 지각된 사물

그러나 환각이 감관적이 아니라면 하물며 판단이야 거론의 여지가 있겠는가. 그것은 주체에게 구성물로 주어지지 않는다. 그것은 말하자면 '지리적 세계,' 즉 우리가 인식하고 판단하는 존재에서, 법칙에 종속되는 사실들의 직물에서 자리를 차지하는 것이 아니라, 세계가 우리와 맺어지게 되는, 우리가 세계와 생명적 의사 소통을 하게 되는 개별적 풍경[83]에서 자리를 차지한다. 어떤 환자는 누군가가 시장에서 자기를 보았고 그 시선이 어디에서 오는지는 말할 수 없어도 하나의 타격으로 느꼈다고 말한다. 그녀는 우리 모두에게 가시적 공간에서 그 사람이 거기에 있는 것으로 드러나고, 눈길을 자기에게로 돌렸다고 말하고자 하지 않는다. 그리고 이것이 우리가 그녀에게 반대할 수 있는 논변들이 그녀를 지나쳐버린 이유이다. 그녀에게는 객관적 세계에서 일어나는 바가 무엇인지가 문제가 아니라, 그녀가 만나는 것이 무엇인지, 그녀와 관계하거나

---

82 E. Straus, *Vom Sinn der Sinne*, p. 288.

83 같은 책. 환자는 "동기나 토대 없이 더 이상 사물 세계의 보편적 질서와 언어의 보편적 의미 관계에 들어맞지 않는 단조로운 인상의 지배 아래에서 자신의 풍경의 지평 내부에 살고 있다. 환자가 우리에게 익숙한 이름으로 가리키는 사물은 우리에게는 동일한 그 사물이나, 그들에게는 더 이상 동일한 사물이 아니게 되었다. 그들은 자신의 풍경 속에 우리의 세계의 조각만을 보존하고 들어오며, 그 조각들은 여전히 전체의 일부였던 것으로 남아 있지 않다." 정신 분열증 환자의 사물은 얼어붙어 있으며 무기력하고, 정신착란증 환자의 사물은 우리의 그것보다 더 말이 많으며 생생하게 살아 있다. "병이 심해지면, 사고의 분리와 언사의 소멸은 지리적 공간의 상실을 드러내고 느낌의 마비는 풍경의 빈곤을 드러낸다"(E. Straus, 같은 책, p. 291).

그녀에게 타격을 주는 것이 무엇인지가 문제이다. 환각에 사로잡힌 사람이 거부하는 음식은 그 사람에게만 독이 든 것으로서 그것은 불가피하다. 환각은 지각이 아니라 실재성**의 가치를 가지고 있다.** 이것만이 오로지 환각에 사로잡힌 사람에게 고려된다. 지각된 세계는 자신의 표현력을 상실했고[84] 환각적 체계가 그 표현력을 강탈했다. 환각이 지각은 아닐지라도 환각적 기만이 있고, 이 점은 우리가 환각을 지적 작용으로 만든다면 이해하지 못할 점이다. 환각이 지각과 아무리 다르다고 해도, 그것은 지각을 대신할 수 있어야 하고 환자에 대하여 그 자신의 지각들보다 더 많이 존재할 수 있어야 한다. 이것은 환각과 지각이 유일한 원초적 기능의 양상들인 한에서만 가능하거니와, 그 기능에 의해서 우리는 우리의 주위에 일정한 구조의 환경을 처리하고, 우리를 때로는 세계의 한가운데에, 때로는 세계의 주변에 위치시킨다. 환자의 실존은 중심에서 이탈하고, 우리를 전혀 모르는 거칠고 저항적이며 다루기 힘든 세계와의 교섭을 더 이상 실행하지 않으며, 허구적 환경의 고립된 구성에 전력을 기울인다.

21_환각적 사물과 지각된 사물은 인식보다 깊은 기능에서 탄생한다

그러나 이러한 허구는 실재성 자체가 유사한 조작을 통해 정상적 주체에게 영향을 미친다는 이유에서만 실재성의 가치를 가질 수 있다. 정상적 주체는 감각적 장과 신체를 가지는 한, 역시 마찬가지로 착각이 야기될 수 있게 되는 터진 상처로부터 영향을 받을 수밖에 없고, 그의 세계 표상은 손상되기 마련이다. 우리가 우리 자신이 보는 것을 믿는다면, 그것은 모든 검증에 앞서

---

84 클라게스Klages는 환각이, 빈약해진 현상 세계의 표현 내용의 손상을 가정한다고 말한다. 쇼르쉬에 의해 인용됨. Schorsch, *Zur Theorie der Halluzinationen*, p. 71.

서이다. 고전적 지각 이론의 오류는 지각 자체에 지적 작용을 도입하고, 직접적 지각이 애매성에 좌초할 때만 사람들이 의지하는 감각적 증거에 대한 비판을 도입하는 데 있다. 정상적 주체의 경우, 어떤 명백한 검증 없이도 사적 경험은 자기 자신 및 생소한 경험과 결합하고 광경이 지리적 세계로 열리며 절대적 충만성을 향해 나아간다. 정상인은 주체성을 누리지 않고 피해 달아나며 진정으로 세계-에로-존재로 있고 시간에 대해 솔직하고 소박하게 파악하는 반면, 환각에 사로잡힌 사람은 개인적 환경을 공동 세계에서 도려내기 위하여 자신의 세계-에로-존재로 있음을 이용하고 언제나 시간의 초월을 거역한다. 그렇다면 내가 멀리 있는 대상을, 사람들이 관찰할 수 있는 분명한 특징을 지닌, 여타 대상과의 규정적 관계 속에서 내 앞에 정립하는 명백한 작용 아래에는, 즉 흔히들 말하는 의미의 지각 아래에는 이를 기초짓기 위해 보다 깊은 기능이 있거니와, 이 기능 없이는 정신분열증 환자에게서 그렇듯 지각된 대상에 실재성의 색인은 결여될 것이고, 또한 이 기능에 의해서 그것은 우리에게 고려되거나 가치를 가지게 된다. 일종의 '원초적 신앙' 또는 '속견'을[85] 통해서 우리를 주체성 너머로 운반하는 것, 그리고 우리를 모든 과학과 검증에 앞서 세계에 정주하게 하는 것은 운동이다. 아니면 반대로, 우리 자신의 사적 현상에 파묻히게 하는 것도 운동이다. 환각이 지각이 아니라고 해도 또 환자가 참된 세계로부터 방향을 바꿀 때 그 세계가 환자에 의해 언제나 추측되고 있을지라도, 이러한 발원적 속견의 영역에서 환각에 의한 착각은 가능하다. 왜냐하면 우리는 여전히 선술어적 존재 안에 있고 현상과 전 경험의 연관은 참된 지각의 경우에서도 암시적이고 추정적이기 때문이다. 아동은 자신의 지각들처럼 꿈들을 세계의 탓으로 돌리고, 꿈이 방안의 침대 끝에서 일어나고 잠자는 사람들에게만 보인다고 믿는다.[86] 세계는 여전히 모든 경험들의 모호한 장소

---

85 후설의 용어, Urdoxa, Urglaube.

86 Piaget, *La Représentation du monde chez l'enfant*, p. 69 및 이하.

이다. 세계는 참된 대상들, 개개의 순간적 환영들을 뒤범벅으로 맞아들인다. 왜냐하면 그것은 모든 것을 포괄하는 개인이지만 인과성의 관계들에 의해 연결된 대상들의 총체는 아니기 때문이다. 환각들을 가진다는 것과, 일반적으로 상상한다는 것은 이러한 선술어적 세계의 관용을 이용한다는 것이요, 우리가 혼효하는 경험 속에서 존재 전체에 어지럽게 근접하는 것을 이용한다는 것이다.

2 2 _ 발 원 적   속 견

따라서 사람들은 지각으로부터 필증적 확실성을 제거하고 지각적 의식으로부터 충만한 자기 소유를 제거함으로써만 환각적 기만을 설명하는 데 성공한다. 지각된 것의 존재는 필연적인 것이 아닌데, 왜냐하면 지각은 무한한 것으로 통하는 명시화를 가정하고, 더욱이 한 방향에서 상실하지 않고서는 다른 방향에서 얻을 수 없는, 또한 시간에 노출되는 위험을 무릅쓰지 않고서는 얻을 수 없는 명시화를 가정하기 때문이다. 그러나 이로부터 지각된 것은 가능한 것 또는 개연적인 것일 뿐이라고, 예컨대 그것은 지각의 영구적 가능성으로 환원된다고 결론 내려서는 안 된다. 가능성과 개연성은 이미 오류를 경험했다는 것을 가정하고 의심하는 상황에 일치한다. 지각된 것은 우리의 모든 비판적 교육에도 불구하고 의심과 논증의 이편에 남아 있다. 태양은 과학자의 머리 위에도 무지한 자의 머리 위에도 똑같이 '뜨고,' 태양계에 대한 우리의 과학적 표상들은 달의 경치에 관한 소문 차원에서 머물며 어느 누구도 그 표상들을 우리가 태양이 뜨는 것을 믿는다는 의미에서 믿고 있지 않다. 태양이 뜨는 것과 일반적으로 지각된 것은 '실재적'이고, 우리는 그것을 단숨에 세계의 몫으로 돌린다. 개개의 지각은 언제나 '소실되고' 많은 착각들로 내쫓기는 것이 가능해도, 그 지각을 개정하는 다른 지각에 자리를 내어주기 위해서만 사라질 뿐이다. 개개의 사물은 향후에는 불확실한 것으로 나타날 수 있으나, 적어도 사물들, 즉 세계가 있다는 것은 우리에게 확실하다. 세계가 실재적인가라고 묻는 것은 사람들이 무엇을 말하고 있는지를 이해하지 못하고 있는 것이다. 왜냐하면 세계는 사람들이 항상 의심을 던질 수 있는 사물들의 총합이 아니라 사물들이 끌어내어지는 소진 불가의 저장소이기 때문이다. 전체적으로 받아들여진 지각된 것은, **그 자신의 가능적 해체와 다른 지각에 의한 우연적 대체를 동시에 알리는** 세계의 지평과 함께라면 결코 우리를 기만하지 않는다. 아직 진리는 없으나 실재가 있는 곳에는 오류가 있을 수 없고, 아직 필연성은 없으나 사실성이 있는 곳에는 오류가 있을 수 없다. 마찬가지로, 우리는 지각적 의식에게 충분한 자기 소유를 인정해서는 안 되고, 모든 착각을 배제하는 내재성을 인정해서는 안 된다. 환각들이 가능할 수 있어야 한다면 의식은 자신이 무엇을 하는지를 어느 순간에는 알기를 그쳐야 하고, 그렇지 않으면 의식은 착각을 구성하는 것을 알 것이고 그것에 붙어 있지 않을 것이며, 따라서 착각은 더 이상 있지 않을 것이다. 우리가 말한 대로, 환자가 착각을 받아들이기 위해 실로 착각적 사물과 참된 사물이 동일한 구조를 갖지 않는다면, 그는 참된 세계를 잊거나 억압해야 하고 그 세계와 관계하기를 그쳐야 하며, 적어도 진과 위가 구별될 수 없는 본원적 상태로 복귀할 능력을 가지고 있어야 할 것이다. 그러나 우리는 의식을 의식 자신으로부터 자르지 않거니와 그렇게 되면 발원적 속견을 넘어서 있는 모든 지식의 진보, 특히 발원적 속견이 모든 지식의 기초라는 철학적 인식은 차단된다. 나와 나 자신의 일치, 코기토에서 실현되는 대로의 그 일치는 실재적 일치가 아니라 지향적, 추정적 일치이지 않으면 안 된다. 사실상, 방금 사고한 나 자신과 내가 사고했다는 것을 사고하는 나 사이에는 이미 지속의 두께가 끼어들고 있으며, 이미 지나간 이 사고가 내가 현재 보는 그대로였던가를 나는 항상 의심할 수 있다. 게다가, 나는 나의 과거에 대해서 현재의 증거 이외의 다른 증거를 가지지 못하므로, 그럼에도 불구하고 나는 이 과거가 어떤 것인가를 알고 있으므로, 나는 비반성적인 것을 인식 불가한 것으로서, 이 비반성적인 것에 근거를 두고 있는 반성에다 대립시킬 이유가 없다. 그러나 반성에 대한 나의 신뢰는 궁극적으로, 시간성의 사실과 세계의 사실을 모든 착각과 탈착각의 불변적 틀로 인수하는 것에 귀착한다. 다시 말해 나는 내가 시간과 세계에 내속하는 한에서만, 즉 애매성 속에서만 나를 인식한다.

제4장 타인과 인간적 세계

1_ 자연적 시간과 역사적 시간의 교착

나는 자연에 기투되며, 자연은 나 밖에서 역사 없는 대상들에서 나타날 뿐만 아니라, 주체성의 중심에서 보여질 수 있는 것이기도 하다. 개인적 삶의 이론적 · 실천적 결단들은 나의 과거를, 나중에 사람들이 어떤 미래가 준비한 것이라고 말할 그런 미래의 결과로서 생겨난 것으로 만듦으로써, 그리하여 나의 삶에 역사성을 도입함으로써, 거리를 두고 나의 과거와 미래를 잘 파악할 수 있고 모든 우연들과 함께 그 과거에 일정한 의미를 부여할 수 있다. 이러한 질서는 언제나 인위적인 어떤 것을 가진다. 내가 내 생애의 처음 25년을, 결국은 자율성에 이르기 위해 힘든 이유기의 뒤를 이어서 연장된 어린 시절로 이해하는 것은 지금에 와서이다. 내가 그 시절로 다시 돌아가 실제로 체험하듯 그 시절을 내 안으로 데려온다면, 그 25년의 행복은 부모로부터 보호받는 분위기에 의해 설명되는 것을 거부한다. 즉 세계는 보다 더 아름다웠던 것이 되고, 사물은 보다 더 매혹적인 것이 된다. 나는 나의 과거를 내가 그것을 체험했을 때 이해되었던 것보다 더 잘 이해하리라고 확신할 수 없고, 이에 대하여 과거가 반대할 것이라고 확신할 수도 없다. 내가 지금 제공하는 과거 해석은 정신분석에 대한 나의 신뢰와 결합되어 있다. 내일, 나는 더 많은 경험과 통찰력으로 그것을 아마도 달리 이해할 것이고 따라서 나의 과거를 달리 구성할 것이다. 어쨌든, 나는 나의 현재의 해석을 차례가 되면 다시금 해석할 것이고, 그 속에 있는 잠재적 내용을 발견할 것이며, 최종적으로, 이것의 진리 가치를 평가하기 위해 나는 발견된 것들을 고려해야 할 것이다. 과거와 미래에 대한 나의 파악은 지레짐작의 것이고, 나의 시간에 대한 나의 소유는 내가 나를 완전하게 이해할 때까지는 언제나 달라지며, 또한 그때는 도래할 수 없다. 왜냐하면 그것은 미래의 지평에 의해 경계지어지는 다른 순간일 것이고, 이것은 이해되고자 또다시 전개물들을 필요로 할 것이기 때문이다. 따라서 나의 자발적 · 이성적 삶은 그 완성의 실현을 방해하고, 언제나 윤곽적 모양을 제공하는 다른 힘과 연관된다는 것을 스스로 알고 있다. 자연적 시간은 언제나 거기에 있다. 시간적 순간들의 초월은 나의 역사의 합리성을 기초짓고 동시에 위태롭게 한다. 그것이 기초짓는다는 것은 나의 현재에서 불투명한 것에 대하여 반성할 수 있도록 그것이 절대적으로 새로운 미래를 나에게 열어주기 때문이고, 그것이 위태롭게 한다는 것은 그 미래로부터 내가 필증적 확실성을 가지고 체험하는 현재를 나는 파악할 수 없을 것이며, 따라서 체험된 것은 완전하게 이해 가능한 것이 아니기 때문이다. 내가 이해하는 것은 나의 삶과 정확히 일치하지 않으며, 결국 나는 나 자신과 일체가 아니다. 이런 것이 탄생되는 존재, 다시 말해서 이해되어야 할 어떤 것으로 자기에게 단번에 주어진 존재의 운명이다. 자연적 시간은 나의 역사의 중심에 남아 있기 때문에 마찬가지로 나는 내가 그 시간에 의해 둘러싸인 것을 본다. 나의 어린 시절이 보이지 않는 땅처럼 나의 배후에 있다면, 그것은 기억의 우연적 소실과 완전한 탐사의 결여 때문이 아니다. 탐사되지 않은 그런 땅에서는 인식되어야 할 것이 아무것도 없다. 예를 들면, 자궁 내의 삶에 대해서는 아무것도 지각되지 않았을 터인데, 바로 이것이 상기되어야 할 아무것도 없는 이유이다. 자연적 나와 자연적 시간의 윤곽 이외에는 아무것도 없었다. 이러한 익명적 삶은 항상 역사적 현재를 위협하는 시간적 분산의 한계일 뿐이다. 나의 역사에 선행하면서 그 역사를 종결짓는 이러한 무정형의 실존을 예견하기 위해서, 나는 내 속에서 유일하게 혼자서 기능하면서 나의 개인적 삶이 전혀 숨기지 않고 사용하는 그 시간을 내 속에서 주시해야 한다. 나는 내가 구성하지 않는 시간에 의해 개인적 실존으로 떠받쳐지기 때문에 나의 모든 지각은 자연을 지(地)로 해서 음영지어진다. 나는 지각하는 동안에 나의 지각의 유기적 조건에 대한 인식이 하나도 없어도 꿈꾸는 듯한 분산된 '의식들,' 즉 봄, 들음, 만짐을 나의 개인적 삶에 선행하여 무관하게 남아 있는 그들의 장들과 더불어 통합하는 것을 알고 있다. 자연적 대상은 이러한 일반화된 실존의 흔적이다. 그리고 모든 대상은, 어떤 점에서 보면, 우선 자연적 대상일 것이고 나의 삶에 들어올 수 있어야 한다면 색깔들, 촉각적·청각적 성질들로 이루어질 것이다.

2_개인적 행동들은 어떻게 침전되는가?

자연이 나의 개인적 삶의 중심에까지 침투하고 그와 교착되듯이, 행동들도 자연에 내려와 문화적 체계의 형태로 자연에 저장된다. 나는 물리적 세계만 가지지 않는다. 나는 땅, 공기, 물의 한가운데에서만 살지 않는다. 나는 나의 주위에 도로, 농원, 마을, 거리, 교회, 도구, 종, 숟가락, 파이프를 가진다. 이러한 개개의 대상들은 이 대상들이 돕는 인간적 행동의 자국을 그 바닥에 소지한다. 모래 위의 발자국들만이 문제라면, 그것은 저마다 매우 단편적이고 적은 양의 인간적 분위기를 방출하고, 내가 최근에 비워진 집을 철저하게 둘러본다면, 앞서와 반대로 매우 다양하고 많은 양의 인간적 분위기를 방출한다. 그런데 감각적·지각적 기능들이 자기 앞에 자연적 세계를 저장한다는 사실이 놀랍지 않다면, 그것들이 선개인적인 것이라서, 인간이 자신의 삶을 형태화하게 되는 자발적 행동들이 자신들의 밖에 침전물처럼 쌓이고, 사물들처럼 익명적 존재를 데리고 온다는 사실에는 놀랄지 모른다. 내가 동참하는 문화는 이것이 주어지는 도구들에서 명증적으로 나에게 존재한다. 내가 발견하는 폐허와 부서진 도구들, 내가 일별하는 광경의 경우에는, 알려지지 않은 또는 생소한 문화가 문제라면 많은 존재 방식이나 체험 방식이 정립될 수 있을 것이다. 그때는 문화적 세계는 애매하기는 하나 이미 현존한다. 거기에는 인식해야 할 사회가 있다. 객관적 정신이 그 유적들과 광경들에 거주한다. 그것이 어떻게 가능한가? 문화적 대상에서 나는 익명성의 면사포 아래에 있는 타인들이 가까이 현존하고 있음을 느낀다. **사람들**은 담배를 피우기 위해 파이프를, 먹기 위해 숟가락을, 부르기 위해 벨을 이용한다. 그리고 문화적 세계의 지각이 검증될 수 있는 것은 인간적 행동 및 타인에 대한 지각에 의해서이다. 인간적 행동이나 사고가 어떻게 '사람들'의 방식에서 파악될 수 있는가? 왜냐하면 원칙적으로 그 것은 1인칭 작용이고 나와 분리될 수 없기 때문이다. 여기서 그 부정대명사가 나의 복수성, 아니면 나 일반을 가리키기 위한 모호한 공식일 뿐이라고 대답하는 것은 쉬운 일이다. 사람들은 내가 어떤 문화적 환경과 이것에 일치하는 행동을 경험한다고 말할 것이다. 사라진 문화의 유적 앞에서 나는 유추에 의해 그 문화에 살았던 그 런 종류의 인간을 인지한다. 그러나 우선, 내가 어떻게 나 자신의 문화적 세계의 경험, 나의 문화의 경험을 가질 수 있는가를 알지 않으면 안 된다. 또 한 번 사람들은 내가 나의 주위의 타인들이 나를 둘러싸고 있는 도구들을 이용하는 것을 본다고, 내가 그들의 행동을, 지각된 동작의 의미와 의도를 나에게 가르치는 나의 친숙한 경험과 행동에 유비해서 해석한다고 대답할 것이다. 최종적으로, 타인의 행동들은 언제나 나의 것에 의해서 이해될 것이다. 즉 나에 의한 '사람들' 또는 '우리들'이다.

3_타인은 어떻게 가능한가?

그러나 문제는 바로 이것이다. 즉 나라는 말이 어떻게 복수로 되는가, 사람들은 나의 일반적 관념을 어떻게 형성하는가, 나는 어떻게 나의 것과 다른 나를 말할 수 있는가, 나는 어떻게 타인이 있다는 것을 알 수 있는가, 원칙적으로, 자기 인식으로서 나의 방식에 있는 의식이 어떻게 너의 방식에서, 이로써 '사람들'의 방식에서 파악될 수 있는가? 모든 문화적 대상들 중 첫째가는 대상이자 그 모든 대상들이 존재하게 되는 대상, 이 대상은 행동의 운반자로서의 타인의 신체이다. 유적들이 중요하든 타인의 신체가 중요하든 문제는 공간에 있는 대상이 어떻게 존재를 말하는 흔적이 될 수 있는가, 역으로, 의도, 사고, 기획이 어떻게 개인적 주체에서 떼어질 수 있고, 자기를 벗어나 신체에서, 자신이 구성되는 환경에서 가시적인 것이 될 수 있는가를 아는 것이다. 타인의 구성은 완전하게 사회의 구성을 명료화하지 못하거니와, 사회는 두 명 또는 세 명에 속하는 존재가 아니라 무수한 의식들의 공존이다. 그러나 타인의 지각의 분석은 문화적 세계가 제기하는 원칙적 난점에 부딪히는데, 왜냐하면 그것은 밖에서 보여진 의식의 역설, 외부에 있는 사고, 즉 나의 것에 비추어 보는, 이미 주체 없는 익명적 사고의 역설을 해결해야 하기 때문이다.

이 문제에 대한 답은 우리가 신체에 대하여 말했던 것에서 시작된다. 타인의 존재는 객관적 사고에 대하여 난제이고 수치이다. 세계의 사건들이 라슐리에의 말에 의하면, 일반적 속성들의 교착이고, 원칙적으로 분석의 완성을 허용하는 기능적 관계들의 교차에서 발견된다면, 그리고 사실상 신체가 세계의 구역이라면, 그것이 생물학자들이 나에게 말하는 그런 대상, 생리학자의 저술에서 분석되는 것으로 내가 발견하는 그런 과정의 결합, 해부용 칠판에서 기술되는 것으로 내가 발견하는 그런 기관들의 집합이라면, 그때는 나의 경험은 단순한 의식과 이 의식이 사고하는 객관적 상관 체계의 맞대면 이외의 별다른 것이 아닐 것이다. 타인의 신체는 나 자신의 신체처럼 거주되는 것이 아닐 것이며, 타인의 신체는 이 신체를 사고하거나 구성하는 의식 앞의 대상일 것이다. 경험적 존재로서의 사람들, 나 자신, 우리들은 용수철에 의해 움직이는 기계에 불과할 것이고, 참된 주체는 비길 데도 없을 것이며, 피가 흐르는 살 한 점에 숨어 있는 이러한 의식은 비의적인 성질들 중에서 가장 불합리한 것이 될 것이다. 나의 의식은 나에 대하여 존재할 수 있는 것과 동연적이고 전 경험 체계와 상관적이기에, 나의 의식의 현상들의 배경을, 나에 의해 인식되지 않는 것으로 있는 이 배경을, 즉시 세계에 나타나게 할 다른 의식을 나는 나의 의식에서 만날 수 없다. 두 가지의 존재 방식이 있는데, 오로지 그 두 가지의 존재 방식만 있다. 하나는 즉자 존재인즉, 공간에 펼쳐진 대상들의 존재요, 다른 하나는 대자 존재인즉, 의식의 존재이다. 이제 타인은 내 앞에 즉자적으로 존재하고 그럼에도 불구하고 대자적으로 존재할 것이고, 지각되기 위해서 나에게 모순적 작용을 요구할 것이다. 왜냐하면 나는 타인을 나 자신과 구별해야 하고, 따라서 그를 대상의 세계에 위치시켜야 하며, 동시에 그를 의식으로, 즉 바깥과 부분이 없는 존재로 사고해야 하기 때문이려니와, 이 존재는, 이 존재가 곧 나이고 사고하는 것과 사고되는 것이 그 존재 속에서 혼동되기에 내가 접근할 수 있을 뿐인, 그런 종류의 존재이기 때문이다. 따라서 객관적 사고에는 타인과 의식들의 복수성을 위한 자리가 없다. 내가 세계를 구성한다면 나는 다른 의식을 사고할 수 없다. 왜냐하면 마찬가지로 다른 의식 역시 세계를 구성해야 할 것이고, 적어도, 세계에 대한 이 타인의 관점에 대하여 나는 구성적일 수 없을 것이기 때문이다. 내가 타인의 의식을 세계를 구성하는 자로 사고하는 데 성공하더라도, 그것을 그런 자로 구성할 자는 여전히 나이고 또다시 나는 유일무이한 구성자가 될 것이다. 그러나 마침 우리는 객관적 사고에 이의를 제기하는 것을 배웠고 세계와 신체의 과학적 표상들 이편에 있는 바, 그러한 과학적 표상들이 흡수하는 데 성공하지 못하는 세계와 신체의 경험과 접촉했다. 나의 신체와 세계는 물리학이 확립하는 그런 종류의 기능적 관계들에 의해 상호 조정된 대상들이 더 이상 아니다. 나의 신체와 세계가 의사 소통하는 경험의 체계는 더 이상 구성하는 의식에 의해서 내 앞에서 펼쳐지고 흩어지는 것이 아니다. 세계를, 이 세계의 힘으로서의 나의 신체를 통하여 미완성의 개인으로서 **나는 가진다.** 나는 나의 신체의 위치에 의해서 대상들의 위치를 가지고, 역으로, 대상들의 위치에 의해 나의 신체의 위치를 가지는데, 이것은 사람들이 미지의 크기를 주어진 크기와의 객관적 관계에 의해서 결정하는 것과 같은 논리적 함축의 것이 아니라, 실재적 함축의 것이다. 왜냐하면 나의 신체는 세계를 향한 운동이고 세계는 나의 신체의 받침대이기 때문이다. 객관적 사고의 이상——물리수리적 상관성의 다발로서의 경험의 체계——은 내가 세계를 세계와의 일치 속에 있는 개인으로서 지각함에 기초한다. 과학이 나의 신체를 객관적 세계의 관계들에 통합하고자 노력할 때, 그것은 과학이 나의 현상적 신체가 원초적 세계에 봉합되는 것을 나름대로 번역하고자 애쓰고 있는 것이다. 신체가 객관적 세계에서 물러나 순수 주체와 대상 사이에 제3종의 존재를 형성하게 되는 것과 동시에 주체는 자신의 순수성과 투명성을 잃는다. 대상들은 내 앞에 있고 나의 망막 위에 자신들의 어떤 투사를 그리고 나는 그것을 지각한다. 현상에 대한 나의 생리학적 표상에서, 망막상들과 그 상들에 상응하는 두뇌를 이 상들이 나타나는 전체적, 현실적, 잠재적 장으로부터 분리하는 문제는 더 이상 있을 수 없을 것이다. 생리학적 사건은 지각적 사건의 추상적 소묘일 뿐이다.[1] 사람들은 정신적 상들의 이름으로 연속적 망막상들에 상응할 불연속적인 조망적 봄들을 실현할 수 없을 것이고, 결국 대상을 변형된 조망들의 이편에 복원시키는 '정신의 검사'를 도입할 수도 없을 것이다. 우리는 조망들과 관점을

---

1 메를로-퐁티, 『행동의 구조』, p. 125.

세계-개인에 우리가 끼어듦으로써 인식하지 않으며 안 되고, 지각을 참된 대상의 구성으로서가 아니라, 우리가 사물에 내속함으로써 인식하지 않으면 안 된다. 의식은 그 자신 속에서 감각적 장들과 모든 장들의 장으로서의 세계와 더불어 발원적 과거의 불투명성을 발견한다.

4_지각적 의식의 발견에 의해 가능해지는 공존

　나의 의식이 나의 신체와 세계에 내속함을 내가 체험한다면, 타인의 지각과 의식의 복수성들은 더 이상 난점을 제공하지 않는다. 지각을 반성하는 나에 대하여, 지각하는 주체는, 없으면 다른 사물들이 있지 않게 될 이 신체적인 것을 데리고 다니면서 세계에 관한 원초적 몽타주를 소유하는 것으로 나타난다면, 내가 지각하는 다른 신체들은 왜 의식들에 의해 거주되지 않을 것인가? 나의 의식이 신체를 가진다면, 왜 다른 신체들은 의식들을 가지지 않을 것인가? 자명하게도, 이것은 신체의 개념과 의식의 개념이 심대하게 변형되는 것을 가정한다. 신체, 그리고 타인의 신체에 관한 한, 우리는 이것이 생리학의 저서들이 기술하는 바와 같은 객관적 신체로부터 구별된다는 것을 배워야 한다. 의식에 의해 거주될 수 있는 것은 그런 객관적 신체가 아니다. 우리는 가시적 신체에 의존해서 거기서 소묘되고 나타나기는 해도 실재적으로 포함되지 않는 행동들을 다시 파악해야 한다.[2] 사람들은 의미와 지향성이 분자적 구조물이나 세포의 무리들에 어떻게 거주할 수 있을 것인가를 이해하지 못할 것이고, 데카르트주의가 옳은 것도 바로 그 점에서이다. 그러나, 그런 이유로 그렇게 불합리한 기도가 문제인 것은 아니다. 신체는, 객관적 사고가 집중은 해도 완전한 분석을 요구해서는 안

---

2 이것은 우리가 다른 곳에서 수행하려고 노력했던 과제이다(메를로-퐁티, 『행동의 구조』, 1. 2장).

되는바, 우리에 대한 신체, 인간적 경험의 신체, 지각된 신체의 원초적 현상으로부터 왜소화되어 화학적 구조물 또는 조직물의 집합으로 변형되었다는 사실을 깨닫는 것이 오로지 문제인 것이다. 의식에 관한 한, 우리는 의식을 더 이상 구성하는 의식 혹은 순수 대자 존재로서가 아니라 지각적 의식으로, 행동의 주체로서, 세계-에로-존재 또는 실존으로서 인식해야 한다. 왜냐하면 이렇게 해서만 타인은 자신의 현상적 신체의 정점에 나타날 수 있을 것이고, 일종의 '국소성'을 받을 수 있을 것이기 때문이다. 이러한 조건들에서는 객관적 사고의 이율배반들은 사라질 것이다. 현상학적 반성을 통하여 나는, 시각을 데카르트의 말에 따라 '보는 사고'로서가 아니라 가시적 세계를 파악하는 시선으로 발견하는데, 이것이 나에 대하여 타인의 시선이 있을 수 있는 이유이고, 나의 실존이 나의 신체인 인식하는 장치에 의해 운반되듯이 사람들이 얼굴이라 부르는 표현적 도구가 실존을 운반할 수 있는 이유이다. 내가 나의 지각에 관심을 가져 직접적 지각에서 그 지각에 대한 사고로 이행할 때, 나는 지각을 다시 실현하고, 나보다 오래된 사고가 이 사고의 흔적일 뿐인 나의 지각 기관들에서 작용하고 있음을 발견한다. 내가 타인을 이해하는 것도 동일한 방식으로이다. 여기서 다시 한 번 나는, 나를 현실성에 있어서 피해 가는 의식의 흔적을 가질 뿐이다. 나의 시선이 다른 시선을 믿는다면 나는 일종의 반성에서 낯선 존재를 다시 실현한다. 여기에는 유비 추리와 공통적인 것이 전혀 없다. 셸러가 잘 말한 대로, 유비 추리는 자신이 설명해야 하는 것을 전제한다. 다른 의식은 타인의 정서적 표현들과 나의 것들이 비교되고 확인되는 한에서만, 그리고 명확한 상관성들이 나의 몸짓과 '심적 사실들' 사이에서 인식되는 한에서만 연역될 수 있다. 그런데 타인의 지각은 그러한 확증들에 선행하고 그러한 확증들을 가능하게 한다. 이러한 확증들은 지각을 구성하는 것들이 아니다. 생후 15개월 된 영아는 내가 놀이 삼아 손가락을 하나 입에 넣어 무는 시늉을 하면 입을 열어 보인다. 그러나 영아는 결코 거울 속의 자기 얼굴을 본 적이 없고, 영아의 치아는 나의 것과 유사하지 않다. 영아가 내부에서 느끼는 대로 그 자신의 입과 치아는 즉시 그에게는 무는 장치이고, 영아가 외부에서 보는 대로 나의 턱은 즉시 그에게는 동일한 의도들을 능히 실행할 수 있는 것으로 여겨진다는 것은 사실이다. '무는 것'은 즉시 그에게는 상호 주관적 의미를 가진다. 그는 자신의 의도들을 자신의 신체에서 지각하고, 자신의 신체로 나의 신체를 지각하며, 이로써 나의 의도를 그의 신체에서 지각한다. 나의 몸짓들과 타인의 몸짓들, 나의 의도들과 나의 몸짓 사이에 관찰된 상관성들은 직접적 지각이 실패할 때 타인의 방법적 인식에 그 실마리를 훌륭하게 제공할 수 있으나, 그것들은 나에게 타인의 존재를 가르치지 않는다. 나의 의식과 내가 체험하는 대로의 나의 신체, 나의 이 현상적 신체와 내가 밖으로부터 보는 대로의 타인의 신체 사이에는 타인을 체계의 완성으로서 나타나게 하는 어떤 내적 관계가 있다. 타인의 명증성이 가능한 것은 내가 나 자신에 대하여 투명하지 않고, 나의 주체성이 그 배후에 자신의 신체를 데리고 오기 때문이다. 우리는 조금 전에 이렇게 말했다. 즉 타인이 세계에 거주하는 한, 타인이 세계에서 가시적인 한, 타인이 나의 장의 일부가 되는 한, 타인은 내가 나 자신에 대하여 자아라는 의미에서 자아가 아니라고. 타인을 진정한 나로 사고하기 위해서 나는 나를 타인에 대한 단순한 대상으로 사고해야 하고, 이것은 내가 나 자신에 대하여 가지는 인식에 의해 나에게 금지되는 것이다. 그러나 타인의 신체가 나에 대한 대상도 아니고 나의 신체가 타인에 대한 대상도 아니라면, 이것들이 행동들이라면, 타인의 정립은 나를 타인의 장 속의 대상의 지위로 변형시키지 않고, 타인에 대한 나의 지각은 타인을 나의 장 속의 대상의 지위로 변형시키지 않는다. 타인은, 내가 전적으로 개인적 존재의 나 자신이라면, 내가 나를 필증적 명증성에서 파악한다면, 개인적 존재가 전혀 아니다. 그러나 내가 반성에 의해 나 자신 속에서 지각하는 주체와 더불어 그 주체 자신에 주어진 선개인적 주체를 발견한다면, 나의 지각들이 발의권들과 판단들의 중심으로서의 나에 관해서 원심적인 채로 있고, 지각된 세계가 중립의 상태에 있으며, 대상으로 검증된 것도 꿈으로 인식된 것도 아니라면, 그때는 세계에 나타나는 모든 것은 곧장 내 앞에 펼쳐지지 않고, 타인의 행동은 세계에 나타날 수 있다. 이 세계는 아마도 나의 지각과 타인의 지각 사이에서 분할 불가능한 것으로 남아 있게 될 것이고, 지각하는 나는 지각된 나를 불가능하게 만드는 각별한 특전을 가지지 않으며, 이 둘은 자신의 내재성에 갇혀 있는 **사고 작용**이 아니라, 자신의 세계에 의해 넘쳐나고 따라서 서로가 서로를 넘칠 수 있는 존재들일 것이다. 타인의 의식을 나의 의식에 맞서 있는 것으로 단정하는 것은 즉시 나의 경험을 사적 광경으로 만든다. 왜냐하면 그것은 존재와 더 이상 동연적이 아닐 것이기 때문이다. 타인의 **코기토**는 나 자신의 **코기토**에서 모든 가치를 빼앗고, 나로 하여금 나에 대하여 인식 가능한 그 유일한 존재, 즉 나에 의해 겨냥되고 구성되는 그런 존재에 접근할 수 있다는, 내가 홀로 가진 확신을 잃어버리게 한다. 그러나 우리는 개인적 지각에서 우리의 조망적 봄들을 상호 분리해서 실현하지 않는다는 것을 배웠다. 우리는 그것들이 서로에게 스며들고 마침내 사물에서 거두어진다는 것을 안다. 마찬가지로, 우리는 하나의 동일한 세계에서 의식들이 서로 의사 소통한다는 것을 발견하는 것을 배워야 한다. 사실상, 타인은 세계에 대한 나의 조망에 갇혀 있지 않다. 왜냐하면 그 조망 자체는 일정한 한계를 가지지 않고, 자발적으로 타인의 조망에 스며들며, 이것들이 우리 모두가 지각의 익명적 주체들로서 참여하는 유일한 세계에서 하나로 모아지기 때문이다.

5_자연적 세계의 정신물리적 주체들과 문화적 세계의 인간들이 공존함

내가 감각적 기능들, 시각적·청각적·촉각적 장을 가지는 한, 나는 역시 정신물리적 주체들로 파악된 타인들과 의사 소통한다. 나의 시선이, 작용하고 있는 살아 있는 신체에 떨어지자마자 그 주위의 대상들은 새로운 의미 층을 받아들인다. 그것들은 더 이상 나 자신이 그것들로서 만들 수 있었던 그런 것만이 아니고, 저 행동이 그것들로서 만들려고 하는 그런 것이다. 지각된 신체의 주위에는 나의 세계가 유인되고 빨려드는 와동(渦動)이 패인다. 그 정도로 그것은 더 이상 나의 것이기만 한 것도 아니고 더 이상 나에게 현전하는 것이기만 한 것도 아니며, 그것은 X에 현전하고 그 속에서 윤곽이 잡히기 시작하는 다른 행동에 현존한다. 이미 다른 신체는 세계의 단순한 단편이 아니라 어떤 정교화의 장소이고, 말하자면 세계의 어떤 '봄'이다. 거기에는 그때까지 나의 것인 사물들에 대한 어떤 취급이 일어난다. 누군가가 나의 익숙한 대상들을 이용한다. 그러나 누구인가? 나는 그것이 타인이고 제2의 나 자신이라고 말하며, 나는 무엇보다도 그를 안다. 왜냐하면 살아 있는 그 신체는 나의 것과 동일한 구조를 가지기 때문이다. 나는 나의 신체를 어떤 행동과 세계의 힘으로 체험하고, 나는 세계에 대한 어떤 파악으로서만 나 자신에게 주어진다. 이제 타인의 신체를 지각하는 것은 바로 나의 신체이고, 나의 신체는 타인의 신체를 나 자신의 의도들의 기적적인 연장으로서, 세계를 취급하는 익숙한 방식으로서 발견한다. 이제부터, 나의 신체의 부분들이 다 같이 체계를 형성하듯, 타인의 신체와 나의 신체는 하나의 전체이고 하나의 현상의 안팎이며, 나의 신체가 언제나 흔적이 되는 익명적 존재가 이제부터 그 두 신체에 동시에 거주한다.[3] 바로 이것이 다른 살아 있는 것을

---

3 이것이 사람들이 신체 도식의 장애를 겪고 있는 주체에게, 자신들이 만지고 있는 신체

만들지만 아직 타인을 만들지는 않는다. 그러나 이 낯선 삶은 이것이 의사 소통하고 있는 나의 삶처럼 열린 삶이다. 그것은 몇 가지의 생물학적 또는 감각적 기능들로 고갈되지 않는다. 그것은 자연적 대상들을, 이들 대상들의 직접적 의미로 전환함으로써 이들 대상들을 합병하고, 자신을 위해 연장들과 도구들을 만들며, 자신을 문화적 대상들로서 환경에 투사한다. 아동은 그것들이 다른 행성에서 온 운석처럼 자기 주위에서 탄생하는 중임을 발견한다. 그는 그것들을 소유하며 다른 사람들이 이용하는 것처럼 그것들을 이용하는 것을 배운다. 왜냐하면 신체 도식은 자신이 행하는 것을 보는 것과 행하는 것과의 직접적 일치를 보증하기 때문이고, 이로써 도구들은 규정된 **조작 대상**으로서 밝혀지며 타인은 인간적 행동의 중심으로 밝혀지기 때문이다. 타인의 지각에서 본질적 역할을 수행할 특별한 문화적 대상이 있다. 그것은 언어이다. 대화의 경험에서 언어는 타인과 나 사이에 공통 지반을 구성하고, 나의 사고와 그의 사고는 하나의 직물만을 만들며, 나의 말과 대화자의 말은 논의 상태에 의해 불려나오고, 이것들은 우리 중 어느 누구도 그것의 창조자가 아닌 공통 작용으로 끌려간다. 바로 여기에 그 둘에 속하는 존재가 있고, 타인은 더 이상 여기서 나에 대하여 나의 선험적 장 속의 단순한 행동도 아니며, 나 또한 그의 선험적 장 속의 내가 아니다. 우리는 완전한 상호성의 협력자이고, 우리의 조망들은 서로에게 스며들며, 우리는 동일한 세계를 통하여 공존한다. 현재의 대화에서 나는 나 자신으로부터 자유롭고, 타인의 사고들은 확실히 그의 것인 사고들이며, 내가 그것들을 탄생되는 즉시 파악하거나 예상하거나 해도 그것들을 형성하는 것은 내가 아니다. 게다가, 대화자가 나에게 제기하는 이의는 내가 소유하는 것으로 알고 있지 않은 사고들을 나로부터 뽑아낸다. 그리하여 내가 그에게 생각들을 제시하면 그는 보답으로 나로 하여금 다시 사고하게 한다. 내

지점을 의사의 신체에다 지적해보라고 요구함으로써, 그 주체의 신체 도식의 장애를 밝혀낼 수 있는 이유이다.

가 대화에서 퇴장하여 그것을 회상할 때, 내가 그것을 나의 개인적 역사의 일화로 만듦으로써 나의 삶에 통합할 수 있는 것, 타인이 부재하게 되는 것, 또는 그가 나에게 현전하는 것으로 남아 있어 나에 대한 위협으로 느껴지는 것은 오로지 나중의 일이다. 타인의 지각과 상호 주관적 세계는 오직 어른들에게만 문제로 된다. 아동은 자신을 둘러싸고 있는 자신이 아는 모든 사람에게 즉각 접근될 수 있다고 믿는 세계에 살고 있으며, 사적 주체성들에 대해서와 같이 자기 자신을 하등 의식하지 않고, 더욱이, 타인들을 포함한 우리 모두가 존재한다는 것을 의심하지 않으며, 그 자신이 세계에 대한 어떤 관점에 제한되어 있다는 의심도 하지 않는다. 이것이 아동이 자기 앞에 나타난 대상들을 서로 결합시키려고 애쓰지 않으면서도, 자신이 믿는 생각들은 물론 우리의 말들도 비판에 복속시키지 않으려 하는 이유이다. 그에게는 관점의 과학이 없다. 그에게 있어 사람들은 모든 것이 일어나는, 심지어 자기 방에 있다고 믿는 꿈들도 일어나고, 말과 구별되지 않기에 생각도 일어나는, 단 하나의 자명한 세계를 주시한 속 빈 머리들이다. 그에게 있어 타인들은 사물들을 검사하는 시선들이고, 물질적인 것에 가까운 존재를 가지며, 그런 만큼 아동은 시선들이 교차할 때 어떻게 부서지지 않는가 하고 의아하게 생각한다.[4] 피아제Piaget는 아동은 12세쯤 되면 코기토를 실현하고 합리주의의 진리들에 도달한다고 말한다. 아동은 감각적 의식으로서이자 지적 의식으로서, 세계에 대한 관점으로서이자 그러한 관점을 넘어서도록 도전 받는 것으로서 자신을 한꺼번에 발견하고, 판단의 수준에서 객관성을 구성한다. 피아제는 어른들의 생각들이 자기 충족적이고 모든 모순을 없애는 것인 양 그렇게 아동도 단계적으로 철들 나이에 이르도록 안내한다. 그러나 사실상, 어른에게 있어 단 하나의 상호 주관적 세계가 있어야한다면, 아동들은 어른들이나 피아제에 대하여 어떤 점에서는 정

제2부 — 제4장 타인과 인간적 세계

4 Piaget, *La Représentation du monde chez l'enfant*, p. 21.

당성을 가져야 하고, 어린 시절의 미숙한 생각들은 불가피한 획득 물로서 성인 시절 아래에 남아 있어야 한다. 데카르트가 악마의 가설에서 너무 잘 표현한 대로, 내가 판단하면서 존재 자체와 접촉한다는 원초적 확실성을 가지지 않았다면, 내가 모든 자발적 **입장 결정**에 앞서 상호 주관적 세계에 이미 **위치지어진 것**으로 되어 있지 않았다면, 과학이 이러한 발원적 **속견**에 의지하지 않았다면, 객관적 진리를 구성하는 나의 의식은 나에 대한 객관적 진리밖에 제공하지 않았을 것이고, 보다 더 초연하고자 하는 나의 위대한 노력은 나로 하여금 주체성을 넘어서도록 하지 않았을 것이다. 헤겔이 말한 대로, 저마다 다른 의식의 죽음을 추구하는 의식들의 투쟁은 **코기토**에서 시작된다. 그 투쟁이 시작될 수 있기 위해서, 개개의 의식이 자신이 부정하는 낯선 현전들을 의심할 수 있기 위해서, 개개의 의식은 공통 지반을 가져야 하고, 자신들의 어린 시절의 세계에서 평화스럽게 공존하고 있음을 기억하지 않으면 안 된다.

6 _ 그러나 자유와 나의 공존이 있는가?

그러나 우리가 이렇게 해서 얻는 것이 과연 타인인가? 요컨대, 우리는 복수적으로 소유되는 경험에서 나와 너를 평준화한다. 우리는 비개인적인 것을 주체성의 중심에 도입하고 조망들의 개별성을 제거한다. 그러나 우리는 이러한 일반적 혼동에서 **자아**만큼이나 다른 **자아**를 사라지게 했는가? 앞서 우리는 이것들이 상호 배제적이라고 말했다. 그러나 이것들이 그런 것은, 이것들이 동일한 주장을 요구하고 다른 자아가 자아의 모든 변양들을 따르기 때문인 한에서이다. 지각하는 나가 참으로 나라면, 그 나는 나 속에서 타인을 지각할 수 없다. 지각하는 주체가 익명적이라면 그 주체가 지각하는 타인 자신은 마찬가지로 익명적이다. 우리가 이러한 집합적 의식에서 의식들의 복수성을 나타나게 하고 싶다면, 우리는 우리가 피했다고 생각하는 난점들을 다시 발견하게 될 것이다. 나는 타인을 행동으로서 지각한다. 예를 들면, 나는 타인의 슬픔이나 분노를, 고통이나 분노의 '내적' 경험을 이용하지 않고도 그의 행동에서, 그의 얼굴에서, 그의 손에서 지각한다. 슬픔과 분노는 신체와 의식으로 나누어질 수 없는 세계-에로-존재의 변양들이기 때문이고, 나에게 주어지는 대로의 나 자신의 행동에 놓여 있는 것과 마찬가지로, 타인의 행동, 즉 타인의 현상적 신체에서 가시적인 행동에도 역시 놓여 있기 때문이다. 그러나 결국, 타인의 행동, 타인의 말조차도 타인이 아니다. 타인의 슬픔과 분노는 타인과 나에게 완전히 동일한 의미를 가지는 것이 아니다. 그것은 그에게는 체험된 상황들이요, 나에게는 현재화된 상황들이다. 또는 내가 우애어린 동작으로 슬픔과 분노에 동참할 수 있어도 그것들은 여전히 나의 친구 폴의 슬픔과 분노로 남는다. 즉 폴은 아내를 잃었기 때문에 고통을 겪고, 시계를 도둑맞았기 때문에 분노한다. 나는 폴이 슬퍼하기 때문에 고통을 겪고 폴이 분노하기 때문에 분노한다. 이 상황들은 겹쳐질 수 없다. 결국 우리가 공통으로 어떤 계획을 세운다면 이 공통의 계획은 단 하나의 계획이 아니다. 그것은 나와 폴에게 동일한 모습으로 나타나지 않으며, 하나는 다른 하나가 집착하는 만큼 집착하지 않고, 어떤 경우에도 동일한 방식으로 집착하지 않는다. 이는 오로지 폴은 폴이고 나는 나이다라는 그 사실 때문이다. 우리의 의식들은 우리 자신의 상황들을 통해서 그 의식들이 상호 소통하게 되는 공통적 상황을 아무리 구성한다 해도 소용이 없다. 그것은 개개인이 이 '유일무이한' 세계를 투사하는 것은 자신의 주체성을 토대로 하기 때문이다. 타인의 지각의 난점들은 그 모두가 객관적 사고에 기인하는 것은 아니며, 행동의 발견과 함께 모두 사라지는 것이 아니고, 오히려 객관적 사고와 그 결과인 코기토의 유일성은 허구들이 아니다. 그것들은 잘 기초지어진 현상들이거니와 우리가 그 기초를 탐구해야만 할 현상들이다. 나와 타인의 갈등은 우리가 타인을 **사고하고자** 노력할 때만 시작하지 않는다. 그것은 사람들이 사고를 비정립적 의식과 비반성적 삶에 재통합해도 사라지지 않는다. 그것은 내가 타인을, 예를 들면 희생의 맹목성에서 체험하고자 노력할 때, 이미 거기에 있다. 나는 타인과 협정을 맺고 나 자신에게만큼 타인에게 내가 자리를 마련하는 상호 세계에 살기로 결심한다. 그러나 이러한 상호 세계는 여전히 나의 것인 투사요, 내가 타인의 복지를 **나의 것으로서** 원한다고 믿는 것에는 위선이 있을 것이다. 왜냐하면 타인의 복지에 대한 그러한 애착은 여전히 나에게서 나오기 때문이다. 상호성이 없다면 타아는 없다. 왜냐하면 그때는 하나의 세계가 다른 하나의 세계를 포함하기 때문이고, 하나는 다른 하나를 위하여 소외되어 있는 것으로 느끼기 때문이다. 이것이 사랑함에 있어 서로 동등하지 않는 한 쌍의 남녀에게서 일어나는 것이다. 한쪽은 그 사랑에 몰두하여 목숨이 위태로운 지경인데, 다른 한쪽은 자유롭게 남아 있으며 그 사랑은 그에게 우연한 삶의 방식일 뿐이다. 전자는 자신의 존재와 실체가 그가 대면하는 자유 속으로 달아나버리는 것을 느낀다. 그리고 다른 한쪽은 맹세한 대로 또는 관용에 의해 나름대로 자신을 전자의 세계의 단순한 현상으로 변형시키고 타인의 눈으로 보려고 해도, 그가 그렇게 하는 데 성공하는 것은 자신의 삶의 확장에 의해서일 뿐이고 따라서 그가 정립을 확실히 하고자 하는 바, 타인과 자신의 동등성을 가설상 그는 거부하는 셈이다. 공존은 어쨌든, 각자의 편에서 체험되어야 한다. 우리 중 어느 누구도 구성적 의식들이 아니라면, 우리가 의사 소통하려고 하거나 공통 세계를 발견하려고 할 때 사람들은 누가 의사 소통하고 누구에 대하여 이 세계가 존재하는가를 묻는다. 어떤 사람이 다른 사람과 의사 소통하고 상호 세계가 인식 불가능한 즉자가 아니라면, 그리고 상호 세계가 우리 둘에 대하여 존재해야 한다면, 그때는 의사 소통은 또다시 끊어지고 우리는 두 경기자가 서로 100킬로미터 정도 떨어져 있는 두 체스 판에서 움직이듯, 각자 자신의 사적 세계에서 움직인다. 그 두 경기자는 여전히 전화나 편지로 자신들의 말[馬]의 움직임을 서로 의사 소통할 수 있는데, 이것은 그들이 동일한 세계의 일원이라고 말하는 것과 같다. 반대로, 나는 엄밀하게 말해서, 타인과의 어떠한 공통 지반도 가지지 않고, 그의 세계를 가진 타인의 정립과 나의 세계를 가진 나의 정립은 양자택일을 구성한다. 타인이 정립되어 나에 대한 타인의 시선이 나를 그의 장으로 삽입함으로써, 나에게서 나의 존재의 일부를 빼앗았다고 하면, 사람들은 내가 타인과 이런저런 관계들을 맺음으로써만, 그가 나를 자유롭게 인식함으로써만 나의 존재의 일부를 회복할 수 있다는 것을 이해하고, 나의 자유가 타인들에 대하여 동일한 자유를 요구한다는 것을 이해한다. 그러나 우선, 어떻게 내가 타인을 정립할 수 있었는가를 알지 않으면 안 된다. 내가 탄생하는 한, 신체와 자연적 세계를 가지는 한, 나는 우리가 앞서 설명한 대로 그러한 세계에서 나의 행동이 얽혀 있는 다른 행동들을 발견할 수 있다.

7_유아론의 영원한 진리

그러나 역시 내가 탄생하는 한, 나의 실존이 이미 활동하는 것으로 드러나고 자기 자신에게 주어지는 것임을 아는 한, 그것은 자신이 참여하고자 하는 행동들이자 영원히 그 자신의 양상들일 뿐이고, 그의 극복될 수 없는 일반성의 특수한 경우들일 뿐인 행동들의 이편에서 언제나 머문다. **코기토**가 확증하는 것은 주어진 실존의 이러한 토대일 뿐이다. 모든 단정, 모든 참여 그리고 모든 부정과 의심조차도 미리 열린 장에서 일어나고, 자기 자신과의 접촉을 잃게 되는 특수한 행동들에 앞서 서로 접속하고 있는 자아를 증거한다. 이 자아, 모든 실제적 의사 소통의 증인이요, 없으면 의사 소통이 알려지지 않게 되는 이 자아는 따라서 의사 소통이 아닐 것이고 타인의 문제의 모든 해결을 금지하는 것 같다. 바로 여기에 넘어설 수 없는 체험된 유아론이 있다. 즉 나는 틀림없이 나를 자연적 세계의 구성자로도 문화적 세계의 구성자로도 느끼지 않는다. 나는 현실적으로 나의 것이 아닌 감각적 기능들, 문화적 몽타주들을 개개의 지각에, 개개의 판단에 개입시킨다. 나 자신의 행동들에 의해 사방에서 추월되고 일반성에 파묻히면서도 나는 그것들이 체험되게 되는 자이고, 나의 최초의 지각들과 함께 자신이 만날 수 있는 모든 것을 제 것으로 하는 게걸스러운 존재를 개통시켰던 자이려니와, 이 존재는 자기에게 어떤 것도 순수하고 단순하게 주어질 수 없는 그런 존재인데, 왜냐하면 그 존재는 제 몫으로 세계를 받았기 때문이고, 그때부터 자신 속에 모든 가능적 존재의 투사를 운반하는 그런 존재인데, 왜냐하면 그 투사는 이번에는 자신의 경험의 장속에 날인되었기 때문이다. 신체의 일반성은 우리로 하여금 어떻게 피할 수 없는 나가 타인을 위하여 소외될 수 있는가를 이해하도록 만들어주지 않을 것이다. 왜냐하면 그것은 나의 소외 불가한 주체성의 또 다른 일반성에 의해 정확하게 보상되기 때문이다. 내가 어떻게 자아의 그러한 자기 현전을 나의 지각 장에서와 **다른 어떤 곳에서** 발견할 것인가? 우리는 타인의 존재가 나에 대하여 단순한 사실이라는 것을 말하고자 하는가? 그러나 어쨌든, 그것은 **나에 대하여** 하나의 사실이고, 나 자신의 가능성들 가운데 있지 않으면 안 되며, 사실로서의 가치를 가질 수 있기 위하여 나에 의해서 어떤 방식으로든 이해되거나 체험되거나 하지 않으면 안 된다.

8_유아론의 영원한 진리는 신도 극복할 수 없다

유아론을 외부에서 제한할 수 없기 때문에 우리는 내부로부터 그것을 초월하고자 노력하는가? 나는 오직 자아만을 인식할 수 있다는 것은 틀림없다. 그러나 보편적 주체로서 나는 유한한 나이기를 그친다. 나는, 경험적 존재로서의 타인과 나 자신이 나를 위한 어떤 특전도 없이 동등하게 존재하게 되는 초연한 정관자가 된다.

내가 반성에 의해 발견하고 모든 것이 대상으로 되는 의식에 대하여 우리는 그것이 나라고 말할 수 없다. 나의 나는 모든 사물처럼 의식 앞에서 펼쳐진다. 의식이 나를 구성한다. 의식은 나 안에 갇혀 있지 않고 따라서 난점 없이 다른 나를 구성할 수 있다. 신에게서 나는 나 자신에 대해서처럼 타인을 의식할 수 있고 타인을 나 자신으로 사랑할 수 있다. 그러나 우리가 부딪히는 이 주체성은 신이라 불리도록 허용되지 않는다. 반성이 나에게서 나를 무한한 주체로서 발견한다면, 나보다도 더한 나인 이 나에 대하여 내가 모른다는 것을 잘 인식하지 않으면 안 된다. 사람들은 내가 그런 나를 알았다고 말할 것이다. 왜냐하면 나는 타인과 나 자신을 지각했기 때문이고, 그 지각이 바로 나에 의해서만 가능한 것이기 때문이다. 그러나 내가 그런 나를 이미 알았다면 모든 철학 저술들은 무용하다. 이제 진리가 밝혀질 필요가 있다. 따라서 신이 오래전부터 현상들의 이면에서 자신을 사고한 반면, 신을 자신 속에서 안 것은 이 유한하고 무지한 나이다. 변변치 않은 빛이 어떤 사물을 비추기라도 하는 것은 그림자에 의해서이고, 바로 그 때문에 그림자를 빛 속으로 흡멸하는 것은 결정적으로 불가능하다. 나는 가설상 내가 정립을 확신하고자 하는 바를 부정하지 않고서 **나를** 신으로서 **인식하는 것**은 불가능하다. 나는 신 속에서 타인을 나 자신으로 사랑할 수 있을 것이다. 그러나 여전히 신에 대한 나의 사랑은 나로부터 나오는 것이어서는 안 되고, 스피노자가 말한 대로, 사실상, 신이 나를 통하여 자기를 사랑한다는 그런 사랑이어야 할 것이다. 그리하여 마침내 타인의 사랑, 타인은 어느 곳에도 없을 것이고, 그러나 우리의 삶을 넘어 우리와 하등 관계가 없고 우리가 접근할 수 없는 자기 결합적인 자기 사랑만이 오로지 있을 것이다. 신으로 이끄는 반성 운동과 사랑 운동은 자신이 이끌어오고자 원한 바로 그 신을 불가능하게 한다.

9_그러나 고독과 의사 소통은 동일한 현상의 두 계기이다

　따라서 우리가 귀착하는 곳은 유아론이고 이제 그 문제는 자신의 모든 난점을 가지고 나타난다. 나는 신이 아닌데도 다만 신의 권리를 주장할 뿐이다. 나는 모든 상황과 모든 타인이 나의 눈에 존재하기 위해 나에 의해 체험되어야만 하는 한에서, 개개의 모든 참여를 피하고 타인을 지나친다. 그럼에도 불구하고 타인은 나에 대하여 적어도 언뜻 보이는 의미를 가진다. 다신론의 신들처럼 나는 다른 신들에 끼어야 하고, 아니면, 또 한 번 아리스토텔레스의 신처럼 나는 내가 창조하지 않은 세계를 성극한다. 의식들은 여러 사람이 소유하는 유아론의 웃음거리를 자신에게 제공하는데, 이것이 유아론이 이해해야 하는 상황인 것이다. 우리가 그러한 상황을 겪었기 때문에 그것을 명시화하는 방법이 있어야 할 것이다. 고독과 의사 소통은 양자택일의 두 항이 아니라, 단 하나의 현상의 두 계기들이어야 한다. 왜냐하면 사실상, 타인은 나에 대하여 존재하기 때문이다. 우리가 반성에 대하여 다른 곳에서 말했던 바를 타인의 경험에 대해서 말하지 않으면 안 된다. 즉 반성의 대상은 우리가 반성에 의해서만 대상의 개념을 가지기 때문에 반성을 결코 피할 수가 없다. 반성은 어떤 방식으로든 비반성적인 것을 제공해야 한다. 왜냐하면 그렇지 않으면 우리는 그것에 대해 아무것도 대립시킬 수 없고 우리에 대하여 문제가 되지 않을 것이기 때문이다. 마찬가지로, 나의 경험은 나에게 어떤 방식으로든 타인을 제공하지 않으면 안 된다. 왜냐하면 그것이 타인을 허용하지 않는다면 나는 고독에 대해서조차도 말하지 못할 것이고 접근 불가한 타인을 선언할 수조차 없을 것이기 때문이다. 주어진 것으로서 처음부터 참된 것은, 비반성적인 것에 열려 있는 반성이며, 반성적인 것을 비반성적인 것에 의해 다시 파악함이다. 마찬가지로, 타인을 향한 나의 경험의 긴장이 그런 것이거니와, 타인은 내가 그에 대해 가지는 인식이 불완전할 때라도 나의 삶의 지평에서 그 존재가 확정되어 있다. 이 두 문제 사이에는 모호한 유비 이상의 것이 있고, 어떻게 내가 나 자신을 벗어나는 일점(一點)을 만들 수 있는가, 그리고 비반성적인 것을 그 자체로서 체험할 수 있는가를 아는 것이 중요한 것은 바로 여기서이다.

10_절대적 주체, 참여된 주체, 그리고 탄생

따라서 지각하는 나, 이로써 나를 보편적 주체로 단정하는 나는 어떻게 나에게서 즉각 그 보편성을 빼앗는 타인을 지각할 수 있는가? 나의 주체성과 타인을 향한 나의 초월을 동시에 기초하는 중심적 현상은 내가 나 자신에게 주어진다는 바로 이것에서 성립한다. **내가 주어진다** 함은 내가 나를 이미 물리적·사회적 세계에 위치지어지고, 참여된 것으로 발견한다는 것을 의미한다. **내가 나 자신에게 주어진다** 함은 나의 주위에 있는 상황이 나에게 감추어지지 않는다는 것, 그것이 나의 주위에 생소한 필연성으로서 있는 것이 아니라는 것, 나는 상자 속의 대상처럼 그 상황 속에 실제로 갇혀 있지 않다는 것을 의미한다. 나의 자유, 즉 내가 나의 모든 경험의 주체이기 위해 가지는 근본 능력은 세계로의 나의 삽입과 구별되지 않는다. 자유롭다는 것, 나를 내가 보는 어느 것으로도 환원할 수 없다는 것, 모든 사실적 상황에 관하여 철회 능력을 간직한다는 것은 나에게 하나의 운명이다. 그리고 이 운명은 나의 선험적 장이 열렸던 순간에, 내가 봄과 앎으로 탄생되던 순간에, 내가 세계에 던져진 순간에 날인되었다. 사회적 세계와 맞부딪쳐, 나는 언제나 나의 감각적 자연을 사용할 수 있고 눈을 감을 수 있으며, 자기의 귀를 막을 수 있고 사회의 이방인으로 살 수 있으며, 타인, 의식들, 기념물들을 색과 빛의 단순한 배치들로서 취급할 수 있고 그것들의 인간적 의미를 빼앗을 수 있다. 자연적 세계와 맞부딪쳐,

나는 언제나 사고하는 자연에 의지할 수 있고 따로 접수된 개개의 지각을 의심할 수 있다. 유아론의 진리는 바로 거기에 있다. 모든 경험은 언제나 나에게 나의 존재의 일반성을 소진시키지 못하는 특수성으로서 나타날 것이고, 나는 언제나 말브랑슈가 말한 대로 더 멀리 가기 위한 운동을 가진다. 그러나 내가 존재를 피해 지나갈 수 있는 것도 존재 안에서일 뿐이고, 이를테면 나는 사회를 피해도 자연 안으로 들어가며, 실재적 세계를 피해도 실재적인 것의 잔해로 만들어지는 상상의 세계로 들어간다. 물리적 · 사회적 세계는 언제나 나의 반응들의 자극으로서 적극적이든 소극적이든 기능한다. 나는 교정해주는 더 참된 지각의 이름으로서만 이런저런 지각을 의심할 뿐이다. 내가 개개의 것을 부정할 수 있다면 그것은 언제나 어떤 것 일반이 있다는 것을 긍정함으로써이다. 이것이 사고가 사고하는 자연이라고, 존재의 긍정은 존재의 부정을 통해서라고 말하는 이유이다. 나는 유아론의 철학을 구성할 수 있으나, 그렇게 할 때 나는 말을 하는 인간들의 공통성을 가정하고 그것에 호소한다. '아무것도 아니고자 하는 끝없는 거부'[5]조차도 거부되는 어떤 것을 가정하고, 주체가 스스로 멀어지게 되는 어떤 것을 가정한다.

11_중단은 되나 단절은 되지 않는 의사 소통

사람들은 타인과 나를 택일해야 한다고 말한다. 그러나 사람들은 하나에 **반하여** 다른 하나를 택한다. 따라서 사람들은 그 둘을 긍정한다. 사람들은, 타인은 나를 대상으로 변형시키고 나를 부정하며, 나는 타인을 대상으로 변형시키고 타인을 부정한다고 말한다. 사실상, 타인의 시선이 나를 대상으로 변형시키고 나의 시선이

---

5 Valéry, *Introduction à la méthode de Léonard de Vinci, Variété*, p. 200.

타인을 대상으로 변형시키는 것은, 양자가 우리의 사고하는 자연의 토대로 물러나는 한에서, 우리가 우리 자신을 서로 비인간적 시선으로 만드는 한에서, 각자가 자신의 행동들을 재파악되고 이해된 것으로가 아니라, 곤충의 행동들처럼 관찰된 것으로 느끼는 한에서이다. 이것은 예를 들면 내가 낯선 사람의 시선을 받을 때 일어난다. 그러나 바로 그때도 타인의 시선에 의한 개개인의 객관화는 그것이 가능적 의사 소통을 대신한다는 까닭으로 인해서만 참기 어려운 것으로 느껴진다. 나를 향한 개의 시선은 결코 나를 거북하게 만들지 않는다. 의사 소통을 거부하는 것은 여전히 의사 소통의 방식이다. 내 속에서 그리고 타인 속에서 모든 공감의 한계를 나타내는 온갖 형태의 자유, 사고하는 자연, 떼어질 수 없는 토대, 성질과 관계없는 실존은 실로 의사 소통을 중단하나 무효화하지 않는다. 내가 아직 한마디도 말해보지 않았던 낯선 사람과 관계한다면, 나는 나의 행동들과 사고들이 그려볼 만한 가치가 하나도 없는 다른 세계에 그가 살고 있다고 믿을 수 있다. 그러나 그가 한마디한다면, 또는 그가 초조한 몸짓을 보인다면, 그는 나를 초월하기를 이미 중지한다. 따라서 그의 소리들, 사고들이 거기에 있고, 따라서 바로 거기에 내가 접근 불가하다고 믿었던 영역이 있다. 개개의 실존이 결정적으로 타인들을 초월하는 것은 그것이 무기력하게 있고 자신의 자연적 차이에 머무를 때뿐이다. 철학자로부터 그의 나라, 그의 친구들, 그의 편견들, 그의 경험적 존재, 단적으로 세계를 유리시키고, 그를 오로지 홀로 놓아두는 것 같은 보편적 사색조차도 사실상 행동이고 말이며 따라서 대화이다. 유아론은 자신이 아무것이지 않고 또한 아무것도 하지 않은 채로 말없이 자신의 존재를 확증하는 데 성공한, 그야말로 불가능한 것에 성공한 어떤 사람에게만 엄밀하게 진리일 것이다. 왜냐하면 존재한다는 것은 세계에 속하면서 세계를 향한다는 것이기 때문이다. 철학자는 타인들을 반드시 자신의 반성적 퇴거에 끌어넣는다. 왜냐하면 세계의 모호성에서 그는 영원히 그들을 **반려자**로서 취급하는 것을 배웠고, 그의 모든 지식은 이러한 견해에서 주어진 것 위에서 구축되기 때문이다. 선험적 주체성은 계시된, 즉 자기 자신과 타인에게 드러난 주체성이고 그로 인하여 상호 주체성이다. 실존은 모여서 어떤 행동에 참여하자마자 지각에 부딪힌다. 모든 다른 지각처럼 그 지각은 자신이 파악하는 것 이상의 것을 보증한다. 내가 재떨이를 보면서 거기에 있다고 말할 때, 나는 무한으로 통할 경험의 전개가 완성된 것이라고 가정하고 모든 지각적 미래에 참여한다. 마찬가지로, 내가 어떤 사람을 알고 또 사랑한다고 말할 때, 나는 그의 성품을 넘어서 내가 그에 대해 가진 상을 어느 날 부수게 할 수 있는 소진 불가의 토대를 겨냥하고 있다. 이러한 것을 대가로 해서, 착각에 의해서가 아니라, 지각 자체인 폭력적인 행위에 의해서 사물들과 '타인들'이 우리에 대하여 존재한다.

12_대상으로서가 아니라 나의 존재의 차원으로서의 사회적인 것

따라서 우리는 자연적 세계를 따라 사회적 세계를 대상이나 대상의 총합으로서가 아니라, 실존의 영원한 장이나 차원으로서 재발견해야 한다. 확실히, 나는 그것으로부터 멀어질 수 있다. 그러나 그것과의 관계에 의해 위치지어지는 것을 그만둘 수는 없다. 사회적인 것에 대한 우리의 관계는 세계에 대한 우리의 관계처럼 모든 명시적 지각이나 모든 판단보다 더 심층적이다. 우리를 다른 대상들 중의 한 대상으로서 사회에 앉히는 것은 사회를 사고 대상으로서 우리에게 앉히는 것과 마찬가지로 잘못이고, 이러한 양측의 오류는 사회적인 것을 대상으로서 취급하는 데서 성립한다. 우리는 우리가 존재한다는 단순한 사실에서 접촉하게 되는 사회적인 것, 모든 객관화에 앞서 우리와 결합된 채로 우리가 운반하는 사회적인 것으로 복귀해야 한다. 과거와 문명에 대한 객관적·과학적 의식은 내가 그것들과 함께 나의 사회, 나의 문화적 세계 및 그 지평들의 매개에 의해서 적어도 잠재적 의사 소통을 가지지 않았다면, 아테네 공화국이나 로마 제국의 자리가 나 자신의 역사의 어느 가장자리 위에 표시된 것으로 발견되지 않았다면, 그것들이 인식되어야 할 미규정의 그러나 선재하는 많은 개인들로서 자리 잡지 않았다면, 내가 나의 삶에서 역사의 근본 구조들을 발견하지 않았다면 불가능할 것이다. 사회적인 것은 우리가 그것을 인식할 때 또는 판단할 때 이미 거기에 있다. 개인주의적이든 또는 사회학주의적이든 그러한 철학은 조직화되고 명시화된, 공존에 대한 어떤 지각이다. 의식적 파악에 앞서 사회적인 것은 은은하게 존재하면서도 청원으로서 존재한다. 『우리 조국 *Notre Patrie*』의 말미에서 페귀Péguy는 대상들은 밤에 존재하는 것을 그치지 않았다는 것, 또는 사람들이 오래전에 우리의 문을 두드렸었다는 것을 우리가 깨어 있는 동안 잘 아는 것과 같이, 말하는 것을 그치지 않았던 파묻혀 있는 소리를 다시 한 번 발견한다. 문화, 도덕, 직업, 이데올로기의 차이들에도 불구하고 1917년의 러시아 농민들은 투쟁하고 있는 페트로그라드와 모스크바의 노동자들과 합류했다. 왜냐하면 그들은 자신들의 운명이 동일하다고 느꼈기 때문이다. 계급은 숙고된 의지의 대상이 되기에 앞서 구체적으로 체험된 것이다. 발원적으로, 사회적인 것은 제3인칭 대상으로 존재하지 않는다. 그것을 대상으로 취급하고자 원하는 것은 호사가들, '위인들,' 역사가들의 공통적 오류이다. 파브리스Fabrice*는 사람들이 풍경을 보는 것처럼 워털루 전투를 보기를 원했다. 그는 혼동스러운 일화 이외에는 아무것도 발견하지 못했다. 황제는 자신의 지도 위에서 진실로 그것을 보는가? 그러나 그것은 그에게 틈이 하나도 없는 도식으로 변형된다. 즉, 왜 이 연대는 주저앉고 말았는가? 왜 지원군이 도착하지 않는가? 전투에 참가하지 않고 사방에서 그것을 보며

---

* 스탕달의 작품 『파름의 수도원』에 나오는 주인공 이름.

많은 증거들을 통합하여 전투가 어떻게 끝났는가를 아는 역사가는 마침내 그 진리에 도달했다고 믿는다. 그러나 그것은 그 전투가 우리에게 주는 표상일 뿐이다. 그가 그 전투 자체에 도달하지 못하는 것은 그 전투가 일어났을 때 그 결말은 우연적이었기 때문이고, 역사가가 말할 때의 그것이 더 이상 아니기 때문이다. 왜냐하면 패배의 심층적 원인들과 이 원인들이 작동하도록 허용한 작은 사건들은 워털루라는 단 하나의 사건에서 동일한 자격의 규정 인자들이기 때문이고, 역사가는 이 단 하나의 사건을 제국의 쇠퇴의 일반적 과정에 자리 잡게 하기 때문이다. 진실의 워털루는 파브리스가 보는 것에도, 황제가 보는 것에도, 역사가들이 보는 것에도 있지 않다. 그것은 규정 가능한 대상이 아니다. 그것은 모든 조망들의 가장자리에서 **도래하는** 것이고, 그 조망들이 선취되게 되는 것이다.[6]

13_안과 밖에 속하는 사회적 사건

역사가와 철학자는 계급이나 민족의 객관적 정의를 추구한다. 민족은 공통적 언어나 생활의 개념들에 기초하는가? 계급은 총 소득액이나 생산 라인의 직위에 기초하는가? 사람들은 이러한 기준들의 어느 것도 한 개인이 어떤 민족이나 계급에 속하는가를 인식하도록 허용하지 않는다는 것을 알고 있다. 모든 혁명에는 혁명적 계급과 합류하는 특권층들이 있고, 특권층에 헌신하는 억압받는

---

6 따라서 역사를 현재에서 기술해야 할 것이다. 예를 들면, 줄 로맹Jules Romains이 『베르덩 Verdun』에서 한 것이 이것이다. 당연하게도, 객관적 사고가 현재의 역사적 상황을 남김없이 규명할 수 없다면, 이로부터 우리가 폐쇄된 눈으로 역사를 개인적 모험처럼 체험해야 한다고 결론 내려서는 안 되고, 역사를 조망 속에 집어넣는 모든 시도를 거부해야 한다거나 지침 없이 행동에 옮겨야 한다고 결론 내려서도 안 된다. 파브리스는 워털루에 없지만 그 보고자는 이미 그 사건에 좀더 가까이 있다. 모험 정신은 객관적 사고보 다 더 많이 우리를 사건으로부터 멀어지게 한다. 사건과 접촉하면서 그 구체적 구조를 추구하는 사고가 있는 것이다. 하나의 혁명이, 진실로 역사의 방향과 같이한다면, 체험될 수 있는 것과 동시에 사고될 수 있다.

층들이 있다. 그리고 민족은 저마다 자신의 특성들을 가진다. 이것은 민족이나 계급이 개인을 밖에서 예속시키는 불가피성들도 아니고, 게다가 개인이 안에서 정립하는 가치들도 아니기 때문이다. 그것들은 개인에게 청원하는 공존의 방식들이다. 평온한 기간에는, 민족과 계급은 내가 무심하고 혼잡스러운 반응만을 보내는 **자극**으로서 거기에 있으며 잠재적으로 있다. 혁명적 상황이나 국가 위기의 상황은 지금까지 체험된 것으로 있던 계급과 민족에 대한 선의식적 관계들을 의식적 입장 표명으로 변형시키고, 말없는 참여를 명시적이게 한다. 그러나 그것은 결단에 앞서 있는 것으로 그에게 나타난다.

14_초월의 문제들

여기서 사회적인 것의 실존적 양상의 문제는 모든 초월의 문제들을 다시 만난다. 나의 신체가 문제이든, 자연적 세계가 문제이든, 과거가 문제이든, 탄생이나 죽음이 문제이든, 언제나 문제는 어떻게 내가 나를 넘어서는 현상들, 그렇지만 내가 그것들을 다시 파악하고 체험하는 데 따라서만 존재할 뿐인 그러한 현상들에로 열릴 수 있는가, **어떻게 나를 규정하고 모든 낯선 현전을 조건 짓는 바 나의 자기 현전이 동시에 탈현전화'이고 나를 나 밖으로 투사하는가**를 아는 것이다. 관념론은 외부를 나에 내재하는 것으로 만듦으로써, 실재론은 나를 인과적 작용에 복종시킴으로써 내부와 외부 사이에 존재하는 동기화의 관계들을 허위화해버리고 이러한 관계들을 이해 불가능하게 만든다. 예를 들어, 우리의 개개의 과거는 의식 상태의 실제적 잔존이나 두뇌의 흔적들에 의해서도, 과거를 구성하고 그것에 직접 도달하는 과거 의식에 의해서도

---

7 Husserl, *Die Krisis der europäischen Wissenschaften und die transzendentale Phänome-nologie*, III(미출간).

우리에게 주어질 수 없다. 그 두 경우, 우리에게 과거의 의미는 없다. 왜냐하면 과거는 엄밀하게 말해서, 우리에게 현재적일 것이기 때문이다. 과거가 우리에게 존재해야 한다면, 그것은 모든 명시적 상기에 앞서 우리에게 열리는 장과 같이 애매한 현재로서만 있을 수 있다. 우리가 그것을 사고하지 않을 때라도 그것은 우리에게 존재해야 하고, 우리의 모든 상기는 그 불투명한 덩어리에서 선취되어야 한다. 마찬가지로, 내가 세계를 사물들의 총합으로서만, 사물을 속성들의 총합으로서만 가진다면, 나는 확실성을 가지는 것이 아니라 개연성만을 가지며, 거부할 수 없는 실재성을 가지는 것이 아니라 조건적 진리만을 가진다. 과거와 세계가 존재한다면 그것들은 원칙적 내재성을 가져야 하고——그것들은 내가 내 뒤에서 그리고 내 주위에서 보는 것일 수 있을 뿐이다——사실적 초월성을 가져야 한다. 그것들은 나의 명시적 행동의 대상으로 나타나기 전에 나의 삶에 존재한다. 마찬가지로, 여전히 나의 탄생과 죽음은 나에 대하여 사고의 대상일 수 없다. 나는 삶에 정착하게 될 때, 나의 사고하는 자연에 기대게 될 때, 나의 최초의 지각에서 열리는, 모든 부재가 현전의 이면일 뿐이게 되는, 모든 침묵이 음향적 존재의 양상일 뿐이게 되는 선험적 장에 던져지게 될 때, 나는 일종의 원칙적 편재성과 영원성을 가지고 시작도 종말도 사고될 수 없는 소진 불가의 삶의 흐름에 나 자신이 바쳐진 것을 느낀다. 왜냐하면 그것들을 사고하는 것은 여전히 살아 있는 나이고, 따라서 언제나 나의 삶은 자신보다 선행하고 자신보다 오래 살기 때문이다. 그럼에도 불구하고 나를 존재로 가득 채우는 이 동일한 사고하는 자연은 조망을 통해서 나에게 세계를 열어주고, 나는 조망과 더불어 나의 우연성의 느낌, 추월당하는 불안을 겪고, 결과적으로 내가 나의 죽음을 사고하지 못한다 해도 나는 죽음 일반의 분위기에 살고 있고, 참으로 나의 사고의 지평에는 언제나 죽음의 본질 같은 것이 있다. 결국, 나의 죽음의 순간이 나에 대하여 접근 불가한 미래이듯이, 나는 타인의 자기 현전을 체험하지 못한다고 확신한다. 그럼에도 불구하고 개개의 타인은 거부할 수 없는 공존의 양식 또는 환경으로서 나에 대하여 존재하고, 나의 삶은 죽음을 모면할 수 없는 정조를 가지듯 사회적 분위기를 가진다.

15_진정으로 선험적인 것이 초월의 원천이다

자연적 세계, 사회적 세계와 함께 하면서 우리는 진정으로 선험적인 것을 발견했고, 이것은 투명한 세계, 음영과 불투명이 없는 세계가 초연한 정관자 앞에 펼쳐지게 될 구성적 작용들의 총체가 아니라, 초월들의 **원천**이 형성되는 애매한 삶이고, 이 원천은 근본적 모순을 통해서 나를 초월들에 연결하며, 이를 토대로 인식이 가능해진다.[8] 아마도 사람들은 모순이 철학의 중심에 놓여질 수 없으며, 우리가 이제까지 기술한 것은 궁극적으로 사고 불가의 것이기에 전혀 아무것도 말하지 않는다고 말할 것이다. 이러한 반론은 우리가 현상 또는 현상적 장의 이름으로 선논리적 또는 마술적 경험들의 층을 발견하는 것으로 만족한다면 받아들일 수 있을 것이다. 왜냐하면 그때는 기술(記述)들을 믿고 사고하기를 포기하는 것을 선택해야 하거나, 아니면 사람들이 말하는 바를 알아듣고 기술들을 포기하는 것을 선택해야 하기 때문이다. 이러한 기술들은 우리에게 객관적 사고보다 더 철저한 이해와 반성을 규정하는 기

---

8 후설은 자신의 후기 철학에서 모든 반성은 생활 세계 Lebenswelt의 기술로 되돌아가는 것에서 시작해야 한다는 것을 인정한다. 그러나 그는 생활 세계의 구조들이 제2의 '환원'에 의해서, 세계의 모든 불명확성이 분명하게 되는 보편적 구성의 선험적 흐름 속에 다시 놓여야만 한다고 덧붙인다. 그러나 그것이 두 가지의 것임은 분명하다. 즉 구성이 세계를 투명하게 하고, 그렇다면 사람들은 반성이 생활 세계를 경유할 필요가 있는 이유를 보지 못한다는 것이 되든가, 아니면, 반성이 생활 세계의 어떤 것을 보유하고, 이것은 바로 반성이 세계의 불투명성을 제거하지 못한다는 것이 되든가이다. 후설의 사상은 논리주의적 시기를 많이 생각나게 하는 과정을 거치면서 점점 두번째 방향으로 나아갔다. 그가 합리성을 문제로 삼을 때, 마침내 '흐르는' 의미 작용을 인정할 때(Husserl, *Erfahrung und Urteil*, p. 428), 그가 인식의 기초를 발원적 속견 δόξα에 놓을 때 우리는 그것을 본다.

회이어야 할 것이다. 직접적 기술로 이해된 현상학에 현상학의 현상학이 추가되어야 한다. 우리는 **코기토**로 복귀해서 그 속에서 객관적 사고의 그것보다 더 근본적인 **로고스**를 추구해야 하고, 이것이 객관적 사고에 상대적 권리를 부여하며 동시에 그것의 자리를 매김한다. 존재의 수준에서 보면, 사람들은 주체가 능산자이자 소산자이며 무한자이자 유한자라는 것을 결코 이해하지 못할 것이다. 그러나 우리가 시간을 주체 아래에서 재발견하고 시간의 역설에 신체의 역설, 세계의 역설, 사물과 타인의 역설을 연결시킨다면, 우리는 이것을 넘어 이해해야 할 것은 아무것도 없다는 것을 이해하게 될 것이다.

제3부 대자 존재와 세계-에로-존재

제1장 코기토

1_코기토를 영원자로 해석하기

나는 데카르트의 코기토를 생각하고 있고 이 작업을 종결하기를 원하며, 나의 손 밑에 있는 지면의 차가움을 느끼고 창문을 통해 거리의 나무를 지각하고 있다. 나의 삶은 부단하게 초월적 사물들에로 달려가고 전적으로 밖에서 이루어진다. 코기토는 300년 전에 데카르트의 정신에 형성된 사상이거나 그가 우리에게 남긴 텍스트이거나 아니면, 결국 그 텍스트를 통해서 비쳐 보이는 영원한 진리이고, 그래서 나의 신체가 익숙한 환경에서 방향을 분간하여 내가 대상들을 명시적으로 나에게 표상할 필요 없이도 그 가운데에서 길을 찾아가듯이, 그것은 나의 사고가 포함하기보다는 긴장하게 되는 문화적 존재이다. 이미 시작된 이 책은 어떤 관념들의 집합이 아니다. 그것은 내가 복잡한 공식을 제공할 줄 모르는 열린 상황, 그리고 기적에 의한 것처럼 생각들과 말들이 조직될 때까지 내가 맹목적으로 논쟁하는 열린 상황을 나에 대하여 구성한다. 게다가 나를 둘러싸고 있는 감각적 존재들, 나의 손 밑에 있는 종이, 눈앞의 나무들은 그것들의 비밀을 나에게 넘겨주지 않고 나의 의식은 자신에게서 멀어져 그것들 속에서 자신을 모르게 된다. 이상이 실재론이 실제적 초월과 세계 및 관념들의 즉자 존재를 긍정함으로써 설명하고자 노력하는 초기의 상황이다.

그럼에도 불구하고 실재론을 옳다고 인정하는 데는 문제가 없으며 사물들과 관념들을 나에게로 돌리는 데카르트의 복귀에는 단호한 진리가 있다. 초월적 사물들의 경험조차도 내가 내 속에서 그것들의 투사를 가지고 발견하는 한에서 가능하다. 내가 사물들이 초월적이라고 말할 때 그것은 내가 그것들을 소유하지 않는다는 것, 그것들을 일주하지 않는다는 것을 의미한다. 그것들은 내가 그것들이 무엇인지를 모르는 정도에서, 내가 맹목적으로 그것들의 단순한 존재를 긍정하는 정도에서 초월적이다. 그런데 사람들이 무엇인지를 알지 못하는 존재를 긍정하는 데 어떤 의미가 있는가? 이러한 긍정에 어떤 진리가 있을 수 있다면 그것은 내가 그 긍정이 관계하는 본성이나 본질을 어렴풋이 예상한다는 것이요, 예를 들면, 내가 나무를 보는 것은 개별적 사물에 말없이 탈자(脫自)하는 것으로서 이미 봄에 대한 어떤 생각과 나무에 대한 어떤 생각을 감추고 있다는 것이요, 결국, 그것은 내가 나무와 마주치고 단순히 부딪히는 것이 아니라, 내가 나와 대면하는 그 존재에서 내가 능동적으로 개념을 형성하게 되는 어떤 본성을 발견한다는 것이다. 내가 나의 주위에서 사물들을 발견한다면 그것은 사물들이 나의 주위에 실제로 있기 때문일 수 없다. 왜냐하면 나는 이 사실적 존재에 대하여 가설상 아무것도 알지 못하기 때문이다. 내가 그것을 인식할 수 있다면 그것은 사물과의 실제적 접촉이 내 속에서 모든 사물의 원초적 지식을 소생시키기 때문이고, 나의 유한하고 규정된 지각들이 세계와 동연적인, 그리고 세계를 처음부터 끝까지 전개하는 인식 능력의 부분적 표시들이기 때문이다. 사람들이 지각하는 주체가 일치에 도달하는 즉자적 공간을 상상할 수 있다면, 예를 들면, 나의 손이 두 점 사이의 거리에 들어맞도록 그 거리를 지각한다고 내가 상상한다면, 나의 손가락들이 형성해서 그 거리를 특징짓는 각도는 그 두 대상의 어느 쪽에도 없는 힘이자 이 힘에 의해서 그 관계를 인식할 수 있게 되는, 아니 오히려 그 관계를 실현할 수 있게 그런 힘에 의해서 내적으로 그어지지 않는다면 어떻게 재어질 수 있는가? 사람들이 '나의 엄지손가락의 감각'과 나의 집게손가락의 감각이 적어도 거리의 '기호들'이라고 주장한다면, 그 감각들이 이것들이 하나에서 다른 하나로 가는 길에 이미 위치지어지지 않았다면, 그리고 그 길이, 벌려질 때의 나의 손가락들에 의해 주파되지도 않았고 나의 사고에 의해 아직도 이해 가능한 그 윤곽에서 겨냥되지 않았다면, 어떻게 공간적 지점들의 관계를 의미하는 어떤 것을 자신 속에 가질 수 있을 것인가? "어떻게 정신은 자신이 기호로서 구성하지 않았던 기호의 의미를 인식할 수 있는가?"[1] 우리가 주체를 그의 세계에 위치지어진 것으로 기술함으로써 얻었던 인식상은 다른 인식상, 즉 주체가 이 세계 자체를 세우거나 구성한다는 것에 의해서 대체되어야 하는 것 같고, 후자는 전자보다 더 본래적인데, 왜냐하면 주체와 주체 주위의 사물들의 교섭은 우선 주체가 사물들을 주체에 대하여 존재하게 하고, 자기 주위에 배치하고 자기 자신의 토대에서 끌어내는 한에서만 가능하기 때문이다. 더욱이, 자발적 사고 행위에 대해서도 마찬가지이다. 나의 반성의 주제인 데카르트의 코기토는 언제나 내가 현실적으로 마음속에 그리는 것 이상이고 의미의 지평을 가지며, 이것은 내가 데카르트를 읽는 동안 나에게 일어났으되 지금 현존하지 않는 많은 생각들로 이루어지고 내가 짜내어 가질 수 있으되 전개시키지 않는 다른 생각들로 이루어진다. 그러나 궁극적으로, 내가 어떤 관념들의 질서를 향해 즉시 방향을 잡도록 하기 위해서 사람들이 이 세 음절을 내 앞에서 언표하는 것만으로 충분하다면, 그것은 모든 가능적 명시화가 어떻게 해서든 단숨에 나에게 현존하기 때문이다. 정신적 빛을 표상된 현실성에 제한하고자 하는 사람은 언제나 소크라테스의 질문에 직면할 것이다. "당신은 본질이 무엇인지를 결코 모르는 것에 대해서 어떤 방식으로 추구할 것인가? 당신이 알지 못하는 사물들 가운데에서 어느 것이 당신이 찾고자 제안하는 것인가? 그리고 당신이 우연히 그것을 만난다면 당신은 그것을

---

1 P. Lachièze-Rey, *Réflexions sur l'Activité spirituelle constituante*, p. 134.

알지 못할 때 어떻게 바로 그것이 그것이라는 것을 아는가?"(『메논 *Menon*』, 80, D)[2] 대상들에 의해 진정으로 추월되는 사고는 대상들의 상호 관계를 파악할 수 없는 채로, 대상들의 진리에 침투할 수 없는 채로 자신의 길에 대상들이 가득 차 있는 것을 본다. 역사적 코기토를 재구성하는 것은 나이고 데카르트의 텍스트를 읽는 것은 나이며, 거기서 소멸 불가의 진리를 인식하는 것은 나이다. 궁극적으로, 데카르트의 코기토는 나 자신의 코기토에 의해서만 의미를 가진다. 내가 그것을 발견하기 위해 필요로 하는 모든 것을 나 자신 속에서 가지지 않았다면 나는 그것에 대해 아무것도 생각하지 못할 것이다. 나의 사고에 코기토의 운동을 되찾는 목표를 부여하는 것은 나이며, 나의 사고가 그 목표를 향해 정위함을 부단히 검증하는 것은 나이다. 따라서 나의 사고는 그 목표보다 앞서야 하고 자신이 구하는 것을 이미 발견했어야 하며, 그렇지 않으면 그것을 구할 수 없을 것이다. 사고가 가지는 이 이상한 능력, 사고보다 앞서 있고 스스로 뛰어들며 사고의 도처에서 발견되는 이 이상한 능력, 요컨대 사고의 자율성에 의해서 사고를 규정해야 한다. 사고가 스스로 사물들에 사고 자신이 사물들에서 곧 발견할 것을 넣지 않았다면, 그것은 사물들에 대한 파악을 갖지 못할 것이고 사물들을 사고하지 못할 것이며, '사고의 환상'[3]일 것이다. 감각적 지각이나 추리는 내 속에서 생산되어 내가 확증하는 사실들일 수 없다. 내가 그것들을 사후에 검토할 때는 그것들은 퍼지고 저마다 자신의 자리로 분산된다. 그러나 이러한 것은 그야말로 추리와 지각의 항적일 뿐이고, 현실성에서 파악되면 추리와 지각은 분해된다는 것을 조건으로 하면서도 자신의 실현에 필요했던 모든 것을 한꺼번에 포착해야 했고, 따라서 분할 불가한 의도에서 거리를 둠이 없이 자기 자신에게 현전해야 했다. 어떤 사물에 대한 모든 사고는 동시에 자기 의식이고, 이것이 없으면 사고는 대상을 가질 수 없을

2 P. Lachièze-Rey, *L'Idéalisme Kantien*, pp. 17~18.
3 같은 책, p. 25.

것이다. 따라서 우리의 모든 경험과 반성의 뿌리에서 우리는 자기 자신을 직접적으로 인식하는 존재를 발견한다. 왜냐하면 그것은 자신과 모든 사물에 대한 자기의 인식이고, 자기 자신의 존재를 확증에 의한 주어진 사실로서가 아니라, 또는 자기 자신에 대한 관념에 기초한 추리에 의해서가 아니라, 자신과의 직접적 접촉에 의해서 인식하기 때문이다. 자기 의식은 작용하는 정신의 존재 자체이다. 내가 어떤 사물을 의식하게 되는 그 작용은 자신이 완성되는 즉시 이해되지 않으면 안 되고, 그렇지 않으면 그것은 깨어질 것이다. 그러므로 사람들은 그것이 아무것에 의해서라도 터뜨려지거나 유발될 수 있다고 생각할 수 없다. 그것은 **자기 원인**이지 않으면 안 될 것이다.[4] 데카르트와 더불어 사물로부터 사물의 사고에로 되돌아간다 함은, 경험을, 내가 보통 명사나 가설적 원인으로 될 뿐인 심리학적 사건들의 총합으로 환원시킨다는 것인데, 이때는 사람들은 어떻게 나의 존재가 다른 사물의 존재보다 더 확실할 수 있는가를 보지 못할 것인즉, 왜냐하면 그것은 파악 불가한 순간에서가 아니라면 더 이상 직접적이지 않기 때문이다. 그렇지 않다면 데카르트와 더불어 사물로부터 사물의 사고에로 되돌아간다 함은, 사건들 이편에서 시간에도 어떤 한계에도 예속되지 않는 장과 사고의 체계를 인식한다는 것이고, 사건에 하등 빚지지 않는 의식과 같은 존재이자 존재 방식을 인식한다는 것이요, 멀리서 파악해 자신이 겨냥하는 모든 것을 자신 속에 압축하는 정신적 작용을 인식한다는 것이며, 홀로 어떤 부가물도 없이 '나는 존재한다'인 '나는 사고한다'를 인식한다는 것이다.[5] 따라서 "코기토의 데카르트적 교의는 논리적으로 정신의 비시간성의 긍정 그리고 영원자의 의식의 인정, 즉 **영원한 존재로 표현되는 우리**로 귀착되어야 한다."[6] 영원성은 단 하나의 의도에서 시간적 전개들을 포착하고 예기하는

---

4 같은 책, p. 55.
5 같은 책, p. 184.
6 같은 책, pp. 17~18.

능력으로서 이해되게 되면 그것은 곧 주체성의 규정 자체이다.[7]

2_귀결들: 유한성 및 타인의 불가능성

코기토를 이렇게 영원적인 것으로 해석하는 것을 문제삼기에 앞서 수정하지 않을 수 없게 만드는 그 귀결들을 잘 살펴보자. 코기토가 시간에 하등 빚지지 않는 새로운 존재 방식을 나에게 드러낸다면, 내가 나를 나에게 접근 가능한 모든 존재의 보편적 구성자로서, 숨겨진 부분과 밖이 없는 선험적 장으로서 발견한다면, 나의 정신은 "모든 감각적 대상들의 형태가 문제일 때는 스피노자의 신이라고"[8] 말해서는 안 되는데, 왜냐하면 형태와 질료의 구별은 더이상 궁극적 가치를 받을 수 없고, 사람들은 어떻게 정신이 자신을 반성하면서 궁극적으로 수용성의 개념에서 어떤 의미를 발견할 수 있는가를, 어떻게 정신이 자신을 영향을 받는 것으로서 유효하게 생각할 수 있는가를 이해하지 못하기 때문이다. 자신을 영향을 받는 것으로 생각하는 것이 정신이라면, 정신은 자신을 영향을 받는 것으로 생각하지 못하는데, 왜냐하면 정신은 자신의 능동성이 제약받는 것처럼 보이자마자 그것을 또다시 긍정하기 때문이다. 세계에 자리를 잡는 것이 정신이라면, 정신은 세계 안에 있지 않고 자기 정립은 환상이다. 따라서 나의 정신은 신이라고 아무런 제약 없이 말하지 않으면 안 된다. 사람들은 예를 들면 어떻게 라쉬즈-레이가 이러한 귀결을 피할 수 있었는가를 알지 못한다. "내가 사고하기를 그치고 다시 사고하기 시작하면 나는 사고의 분할 불가성에서 그리고 사고가 분출하는 원천에 나를 다시 놓으면서 내가 연장하는 운동을 다시 살고 다시 구성한다. 따라서 주체가 사고할 때마다 그는 자기 자신을 받침대로 삼고, 자신의 다양한 표상을 넘

---

7 P. Lachièze-Rey, *Le Moi, le Monde et Dieu*, p. 68.
8 Kant, *Übergang*, Adickes, p. 756(P. Lachièze-Rey, *L'Idéalisme Kantien*, p. 464에 인용됨).

어 그 뒤에서 모든 인식의 원리이면서도 인식될 수 없는 통일성에 자리를 잡으며 다시 절대자가 된다. 왜냐하면 자신은 영원히 그런 것이기 때문이다."[9] 그러나 어떻게 여러 절대자가 있는가? 우선, 어떻게 나는 다른 나를 인식할 수 있는가? 주체의 경험만이 오로지 그것과 일치함으로써 내가 얻는 경험이라면, 정신이 정의상 국외적 정관자[타인]이기를 면하고 내적으로만 인식될 수 있다면, 나의 코기토는 원칙적으로 유일무이하고 타인이 '참여 불가한' 것이다. 사람들은 그것이 타인들에게 '전이 가능한' 것이라고 말할 것인가?[10] 그러나 이러한 전이가 어떻게 동기화될 수 있는가? 어떤 광경이 나를 유도하여 내적으로 파악될 것을 요구하는 것이 자신의 의미인 그런 존재 방식을 나 밖에 정립할 수 있을 것인가? 내가 내 속에서 대자와 즉자의 접합을 인식하는 것을 배우지 않는다면, 다른 신체들인 이러한 장치들의 어느 것도 생명을 부여받을 수 없을 것이다. 내가 외부를 가지지 않는다면 타인들은 내부를 가지지 않는다. 의식의 복수성은 내가 나 자신에 대하여 절대적 의식을 가진다면 불가능하다. 나의 사고의 절대적인 것 배후에서 신적 절대자를 예견하는 것은 불가능하다. 나의 사고와 이 사고 자신과의 접촉이 완전하다면, 나 자신에서 닫혀지고 나에게 내가 추월당하는 것을 느끼는 것을 금지하며, 이러한 나에게는 타자에 대한 열림과 '갈망'[11]이 없거니와, 이러한 나는 존재의 총체성을 구성하고 세계에 내가 현전함을 구성하며, '자기 소유'[12]에 의해 규정되고 자신이 밖에 놓았던 것 이외에는 밖에서 아무것도 발견하지 않는다. 이렇게 닫혀진 나는 더 이상 유한한 나가 아니다. "말의 능동적 의미에서 미리 조직하는 의식 덕분으로만, 그리하여 마침내 신적 작용과의 내적 일치 덕분으로만 우주 의식이 있

9 P. Lachièze-Rey, *Réflexions sur l'Activité spirituelle constituante*, p. 145.

10 P. Lachièze-Rey, *L'Idéalisme Kantien*, p. 477.

11 P. Lachièze-Rey, 같은 책, p. 477: *Le Moi, le Monde et Dieu*, p. 83.

12 P. Lachièze-Rey, *L'Idéalisme Kantien*, p. 472.

다."[13] 궁극적으로, 코기토가 나로 하여금 일치시키는 것은 바로 신이다. 나의 경험의 이해 가능하고 확인 가능한 구조는, 내가 그 구조를 코기토에서 인식한다면, 나로 하여금 사건에서 빠져나오게 하여 나를 영원성에 잡아놓는다. 동시에 그것은 모든 한계들로부터 그리고 나의 사적 실존인 근본적 사건들로부터 나를 해방시키고 사건에서 작용으로, 사고에서 나로 이행하지 않을 수 없게 하는 동일한 이유들 덕분에, 나의 복수성은 단 하나의 구성적 의식으로 이행하지 않을 수 없고, 나는 주체의 유한성을 **비상 수단으로**in extremis 구제하기 위하여 주체를 '모나드'로 규정하는 것은 금지된다.[14] 구성하는 의식은 원칙적으로 유일하고 보편적이다.

3_코 기 토 에 로 의 복 귀

사람들이, 의식이 우리 각자에서 소우주만을 구성한다고 주장하고, 사람들이 코기토에 '실존적 체험'의[15] 의미를 보존한다면, 그리고 그것이 완전하게 소유되는 사고의 절대적 투명성을 나에게 드러내는 것이 아니라, 내가 사고하는 자연이라는 나의 운명을 되찾고 그것을 추구하게 되는 맹목적 행동을 나에게 드러낸다면, 그것은 다른 철학, 즉 우리로 하여금 시간에서 **빠져나오지** 못하게 하는 철학이다. 여기서 우리는 영원성과 경험주의의 원자화된 시간 사이의 길을 발견해야 할 필요성, 코기토와 시간에 대한 해석을 다시 시작해야 할 필요성을 확증한다. 우리는 우리와 사물들의 관계들이 외적 관계들일 수 없음을, 우리 자신에 대한 우리의 의식이 심적 사건들의 단순한 표기일 수 없음을 곧바로 인식했다. 우리가 세계를 지각하는 것은 이 세계와 지각이 확증된 사실들이기 전에

13 P. Lachièze-Rey, *Le Moi, le Monde et Dieu*, p. 33.
14 라쉬즈-레이가 하는 것처럼. 같은 책, pp. 69~70.
15 같은 책, p. 72.

우리의 사고들인 한에서이다. 아직 정확하게 이해해야 할 것으로
남아 있는 것은 세계가 주체에 속하고 주체가 주체 자신에 속하는
것, 경험을 가능하게 하는 **사고 작용**, 즉 사물들에 대한 우리의
파악과 우리의 '의식 상태들'에 대한 파악이다. 우리는 이것이 사
건과 시간에 무관하지 않다는 것, 오히려 이것이 객관적·비개인
적 사건들을 파생적 형태들이게 하는 사건과 **역사**의 근본 방식이
라는 것, 결국 영원성에의 의뢰는 시간의 객관적 개념에 의해서만
필연적이게 된다는 것을 볼 것이다.

4_코기토와 지각

그러므로 내가 사고한다는 것은 확실하다. 나는 저기에 재떨이
나 파이프가 있다는 것을 확신하지 않으나, 내가 재떨이나 파이프
를 본다는 것을 사고함을 확신한다. 이 두 긍정을 분리하는 것, 그
리고 보여진 사물에 관한 모든 판단 밖에서 나의 '본다는 것을 사
고함'의 명증성을 유지하는 것은 사람들이 믿는 만큼 그렇게 쉬운
일일 것인가? 정반대로 그것은 불가능하다. 실로, 지각은 일종의
행동, 즉 행동 그 자신과 그 행동이 의존하는 항을 별도로 떼어놓
는 문제가 있을 수 없는 그런 종류의 행동이다. 지각과 지각된 것
은 반드시 동일한 실존적 양상을 가지는데, 왜냐하면 사람들은 지
각으로부터 지각이 가지는 의식을, 아니 오히려 지각, 즉 사물 자
체에 도달하는 의식을 분리시킬 수 없기 때문이다. 지각된 사물의
확실성을 거부하는 동시에 지각의 확실성을 유지하는 문제는 있을
수 없다. 내가 재떨이를 **본다는 말의 충분한 의미에서** 본다면
거기에는 재떨이가 있어야 하고, 이 긍정을 나는 억제할 수 없다.
본다 함은 어떤 사물을 본다는 것이다. 적색을 본다 함은 존재하는
적색이 작용하는 것을 본다는 것이다. 사람들이 시각을 봄의 단순
한 추정으로 환원할 수 있는 것은 사람들이 그것을 정박소 없이 떠

다니는 어떤 **질**의 명상으로 표상하는 한에서이다. 그러나 우리가 앞서 말한 대로, 성질 자체가 그 자신의 특수한 조직을 통해서 우리에게 제시되어 우리가 감각적 장을 가지는 한에서 응답하는 어떤 존재 방식의 제의라면, 그리고 명확한 또는 모호한 장소나 거리에서 일정한 구조를 부여받은 색깔——표면색 또는 색환색——의 지각이 실재적인 것 또는 세계에 대한 우리의 열림을 가정한다면, 어떻게 우리는 우리의 지각적 존재의 확실성을 그 외적 대응물의 확실성으로부터 분리시킬 수 있는가? 이른바 가시적인 것에 대해서뿐만 아니라 또한 현실적으로 보여진 것에 관계하는 것은 나의 시각에 본질적인 것이다. 역으로, 내가 사물의 현전에 의심을 제기한다면, 그 의심은 시각 자체에 의존하고, 거기에 적색이나 청색이 없다면 나는 그것들을 **진정으로 보지** 않았다고 말하며, 나의 시각적 의도들과 가시적인 것 사이의 합치adequation, 즉 작용하는 봄이 어떠한 순간에도 일어나지 않았다는 것을 시인한다. 따라서 다음 둘 중의 하나이다. 나는 사물들 자체에 관계하는 어떠한 확실성도 가지지 않으나 이때 나는 단순한 사고로 파악된 나 자신의 지각을 확신할 수 없는데, 왜냐하면 그와 같은 경우에도 그것은 사물의 긍정을 포함하고 있기 때문이다. 아니면, 나는 나의 사고를 확실하게 파악하는데, 그러나 이것은 동시에 내가 나의 사고가 겨냥하는 존재들을 인수한다는 것을 가정한다. 데카르트가 우리에게 가시적 사물들의 존재는 의심스러우나, 보는 것을 사고함에 불과한 것으로 간주된 우리의 시각은 의심스러운 것이 아니라고 말할 때, 이러한 입장은 유지 가능한 것이 아니다. 왜냐하면 보는 것을 사고한다는 것은 두 의미를 가질 수 있기 때문이다. 사람들은 우선 그것을 소위 시각 또는 '보는 인상'이라는 제한된 의미에서 이해할 수 있다. 이때는 우리는 그것과 더불어 가능적인 것 또는 개연적인 것의 확실성만을 가지고 '보는 것을 사고한다'는 것이 보는 것을 사고함이 닮는 바, 그리고 이런 경우 사물의 확실성이 포함된 바, 본래적 또는 실제적 시각의 경험을 우리가 어떤 경우들에 가졌다는 것을 함축한다. 가능성의 확실성은 확실성의 가능성일 뿐이고, 보는 것에 대한 사고는 관념으로서의 사고일 뿐이다. 우리가 실제로 다른 곳에서 시각을 가지지 않았다면 우리는 보는 것에 대한 사고를 가지지 못할 것이다. 이제 우리는 '보는 것을 사고함'을 우리의 구성적 능력에 대해 우리가 가지는 의식으로 이해할 수 있다. 우리의 경험적 지각들은 어쨌든 간에 참되거나 거짓일 수 있는데, 이러한 지각들이 가능한 것은 이것들이 인식할 수 있는 정신, 확인할 수 있는 정신, 우리 앞에 지향적 대상을 유지할 수 있는 정신에 의해 거주되는 한에서이다. 그러나 이 구성적 능력이 신화가 아니라면, 참으로 지각이 내가 일치할 수 있는 바 내적 동력의 단순한 연장이라면, 내가 세계의 선험적 전제들에 대해 갖는 확실성은 세계 자체에까지 뻗쳐야 하고, 나의 시각이 시종일관 보는 것을 사고함이기에, 보여진 사물은 내가 그것에 대해 사고하는 바 그 자체이며, 선험적 관념론은 절대적 실재론이다. 세계가 나에 의해 구성된다는 것과 이 구성 작용으로부터 내가 윤곽과 본질적 구조들만을 파악할 수 있다는 것을 동시에 긍정하는 것은[16] 모순일 것이다. 나는 구성 작업의 끝에 관념으로서의 세계만이 아니라 존재하는 세계가 나타나는 것을 보아야 하고, 그렇지 않으면 나는 세계의 구체적 의식이 아니라 추상적 구성만을 가질 것이다. 이리하여 사람들이 어떤 의미에서 파악하건 '보는 것을 사고한다' 함은 실제적 시각이 역시 확실한 한에서 확실하다. 데카르트가 우리에게 자기 자신에로 환원된 감각은 언제나 참이고, 오류는 판단이 감각에 주는 초월적 해석에 의해 도입된다고 말할 때, 그는 환상적 구별을 하고 있다. 내가 어떤 사물을 느꼈는지를 아는 것은 어떤 사물이 거기에 있는지를 아는 것과 마찬가지로 힘든 일이다. 신경증 환자

---

16 예를 들면, 후설이 모든 선험적 환원이 동시에 형상적 환원이라는 것을 인정할 때이다. 본질이 밟아가는 필연성, 존재의 결정적 불투명성은 자명한 사실로서 간주될 수 없고 그것들은 코기토와 궁극적 주관성의 의미를 규정하는 데 기여한다. 내가 사고로서 세계의 구체적 풍부함을 동등시하지 않고 사실성을 소멸시키지 않는다면, 나는 구성하는 사고가 아니고, 나의 '나는 사고한다'는 '나는 존재한다'가 아니다.

는 외부의 대상들을 지각하나 그 지각을 고려함이 없이 지각하듯, 그는 느끼나 자기가 느끼는 것이 무엇인지를 알지 못한다. 반대로, 내가 느꼈다는 것을 확신할 때, 외부의 사물의 확실성은 감각이 내 앞에서 분절되고 전개되는 동일한 방식에 포함되어 있다. 즉 그것은 **다리의** 고통이고 **적색의** 것이다. 예를 들면, 평면 위의 불투명한 적색일 수 있고, 아니면, 반대로 불그스레한 3차원적 분위기일 수 있다. 내가 나의 감각들에 주는 '해석'은 실로 동기화되어야 하고 그 감각들의 구조 자체에 의해서만 그렇게 될 수 있다. 그 결과, 사람들은 초월적 해석은 없다고, 현상들의 성형화 자체에서 솟아 나오지 않는 어떤 판단도 없다고, 그리고 내재성의 영역, 즉 나의 의식이 그 속에 있는 바 모든 오류의 위험에 반대하여 보증된 영역은 없다고 일률적으로 말할 수 있다. 나의 행동들은 이들 행동들이 스스로 자신들을 초월하는, 의식의 내심이 없는 그런 본성의 것이다. 의식은 철두철미하게 초월이고 당하는 초월——우리는 이러한 초월이 의식의 정지일 것이라고 말했다——이 아니라 능동적 초월이다. 내가 가지는 보는 의식 또는 느끼는 의식은, 자신에게 닫혀져서 보여진 또는 느껴진 사물의 실재성에 관한 것인 한, 나를 불확실하게 남겨두는 정신적 사건의 수동적 표기가 아니다. 그것은 탁월하게 그리고 영원히 자신 속에 모든 가능한 시각이나 감각을 포함하는, 그리고 자신을 떠날 필요가 없이 대상을 만나는 구성적 힘의 전개가 아니다. 그것은 시각의 실현이다. 나는 이것저것을 봄으로써, 또는 적어도 나의 주위에 시각적 주변, 특수한 사물의 시각에 의해서만 보증될 뿐인 가시적 세계를 되살아나게 함으로써, 내가 본다는 것을 긍정한다. 시각은 행동이다. 말하자면 영원한 작용——이 표현은 모순적이다——이 아니라 자신이 약속하는 이상을 실행하는, 자신의 전제들을 언제나 넘어서서 초월의 장으로의 나의 원초적 열림에 의해서만, 즉 다시 말해서, 탈자성에 의해서만 내적으로 준비되는 작용이다. 시각은 보여진 사물에서 자신에 도달하고 달성된다. 자기 자신을 파악하는 것은 그의 본질이고, 시각이 그렇게 하지 않는다면 그것은 어떤 것의 시각도 아닐 것이다. 그러나 일종의 애매성과 모호성에서 자신을 파악하는 것이 그의 본질인 것은, 그것이 자신을 소유하지 않고 반대로 보여진 사물로 피하기 때문이다. 내가 코기토에서 발견하고 인식하는 바는 심리학적 내재성이 아니고, 모든 현상들이 '사적 의식의 상태들'에 내속함이 아니며, 감각과 감각 자신과의 맹목적 접촉도 아니다. 그것은 선험적 내재성조차도 아니고, 모든 현상들이 구성적 의식에 속함도 아니며, 사고 자신이 명석한 사고를 소유함도 아니다. 그것은 나의 존재 자체인즉, 초월의 깊은 운동이요, 나의 존재와 세계의 존재의 동시적 접촉이다.

5_코기토와 감정적 지향성

그럼에도 불구하고 지각의 경우는 특수한 경우가 아닌가? 그것은 나에게 세계를 열어준다. 그것은 나를 초월하고 자신을 초월함으로써만 그렇게 할 수 있다. 지각적 '종합'은 미완성이어야 하고, 오류의 위험에 노출됨으로써만 나에게 '실재적인 것'을 제공할 수 있다. 사물이 사물이어야 한다면, 그것이 나에 대하여 숨겨진 측면들을 가지는 것은 그야말로 필연적이며, 이것이 현상과 실재의 구별이 단숨에 지각적 '종합'에서 자신의 자리를 차지하는 이유이다. 반대로, 의식은 내가 '심적 사실들'에 대한 나의 의식을 고찰한다면 자신의 권리들과 자신에 대한 완전한 소유를 되찾는 것 같다. 예를 들면 사랑과 의지는 내적 작용들이다. 이것들은 자신의 대상들을 지어내고 사람들은 이것들이 그렇게 함으로써 실재적인 것으로부터 빗나갈 수 있다는 것을, 그리고 바로 이러한 의미에서 이것들이 우리를 속인다는 것을 잘 이해한다. 그러나 이것들이 그 자신들에 대하여 우리를 속인다는 것은 불가능한 것 같다. 즉 내가 사랑, 기쁨, 슬픔을 경험하는 순간부터 내가 사랑한다는 것, 내가 기쁘거나 슬프다는 것은 그 대상이 타인이나 나 자신에 대하여 내가 현재 귀속시키는 가치를 다른 때는 사실상 가지고 있지 않다 해도 사실이다. 현상은 내 안의 실재요, 의식의 존재는 자기에게 나타남이다. 대상을 가치 있는 것으로 의식하는 것이 아니라면(또는 타락한 의지의 경우에는 그것을, 가치 있는 것이 아닌 그 만큼 가치 있는 것으로 의식하는 것이 아니라면), 의지한다는 것은 무엇인가? 대상을 사랑스러운 것으로 의식하는 것이 아니라면, 사랑한다는 것은 무엇인가? 그리고 대상의 의식은 반드시 대상 자신의 앎을 포함하고, 그렇지 않으면 그것은 대상을 피해 가고 파악하지도 못할 것이므로, 의지한다는 것과 사람들이 의지하는 것을 안다는 것, 사랑한다는 것과 사람들이 사랑하는 것을 안다는 것은 하나의 행동일 뿐이며, 사랑한다는 것은 사랑한다는 의식이요, 의지한다는 것은 의지한다는 의식이다. 자기 의식을 가지지 않는 사랑이나 의지는, 무의식적 사고가 사고하지 않는 사고이듯이 사랑하지 않는 사랑이요, 의지하지 않는 의지이다. 의지나 사랑은 자신의 대상이 꾸며낸 것이든 실재적이든 동일자일 것이고, 자신이 사실상 향하는 대상들에 조회함이 없이 고찰된다면 그것들은 진리가 우리를 피해 갈 수 없는 절대적 확실성의 영역을 구성할 것이다. 모든 것이 의식 안에서는 진리일 것이다. 외적 대상에 관해서가 아니라면 환상은 없을 것이다. 느낌은, 그 자체로 고찰된다면 그것이 느껴지는 이상 언제나 참일 것이다. 그러나 더 자세하게 살펴보자.

6 _ 거 짓 된 또 는 환 상 적 느 낌 들

우선 우리가 '참된' 느낌들과 '거짓된' 느낌들을 우리 자신 속에서 구별할 수 있다는 것, 우리에 의해 우리 자신 속에서 느껴지는 모든 것은 바로 그 사실로부터 동일한 존재의 수준 위에 놓여진 것으로, 또는 동일한 자격을 지닌 참된 것으로 드러나지 않는다는 것, 우리 밖에 '반영들' '환영들' '사물들'이 있듯이 우리 안에 실재성의 정도들이 있다는 것은 분명하다. 참된 사랑 이외의 거짓된 또는 환상적 사랑이 있다. 이 마지막 경우는 해석의 오류들 그리고 사랑의 자격이 없는 감정에 악의로 사랑의 이름을 부여하는 오류들과 구별되어야 한다. 왜냐하면 그때는 사랑 비슷한 것조차도 없었기 때문이다. 나는 한순간이라도 나의 삶이 그러한 느낌에 참여했다는 것을 믿지 않았고, 엉큼하게 내가 이미 알고 있었던 대답을 피하기 위해 질문을 제기하는 것을 피했으며, 나의 '사랑'은 환심이나 악의에 의해서만 이루어졌다. 정반대로, 거짓된 또는 환상적 사랑에서 나는 기꺼이 사랑하는 사람과 결합하고, 그녀는 잠시 동안 참되게 세계와 나의 관계의 매개자였으며, 내가 그녀를 사랑한다고 말했을 때 나는 '해석하지' 않으며 나의 삶은 멜로디처럼 조곡을 요구하는 형태로 참되게 참여했다. 환상이 깨진 후(**나 자신에 대한** 나의 환상이 드러난 후) 내가 나에게 일어난 바를 이해하고자 노력할 때, 내가 소위 그 사랑에서 사랑과 **다른 것**을 발견할 것이라고 하는 것은 사실이다. 즉 '사랑 받은' 여인과 다른 사람과의 유사성, 권태, 습관, 관심과 확신의 공통성이 그것이고 나에게 환상이라고 말해주는 것을 허용할 그런 것들이다. 나는 **성질들**(다른 미소를 닮은 그 미소, 사실로서 강요되는 그 아름다움, 동작과 행동의 젊음)만을 사랑했고, 그녀 자체인 독자적 존재 방식을 사랑하지 않았다. 그리고 상관적으로, 나는 전적으로 차지되지도 않았고, 나의 지난 과거의 삶과 미래의 삶은 침투당하는 것을 비켜갔다. 나는 내 속에 다른 것을 위해 예약된 장소들을 남겨두었다. 그렇다면 사람들은, 나는 그것을 알지 못했고 이 경우에 환상적 사랑의 문제는 아니며 끝나버린 참된 사랑의 문제라고 말할 것이고, 아니면, 나는 그것을 알았고 이 경우에 사랑은 없었으며, 심지어 '거짓된' 사랑조차도 없었다고 말할 것이다. 그러나 그 어느 쪽도 아니다. 사람들은 그 사랑이 존재했던 동안은 참된 사랑과 구별될 수 없었다고, 내가 그 사랑을 부인했을 때 '거짓된 사랑'이

되었다고 말할 수 없다. 사람들은 열다섯 살에 겪은 신비한 위기가 그 자체로 의미가 없고, 내가 나중의 내 삶에서 자유롭게 평가함에 따라, 사춘기의 사건 또는 종교적 소명의 최초의 기호가 **되었다**고 말할 수 없다. 내가 나의 삶 전체를 사춘기의 사건에 의거해 구성한다 해도 그 사건은 자신의 우연적 특성을 간직하고, '거짓된' 것은 나의 삶 전체이다. 내가 체험한 신비적 위기 그 자체에서 사람들은 소명과 사건을 구별짓는 어떤 특성을 발견해야 한다. 전자의 경우에 신비적 태도는 세계 및 타인과 나의 근본적 관계에 끼어들고, 후자의 경우에 그것은 주체의 내부에 아무런 필연성도 없이 있는 비개인적 행동, 즉 '사춘기'이다. 마찬가지로, 참된 사랑은 주체의 모든 원천과 관심을 호출하고 거짓된 사랑은 자신의 사람들 중의 하나에만 관계한다. 즉 늦은 나이의 사랑이 문제라면 '40대의 남자,' 이국적 사랑이 문제라면 '여행자,' 거짓된 사랑이 회상에 의해서 유지된다면 '과부,' 그것이 어머니의 회상에 의해 유지된다면 '아동'. 참된 사랑은 내가 변할 때 또는 사랑 받는 사람이 변했을 때 끝난다. 거짓된 사랑은 내가 나 자신으로 돌아갈 때 거짓된 것으로 드러난다. 그 차이는 내재적이다. 그러나 그것이 나의 전체적 세계-에로-존재에 차지하는 느낌의 지위에 관계할 때, 거짓된 사랑이 내가 그것을 체험할 때 존재한다고 내가 믿는 그 사람에 관계할 때, 그 거짓됨을 분간하기 위해 내가 환상에서 깨어남으로써만 내가 얻을 나 자신에 대한 인식을 필요로 할 때, 애매성은 남고, 이것이 환상이 가능한 이유이다. 다시 한 번 신경증 환자의 경우를 고찰해보자. 사람들은 곧장 그를 모의 실험 기기로 취급해 버리나 우선 그가 속이는 자는 그 자신이다. 그리고 이러한 가소성 (可塑性)은 사람들이 피하고자 하는 문제를 다시 제기한다. 즉 신경증 환자는 어떻게 자신이 느끼는 것을 느끼지 않을 수 있는가, 어떻게 자신이 느끼지 않는 것을 느낄 수 있는가? 그는 고통, 슬픔, 분노를 **가장하지** 않는다. 그러나 그의 '고통' '슬픔' '분노'는 '실재적' 고통, 슬픔, 분노와 구별되는데, 왜냐하면 그는 거기에 전적으로 있지 않기 때문이다. 그 자신의 중심에서 그는 평온한 지대를 유지하고 있다. 환상적 또는 상상적 느낌들은 틀림없이 체험되나, 말하자면 우리 자신의 주변에서 체험된다.[17] 아동들과 많은 성인들은 자신들에게 실제적 느낌들을 감추는 '상황의 가치들'에 의해서 지배된다. 그들은 사람들이 선물을 자신들에게 주어서 기쁘고, 장례식장에 입회하여서 슬프며, 그 광경에 따라 즐겁거나 슬프다. 그들은 이러한 느낌들을 넘어서는 그저 무관심하고 멍하다. "우리는 느낌들 자체를 정말로 느끼나 비본래적 방식으로 느낀다. 그것은 본래적 느낌의 그림자와 같다." 우리의 자연적 태도는 우리 자신의 느낌들을 경험하는 것 혹은 우리 자신의 즐거움에 집착하는 것이 아니라, 환경의 감정적 범주에 따라 체험하는 것이다. "사랑 받는 젊은 소녀는 이졸드나 줄리엣처럼 자신의 느낌들을 투사하지 않으며, 그러한 시적 환영들의 느낌들을 체험하고 그것들을 자신의 삶에 스며들게 한다. 아마도 개인적 · 본래적 느낌들이 감정적 환영들의 씨실을 부수는 것은 나중의 일일 것이다."[18] 그러나 이 감정이 탄생되지 않는 한, 젊은 소녀는 자신의 사랑에서 환상적이며 문학적인 것을 가려낼 수단을 가지지 못한다. 자신의 현재의 느낌들, 즉 정말로 체험된 느낌들의 잘못을 나타나게 할 것은 자신의 미래의 느낌들의 진리인 것이다. 그 젊은 소녀는 배우가 자신의 역할에서 그렇듯 그러한 느낌들 속에서 '비실재화된다'.[19] 여기서 우리는 실재적 정서들을 터뜨리는 표상들이나 관념들을 가지는 것이 아니라, 오히려 꾸며낸 정서들과 상상의 느낌들을 가진다. 따라서 우리는 우리 자신을 우리의 모든 실재성에서 언제라도 소유하지 않으며, 사람들은 내적 지각, 내적 의미, 우리와 우리 자신 사이의 '분석자'에 대하여 말할 권리를 가지거니와, 이 분석자는 우리의 삶과 존재에 대한 인식을 언제라도 다소간 멀리 향한다. 내

---

17 Scheler, *Idole der Selbsterkenntnis*, p. 63 및 이하.
18 같은 책, pp. 89~95.
19 J. P. Sartre, *L'Imaginaire*, p. 243.

적 지각의 이편에 남아 있고 내적 의미에 인상을 주지 않는 것은 무의식이 아니다. '나의 삶,' 나의 '전 존재'는 베르그송의 '심층적 자아'*처럼 확증 가능한 구성물들이 아니라, 반성에 명증적으로 주어지는 현상들이다.

7_참여로서의 느낌

문제는 우리가 무엇을 **하고** 있는가 이외의 다른 것이 아니다. 나는 사랑에 빠져 있다는 것을 발견한다. 지금 나의 증거가 되는 다음과 같은 사실들의 어느 것도 나를 피해 가지 못했을 것이다. 즉 나의 미래를 향한 나의 현재의 보다 성급한 움직임도 나를 침묵 속에 놓아두는 이 정서도, 만나는 날이 오기를 몹시 기다리는 이 초조도 나를 피해 가지 못했을 것이다. 그러나, 결국 나는 그것들을 총괄적으로 보지 못했고, 또는 내가 총괄적으로 보았다면 나는 그것이 그토록 중요한 느낌이라는 것은 생각하지 못했을 것이다. 나는 지금은 그 사람 없는 나의 삶을 더 이상 생각할 수 없다는 것을 발견한다. 이전의 날들로 되돌아가면서 나는 나의 행동들과 사고들이 성극되었음을 확증하고 조직, 즉 **행해진** 종합의 흔적들을 발견한다. 내가 지금 아는 것을 나는 언제나 알았다고 주장하는 것, 내가 방금 얻은 나 자신에 대한 인식을 지나간 날들에서 실현하는 것은 가능하지 않다. 일반적인 방식으로, 내가 나 자신에 대하여 배울 어떤 것을 많이 가졌음을 부정하는 것은 가능하지 않고, 내가 지금은 의심조차 않는 책들과 사건들을 읽고 겪은 후에, 내가 나 자신에 대해 알 모든 것이 미리 포함된 나에 대한 인식을 미리

---

* 베르그송은 자아의 모습을 심층적 자아와 표층적 자아로 나눈다. 표층적 자아는 표면적으로 외부 세계와 접촉하면서 일상성에 따라 사회 생활을 영위하는 자아로서 기생적 자아라고도 한다. 이에 비해 심층적 자아는 그와 같은 외적 공간성을 배제하거나 일상적 사회성을 초월하는 직관에 의해서 파악된 자아로서 근저적 자아, 내면적 자아라고 불린다.

나 자신의 중심에 놓는 것도 가능하지 않다. 자기 자신에게 투명하다는 의식의 관념, 의식의 존재는 그 존재가 자기 존재에 대해 자기가 가지는 의식으로 환원된다는 이러한 의식의 관념은 무의식의 개념과 그렇게 다르지 않다. 양측 모두에게 동일한 회고적 착각이 있는데, 그것은 사람들이 내가 나중에 나 자신에 대해 배우게 될 모든 것을 명시적 대상으로서 내 속에 끌어넣는다는 것이다. 나를 통해서 자신의 변증법을 계속해나가는 그리고 내가 방금 발견한 그 사랑은, 처음부터 무의식에 숨겨진 사물이 아니고 나의 의식 앞의 대상도 아니다. 그것은 운동인즉, 이것에 의해서 나는 어떤 사람에 대해 관심을 갖고 나의 사고와 행동의 변화에 관심을 갖는다. 나는 이 점을 모르는데, 왜냐하면 만나기 전 몇 시간 동안의 지루한 시간을 체험하고도 그녀가 올 때 기쁨을 경험한 자가 바로 나이기 때문이다. 이렇듯 사랑은 처음부터 끝까지 체험된 것이었다. 그것은 인식된 것이 아니었다. 사랑하는 자는 꿈꾸는 자에 비유된다. 꿈의 '잠재적 내용'과 '성적 의미'는 꿈꾸는 자에게 틀림없이 현전하는데, 왜냐하면 그 꿈을 꾸는 자는 그이기 때문이다. 그러나 성이 꿈의 일반적 분위기라는 바로 그 이유에서 그것들은 자신들이 의존해 분리되는 비성적인 배경이 없어서 성적인 것으로 주제화되지 않는 것이다. 사람들이, 꿈꾸는 자가 자신의 꿈의 성적 내용을 의식하는가 그렇지 않은가 하고 묻는다면 질문을 잘못 제기하는 것이다. 우리가 앞서 설명한 대로, 성이 우리가 세계에 관계하는 방식이라면 꿈에서 일어나는 것처럼 우리의 메타 성적 존재가 사라질 때 그것은 어디에나 있으면서도 아무 데에도 없다. 그것은 그 자체로 애매하고 자신을 성으로 규정할 수 없다. 꿈속에 나타나는 불은 꿈꾸는 자에게 성적 충동을 받아들일 수 있는 기호로 변장하는 방식이 아니다. 그것이 기호가 되는 것은 깨어 있는 사람에 대해서이다. 꿈의 언어에서 불은 성적 충동의 상징인데, 왜냐하면 물리적 세계와 깨어 있는 생활의 엄밀한 맥락에서 분리된 채 꿈꾸는 자는 감정적 가치에 비례해서 상들을 이용하기 때문이다. 꿈의 성적 의미는 무의식적이지도 않고 '의식적'이지도 않은데, 왜냐하면 꿈은 깨어 있는 생활처럼 사실적 질서의 상호 관계에 의해서 '의미하지' 않기 때문이다. 또한 사람들은 성을 '무의식적 표상들'에서 구현하게 함으로써, 그리고 이름을 부르면 끌려 나오는 의식을 꿈꾸는 자의 심층에 놓음으로써, 자신들을 기만한다. 마찬가지로, 사랑을 체험하는 사랑하는 자에게 사랑은 이름을 가지고 있지 않다. 그것은 사람들이 도려내거나 지정할 수 있는 사물이 아니다. 그것은 책이나 신문이 말하는 그런 사랑이 아니다. 왜냐하면 그것은 사랑하는 자가 세계와 자신의 관계를 확립하는 방식이기 때문이다. 즉 그것은 실존적 의미이다. 범죄자는 자신의 범죄를 보지 못한다. 배반자는 자신의 배반을 보지 못한다. 그것들이 표상들이나 무의식적 성향들로서 그들의 심층에 존재해서가 아니라, 그만큼 상대적으로 닫힌 세계들이요, 상황들이어서이다. 우리가 상황속에 있다면, 우리는 둘러싸여 있고 우리 자신에 투명할 수 없으며, 우리 자신에 대한 우리의 접촉은 애매성 속에서 이루어질 수밖에 없다.

8 _ 나는 먼저 사고하기 때문에 내가 사고하는 것을 안다

그러나 우리는 목표를 초과하지 않았는가? 환상이 때때로 의식에서 가능하다면 그것은 언제나 그럴 수 있는가? 우리는 그것이 체험될 정도로 충분히 참여하나 본래적일 정도로 충분히 참여하지는 않는 상상적 느낌들이 있다고 말했다. 그러나 절대적 참여가 있는가? 참여는 그것이 완전하지 않다는 바로 그 의미에서 참여하는 사람의 자율성을 존속시키는 것을 자신의 본질로 하지 않는가? 따라서 참여는 어떤 느낌들을 본래적인 것으로 규정짓는 모든 수단을 우리에게서 빼앗는 것이 아닌가? 주체를 실존에 의해서, 다시 말해, 즉 주체가 자신을 넘어서게 되는 운동에 의해서 규정한다 함은, 주체가 도대체 **존재한다**는 것일 수가 없을 것이기 때문에, 동시적으로 자신을 환상에 바치는 것이 아닌가? 규정된 의식에서는 현상에 의해 실재를 가질 수가 없기 때문에 우리는 우리와 우리 자신 사이의 연결들을 잘랐고, 의식을 파악 불가한 실재의 단순한 현상을 위한 조건으로 환원한 것이 아닌가? 우리는 절대적 의식 아니면 한없는 의심이라는 양자택일의 기로에 있지 않은가? 그리고 우리는 전자의 해결을 거부함으로써 코기토를 불가능하게 하지 않았는가? 이 이의는 우리로 하여금 본질적 지점에 도달하게 한다.

나의 실존이 자신을 소유한다는 것은 사실이 아니며, 나의 실존이 자기 자신에게 낯설다는 것도 사실이 아니다. 왜냐하면 나의 실존은 행동 또는 행함이기 때문이고, 행동은 정의상 내가 가지는 것에서 내가 겨냥하는 것에로의, 내가 무엇인 바에서 내가 무엇이고자 할 바에로의 폭력적인 이행이기 때문이다. 내가 우선 실제로 의지하고 사랑하거나 믿는다면, 내가 나 자신의 실존을 완수한다면, 나는 코기토를 실현할 수 있고 진심으로 의지하고 사랑하거나 또는 믿는 것을 확신할 수 있다. 내가 그렇게 하지 않는다면 물리칠 수 없는 의심이 세계에 미치고, 역시 나 자신의 세계에도 미친다. 나는 나의 '미각들,' 나의 '의지들,' 나의 '욕망들,' 나의 '모험들'이 참으로 나의 것인가를 끝없이 물을 것이고, 그것들은 언제나 꾸며낸 것, 비실재적인 것, 잘못된 것처럼 보일 것이다. 그러나 이 의심 자체는 실제적 의심이지 않아서 더 이상 의심한다는 확실성에 이를 수도 없는 의심이다.[20] 사람들이 그로부터 탈출하고 '진정성'에 이르는 길은 그러한 의구심을 앞질러, 눈감는 것으로부터 '행하는 것'에로 뛰어드는 길밖에 없다. 따라서 내가 존재한다는 것을 확신

20 "……그러나 그때는 그래서 자신의 인격에 대한 냉소적 혐오 역시 고의적인 것이었는가? 그리고 그녀가 가장하고 있었던 이 혐오에 대한 경멸 역시 가장이 아니었는가? 뿐만 아니라 이 경멸에 대한 의심조차도…… 이것이야말로 미쳐가고 있는 것이다. 사람들이 진지한 태도로 임하게 되면, 따라서 그것은 더 이상 멈출 수 없게 되어버릴 것인가?" S. de Beauvoir, *L'Invitée*, p. 232.

하는 것은 내가 존재한다고 사고할 수 있기 **때문**이 아니다. 반대로, 나의 사고들에 대해 가지는 나의 확실성은 그 사고들의 실제적 존재에서 나온다. 나의 사랑, 증오, 의지는 사랑한다는, 증오한다는, 의지한다는 단순한 사고로서는 확실하지 않으나, 반대로, 그 사고의 확실성은 내가 **행하기** 때문에 확신하는 사랑한다는, 증오한다는, 의지한다는 행동에서 나온다. 모든 내적 지각이 비충전적인 것은 내가 사람들이 지각할 수 있는 대상이 아니기 때문이고 내가 행동에서만 나를 실재로 만들고 나를 만나기 때문이다. '나는 의심한다' 함은 이러한 입장에 관해서, 실제로 의심하고 의심의 경험에 참여하며, 이 의심을 이렇듯 의심한다는 확실성으로 존재하게 하는 것 이외의 모든 의심을 멈추게 하는 다른 방법을 가지고 있지 않다. 의심한다 함은 사람들이 '온갖 것을 의심한다' 할지라도 언제나 어떤 것을 의심한다는 것이다. 내가 의심한다는 것을 확신하는 것은 이러저러한 것 또는 모든 사물과 나 자신의 존재까지도 곧장 의심스러운 것으로 내가 여기기 때문이다. 내가 나를 인식하는 것은 '사물들'과 나와의 관계에서이고 내적 지각은 나중에 오는 것이다. 내가 나의 의심을 바로 그 의심의 대상에서 체험함으로써 그 의심과 접촉하기 시작하지 않았다면, 내적 지각은 가능하지 않을 것이다. 사람들은 우리가 외적 지각에 대해 말한 것을 내적 지각에 대해서도 말할 수 있다. 즉 외적 지각은 무한한 것을 포함하고 미완성일지라도 자신을 긍정하는 완성되지 않는 종합이다. 내가 재떨이에 대한 나의 지각을 검증하고자 한다면, 나는 그것을 끝낼 수 없을 것이고, 그것은 내가 명시적 지식에서 아는 것보다 더 많이 추정한다. 마찬가지로, 내가 나의 의심의 실재성을 검증하고자 한다면, 나는 그것을 끝낼 수 없을 것이고, 의심한다는 것에 대한 나의 사고, 이 사고에 대한 사고, 이런 방식으로 계속되는 사고를 문제시해야 할 것이다. 사물과 세계의 확실성이 그 속성들의 정립적 인식에 선행하는 것처럼, 의심의 확실성은 행동으로서의 의심 자체에서 오지 저렇게 계속되는 사고들에서 오지 않는다. 우리가 말한 대로 안다 함은, 그야말로 사람들이 안다는 것을 안다는 것인데, 그것은 안다의 이 제2의 능력이 안다 그 자체를 기초짓는 것이 아니라, 그와 반대로, 안다 그 자체가 그것을 기초짓기 때문이다. 나는 사물을 재구성할 수 없으나 지각된 사물들은 있고, 마찬가지로, 나는 흘러 지나가는 나의 삶과 일치할 수 없으나 내적 지각들이 있다. 마찬가지의 이유에서 나 자신에 관한 환상과 진리가 나에게 가능하다. 말하자면 나를 넘어서기 위해 내가 모으게 되는 행동들이 있다. 코기토는 그러한 근본적 사실의 인식이다. '나는 사고한다, 나는 존재한다'는 명제에서 이 두 긍정은 틀림없이 등가적이고, 그렇지 않으면 코기토는 없을 것이다. 그러나 여전히 그 등가성의 의미를 이해하지 않으면 안 된다. 즉 '나는 존재한다'를 탁월하게 포함하는 것은 '나는 사고한다'가 아니요, 내가 나의 존재에 대해 가지는 의식으로 환원되는 것이 나의 존재가 아니라는 것이며, 역으로, '나는 존재한다'는 초월 운동에 재통합되는 것이 '나는 사고한다'이고, 존재에 재통합되는 것이 의식이라는 것이다.

9_코기토와 관념: 기하학적 관념과 지각적 의식

의지와 느낌이 아닌 경우라면 적어도 '순수 사고'의 행동에 있어서 나와 나와의 절대적 일치를 인정하는 것이 필요한 것처럼 보이는 것은 사실이다. 그렇다면 우리가 방금 말한 모든 것은 문제가 되는 것으로 드러날 것이고, 사고가 존재 방식이기는커녕 우리는 참으로 사고에만 의존할 것이다. 따라서 우리는 이제 오성을 고찰하지 않으면 안 된다. 나는 삼각형을 생각하고 이것이 속하는 것으로 생각되는 3차원 공간을 생각하며, 그 측선의 연장을 생각하고 한 꼭지점에서 사람들이 그을 수 있는 맞변과의 평행선을 생각하며, 나는 그 꼭지점과 그 두 평행선이 삼각형의 세 내각의 합과 동등한 합을 이루고, 다른 한편, 2직각을 이루는 것을 통각한다. 나는 내가 증명한 것으로 간주하는 그 결과를 확신한다. 그것은 내가 선으로 표시한 구성물이 아동이 자신의 그림에 멋대로 덧붙이고 매번 의미를("그것은 집이야, 아니야 그것은 배야, 아니야 그것은 사람이야") 뒤집는 특성들처럼, 내가 우연히 손으로 그린 선들의 집합이 아니라는 것을 말하고자 함이다. 처음부터 끝까지 문제가 되는 것은 삼각형이다. 그 구성물의 발생은 실재적 발생만이 아니고 지적 발생이며, 나는 규칙에 따라 구성하고 **속성들**, 즉 삼각형의 본질에 속하는 관계들이 그 도형에 나타나도록 하지, 아동처럼 사실적으로 그 종이 위에 있는 규정되지 않는 도형이 제시하는 모든 것이 나타나도록 하지 않는다. 나는 주어진 전체에서 가설과 내가 그로부터 끌어내는 결론을 구성하는 필연적 연결을 통각하고 있기 때문에 증명하는 것을 의식하고 있다. 나에게 많은 수의 경험적 도형에 이 작용을 반복할 수 있는 능력을 보장하는 것은 이러한 필연성이고, 이러한 필연성 자체는 나의 개개의 증명 단계에서 번번이 내가 새로운 관계들을 도입했다는 것, 내가 삼각형을 그 관계들이 규정하고 또한 없애지 않는 안정된 구조로서 의식한 채로 있었다는 것에서 나온다. 이것이 사람들이 원컨대 증명은 다른 두 위치에서 구성된 각을 합하고, 그 합을 차례차례로 그 삼각형의 합과 같고 2직각과 같다는 것을 보여주는 데서 성립한다고 말할 수 있는 이유이다.[21] 그러나 우리는 여기서 서로 연속되면서 하나가 다른 하나를 밀어내는(꿈꾸는 아동의 그림 그리기에서처럼) 두 성형화만을 가지는 것이 아니라는 것도 덧붙여져야 한다.[22] 첫째 단계는 둘째 단계가 확립되는 동안에 나에 대하여 존속한다. 2직각과 같다는 그 각들의 합은 내가 다른 곳에서 삼각형의 합과 같다는 그

21 Wertheimer, *Drei Abhandlungen zur Gestalttheorie: die Schlußprozesse im produktiven Denken.*

22 A. Gurwitsch, *Quelques aspects et quelques développements de la théorie de la forme*, p. 460.

합**이다**. 이것이 가능한 것은 내가 **형상** 또는 존재의 질서에 접근하기 위해 현상들 또는 외관들의 질서를 넘어서는 한에서이다. 진리는 능동적 사고에서 절대적 자기 소유 없이는 불가능한 것처럼 보이고, 이것이 없으면 사고는 일련의 연속적 작용들을 전개하고 영원히 유효한 결과를 구성하는 데 성공하지 못할 것이다.

내가 사고의 단계의 시간적 분산과 나의 심적 사건들의 단순한 사실적 존재를 극복하게 되는 행동 **없이는** 사고와 진리는 없을 것이다. 그러나 중요한 것은 이러한 행동을 잘 이해하는 것이다. 증명의 필연성은 분석적 필연성이 아니다. 결론을 내리도록 허용해 줄 구성은 삼각형의 본질에 실재적으로 포함되어 있는 것이 아니다. 그것은 그러한 본질에 입각해서만 가능할 뿐이다. 사람들이 곧이어 증명할 속성들을 미리 포함하고 있는, 그리고 사람들이 그 증명에 도달하기 위해 거칠 매개들을 미리 포함하고 있는 삼각형의 규정은 없다. 변을 연장하는 것, 한 꼭지점에 그 맞변의 평행선을 그리는 것, 평행선과 그 할선에 관한 공리를 도입하는 것은 내가 삼각형 자체를 종이 위에, 흑판 위에 또는 상상 속에 그려진 것, 그 생김새, 그 선들의 배열, 그 **형태**를 고찰하는 한에서 가능할 뿐이다. 과연 바로 이것이 삼각형의 본질이나 관념인가? 우선 삼각형의 형식적 본질의 관념을 피하는 것부터 시작해보자. 사람들이 형식화의 기도들을 무엇이라고 생각해야 하든 간에 어쨌든, 그 기도들은 발견의 논리를 제공하는 것이라고 주장하지 않는다는 것, 사람들이 다산성에 있어서 그 도형의 봄과 동등한 삼각형의 논리적 규정을 구성할 수 없다는 것, 그리고 일련의 형식적 작용들에 의해서 우리에게 직관의 도움으로 미리 확립되지 않는 결론들에 도달하도록 허용하는 삼각형의 논리적 규정은 없다는 것은 확실하다. 아마도 사람들은 이것이 발견의 심리학적 여건들에만 관계할 뿐이라고 말할 것이다. 만약 사후에 가설과 결론 사이에서 직관에 아무런 빚도 지지 않는 연결을 확립하는 것이 가능하다면, 그것은 직관이 사고의 불가피한 매개자가 아니기 때문이며, 논리에서 어떤 지위도 가지고 있지 않기 때문이다. 그러나 형식화가 언제나 회고적이라는 것은 그것이 외관상으로만 완전하다는 것에 다름아니라는 것과 형식적 사고가 직관적 사고를 먹고 산다는 것을 증명한다. 그것은 사람들이 이유가 되는 것들이라고 말하는 바, 정식화되지 않은 공리들을 드러내고 이유에 엄밀성을 증대시키는 것으로 보이며, 우리의 확실성의 토대들을 적나라하게 드러내는 것으로 보인다. 그러나 사실상, 확실성이 이루어지고 진리가 나타나는 장소는 항상 직관적 사고이다. 그 점은 그 원리들이 거기에 암묵적으로 인수된다 하더라도 그렇고 더 정확히 말해, **바로 그 때문에** 그렇다. 우리가 **형식을 통해서** 사고하고, 형식적 관계들이 먼저 어떤 특수한 사물에 구현된 채로 우리에게 제공되지 않는다면, 진리의 경험은 없을 것이고 어떤 것도 '우리의 정신의 다변'을 종식시키지 못할 것이다.* 우리가 가설을 참인 것으로 간주하는 데서 시작하지 않았다면 그 귀결들을 연역하기 위한 가설을 정할 수조차 없을 것이다. 가설은 사람들이 참이라 가정하는 것이고, 가설적 사고는 사실적 진리의 경험을 전제한다. 따라서 구성은 삼각형의 성형화, 삼각형이 공간을 차지하는 방식, '위에' '의해서' '꼭지점' '연장'이라는 말에서 표현되는 관계들에 관계한다. 이러한 관계들이 일종의 삼각형의 질료적 본질을 구성하는가? '위에' '의해서' 등등의 말이 의미를 간직한다면, 그것은 내가 감각적 또는 상상의 삼각형 위에서 작용하기 때문이고, 말하자면, 내가 적어도 잠재적으로 나의 지각 장에 위치지어져 있고 '위'와 '아래' '좌'와 '우'에 관계해서 정위되어 있기 때문이다. 다시 말해서 우리가 앞서 보여준 대로, 내가 세계에 대한 나의 일반적 파악에 관여되어 있기 때문이다. 구성은 고찰된 삼각형의 가능성들을 삼각형의 규정에 따라, 관념으로서가 아니라 삼각형의 성형화에 따라 나의 운동의 극으로서

---

* 파스칼의 『팡세』에 나오는 용어. 그리스도교의 진리에 대하여 인간 정신은 말이 많으나 일정한 신앙에 도달하게 되면 말 많았던 주제들에 대하여 더 이상 수다를 떨지 않게 된다는 뜻이다.

명시화한다. 결론은 가설에서 필연적으로 도출되는데, 이것은 구성의 행동에서 기하학자가 전이의 가능성을 경험했기 때문이다. 이러한 행동을 더 잘 기술하도록 노력해보자. 우리는 이것이 분명히 손 동작만은 아니고, 나의 손과 펜이 종이 위에 실제로 이동하는 것만은 아니라는 것을 보았다. 왜냐하면 그런 것이라면 구성과 어떤 선 긋기 사이에는 아무런 차이가 없을 것이고, 어떤 증명도 구성에서 나오지 않을 것이기 때문이다. 구성은 말하자면, 실제적 흔적이 그 의도 밖으로 표현되는 동작인 것이다. 그러나 이러한 의도는 도대체 무엇인가? 나는 삼각형을 '고찰한다'. 그것은 나에 대하여 정위된 선들의 체계이다. '각' 또는 '방향'과 같은 말들이 나에 대하여 의미를 가진다면, 그것은 내가 나를 어떤 지점에 위치시키고 이로부터 다른 지점으로 향하는 한에서이고, 공간적 위치들의 체계가 나에 대하여 가능적 운동들의 장인 한에서이다. 내가 삼각형의 구체적 본질을 파악하는 것은 이렇게 해서이거니와, 삼각형은 객관적 '특성들'의 총체가 아니라, 태도의 공식, 세계에 대한 나의 파악의 어떤 양상, 하나의 구조이다. 구성하면서 나는 그 구조를 다른 구조, 즉 '평행선과 할선'의 구조에 들어 넣는다. 이것이 어떻게 가능한가? 그것은 나의 삼각형의 지각이 말하자면 응고되고 죽은 것이 아니었기 때문이고, 종이 위에 삼각형을 그리는 것이 삼각형의 외피였을 뿐이고 선들에 의해 강제로 관통되었기 때문이며, 그 가운데에서 그려지는 않았으나 가능한 방향들이 도처에 싹텄기 때문이다. 삼각형이 세계에 대한 나의 파악에 연루된 한에 있어서 그것은 규정되지 않은 가능성들로 가득 차 있었고, 그 중 실현된 구성은 특수한 경우일 뿐이다. 이 구성이 증명의 가치를 가지는 것은 내가 그 구성을 삼각형의 운동 공식으로부터 솟아오르게 하기 때문이다. 이 구성은 삼각형 구조에 대한 나의 지각인바, 사물들에 대한 어떤 파악의 감각적 상징들을 나타내게 하는, 내가 가지고 있는 능력을 표현한다. 그것은 생산적 구상력의 행동이지 삼각형의 영원한 관념에로의 복귀가 아니다. 칸트 자신에 따르면, 대상의 공간적 위치 설정은 오로지 정신적 작업만이 아니라 신체의 운동성을 이용하며,[23] 이 운동은 감각들이 생산될 때 자신의 운동 궤도 상의 지점을 그 감각들에 배치하는 것과 마찬가지로, 한마디로 말해, 위치 설정의 객관적 법칙을 연구하는 기하학자 역시 그의 흥미를 끄는 관계들을 적어도 잠재적으로 자신의 신체로 그것들을 기술함으로써만 인식할 수 있다. 기하학의 주체는 운동적 주체이다. 이것은 우선, 우리의 신체가 대상이 아니라는 것, 또한 그의 운동이 단순히 객관적 운동의 이동이 아니라는 것을 의미하고, 그렇지 않으면 그 문제의 방향은 잘못 놓일 뿐이다. 신체 자신의 운동은 사물들의 위치 설정의 문제의 명료화에 어떠한 기여도 하지 않을 것이다. 왜냐하면 그것 자체가 사물에 속할 것이기 때문이다. 칸트가 인정한 대로, '공간을 낳는 운동'[24]이 있어야 하는데, 우리의 지향적 운동인 이 운동은 사물과 우리의 수동적 신체의 운동인 '공간적 운동'과 구별된다. 그러나 그뿐이 아니다. 즉 운동이 공간을 낳는다면, 신체의 운동성이 구성적 의식을 위한 '도구'일[25] 뿐이라는 것은 배제된다. 구성적 의식이 있다면, 신체적 운동은 그 의식이 신체적 운동을 그런 것으로서 사고하는 한에서만 운동일 뿐이다.[26] 구성하는 힘은 신체적 운동에서 자신이 거기에 넣은 것만을 발견한다. 신체는 의식과 관계해서 도구조차도 아니다. 그것은 대상들 중의 하나이다. 구성적 의식의 철학에 심리학은 없으며, 또는 적어도 심리학이 말할 가치가 있는 것은 더 이상 하나도 남아 있지 않다. 심리학은 반성적 분석의 결과들을 개개의 특수한 내용에 적용할 수 있을 뿐이요, 더욱이 그 결과들을 왜곡하

지각의 현상학

---

23 P. Lachièze-Rey, *Utilisation possible du schématisme kantien pour une théorie de la perception: Réflexions sur l'activité spirituelle constituante.*

24 P. Lachièze-Rey, *Réflexions sur l'activité spirituelle constituante,* p. 132.

25 P. Lachièze-Rey, *Utilisation possible du schématisme kantien pour une théorie de la perception,* p. 7.

26 "그것은 오로지 자신을 운동으로서 생각하도록 허용할 수 있는 공간적 궤도의 내재성을 내재적으로 밝혀내지 않으면 안 된다." P. Lachièze-Rey, 같은 책, p. 6.

면서 그렇게 할 수 있을 뿐이다. 왜냐하면 심리학은 그 결과들의 선험적 의미를 박탈하기 때문이다. 신체의 운동이 세계의 지각에서 역할을 맡을 수 있는 것은 그 자신이 원래적 지향성이요, 뚜렷한 인식 대상과 관계하는 방식인 한에서이다. 세계는 우리의 주위에 우리가 종합을 수행하는 대상들의 체계로서가 아니라, 우리가 투사되는 사물들의 열린 총체로서 있어야 한다. '공간을 낳는 운동'은 이 세계에 없는 어떤 형이상학적 지점으로부터가 아니라, 어떤 저기를 향하는 어떤 여기, 원칙적으로 대체 가능한 다른 어떤 곳으로부터 그 궤도를 전개한다. 운동의 기도는 하나의 행동인데, 말하자면 시공간적 거리를 돌파하면서 그것을 나타낸다. 그러므로 기하학자의 사고는, 그 사고가 그러한 행동에 반드시 의존하는 그 정도만큼 그 자신과 일치하지 않는다. 그것은 초월 자체이다. 내가 구성에 의해 삼각형의 속성들을 나타나게 한다면, 이렇게 변형된 도형이 내가 출발한 바로 그 도형이기를 그만두지 않는다면, 그리고 결국 내가 필연성의 특성을 간직하는 종합을 수행할 수 있다면, 그것은 나의 구성이 모든 속성들이 포함될 삼각형의 관념에 의해 기초지어져서가 아니며, 내가 지각적 의식에서 출발하여 **형상**에 도달해서가 아니다. 그것은 내가 나를 단숨에 공간에 삽입하는 신체에 의해서이자, 그리고 그 신체의 자발적 운동이 일련의 명확한 절차에 의해 나에게 공간의 전체적 봄에 도달하도록 허용하는, 그런 신체에 의해서 새로운 속성의 종합을 실현하기 때문이다. 기하학적 사고가 지각적 의식을 초월하기는커녕, 지각의 세계에서 나는 본질의 개념을 빌려온다. 나는 삼각형이 2직각과 동등한 내각의 총합을 가졌고, 기하학이 귀속시키는 보다 덜 가시적인 모든 다른 속성들을 언제나 가졌으며, 항상 가질 것이라고 믿는다. 왜냐하면 나는 실재적 삼각형의 경험을 가지기 때문이고, 물리적 사물처럼 그 삼각형은 그 속에 자신이 현시할 수 있었거나 또는 현시할 수 있을 모든 것을 반드시 **가지기** 때문이다. 지각된 사물이 그 사물 자신 그대로인 것이라는 존재의 이상을 영구히 우리 속에 정초하지 않았다면, 존재의 현상은 없을 것이고 수학적 사고는 우리에게 창조로서 나타났을 것이다. 내가 삼각형의 본질이라 부르는 것은 우리가 사물을 규정함에 있어 기댔던 완성된 종합의 추정 이외의 다른 것이 아니다.

10_ 관념과 언사, 그리고 표현에서 표현된 것

자기 자신이 움직이는 한에서의 우리의 신체, 즉 자신이 세계를 보는 것과 분리될 수 없고 그 자신이 보는 것을 실현시키는 우리의 신체는 기하학적 종합의 가능 조건일 뿐만 아니라, 또한 문화적 세계를 구성하는 모든 표현적 작용들과 획득물들의 가능 조건이기도 하다. 우리가, 사고가 자발적이라고 말할 때 그것은 사고가 자신과 일치한다는 것을 말하고자 함이 아니다. 반대로, 그것은 사고가 자신을 넘어선다는 것, 언사는 바로 사고가 진리로서 영원화되게 되는 행동이라는 것을 말하고자 함이다. 언사가 단순한 사고의 옷으로 간주될 수 없고, 표현이 이미 대자적으로 분명한 의미의 자의적 기호 체계로의 번역으로서 간주될 수 없음은 실제로 분명하다. 사람들은 소리들과 현상들이 그 자체로는 아무것도 말하고자 하지 않고, 우리의 의식은 언어에서 자신이 거기에 넣은 것만을 발견할 수 있을 뿐이라고 되풀이해서 말한다. 그러나 이로부터 언어는 우리에게 아무것도 가르칠 수 없을 것이라는 결론, 기껏해야 우리가 이미 소유하고 있는 의미들의 새로운 결합을 우리에게 일으킬 수 있을 뿐이라는 결론이 나올 것이다. 이것은 언어의 경험이 증거하는 것과 반대된다. 의사 소통이 사전에 의해 주어지는 것과 같은 대응 체계를 전제하는 것은 사실이다. 그러나 그것은 그 사실을 넘어간다. 개개의 낱말에 그 낱말의 의미를 주는 것은 문장이고, 완전하게 고정시키는 것이 불가능한 이 의미를 낱말이 점차로 떠맡게 되는 것은 그 낱말이 다른 맥락들에서 사용됨으로써이다. 중요한 언사, 좋은 책은 자신의 의미를 강요한다. 따라서 그것들은 자신 속에 어떤 방식으로 의미를 운반한다. 그리고 말하는 주체에 관한 한, 표현 행동은 그에게 그가 미리 생각했던 것을 역시 넘어서도록 허용해야 하고, 그가 자기 자신의 언사에서 자신이 거기에 넣는다고 생각한 것보다 더 많이 발견하는 것도 허용하도록 해야 한다. 그렇지 않으면 사람들은 사고를, 혼자서 하는 사고라도 그토록 끈기 있게 표현을 추구하는 것을 이해하지 못할 것이다. 따라서 언사는, 의미가 정해진 말들에 의해서 그리고 이미 이용 가능한 의미들에 의해서 원칙적으로 그런 것들을 넘어서고 궁극적으로는, 자신이 번역되게 되는 말들의 의미를 스스로 수정하고 고정시키는 그런 의도에 우리가 도달하려고 애쓰는 역설적 작용이다. 구성된 언어는 색깔이 그림에서 하는 역할처럼 그 정도로만 표현 작업에서 그 역할을 한다. 우리가 눈 또는 일반적으로 감각을 가지고 있지 않다면 우리에 대하여 그림은 없을 것이다. 그러나 그 그림은 우리의 감관의 단순한 행사가 우리에게 사물들에 대해 가르칠 수 있는 것보다 더 많이 '말한다'. 따라서 감각 소여들 이상의 것인 그림, 구성된 언어의 소여들 이상의 것인 언사는 관객이나 청자의 정신에 대자적으로 존재하는 의미에 관계없이 그 자체로 의미있는 효력을 가져야 한다. "화가는 색깔에 의해서, 음악가는 악보에 의해서 하는 것처럼 말에 의해서 우리는 광경, 정서 또는 추상적 관념에 대해서조차도 일종의 등가물 또는 정신에 용해될 수 있는 **형질**을 구성하고자 한다. 여기서 표현은 주요한 것이 된다. 우리는 독자에게 알려주고 그로 하여금 우리의 창조적 또는 시적 행위에 참여하도록 하며, 이런 대상 또는 저런 느낌의 진술을 그의 정신의 내밀한 입에 놓는다."[27] 화가나 말하는 주체에 있어서 그림과 언사는 이미 이루어진 사고의 예시가 아니라 그 사고의 자기화 자체이다. 이것이 이미 확실한 사고를 옮기는 2차적 언사와 이것을 우선

27 Claudel, *Réflexions sur le vers français, Positions et propositions*, pp. 11~12.

우리에 대해서 그리고 타인에 대해서도 존재하게 하는 발원적 언사를 우리가 구별하는 데로 귀착했던 이유이다. 이제 뜻이 분명한 사고의 단순한 색인들이 된 모든 말들이 그럴 수 있었던 것은 이것들이 우선 발원적 언사들로 기능했기 때문이고, 우리가 그것들을 '획득하는 것'이 가능했을 때, 그리고 그것들이 여전히 원초적 표현 기능을 행사했을 때, 우리가 미지의 풍경처럼 그것들이 가졌던 소중한 모습을 여전히 상기할 수 있기 때문이다. 따라서 자기 소유, 자기와의 일치는 사고의 규정이 아니다. 반대로, 획득된 것이, 우리가 흐르는 삶의 순간을 우리 속에 영원화하게 된 근본적으로 모호한 작용에 의존하는 한, 그것은 표현의 결과이고 또 그 정도에서 그것은 항상 환상이다. 우리는 자신의 획득물을 향유하기는 해도 무한한 표현 과정의 한 정지일 뿐인 사고 아래에서, 자신을 확립하고자 애쓰는 사고이자, 구성된 언어의 자원들을 참신한 사용에 따르게 함으로써만 거기에 도달하는 사고를 발견하도록 인도된다. 이러한 작용은 궁극적 사실로 간주되어야 한다. 왜냐하면 사람들이 그것에 제공하고자 했던 모든 설명은 새로운 의미들을 기존의 의미들로 환원하는 경험론적 설명이든 지식의 최초의 형태에 내재하는 절대적 지식을 정립하는 관념론적 설명이든, 단적으로 말해 그것을 부정하는 데서 성립했기 때문이다. 언어가 우리를 능가하는 것은 언사의 이용이 현실적이지 않은 많은 사고들이자 개개의 말이 개괄하는 많은 사고들을 언제나 가정하기 때문만은 아니고, 보다 심층적인 다른 이유 때문이기도 하다. 즉 그러한 사고들은 그 현실성에 있어서 '순수' 사고들도 아니었고, 또한 그 속에는 이미 기표를 능가하는 기의의 초과도 있었으며, 사고된 사고가 사고하는 사고와 같아지기 위한 노력도 있었고, 표현의 모든 신비를 형성하는 양자의 잠정적 결합도 있었기 때문이라는 것이다. 사람들이 관념이라 부르는 것은 반드시 표현 행동에 결부되어 있고, 그것이 자율성의 외관을 가지는 것은 그 때문이다. 관념은 교회, 거리, 연필 또는 「교향곡 제9번」처럼 문화적 대상이다. 사람들은 교회는 불탈 수 있고 거리와 연필은 파괴될 수 있다고 대답할 것이고,「교향곡 제9번」의 모든 악보와 모든 음악 도구들이 재떨이로 변할 수 있다면, 그것을 들은 사람들의 기억 속에 몇 년 동안만 존재할 것이고, 반면 반대로, 삼각형의 관념과 그 속성들은 불멸할 것이라고 대답할 것이다. 사실, 자신의 속성들을 가진 삼각형의 관념, 2차 방정식의 관념은 자신의 역사적 · 지리적 영역을 가지고 있다. 우리가 그것들을 받아들였던 전통, 그것들을 전달해준 문화적 도구들이 파괴된 것으로 드러났다면, 그것들을 세계에 출현시키기 위해 새로운 창조적 표현 행동이 있어야 할 것이다. 오로지 참인 것은 이러하다. 즉 최초의 출현이 한 번이라도 주어져 그 뒤를 잇는 '출현들'이 만일 성공적이라면 아무것도 덧붙일 것은 없다는 것이고, 만일 결함이 있다면 완전 소비가 불가능한 상품으로서 우리 가운데 남아 있는 2차 방정식에서 아무것도 뺄 것은 없다는 것이다. 그러나 사람들은 프루스트가 말한 대로, 잘 연주되든 잘못 연주되든, 지적 계층에 존속하는, 아니 오히려, 자연적 시간에서보다 비밀스러운 시간에서 더 많이 자신의 존재를 계속하는 「교향곡 제9번」에 대해서도 똑같이 말할 수 있다. 관념들의 시간은 책들이 나타나고 사라지는, 또는 음악이 취입되거나 잊혀지는 시간과 혼동되지 않는다. 판을 거듭하고 있었던 책이 어느 날 읽혀지지 않게 되고, 음반 한 장 남아 있지 않았던 음악이 갑자기 수요가 많아진다. 관념의 존재는 표현 수단들의 경험적 존재와 혼동되어서는 안 된다. 그러나 관념들은 지속하거나 사라지고, 맑은 하늘은 다른 색으로 바뀐다. 우리는 이미 경험적 언사, 즉 울려 퍼지는 말, 생각 없이 나올 수 있는 이러이러한 말이 이런 순간에 저런 사람에 의해 말해진다는 사실과, 관념이 존재하기 시작하게 되는 선험적 또는 본래적 언사를 구별했다. 그러나 음성 기관, 분절 기관, 또는 호흡 장치를 가진 인간, 적어도 신체, 그리고 스스로 움직이는 능력을 가진 인간이 없었다면, 언사와 관념은 없었을 것이다. 여전히 참인 것은 이러하다. 즉 사고가 자신의 질료적 도구들에서 분리될 수 있고 영원한 가치가 있을 수 있는 것은 음악이나 그림에서보다 언사에서라는 것이다. 인간들이 기하학을 잊었다고 할지라도, 그것을 아는 사람이 한 명도 없다 할지라도, 물리적 인과성과의 만남에 의해 어떤 방식으로 언젠가 존재하는 모든 삼각형은 2직각과 동등한 내각의 합을 언제나 가질 것이다. 그러나 이 경우에 언사는 자연에 적용되는 데 반해, 음악과 그림은 시처럼 자신의 대상을 창조하기 때문이다. 음악과 그림은 자기 자신을 충분히 의식하자마자 신중하게 문화적 대상에 포함된다. 산문적 언사와 특히 과학적 언사는 자연 자체의 진리를 번역한다고 주장하는 문화적 존재이다. 사람들은 그것이 그럴 리가 없다는 것을 알고 있다. 과학에 대한 현대적 비판은 그것들이 구성적인 것을 가지고 있다는 것을 잘 보여주었다. '실재적' 삼각형들, 즉 지각된 삼각형들은, 체험된 공간이 유클리드 기하학에 대해서처럼 비유클리드 기하학에 대해서도 모순되지 않는다는 것이 사실이라면, 반드시 영원토록 2직각과 동등한 내각의 합을 가지는 것은 아니다. 따라서 표현 방식들 사이에 근본적 차이는 없는 셈이고, 사람들은 그 중의 하나가 진리 자체를 표현한다는 이유로 특전적 지위를 부여할 수 없다. 언사는 음악만큼 말이 없고 음악은 언사만큼 말을 한다. 표현은 도처에서 창조적이고, 표현된 것은 표현과 언제나 분리될 수 없다. 언어를 분명히 할 수 있고 그것을 하나의 대상처럼 우리 앞에 펼칠 수 있는 분석은 없다. 언사의 행위는 실제로 말하거나 듣는 사람에 대해서만 분명하고, 우리가 이렇게 이해하지 달리 이해하지 않게 된 이유들을 설명하려고 하자마자 모호해진다. 그것에 대해서 사람들은 우리가 지각에 대해서 말한 것과 파스칼이 의견들에 대해서 말한 것을 말할 수 있다. 즉 이러한 세 경우에 최초에 보여진 명료성을 사람들이 그 구성 요소들이라고 믿는 것으로 환원하려고 하자마자 사라지는 것은 그 명료성의 경이 자체인 것이다. 나는 말을 하고, 아무런 애매성도 없이 나를 이해하며, 내가 이해된다. 나는 나의 삶을 재파악하고 타인들은 그것을 재파악한다. 나는 "내가 오랫동안 기다렸다"고 말하기도 하고 어떤 사람이 "죽었다"고 말하기도 한다. 나는 내가 무엇을 말하는지를 안다고 믿는다. 그럼에도 불구하고 내가 나의 담화에 내포된 죽음의 시간이나 경험에 대해 물으면 나의 정신에는 모호함밖에 없다. 이것은 내가 언어 행동에 대해 말해보고자 애썼기 때문이고, 내가 죽음과 시간이라는 말에 의미를 부여한 표현 행동을 반복하고자 애썼기 때문이며, 내가 그것들이 나에게 보증하는 간명한 파악을 나의 경험에 들어오도록 애썼기 때문이다. 이러한 제2의 또는 제3의 표현 행위들은 다른 표현 행위들처럼 개개의 경우에 자신의 확고한 명료성을 가지고 있으나, 나는 표현된 것의 근본적 모호함을 없애버리지 못한 상태이고, 또한 나의 사고와 자기 자신과의 거리를 제거하지 못한 상태이다. 이로부터, 모호성에서 태어나고 전개되는 그러나 명료성을 가질 수 있는 언어는 무한한 **사고**의 이면일 뿐이고, 우리에게 전달된 그 사고의 전언일 뿐이라고 결론 내려야 하는가?[28] 이것은 우리가 방금 했던 분석과 연결하는 것을 그만두는 것을 의미하고 사람들이 동행하면서 확립했던 것을 결론으로서 타파하는 것을 의미한다. 언어는 우리를 초월하나, 그럼에도 우리는 말한다. 이로부터 우리가 우리의 언사가 한 자 한 자 읽어주는 초월적 사고가 있다고 결론 내린다면, 표현의 기도는 완성되는 것이 아니라고 우리가 방금 말한, 그 표현의 기도가 완성되는 것이라고 가정하는 것이고, 절대적 사고가 우리에 대하여 생각될 수 없는 것임을 우리가 방금 보여준 바로 그때 절대적 사고를 내세우고 있는 것이다. 이것이 파스칼의 변증론의 원리인데, 그러나 인간은 절대적 능력이 없다는 것을 보여주면 줄수록 사람들은 개연적으로가 아니라 정반대로 의심쩍어 하면서 절대자를 긍정하게 된다. 사실상, 분석은 언어 뒤에 초월적 사고가 있다는 것이 아니라, 사고가 언사에서 자신을 초월한다는 것, 언사는 사람들이 그 언사를 기초짓고자 하는 나와

---

28 페랭이 하는 바와 같이. B. Parain, *Recherches sur la nature et les fonctions du langage*, chap. XI.

나와의 일치, 나와 타인과의 일치를 그 자신이 **수행한다**는 것을 보여준다. 기본적 사실이자 놀라운 사실이라는 이중적 의미에서, 이러한 언어 현상은 우리가 초월적 사고로서 그것을 복제한다면 설명되는 것이 아니라 없어지는 것이다. 왜냐하면 그것은 사고의 행위가 한 번이라도 표현되었더라면 그때부터 그 자신보다 오래 사는 능력을 가진다는 그 점에서 성립하기 때문이다. 사람들이 때때로 말하는 것처럼 언어적 공식이 우리에게 기억의 수단으로 사용된다는 것은 사실이 아니다. 종이 위에 새겨져 있거나 기억에 위탁되어 있는 그것은 우리가 그것을 해석할 수 있는 내부의 능력을 단번에 획득하지 않았다면 아무런 소용도 없을 것이다. 표현한다 함은 확실한 사고들이 연결된 안정적 기호 체계를 새로운 사고로 대체하는 것이 아니다. 그것은 이미 사용된 말들을 이용해서 새로운 의도가 과거의 유산을 재파악하는 것을 확신하는 것이다. 그것은 단숨에 과거를 현재에 합체하고 그 현재를 미래에 접합하며, '획득된' 사고를 차후에 우리가 불러오거나 재생산할 필요 없이도 그것이 차원으로서 현존해 남아 있을 모든 시간적 원환을 열어주는 것이다. 사람들이 사고에 있어서의 비시간적인 것이라고 부르는 것은, 이렇듯 과거를 재파악하고 미래에 참여했던 것이기 때문에, 추정적으로 모든 시간에 속하는 것이고, 따라서 시간에 대하여 조금도 초월적이 아니다. 비시간적인 것은 획득된 것이다.

11_ 비 시 간 적 인 것 은 획 득 된 것 이 다

　시간 자체가 이러한 영구적 획득의 최초의 모형을 우리에게 제공한다. 시간이 사건들이 서로 잇달아 밀려옴에 따르는 차원이라면, 역시 그것은 사건들 하나하나가 떼어질 수 없는 자리를 받아들임에 따르는 차원이다. 사건이 일어난다고 말하는 것은 그것이 일어났다는 것이 영원히 참일 것이라고 말하는 것이다. 개개의 시간적 순간은 그 본질 자체에 따르면, 시간의 다른 순간들이 어떻게 할 수 없는 존재를 정립한다. 구성된 후에 기하학적 관계들이 획득된다. 내가 그 증명의 세목들을 잊는다 할지라도 수학적 동작은 하나의 전통을 정초하고 있는 셈이다. 반 고흐Van Gogh의 그림은 영원히 내 안에 자리 잡혀 있고 나는 되돌아갈 수 없는 한 걸음을 옮기고 있다. 나는 내가 보았던 그 그림의 명확한 어떤 기억도 간직하지 않는다 할지라도 그 이후의 나의 모든 미적 경험은 반 고흐의 그림을 안 어떤 사람의 그것일 것이고, 이것은 노동자가 된 부르주아가 자신의 노동자적 존재 방식에 있어서까지도 영원히 노동자가 된 부르주아로 남는 것과 같고, 또는 어떤 행위가 비록 우리가 그것을 나중에 부인하고 신념을 바꾼다 해도 영원히 우리를 어떤 성질의 사람으로 만드는 것과 같다. 실존은 언제나 자신의 과거를 부담하거니와 그것을 받아들이든 거부하든 부담한다. 프루스트가 말한 대로, 우리는 과거의 피라미드 위에 앉아 있고 우리가 이것을 보지 않는다면, 그것은 우리가 객관적 사고에 사로잡혀 있기 때문이다. 우리는 우리 자신에 있어 우리의 과거가 우리가 숙고할 수 있는 명시적 기억들로 환원된다고 믿는다. 우리는 우리의 실존을 과거로부터 잘라내고 그에게 그 과거에 대한 현재의 흔적들만을 재파악하도록 허용한다. 그러나 우리가 다른 곳에서 그 과거에로 직접 열리게 되지 않는다면, 어떻게 그 흔적들이 과거의 흔적들이라고 인식될 것인가? 획득은 환원 불가의 현상으로 인정되지 않으면 안 된다. 우리가 체험한 것은 우리에 대하여 영구히 있고 영구히 남는다. 노인은 자신의 어린 시절에 관련된다. 일어나는 개개의 현재는 쐐기처럼 자신을 시간에 처박고 영원성을 주장한다. 영원성은 시간을 넘어서 있는 다른 질서가 아니다. 그것은 시간의 분위기이다. 틀림없이, 참된 사고와 마찬가지로, 거짓된 사고는 이러한 종류의 영원성을 소유한다. 내가 지금 잘못 생각한다면 내가 잘못된 것이라는 것은 영원한 사실이다. 따라서 참된 사고에는 다른 다산성이 있지 않으면 안 된다. 그것은 실제로 체험된 과거로서뿐만 아니라 언제나 시간의 연속에서 다시 붙잡힌 영구적 현재로서도 참된 것으로 있지 않으면 안 된다. 그럼에도 불구하고 이것은 사실의 진리와 이성의 진리 사이에 어떠한 본질적 차이도 만들지 않는다. 왜냐하면 그것은 나의 행동들의 어느 하나도 아니고, 나의 잘못된 사고들의 어느 하나조차도 아니기 때문이다. 이것들은 내가 고수한 그 순간에는 가치나 진리를 겨냥하지 않았던 것이고, 그래서 그 현실성을 나의 삶의 연속에서 사라지지 않는 사실로서뿐만 아니라 내가 그 삶의 연속에서 인식한 보다 완전한 진리들이나 가치들을 향한 필연적 단계로서도 간직하지 않았던 것이다. 나의 진리들은 그 오류들로서 구성되었고 그것들을 자신의 영원성에 끌어넣는다. 역으로, 그것은 사실성의 계수를 간직하지 않는 이성의 진리가 아니다. 소위 유클리드 기하학의 투명성은 어느 날 인간 정신의 일정한 역사적 기간 동안의 투명성으로 드러나고, 다만 인간들이 잠시 동안 동질적 3차원의 공간을 그들의 사고의 '지반'으로 간주할 수 있었음을, 일반화된 과학이 공간의 우연적 분류로 간주하게 될 것을 의심 없이 인수할 수 있었음을 의미할 뿐이다. 따라서 모든 사실의 진리는 이성의 진리이고, 모든 이성의 진리는 사실의 진리이다. 이성과 사실의 관계, 시간과 영원성의 관계는 반성과 비반성적인 것의 관계, 사고와 언어의 관계 또는 사고와 지각의 관계처럼 현상학이 정초Fundierung라 불렀던 이중적 의미의 관계이다. 정초하는 용어——시간, 비반성적인 것, 사실, 언어, 지각——는 정초되는 것이 정초하는 것의 규정이나 설명으로 주어진다는 의미에서 최초의 것이고, 이것이 정초하는 것에게 정초되는 것을 다시 흡수하지 못하게 막는 것이다. 그럼에도 불구하고 정초하는 것은 경험적 의미에서 최초의 것은 아니고, 정초되는 것은 정초하는 것에서 단순하게 파생되지 않는다. 왜냐하면 정초하는 것이 분명해지는 것은 정초되는 것을 통해서이기 때문이다. 사람들이 현재가 영원성의 밑그림이고 참된 것의 영원성은 현재의 승화일 뿐이라고 말할 수 있는 것은 그 때문이다. 사람들은 이러한 애매성을 능가하지 못할 것이나, 모든 것을 유지하고 증명과 표현의 핵심에 있는 참된 시간의 직관을 발견함으로써 그 애매성을 결정적인 것으로 이해할 수 있을 것이다. 브룬슈빅이 말하는 대로, "정신의 창조적 능력에 대한 반성은, 사람들이 증명하기에 이르는 일정한 진리를 능가하면서도 동참하는 진리의 영혼이, 보다 포괄적이고 보다 심층적인 표현으로 향하기 위해, 그러나 이러한 진전이 참됨의 영원성에 타격을 입힘이 없이 그 진리의 특수한 표현으로부터 자신을 분리시킬 수 있는 영혼이 바로 그 일정한 진리에 있다는 느낌을 모든 경험의 확실성에 함축한다."[29] 아무도 소유하지 않는 이 영원한 참됨이란 무엇인가? 모든 표현을 넘어서 있는 이 표현된 것이란 무엇인가? 우리가 그것을 정립할 권리를 가진다면, 보다 정확한 표현을 얻고자 하는 것이 우리의 지속적 관심인 것은 왜인가? 정신들과 진리들이 이미 확립된 어떤 용어에도 향하지 않는다고 주장하면서도 향하는 것이 있는 것처럼 사람들이 처리하게 되는 바 그것들 주위에 있는 이 일자(一者)란 무엇인가? 초월적 **존재**의 관념은 적어도 개개의 의식과 상호 주관성이 언제나 어려운 재파악에서 스스로 자신들의 통일성을 만들어내게 되는 행동들을 쓸모 없는 것으로 만들지 않는 이점을 가졌다. 이러한 행동들이 우리가 우리 자신에게서 보다 친밀한 것으로 파악할 수 있는 것이라면, 신의 정립은 우리의 삶의 해명에 아무런 기여도 하지 못한다는 것은 사실이다. 우리에게는 영원한 참됨과 일자에의 참여에 대한 경험은 없고, 시간의 우연성을 통해 우리가 우리 자신과의 관계와 타인과의 관계를 갱신하게 되는 재파악의 구체적 행동들에 대한 경험이 있다. 요컨대, **세계에의 참여**의 경험이 있고 '진리에 속해 있음'은 세계-에로-존재와 구별되지 않는다.

---

29 Brunschvicg, *Les Progrès de la conscience dans la philosophie occidentale*, p. 794.

12_명증성은 지각처럼 사실이다

이제 우리는 명증성의 문제를 제기할 결심을 할 수 있고 진리의 경험을 기술할 수 있게 되었다. 지각들이 있는 것과 마찬가지로 진리들이 있다. 이것은 우리가 어떤 주장에 대한 이유를 완전하게 우리 앞에 펼칠 수 있어서가 아니라──동기들만 있을 뿐이고 우리는 시간에 대한 파악을 가질 뿐 시간을 소유하지 못한다──시간이 자신을 뒤로함에 따라 자신을 재파악하고, 가시적 사물과 첫눈에 들어오는 증거와 결합되는 것을 자신의 본질로 하기 때문이다. 모든 의식은 어느 정도 지각적 의식이다. 사람들이 그때그때마다 내가 나의 이유 또는 관념이라 부르는 것에 전제된 모든 것들을 전개할 수 있었다면, 명시화되지 않았던 경험들, 과거와 현재의 집단적 공헌들을 언제나 발견했을 것이고, 또 나의 사고의 **발생**에만 관계하지 않고 사고의 **의미**도 규정하는 모든 '침전된 역사'[30]들을 언제나 발견했을 것이다.

13_필증적 명증성과 역사적 명증성

어떤 전제도 없는 절대적 명증성이 가능하려면, 나의 사고가 그 안까지 침투하고 다시 합하여 순수한 '자기와 자기와의 동의'에 도달할 수 있으려면, 칸트주의자들처럼 말해서, 그것은 사건이기를 그치고 철두철미 작용이어야 하고, 중세 스콜라 철학자들처럼 말해서, 그것의 형식적 실재성이 그것의 객관적 실재성에 포함되어야 하며, 말브랑슈처럼 말해서, 그것은 '지각' '느낌,' 또는 진리와의 '접촉'이기를 그쳐 진리의 순수 '관념'과 '시각'이 되어야 한다. 달리 말하면, 나는 나 자신이 되는 대신 나 자신의 순수 인식자

---

30 Husserl, *Formale und transzendentale Logik*, p. 221.

가 되어야 하고, 세계는 나의 주위에 존재하는 것을 그만두고 내 앞의 순수 대상이 되어야 한다. 우리는 우리의 획득물로 인해 우리 인 것과 이 선존재하는 세계에 관하여 충분한 중지 능력을 가지고 있고, 이것은 우리가 규정되지 않도록 하는 데 충분하다. 나는 눈을 감을 수 있고 나의 귀를 막을 수 있다. 그러나 나는 보는 것을 그만둘 수 없고 그것이 눈앞의 암흑이라도 그러하고, 나는 듣는 것을 그만둘 수 없으며 그것이 침묵이라도 그러하다. 마찬가지로, 나는 획득된 나의 견해들이나 신념들을 괄호 칠 수 있다. 그러나 내가 무엇을 생각하고 무엇을 결심하든, 그것은 언제나 내가 믿었던 것 또는 이전에 행했던 것을 지(地)로 해서이다. **우리는 참된 관념을 가진다**Habemus ideam veram. 우리는 진리를 소유하고 이러한 진리의 경험은 우리가 그것의 모든 동기들을 주제화할 수 있을 때만, 즉 우리가 위치지어지는 것을 그만둘 때만, 절대적 지식일 것이다. 따라서 참된 관념의 실제적 소유는 우리에게 충전적 사고와 절대적 생산성의 이해 가능한 자리를 단정할 권리를 제공하지 않는다. 그것은 그러한 최초의 도구와 함께 보다 완전한 도구를 주조할 것이고, 이 도구와 함께 다시 보다 완전한 도구를 주조할 것이며, 그리하여 끝없이 주조해갈 의식의 '목적론'을[31] 기초지을 뿐이다. 후설은 "형상적 직관의 본질이 명료화될 수 있는 것은 오직 형상적 직관에 의해서이다"[32]라고 말한다. 어떤 특수한 본질의 직관은 우리의 경험에서 반드시 직관의 본질보다 선행한다. 사고를 사고하는 유일한 방식은 우선, 어떤 사물을 사고하는 것이고, 따라서 자신을 대상으로 간주하지 않는 것이 사고의 본질이다. 사고를 사고한다 함은 우리가 '사물들'에 관하여 먼저 배웠던 태도를 사고에 관하여 채택하는 것이다. 그것은 사고의 사고 자신에 대한 불투명성을 결코 제거하는 것이 아니라 더 많이 도로 가져오는 것이다. 의식 운동에 있어서의 모든 정지, 대상을 향한 모든 고정,

---

31 이 개념은 후설의 후기 저술에서 자주 나온다.
32 Husserl, *Formale und transzendentale Logik*, p. 220.

'어떤 사물'이나 관념의 모든 출현은 적어도 바로 그런 관계 아래에서 묻기를 그만두는 주체를 가정한다. 바로 여기에 데카르트가 말한 대로 어떤 관념들이 거역될 수 없는 사실적 명증성을 가지고 나에게 나타나는 것과, 이 사실이 권리적이라는 가치를 가지지 않으며, 우리가 더 이상 관념에 현전하지 않게 되자마자 의심의 가능성을 없애지 못하는 것이 동시에 참인 이유가 있다. 명증성 자체가 의심될 수 있다면, 그것은 우연이 아니다. 그것은 확실성이, 내가 명시화하기를 포기하지 않는다면 명증적 '진리'에 축약될 수 없는 사고의 전통의 재파악이라서, **확실성은 의심이기** 때문이다. 명증성이 사실적으로 거역될 수 없으면서도 언제나 거부될 수 있는 것은 동일한 이유에서이다. 이것은 동일한 것을 말하는 두 가지 방식이다. 즉 그것이 거역될 수 없는 것은 내가 어떤 경험의 획득물, 어떤 사고의 장을 자명한 것으로 인수하기 때문이고, 바로 이러한 이유에서 그것은 내가 향유하기를 계속하고 있는, 그러나 우연적으로 남아 있고 자기 자신에게 주어진 것으로 남아 있는 어떤 사고하는 자연에서 보면 나에게 명증성으로서 나타난다. 지각된 사물의 일관성, 기하학적 관계의 일관성, 관념의 일관성이 얻어지는 것은 내가 어디에서든지 설명을 추구하는 것을 멈추는 한에서, 내가 그것들에서 쉬는 한에서이다. 한 번이라도 어떤 일에 참여한다면, 어떤 사고의 질서, 예컨대 유클리드 공간이나 이런저런 사회의 존재 조건에 참여한다면, 나는 명증성을 발견한다. 그러나 그것은 다시는 움직일 수 없는 명증성이 아니다. 왜냐하면 아마도 그 공간이나 사회는 가능한 단 하나의 것이 아니기 때문이다. 그러므로 조건부로 확립된다는 것이 확실성의 본질이다. 절대적 지식으로 바꾸어지도록 되어 있는 잠정적 형태의 지식이 아니라, 정반대로, 가장 오래된 또는 가장 초보적인 동시에 가장 자각적인, 또는 가장 성숙한 형태의 지식인 **속견**, 즉 '본연적'이고 '근원적'이라는 이중적 의미의 발원적 속견이 있다. 바로 이것이 우리 앞에 **어떤 사물 일반**을 솟아오르게 하는 것이고 곧이어 정립적 사고──의심이나 증명——는 그것에 관계하여 그것을 긍정하거나 부정하거나 한다. 의미가 있으며 아무것도 없지 않고 어떤 것이 있다. 여기의 이 영속적인 재떨이가 증거하는 바, 일치하는 경험들의 끝없는 연결이 있고 내가 여기서 통각하고는 지금 되돌아갈 수 있다고 생각하는 진리가 있다. 이러한 현상의, 또는 거듭 말하지만, '세계'의 명증성은 우리가 현상을 존재로부터 차단할 때, 존재를 단순한 현상이나 가능성의 지위로 전락시킬 때 오해되는 것과 마찬가지로, 우리가 현상을 거치지 않고 존재에 도달하고자 노력할 때, 즉 존재를 필연적이게 만들 때, 역시 동일하게 오해된다. 후자의 개념은 스피노자의 것이다. 여기서 발원적 속견은 절대적 명증성에 예속된다. '어떤 것이 있다'는 것은 존재와 무가 섞인 채로 '**존재는 존재한다**'에 예속된다. 사람들은 존재에 관한 모든 물음을 의미를 잃은 것으로 거부한다. 즉 왜 아무것도 없지 않고 어떤 것이 있는가, 그리고 왜 다른 세계가 아니고 이 세계인가라고 묻는 것은 불가능하다. 왜냐하면 이 세계의 형태와 세계의 존재 자체는 필연적 존재의 결과들일 뿐이기 때문이다. 전자의 개념은 명증성을 현상으로 환원시킨다. 나의 모든 진리들은 결국 나에 대한 명증성일 뿐이요, 나의 것으로서 형성된 사고에 대한 명증성일 뿐이다. 그것들은 나의 정신생리학적 구성과 여기 이 세계의 존재와 서로 굳게 맺어져 있다. 사람들은 다른 규칙에 따라 기능하는 다른 사고들을 생각할 수 있고, 이것과 자격이 동일한 다른 가능 세계들을 생각할 수 있다. 실로 여기서 왜 아무것도 없지 않고 어떤 것이 있는가 그리고 왜 이 세계가 실현되었는가라는 문제가 제기된다. 그러나 우리는 그 대답에 원칙적으로 도달할 수 없다. 왜냐하면 우리는 우리의 얼굴 형태나 치아의 수와 자격이 동일한 단순한 사실, 즉 우리의 정신생리학적 구성에 갇혀 있기 때문이다. 이러한 전자의 개념은 보기보다 후자의 개념과 그렇게 다르지 않다. 전자의 개념은 우리의 사실적 명증성들이 비충전적인 것으로 간주되게 되는 절대적 지식과 절대적 존재의 암묵적 지시를 가정한다.

14_심리학주의와 회의주의에 반대해서

현상학적 개념에서 이러한 독단주의와 회의주의가 동시에 극복된다. 우리의 사고 법칙들과 명증성들은 확실히 사실들이나, 우리와 분리될 수 없으며, 우리가 존재와 가능적인 것에 대하여 형성할 수 있는 모든 개념에 함축되어 있다. 우리를 현상에 제한하는 것, 현상적 존재의 너머로 다른 존재의 가능성을 잡아두면서 의식을 그 자신의 상태에 가두어놓는 것이 문제가 아니라, 또한 우리의 사고를 사실들 가운데의 한 사실로 취급하는 것이 문제가 아니라, 존재를 우리에게 나타나는 것으로서 규정하는 것이 문제이고, 의식을 보편적 사실로서 규정하는 것이 문제이다. 나는 사고하며 이런저런 사고가 나에게 사실인 것으로 나타난다. 나는 그것이 무조건적으로 사실이 아니라는 것, 그 모든 설명이 끝없는 과제라는 것을 잘 알고 있다. 그러나 그렇다고 해도 내가 사고할 때 나는 어떤 것을 사고한다는 것은 변함없는 사실이요, 다른 모든 진리의 이름으로 내가 진리 하나를 폄하하고자 하는 이러한 다른 모든 진리는, 나에 대하여 진리라 불릴 수 있다면 내가 경험을 가지는 '참된' 사고와 일치하지 않으면 안 된다는 것도 변함없는 사실이다. 내가 나의 논리의 것이 아닌 화성인, 천사, 또는 신의 사고를 상상하려고 노력한다면, 그 화성인의 사고, 천사의 사고, 신의 사고는 나의 우주에 나타나야 하고 그것을 두절시켜서는 안 된다.[33] 나의 사고, 나의 명증성은 다른 사실들 가운데의 한 사실이 아니라, 가능적인 다른 모든 사실을 포함하고 조건짓는 가치-사실이다. 나의 것이라는 의미의 다른 가능 세계라는 것은 없는데, 스피노자가 믿었던 대로, 나의 그 세계가 필연적이라서가 아니라, 내가 생각하려고 하는 모

---

[33] Husserl, *Logishce Untersuchungen*, I, p. 117. 사람들이 때때로 후설의 합리주의라고 부르는 것은 사실상 주체성을 고립될 수 없는 사실로서 인식하는 것이며 주체성이 지향하는 세계를 **실재의 전부**omnitudo realitatis로서 인식하는 것이다.

든 '다른 세계'가 그것을 한정하고 그 한계에서 서로 만나며 결과적으로 그것과 하나를 이루기 때문이다. 의식은 그것이 절대적 진리나 비은폐성이 아니라면 적어도 모든 절대적 허위를 배제한다. 우리의 오류들, 우리의 환상들, 우리의 물음들은 확실히 오류들이고 환상들이고 물음들이다. 오류는 오류의 의식이 아니고 심지어 오류의 의식을 배제한다. 우리의 물음들은 언제나 대답을 포함하는 것은 아니다. 마르크스와 함께 인간은 자신이 해결할 수 있는 문제만을 제기한다고 말하는 것은 신학적 낙관주의를 부활시키는 것이고 세계의 완결성을 요청하는 것이다. 우리의 오류들은 한 번이라도 인식되기만 하면 진리가 된다. 그것들의 명백한 진리 내용과 그것들의 잠재적 진리 내용 사이에는, 그것들의 자칭적 의미라고 하는 것과 그것들의 실제적 의미 사이에는 차이가 존속한다. 참인 것은 오류도 의심도 우리를 진리로부터 차단하지 않는다는 것이다. 왜냐하면 그것들은, 의식의 목적론이 우리에게 그것들에 대한 해결을 찾도록 이끄는 세계의 지평에 의해 둘러싸여 있기 때문이다. 결국, 세계의 우연성은 저급한 존재, 필연적 존재의 조직적 틈새, 합리성에 대한 위협으로 이해되어서는 안 되고, 또한 가능한 한 빨리 보다 심층적인 어떤 필연성의 발견에 의해 해결해야 할 문제로서 이해되어서도 안 된다. 그런 것은 존재적 우연성, 세계의 내부에 있는 우연성이다. 반대로, 존재론적 우연성,* 세계 자체의 우연성은 철저한 것으로서 우리의 진리의 관념을 단번에 기초짓는다. 세계는 필연적인 것과 가능적인 것이 자기 영역이 되는 실재적인 것이다.

---

* 왜 이 세상에 아무것도 없지 않고 무엇이 있는가라는 존재자의 근거, 의미 또는 목적을 묻는 물음에 대하여 '존재론적ontologique'은 존재자의 초월로부터 해명하는 입장이고, '존재적ontique'은 세계 안에 있는 또는 밖에 있는 존재자들로부터 대답하는 입장이다.

15_의존적이면서도 거절될 수 없는 주체

요컨대, 우리는 코기토에게 시간적 두께를 되돌려준다. 끝없는 의심이 없다면, 그리고 '내가 사고한다'면, 그것은 내가 나를 잠정적 사고에 기투하기 때문이고, 내가 그 사실에 의해 시간의 불연속성들을 극복하기 때문이다. 따라서 봄은, 그보다 선행하고 그보다 오래 사는 보여진 사물에 압도된다. 우리는 난점을 벗어났는가? 우리는 봄의 확실성과 보여진 사물의 확실성이 불가분적이라는 것을 인정했다. 이로부터, 우리는 환상을 통해서 본 것처럼 보여진 사물이 절대적으로 확실하지 않기에, 봄도 그러한 불확실성에 연루된다고 결론 내려야 하는가? 또는 정반대로, 봄은 그 자체로 절대로 확실하기에 보여진 사물 역시 그러하고, 나는 정말로 잘못 생각하지 않는다고 결론 내려야 하는가? 후자의 해결은 우리가 피했던 내재성을 다시 확립하는 것과 같을 것이다. 그러나 우리가 전자를 채택한다면 사고는 자기 자신과 단절될 것이고, 사람들이 유명론적 정의상 내적이라 부를 것이나 나에 대하여 사물과 마찬가지로 불투명할 '의식의 사실들'밖에 없을 것이며, 더 이상 내부성도 의식도 없을 것이다. 코기토의 경험은 다시 한 번 망각될 것이다. 우리가 의식을 자신의 신체에 의해서 공간에, 자신의 언어에 의해서 역사에, 자신의 편견에 의해서 구체적 형태의 사고에 참여된 것으로 기술한다면, '심적' 사건들이 문제라고 하더라도 의식을 객관적 사건들의 연속에, 세계의 인과성에 배치하는 문제는 없다. 의심하는 자는 의심하면서 자신이 의심한다는 것을 의심할 수 없다. 의심은 일반화되어서라도 결코 나의 사고의 무화가 아니다. 그것은 사이비 무화일 뿐이고 나는 존재를 벗어날 수 없다. 나의 의심의 행위는 그 자신 확실성의 가능성을 확립한다. 그것은 나에 대하여 바로 거기에 있고, 나는 그것에 종사한다. 내가 그것을 수행할 때 나는 아무것도 아닌 체할 수 없다. 모든 사물에 거리를 두는 반성은 자기 자신을 제거된 것으로 생각할 수 없고 자기 자신에 거리

지각의 현상학

를 둔 채로 있을 수 없다는 의미에서, 적어도 자기 자신에 주어진 것으로 드러난다. 그러나 그것은 반성, 사고가 단순하게 확증된 본원적 사실들이라는 것을 말하고자 함이 아니다. 몽테뉴가 잘 본 것처럼, 사람들은 여전히 역사적 침전이 실려 있고 자신의 존재가 산적된 그 사고를 의문시할 수 있으며, 사고의 일정한 양상으로서 의심 대상의 의식으로 간주된 의심 자체를 의심할 수 있다. 철저한 반성의 공식은 '나는 아무것도 모른다' ——모순의 현장에 너무나 쉽게 빠지는 공식——가 아니라 '나는 무엇을 아는가'이다. 데카르트는 이것을 잊지 않았다. 때때로 사람들은 그에게 의심을 방법, 행위로 만들면서 단지 상태일 뿐인 회의적 의심을 극복했으며, 그렇게 해서 의식을 위한 고정점을 발견했고 확실성을 수복했다는 영광을 돌린다. 그러나 사실을 말하자면, 데카르트는 의심의 행위가 의심을 망각하고 확실성을 가져오는 데 충분한 것처럼 의심을 의심 자체의 확실성 앞에서 멈추도록 하지 않았다. 그는 그것을 더 멀리 데려갔다. 그는 '나는 의심한다, 나는 존재한다'가 아니라 '나는 사고한다, 나는 존재한다'고 말했고, 이것은 의심 자체가 실제적 의심으로서가 아니라, 의심한다는 단순한 사고로서 확실하다는 것을 의미한다. 사람들은 동일한 것을 다시금 이 사고에 말할 수 있기 때문에, 절대 확실한 그 유일한 명제, 그 확실성이 의심에 함축되기에 의심이 정지하는 그 유일한 명제는 '나는 사고한다,' 또는 거듭 말하지만, '어떤 것이 나에게 현상한다'이다. 나의 의식을 정확히 채우고 나의 자유를 감금하는 어떤 행동도 어떤 특수한 경험도 없다. "사고할 수 있는 능력을 소멸시키고 종결짓는 어떤 사고——자물쇠를 결정적으로 잠그는 빗장의 어떤 위치——도 없다. 사고에 있어서 해결이 자신의 전개에서 탄생하는 그런 사고, 말하자면 영원한 불협화음의 최종적 일치라는 것은 결코 없다."[34] 우리에게는 어떤 특수한 사고도 우리의 사고의 핵심에 도달하지

---

34 Valéry, *Introduction à la Méthode de Léonard de Vinci, Variété*, p. 194.

못하고, 바로 그 사고를 증거하는 다른 가능적 사고 없이는 사고될 수 없다. 그리고 이것은 우리가 해방된 의식을 상상할 수 있게 될 불완전성이 아니다. 의식이 있어야 한다면, 어떤 사물이 어떤 사람에게 현상해야 한다면, 우리의 모든 특수한 사고 뒤에는 비존재의 구석, 즉 **자기**가 패어 있다는 것은 필연적이다. 내가 일련의 '의식들'로 환원되어서는 안 되고, 그 의식들은 자신들에게 채워지는 역사적 침전들과 감각적 함축들을 가진 채로 영원한 부재로서 나타난다. 따라서 우리의 상황은 이러하다. 즉 우리가 사고한다는 것을 알기 위해 우선 우리는 실제적으로 사고하지 않으면 안 된다. 그리고 그럼에도 불구하고 이러한 참여는 모든 의심을 제거하지 못하고, 나의 사고들은 질문할 수 있는 나의 능력을 수습하지 못한다. 나의 역사의 사건들로서 간주된 말, 관념은 내가 그 의미를 내부로부터 재파악하는 한에서만 나에 대하여 의미를 가진다. 나는 내가 가지는 이러저러한 특수한 사고들로 사고한다는 것을 알고, 내가 그 사고들을 인수하기 때문에, 즉 내가 일반적으로 사고한다는 것을 알기 때문에 내가 그 사고들을 가진다는 것을 안다. 초월적 항의 겨냥과 그것을 겨냥하는 나 자신의 봄, 연결된 것의 의식과 연결하는 것의 의식은 원환적 관계에 있다. 문제는 어떻게 내가 나의 사고 일반의 구성적 행위자일 수 있는가를 이해하는 것이며, 그렇지 않으면 그것은 어떤 사람의 사고도 아닐 것이고, 아무도 모르게 지나버릴 것이며 또 일어날 것이고, 따라서 사고이지 않을 것이다. 내가 일찍이 나의 특수한 사고들의 어느 하나에 대해서도 구성적이지 않다면 그렇게 될 수밖에 없을 것이다. 왜냐하면 나는 그것들이 탄생하는 것을 충분하게 분명한 가운데서 보지 못하고 그것들을 통해서만 나를 인식하기 때문이다. 어떻게 주체성이 의존적이면서도 동시에 거절될 수 없는 것일 수 있는가를 이해하는 것이 문제이다.

16_암묵적 코기토와 말해진 코기토

언어를 사례로 해서 그렇게 해보자. 언어를 사용하고 말들로 인해 번잡한 나 자신에 대한 의식이 있다. 나는 『성찰』 제2부를 읽는다. 거기서 문제되는 것은 확실히 나이고, 그러나 정확히는 나의 것도 더욱이 데카르트의 것도 아닌 모든 반성하는 인간의 것인 바, 관념 속의 나이다. 말들의 의미와 관념들의 연결을 추적함으로써 나는 실제 그대로 그 결론, 즉 나는 사고하기 때문에 나는 존재한다는 결론에 도달한다. 그러나 그것은 언사에 의거한 **코기토**이다. 나는 나의 사고와 나의 존재를 언어를 매개로 해서만 파악했을 뿐이요, 코기토의 참된 공식은 '사람들은 사고한다, 사람들은 존재한다'일 것이다. 언어의 경이는 언어가 자신을 망각하게 한다는 사실이다. 나의 눈은 종이 위의 글줄에 있고 내가 그 글줄이 의미하는 바에 붙잡히는 순간부터 더 이상 그것들을 보지 못한다. 종이, 종이 위의 글자, 나의 눈, 나의 신체는 어떤 보이지 않는 작업에 필요한 최소한의 연출 조건으로서 거기에 있을 뿐이다. 표현은 표현된 것 앞에서 없어지고, 이것이 그 매개적 역할이 아무도 모르게 일어날 수 있는 이유이며, 데카르트가 어디에서도 그것에 대해 언급하지 않은 이유이다. 데카르트와 더욱이 그의 독자는 이미 말하는 우주에서 성찰하기 시작한다. 표현을 넘어서, 표현과 분리될 수 없는 진리이자 표현은 다만 의복, 우연적 현시일 뿐인 그런 진리에 우리가 도달하면서 가지는 이 확실성을 우리 속에 정착시킨 것은 바로 언어이다. 언어는 한 번이라도 자신에게 의미를 제공해버리면 단순한 기호처럼 보이게 되고, 의식의 파악은 완전하기 위해 기호와 의미가 우선적으로 나타나는 표현적 통일성을 재발견하지 않으면 안 된다. 아동이 말할 줄 모를 때, 또는 아직 어른의 언어를 말할 줄 모를 때, 그의 주위에서 펼쳐지는 언어적 의식은 아동에게 아무런 영향도 없다. 그는 극장에서 자리를 잘못 잡은 관객처럼 우리 곁에 있다. 그는 우리가 웃고 몸짓하는 것을 잘 보고 콧소리 가락을 듣는다. 그러나 그 몸짓 끝에, 그 말들 뒤에 아무것도 없으며 그에게 아무것도 **일어나지** 않는다. 언어가 그에게 **상황을 형성할** 때 그에게 의미를 취한다. 사람들이 보고하기로, 할머니가 자기에게 들려준 이야기를 발견할 수 있을 것으로 믿고 할머니가 자기에게 이야기를 들려준 그때 사용한 안경을 끼고 그 책을 가져갔으나 실망하고 마는 어린 소년의 이야기가 적혀 있는 아동 도서가 있다고 한다. 그 우화는 다음의 두 행으로 끝맺는다. "제기랄, 그러면 이야기는 어디에 있는 거야! 나는 검은 것하고 흰 것밖에 보지 못하는데." 아동에게 그 '이야기'와 표현된 것은 '관념들'도 '의미들'도 아니다. 말하기와 읽기는 '지적 작용'이 아니다. 그 이야기는 옷을 입고 책을 향해 몸을 구부림으로써 마술적으로 나타나게 하는 방법이 있어야 하는 세계이다. 표현된 것을 존재하게 하는, 사고의 길을 열어주고 새로운 차원의 풍경을 열어주는 언어의 힘은 결국 아동과 마찬가지로 어른에게도 모호하다. 성공한 모든 저술에서 독자의 정신에 전해진 의미는, 저 이야기가 할머니의 책에서 나왔듯이 이미 구성된 언어와 사고를 초과하고, 언어적으로 육화되는 동안 마술적으로 제시된다. 우리가 사고로 진리의 우주와 직접적으로 의사 소통한다고 믿고 그 우주에서 다른 것들과 다시 만난다고 믿는다면, 데카르트의 텍스트는 오로지 이미 형성된 사고들을 우리 속에 일깨울 뿐이고, 우리가 도대체 밖으로부터 아무것도 배우지 못하는 것처럼 보인다면, 마침내 철학자가 철저해야만 하는 사색에서 언어를 **코기토를 읽어내는** 조건으로 언급하지도 못하고 우리에게 관념에서 코기토의 실천에로 이행하도록 분명하게 더 이상 이끌지도 못한다면, 그것은 우리에게 표현 작업이 당연하기 때문이요, 우리의 획득물 중의 하나로 여겨지기 때문이다. 따라서 우리가 데카르트를 읽으면서 얻는 코기토는(데카르트가 표현을 목적으로 자신의 삶을 돌아봄으로써 고정시키고 객관화하고 확실한 것으로 '특징지을' 때 실현하는 코기토도 또한) 말해진 코기토, 바꾸어 말하면, 말에 의거해 이해된 코기토이고, 그 때문에 자신의 목표를 달성하지 못하는 코기토이다. 왜냐하면 우리의 실존의 일부, 즉 우리의 삶을 개념적으로 고정시키고 확실한 것으로 사고하는 데 몰두하는 그 일부가 고정과 사고를 피해 빠져나가기 때문이다. 이로부터 우리는 언어가 우리를 둘러싼다고, 실재론자가 외부 세계에 의해 규정된다고 믿듯이, 신학자가 하나님에 의해 인도된다고 믿듯이 우리는 언어에 의해 인도된다고 결론 내리려고 하는가? 이것은 진리의 절반을 망각하는 것이 될 것이다. 왜냐하면 결국 말들, 예컨대 '코기토cogito'라는 말, '숨sum'이라는 말은 경험적·통계적 의미를 물론 가질 수 있기 때문이고, 그것들이 나의 경험을 직접적으로 겨냥하는 것이 아니고 익명적·일반적 사고를 기초짓는 것이 사실이기 때문이다. 그럼에도 불구하고 나는 그것들이 파생적이고 비본래적이라기보다 아무런 의미도 없음을 발견하게 될 것이다. 내가 모든 언사에 앞서 나 자신의 삶과 사고와 접촉하지 않았다면, 말해진 코기토가 내 속에서 암묵적 코기토와 만나지 않았다면, 나는 데카르트의 텍스트를 읽을 수조차 없을 것이다. 데카르트가 『성찰』을 저술하면서 겨냥한 것은 이 침묵의 코기토이다. 이것은 모든 표현 작업에 영혼을 불어넣고 지도하는데, 이 작업은 데카르트의 존재와 그가 그 존재를 파악하는 인식 사이에 문화적 획득물의 전 두께를 끼워 놓기 때문이고, 그 정의상 자신의 목표를 맞히지 못하는 것이고 데카르트가 자신의 존재를 먼저 보지 않았다면 시도조차 되지 못했을 그런 것이다. 모든 문제는 암묵적 코기토를 잘 이해하는 것이고, 거기서 참되게 발견되는 것만을 그 속에 놓는 것이며, 의식이 언어의 산물이 아니라는 것을 구실로 해서 언어를 의식의 산물로 만들지 않도록 하는 것이다.

17_의식은 언어를 구성하지 않고 인수한다

사실상 말도 말의 의미도 의식에 의해 **구성되지** 않는다. 이것을 해명해보자. 말이 그 육화들의 어떤 하나로 환원되지 않는다는 것은 확실하다. 예를 들면, '싸락눈'이라는 말은 내가 종이 위에 방금 새긴 특성이 아니고, 내가 어느 날 처음으로 텍스트에서 읽은 다른 기호도 아니며, 내가 그것을 발음할 때 공기를 가로지르는 소리도 역시 아니다. 이런 것은 바로 그 말의 재생산들일 뿐이다. 나는 그 말을 그 모든 재생산들에서 인식하나, 그 말은 그것들에서 소진되지 않는다. 따라서 싸락눈이라는 말은 그러한 표시들의 관념적 통일성이고, 나의 의식에 대하여 존재하되 동일화의 종합에 의해서만 존재한다고 나는 말할 것인가? 그것은 심리학이 언어에 대하여 우리에게 가르친 것을 망각하는 것이 될 것이다. 우리가 본 대로, 말한다 함은 언어적 상들을 불러오고 상상된 모형에 따라 말들을 분절하는 것이 아니다. 언어적 상에 대한 비판을 수행함으로써, 말하는 주체가 자신이 말하려고 하는 말들을 표상하지도 않고 언사를 기투한다는 것을 보여줌으로써, 현대 심리학은 표상으로서의 말, 의식에 대한 대상으로서의 말을 제거하고, 말의 인식이 아닌 말의 운동적 현전을 공표한다. '싸락눈'이라는 말은 내가 그것을 알 때 내가 동일화의 종합에 의해서 인식하는 대상이 아니다. 그것은 나의 음성 장치의 어떤 사용이고 세계-에로-존재로서의 나의 신체의 어떤 변조이다. 그 말의 일반성은 그 관념의 일반성이 아니라, 나의 신체가 행동들 특히 음운들을 만들어내는 힘인 한에서 그 신체가 '이해하는' 행동 양식의 일반성이다. 나는 사람들이 동작을 흉내내듯 싸락눈이라는 말을 어느 날 '터득한다'. 말하자면 나는 청취된 말을 분석하고 그 말의 개개의 부분에 분절과 음성 운동을 대응시킴으로써가 아니라, 그것을 음향적 세계의 유일한 변조로서 들음으로써이다. 왜냐하면 이 음향적 실재는 분할 불가하고, 열린 나의 실존의 요소들인 나의 지각적 가능성들과 나의 운동적 가능성들 사이에 존재하는 전체적 일치에 따라서 자기 자신을 '표명해야 할 어떤 것'으로서 나타내기 때문이다. 그 말은 검사되지 않았고 분석되지 않았으며, 인식되지 않았고 구성되지 않았다. 그것은 말하는 힘, 궁극적으로는, 나의 신체 및 그 지각적·실천적 장에 대한 최초의 경험과 함께 나에게 주어진 운동적 힘에 의해서 덥석 붙잡혔으며 인수되었다. 말의 의미에 관한 한, 나는 도구의 사용을 배우듯이 그 말이 어떤 상황의 맥락에서 사용되는 것을 봄으로써 그 의미를 배운다. 말의 의미는 대상의 몇몇의 물리적 특성들로 이루어지지 않는다. 그것은 무엇보다도 대상이 인간적 경험에 비추어져 취하는 모습이다. 예를 들면 하늘에서 만들어져 떨어지는 이 딱딱하고 부서지기 쉽고 용해되는 날알들 앞에서 내가 놀란다는 것, 그것은 인간적인 것과 비인간적인 것의 만남이다. 그것은 말하자면 세계의 행동과 같은 것이고 세계 양식의 어떤 변주이다. 그리고 의미의 일반성은 어휘의 일반성과 마찬가지로 개념의 일반성이 아니라, 유형으로서의 세계의 일반성이다. 따라서 언어는 언어의 의식을 물론 전제한다. 즉 말하는 세계를 포함하는 의식의 침묵, 말들이 우선적으로 성형화와 의미를 받는 의식의 침묵을 물론 전제한다. 그 결과로 의식은 이런저런 경험적 언어에 복종하지 않으며, 언어들은 표현될 수 있고 학습될 수 있으며, 결국 언어는 사회학자의 의미에서 외적 출자가 아니다. 말해진 코기토, 즉 언명에로 변환되고 본질적 진리로 변환되는 코기토의 저쪽에는 암묵적 코기토, 즉 나에 의한 나의 경험이 실로 존재하고 있다. 그러나 이러한 거절될 수 없는 주체성은 자기 자신과 세계에 대한 근거를 불확실하게 파악한다. 그것은 세계를 구성하지 않으며, 세계를 자기가 주어지는 장으로서 자기 주위에서 예상하지 않는다. 그것은 말을 구성하지 않는다. 그것은 사람들이 즐거워서 노래하는 것처럼 말한다. 그것은 말의 의미를 구성하지 않는다. 말의 의미는 그 주체성에 대하여 세계와의 교섭, 세계에 거주하는 타인들과의 교섭에서 솟아오른다. 그것은 많은 행동들의 교차에서 발견된다.

그것은 한 번이라도 '획득되기'만 하면 동작의 의미만큼 명확하나 거의 정의 불가능하다. 암묵적 코기토, 자기에 대한 자기 현전은 실존이기도 하면서 모든 철학에 앞선다. 그러나 그것은 자신이 위협받는 한계 상황에서만, 예를 들면 죽음의 불안이나 나에 대한 타인의 시선에서 인식된다. 사람들이 사고의 사고라고 믿는 것은 자기에 대한 순수 느낌으로서 아직도 사고되지 않고 있고 계시되어야 할 필요가 있다. 언어를 조건짓는 의식은 처음으로 호흡하는 영아나 물에 빠져 죽으려다가 목숨을 건지는 사람의 그것처럼 세계에 대한 전체적인 미분화된 파악일 뿐이다. 모든 특수한 지식이 이러한 최초의 봄에 기초한다는 것이 사실이라면, 이 봄이 지각적 탐구와 언사에 의해서 다시 되찾아지고 고정되고 명시화되기를 기다린다는 것도 역시 사실이다. 침묵의 의식은 자신을 '사고해야 할' 혼동스러운 세계 앞에서 '나는 일반적으로 사고한다'로서만 파악할 뿐이다. 모든 특수한 파악, 그리고 철학에 의한 이러한 일반적 기도의 회복조차도 주체가 비결을 가지고 있지 않는 능력을 펼칠 것을, 특히 자신이 말하는 주체가 될 것을 요구한다. 암묵적 코기토는 자기 자신이 표현되었을 때만 코기토이다.

18_세계 기투로서의 주체, 장, 시간성, 삶의 응집

이러한 정식화들은 수수께끼처럼 보일 것이다. 궁극적 주체성은 자신이 존재하자마자 자신을 생각하지 않는다면 어떻게 그가 그럴 수 있는가? 사고하지 않는 것이 어떻게 사고하기 시작할 수 있는가? 주체성이 어떻게 자신은 알지도 못하는 채로 자신의 결과를 밖에 산출하는 사물이나 힘의 조건과 같게 될 수 있는가? 우리는 원초적 나는 모른다는 것을 말하고자 하지 않는다. 그가 모른다면 그는 사실상 사물일 것이다. 따라서 어떤 것도 그가 의식이 되도록 할 수 없을 것이다. 우리는 다만 그에게 객관적 사고, 세계와 자기 자신의 정립적 의식을 허용하지 않았을 뿐이다. 이것으로서 우리는 무엇을 의미하는가? 그 말들은 아무것도 말하고자 하지 않거나, 아니면 그것들은 자기 자신과 세계에 대한 발원적 주체성의 혼동스러운 파악을 되풀이하면서 그 토대에 있는 명시적 의식을 가정하는 것을 금지한다는 것을 말하고자 한다. 예를 들면 나의 봄은 우리가 그 봄이 단순히 소화나 호흡과 같은 기능만이 아니고, 의미를 가지는 것으로 발견되는 총체에서 떼어진 과정의 집합만이 아니며, 그 자신이 그러한 총체이자 그러한 의미이고, 현재에 관하여 미래의 앞섬이며, 부분에 관하여 전체의 앞섬이라는 것을 의미하고자 한다면, 물론 그것은 '본다는 것을 사고함'이다. 예기와 의도에 의해서만 봄이 있다. 의도가 향하는 대상이 그에게 만들어진 그대로 아무런 동기화 없이 주어졌다면 어떠한 의도도 참되게 의도일 수 없으므로, 모든 봄이 결국은 주체성의 핵심에, 경험적 지각들이 규정하지만 산출할 수 없는 전체적 기투나 세계의 논리를 가정한다는 것은 확실히 사실이다. 그러나 봄은 사람들이 이것으로 그 자신이 자신의 대상과 결합한다고, 가시적 세계에 자신을 나타내는 저자처럼 자신을 절대적 투명성에서 통각한다고 이해한다면 본다는 것을 사고함이 아니다. 본질적 논점은 우리인 바, 세계의 기투를 잘 파악하는 것이다. 앞서 우리가 세계를 세계에 대한 봄과 분리될 수 없는 것으로 말한 것이 여기서 우리로 하여금 주체성을 세계에 내속함으로 이해하는 데 도움을 줄 것이다. 다른 감각들이나 타인의 감각들과 의사 소통이 없는 어떠한 **질료**hylè도 감각도 없다. **바로 이러한 이유에서** 의미를 무의미하게 제공하는 책임을 지고, 나의 경험과 상호 주관적 경험의 **선천적** 통일성을 보증하는 책임을 지는 어떤 **형식**morphè도 파악도 통각도 없다. 우리, 즉 나의 친구 폴과 나는 풍경을 보고 있는 중이다. 과연 정확하게 무엇이 일어나는가? 우리는 둘 다 사적 감각들, 의사 소통될 수 없는 인식의 질료를 가진다고 말해야 하는가? 순수하게 체험된 것에

관한 한 우리는 상이한 조망들에 갇혀 있다고 말해야 하는가? 그
풍경은 우리 둘에 대하여 **수적으로 동일하지** 않고 종적 동일성만
이 문제라고 말해야 하는가? 객관화하는 모든 반성에 앞서 나 자
신의 지각을 고찰해보면, 나는 내가 나의 감각들에 갇혀 있다는 것
을 어떤 순간에도 의식하지 못한다. 나의 친구 폴과 나, 즉 우리는
그 풍경의 몇몇 세목을 손가락으로 가리키는데, 나에게 종탑을 가
리키는 폴의 손가락은 나에 대한 종탑을 향해 정위된 것으로 내가
사고하는, 나에 대한 손가락이 아니다. 그것은 폴이 보는 종탑을
나에게 가리키는 폴의 손가락이다. 역으로, 내가 보는 풍경의 이런
저런 지점을 향해 동작을 취함으로써, 미리 예정된 조화에 의해 내
가 나의 것과 유사하기만 한 내적 봄들을 폴에게서 터뜨리는 것 같
지는 않다. 반대로, 나의 동작들은 폴의 세계를 피하고 그의 시선
을 인도하는 것 같다. 내가 폴을 생각할 때, 나는 끼워진 기호들에
의해서 나의 것과 매개된 관계들을 통해 사적 감각들의 흐름을 생
각하는 것이 아니라, 나와 동일한 세계, 나와 동일한 역사를 보는
어떤 사람, 그 세계와 그 역사에 의해 내가 의사 소통하는 어떤 사
람을 생각한다. 그렇다면 우리는 여기서 관념적 통일성이 문제라
고, 사람들이 도쿄에서 말하는 2차 방정식이 파리에서 말하는 것
과 동일한 것처럼 나의 세계가 폴의 그것과 동일하다고, 결국 세계
의 관념성이 세계의 상호 주관적 가치를 보증한다고 말할 것인가?
그러나 관념적 통일성은 우리를 역시 만족시키지 못한다. 왜냐하
면 그것은 그리스 사람에 의해 보여진 히메티스 산과 나에 의해 보
여진 히메티스 산 사이에도 역시 마찬가지로 존재하기 때문이다.
이제 이러한 적갈색의 언덕을 고려하면서 내가, 그리스 사람들도
그것들을 보았다고 아무리 말해도 소용이 없고 또 나 역시 그것이
동일한 것이라고 스스로 확신할 수 없다. 반대로, 우리인 폴과 나
는 풍경을 '같이' 보고 우리가 그 풍경에 같이 현전하며, 그 풍경은
우리 둘에 대하여 이해 가능한 의미로서뿐만 아니라 세계 양식의
어떤 어조로서도 그리고 그 개체성에 있어서까지도 동일하다. 세

계의 통일성은 관념적 통일성이 (원칙적으로) 어떤 소실 없이도 관통하는 시간적·공간적 거리와 함께 쇠락하고 분쇄된다. 그것은 그 풍경이 나에게 감동을 주고 영향을 주기 때문이며, 나의 가장 독자적 존재에 있어서 나에게 도달하기 때문이고, 그 풍경이 그 풍경에 대한 나 자신의 봄이기 때문이며, 내가 그 풍경 자체를 가지고 나에 대한 것과 마찬가지로 폴에 대한 풍경으로서 그것을 소유하기 때문이다. 보편성과 세계가 개체성과 주체의 핵심에서 발견된다. 사람들이 세계를 대상으로 만드는 한 그것을 이해하지 못할 것이다. 사람들은 그것을 세계가 우리의 경험의 **장**이라면, 우리가 세계의 봄 이외의 아무것도 아니라면, 즉각적으로 이해할 것이다. 왜냐하면 그렇게 된다면 우리의 정신물리적 존재의 가장 비밀스러운 동요가 이미 세계를 고지하기 때문이고, 성질은 사물의 소묘이며 사물은 세계의 소묘이기 때문이다. 말브랑슈의 말을 빌린다면, '미완의 작품'일 뿐인 세계, 후설이 신체에 적용한 말을 빌린다면, '완전하게 구성되지 않는' 세계는 구성하는 주체를 요구하지 않고 심지어 배제한다. 나의 현상들이 사물에서 응고되고 그 전개에서 어떤 항상적 방식을 지킨다는 이 유일한 사실로부터, 나는 무한한 지평들을 통해서 가능한 완성을 추정하는, 또한 나의 자신의 경험과 상호 주관적 경험의 일치들에서 드러나는 존재에 대한 이러한 밑그림——이러한 세계의 열린 통일성에 주체성의 열린 무한정한 통일성이 상응하지 않으면 안 된다. 세계의 통일성처럼 나의 통일성은 내가 지각을 실현할 때마다, 내가 명증성을 얻을 때마다 경험되기보다 불러내어진다. 보편적 **나**는 이러한 눈부신 형(形)들이 분리되게 되는 지(地)이다. 내가 나의 사고들의 통일성을 이룩하는 것은 현재의 사고를 통해서이다. 암묵적 코기토와 세계의 본연적 기투를 구성하기 위해서 나의 특수한 사고들의 이편에 무엇이 남아 있는가? 나는 모든 특수한 행위 밖에서 나를 일별할 수 있는 한 나는 궁극적으로 무엇인가? 나는 장(場)이고 체험이다. 어느 날 단번에 어떤 것이 개시되었고 심지어 그것은 잠자는 동안에도 보거나 보지 않는 것을, 느끼거나 느끼지 않는 것을, 고통이나 즐거움을 겪는 것을, 사고하거나 쉬고 있는 것을, 요컨대 세계와 '교섭하는 것'을 더 이상 멈출 수 없는 어떤 것이다. 새로운 묶음의 감각들이나 의식 상태들은 없었고, 새로운 모나드나 새로운 조망들도 없었다. 왜냐하면 나는 어떤 것에도 고정되지 않아 관점을 변화시킬 수 있기 때문이고, 언제나 하나에 종사하도록 되어 있을 뿐이며, 한번에 하나에만 종사하게끔 되어 있기 때문이다. 새로운 **상황의 가능성**이 있었다고 말해두도록 하자. 나의 탄생의 사건은 사라지지 않았다. 그것은 객관적 세계의 사건의 방식으로 무화되지 않았다. 그것은 원인이 결과를 결정하듯이가 아니라, 상황이 한번이라도 탄생되면 불가피하게 어떤 종국에 도달하게 되듯이 미래에 참여했다. 그때부터 새로운 '환경'이 있었고, 세계는 의미의 새로운 층을 받아들였다. 아이가 탄생하는 집에서 모든 대상들은 의미를 변화시키고, 그 아이에게 아직도 규정되지 않은 대우로서 기다리기 시작하며, 다른 많은 사람이 거기에 있고, 짧거나 길거나 새로운 역사의 기초가 방금 놓여졌으며, 새로운 등록부가 개설된다. 나의 최초의 지각은 이 지각을 둘러싼 지평들과 함께 언제나 현재의 사건이고 망각될 수 없는 전통이다. 사고하는 주체로서라고 해도 나는 여전히 그 최초의 지각이고, 그 지각이 개시를 고하는 동일한 세계의 연속이다. 어떤 의미에서 세계와 분리된 사물이 없는 것과 마찬가지로, 나의 삶과 전혀 다른 의식 행동이나 **체험**은 없다. 우리가 보았던 대로, 내가 대상을 둘러볼 때 나는 곧이어서 단 하나의 기하학적 관념에 의해서 조정할 일련의 조망들을 얻지 않으며, 자체적으로 시간을 뛰어넘는 약간의 '움직임'이 사물에 있을 뿐이듯이, 나는 일련의 심적 행동들이 아니며, 그 행동들을 종합적 통일성 속에 수집하는 중심적 나도 아니고, 다만 자기 자신과 분리 불가능한 유일한 경험, 유일한 '삶의 응집'[35]이고, 탄생 이후부터 설명되고 자신을

---

35 독일어로 Zusammenhang des Lebens. Heidegger, 『존재와 시간 *Sein und Zeit*』, p. 388.

개개의 현재에서 확증하는 유일한 시간성이다. 코기토가 회복하는 것은 바로 이러한 사건, 거듭 말하지만, 이러한 선험적 사건이다. 최초의 진리는 틀림없이 '나는 사고한다'이나 사람들이 이것을 세계에로 존재함으로써 '나는 나에게 속해 있다'[36]는 것으로 이해한다는 조건 아래에서이다. 우리가 주체성 속으로 더 들어가고자 할 때, 우리가 모든 사물들을 의심하고 모든 신념들을 중지한다면, 우리는 비인간적 토대를 우리의 특수한 참여들의 지평으로서, 그리고 세계의 유령인 어떤 사물 일반의 힘으로서 일별하는 데만 성공할 뿐이고, 그렇게 되면 랭보Rimbaud의 말을 빌려 "우리는 세계에로 존재하지 않는다." 내부와 외부는 분리 불가능하다. 세계는 전적으로 안에 있고 나는 전적으로 나 밖에 있다. 내가 이 탁자를 지각할 때 윗면의 지각은 다리의 지각을 모르면 안 된다. 그렇지 않으면 그 대상은 조각날 것이다. 내가 멜로디를 들을 때 개개의 순간은 그 다음과 연결되어야 한다. 그렇지 않으면 멜로디는 없을 것이다. 그럼에도 불구하고 탁자는 자신의 외적 부분들을 가진 채로 거기에 있다. 연속은 멜로디에 본질적이다. 모으는 행위는 떨어져 있고 거리를 두고 머문다. 나는 나를 피함으로써만 나와 접촉한다. 유명한 『팡세*Pensées*』에서 파스칼은 어떤 점에서 보면 나는 세계를 이해하나 다른 어떤 점에서 보면 세계가 나를 이해한다는 것을 보여준다. 그것은 동일한 점에서 보고 있는 것이라고 말하지 않으면 안 된다. 즉 내가 세계를 이해하는 것은 나에 대하여 가까운 것과 먼 것, 최초의 전경들과 지평들이 있기에, 따라서 세계가 그림을 형성하고 내 앞에 의미를 가지기에, 말하자면 궁극적으로 내가 세계에 위치지어져 세계가 나를 이해하기 때문이다. 우리는 세계의 **개념**이 주체의 그것과 분리 불가능하다고만, 주체가 신체 및 세계의 관념과 분리 불가능한 것으로 **자신을 생각한다**고만 말하는 것이 아니다. 왜냐하면 사고된 관계만이 문제라면 바로 이러

---

36 같은 책, pp. 124~25.

한 사실로부터 그 관계는 사고하는 자로서의 주체의 절대적 독립성을 존속하도록 내버려둘 것이고 주체는 위치지어지지 않을 것이기 때문이다. 주체가 상황 속에 있다면, 그가 상황의 가능성 이외의 아무것도 아닐지라도 그것은 그가 실제적으로 신체임으로써만, 그리고 그 신체에 의해서 세계에 들어감으로써만 자신의 자기성을 실현하기 때문이다. 나는 주체성의 본질을 반성함으로써 그것이 신체, 세계와 결합되어 있다는 것을 발견하거니와, 이것은 주체성으로서의 나의 존재가 신체로서의 나의 존재와, 세계의 존재와 하나이기 때문이고, 결국 나라는 주체는 구체적으로 파악되면 저 신체, 저 세계와 분리될 수 없기 때문이다. 우리가 주체의 핵심에서 되찾는 존재론적 세계와 신체는 관념으로서의 세계나 신체가 아니다. 그것은 전체적 파악 속에 압축된 세계 자신이고, 인식하는 신체로서의 신체 자신이다.

그러나 우리는 다음과 같이 말할 것인가? 즉 세계의 통일성이 의식의 통일성 위에 기초되지 않는다면, 세계가 구성 작업의 결과가 아니라면, 현상들이 일치하고 사물들, 관념들, 진리들에서 결속하는 것은 어디서 나오게 되는가? 우리의 유랑하는 사고들, 우리의 삶의 사건들, 집단적 역사의 사건들은 적어도 어떤 순간에는 왜 의미와 공통 방향을 가지며 관념 아래에서 파악되도록 되는가? 왜 나의 삶은 언사들, 의도들, 행위들로 투사되기 위해 자기 자신을 재파악하는 데 성공하는가? 이것은 합리성의 문제이다. 사람들은 고전적 사상이 요컨대, 저러한 일치들을 즉자적 세계나 절대 정신에 의해 설명하고자 노력했다는 것을 알고 있다. 이러한 설명들은 자신들이 가질 수 있는 모든 확실한 것을 합리성의 현상에서 빌려오고, 따라서 그 설명들은 이 현상을 설명하지 못하며, 이 현상보다 더 분명하지 않다. 절대적 **사고**는 나의 유한한 정신보다 나에 대하여 더 분명하지 않다. 왜냐하면 내가 그것을 사고하는 것은 나의 유한한 정신에 의해서이기 때문이다. 우리는 세계에로 존재한다. 말하자면 사물들이 그 형태를 뚜렷이 드러내고 무한한 개체들이 보증되며 개개의 존재가 자신을 이해하고 타자를 이해한다. 우리의 모든 확실성을 기초짓는 이러한 현상들은 인식되어야 할 것으로 있을 뿐이다. 절대적 정신 또는 우리와 분리된 즉자적 세계에 대한 믿음은 이러한 원초적 신앙의 합리화 과정일 뿐이다.

제2장 시간성

"시간은 삶의 의미 sens이다(sens: 소위 물의 흐름의 방향, 문장의 의미, 피류의 방향, 후각의 방향 등등)."

——클로델, 『시의 기술 *Art Poétique*』

"현존재의 의미는 시간성 Zeitlichkeit이다."

——하이데거, 『존재와 시간 *Sein und Zeit*』

1_시 간 은 사 물 안 에 없 다

우리가 앞서 주체성에 이르는 과정에서 시간과 이미 만났다면, 그것은 우선, 우리의 모든 경험이 우리의 것인 한 전과 후에 따라서 처리되기 때문이요, 시간성이 칸트의 용어를 빌리면 우리의 내감의 형식이기 때문이고, '심적 사실들'의 가장 일반적 특성이기 때문이다. 그러나 사실상 시간의 분석이 우리에게 가져올 것에 대하여 지레짐작하지 않아도, 우리는 이미 시간과 주체성이 한층 더 밀접한 관계를 맺고 있음을 발견했다. 우리는 일련의 심적 사건들일 수 없는 주체가 그럼에도 불구하고 영원할 수 없다는 것을 보았던 것이다. 그것은 인간의 구성의 어떤 우연성에 의해서가 아니라 내적 필연성에 의해서 시간적인 것으로 남아 있다. 우리는 우리로 하여금 주체와 시간을 내부로부터 의사 소통한다는 그런 개념으로 만들도록 유인된다. 이제 우리는 시간성에 대하여 우리가 앞서, 예를 들면 성과 공간성에 대하여 말했던 것을 말할 수 있다. 즉 실존은 외적 또는 우연적 속성을 가질 수 없다. 실존이 무엇이든——공간적·성적·시간적이든——간에 그것은 전적으로 그렇지 않고서는, 자신의 '속성들'을 인수하고 부담하지 않고서는, 그리고 그 속성들을 자신의 존재의 차원들로 만들지 않고서는 그 무엇일 수 없고, 그리하여 그 속성들 하나하나에 대한 명확한 분석은 사실상 주체성 자체에 관계한다. 지배적 문제들과 종속된 문제들은 없다. 모든 문제들이 중심을 같이한다. 시간을 분석하는 것은 주체성에 대한 미리 확립된 개념으로부터 결과들을 끌어내는 것이 아니다. 그것은 시간을 통해서 주체성의 구체적 구조에 접근하는 것이다. 우리가 주체를 이해하는 데 성공한다면, 그것은 그 순수한 형식에서가 아니라, 그 차원들의 교차점에서 주체를 추구함으로써일 것이다. 따라서 우리는 시간 자체를 고찰해야 한다. 그리고 주체에 대한 우리의 관념을 개정하도록 인도하는 것은 시간의 내적 변증법의 추적이다.

　사람들은 시간이 지나간다거나 흐른다고 말한다. 사람들은 시간의 흐름에 대하여 말한다. 내가 지나가고 있는 것으로 보는 물은 빙하가 만들어졌을 때 산에 며칠간 있다가 준비된 것이다. 지금 그것은 내 앞에 있고 자신이 흘러 들어가는 바다로 향하고 있다. 시간이 강과 유사하다면 그것은 과거에서 현재로, 현재에서 미래로 흘러간다. 현재는 과거의 결과이고, 미래는 현재의 결과이다. 이러한 유명한 비유는 사실상 매우 혼동스럽다. 왜냐하면 **사물들 자체를 고찰하면** 눈 녹음과 이로부터 결과하는 것은 연속적 사건들이 아니고, 오히려 사건의 개념 자체가 객관적 세계에서 아무런 자리도 차지하지 않기 때문이다. 엊그제의 빙하가 지금 지나가는 물을 산출했다고 내가 말한다면, 나는 세계의 어떤 장소에 예속된 증인을 암시하고 그의 연속적 봄들을 비교한다. 즉 그는 눈이 녹을 때 거기에 있었고 흐르는 물을 따라갔으며, 아니면, 이틀 동안 기다려 강변에서 자신이 상류에서 던졌던 나무 조각이 지나가는 것을 본다. '사건들'은 시공간적 총체성에 있는 유한한 관찰자에 의해 객관적 세계에서 단절된다. 그러나 내가 그 세계 자체를 고찰하면 분할 불가하며 변화하지 않는 단 하나의 존재만이 있다. 변화는 내가 취하는, 그리고 내가 사물들이 행진하는 것을 보게 되는 어떤 자세를 가정한다. 사건들은 그 사건들이 도래하게 되는 어떤 사람, 유한한 조망이 그 사건들의 개별성을 정초하게 되는 어떤 사람이 없이는 존재하지 않는다. 시간은 시간에 대한 봄을 가정한다. 따라서 그것은 시냇물과 같지 않고 흘러가는 실체가 아니다. 이러한 비유가 헤라클레이토스 이래 우리 시대에 이르기까지 보존될 수 있었다면 그것은 우리가 시냇물에 그 물의 흐름의 증인을 비밀리에 놓기 때문이다. 우리가 시냇물이 흘러간다고 말할 때 이미 우리는 그렇게 하고 있다. 왜냐하면 그것은 사물은 전적으로 자기 밖에 있을 뿐이라는 바로 거기서, 자신의 표시들을 밖에 전개하는 시냇물의 개별성이나 내부를 인식하는 것에 상당하기 때문이다. 이제 관찰자가 시냇물의 흐름을 따라가든, 강변에서 그 이동을 확증하든, 내가 그 관찰자를 소개하자마자 시간의 관계들은 역전된다. 후자의 경우, 이미 흘러간 다량의 물은 미래를 향하지 않고 과거에서 침몰한다. 미래는 상류 쪽에 있고 시간은 과거에서 나오지 않는다. 현재를 존재로 이르게 하는 것은 과거가 아니며 미래를 존재로 이르게 하는 것은 현재가 아니다. 미래는 관찰자의 배후에서 준비되지 않는다. 그것은 지평에 있는 폭풍처럼 관찰자 앞에서 자신을 미리 계획한다. 배를 탄 관찰자가 물줄기를 따라간다면 사람들은 그 흐름과 함께 자신의 미래를 향해 움직인다고 확실히 말할 수 있으나, 그 미래는 강어귀에서 그를 기다리는 새로운 풍경이고, 시간의 흐름은 더 이상 시냇물 자체는 아니다. 그것은 풍경들이 움직이는 관찰자에 대하여 펼쳐짐이다. 따라서 시간은 내가 기록하는 데 만족하는 실재적 과정, 실제적 연속이 아니다. 그것은 사물들과 **나의** 관계에서 탄생한다. 사물들 자체에 있어서 미래와 과거는 일종의 선존재, 일종의 영원한 잔존에 **있다**. 내일 지나갈 물은 상류의 그 순간에 있다. 방금 지나간 물은 이제 약간 더 낮은, 즉 계곡에 **있다.** 나에 대한 과거의 것 또는 미래는 세계에 현존한다. 때때로 사람들은 사물들 자체에 있어서 미래는 아직 없고 과거는 더 이상 없으며, 현재는 엄밀하게 말해서 한계일 뿐이고, 그래서 시간은 붕괴한다고 말한다. 이것이 라이프니츠가 객관적 세계를 순간적 정신mens momentanea*으로 규정할 수 있었던 이유이고, 아우구스티누스가 시간을 구성하기 위해 현재의 현전 이외에도 과거의 현전과 미래의 현전을 요구했던 이유이다. 그러나 그것이 무엇을 말하고자 하는가를 잘 이해해보자. 객관적 세계가 시간을 휴대할 수 없다면 그것은 말하자면 그 세계가 협소해서가 아니라, 우리가 그 세계에 과거의 한 토막과 미래의 한 토막을 덧붙여야 하기 때문이다. 과거와 미래는 지나치게 세계에 존재하고 현재에 존재하며, 존재 자체가 시간적이기 위해 결여하는 것은 다른 곳에 존재하지 않음, 이전이나 내일이 존재하지 않음이 아니다. 객관적 세계는 너무 차 있어서 시간이 없다. 과거와 미래는 그 자신 스스로 존재에서 물러나 주체성 쪽으로 움직여, 어떤 실재적 지지가 아니라, 반대로, 자신의 본성에 일치하는 비존재의 가능성을 추구한다. 사람들이 객관적 세계를 그 세계로 열리는 유한한 조망들로부터 분리하고 그 세계를 즉자적으로 정립한다면, 우리는 거기서 '지금'만을 도처에서 발견할 수 있을 뿐이다. 게다가 이 지금은 어떤 사람에게도 현전하지 않기에 시간적 특성을 가지지 않고 또 연속할 수 없다. 공통 감각들의 비교에서 암시되고 '지금의 연속'[1]으로 정식화될 수 있는 시간의 규정은 과거와 미래를 현재로서 취급하는 잘못만을 가지는 것이 아니다. 그것은 비일관적이다. 왜냐하면 그것은 '지금'의 개념과 연속의 개념을 파괴하기 때문이다.

---

* 기억을 가질 수 있는 것이 정신이라면 따라서 물질은 순간을 넘어 기억을 지속할 수 없는, 즉 순간적 정신으로 규정될 수 있다.

1 독일어로 Nacheinander der Jetztpunkte. 예를 들면 Heidegger, 『존재와 시간』, p. 422.

2_시간은 의식 상태 안에 없다

따라서 우리는 시간을 지금의 연속으로 규정하는 오류를 '의식 상태의 관점'에서 갱신시킨다 해도 사물의 시간을 우리 속에 있는 것으로 변형하는 어떤 것도 얻지 못할 것이다. 그러나 이것은 심리학자들이 과거의 의식을 상기로, 미래의 의식을 우리 앞에 상기를 투사함으로 '설명하고자' 노력할 때 저지르는 것이다. 예컨대 베르그송에 있어서 기억의 '생리학적 이론들'에 대한 반박은 인과적 설명의 영역에 자리하고 두뇌의 흔적들과 다른 신체적 장치들이 기억 현상들의 충분한 원인이 아니라는 것을 보여주는 데서 성립한다. 예컨대 점진적 실어증의 경우에 사람들은 상기가 사라지는 질서를 설명할 어떤 것도 신체에서 발견하지 못한다. 이렇게 인도된 논의는 과거의 신체적 보존이라는 관념을 물론 신뢰하지 않는다. 신체는 더 이상 엔그램engram의 수신 가능자가 아니다. 그것은 의식의 '의도들'[2]의 직관적 실현을 보증하는 책임을 지고 있는 무언극의 기관이다. 그러나 이 의도들은 '무의식에' 보존된 상기들에 일치한다. 과거가 의식에 현전함은 단순한 사실적 현전으로 남아 있다. 사람들은 과거의 생리학적 보존을 거부하는 우리의 가장 훌륭한 이유가 역시 '심리학적 보존'을 거부하는 이유라는 것을 보지 못했고, 그 이유는 과거의 어떠한 생리학적 또는 정신적 보존이나 '흔적'도 과거의 의식을 이해하도록 할 수 없다는 것이다. 이 탁자는 나의 지난 삶의 흔적들을 가지고 있으며 나는 거기에 내 이름의 첫 글자들을 새겼고 잉크의 얼룩들이 묻어 있다. 그러나 이러한 흔적들은 그 자체로서는 과거로 회송되지 않는다. 그것들은 현재적이다. 내가 거기서 '이전의' 어떤 사건의 기호들을 발견한다면, 그것은 내가 다른 곳에서 과거의 의미를 가지기 때문이요, 내가 그 의미를 내 속에서 휴대하기 때문이다. 나의 두뇌가

2 Bergson, 『물질과 기억 Matière et Mémoire』, p. 137. note 1, p. 139.

나의 감각들의 하나에 동반한 신체적 과정의 흔적들을 간직한다면, 그리고 신경 전달이 다시금 이미 트인 길들을 거친다면, 나의 지각은 재현될 것이고, 나는 새로운 지각, 말하자면 약화된 비실재적 지각을 가질 것이다. 그러나 내가 과거를 상기로서 인식하도록 나에게 허용해주는, 나의 과거에 대한 다른 관점, 저 가설에 반대되는 이 다른 관점을 가지지 않는다면 어떠한 경우에도 이 지각, 이 현재적인 지각은 나에게 지난 사건을 가리킬 수 없을 것이다. 이제 우리가 생리학적 흔적들을 '정신적 흔적들'로 바꾼다면, 우리의 지각들이 무의식에 머문다면, 난점은 동일할 것이다. 즉 보존된 지각은 지각이고 존재하기를 계속하며 언제나 현재에 있고, 우리 뒤에서 과거인바 지나감과 부재의 차원을 열어주지 않는다. 체험된 과거의 보존된 단편은 기껏해야 과거를 사고하는 기회일 수 있을 뿐이고 인식되도록 하는 것은 그러한 단편이 아니다. 재인 (再認)은 우리가 그것을, 무엇이든 간에 어떤 내용에서 도출하고자 할 때, 언제나 자기 자신보다 선행한다. 재생산은 재인식을 전제한다. 그것은 내가 우선 제 위치에 있는 과거와의 일종의 직접적 접촉을 가질 때만 그런 것으로 이해될 수 있다. 더욱이, 사람들은 미래를 의식의 내용들로서 구성할 수 없다. 어떠한 실제적 내용도 모호하다는 대가를 치르고서라도 미래에 대한 증거로 간주될 수 없다. 왜냐하면 미래는 존재하지도 않았고 과거처럼 우리 속에 자신을 현시할 수 없기 때문이다. 그러므로 사람들은 미래의 현재에 대한 관계를 현재의 과거에 대한 관계와 유사하다고 함으로써만 그 관계를 설명하고자 한다. 내가 나의 과거 상태의 기나긴 행렬을 고찰하면, 나는 나의 현재가 언제나 지나가는 것을 보고 이러한 이동을 앞지를 수 있으며, 나의 가까운 과거를 먼 과거로, 나의 실제적 현재를 과거로 취급할 수 있다. 미래는 그때의 그런 것에 앞서 형성되는 텅 빈 속이다. 내다봄은 사실상 돌이켜봄이요, 미래는 과거의 투사이다. 그러나 어쩌다가 내가 과거의 의식을 이전된 현재들로 구성할 수 있을지라도 그것들은 확실하게 나에게 미래를 열어줄 수 없을 것이다. 우리가, 사실상 우리가 이미 보았던 것의 도움으로 미래를 우리에게 표상한다 할지라도, 그것을 우리 앞에 투사하기 위하여 우리가 먼저 과거의 의미를 가졌어야만 하는 것은 사실이 아닌가? 내다봄이 돌이켜봄이라면 어쨌든 그것은 예기된 돌이켜봄이고 사람들은 미래의 의미를 가지지 않았다면 어떻게 예기할 수 있는가? 사람들은 '유비를 통해서' 우리가 비교 불가능한 그 현재가 다른 모든 것처럼 지나갈 것이라고 예상한다고 말한다. 그러나 경과된 현재와 실제적 현재 사이에 유비가 있으려면, 후자가 현재로서만 주어져서는 안 되고 자신을 곧장 과거가 될 것으로서 이미 알려주어야 하며, 자신을 없애고자 하는 미래의 압력을 우리가 후자에게서 느껴야 한다. 요컨대, 시간의 흐름은 발원적으로 현재에서 과거로의 이동일 뿐만 아니라 미래에서 현재로의 이동이지 않으면 안 된다. 우리가 모든 내다봄이 예기된 돌이켜봄이라고 말할 수 있다면, 우리는 마찬가지로 모든 돌이켜봄이 역전된 내다봄이라고 말할 수 있다. 나는 내가 전쟁 전에 코르시카에 있었음을 안다. 왜냐하면 나는 전쟁이 나의 코르시카 여행 중에 일어났다는 것을 알기 때문이다. 과거와 미래는 우리의 지각들과 상기들에 입각한 추상화에 의해 우리가 형성할 단순한 개념들일 수 없고 '정신적 사실들'의 실제적 연속을 가리키기 위한 단순한 명명들일 수 없다. 시간은 시간들의 부분들에 앞서 우리에 의해 사고되고, 시간적 관계들은 시간상의 사건들을 가능하게 한다. 따라서 상관적으로, 주체가 의도에 있어서 미래에 현전하는 것처럼 과거에 현전하려면, 그 자신 시간에 위치지어지면 안 된다. 시간이 '의식의 소여'라고 더 이상 말하지 않도록 하자. 보다 명확하게 말해서, 의식이 시간을 전개하거나 구성한다고 말하도록 하자. 시간의 관념성에 의해서 의식은 결국 현재에 갇혀 있기를 중지한다.

3_시간의 관념성

그러나 의식은 과거와 미래에로의 열림을 가지는가? 의식은 현재와 '내용들'에 의해 더 이상 괴롭힘을 당하지 않고, 자신과 멀리 떨어져 있지 않는 과거와 미래로부터 자유롭게 나다닌다. 왜냐하면 그것은 과거와 미래를 과거와 미래로서 구성하기 때문이고, 과거와 미래는 의식과 가까이 있지 않는 현재에 내재하는 의식의 대상들이기 때문이며, 현재는 의식이 현재, 과거, 미래 사이에 정립하는 관계들에 의해서만 현전하기 때문이다. 그러나 바로 이렇게 자유로운 의식은 미래, 과거, 심지어 현재가 무엇일 수 있는가에 대한 모든 개념을 상실한 것이 아닌가? 의식이 구성하는 시간은 우리가 불가능성을 보았던 실재적 시간과 모든 점에서 유사한 것이 아닌가? 그것은 여전히 어떤 사람에게도 현전하지 않는 '지금의 연속'이 아닌가? 왜냐하면 어떤 사람도 거기에 참여하지 않기 때문이다. 우리는 또한 마찬가지로 미래, 과거, 현재, 그리고 이것들의 상호 이동이 무엇일 수 있는가를 이해하는 것과 정반대의 위치에 있는 것이 아닌가? 의식의 내재적 대상으로서의 시간은 평준화된 시간이고, 달리 말하면, 더 이상 시간이 아니다.

4_시간은 존재 관계이다

시간은 그것이 완전하게 전개되지 않는 한에서만, 과거, 현재, 미래가 동일한 의미에 **있지** 않는 한에서만 존재할 수 있다. 생기게 하면서도 존재하지 않음, 완전하게 구성되지 않음은 시간에 본질적이다. 구성된 시간, 전과 후에 따른 일련의 가능적 관계들은 시간 자체가 아니고 시간의 최종적 기록이며, 객관적 사고가 언제나 전제하면서도 파악하는 데는 실패하는 시간의 **이행**의 결과이다. 그것은 공간의 것이다. 왜냐하면 그 계기들이 사고 앞에 공존하기 때문이다.[3] 그것은 현재의 것이다. 왜냐하면 의식은 모든 시간과 동시적이기 때문이다. 그것은 어떤 것도 지나가지 않고 일어나지 않는 환경이자, 나와 구별되는 움직이지 않는 환경이다. 내가 이행이나 경과 자체가 무엇인가를 배우는 다른 시간, 즉 참된 시간이 있지 않으면 안 된다. 내가 전과 후 없이는 시간적 위치를 지각할 수 없다는 것, 세 항의 관계를 통각하기 위하여 나는 그것들 중 어느 하나도 혼동해서는 안 된다는 것, 요컨대 시간은 종합을 필요로 한다는 것은 실로 사실이다. 그러나 이러한 종합이 언제나 다시 시작되어야 할 것이라는 것, 사람들은 그 종합이 어느 곳에서 완성된 것이라고 가정하기 위해 시간을 부정한다는 것은 역시 마찬가지로 사실이다. 영원과 변화를 넘어서 '삶의 영원성'을 인식하는 것은 실로 철학자의 꿈이거니와, 거기에 시간의 생산성이 탁월하게 포함되어 있다. 그러나 시간을 지배하고 포괄하는바, 시간**의** 정립적 의식이 시간의 현상을 파괴한다. 우리가 일종의 영원성과 만나야 한다면 그것은 시간에 대한 우리의 경험의 핵심에서일 것이고, 그것을 사고하고 정립할 책임을 지는 비시간적 주체에서가 아닐 것이다. 이제 문제는 태동하는 상태의 시간, 나타나고 있는 중의 시간, 시간의 **개념**에 의해 언제나 암시되는 시간, 우리의 지식의 대상이 아니라, 우리의 존재의 차원인 시간을 해명하는 것이다.

---

3 본래적 시간으로 되돌아가기 위해서 베르그송이 하는 것처럼, 시간의 공간화를 비난하는 것은 필요한 것도 충분한 것도 아니다. 그것이 필요하지 않은 것은 사람들이, 공간을 우리가 기술하고자 노력하는 원초적 공간성, 우리가 세계에로 현전하는 추상적 형식인 원초적 공간성이 아니라, 우선적으로 객관적인 것으로 간주할 때만 시간은 공간을 배제하기 때문이다. 그것이 충분하지 않은 것은 시간을 공간의 견지에서 체계적으로 번역하는 것이 비난을 받을 때라도 사람들은 시간의 본래적 직관과는 너무 멀리 떨어져 있을 수 있기 때문이다. 이것이 베르그송에게 일어난 일이다. 그가 지속은 [눈덩이처럼] '스스로 자꾸 커지는' 것이라고 말하고 기억 자체를 무의식 속에 축적할 때, 시간을 보존된 현재로 만들고 진화를 진화된 것으로 만들고 있는 셈이다.

5_현전의 장, 과거와 미래의 지평들

그것은 넓은 의미의 나의 '현전의 장'에 있다. 즉 흘러가는 하루 중에 내가 작업하면서 보내어 내가 뒤로 처지는, 그러나 저녁과 밤 보다는 앞에 있게 되는 그 순간이다. 내가 시간과 접촉하기 시작하고 시간의 흐름을 알게 되는 그 순간이다. 보다 멀리 있는 과거는 역시 자신의 시간적 질서를 가지고 나의 현재와의 관계에서 시간적 위치를 가진다. 그러나 그것은 그 과거가 현존했던 한에서, 나의 삶에 의해 횡단된 '자신의 시간에' 있었던 한에서, 나의 삶이 지금까지 따라왔던 한에서이다. 내가 먼 과거를 불러낸다면 나는 시간을 다시 여는 셈이고, 그것이 지금은 닫혀 있는 미래의 지평을, 지금은 멀리 있는 직전의 과거의 지평을 포함하는 순간에 다시 자리하는 셈이다. 따라서 모든 것은 나를 시간과 그 차원들이 끼어들 거리 없이 궁극적 명증성을 가진 채 **몸소** 나타나는 발원적 경험으로서의 현전의 장으로 돌려보낸다. 바로 여기가 우리가, 미래가 현재와 과거로 미끄러져가는 것을 보는 곳이다. 이 세 차원들은 분리된 행동에 의해서 우리에게 주어지지 않는다. 나는 나의 하루를 마음속에 그리지 않으나 그것은 자신의 무게를 가지고 나를 힘주어 누르고 여전히 거기에 있다. 나는 어떤 세목도 불러내지 않으나 곧 그렇게 할 수 있는 능력이 나에게 있으며, 나는 나의 하루를 '여전히 나의 손아귀에' 쥐고 있다.[4] 마찬가지로, 나는 곧 올 저녁과 그 뒤를 생각하지 않으나, 그럼에도 불구하고 그것은 내가 정면을 바라보는 집의 뒷면처럼 또는 형(形) 아래의 지(地)처럼 '거기에 있다'. 우리의 미래는 추측과 몽상에 의해서만 구성되는 것이 아니다. 내가 보고 지각하는 것 앞에는 틀림없이 가시적인 것 이외에는 아무것도 없다. 그러나 나의 세계가, 미리 적어도 올 것(우리가 **다른 어떤 것**이 나타나는 것을 죽는 날까지 언제나 틀림없이

---

4 독일어로 Noch im Griff behalte. Husserl, *Vorlesungen zur Phänomenologie des inneren Zeitbewußtseins*, p. 390 및 이하.

기대할지라도)의 방식을 그리는 지향적 행렬에 의해서 지속되고 있다. 현재 자체는 (좁은 의미에서) 정립되지 않는다. 종이, 나의 만년필은 나에 대하여 거기에 있으나, 나는 그것들을 명시적으로 지각하지 않는다. 나는 그 대상들을 지각하기보다 주위와 함께 계산하고 있다. 나는 나의 과제 앞에 있다기보다는 나의 연장에 기대어 있고 나의 과제에 속해 있다. 후설은 나로 하여금 주위에 닻을 내리게 하는 지향성들을 예지와 파지라 부른다. 그것들은 중심적 나에서 나오는 것이 아니라, 말하자면 파지들의 지평을 자기 뒤를 따라 가져오고 그 예지들에 의해서 미래에 걸리는, 나의 지각적 장 자체에서 나온다. 나는 내가 상을 보존할 그리고 끝에서 끝까지 놓인 채 줄을 만들 지금의 연속을 거치지 않는다. 순간이 도래할 때마다 선행하는 순간은 수정을 겪는다. 나는 그 순간을 여전히 나의 손아귀에 쥐고 있고 그것은 여전히 거기에 있으나, 그럼에도 불구하고 이미 무너지고 현재의 행렬 아래로 내려간다. 선행하는 순간을 유지하기 위해 나는 시간의 얇은 층을 통해서 구원의 손길을 구해야 한다. 물론 여전히 그것은 선행하는 순간이고, 나는 그것을 방금 존재했던 그대로 만날 수 있는 능력을 가지고 있으며, 그 순간으로부터 단절되지 않는다. 그러나 궁극적으로, 그것이 방금 나의 현재였을 때, 아무것도 변화하지 않고 나의 현재에 대하여 음영지어지거나 투사되거나 하지 않았다면, 결국 그것은 과거가 아닐 것이다. 제3의 순간이 따라오면 제2의 것은 새로운 변화를 겪고, 그것은 자신이었던 파지로부터 파지의 파지로 되며, 그와 나 사이의 시간의 층은 두꺼워진다. 후설처럼 사람들은 이러한 현상을 도식으로 표상할 수 있거니와 완전하도록 하기 위해 예지의 대칭적 조망을 덧붙여야 한다. 시간은 줄이 아니라 지향성들의 망이다.

6_기능적 지향성

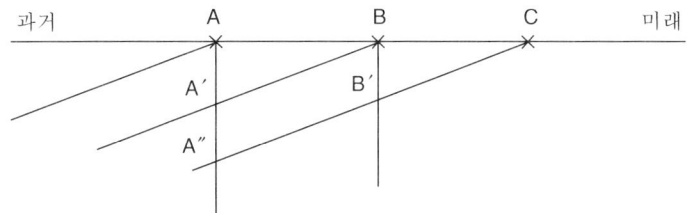

수평선: 지금의 연속
사선: 후속하는 지금에서 보여진 동일한 지금의 음영들
수직선: 동일한 지금의 연속적 음영들

〈그림 1〉(후설, 『시간 의식 *Zeitbewußtsein*』, p. 22)

틀림없이 우리는 이러한 기술과 도식이 우리로 하여금 한 발자 국도 나아가지 못하게 한다고 말할 것이다. 우리가 A에서 B로 이 동하고 그 다음 C로 이동할 때, A는 A′에 그 다음 A″에 투사되거 나 비친다. A′가 A의 파지 또는 음영으로서, A″가 A′의 파지 또는 음영으로서 인식되기 위해, 그리고 A의 A′로의 변형이 그런 것으 로서 경험되기 위해, A, A′, A″와 여타의 모든 가능적 음영들을 결합하는 동일화의 종합이 필요하지 않은가? 이것은 칸트가 원하 는 것처럼 A를 관념적 통일성으로 만드는 것에 상당하지 않는가? 그럼에도 불구하고 우리는 이러한 지적 종합과 함께 시간은 더 이 상 없을 것이라는 것을 안다. A와 모든 이전의 시간적 순간들은 나 에 대하여 확실히 확인 가능할 것이고, 나는 말하자면 이것들을 서 로 스며들게 하고 뒤섞는 시간에서 빠져나올 것이다. 그러나 동시 에 나는 그러한 스며듦에 의해서만 주어지는 전과 후의 의미를 상 실할 것이고, 더 이상 아무것도 시간적 연속을 공간적 복수성으로 부터 구별하지 못할 것이다. 후설이 파지의 개념을 도입해서 나는 여전히 직접적 과거를 손에 쥐고 있다고 말할 때, 그것은 바로 내 가 과거를 정립하지 않는다는 것, 또는 그 과거와 실재적으로 구별 되는 음영에 입각해서 명백한 행동에 의해서 그것을 구성하지 않는다는 것, 나는 최근의 그러나 이미 지나간 개체성에 있어서 그것에 도달했다는 것을 표현하기 위한 것이다. 나에게 주어지는 것은 우선 A´, A″, A‴가 아니다. 사람들이 기호에서 그 의미로 가듯 나는 이러한 '음영지어진 것들'에서 원래의 A로 거슬러 올라가지 않는다. 나에게 주어지는 것은 내가 조약돌 자체를 그 위로 미끄러지는 다량의 물을 통해서 보듯이, 투명하게 A´를 통하여 보여진 A이고, 그 다음에 A″를 통하여 보여진 그 모두의 총체이며, 이하 동일하다. 물론 동일화의 종합들은 있다. 그러나 먼 과거의 명백한 상기들과 자발적 회상에서만, 즉 과거의 의식에서 파생된 방식들에서만 그것들이 있다. 예를 들면 나는 날짜를 상기하는 데 주저하며, 내 앞에 어떤 장면들을 가지고 있고 그것에 어느 시점을 주어야 할지를 모르며, 상기는 자신의 닻을 잃어버렸다. 그때 나는 그 사건들의 인과적 질서에 기초한 지적 동일화를 얻을 수 있다. 예를 들면 나는 이 옷을 휴전 전에 만들도록 했다. 왜냐하면 사람들은 그 이후에는 영국산 옷감을 더 이상 구하지 못하기 때문이다. 그러나 이 경우에 내가 도달하는 것은 과거 자체가 아니다. 반대로, 내가 상기의 구체적 기원을 재발견할 때 그것은 그 상기가 뮌헨에서 전쟁에 이르는 공포와 희망의 어떤 흐름 속에 자리 잡히기 때문이다. 즉 나는 잃어버린 시간과 다시 합쳐지기 때문이고 숙고된 그 순간에서 나의 현재에 이르기까지 파지들의 연결과 연속적 지평들의 끼워 맞추기가 계속된 이행을 보증하기 때문이다. 내가 나의 상기를 매개된 동일화에 놓고자 하는 데 관계되는 객관적 표시들, 그리고 일반적으로 지적 종합은, 그 자체 이해의 종합이 점차로 나를 나의 모든 실제적 과거에 연결하기 때문에만 시간적 의미를 가진다. 따라서 후자를 전자로 환원시키는 것은 문제일 수 없다. 음영 A´와 A″가 나에게 A의 음영으로 나타난다면, 그것은 이것들이 모두 이들 음영의 공통 근거일 관념적 통일성 A에 참여하기 때문이 아니다. 그것은 현재로 이행함에 의해서 단번에 정초된, 거절될 수 없는 개별성으로서의 점 A를 내가 이들 음영을 통해서 가지기 때문이고, 내가 이것으로부터 음영 A′, A″가 솟아오르는 것을 보기 때문이다. 우리는 후설의 언어로 말하면, 대상의 정립적 의식이자 예컨대 지적 기억에서 바로 대상을 관념으로 바꾸는 '작용적 지향성' 아래에서 이 작용적 지향성을 가능하게 하는 것, 그리고 하이데거가 초월이라 부르는 것, 즉 '기능적'[5] 지향성을 인식해야 한다. 나의 현재는 가까운 미래와 가까운 과거를 향해 자신을 넘어서고, 이것들이 있는 바로 그곳, 즉 과거, 미래 자체에 있어서 이것들과 관계한다. 우리가 명백한 상기의 형태로만 과거를 가진다면, 우리는 셸러가 말하는 환자, 즉 우리가 우리 뒤에 대상들이 있었다는 것을 거절할 수 없는 획득물로 느낄 때, 대상들이 이미 있었다는 것을 확실히 하기 위해 돌아보았던 그런 환자처럼, 그 존재를 검증하기 위해 끊임없이 회상하고 싶어질 것이다. 과거나 미래를 가지기 위해 우리는 일련의 음영들을 지적 행위에 의해 결합해서는 안 된다. 말하자면 그것들은 자연적·원초적 통일성을 가진다. 그것들을 통해서 알려지는 것은 과거나 미래 자체이다. 이런 것이 우리가 후설과 더불어 시간의 '수동적 종합'이라 부르고자 했던 것의 역설이고,[6] 이 용어는 분명히 해결이 아니라 문제를 가리키는 색인이다.

7_ 시간의 이행 자체에 의한 시간의 응집

이 문제는 우리가 앞의 그림이 시간의 순간적 단면을 대표한다는 것을 상기한다면 분명해지기 시작한다. 사실상, 있는 것은 과거, 현재, 미래가 아니다. 그것은 직접적 순간들 A, B, C가 아니고, 실재적으로 다른 음영들 A, A′, A″가 아니다. 그것은 파지의

---

5 Husserl, *Zeitbewußtsein*, p. 430; *Formale und transzendentale Logik*, p. 208; Fink, *Das Problem der Phänomenologie Edmund Husserls*, p. 266.

6 예를 들면 다음을 보라. *Formale und transzendentale Logik*, pp. 256~57.

다수성이 아니고, 다른 한편으로 예지의 다수성이 아니다. 새로운 현재의 솟아오름은 과거의 침하와 미래의 동요를 **유발하지** 않는다. 그러나 새로운 현재는 미래에서 현재로의, 이전의 현재에서 과거로의 이행**이다**. 시간이 한 끝에서 다른 끝까지 움직이게 되는 것은 단 한 번의 운동에서이다. '순간들' A, B, C는 연속적으로 **존재하지** 않는다. 그것들은 서로 **분화한다**. 상관적으로 A는 A′로 이행하고 A′에서 A″로 이행한다. 결국 파지들의 체계는 개개의 순간에, 보다 이른 순간에 예지의 체계였던 것을 그 자신 속에 수집한다. 결합된 현상들의 다수성이 아니라, 오로지 흩어짐의 단 하나의 현상이 거기에 있다. 동작이 그 동작을 실현하는 데 필요한 모든 근육의 수축을 포함하듯이, 시간은 그 자신의 모든 부분에 있어 자기 자신에게 적합한 유일무이한 운동이다. 사람들이 B에서 C로 이행할 때, 말하자면 B에서 B′로의, A′에서 A″로의 터짐, 해체가 있다. C 자체는 그것이 왔을 때, 음영의 계속된 방출에 의해 자신을 알리는 데 존재하게 되자마자, 이미 자신의 실체를 잃기 시작한다. 시간은 더 이상 존재하지 않을 목적으로 존재할 모든 것에 제공된 수단이다.[7] 그것은 자신 밖으로의 일반적 도주 이외의 다른 것이 아니고, 이 원심적 운동들의 유일한 법칙 이외의 다른 것이 아니다. 거듭 말하지만 하이데거가 말한 대로 그것은 '탈자성' 이외의 다른 것이 아니다. B가 C로 되는 동안에 B는 역시 B′로 되고, 동시에 B가 오면서 역시 A′가 된 A는 A″로 떨어진다. 한편으로는 A, A′, A″가 서로 결합하고 다른 한편으로는 B, B′가 서로 결합하며, 이것은 그것들을 한 시점에 고정시키는 동일화의 종합에 의해서가 아니라, 그것들이 하나에서 다른 하나가 나오고 그 투사들의 하나하나는 전체적 터짐이나 열개(裂開)의 모습들인 한에서 전이의 종합에 의한 것이다. 여기에 우리가 가지는 원초적 경험에서의 시간이 우리에 대하여 우리가 거쳐 통과하

---

7 Claudel, 『시의 기술 *Art Poétique*』, p. 57.

는 객관적 위치들의 체계가 아니라, 기차의 창문을 통한 풍경처럼 우리에게서 멀어지는, 운동하는 환경인 이유가 있다. 그러나 우리는 그 풍경이 움직이고 있다고 진정으로 믿는 것이 아니다. 건널목지기는 재빨리 스쳐가나 저기에 있는 언덕은 조금도 움직이지 않는다. 마찬가지로, 나의 하루의 시작이 이미 저 멀리에 있다 하더라도 나의 주일의 시작은 고정된 점이고, 객관적 시간은 그러한 지평에서 나타난다. 따라서 객관적 시간은 나의 직접적 과거에서 윤곽이 잡혀야 한다. 이것이 어떻게 가능한가? 시간적 탈자성이 어떻게 순간들의 개별성이 사라지는 절대적 해체가 아닌가? 그것은 그 해체가 미래에서 현재로의 이행이 형성한 것을 변형시켜 놓기 때문이다. C는 이것을 열매 맺도록 인도한 오랜 집중의 결말이다. 이것은 준비되고 있었던 정도에 따라 언제나 그보다 적은 수의 음영들에 의해서 신호를 보내고 있었고 **몸소** 다가가고 있었다. 그것이 현재에 이르게 되었을 때, 자신이 한계점이 되었던 발생을 자신에게 가져왔고, 자신을 따라와야 했던 것의 임박한 현전을 가져왔다. 그 결과로, 이 현전이 실현되고 C를 과거로 밀어낼 때, 그 현전은 C로부터 갑자기 존재를 박탈하지 않으며, C의 해체는 영원히 C의 숙성의 이면 또는 귀결이다. 요컨대, 시간에 있어 존재한다는 것과 지나간다는 것은 동의적이므로 사건은 과거가 됨으로써 존재하기를 그치는 것이 아니다. 우리의 시선 아래에 놓인 고정된 위치를 지닌 객관적 시간의 근원은 영원한 종합에서가 아니라, 현재를 통한 과거와 미래의 일치와 회복에서, 시간 자신의 이행에서 추구되어야 한다. 시간은 자신이 존재하게 했던 것으로부터 존재를 몰아낼 바로 그때에도 자신이 존재하게 했던 것을 유지한다. 왜냐하면 새로운 존재는 선행자에 의해 존재해야 하는 것으로 알려졌기 때문이고, 현전하게 되는 것과 지나가야 하도록 되어 있는 것은 선행자에 대하여 동일한 것이었기 때문이다. 시간성은 탈자성의 연속이 아니다. 미래는 과거보다 뒤가 아니고 과거는 현재보다 앞이 아니다. 시간성은 현재가 되면서 과거가 되는 미래로서 시간화된다.[8] 베르그송은 시간의 통일성을 시간의 연속성에 의해 **설명하는** 데서 틀렸다. 왜냐하면 그것은 사람들이 비감각적 전이에 의해 하나에서 다른 하나로 건너간다는 것을 구실로 해서 과거, 현재, 미래를 혼동하는 것에 이르고, 결국 시간을 부정하는 것에 이르기 때문이다. 그러나 그가 시간의 연속성을 본질적 현상으로 고수하는 데서 옳다. 오직 그것을 해명하는 것이 필요할 뿐이다. 순간 C와 순간 D는 처음부터 사람들이 아무리 가깝다고 주장할지라도 식별 불가능하지 않는데, 왜냐하면 그것이 불가능하다면 시간은 없을 것이기 때문이다. 그러나 그것들은 하나에서 다른 하나로 이행하고 C는 D가 되는데, 왜냐하면 C는 D를 현재로서 예상하는 것, 자기 자신을 과거로 넘어가는 것으로서 예상하는 것 이외의 다른 것이 아니었기 때문이다. 이것은 개개의 현재가 자신이 몰아내는 모든 과거의 현전을 재확인하고 모든 미래의 현전을 예상한다고, 정의상 현재는 자기 자신에 갇혀 있지 않고 미래와 과거를 향해 자신을 초월한다고 말하는 것과 같다. 있는 것은 현재, 처음의 그 존재에 연속하는 다른 현재, 심지어 조망들이 어지럽게 될 다른 현재에서 따라나온 과거와 미래의 그 조망들을 가진 현재도 아니다. 따라서 하나의 동일한 정관자가 연속적 조망들의 종합을 수행하기 위해 필요할 것이다. 즉 스스로 확증되는 어떤 것을 현재와 도래할 과거로서 이미 정초하지 않았다면 그것을 존재하게 할 수 없는, 단숨에 자신을 확립하는 단 하나의 시간이 있다.

8 _ 주 체 로 서 의 시 간 과 시 간 으 로 서 의 주 체

따라서 과거는 과거이다가 아니고, 미래는 미래이다가 아니다. 그것은 주체성이 즉자 존재의 충만성을 부수려고 하고, 그 조망을

---

8 Heidegger, 『존재와 시간』, p. 350.

설계하려고 하며, 그 비존재를 도입하려고 할 때만 존재한다. 과거와 미래는 내가 그것들을 향해 뻗칠 때 솟아오른다. 나는 나 자신에 대하여 지금 이 순간에 있지 않다. 나는 그 정도로 역시 오늘 아침이나 곧 올 밤에 있다. 나의 현재는 과연 이 순간tempora이다. 그러나 그것은 역시 그 정도로 오늘, 올해, 나의 모든 삶이다. 순간을 외부에서 단 하나의 시간에 결합하는 종합은 필요하지 않다. 왜냐하면 순간은 저마다 이미 자기 자신을 넘어 다른 순간의 열린 연속을 포함했고 내부적으로 상호 의사 소통했기 때문이며, '삶의 응집'[9]은 자신의 탈자성과 함께 주어지기 때문이다. 현재에서 다른 현재에로의 이행을 나는 사고하지 않는다. 나는 그 관찰자가 아니다. 나는 그것을 실현하고, 나의 동작이 이미 그 목표에 있듯이 나는 이미 올 현재에 있다. 나는 나 자신 시간이고, 칸트가 여러 텍스트에서 말한 대로,[10] '머물고 있는' '흐르지' 않는, '변화하지' 않는 시간이다. 자신을 앞지르는 이러한 시간의 관념은 상식이 나름대로 통각하고 있다. 모든 사람이 시간을 말한다. 동물학자가 집합명사의 의미에서 개나 말을 말하는 것처럼이 아니라, 고유명사의 의미에서 그것을 말한다. 때때로 사람들은 시간을 인격화한다. 모든 사람들이 여기 하나의 특이한 구체적 존재가 있다고 생각하고 사람이 자신의 언사 하나하나에 현전하듯, 그 존재가 자신을 표시하는 하나하나에 전적으로 현전한다고 생각한다. 사람들은 분수가 있다고 말하듯 시간이 있다고 말한다. 물은 변화하나 분수는 그대로이다. 왜냐하면 그 형태가 보존되기 때문이다. 그 형태가 보존되는 것은 개개의 연속적 물결이 선행자의 기능을 다시 맡기 때문이다. 자신이 밀어낸 물결과의 관계에서 밀어내는 물결이 되는 물결은 다시금 다른 물결에 관해서 밀려난 물결이 된다. 결국 이것은 원천에서 뿜어내기에 이르기까지 물결들이 분리되지 않는다는 것에서 나온다. 단 하나의 밀기가 있을 뿐이고, 흐름 속의 단 하나의

---

9 같은 책, p. 373.
10 하이데거에 의해 인용됨. Heidegger, *Kant und das Problem der Metaphysik*, pp. 183~84.

누락이 뿜어내기를 끊기에 충분할 것이다. 강의 비유가 정당화되는 것은 여기서인데, 강이 흐르는 한에서가 아니라 강이 자신과 하나가 되는 한에서만 그러하다. 그러나 시간의 영속성의 이러한 직관은 공통 감각에서 위태롭게 된다. 왜냐하면 그것은 시간을 주제화하거나 객관화하는데, 이것이야말로 시간을 잃는 가장 확실한 방법이기 때문이다. 시간의 신화적 인격화들에는 즉자적 자연의 변수와 같은 과학적 방식으로 고찰된, 또는 질료와 관념적으로 분리 가능한 형식과 같은 칸트적 방식으로 고찰된 시간의 개념에서보다 더 많은 진리가 담겨 있다. 세계의 시간적 방식이 있고 시간은 동일한 것으로 머문다. 왜냐하면 과거는 이전의 미래이고 최근의 현재이며, 현재는 가까운 과거이고 최근의 미래이며, 결국 미래는 현재이고 올 과거이기도 하기 때문이다. 말하자면, 시간의 개개의 차원은 그 자신과는 다른 것**으로서** 취급되거나 겨냥되기 때문이다. 즉 궁극적으로 시간의 핵심에는 시선 또는 하이데거가 말한 대로 **~로서**라는 말이 의미를 가질 수 있게 되는 **순간**, 즉 **누군가**가 있기 때문이다. 우리는 시간이 누군가에 대하여 있다고 말하지 않는다. 이것은 또다시 시간을 진열하고 시간을 움직이지 못하게 하는 것이 될 것이다. 우리는 시간이 누군가라고, 즉 시간적 차원들은 그것들이 영구적으로 자신을 회복하는 한 서로 확증한다고, 제각각에 포함된 것을 명시적이게 할 뿐이라고, 주체성 자신인 단 하나의 터짐이나 밀기를 표현한다고 말한다. 시간을 주체로서, 주체를 시간으로서 이해하지 않으면 안 된다. 명백하게도, 이러한 원초적 시간성은 외적 사건들의 병존이 아니다. 왜냐하면 그것은 그 사건들이 상호 멀어짐으로써 그것들을 총체적으로 유지하는 힘이기 때문이다. 궁극적 주체성은, 시간적이라는 그 말의 경험적 의미에서 시간적이 아니다. 시간의 의식이 연속하는 의식 상태들로 이루어진다면, 그 연속을 의식하기 위한 새로운 의식이 있어야 할 것이고 이하 계속 그러해야 할 것이다. 우리는 확실히 자신에 대한 의식을 가지기 위해 자신 배후에 어떠한 의식도 더 이상 가지지 않

는 의식을,[11] 결과적으로 시간에 진열되지 않는 의식을, 존재와 대
자 존재가 일치하는 의식을[12] 인정하지 않을 수 없다. 우리는 궁극
적 의식이 시간 내의 것이 아니라는 의미에서 무시간적이라고[13] 말
할 수 있다. 나의 현재 '안에,' 내가 이것을 여전히 살아 있는 것으
로, 그리고 이것이 함축하는 모든 것을 내가 다시 파악한다면, 시
간의 차원들을 대적자로서가 아니라 분리 불가능한 것으로 나타나
게 하는 미래와 과거를 향한 탈자성이 있다. 지금이다 함은 이미
언제까지나라는 것이다. 주체성은 시간 안에 있지 않다. 왜냐하면
그것은 시간을 인수하거나 체험하기 때문이고 삶의 응집과 뒤섞이
기 때문이다.

9_구성하는 시간과 영원성

이렇게 해서 우리는 일종의 영원성으로 되돌아가는가? 나는 과
거에 있고 파지들의 지속적 끼워 맞추기에 의해서 나의 보다 이전
의 경험들을 간직하며, 나는 어떤 복제나 상을 가지지 않고, 있었
던 그대로 정확하게 그것들을 가진다. 그러나 과거 자신에 대한 접
근이 나에게 보증되는 현전의 장들의 지속적 연결은 조금씩 점차
로 실현된다는 본질적 특성을 가진다. 개개의 현재는 그 본질상 다
른 현재들과의 병존을 배제하고 먼 과거에 있어서도 나는 내 삶의
어떤 시기를 그 자신의 **속도**에 따라 갱신적으로 전개함으로써만
그것에 도달할 수 있다. 시간적 조망, 먼 것의 불명료성, 한계가 망
각되는 과거의 일종의 '수축'은 기억의 우발성이 아니고, 시간에
대한 원칙적인 전체적 의식이 경험적 존재로 전락함을 표현하지

---

11 Husserl, 『시간 의식 *Zeitbewußtsein*』, p. 442: "primäres Bewußtsein······ das hinter
sich kein Bewußtsein mehr hat in dem es bewußt wäre······."
12 같은 책, p. 471: "fällt ja Sein und Innerlich-bewußtsein zusammen."
13 같은 책, p. 464.

않는다. 그것들은 그 전체적 시간 의식의 시초적 애매성을 표현한다. 보유한다 함은 잡는다는 것인데, 그러나 거리를 두고 잡는다는 것이다. 다시 한 번 말하지만, 시간의 '종합'은 전이의 종합이고 자신을 전개하는 삶의 운동이다. 그 삶을 체험하는 것 이외에 그것을 실현하는 다른 방법은 없다. 시간의 장소는 없다. 자신을 운반하고 되받는 것은 시간 자신이다. 분할 불가한 밀기와 전이로서의 시간은 오직 연속적 다수성으로서의 시간을 가능하게 할 수 있을 뿐이고, 우리가 시간 내의 것의 근원에 두는 것은 구성하는 시간이다. 우리가 방금 시간의 회복을 시간 자체에 의해서 기술했을 때, 우리는 미래를 올 과거라고 부연함으로써만 과거로서, 그리고 과거를 이미 온 미래라고 부연함으로써만 미래로서 간주하는 데 성공했다. 말하자면 시간을 평준화하자마자 개개의 조망의 원래성을 긍정해야 했고, 이 의사-영원성을 사건들 위에 기초지어야 했다. 시간으로 넘어가지 않는 것은 바로 시간의 이행 자체이다. 시간은 자신을 다시 시작한다. 어제, 오늘, 내일, 이러한 순환적 리듬, 이러한 항상적 형태는 분수가 우리에게 영원성의 느낌을 주듯 시간을 단번에 전체적으로 소유하는 환상을 우리에게 물론 줄 것이다. 그러나 시간의 일반성은 시간의 2차적 속성일 뿐이고 시간에 대한 비본래적 관점만을 제공할 뿐이다. 왜냐하면 우리는 도착점과 출발점을 시간적으로 구별함이 없이 그 순환을 인지할 수 없기 때문이다. 영원성의 느낌은 기만적이고 영원성은 시간을 먹고 산다. 분수는 물의 지속적 밀어내기에 의해서만 동일하게 남는다. 영원성은 꿈의 시간이고, 꿈은 각성으로 되돌아가며 자신의 모든 구조를 각성에서 빌려온다. 따라서 영원성이 뿌리를 가지는 그 각성의 시간이란 어떤 것인가? 그것은 넓은 의미의 현전의 장, 즉 발원적 과거와 미래의 이중 지평을 가진 현전의 장, 그리고 기한이 찬 또는 가능한 현전의 장들의 열린 무한정성이다. 나에 대하여 시간이 있는 것은 내가 시간에 위치지어지기 때문일 뿐이고, 말하자면 내가 이미 시간에 참여한 것으로 발견하기 때문일 뿐이고, 모든 존재가 나에게 몸소 주어지지 않기 때문일 뿐이며, 결국 존재의 일부가 나에게 너무 가까이 있어서 내 앞에서 그림을 형성하지도 못하기 때문일 뿐이다. 그리하여 내가 나의 얼굴을 볼 수 없듯이 내가 그것을 **볼** 수 없기 때문일 뿐이다. 나에 대하여 시간이 있는 것은 내가 현재를 가지기 때문이다. 시간의 순간이 말소될 수 없는 개별성, '이번만'을 획득하는 것은 현재로 됨으로써이고, 이어서 이 개별성, 이 '이번만'으로 인해 그 순간은 곧이어 시간을 가로지를 수 있고 우리에게 영원성의 환상을 줄 수 있다. 시간의 차원들의 어느 것도 다른 것에서 연역될 수 없다. 그러나 그럼에도 불구하고 (발원적 과거와 미래의 지평들을 가진 넓은 의미의) 현재는 특전을 가지는데, 왜냐하면 그것은 존재와 의식이 일치하는 지대이기 때문이다. 내가 이전의 지각을 상기할 때, 내가 브라질에 있는 나의 친구 폴에 대한 나의 방문을 상상할 때, 나는 끼어든 어떤 정신적 대상이 아니라 제자리에 있는 과거, 세상에 있는 폴 자체를 겨냥하는 것은 물론 사실이다. 그러나 결국 나의 표상 행위는 표상된 경험들과 달리 나에게 실제로 현전한다. 하나는 지각된 것이고 다른 하나는 표상된 것일 뿐이다. 이전의 경험, 일어날 경험은 나에게 나타나기 위해 회상이나 상상력에 대한 나의 내적 지각인 시원적 의식에 의해 존재로 실려 나와야 할 필요가 있다. 우리는 앞서 자기 뒤에 더 이상 다른 아무것도 없는, 따라서 자기 자신의 존재를 파악하는, 결국 존재와 의식적임이 하나가 되는 의식에 참으로 도달해야 한다고 말했다. 이러한 궁극적 의식은 절대적 투명성에서 자신을 통각하는 영원한 주체가 아니다. 왜냐하면 그러한 주체는 분명히 시간으로 내려갈 수 없을 것이고, 따라서 우리의 경험과 공통점을 가지지 않을 것이기 때문이다. 이것이 현재의 의식이다. 현재에서, 지각에서, 나의 존재와 나의 의식은 하나가 될 뿐이다. 나의 존재가, 내가 그에 대해 가지는 인식으로 환원되고 내 앞에서 분명하게 펼쳐지기 때문이 아니라——정반대로, 지각은 불투명하고 내가 인식하는 것 아래에 나의 감각적 장, 세계와 나의 본원적 공모를 끌어넣는다── '의식을 가진다' 함이 '~에 속해 있다' 이 외의 다른 것이 아니고 존재한다는 나의 의식이 '탈존'[14]의 실제적 행동과 뒤섞이기 때문이다. 우리가 우리 자신과 의심의 여지없이 의사 소통하는 것은 세계와 의사 소통함으로써이다. 우리는 시간 을 오직 전체적으로 보지하고 우리 자신에 현전한다. 왜냐하면 우 리가 세계에로 현전하기 때문이다.

10_궁극적 의식은 세계-에로-현전이다

사정이 이러하고 의식이 상황을 떠맡음으로써 존재와 시간에 뿌 리를 내린다면, 우리는 이것을 어떻게 기술할 수 있는가? 의식은 시간과 세계의 전체적 기투 또는 봄이어야 하고, 다시 말하면, 의 식은 스스로 현상하고 암시적으로 자신이다가 명시적으로 자신이 되기 위해 다수성으로 전개될 필요가 있다. 우리는 분할 불가의 힘 과 그 뚜렷한 표시들을 따로 떼어서 인식해서는 안 된다. 의식은 그 둘 중의 어느 하나가 아니다. 그것은 둘 모두이다. 그것은 시간 화의 운동, 즉 후설이 말하는 대로 '흐름'의 운동 자체이고 자신을 예상하는 운동이며 자신을 떠나지 않는 흐름이다. 보기를 들어서 그것을 더 잘 기술하려고 해보자. 궁극적 근원으로 거슬러 올라가 지 못하고 시간화를 이미 기성의 것으로 파악하는 소설가나 심리 학자는, 의식을 인과성의 관계가 확립되도록 애쓰는 심적 사실들 의 다수성으로 본다. 예를 들면[15] 프루스트는 오데트에 대한 스완 의 사랑이 어떻게 질투를 **야기하고** 다시금 그 사랑을 **변경시키는 가**를 보여준다. 왜냐하면 다른 사람에게서 그녀를 빼앗는 데 열중 하는 스완은 그녀를 고려할 여유가 없기 때문이다. 사실상, 스완의

14 우리는 이 표현을 코르뱅에게서 빌려온다. H. Corbin, *Qu'est-ce que la Métaphysique?*, p. 14.

15 이 예는 사르트르가 제공한 것이다. J. P. Sartre, 『존재와 무』, p. 216.

의식은 심적 사실들이 바깥에서 서로 초래되는 무력한 환경이 아니다. 있는 것은 사랑에 의해 야기되고 재차 사랑을 변화시키는 질투가 아니라, 그 사랑의 모든 운명이 단번에 읽혀지는 사랑하는 어떤 방식이다. 스완은 오데트의 인격, 그녀가 있다는 '광경,' 그녀가 응시하는 방식, 그녀가 미소짓는 방식, 그녀의 목소리를 변화하는 방식을 좋아한다. 그러나 어떤 사람을 좋아한다는 것은 무엇인가? 프루스트는 또 다른 사랑을 말하면서 그 점에 대해 말한다. 즉 그것은 그러한 삶에서 배제된다고 느끼는 것이요, 그러한 삶에 들어가 그것을 완전하게 차지하는 것이다. 스완의 사랑은 질투를 유발하지 않는다. 그것은 이미 처음부터 질투**이다**. 질투는 사랑의 변화를 유발하지 않는다. 오데트를 생각하는 스완의 즐거움은 그 자체 내에 자신의 변질을 휴대한다. 왜냐하면 그것은 그렇게 할 수 있는 유일한 사람이라는 데 대한 즐거움이었기 때문이다. 일련의 심적 사실들과 인과적 관계들은 오데트에 대한 스완의 어떤 봄, 타인에 속해 있는 어떤 방식을 밖으로 표현하게 할 뿐이다. 더욱이, 스완의 질투적 사랑은 자신의 다른 행동들과 관계되어야 하고 아마도 그렇다면 그것은 그 자신 스완의 인격일, 한층 더 일반적 실존의 구조의 현시로서 나타난다. 역으로, 전체적 기투로서의 모든 의식은 자신이 인식되는 행동들, 경험들, '심적 사실들'에서 음영되어 있고 나타난다. 시간성이 주체성을 분명히 하는 것은 바로 여기서이다. 우리는 사고하는 주체 또는 구성하는 주체가 어떻게 시간에서 자신을 정립하거나 통각할 수 있는가를 이해하지 못할 것이다. 나가 칸트의 선험적 나라면, 우리는, 그것이 내감(內感)에서의 자신의 항적과 어떠한 경우에도 혼동될 수 있다는 것, 경험적 나가 여전히 나라는 것을 이해하지 못할 것이다. 그러나 주체가 시간성이라면 그때는 그러한 자기 정립은 모순이기를 그친다. 왜냐하면 그것은 살아 있는 시간의 본질을 어김없이 표현하기 때문이다.

11_시간성은 자기에 의한 자기 촉발이다

시간은 '자기에 의한 자기 촉발'[16]이다. 촉발하는 것은 미래로의 밀기와 이행으로서의 시간이다. 촉발되는 것은 일련의 전개된 현재들로서의 시간이다. 촉발하는 자와 촉발되는 자는 하나가 된다. 왜냐하면 시간의 밀기는 현재에서 현재에로의 전이 이외의 아무것도 아니기 때문이다. 이러한 탈자성, 즉 불가분적 힘이 그 자신에게 현전하는 항에로 투사하는 것, 이것이 바로 주체성이다. 후설은 발원적 흐름이 존재하고만 있지 않다고 말한다. 즉 그것은 반드시 자신에게 '자신의 현시'를 하지 않으면 안 되고, 그렇지 않으면 우리는 흐름의 의식을 가지기 위해 그 흐름 뒤에 다른 흐름을 놓지 않으면 안 될 것이다. 그것은 "자기를 자기 내부에서 현상으로서 구성한다."[17] 실제적 시간 또는 흐르는 시간일 뿐만 아니라, 자신을 아는 시간이기도 하다는 것은 시간에 본질적이다. 왜냐하면 현재가 미래로 발화하거나 열개하는 것은 **자기 관계**의 원형이고 내부성이나 자기성을 획책하기 때문이다.[18] 여기서 빛이 발한다.[19] 여기서 우리는 즉자적으로 쉬고 있는 존재가 아니라, 빛의 본질처럼 **보이게 하는** 것을 자신의 모든 본질로 하는 존재에 관여한다. 자기성, 의미, 이성이 모순 없이 존재할 수 있는 것은 시간성에 의해서이다. 이것은 시간에 대한 평소의 개념에서도 보여지는 것이다. 우리는 우리의 삶의 변천이나 단계를 한계짓고, 예를 들면, 우리는 우리의 순간적 일과 의미 관계를 갖는 모든 것을 우리의 현재의 일

---

16 이 표현은 칸트에 의해 심성Gemüt에 적용된다. 하이데거는 그것을 시간에다 전이시킨다: "시간은 그 본질상 순수한 자기 촉발이다." Heidegger, *Kant und das Problem der Metaphysik*, pp. 180~81.

17 Husserl, 『시간 의식』, p. 436.

18 Heidegger, 같은 책, p. 181: "자기가 자기 의식적 존재와 같은 것일 수 있는 정도로 순수한 자기 촉발은 근원적으로 유한한 자기성(시간)을 형성하기 때문이다."

19 하이데거는 어디선가 현존재Dasein의 '비침Gelichtetheit'에 대해 말한다.

부로 간주한다. 따라서 우리는 시간과 의미가 하나라는 것을 암시적으로 인식하고 있다. 주체성은 움직이지 않는 자기 동일성이 아니다. 주체성이기 위해 **타자**에게로 열리는 것, 자기에게서 나오는 것은 시간에 본질적이듯 주체성에 본질적이다. 우리는 주체를 구성하는 자로서, 주체의 많은 경험들이나 **체험**들을 구성된 것으로 표상해서는 안 된다. 선험적 나를 참된 주체로서, 경험적 나를 그 그림자나 항적으로 취급해서는 안 된다. 그들의 관계가 정말 그러했다면, 우리는 우리 자신을 구성하는 자로 되돌려놓을 것이고 이러한 반성은 시간을 분쇄할 것이며, 장소와 날짜를 가지지 않을 것이다. 실제로, 가장 순수한 우리의 반성이라도 우리에게 시간적으로 회고적인 것으로 나타난다면, 그 흐름에 대한 우리의 반성이 그 흐름에 내입된다면,[20] 그것은 우리가 능히 가질 수 있는 가장 명확한 의식이 언제나 그 자신에 의해 촉발된 것으로 또는 그 자신에게 주어진 것으로 판명된다는 것이고, 의식이라는 말은 이러한 이중성 이외에는 어떤 의미도 가지지 않는다는 것이다.

12_수동성과 능동성

우리가 주체에 대해 말한 것 중에는 잘못된 어떤 것도 없다. 자기에 대한 절대적 현전으로서의 주체는 엄밀하게 말하면 거절될 수 없다는 것, 그 자신 내에 밑그림을 가지고 있지 않는 어떤 것도 그에게 일어날 수 없다는 것은 사실이다. 연속과 다수성에서 자신의 상징을 스스로에게 제공한다는 것, 그 상징들이 자신이라는 것 역시 사실이다. 왜냐하면 그것들이 없으면 주체는 분절되지 않는 외침과 같을 것이고, 자기 의식에 도달하지도 못할 것이기 때문이다. 우리가 잠정적으로 수동적 종합이라고 부르는 것은 바로 여기

---

20 후설이 미간행 원고에서 다음과 같이 이름하는 것: Einströmen.

서 자신의 명료화를 발견한다. 수동적 종합은 그 종합이 구성이라면, 수동성이 다수성을 구성하는 대신 그것을 수용하는 데서 성립한다면 모순적이다. 수동적 종합을 말하면서 사람들은 다양한 것이 우리에 의해 침투되고, 그럼에도 불구하고 그 다양한 것의 종합을 실현하는 것은 우리가 아니라고 말하고자 한다. 이제 시간화는 그 본성상 이 두 가지 조건을 만족시킨다. 내가 심장 고동의 작자가 아닌 것과 마찬가지로 시간의 작자가 아니라는 것은 사실상 분명하다. 시간화의 발의권을 가지는 것은 내가 아니다. 나는 탄생하기를 선택하지 않았다. 내가 한번이라도 태어나기만 한다면 시간은 내가 무엇을 하든 나를 통해서 갑자기 일어난다. 그럼에도 불구하고 시간의 이 용출은 내가 받아들이는 단순한 사실이 아니다. 나를 구속하는 결심이나 개념을 결정하는 행위에서 일어나듯이 나는 그 속에서 그에 대한 방책을 발견할 수 있다. 그것은 내가 무엇이고자 했던 것에서 나를 떼어놓고, 그러나 동시에 나에게 거리를 두고 나를 파악하고 나를 나로서 실현하는 수단을 제공한다. 사람들이 수동성이라 부르는 것은 우리가 낯선 실재성을 받아들임이나 외부가 우리에 대해 작용하는 인과성이 아니다. 그것은 우리에 앞서 존재하는, 우리가 끝없이 반복하는, 우리 자신을 구성하는 둘러싸임이고 상황 속에 있음이다. 단번에 '획득된' 자발성이자, 그 '획득에 의해서 존재로 영속하는'[21] 자발성이야말로 정확히 시간이요, 주체성이다. 그것이 시간인 이유는 뿌리가 현재에 있지 않고, 따라서 과거에 있지 않는 시간은 더 이상 시간이 아니라 영원성일 것이기 때문이다. 미래에서 흘러나와 단호한 결단에 의해 자신의 미래를 미리 **가지고** 이번만은 흩어짐에서 자신을 구원하는 하이데거의 [존재론적] 역사적 시간은 하이데거의 사상에 따르면 불가능하다. 왜냐하면 시간이 **탈자성**이고 현재와 과거가 이 탈자성의 두 결과라면 어떻게 우리는 시간을 현재의 관점에서 보기를 완전

21 J. P. Sartre, 『존재와 무』, p. 195. 이 저자가 괴물을 언급하는 것은 다만 이 괴물 같은 관념을 거부하기 위해서이다.

하게 멈출 것이며, 어떻게 우리는 비본래적인 것에서 단호하게 빠져나올 것인가 하는 것이 문제되기 때문이다. 우리가 중심이 되는 것은 언제나 현재에서이고, 우리의 결단들이 나오는 것은 현재로부터이다. 따라서 그것들은 언제나 우리의 과거와 관계가 있을 수 있고 결코 동기가 없지 않다. 그것들이 우리의 삶에서 전적으로 새로울 수 있는 원환을 열어놓는다면, 그것들은 연속적으로 다시 파악되지 않으면 안 되고, 잠시 동안만 우리를 흩어짐에서 구원할 뿐이다. 따라서 시간을 자발성에서 연역하는 문제는 있을 수 없다. 우리가 자발적이고 우리가 의식으로서 우리를 우리 자신에게서 떼어놓기 **때문에** 우리가 시간적인 것은 아니다. 오히려 정반대로, 시간은 우리의 자발성의 토대이고 척도이다. 우리에게 거주하고 우리 자신인 저리로 달아나면서 '무화하는' 힘이 스스로 시간성과 삶과 더불어 우리에게 주어진다. 우리의 탄생, 또는 후설이 자신의 미출간 원고에서 말한 대로, 우리의 '생성'은 동시에 우리의 능동성이나 개별성, 우리의 수동성이나 일반성, 다시 말하면, 우리로 하여금 절대적 개체의 밀도를 획득하지 못하게 막는 내적 취약성을 기초짓는다. 우리는 이해 불가의 방식으로 수동성에 결합된 능동성, 의지에 의해 극복된 자동 운동, 판단에 의해 극복된 지각이 아니라, 전적으로 능동적이자 전적으로 수동적이다. 왜냐하면 우리는 시간의 용출이기 때문이다.

13_의미의 장소로서의 세계

우리에게는 의식과 자연의 관계, 내부와 외부의 관계를 이해하는 것이 문제였다.[22] 거듭 말하지만, 어떤 것도 의식에 대한 대상으로 존재할 뿐이라는 관념론적 조망과, 의식들은 객관적 세계와 즉

---

22 메를로-퐁티, 『행동의 구조』, 서문.

자적 사건의 직물에 편입된다는 실재론적 조망을 결합하는 것이 문제였다. 또는 결국 세계와 인간이 어떻게 두 가지 종류의 탐구, 즉 설명적 탐구와 반성적 탐구로 접근 가능한가를 아는 것이 문제였다. 우리는 이미 다른 작업에서 이 고전적 문제들을, 이 문제들을 본질적인 것으로 환원하는 다른 언어로 정식화했다. 궁극적으로 문제는 우리와 세계에 있어 **의미**와 **무의미**의 관계는 무엇인가를 이해하는 것이다. 세계에 의미가 있다는 것은 독립적 사실들의 수집이나 만남에 의해서 운반되고 산출되는가, 아니면 반대로, 절대적 이성의 표현일 뿐인가? 사람들은 사건들이 우리에게 단 하나의 목표의 실현이나 표현으로 나타날 때 의미를 가진다고 말한다. 우리에 대하여 의미가 있는 것은 우리의 의도들의 하나가 성취될 때, 또는 역으로, 많은 사실들이나 기호들이 이것들을 이해하는 우리 쪽에서 하는 재파악에 적합할 때, 어쨌든 하나 또는 여럿이 자기 자신과 다른 것을 표상하거나 표현하는 것**으로서** 존재할 때이다. 관념론의 고유성은 모든 의미들이 원심적이고 의미 작용이며 의미-부여Sinn-gebung라는 것,[23] 그리고 자연적 기호는 없다는 것을 인정하는 점에 있다. 이해한다는 것은 궁극적으로 언제나 구축하고 구성하며 대상의 종합을 현실적으로 수행하는 것이다. 고유한 신체와 지각에 대한 분석은 우리에게 대상과의 관계를 드러냈고, 이보다 더 깊은 의미를 드러냈다. 사물은 의미일 뿐이고, 즉 '사물'이라는 의미일 뿐이다. 그렇다. 그러나 내가 사물, 예컨대 탁자를 이해할 때, 나는 현실적으로 그 대상의 종합을 수행하지 않고 나는 그 종합 앞으로 나의 감각적 장, 나의 지각적 장과 함께 오고, 결국 모든 가능적 존재의 유형, 세계에 관한 보편적 몽타주와 함께 온다. 따라서 우리는 주체 자신의 고랑에서 세계의 현전을 발견하고, 그리하여 주체는 더 이상 종합적 활동으로서 이해되어서는 안 되고 탈자성으로서 이해되어야 하며, 모든 능동적 의미 작용

23 이 표현은 후설에 의해 때때로 다시금 사용된다. 예컨대, 『이념들』, p 107.

또는 의미-부여는 세계를 규정할 수 있는 기호들의 의미 잉태와 관련해서 파생적이고 2차적인 것으로 나타난다. 우리는 작용적 또는 정립적 지향성 밑에서 그 지향성의 가능 조건으로서 기능적 지향성, 즉 모든 정립이나 판단 이전에 이미 활동하는 지향성, '감성적 세계의 **로고스**,'[24] 결과에서만 알려지는 모든 기술처럼 '인간 영혼의 심층에 숨겨진 기술'을 발견한다. 우리가 다른 곳에서[25] 행했던 구조와 의미의 구별이 이제 분명해졌다. 원의 형태와 원의 의미 사이에 차이를 만드는 것은 후자는 자신을 원의 중심에서 같은 지점에 자리하는 장소로서 산출하는 오성에 의해 인식된다는 것이고, 전자는 자신의 세계에 익숙한 주체이면서 원의 형태를 그 세계의 변조로서, 원과 같은 용모로서 파악할 수 있는 주체에 의해서 인식된다는 것이다. 우리는 탁자나 사물을 주시하는 것 이외의 방식으로 그것들이 무엇인가를 아는 다른 방식을 가지고 있지 않으며, 그것들의 **의미**는 우리가 어떤 관점에서, 어떤 거리에서, 어떤 **방향**에서 그것들을 주시할 때만, 요컨대, 우리가 세계와 우리의 연계를 그 광경에 봉사하도록 배치시킬 때만 드러난다. 물의 흐름의 방향이라는 이 말은 내가 어떤 장소에서 다른 장소를 향해 주시하는 주체를 가정하지 않는다면 아무것도 의미하지 않을 것이다. 즉자적 세계에서 모든 방향과 모든 운동은 상대적이고, 이것은 그런 것들이 없다고 말하는 것과 같다. 실제적 운동은 없을 것이다. 내가 지각에서 운동과 정지의 이편에 지구를 모든 정지와 운동의 '지반'[26]으로서 남겨두지 않았다면 나는 운동을 알지 못할 것이다. 왜냐하면 나는 지구에 **거주하기** 때문이다. 마찬가지로, 세계에 거주해서 자신의 시선으로 그 세계에 최초의 방향 표정을 그리는 존재 없이는 어떤 방향도 없을 것이다. 마찬가지로, 어떤 피륙의 방

---

24 Husserl, *Formale und transzendentale Logik*, p. 257. '감성론'은 물론 '선험적 감성론'이라는 넓은 의미에서 받아들여진다.
25 메를로-퐁티, 『행동의 구조』, p. 302.
26 독일어로 Boden. Husserl, *Umsturz der kopernikanischen Lehre*(미출간).

향은 이런저런 측면에서 대상에 접근할 수 있는 주체에 대해서만 이해되고, 피륙이 방향을 가지는 것은 내가 세계로 용출함에 의해서이다. 역시 마찬가지로, 문장의 의미는 그 의향과 의도이고 이것은 다시금 출발점과 도착점, 목표, 관점을 가정한다. 마찬가지로, 그리고 마지막으로, 봄의 의미는 색의 논리와 세계에 대한 어떤 준비이다. 불어 상스sens의 모든 의미를 받아들이면서 우리는 자신이 아닌 바를 향해 정위되거나 성극되는 존재의 근본 개념을 발견하고, 이렇게 해서 우리는 언제나 탈자성으로서의 주체의 개념, 주체와 세계 사이의 능동적 초월의 관계로 되돌아간다. 세계는 주체, 그러나 세계의 기투에 다름아닌 주체와 분리 불가능하고, 주체는 세계, 그러나 주체 자신이 기투하는 세계와 분리 불가능하다. 주체는 세계-에로-존재이고 세계는 '주체적인 것'[27]으로 남아 있다. 왜냐하면 세계의 조직과 분절은 주체의 초월 운동에 의해 그려지기 때문이다. 따라서 우리는 모든 의미의 요람, 모든 의미의 의미, 모든 사고의 지반으로서의 세계와 더불어 실재론과 관념론, 우연과 절대적 이성, 의미와 무의미의 양자택일을 넘어서는 수단을 발견했다. 우리의 삶의 지평에 있는 바, 우리의 모든 경험의 원초적 통일성과 우리의 모든 기투들의 유일한 종극(終極)으로서 우리가 보여주고자 노력했던 세계는, 더 이상 구성적 **사고**의 가시적 전개도 부분들의 우연적 수집도 무차별적 질료에 대한 지도적인 **사고** 활동도 물론 아니고, 모든 합리성의 고향이다.

---

27 Heidegger, 『존재와 시간』, p. 366: '주체'가 존재론적으로 실존하는 현존재로 파악되고 그 존재가 시간성에서 근거지어진다면 그때는 이렇게 말해야 한다. 즉 세계는 '주체적인 것'이다. 그러나 그렇다면 이 '주체적인' 세계는 시간 초월적인 것으로서 개개의 가능적 '대상'보다 '더 객관적인 것'이다.

14_세계 - 에로 - 현전

시간의 분석은 우선, 의미와 이해의 새로운 의미를 확증했다. 우리가 시간을 어떤 대상으로 간주한다면 우리는 여타의 대상에 대해서 말했던 것을 바로 그것에 대해서도 말해야 할 것이다. 즉 그것은 우리가 '그것[시간]이다'는 것 때문에만 우리에 대해서 의미를 가진다. 우리는 과거, 현재, 미래의 것에 속해 있기 때문에만 시간이라는 말에 어떤 것을 가져다놓을 수가 있다. 시간은 문자 그대로 우리의 삶의 의미이고 세계처럼 그 속에 위치지어져 그 방향에 들어맞는 사람에게만 접근 가능하다. 그러나 시간의 분석은 우리가 세계에 대해 말한 것을 되풀이하는 기회이기만 한 것은 아니다. 그것은 이전의 분석들을 명료화한다. 왜냐하면 그것은 주체와 객체를 **현전**이라는 유일한 구조의 추상적 두 계기로서 나타나게 하기 때문이다. 사람들이 존재를 사고하는 것은 시간에 의해서이다. 왜냐하면 사람들이 주체와 세계의 관계들을 이해할 수 있는 것은 주체-시간과 객체-시간의 관계들에 의해서이기 때문이다. 우리가 개시했던 문제들에 시간성으로서의 주체성이라는 관념을 적용해보자. 예를 들어 우리는 영혼과 신체의 관계를 어떻게 인식할 것인가를 물었고, 대자 존재를 인과 작용에 따라야 할 어떤 즉자 대상에 연결하는 것은 가망 없는 시도가 되었다. 그러나 대자 존재, 즉 자신에 대한 자신의 계시가 시간이 만들어지는 고랑일 뿐이라면, '즉자' 세계가 나의 현재의 지평일 뿐이라면, 그때는 그 문제는 도래할 존재, 지난 존재가 어떻게 역시 현재를 가지는가를 아는 것으로 귀착된다. 즉 그 문제는 미래, 과거, 현재가 시간화의 운동에서 결합되기 때문에 사라진다는 것이다. 어떤 현재의 미래라는 것이 미래의 본질이듯이 신체를 가지는 것이 나의 본질이다. 따라서 과학적 주제화도 객관적 사고도 실존의 구조들에 엄밀하게 독립적인 독자적인 신체적 기능을[28] 발

---

28 이것이 우리가 『행동의 구조』에서 상세하게 보여준 것이었다.

견할 수 없을 것이고, 역으로, 신체적 하부 구조에 의지하지 않는 독자적인 '정신적' 행동을 발견할 수 없을 것이다. 더욱이 신체를 가지는 것만이 아니라 바로 여기의 이 신체를 가지는 것이 나에게 본질적이다. 현재의 개념을 통해서 대자 존재의 개념과 반드시 결합되는 것은 신체의 개념만이 아니라, 나의 신체의 실제적 존재가 나의 '의식'의 실제적 존재와 분리 불가능하다는 것이다. 결국, 내가 신체의 최후를 대자 존재가 장식한다는 것을 안다면, 그것은 특이한 신체이자 특이한 대자의 경험에 의해서, 세계에로 현전하는 체험에 의해서 그럴 수 있을 뿐이다. 사람들은 나의 존재가 변화되도록 됨이 없이도 달리 만들어진 손톱, 귀, 폐를 가질 수 있을 것이라고 응답할 것이다. 그러나 역시 따로 분리되어 취해진 나의 손톱, 귀, 폐는 어떠한 존재도 가지지 않을 것이다. 우리가 신체를 부분들의 집합으로 간주하도록 길들이고 또한 죽음에서 그 해체를 경험하도록 길들이는 것은 과학이다. 이제 정확하게 말해서, 분해된 신체는 더 이상 신체가 아니다. 내가 나의 귀, 손톱, 폐를 나의 살아 있는 신체에 되돌려놓을 때 그것들은 더 이상 우연적 세목들로 나타나지 않을 것이다. 그것들은 타인들이 나에 대해 가지는 관념과 무관하지 않다. 그것들은 나의 용모나 나의 몸가짐에 이바지한다. 아마도 과학은 미래에 객관적 상관 관계의 형태로 내가 이렇게저렇게 만들어진 귀, 손톱, 폐를 가지는 필연성을 더욱이 내가 노련해야 하든 미숙해야 하든, 조용해야 하든 예민해야 하든, 지적이어야 하든 어리석어야 하든, 내가 나이어야 하든 관계없이 표현할 것이다. 달리 말하면, 우리가 다른 곳에서 보여주었듯이 객관적 신체는 현상적 신체의 진리, 즉 우리가 체험하는 그대로의 신체의 진리가 아니고, 그 왜소한 상일 뿐이다. 영혼과 신체의 관계 문제는 개념적 존재만을 가지는 객관적 신체에 관한 것이 아니라 현상적 신체에 관한 것이다. 오직 진리인 것은 우리의 열린 개인적 실존이 획득된 고정된 실존의 최초의 지층에 의지한다는 점이다. 그러나 우리가 시간성이라면 그것은 그와 다르게 존재할 수 없을 것이다. 왜냐하면 획득과 미래의 변증법이 시간을 구성하기 때문이다.

우리는 동일한 방식으로 사람들이 인간 앞의 세계에 대해 제기할 수 있는 질문에 응답할 것이다. 우리가 앞서, 자신의 구조를 유지하는 **실존** 없이는 세계가 없다고 말했을 때, 사람들은 그럼에도 불구하고 우리에게 세계는 인간에 선행했고 십중팔구는 지구가 사람들이 거주해 사는 곳일 뿐이며, 따라서 철학적 관점은 가장 확실한 사실들과 양립 불가능한 것으로 드러난다고 반론할 것이다. 사실상, 잘못 이해된 '사실들'과 양립 불가능한 것은 주지주의의 추상적 반성일 뿐이다. 왜냐하면 사람들이 세계는 인간 의식에 앞서 존재했다고 말하면서 정확하게 무엇을 말하고자 하는가 하는 문제가 제기될 수 있기 때문이다. 예를 들어 사람들은 지구가 생명 조건이 갖추어지지 않았던 아득한 성운의 결과라고 말하고자 한다. 그러나 그 말의 하나하나는 물리학의 방정식의 그것처럼 세계에 대한 **우리의** 선과학적 경험을 전제하고, **체험된** 세계와의 관계는 그 말의 유효한 의미를 구성하는 데 이바지한다. 사람에게 보여지지 않는 성운이 무엇일 수 있는가를 나로 하여금 이해할 수 있게 하는 것은 아무것도 없을 것이다. 라플라스 성운은 우리 뒤에, 우리의 시초에 있지 않고, 우리 앞에, 문화적 세계 안에 있다. 그리고 다른 한편으로, 우리가 세계-에로-존재 없이 어떤 세계도 없다고 말할 때 우리는 무엇을 말하고자 하는가? 세계가 의식에 의해 구성된다는 것이 아니라, 반대로, 의식은 언제나 이미 세계 안에서 활동하고 있는 것으로 드러난다는 것이다. 결론적으로, 따라서 진리인 것은 자연이 있다는, 과학들의 자연이 아니라 지각이 나에게 제시하는 자연이 있다라는 것이고, 의식의 빛 자체도, 하이데거가 말한 대로, 그 자신에 주어진 **자연의 빛**이라는 것이다.

어쨌든 여전히 우리는 세계는 나 다음에도 지속할 것이고 내가 더 이상 없어도 다른 사람들이 그것을 지각할 것이라고 말할 것이다. 이제 나 다음이든 내가 살아 있는 동안이든 세계에 있는 다른 사람이든, 진실로, 내가 세계에로 현전한다 함이 이 세계의 가능 조건이라는 것을 인식하는 것은 나에게 불가능한가? 우리가 앞서 타인의 문제에 대해 제공한 지시들이 시간화의 조망에서 명료해지는 것으로 드러난다. 타인의 지각에서 우리는 말하기를, 나는 나의 주체성을 언제나 다른 주체성으로부터 분리시킬 무한한 거리를 의도적으로 뛰어넘었고, 나는 나에 대한 대자적 타인의 개념적 불가능성을 극복했다. 왜냐하면 나는 타인의 행동을 확증하고 타인이 세계에로 현전하는 것을 확증하기 때문이다. 이제 우리는 현전의 개념을 더 잘 분석하였고 자기에로 현전함과 세계에로 현전함을 결합하였으며, **코기토**와 세계에로 참여함을 동일시하였으므로, 우리는 어떻게 우리가 타인의 가시적 행동들의 잠재적 근원에서 타인을 발견할 수 있는가를 한층 더 잘 이해한다. 틀림없이, 타인은 우리 자신이 우리에 대하여 존재하듯 그렇게 우리에 대하여 존재하지 않을 것이다. 그는 언제나 부차적인 형제이고 우리는 우리 속에서 시간화의 밀어내기에 입회하는 것처럼 타인 속에서 그렇게 하지 않는다. 그러나 두 시간성은 두 의식들처럼 상호 배제하지 않는다. 왜냐하면 각자는 자신을 현재에 기투하여 거기서 서로 얽힐 수 있음으로써만 자신을 인식하기 때문이다. 나의 살아 있는 현재가 현재임에도 불구하고 더 이상 내가 체험하지 않는 과거로 열려지고, 내가 아직 체험하지 않은, 아마도 체험하지 못할 미래로 열려지듯이, 마찬가지로, 또한 내가 체험하지 않은 시간성으로 열려질 수 있고 사회적 지평을 가질 수 있으며, 따라서 나의 세계는 나의 사적 실존이 다시 인수하는 집단적 역사에 따라 확대되는 것으로 드러난다. 모든 초월의 문제의 해결은 선객관적 현재의 두께에 있는 것으로 드러나고 이러한 두께에서 우리는 우리의 신체성, 사회성, 세계의 선재성을, 말하자면 합법적인 한에서의 '설명들'의 착수점, 그리고 동시에 우리의 자유의 토대를 발견한다.

제3장 자유

1_ 총 체 적 자 유 와 존 재 하 지 않 는 자 유

　다시 한 번 말하지만, 어떤 인과성의 관계도 주체와 그 신체, 주
체와 그 세계, 주체와 그 사회 사이에서 인지될 수 없다는 것은 분
명하다. 나는 나의 모든 확실성의 토대를 잃는다는 것을 조건으로
해서만, 나의 자기 현전이 나에게 가르치는 바를 의심할 수 있다.
이제 내가 나를 기술하기 위해 나를 둘러보자마자, 나는 아직 '의
식 상태'도 없는, 더욱이 어떤 종류의 특성도 없는 전체적 기투, 익
명적 '흐름'을 일견한다. 나는 나 자신에 대하여 '질투하지'도 않
고 '호기심'도 없고 '꼽추'도 '공무원'도 아니다. 사람들은 때때로
불구자나 환자가 인내할 수 있다는 데 대하여 놀란다. 그것은 그들
이 그들 자신에 대하여 불구이거나 죽어가지 않기 때문이다. 코마
coma의 순간까지 죽어가는 사람은 의식에 의해 거주되고, 그는
그가 보는 모든 것이며 탈주 수단을 가지고 있다. 의식은 자신을
환자적 의식이나 불구적 의식으로 객관화할 수 없다. 노인이 자신
의 노령에, 불구자가 자신의 불구에 불만을 토로해도, 그들은 자신
을 타인들과 비교하거나 타인들의 눈으로 봄으로써만, 즉 그들 자
신을 통계적이고 객관적 눈으로 파악함으로써만 그렇게 할 수 있
다. 그러한 불만들은 전혀 성실성이 아니다. 그들은 자신들의 의식

---

1 우리가 후설과 함께 그 말에 부여했던 의미에서.

의 핵심으로 되돌아가면 각자 자신의 규정들을 넘어서 있다고 스스로 느끼고, 드디어 그 규정들을 감수한다. 그것들은 우리가 생각하지도 않은 채 세계-에로-존재라는 당연한 수속에 대하여 지불하는 대가이다. 우리가 우리의 얼굴을 원망할 수 있지만 그럼에도 불구하고 타인을 위해 얼굴을 바꾸지 않는 것은 그런 이유에서이다. 의식의 극복될 수 없는 일반성에 어떠한 특수성도 결합될 수 없고, 이러한 엄청난 도주 능력에 어떠한 한계도 부과될 수 없는 것 같다. 외부의 어떤 것이 나를 규정할(이 말의 두 가지 의미에서) 수 있기 위해서는 내가 사물이지 않으면 안 될 것이다. 나의 자유와 나의 보편성은 어떠한 소실도 인정할 수 없다. 내가 나의 행동들의 어떤 것들에서는 자유롭고 다른 어떤 것들에서는 결정된다는 것은 생각될 수 없다. 결정론을 출연시키는 이러한 놀고 있는 자유란 무엇인가? 사람들이 그것이 작용하지 않을 때 없어진다고 가정한다면, 어디서 그것은 다시 탄생할 것인가? 만일 내가 **나를** 사물로 **만들 수 있기**라도 한다면 그 다음에 어떻게 나는 나를 의식으로 다시 만들 수 있을 것인가? 한 번이라도 내가 자유롭다면 그것은 내가 사물로 계산되지 않기 때문이고, 나는 부단하게 자유롭지 않으면 안 된다. 나의 행동들이 한 번이라도 나의 것이기를 멈춘다면, 그것들은 다시는 나의 것이 될 수 없을 것이다. 내가 세계에 대한 나의 파악을 잃는다면 나는 다시는 그것을 되찾지 못할 것이다. 나의 자유가 약해질 수 있다는 것도 역시 생각될 수 없다. 사람들은 약간만 자유로울 수 없다. 사람들이 때때로 말하는 대로, 동기들이 나의 마음을 어떤 방향으로 기울어지게 한다면 그것은 둘 중의 하나이다. 그것들이 나로 하여금 행동하도록 하는 힘을 가지고 있어 그렇다면 자유는 없다는 것이고, 아니면, 그것들은 그런 힘을 가지고 있지 않아 그렇다면 자유는 전적이고 나의 집의 평온함에 있어서와 마찬가지로 가장 악랄한 고문에 있어서도 위대하다. 따라서 우리는 인과성의 관념뿐만 아니라 동기화의 관념도 포기하지 않으면 안 된다.[2] 소위 동기라는 것은 나의 결심에 영향을 미치지 못한다. 반대로, 동기에 힘을 제공하는 것은 나의 결심이다. 나는 우리가 조금 전에 설명한 것처럼 나 자신에 대하여 자연적 또는 역사적 사실에 의해 나 '인' 모든 것, 가령 말하자면 꼽추, 미모, 유대인이 전혀 아니다. 그러나 나는 타인에 대하여 그런 존재라는 것은 틀림없다. 그러나 나는 타인을 그 시선들이 나의 존재에까지 영향을 미치는 의식으로서 또는 반대로 단순한 대상으로서 정립하는 데 있어 자유롭게 남아 있다. 이러한 양자택일 자체가 하나의 제약인 것은 여전히 사실이다. 내가 추하다면 나는 버림을 받거나 타인을 버리는 것 중에 택일하고, 마조히스트가 되거나 사디스트가 되는 것에 있어서 자유롭지만 타인들을 무시하는 데 있어서 자유롭지 않다. 그러나 인간 조건으로 주어지는 이러한 양자택일은 순수 의식으로서의 나에 대한 양자택일이 아니다. 타인을 나에 대하여 존재하게 하고 우리를 서로 인간으로서 존재하게 하는 것은 여전히 나이다. 더욱이, 인간 존재가 나에게 부과되었다고 할지라도 오로지 나의 선택에 남겨지는 존재 방식은, 그 선택 자체를 적은 수의 가능적인 것에 치우침이 없이 고찰한다면, 여전히 자유로운 선택일 것이다. 사람들이 나의 기질이 나를 사디즘이나 오히려 마조히즘으로 기울어지게 한다고 말한다면 그것은 여전히 말하는 방식일 뿐이다. 왜냐하면 나의 기질은 내가 나를 타인의 눈으로 볼 때 내가 나 자신에 대해 가지는 2차적 인식에 대해서만 존재할 뿐이고, 내가 그것을 인식하는 한 그것에 가치를 부여하고, 그런 의미에서 내가 그것을 선택하기 때문이다. 그 점에 대해서 우리를 기만하는 것은 우리가 동기들을 차례차례로 검토하고 가장 강력하거나 가장 확실한 것에 굴복할 준비가 되어 있는 자발적 숙고에서 때때로 자유를 찾는다는 사실이다. 사실상, 숙고는 결심에 뒤따르고 동기들을 드러내게 하는 것은 나의 내밀한 결단이며, 사람들은 동기가 확증하거나 거역하는 결심 없이는 동기의 힘이 무엇일 수

---

2 J. P. Sartre, 『존재와 무』, p. 508 및 이하.

있는가를 생각할 수 없을 것이다. 내가 계획을 포기했을 때, 그 계획을 지켜야 한다고 내가 믿었던 동기들은 힘없이 나가떨어진다. 그것들을 힘있는 것으로 만들기 위해 나는 시간을 다시 여는 노력을 해야 하고, 나를 아직 결심이 내려지지 않았던 순간에로 다시 데려다놓는 노력을 해야 한다. 내가 숙고하는 동안일지라도 내가 시간을 중지하는 데 성공하고, 거기에 있는 결심이자 내가 물리치는 결심에 의해 닫혀졌다고 내가 느끼는 상황을 열려 있도록 유지하는 데 성공하는 것은 이미 하나의 노력에 의해서이다. 이것이 계획을 포기한 후에 내가 가끔씩 해방감을 경험하는 이유이다. "결국, 나는 그 계획을 조금도 지키지 않았다." 형식적인 논의만 있었을 뿐이다. 숙고는 조롱거리였으며 이미 나는 반대의 결심을 내렸다. 사람들은 자유에 대한 반대 논증으로서 가끔씩 의지의 무능력을 내세운다. 사실상, 내가 자발적으로 어떤 행동을 채택할 수 있고 즉석에서 전사의 행위나 유혹 행위를 할 수 있다면, 용이하게 '자연적' 전사나 유혹자임, 즉 진실로 그런 것임은 나에 의존하지 않는다. 그러나 역시 사람들은 자유를 자발적 행동, 즉 그 의미에 따르면 결핍된 행동인 자발적 행동에서 찾아서는 안 된다. 우리는 우리의 참된 결심에 맞서기 위해서만, 즉 우리의 무력함을 증명할 의도에서만 자발적 행동에 의지할 뿐이다. 우리가 진실로 전사의 행위나 유혹의 행위를 떠맡았다면 우리는 전사이거나 유혹자일 것이다. 사람들이 자유의 장애물이라 부르는 것조차도 사실은 자유에 의해 펼쳐진 것이다. 크든 작든, 깎아 세워져 있든, 비스듬하든 넘을 수 없는 바위는 그것을 넘으려고 마음먹는 사람에게만 의미를 가지고, 계획을 통해서 그 즉자적, 일률적 덩어리에서 규정들을 오려내어 정위된 세계, 사물의 의미를 출현시키는 주체에게만 의미를 가질 뿐이다. 따라서 궁극적으로, 자유를 한계지을 수 있는 것은 자유 자신이 자신의 발의권에 의해 한계로서 규정했다는 것 이외에는 아무것도 없다. 주체는 자신이 자신에게 주는 외부만을 가질 뿐이다. 출현하면서 사물에 의미와 가치를 나타나게 하는 것은 주체이고, 어떤 사물도 주체에 의해서 의미와 가치가 형성되지 않고서는 그것들을 얻을 수 없으므로, 사물들이 주체에 미치는 작용은 없고 의미(능동적 의미에서), 원심적 의미-부여만 있을 뿐이다. 선택은 우리가 우리 자신에 대해 가지는 의식과 양립 불가능한 과학적 인과성의 개념과, 외부 없는 절대적 자유의 긍정 사이에 있는 것 같다. 사물들이 **현상되는 것** $\epsilon\varphi'\acute{\eta}\mu\iota\nu$을 그만둘 수 있을 저 밖 너머의 어느 지점을 지정하는 것은 불가능하다. 모든 것은 우리의 손아귀에 있거나 어떤 것도 그렇지 않거나이다.

2_그렇다면 행동도 선택도 행함도 없다

그러나 자유에 대한 이러한 최초의 반성은 자유를 불가능하게 만드는 결과를 가진다. 실제로 자유가 모든 행동에 있어서 그리고 우리의 정열에 있어서까지도 동등하다면, 자유가 우리의 행동에 대한 공통 척도를 가지지 않는다면, 노예가 족쇄를 부숨으로써 자유를 증거하는 것과 마찬가지로 공포에 살면서도 자유를 증거한다고 한다면, 사람들은 어떠한 **자유로운 행동**도 없다고 말할 수 있을 뿐이며, 자유는 모든 행동 이편에 있다. 사람들은 '여기에 자유가 나타난다'고 선언할 수 없을 것이다. 왜냐하면 자유로운 행동은 선별되기 위해서 자신이 아닐 또는 거의 자신이 아닐 삶을 지(地)로 해서 분리되어야 하기 때문이다. 말하자면, 자유는 도처에 있으나 마찬가지로 어느 곳에도 없다. 자유의 이름으로 사람들은 획득성의 관념을 거부한다. 그러나 그렇게 되면, 자유는 원초적 획득, 말하자면 우리의 자연 상태가 되어버린다. 우리가 그렇게 만들어서는 안 되겠기에, 그것은 우리에게 주어진 선물이자 어떤 선물도 가지지 않는 선물이 되고, 자연을 가지지 않는 데서 성립하는 의식의 자연이 되며, 어떤 경우에도 밖으로 표현될 수 없고 우리의 삶에 나타날 수 없다. 따라서 행동의 관념은 사라진다. 아무것도 우리로부터 세계로 이동할 수 없다. 왜냐하면 우리는 지정될 수 있는 어떤 것이 아니고, 우리를 구성하는 비존재는 세계의 충만성에 끼어들 수 없기 때문이다. 결과가 즉각적으로 따르는 의도들만 있을 뿐이다. 우리는 행동에 버금가는 칸트의 의도의 관념, 그러나 셸러가 물에 빠진 사람을 구하고자 하는 불구자와 그 사람을 실제로 구하는 훌륭한 수영자가 동일한 자율성의 경험을 하는 것은 아니라고 이미 반대한 칸트의 의도의 관념에 아주 가까이 와 있는 셈이다. 선택의 관념도 사라진다. 왜냐하면 선택한다는 것은 자유가 적어도 잠시 동안 자유 자신의 상징을 보게 되는 **어떤 것**을 선택하는 것이기 때문이다. 자유가 결정에 작동하기 시작해서 자신이 선택하는 상황을 자유의 상황으로 정립할 때만 자유로운 선택이 있다. 따라서 획득된 것이라서 완성될 필요가 없는 자유는 그러한 방식으로 참여할 수 없다. 즉 자유는 다음 순간에 자신이 역시 자유롭고 거의 고정된 것이 아닌 것으로 언제나 발견할 것을 잘 알고 있었던 것이다. 자유의 개념 자체는 우리의 결심이 미래에 빠져 있는 것을, 어떤 것이 그 결심에 의해 **행해졌다**는 것을, 다음 순간이 이전 순간의 은혜를 입고 필연적이지는 않지만 적어도 그 순간에 의해 청원된다는 것을 요구한다. 자유가 행해져야 하는 것이라면 그것이 행하는 것은 새로운 자유에 의해 즉시 무색하게 되어서는 안 된다. 따라서 개개의 순간은 닫혀진 세계가 아니어야 하고 한 순간은 다음 순간들에 종사할 수 있어야 하며, 결심이 한 번이라도 이루어지고 행동이 한 번이라도 시작된다면 나는 획득된 것을 처리해야 하고 나의 충동을 이용해야 하며, 계속 밀고 나가야 할 마음이 되어야 하고 정신의 경향이 있어야 한다. 보존이 창조만큼 큰 능력을 요구한다고 말한 사람은 데카르트이다. 그것은 순간의 실재론적 개념을 가정한다. 순간이 철학자의 허구가 아님은 사실이다. 그것은 기투가 달성되고 다른 기투가 시작되는 지점이고,[3] 나

---

3 같은 책, p. 544.

의 시선이 한 끝에서 다른 끝으로 옮겨지는 지점이며, 이것은 **순간**이다. 그러나 이러한 시간의 틈은 적어도 두 조각이 저마다 마디가 되지 않는다면 나타날 수 없다. 사람들은, 의식은 무수한 순간들로 부서지지는 않지만 적어도 자유의 행동에 의해 계속적으로 추방되어야 하는 순간의 망령이 떠나지 않는다고 말한다. 우리는 사실상 우리가 중단하는 능력을 가지고 있다는 것을 곧 볼 것이나, 그것은 어쨌든 **시작하는** 능력을 가정하는 것을 함축하며, 자유가 아무 데서도 거처를 정하지 않고 자신을 다른 곳에 고정하는 데 응하지 않는다면 분할은 없을 것이다. 행동의 순환이 없다면, 어떤 성취를 부르는 열린 상황들이자, 이 상황들을 확증하는 결심이든 변형시키는 결심이든 이러한 결심의 토대 구실을 하는 열린 상황들이 없다면, 자유의 여지는 없다. 예지적 성격의 선택은 배제된다. 왜냐하면 시간에 앞선 시간은 없기 때문이고, 또한 선택은 이전의 참여를 가정하기 때문이며, 최초의 선택의 관념은 모순적인 것이 되기 때문이다. 자유가 **터**를 가져야 한다면, 자유가 자유로서 표명될 수 있어야 한다면, 어떤 것은 자신을 자신의 목적으로부터 분리해야 하고, 따라서 **장**을 가져야 하고, 말하자면 그것에 대하여 존재를 지속하려 하는 특전적 가능성들이나 실재성들이 있어야 한다. 사르트르가 스스로 주목한 대로, 꿈은 자유를 배제한다. 왜냐하면 상상에서 우리가 의미를 겨냥하자마자 이미 우리는 그것의 직관적 실현을 이행한다고 믿고, 결국 장애도 없고 **행할** 아무것도 없기 때문이다.[4]

3_ 누 가 동 기 에 의 미 를 부 여 하 는 가 ?

자유가 동기들이나 열정들을 파악하는 의지의 추상적 결단과 혼

---

4 같은 책, p. 562.

동되지 않는다는 것은 확실하다. 숙고의 고전적 도식은 반대 동기들을 떠맡고자 하지 않으면서 그것들을 비밀리에 먹고 사는 자기기만적 자유에만 적용될 뿐이고, 그 자체가 소위 자신의 무력함이라는 것을 증명하는 것을 만들어낸다. 사람들은 우리를 '구성하기' 위한 이러한 소란한 논의들과 공허한 노력들 아래에서 우리가 우리의 주위에 가능적인 것의 장을 분절하게 되었던 암묵적 결심들을 통각한다. 우리가 이러한 고착물들을 유지하는 한 어떤 것도 얻어지지 않고, 우리가 그러한 닻들을 철거하자마자 모든 것은 쉽게 풀어진다. 이것이 우리가 문제삼고 싶지 않은 생활 양식과 우리에게 다른 생활 양식을 시사하는 여건들이 맞서 있는 무성의한 논의에서 자유가 탐구되어서는 안 되는 이유이다. 진정한 선택은 우리의 성격 전체의 선택이고 우리가 세계에로 존재하는 방식의 선택이다. 그러나 이러한 총체적 선택은 뚜렷이 나타나는 것이 아니다. 그것은 우리의 세계-에로-존재의 말없는 용출이고 그렇다면 우리는 그것이 우리의 것이라고 말해질 수 있는 것은 어떤 의미에서인가를 이해하지 못한다. 그러한 자유는 자신에게서 빠져나가고 운명과 등가적이 된다. 아니면, 우리 자신에 대한 우리의 선택이 참으로 선택이고 우리의 실존의 전환이다. 그러나 그렇다면 그것은 수정하기 위해 자신이 적용되는 이전의 획득을 가정하고 새로운 전통을 기초지으며, 따라서 우리는 초두에 자유를 규정했던 항구적 분할이 단순히 우리의 세계에의 보편적 참여의 부정적 측면은 아닌가 하고, 규정된 개개의 사물에 대한 우리의 무차별성이 단순히 모든 것에 대한 우리의 관여를 표현하지 않는가 하고, 우리가 출발했던 기성의 자유는 세계에 대한 어떤 명제를 취하지 않고서는 **행함**으로 변형될 수 없는 발의 능력에로 환원되지 않는가 하고, 결국 구체적·실제적 자유는 그러한 교환에 있지 않는가 하고 물어야 할 것이다. **나**에 대해서만, 그리고 나에 의해서만 **의미**와 가치가 있을 뿐이라는 것은 사실이다. 그러나 이 명제는 규정되지 않은 채로 남아 있고, 우리가 의미와 나를 어떻게 이해하는가를 명확히 하지 않는 한, "자신이 넣은 것만을 사물에서 발견한다"는 칸트의 의식의 관념 및 실재론의 관념론적 논박과 다시 한 번 혼동된다. 우리를 의미-부여의 보편적 능력으로 규정함으로써 우리는 '무엇 없는 그것'의 방법과 고전적 유형의 분석으로 되돌아가거니와, 이것들은 실재성의 조건들에 참여함이 없이 가능성의 조건들을 탐구한다. 따라서 우리는 의미-부여의 분석을 다시 시작해야 하고, 의미 부여가 어떻게 원심적이고 동시에 구심적일 수 있는가를 보여주어야 한다. 왜냐하면 장(場)이 없는 자유는 없다는 것이 확립되었기 때문이다.

4_감각적 세계의 암시적 가치 부여

나는 그 바위가 넘을 수 없는 것이라고 말한다. 그 바위의 경우, 크고 작고, 수직이고 경사지고와 같은 속성들, 그리고 모든 속성들 일반은 그 바위를 넘어서고자 하는 기도와 인간적 현전에서만 나올 수 있음은 확실하다. 따라서 자유에 장애들을 나타나게 하는 것은 자유이다. 따라서 사람들은 장애물을 한계로서 자유에 대립시킬 수 있다. 그러나 동일한 기도라면 여기 이 바위는 장애로서 나타날 것이고, 다른 바위는, 더 잘 다닐 수 있도록 하는 바위라면 보조 수단으로서 나타날 것이라는 것은 우선적으로 분명하다. 따라서 나의 자유는 여기서는 장애가 있고 다른 곳에서는 통로가 있도록 하지 않는다. 그것은 일반적으로 장애와 통로가 있도록 할 뿐이다. 그것은 이 세계의 특수한 형태를 그리지 않는다. 그것은 이 세계의 일반적 구조만을 정립한다. 사람들은 그것은 결국 같은 것이 된다고 응답할 것이다. 나의 자유가 '있다'의 구조, '여기'의 구조, '저기'의 구조를 조건짓는다면 그것은 그 구조들이 실현되는 곳곳에 현존한다. 우리는 '장애'의 성질과 장애 자체를 구별할 수 없고, 하나를 자유에 다른 하나를 세계에 관련지을 수 없거니와, 이 세계는 자유가 없으면 이름도 붙일 수 없는 무정형적 덩어리에 불과할 즉자 세계일 것이다. 따라서 내가 자유에 한계를 발견할 수 있는 것은 나 밖에서가 아니다. 그러나 나는 내 안에서 그것을 발견할 것인가? 실제로 예컨대 내가 그 산을 넘을 것이라고 지금 짜는 계획과 같은 나의 명시적 의도들과, 나의 주위를 잠재적으로 평가하는 일반적 의도들을 구별해야 한다. 내가 그 산을 넘기로 결심했든 하지 않았든, 그 산은 나에게 크다. 왜냐하면 그것은 나의 신체의 점령을 넘어서기 때문이다. 내가 『미크로메가*Micromégas*』*를 방금 읽었다 해도 나는 그 산이 나에게 작도록 할 수 없다. 따라서 사고하는 주체로서의 나, 나를 내 마음대로 천랑성(天狼星)이나 지구의 표면에 위치시킬 수 있는 사고하는 주체로서의 나 아래에는, 말하자면 자신의 지구 위의 상황을 떠나지 않는, 끊임없이 절대적 가치 부여를 어렴풋이 드러내는 자연적 자아가 있다. 더욱이, 사고하는 존재로서의 나의 기도들은 분명하게 그러한 가치 부여에 의거해서 구성된다. 내가 사물들을 천랑성의 관점에서 보기로 결정한다면, 내가 그렇게 하기 위해 의지하는 것은 여전히 나의 지구의 경험이다. 예를 들어 나는 알프스 산맥은 **하나의 흙 두둑**이라고 말한다. 내가 손, 발, 신체, 세계를 가지는 한, 나는 결정적이지 아니한 의도들, 내가 선택하지 않는 성격을 가진 나의 주위에 영향을 주는 의도들을 나와 더불어 운반한다. 이러한 의도들은 이중적 의미에서 일반적이다. 우선, 그것들은 모든 가능적 대상들이 단번에 포함되는 체계를 구성한다는 의미에서 일반적이다. 즉 그 산이 나에게 크고 깎아 세운 듯하게 보이면 나무는 나에게 작고 기울어져 있는 듯하게 보인다. 다음으로, 그것들이 나의 것이 아니라는, 나보다 먼 곳에서 나온다는, 나와 유사하게 조직된 모든 정신물리적 주체에서 그것들을 발견해도 놀라지 않는다는 의미에서 일반적이다. 형태 이론이 보여준 대로, 나에 대하여 특전적 형태가

---

* 볼테르가 1752년에 쓴 콩트.

있도록 하는 것이 바로 여기에 있거니와, 그 형태는 역시 마찬가지로 다른 모든 사람에 대하여 특전적이고 심리과학과 엄밀한 법칙을 산출할 수 있다.

. .   . .

위와 같은 점들은 총체로서 언제나 '한 쌍의 간격이 2밀리미터인 여섯 쌍의 점들'로 지각되고, 한 도형은 언제나 입방체로 지각되며, 다른 도형은 언제나 평면 모자이크로 지각된다.[5] 모든 것은 우리의 판단과 자유 이편에 누군가가 주어진 이러저러한 성좌에 이러저러한 의미를 배치한 것처럼 일어난다. 지각적 구조들이 언제나 강요되지 않는다는 것은 사실이다. 즉 애매한 구조들이 있다. 그러나 그것들은 여전히 자발적 가치 부여가 우리 속에 현전함을 우리에게 더한층 드러낸다. 왜냐하면 그것들은 파문을 던지면서 제각각 상이한 의미들을 내어놓는 형태들이기 때문이다. 이제 순수 의식은 자신의 의도들을 무시하는 것을 제외하고는 모든 것을 할 수 있고, 절대적 자유는 자신을 망설이는 자로 선택할 수 없다. 왜냐하면 그것은 자신을 여러 방면에서 청원되도록 내버려두는 것과 같기 때문이고, 가설상 가능적인 것들은 자신이 가지고 있는 모든 힘을 자유에 빚지고 있기에 자유가 그 가능적인 하나에 주는 무게는 바로 그것 때문에 다른 가능적인 것에서 빼앗아와져야 하기 때문이다. 우리는 물론 하나의 형태를 거꾸로 주시함으로써 그 형태를 붕괴할 수 있다. 그러나 이것은 자유가 시선과 그 시선의 자발적 가치 부여를 이용하기 때문이다. 이것들이 없다면 우리는 세계를 가질 수 없을 것이다. 다시 말해서, 자신들을 우리의 신체에 '접촉되어야 할 것' '파악되어야 할 것' '넘어야 할 것'으로 제시함으로써 무형태로부터 출현하게 되는 사물들의 총체를 우리는 가질 수 없을 것이다. 우리는 사물들에 적응하는 것을, 그 사물들이 있는 거기서, 우리를 넘어서 있는 거기서 그 사물들에 도달하는 것을

5 이 책의 p. 398을 볼 것.

의식하지 못할 것이다. 우리는 다만 우리의 의도들의 내재적 대상을 엄밀하게 사고하는 것을 의식하게 될 뿐이다. 우리는 세계에 있지 않을 것이고 우리 자신은 광경에 연루되지 않을 것이며, 말하자면 사물들과 섞이지 않을 것이다. 우리는 다만 우주의 표상만을 가질 뿐이다. 따라서 즉자적 장애들이 없다는 것은 확실히 사실이다. 그러나 그것들을 그런 것으로 자격을 부여하는 나는 초우주적 주체가 아니며, 사물들과 관련해서는 사물들에 그 형태를 부여하기 위해서 그 사물들보다 선행한다. 우리의 육화된 실존이 세계와 교섭하는 데서 구성되는, 모든 결정적 의미-부여의 지반을 형성하는 세계의 자생적 의미가 있다.

5_세계-에로-존재의 침전

그것은 비개인적 기능에만 사실인 것은 아니다. 요컨대, '외적 지각'과 같은 추상적 기능에도 사실이다. 모든 가치 부여에는 유사한 어떤 것이 있다. 사람들은 고통과 피로가 나의 자유에 '작용하는' 원인들로서 간주될 수 없다는 것을 지적했고, 내가 고통이나 피로를 어떤 순간에 느낀다면 그것들은 밖에서 오지 않으며, 언제나 의미를 가지고 세계에 대한 나의 태도를 표현한다는 것을 깊이 있게 지적했다. 고통은 나로 하여금 내가 비밀로 해야 하는 것을 말하게 하고 팔아 넘기게 한다. 피로는 나로 하여금 나의 여행을 중단하도록 한다. 우리는 고통이나 피로를 더 이상 견딜 수 없다고 결정하는 그 순간을, 그리고 순간적으로 그것들이 실제로 견딜 수 없는 것이 되는 순간을 안다. 피로 때문에 나의 친구가 제지를 받지는 않는다. 왜냐하면 그는 자신의 젖은 신체를 좋아하고 도로와 태양의 열기를 좋아하기 때문이다. 요컨대 그는 자신이 사물 가운데 있다고 느끼는 것을, 사물의 방사를 모으는 것을, 이 빛의 주목거리가 되는 것을, 이 지면에 접하는 것을 좋아하기 때문이다. 나의 피로는 나를 제지한다. 왜냐하면 나는 그것을 좋아하지 않고 세계에 대한 나의 존재 방식을 다르게 선택했으며, 예컨대 나는 자연에 있고자 노력하는 것이 아니라 오히려 나를 다른 것으로 인식하도록 노력하기 때문이다. 나는 나의 세계-에로-존재에 관하여 자유로운 정도만큼 피로에 관하여 자유롭고, 나는 나의 세계-에로-존재를 변형시킨다는 조건 아래에서 나의 길을 계속 가는 데 자유롭다.[6] 그러나 바로 여기서 우리는 다시 한 번 우리의 삶의 일종의 침전을 잘 인식하지 않으면 안 된다. 세계를 향한 태도는 때때로 확증되었을 때 우리에 대해 특전적이 된다. 자유가 자기 면전에서 어떠한 동기도 참아내지 못한다면 나의 습관적 세계-에로-존재는 언제라도 마찬가지로 부서지기 쉽고, 수년 동안 자기 만족을 먹고 산 나의 콤플렉스는 언제나 마찬가지로 위태로운 것이 아니게 되며, 자유의 동작은 그것을 힘들이지 않고 당장 날려 보낼 수 있다. 그러나 20년 동안이나 계속되는 열등 의식 속에서 우리의 삶을 구성한 후에 우리가 변한다는 것은 조금도 **개연적**이지 않다. 사람들은 약식 합리주의가 이러한 조잡한 개념에 대하여 말할 수 있는 것이 무엇인가를 물론 잘 알고 있다. 가능적인 것에 정도는 없으며 자유로운 행동은 더 이상 가능적인 것이 아니다. 아니면, 그것은 여전히 가능적인 것이고, 이때는 자유는 전적이다. 요컨대, 개연적이라는 것은 아무것도 의미하지 않는다. 그 개념은 사고도 아닌 것, 즉 통계학적 사고에 속한다. 왜냐하면 그것은 작용하면서 존재하는 어떤 특수한 사물에도 어떠한 시간적 순간에도 어떠한 구체적 사건에도 관계하지 않기 때문이다. "폴이 나쁜 책을 쓰는 것을 포기하는 것은 조금도 개연적이 아니다"는 것은 아무것도 의미하지 않는다. 왜냐하면 언제라도 폴은 그러한 책을 더 이상 쓰지 않기로 결심할 수 있기 때문이다. 개연적인 것은 도처에 있으면서 아무 데도 없다. 그것은 실현된 허구이고 심리적 존재만을 가질 뿐이

---

6 J. P. Sartre, 『존재와 무』, p. 531 및 이하.

며, 세계의 성분이 아니다. 그러나 우리는 조금 전에 이미 그것을 지각된 **세계**에서 만났다. 산은 지각된 사물로서 나의 잠재적 행동의 장에 관계해서, 그리고 나의 개인의 삶뿐만 아니라, '전인(全人)'의 수준에 관계해서 위치지어지는 한, 크거나 작다. 일반성과 개연성은 허구들이 아니라 현상들이고, 그러므로 우리는 통계학적 사고에 있는 현상학적 토대를 발견해야 한다. 통계학적 사고는 반드시 세계에 고정된, 위치지어진, 둘러싸인 존재에 속한다. 내가 20년 동안 비위를 맞춰온 열등 의식을 당장 내가 부순다는 것은 '조금도 개연적이지 않다'. 그것은 내가 열등함에 참여했다는 것, 그것이 나의 주소였다는 것, 그 과거는 숙명이 아니라 해도 적어도 특별한 무게를 가진다는 것, 나에게서 멀리 있는 저기 저 사건들의 총합이 아니라 나의 현재의 분위기라는 것을 말하고자 한다. 합리주의의 양자택일, 즉 자유로운 행동은 가능적이거나 아니라는 것, 또는 사건은 나에게서 나오거나 밖에서 부과된다는 것은 세계와 우리의 관계, 과거와 우리의 관계에 적용되지 않는다. 우리의 자유는 우리의 상황을 파괴하는 것이 아니라 우리의 상황과 맞물린다. 우리가 살아가는 한, 우리의 상황은 열리고 이것은 우리의 상황이 특전적 해결 방식을 부르며 동시에 어느 하나의 해결 방식을 그 상황만으로 공급하기에는 무력하다는 것을 함축한다.

6 _ 역사적 상황의 가치 부여: 계급 의식에 앞서는 계급

우리는 역사와 우리의 관계를 고찰함으로써 동일한 결과에 도달할 것이다. 내가 나를 절대적 구체성에서 그리고 반성이 나를 나 자신에 주는 그대로 파악한다면, 나는 익명적 흐름이고 아직 자격, 예를 들면 '노동자'나 '부르주아'와 같은 자격을 부여받지 못한 인간 이전의 것이다. 내가 곧이어 나를 인간 사이에 있는 한 인간, 부르주아 가운데 있는 한 부르주아로 사고한다면 그것은 나 자신에 대한 2차적 관점에 불과할 수밖에 없을 것 같다. 나는 나의 중심에 있어서는 노동자나 부르주아가 아니다. 나는 자신을 솔직하게 부르주아 의식이나 프롤레타리아 의식으로 가치 부여하는 의식이다. 그리고 실제로, 생산 과정에서의 나의 객관적 위치는 계급 의식의 소유를 불러오는 데 충분하지 않다. 혁명가가 있기 전에 이미 실로 착취가 있었다. 노동 운동이 전진하는 것은 언제나 경제적 위기의 시기에서인 것은 아니다. 따라서 항쟁은 객관적 조건들의 산물이 아니다. 역으로, 노동자를 프롤레타리아로 만드는 것은 혁명을 하겠다는 노동자의 결심이다. 현재의 평가는 미래의 자유로운 기투에 의해서 이루어진다. 이로부터 사람들은, 역사는 그 자체로는 아무런 의미도 갖지 않고 우리가 우리의 의지에 의해 그것에 부여하는 의미를 가진다고 결론 내릴 수 있다. 그러나 여기서 다시 한 번 우리는 '무엇 없는 그것'의 방법으로 돌아간다. 주체를 결정론의 그물에 포함시키는 객관적 사고에 대하여 우리는, 결정론을 주체의 구성하는 활동에 의존시키는 관념론적 반성을 대립시킨다. 그런데 우리는 이미 객관적 사고와 반성적 분석이 동일한 오류의 두 측면이고 현상들을 무시하는 두 방식이라는 것을 보았다. 객관적 사고는 계급 의식을 프롤레타리아의 객관적 조건에서 연역한다. 관념론적 반성은 프롤레타리아의 조건을 프롤레타리아가 그 조건에 대해 가지는 의식으로 환원해버린다. 전자는 계급 의식을 객관적 특성에 의해 규정된 계급에서 끌어내고, 후자는 반대로 '노동자라는 존재'를 노동자라는 의식으로 환원한다. 이 두 경우에 사람들은 추상화에 있는데 왜냐하면 사람들은 즉자와 대자의 양자택일에 머물고 있기 때문이다. 우리가, 외부에서 의식에 작용하는 원인은 없기에 의식적 파악의 원인이 아니라, 또한 그 파악을 실현시키는 조건들을 필요로 하기에 그 파악의 가능 조건들이 아니라, 계급 의식 자체를 발견하는 것을 마음에 두면서 그 문제를 다시 파악한다면, 결국 우리가 진정한 실존적 방법을 실천한다면, 우리는 무엇

661

제3부 — 제3장 자유

을 발견하는가? 나는 노동자나 부르주아라는 의식을 가지고 있지 않는데, 왜냐하면 사실상 나는 나의 노동을 팔기 때문이고, 또는 사실상 자본주의 체제와 굳게 맺어져 있기 때문이다. 게다가 나는 내가 역사를 계급 투쟁의 관점에서 보기로 결심하는 날에 노동자나 부르주아가 되는 것도 아니다. 그러나 우선, 나는 "노동자로 존재하고" 또는 "부르주아로 존재한다." 이것이 나의 혁명적 또는 반동적 기투와 동시에 나의 다음과 같은 명백한 판단, 즉 사람들이 하나를 다른 하나에서 연역하지 않고도 "나는 노동자이다" 또는 "나는 부르주아이다"는 판단에 동기를 주는, 세계와 사회와 의사 소통하는 방식이다. 나에게 프롤레타리아의 자격을 부여하는 것은 비개인적 힘의 체계로서 간주된 경제나 사회가 아니다. 그것은 내가 내 속에 휴대하고 경험하는 대로의 경제나 사회이다. 이것은 게다가 동기 없는 지적 작용도 아니고, 그러한 제도적 구조 내에서 세계에 대한 나의 존재 방식이다. 나는 어떤 생활 양식을 가지고 조업과 호경기에 따라 좌우되며, 나의 삶을 뜻대로 할 수 없고 주급을 받으며, 나의 노동 조건과 결과를 통제하지 못하고 그래서 나는 나의 공장에서, 나의 나라에서, 나의 삶에서 이방인처럼 느껴진다. 나는 내가 존중하지 않는 그러나 잘 처리하지 않으면 안 되는 **운명**과 더불어 계산하는 버릇에도 길들여졌다. 또는 나는 일용 노동자로 작업하고, 나의 농장도 작업 도구도 없으며, 수확기에 품을 팔러 이 농장에서 저 농장으로 다닌다. 나는 정착하고 싶지만 나를 유목민으로 만드는 무명의 힘이 내 위에 있는 것을 느낀다. 또는, 끝으로, 나는 소유주가 전기를 설치하지 않은 농장의 소작인인데, 설치할 전깃줄이 적어도 200미터는 된다. 나는 그 농가에서 방을 쉽게 구할 수 있을지라도 거주할 단 하나의 방만을 나와 나의 가족을 위해 사용한다. 나의 직장 동료나 수확 현장 동료 또는 다른 농부들은 유사한 조건에서 나와 같은 일을 하고, 우리는 동일한 상황에 같이 처해 있으며, 어떤 비교에 의해서가 아니라, 저마다 우선 자신의 내부에서 경험하는 것처럼 작업 내용과 동작에서 서로 비슷하다고 느낀다. 이러한 상황들은 어떠한 명시적 평가도 가정하지 않는다. 암묵적 평가가 있다면 그것은 아무런 기투도 하지 않는 자유를 미지의 장애들에로 밀어내는 일이 있을 뿐이다. 사람들은 어떠한 경우에도 선택을 말할 수 없다. 이 세 경우에는 내가 태어났고 존재하며, 나의 삶을 어렵고 힘든 것으로 경험하며, 내가 그렇게 하기로 선택하지는 않았다는 것으로 충분하다. 그러나 사물들은 내가 계급 의식으로 가지 않고, 나를 프롤레타리아로 이해하지 않으며, 내가 혁명가가 되지 않아도 거기에 그냥 있을 수 있다. 그렇다면 이행은 어떻게 일어나는가? 노동자는 다른 직장의 다른 노동자들이 파업한 후에 임금 인상을 쟁취하는 것을 배우고, 뒤따라서 그의 급료가 올라갔다는 것을 주목한다. 그가 씨름했던 **운명**이 명확해지기 시작한다. 때때로 도시 노동자를 본 적이 없었고, 그들과 같지 않으며, 그들을 조금도 좋아하지 않는 일용 노동자는 제품의 가격과 생활비가 올라가는 것을 보고 더 이상 생활할 수 없다는 것을 인정한다. 이 순간에 그는 도시 노동자들을 비난할 수 있다. 그렇다면 계급 의식은 탄생하지 않을 것이다. 계급 의식이 탄생한다면 그것은 일용 노동자가 혁명가가 되기로 결심했고, 따라서 자신의 실제적 조건에 가치를 부여하기 때문이 아니다. 그것은 그가 자신의 삶과 도시 노동자들의 삶의 동시 발생성과 그들의 운명의 공통성을 구체적으로 지각했기 때문이다. 일용 노동자와 뒤섞이지 않는, 하물며 관습과 가치 판단의 세계로 보아 도시 노동자와 전혀 뒤섞이지 않는 소농부는, 그럼에도 불구하고 그가 일용 노동자에게 불충분한 임금을 지불할 때 일용 노동자와 같은 편에 있음을 느끼고, 그 농장의 지주가 많은 기업 이사회의 사장이라는 것을 알 때 도시 노동자와도 굳게 맺어져 있다고 느낀다. 바야흐로 사회적 공간은 성극되기 시작하고 사람들은 착취의 영역이 나타나는 것을 보기에 이른다. 사회적 지평의 어떤 방면에서도 발생하는 개개의 압력에서부터 집단을 조직하는 과정이 이데올로기와 직업의 차이를 넘어서 명확해진다. 계급이 현실화한다. 사람들은 프롤레타리아 영역에 객관적으로 존재하는 연관(말하자면 결국, 절대적 관찰자가 그 영역에서 서로 인식할 연관)이 마침내 제각각의 실존에 공통적인 장애로서 지각적으로 체험될 때, 상황은 혁명적이 된다고 말한다.

7 _ 지적 기투와 실존적 기투

혁명의 **표상**이 어떤 한순간에 솟아오른다는 것은 반드시 필연적인 것은 아니다. 예를 들어 1917년의 러시아 농부들이 혁명과 소유제의 변혁을 분명하게 제시했다는 것은 의심스럽다. 혁명은 가까운 목적에서 덜 가까운 목적으로 연결되면서 매일 탄생한다. 프롤레타리아가 저마다 마르크스 이론가들이 그 말에 부여하는 의미에서 자신을 프롤레타리아로 생각하는 것은 필연적인 것은 아니다. 일용 노동자나 농부는 도시 노동자들의 길이 인도하는 그 어떤 분기점을 향해 걸어간다고 느끼는 것으로 충분하다. 양측은 그들에게 기술되고 표상되었더라면 아마도 전율했을지도 모르는 혁명에 도달한다. 사람들은 기껏 혁명이, 그들이 갔던 길의 끝에 있고, 저마다 구체적으로 자신의 어려운 지경에서 경험하고 자신의 특수한 편견에 기초해서 경험하는 "사물은 변해야 한다"는 형태를 취한 그들의 기투에 있다고 말할지 모른다. **운명**도, 이 운명을 파괴하는 자유로운 행동도 표상되지 않는다. 그것들은 애매성에서 체험된다. 이것은 노동자들과 농부들이 그들도 모르는 사이에 혁명을 한다는 것, 사람들이 여기서 어떤 의식적 주모자에 의해서 멋지게 이용된 맹목적인 '기본적 힘'을 가진다고 말하는 것이 아니다. 시경국장이 역사를 본다면 아마도 그렇게 볼 것이다. 그러나 이러한 관점은 이른바 주모자의 명령이 예정된 조화에 의해서 즉각적으로 이해되고, 도처에서 공모들을 드러내는 참다운 혁명적 상황 앞에서는 아무런 대책도 허락하지 않는다. 왜냐하면 그것은 모든 생산자의 삶에 잠재된 것을 응고시키기 때문이다. 혁명 운동은 예술가의 작업처럼 스스로 자신의 도구들과 표현 수단들을 창조하는 의도이다. 혁명의 기투는 숙고된 판단의 결과, 목적의 명시적 정립이 아니다. 그러한 것은 선동자의 경우에서이다. 왜냐하면 선동자는 지식인에 의해 육성되었기 때문이다. 또는 지식인의 경우에서이다. 왜냐하면 지식인은 자신의 삶을 자신의 사상에 의거해서 통제하기 때문이다. 그것은 사상가의 추상적 결단이기를 그치지 않고 인간들의 관계와 인간과 자신의 직업의 관계에서 완성될 때만 역사적 실재성이 된다. 따라서 나는, 내가 나를 가능적 혁명과 관련해서 위치짓는 날에 나를 노동자나 부르주아로 인식한다는 것, 이러한 입장 파악은 기계적 인과성에 의해서 나의 노동자 신분이나 부르주아 신분으로부터 결과하지 않는다는 것(이것이 모든 계급이 자신의 배반자를 가지는 이유이다)은 확실한 사실이다. 그러나 그것은 근거 없는, 찰나적인, 동기 없는 가치 부여가 아니며, 분자적 과정에 의해 준비되어 말로 터지기 전에, 객관적 목적과 관계되기 전에, 공존재에서 익어간다. 사람들이 혁명가를 가장 양심적이게 하는 것이 극도의 빈곤이 아니라는 것을 주목하는 것은 옳다. 그러나 사람들은 경기 회복이 왜 때때로 대중의 급진화를 가져오는가를 묻는 것을 잊는다. 그것은 삶의 감압(減壓)이 사회적 공간의 새로운 구조를 가능하게 하기 때문이다. 지평들은 더 이상 가장 직접적인 걱정거리에 제한되지 않는다. 새로운 활력적인 계획을 위한 여유와 여지가 있다. 따라서 사실은 노동자가 **무로부터** 자신을 노동자로, 혁명가로 만든다는 것을 증명하는 것이 아니라, 반대로, 노동자는 어떤 공존재의 지반에 의거해서 그렇게 한다는 것을 증명한다. 요컨대, 우리가 논의하는 그 개념의 잘못은 지적 기투만을 고찰한다는 것이요, 대신에 실존적 기투를 고려하지 못한다는 것이려니와, 이것은 결정-미결정의 목표를 향한 삶의 성극이요, 목표에 대한 어떤 표상도 없는, 그리고 목표에 달성하자마자 그 목표를 인식하는 성극이다. 바로 이와 같은 실존적 기투를 그 개념은 고려하지 않는다는 것이다. 사람들은 지향성을 객관화하는 행위의 특수한 경우로 환원하고, 프롤레타리아의 조건을 사고의 대상으로 만들며, 관념론의 영원 불변의 방법에 따라 그 조건은 모든 사고의 대상처럼 그것을 대상으로 구성하는 의식 앞에서만, 의식에 의해서만 지속한다는 것을 힘들이지 않고 보여준다. 관념론은 (객관적 사고처럼) 대상을 정립하는 지향성이라기보다는 자신의 대상에 **속해 있는** 참된 지향성의 곁을 지나간다. 그것은 의문사, 접속법, 소원, 기대, 이러한 의식 방식들의 긍정문적 미규정성을 무시한다. 그것은 현재형 또는 미래형 직설법적 의식만을 인식한다. 이것이 관념론이 계급을 설명하는 데 성공하지 못하는 이유이다. 왜냐하면 계급은 확증된 것도 포고된 것도 아니기 때문이다. 그것은 자본주의 체제의 **운명**처럼, 혁명처럼, 사고되기 전에 끊임없이 따라다니는 현전, 가능성, 수수께끼, 신화의 자격으로 체험되기 때문이다. 계급 의식을 결심과 선택의 결과로 만드는 것은, 그 문제들이 정립되는 날이 해결되는 날이라는 것, 모든 문제가 이미 자신이 기대하는 해답을 포함한다는 것을 말한다. 결국 이것은 내재성으로 돌아가는 것이고, 역사를 이해하는 것을 포기하는 것이다. 실제로, 지적 기투와 목적의 정립은 실존적 기투의 완성일 뿐이다. 나의 삶에 의미와 미래를 주는 것은 나이지만, 그러나 이것은 이 의미와 미래가 사고되는 것들이라는 것을 말하지 않는다. 그것들은 나의 현재와 과거에서, 특히 나의 현재와 과거의 공존 방식에서 솟아오른다. 혁명가로 되는 지식인의 경우에서조차도 결심은 **무로부터** 탄생하지 않는다. 때로는 그것은 기나긴 고독을 거친 뒤에 온다. 지식인은 자신에게 많은 것을 요구하고 자신의 주체성을 회복시키는 교의를 추구한다. 때로는 그는 마르크스주의적 역사 해석을 지지할 수 있는 빛나는 진리에 따른다. 그가 인식을 자신의 삶의 중심에 놓았던 것은 바로 그때이고, 이것조차도 그의 과거와 어린 시절과 제휴해서만 이해될 뿐이다. 동기 없이 순수한 자유의 행위에 의해서 혁명가가 되는 결심조차도 여전히 자연적·사회적 세계를 향한 어떤 존재 방식을 표현할 것이고, 이러한 것은 전형적으로 지식인의 존재 방식이다. 그는 지식인으로서의 자신의 상황에 입각해서만 '노동자 계급에 합류한다'(그리고 이것이 그의 경우에 신앙 절대주의도 곧바로 수상한 것으로 남게 되는 이유이다). 더욱이 노동자의 경우에 결심은 삶에서 다져진다. 특수한 삶의 지평과 혁명적 목적들이 일치하는 것이 이번만큼은 더 이상 오해 덕분이 아니다. 혁명은 지식인에 대하여보다 노동자에 대하여 더 직접적이고 가까운 가능성이다. 왜냐하면 그는 자신의 삶에 있어서 그 경제 체제를 파악하고 있기 때문이다. 바로 여기에 통계학적으로 혁명적 당파에 노동자가 부르주아보다 더 많이 있는 이유가 있다. 물론 동기화는 자유를 없애지 못한다. 가장 엄격한 노동자 당파는 그들의 지도자들 가운데 지식인을 많이 가졌다. 레닌과 같은 사람이 자신을 혁명과 동일시하고 마침내 지식인과 노동자의 구별을 뛰어넘었다는 것은 있을 수 있는 일이다. 그러나 이런 것은 행위와 참여의 덕목 자체이다. 애당초 나는 계급을 넘는 개인은 아니다. 나는 사회적으로 위치지어져 있고, 나의 자유는, 비록 그것이 나를 다른 곳에 참여할 수 있게 해주는 능력을 가지고 있다 해도, 나를 내가 되고자 결심하는 것으로 당장 만들어주는 자유는 아니다. 이렇듯 부르주아라는 것 또는 노동자라는 것은 그러하다는 의식을 가지는 것만은 아니고, 세계를 형태화하고 타인들과 공존하는 우리의 방식과 뒤섞이는 암시적 또는 실존적 기투에 의해서 자신을 노동자 또는 부르주아로 가치 부여하는 것이다. 나의 결의는 그것이 확고히 하거나 약화시킬 수 있는 그러나 무효화할 수 없는 나의 삶의 자발적 의미를 다시 회복한다. 관념론과 객관적 사고는 똑같이 계급 의식의 파악을 결여하는데, 하나는 실제적 존재를 의식에서 연역하고 다른 하나는 의식을 사실적 존재에서 끌어내기 때문이고, 그 둘 모두는 동기화의 관계를 무시하기 때문이다.

8_대자, 대타, 상호 주체성

아마도 사람들은 관념론의 편에 서서, 나는 나 자신에 대하여 특수한 기투가 아니라 순수 의식이고, 부르주아나 노동자라는 속성은 내가 나를 타인들 가운데 자리 잡게 하며, 나를 그들의 눈으로, 외부에서 '타자'로 보는 한에서 나에게 속한다고 응답할 것이다. 그것은 바로 대자의 범주가 아니라 대타의 범주일 것이다. 그러나 두 종의 범주가 있다면 어떻게 나는 타인, 즉 **타아**의 경험을 가질 수 있는가? 이러한 경험은 내가 나 자신에 대해 가지는 봄 속에 가능적 '타인'이라는 나의 성질이 장치되어 있고, 내가 타인에 대해 가지는 봄 속에 **자아**라는 그의 성질이 포함되어 있음을 이미 가정한다. 사람들은 여전히 타인은 나의 존재 자체의 가능성으로서가 아닌 하나의 사실로서 주어진다고 응답할 것이다. 사람들은 이렇게 해서 무엇을 의미하고자 하는가? 사람들은 지구의 표면에 타인들이 없다면 나에게는 타인들의 경험이 없을 것이라는 것을 이해하는가? 이 명제는 명증적이나, 우리의 문제를 해결하지 못한다. 왜냐하면 칸트가 이미 말한 대로, 사람들은 '경험과 더불어 시작하는 모든 인식'에서 '경험에서 나오는 모든 인식'으로 이행할 수 없기 때문이다. 경험적으로 존재하는 타인들이 나에 대하여 타인들이어야 한다면 나는 그들을 인식할 그 무엇이라도 가져야 하고, 따라서 **대타**의 구조들은 이미 **대자**의 차원들이지 않으면 안 된다. 게다가, 우리가 말하는 모든 특수성들을 대타에서 도출하는 것은 불가능하다. 타인은 반드시 나에 대한 대상은 아니며 전혀 그런 대상이 아니다. 그리고 예를 들어 동정의 경우 나는 타인을 나 자신과 마찬가지로 또는 거의 같은 정도로 단순한 존재이자 자유로서 지각할 수 있다. 절대적 주체성이 나 자신의 추상적 개념일 뿐이듯이 대상-타인은 타인의 무성의한 양상일 따름이다. 따라서 이미 가장 철저한 반성에서 나는 나의 절대적 개별성의 주위에 서린 일반성의 훈륜이나 '사회성'의 분위기 같은 것을 파악하지 않으면 안 된다. 이것은 '한 명의 부르주아' '한 명의 인간'이라는 말이 곧 이어 나에 대하여 의미를 가질 수 있어야 한다면 필연적이다. 나는 나를 나 자신의 중심에서 벗어나 있는 것으로 단번에 파악해야 하고, 나의 단독적 실존은 자신의 주위에, 말하자면 질을 부여받은 실존을 확산시켜야 한다. 대자, 즉 나 자신에 대한 나, 그 자신에 대한 그는, 대타, 즉 그에 대한 나와 나 자신에 대한 그를 지로 해서 분리되어 드러날 수밖에 없다. 나의 삶은 내가 구성하지 않는 의미를 가져야 하고, 엄밀하게 말해서, 상호 주체성이 있어야 하며, 우리는 각자 절대적 개별성의 의미에서 그리고 절대적 일반성의 의미에서 동시에 익명자이지 않으면 안 된다. 우리의 세계-에로-존재는 이러한 이중적 익명의 구체적 운반자이다.

9_역사에는 의미가 있다

이러한 조건이라면 상황들, 역사의 의미, 역사적 진리, 즉 동일한 것을 세 가지로 말하는 방식이 있을 수 있다. 실제로 내가 나를 절대적 발의권에 의해 노동자 또는 부르주아로 만든다면, 일반적으로 어떤 것도 자유를 청원하지 않는다면, 역사는 어떠한 구조도 포함하지 않을 것이고 사람들은 어떤 사건도 윤곽지어지는 것을 볼 수 없을 것이며, 모든 것은 모든 것에서 나올 수 있을 것이다. 사람들이 이름을 부여할 수 있을, 그리고 어떤 개연적 성질들을 인식할 수 있을, 상대적으로 안정된 역사적 형태로서의 대영제국이라는 것은 없을 것이다. 사회적 운동의 역사에서 혁명적 상황들, 침체의 시기들은 없을 것이다. 사회적 혁명은 동일한 자격으로 모든 순간에 가능할 것이고, 사람들은 당연하게 전제군주가 무정부주의로 전환하기를 기대할 수 있을 것이다. 역사는 아무 곳으로도 움직이지 않을 것이고, 짧은 시간 동안만이라 하더라도 사람들은 어떤 결과를 공모한다고 말할 수 없을 것이다. 정치가들은 언제나 협잡꾼이 될 것이고, 말하자면 자신의 이익을 위해 **가지고 있지** **않았던** 의미를 사건들에 부여함으로써 그 사건들을 몰수할 것이다. 이제 역사를 계승하여 그로써 역사를 결정하는 그런 의식들 없이는, 역사는 어떤 것도 완성할 수 없을 정도로 무력하다는 것이 확실한 사실이라면, 따라서 **역사는 언제나 체험된 역사이기에** 자신의 목적을 위해 우리를 이용하는 낯선 힘처럼 우리와 분리될 수 없다면, 우리는 역사에 최소한의 단편적 의미라도 주지 않을 수 없다. 아마도 이렇다 할 성과가 없을지도 모르나 잠시 현재의 논의를 예시하는 데 충분할 예를 들어보자. 어떤 것도 1799년의 프랑스의 경우, '계급 위에 군림하는' 군사력이 혁명의 퇴조 과정에서 나타나지 않도록 할 수 없고, 이때 군사 독재자의 역할이 '출연되어야 할 역할'이 되지 않도록 할 수 없다. 우리로 하여금 그렇게 판단하도록 하는 것은 실현되어 우리에게 알려진 보나파르트 Bonaparte의 계획 때문이다. 그러나 보나파르트 이전에 뒤무리에즈 Dumouriez, 퀴스틴 Custine과 다른 사람들이 그러한 계획을 세웠고 이러한 공통 현상은 물론 설명되지 않으면 안 된다. 사람들이 사건들의 의미라 부르는 것은 그것들을 산출하는 관념도, 그것들이 모인 우연한 결과도 아니다. 그것은 모든 개인적 결단에 앞서는 사회적 공존재와 **세상 사람**에게서 완성되는 미래의 구체적 기투이다. 1799년에 계급의 역학이 도달한 혁명의 역사적 지점에서 그 혁명은 계속될 수도 무화될 수도 없고, 그 당시 개인의 자유에 관한 한 모든 것이 유보된 채이므로, 개개인은 자기 자신을 역사적 주체로 만드는 기능적이며 일반화된 실존에 의해서 이루어진 것에 의지하고 마는 방향으로 나아갔다. 이 순간에 그들에게 혁명 정부의 방법들을 다시 계속한다든지 1789년의 사회적 상태로의 복귀라든지 하는 것을 제안하는 것은 역사적 오류가 되었을 것이다. 왜냐하면 언제나 자유로운 우리의 기투들과 평가들로부터 독립한 역사의 진리가 있기 때문이 아니라, 이러한 기투들의 평균적·통계적 의미가 있기 때문이다. 이것은 우리가 역사에 의미를 부여한다고 말하는 것과 같다. 그러나 역사가 우리에게 의미를 제시하지 않는 것이 아니다. 의미-부여는 원심적이지만은 않고, 이것이 역사의 주체가 개인이 아닌 이유이다. 일반화된 실존과 개인적 실존 사이에는 각자 주고받는 교환이 있다. 세상 사람에게서 윤곽이 잡히고 역사의 우연성에 의해 위협받는, 일관성 없는 가능성에 지나지 않는 의미가 개인에 의해 다시 계속되는 순간이 있다. 바로 이때에 그는, 보나파르트가 자신을 집정관에서 황제와 정복자로 만들 때처럼, 역사에 사로잡힌 채 적어도 잠시 동안 역사를 그 의미인 것처럼 보이는 것을 넘어서는 쪽으로 인도하고, 역사를 새로운 변증법에 끌어넣는 일이 일어날 수 있다. 우리는 개인의 삶처럼 역사가 처음부터 끝까지 단 하나의 의미만을 가진다고 단정하지 않는다. 우리는 어떤 경우에도 자유는 문제의 순간에 역사가 **제공하고 있었던** 의미를 다시 취급함으로써만, 그리고 일종의 미끄러지는 이행에 의해서 역사의 의미를 변경한다는 것을 말하고자 한다. 지금의 이러한 명제에 관련해서 사람들은 협잡꾼과 정치가, 역사적 사기와 시대의 진리를 구별할 수 있고, 결과적으로 우리가 과거를 조망화하는 것은, 비록 절대적 객관성을 획득하지 않을지라도, 우리에게 자의적일 권리를 부여하지 않는다.

10_자 아 와 그 일 반 성 의 훈 륜

따라서 우리는 우리의 발의들의 주위에서, 엄밀하게 말하면 개인적인 기투이지만 바로 우리 자신이기도 한 이러한 기투의 주위에서, 일반화된 실존과 이미 끝난 기투의 지대를 인식하고, 또 우리와 사물 사이에서 일어나 우리에게 인간, 부르주아, 노동자와 같은 성질을 부여하는 의미 작용의 지대를 인식한다. 일반성은 이미 개입하고, 우리의 자기 현전은 이미 일반성에 의해 매개되며, 우리는 순수 의식이기를 그친다. 이것은 자연적 또는 사회적 성좌가 무정형의 것이기를 그치고 하나의 상황 속에서 굳어지자마자, 즉 의미를 가지자마자, 요컨대 단적으로 말해, 우리가 실존하자마자 일어나는 것이다. 사물은 그 사물이 자신의 근본적 성질을 빌려주게 되는 중재를 통해서 우리에게 나타난다. 이 나무 조각은 색깔과 촉각적 소여의 집합이 아니고 이것들의 총체적 형태조차도 아니며, 그 자신으로부터 나무의 본질 같은 것을 방출한다. '감각적 소여들'은 어떤 주제를 변조시킨다. 또는 나무 자체인 어떤 양식, 이 나무 조각과 조각에 대해 내가 가지는 지각의 주위에 의미의 지평을 형성하는 어떤 양식을 예시한다. 우리가 본 대로 자연적 세계는 모든 가능적 주제와 양식의 장소 이외의 다른 것이 아니다. 그것은 확고하게도, 비길 데 없는 개인이고 의미이다. 상관적으로, 주체의 일반성과 개별성, 질을 부여받은 주체성과 순수 주체성, 세상 사람의 익명성과 의식의 익명성은 철학이 선택해야 하는 두 주체 개념이 아니라, 구체적 주체인 유일한 구조의 두 계기들이다. 감각한다는 것을 예로 삼아 고찰해보자. 나는 조금도 성질을 규정하지 않은 채 내 앞의 이 적색에 몰두한다. 이러한 경험은 나로 하여금 인간 이전의 주체와 접촉을 시작하도록 하는 것 같다. 누가 이 적색을 지각하는가? 그것은 사람들이 명명할 수 있고 타인이라는 지각 주체로 정리될 수 있는 사람이 아니다. 왜냐하면 내가 가지는 이 적색의 경험과 타인들이 나에게 말하는 그것 사이에는 어떠한 직접적 대질도 불가능할 것이기 때문이다. 나는 나 자신의 관점을 가지고 여기에 있고 모든 경험은 인상적인 한, 동일한 방식으로 엄밀하게 나 자신의 것이므로, 유일무이한 주체가 그 모든 것을 품는 것 같다. 나는 생각을 품는다. 예를 들면 스피노자의 신에 대하여 생각한다. 내가 보는 그대로의 그 사고는 어떤 사람도 접근할 수 없는 어떤 풍경이고, 더욱이 내가 스피노자의 신의 문제에 대하여 나의 친구와 논의에 들어가는 데 성공해도 그러하다. 그러나 그러한 경험들의 개별성 자체는 순수하지 않다. 왜냐하면 그 적색의 두께, 그 개체성, 나를 채우고 나에게 도달하는 그 능력은, 그 적색이 나의 시선으로부터 어떤 동요를 청원하고 획득한다는 점에서 나오기 때문이고, 내가 그 적색이 특수한 변화로 되는 색의 세계에 내가 익숙하다는 점을 가정하기 때문이다. 따라서 구체적 적색은 일반성을 지로 해서 떨어져 나온다. 이것이 타인의 관점으로 넘어가지 않고서도 내가 지각에서 나를 비길 데 없는 의식으로서가 아니라, **하나의** 지각하는 주체로서 파악하는 이유이다. 나는 나의 적색 지각의 주위에서 그 지각이 미치지 않는 나의 존재의 전 영역과, 그 지각이 나에게 미치도록 해주는 '시각' 및 색깔에 예정된 영역을 느낀다. 마찬가지로, 스피노자의 신에 대한 나의 사고는 겉으로만 엄밀하게 유일한 경험일 따름이다. 그것은 어떤 문화적 세계, 즉 스피노자 철학의 구체성이거나 어떤 철학적 양식, 즉 내가 '스피노자적' 사상을 즉각 알아보게 되는 어떤 철학적 양식의 구체성이다.

11_절대적 흐름은 자기 자신에 대하여 하나의 의식이다

따라서 우리는 사고하는 주체나 의식이 왜 자신을 인간으로서 또는 육화된 주체로서 또는 역사적 주체로서 통각하는가를 물어서는 안 되고, 우리는 이 통각을 자신의 절대적 실존에 입각해서 자신이 실현하는 제2의 작용으로 취급해서도 안 된다. 절대적 흐름은 자기 자신의 시선 아래에서 '**하나의** 의식'이나 인간 또는 육화된 주체로서 음영지어진다. 왜냐하면 그것은 현전——자기에로의 현전, 타인에로의 현전, 세계에로의 현전——의 장이기 때문이고, 그 현전이 그것을 자연적·문화적 세계에 투사해서 이해하도록 만들기 때문이다. 우리는 그것을 자기와의 절대적 접촉으로서, 어떠한 내적 균열도 없는 절대적 밀도로서가 아니라, 반대로, 자신을 밖에서 추구하는 존재로서 묘사해야 한다. 주체가 자기 자신과 자신의 존재 방식을 지속적이고 항상 독자적인 선택의 것으로 만들었다면, 사람들은 왜 그의 경험이 자신과 결합되고 자신에게 대상들, 일정한 역사적 국면들을 제공하는가를, 왜 우리가 모든 시간을 통해서 시간의 정당한 일반적 개념을 가지는가를, 결국 왜 개개인의 경험은 타인의 그것과 결합되는가를 물을 수 있을 것이다. 그러나 이것 자체가 문제시되어야 하는 문제이다. 왜냐하면 주어지는 것은 한 촌음, 뒤에 오는 또 한 촌음, 한 개체적 흐름, 뒤에 오는 또 한 개체적 흐름이 아니라, 개개의 주체성을 자기 자신이 다시 파악함, 자연의 일반성에서 주체성들이 서로 다시 파악함, 상호 주체적 삶과 세계의 응집이기 때문이다. 현재가 **대자**와 **대타**의 매개, 개체성과 일반성의 매개를 실현한다. 참된 반성은 나 자신에게 나를 놓고 있는 접근 불가의 주체성으로서가 아니라, 내가 지금 실현하는 그대로 세계와 타인에로 현전함과 동일자로서 제시한다. 나는 내가 보는 모든 것이요, 상호 주체적 장이다. 나의 신체, 나의 역사적 상황에도 불구하고가 아니라, 반대로 이 신체이고 이 상황임으로써 그리고 이것들을 통해서 나머지 모든 것임으로써 그러하다.

지각의 현상학

12_아무것에서라도 출발하지 않으면 나는 나를 선택하지 못한다

따라서 이러한 관점에 서면 우리가 시작할 때 말한 자유는 무엇이 되는가? 나는 더 이상 무인 체할 수 없고 무에 입각해서 지속적으로 나를 선택하는 체할 수 없다. 무가 세계에서 나타나는 것이 주체성에 의해서라면, 사람들은 마찬가지로 무가 존재에 이르는 것이 세계에 의해서라고 말할 수 있다. 나는 무엇이라도 그 무엇이려는 데 대한 일반적 거부이고, 그러면서 이러저러한 형태의 질을 가진 존재의 지속적 수용을 동반한다. **왜냐하면 이러한 일반적 거부조차도 여전히 일종의 존재 방식이고 세계에서 그 모습**

을 보이기 때문이다. 나는 언제라도 나의 기투들을 중단할 수 있다는 것은 사실이다. 그러나 이 능력은 무엇인가? 그것은 다른 무엇을 시작하는 능력이다. 왜냐하면 우리는 무 속에 정지한 채로 머물러 있지는 못하기 때문이다. 우리는 얼굴이 수면 시나 사망 시에도 언제나 어떤 것을 표현해야 하는 데(놀라운, 평화스러운, 신중한 죽음이 있다) 선고되어 있듯이, 침묵이 여전히 음향 세계의 양상이듯이, 언제나 충일 속에, 존재 속에 있다. 나는 모든 형태를 깨뜨릴 수 있고 모든 것을 일소에 부칠 수 있으나, 내가 전적으로 차지되어 있는 경우란 없다. 그 이유는 그때는 내가 나의 자유 속으로 물러나기 때문이 아니라, 내가 어느 다른 곳에선가 관여되어 있기 때문이다. 나는 나의 슬픔을 생각하는 대신 나의 손톱을 보거나 아침식사를 하거나 정치에 관심을 보인다. 나의 자유는 언제나 홀로이기는커녕 공모가 없는 것이 아니고, 그 항구적 분할 능력은 세계에의 나의 보편적 참여에 기대고 있다. 나의 실제적 자유는 나의 존재 이편에 있는 것이 아니라, 내 앞에 있고 사물 속에 있다. 내가 나인 것을 지속적으로 거부**할 수 있다**는 것을 구실로 나를 지속적으로 선택할 수 있다고 말해서는 안 된다. 거부하지 않는다는 것은 선택한다는 것이 아니다. 우리는 암시성의 모든 현상적 가치를 박탈함으로써만, 언제나 세계를 완전한 투명성을 가지고 우리 앞에 펼침으로써만, 말하자면 세계의 '세계성'을 파괴함으로써만, 행하게 함과 행함을 동일시할 수 있다. 의식은 자신을 모든 것에 대해 책임 있는 것으로 생각하고 모든 것을 떠맡으며, 그러나 그 자신의 것을 하나도 가지고 있지 않으면서 세계를 누리는 생활을 한다. 사람들은 자연적 또는 일반화된 시간의 개념을 도입하지 않는 한, 자유를 지속적으로 되풀이해서 하는 선택으로 생각하게 된다. 우리는 사람들이 자연적 시간을 주체성이 없는 사물들의 시간으로 이해한다면 자연적 시간은 없다는 것을 보았다. 그러나 적어도 일반화된 시간은 있다. 시간의 세상적 개념이 겨냥하는 것이 바로 그것이다. 즉 그것은 과거, 현재, 미래의 계기적인,

끊임없는 재개이다. 말하자면 그것은 반복되는 실망이요, 실패이다. 이것이 사람들이 시간이 연속적이라고 말함으로써 표현하고자 하는 바이다. 시간이 우리에게 오는 현재는 나타날 때 이미 과거가 되기에 그야말로 현재가 아니고, 미래는 곧장 현재가 되나 그때는 우리가 다른 미래로 향하기에 우리가 도달하는 표적 시점의 의미를 외면적으로만 가질 뿐이다. 이 시간은 바로 이 시간처럼 순환적인 우리의 신체적 기능들이고, 역시 우리가 더불어 공존하는 자연의 시간이다. 그것은 우리에게 참여의 추상적 윤곽과 형태만을 제공한다. 왜냐하면 그것은 계속적으로 자기 자신을 잠식하고, 자기가 방금 했던 것을 무색하게 하기 때문이다. 사람들이 대자와 즉자에 대해 매개자 없이 하나를 다른 하나 앞에 정립하는 한, 사람들이 우리와 세계 사이에서 주체성의 이 자연적 윤곽을, 자기 의지하는 이 선개인적 시간을 통각하지 못하는 한, 시간의 용출을 운반하는 행동이 필요하고, 모든 것은 동등한 자격의 선택이 된다. 즉 호흡 반사와 도덕적 결단, 보존과 창조는 동등한 선택이다. 우리에 관한 한, 의식은 자신의 하부 구조를 형성하고 자신의 탄생인 사건들을 묵과할 때만 이러한 보편적 구성 능력을 자신에게 귀속시킨다. 세계가 '자명한' 것으로 되어 있는 의식, 세계를 '이미 구성된 것'으로 발견하는 의식, 의식 그 자체에 현전하는 것으로 발견하는 의식은 **절대적으로** 자신의 존재도 자신의 존재 방식도 선택하지 못하게 된다.

13_조 건 지 어 진 자 유

그렇다면 자유란 무엇인가? **탄생한다**는 것은 세계에서의 탄생이요, 동시에 세계에로의 탄생이다. 세계는 이미 구성되어 있으나 역시 완전하게 구성되어 있지 않다. 전자에서 보면 우리는 청원받고, 후자에서 보면 우리는 무수한 가능적인 것에 열려 있다. 그러나 이러한 분석은 여전히 추상적이다. 왜냐하면 우리는 그 두 관계 아래에서 **동시에** 존재하기 때문이다. 따라서 결정론과 절대적 선택은 없고, 나는 사물이 아니며 한갓된 의식도 아니다. 특히 우리의 발의들조차도, 우리가 선택한 상황들조차도 맡아지기만 했더라면 절호의 기회인 양 우리에게 영향을 미친다. '역할'과 상황의 일반성은 결심을 돕는 데 이르고, 상황과 상황을 맡는 자 사이의 이러한 교환에서 '상황의 몫'과 '자유의 몫'을 한계짓는 것은 불가능하다. 사람들이 어떤 사람으로 하여금 실토하도록 고문을 가한다. 사람들이 그에게서 얻어내고자 하는 이름과 주소를 그가 제공하기를 거부한다면, 그것은 지원 없는 고독한 결단에 의해서가 아니다. 그는 여전히 자신의 동료들과 함께 있다고 느끼고 여전히 공동 투쟁에 참가하고 있다고 느낀다. 말하자면 그는 말할 수가 없었던 것이다. 아니면, 수개월이나 수년 동안 그는 마음으로 이 시험과 맞서 싸우고 자신의 모든 목숨을 그것에 건다. 아니면, 마침내 그는 그 시험을 극복함으로써 자신이 언제나 자유에 대하여 생각하고 말했던 것을 증명하고자 한다. 이 동기들은 자유를 무효화하지 않는다. 그것들은 적어도 자유가 부벽(扶壁) 없이는 존재하지 않도록 한다. 궁극적으로, 고통에 저항하는 것은 한갓된 의식이 아니라 자신의 동료들, 자신이 사랑하고 면전에서 체험하는 자들이고 그들과 함께 있는 포로이다. 아니면, 마침내 고독을 자랑스럽게 원한 의식, 다시 말하면, **공존**의 어떤 방식이다. 매일 그 망령들을 소생시키는 자는 감옥 속의 개인이고, 이 망령들은 그 개인이 그 망령들에게 준 힘을 도로 돌려준다. 그러나 역으로, 그가 이러한 행동에 참여한다면, 그리고 그가 자신의 동료들과 결속되어 있거나 명분에 집착하거나 한다면, 그것은 역사적 상황, 동료들, 자기 주위의 세계가 그러한 행동을 기대하는 것처럼 그에게 보이기 때문이다. 사람들은 끝없이 이렇게 분석을 계속할 수 있다. 우리는 우리의 세계를 선택하고 세계는 우리를 선택한다. 어떠한 경우에도 확실한 것은 자유가 체험된다는 바로 이 사실로부터 즉각 이 자유가 존재의 형태를 취하고 동기가 되며 받침대가 되어준다는 사실이고, 이 사실이 없었다면 우리는 존재가 침입하지 못하는 구석을 우리 속에 보유할 수 없으리라는 사실이다. 구체적으로 파악하면, 자유는 —우리가 시초에 시작했다던 인간 이전의, 역사 이전의 자유조차도 언제나 외부와 내부의 만남이다. 그리고 자유는 우리의 삶의 신체적·제도적 소여들의 **관용**이 감소함에 따라 영에 이르는 것이 아니라 저하된다. 후설이 말한 대로, '자유의 장'과 '조건지어진 자유'가 있는데, 이것은 자유가 그 장의 한계들 내에 있어서는 절대적이고 그 밖에서는 존재하지 않아서가 아니라—지각적 장처럼 자유의 장은 그려질 수 있는 선형적 한계가 없다—내가 가까운 가능성들과 먼 가능성들을 가지고 있기 때문이다. 우리의 참여가 우리의 힘을 지속시킨다. 그러한 힘 없이는 자유도 없다. 사람들은 우리의 자유는 총체적이거나, 아니면 존재하지 않는다고 말한다. 이러한 딜레마는 객관적 사고와 반성적 분석의 그것이고 그들은 공범이다. 우리가 실제로 존재에 자리 잡는다면, 우리의 행동들은 밖에서 반드시 나올 수밖에 없고, 우리가 구성적 의식과 같다면, 우리의 행동들은 안에서 나올 수밖에 없다. 그러나 우리는 마침 현상의 질서를 인식하는 것을 배웠다. 우리는 풀릴 수 없는 혼동 속에서 세계와 타인과 얽혀 있다. 상황의 관념 때문에 우리의 참여의 기원으로서 절대적 자유는 배제된다. 그것은 더욱이 우리의 참여의 종극에서도 똑같이 절대적 자유를 배제한다. 어떠한 참여도 심지어 헤겔이 말하는 국가에의 참여도 나로 하여금 모든 차이를 넘어서도록 할 수 없고, 나를 모든 것에 대하여 자유롭게 할 수 없다. 이러한 보편성 자체는 이것이 체험된 것이라는 바로 그 사실로부터 세계를 지로 해서 특수성으로 분리되어 떨어져 나올 것이고, 실존은 자신이 겨냥하는 모든 것을 일반화하면서 동시에 특수화하겠지만 전체적일 수 없을 것이다.

---

7 Fink, *Vergegenwärtigung und Bild*, p. 285.

14_현전에서 이루어지는 즉자와 대자의 잠정적 종합

그러나 헤겔의 자유를 실현하는 즉자와 대자의 종합은 자신의 진리를 가진다. 어떤 의미에서 그것은 실존의 정의 자체이다. 그것은 매순간 우리 눈앞에서 현전의 현상으로 이루어진다. 단순하게 말해서, 그것은 순식간에 다시 시작하는 중에 있을 것이고 우리의 유한성을 없애지 못한다. 현재를 맡음으로써 나는 나의 과거를 재파악하고 변형하며, 그 의미를 바꾸고 과거에서 나를 해방시키고 풀어준다. 그러나 나는 다른 곳에 참여함으로써만 그렇게 한다. 정신분석적 치료는 과거의 의식적 파악을 유발함으로써가 아니라, 우선 새로운 실존적 관계를 통해서 그 주체를 의사와 결합함으로써 치료한다. 정신분석적 해석에 과학적 동의를 부여하고 과거의 개념적 의미를 발견하는 것이 문제가 아니다. 과거를 의미있는 이 것 또는 저것으로 재체험하는 것이 문제이다. 환자는 자신과 의사의 공존의 조망에서만 그렇게 하는 데 도달한다. 콤플렉스는 도구 없는 자유에 의해 해체되는 것이 아니라, 오히려 자신의 지지와 동기를 가지는 시간의 새로운 박동에 의해 분해된다. 모든 의식적 파악들의 경우에도 사정은 마찬가지이다. 그것들은 새로운 참여에 의해 운반될 때만 실제적이다. 이제 이러한 참여는 다시금 암시성 가운데에서 이루어지고, 따라서 일정한 시간적 주기에 대해서만 유효하다. 우리가 우리의 삶에 대해 내리는 선택은 언제나 어떤 소여를 기초로 해서 일어난다. 나의 자유는 나의 삶을 그 자발적 의미로부터 떼어놓게 할 수 있으나, 그것은 무엇보다도 바로 그것에 꼭 들어맞는 일련의 미끄러지는 이행에 의해서이지 절대적 창조에 의해서가 아니다. 따라서 나의 과거, 기질, 환경에 의한 나의 행동에 대한 모든 설명은, 사람들이 그것들을 분리된 공헌으로서가 아니라 (내가 여러 가지 방향에서 그 의미를 설명하는 것이 허용되는) 나의 총체적 존재의 계기들로서 간주한다면, 그것들에 의미를 부여하는 것이 나인지 그것들로부터 의미를 받는 것이 나인지를 말하지 않아도 참된 것이다.

15_나의 의미는 나의 밖에 있다

나는 심리학적·역사적 구조이다. 나는 실존과 함께 존재하는 방식, 양식을 받았다. 나의 모든 행동과 사고는 이러한 구조와의 관련 속에 있고, 철학자의 사상도 세계에 대한 자신의 파악, 자신인 것을 명시화하는 방식일 뿐이다. 그렇지만 나는 자유롭다. 이 동기화들에도 불구하고 또는 이 동기화들 이편에서가 아니라 이 동기화들에 의해서 그렇다. 왜냐하면 나, 즉 자연과 역사의 이 의미있는 삶, 이 어떤 의미는 세계에 대한 나의 접근을 제한하는 것이 아니라, 반대로 세계와 의사 소통하는 나의 수단이기 때문이다. 내가 전진할 가능성을 가지는 것은 제한도 유보도 없이 지금 나인 것임으로써이고, 내가 다른 시간을 이해할 수 있는 것은 나의 시간을 체험함으로써이며, 내가 저리로 나아갈 수 있는 것은 현재와 세계에 뛰어듦으로써, 뜻밖에 나인 것을 단호하게 맡음으로써, 내가 원하는 것을 원함으로써, 내가 행하는 것을 행함으로써이다. 나는 내가 나의 자연적·사회적 상황을 통해서 자연적·인간적 세계와 합류하는 대신, 먼저 그 상황을 맡는 것을 거부함으로써 초월하고자 노력하지 않을 때만 자유를 결할 수 있다. 어느 것도 나를 밖에서 결정하지 못한다. 어느 것도 나를 청원하지 않아서가 아니라, 반대로 나는 단숨에 밖에 있고 세계로 열리기 때문이다. 우리는 사물처럼 세계 내에 있기만 하는 것이 아니라 세계로 향한다는 바로 이 사실에 의해서 철저하게 참되고 우리와 더불어 우리가 초월하기 위해 필요로 하는 모든 것을 가진다. 우리는 우리의 선택이나 행동들이 우리의 자유를 제한한다고 두려워해서는 안 된다. 왜냐하면 선택과 행동은 오로지 우리를 우리의 닻으로부터 해방시키기 때문이다. 반성이 자신의 절대적 충전성에 대한 소망을 사물을 나타나게 하는 지각에서 빌려오듯, 마찬가지로 관념론은 자신이 억견이라고 보았기 때문에 파괴하고자 하는 '발원적 속견'을 암묵적으로 이용하듯, 동일하게 자유는 참여의 모순에 걸려들고, 자신이 세계에 파고드는 뿌리들 없이는 자유이지 않을 것이라는 것을 깨닫지 못한다. 나는 이런 약속을 할 것인가? 나는 너무 보잘것없는 것에 나의 목숨을 걸 것인가? 나는 자유를 구하기 위해 나의 자유를 바칠 것인가? 이러한 문제들에 대한 이론적 대답은 없다. 그러나 자기를 거절될 수 없는 것으로 나타내는 **사물들**이 있고, 당신이 사랑하는 사람이 있으며, 당신 주위에 노예로 존재하는 사람들이 있다. **당신의** 자유는 그 독자성에서 나오지 않고는, 또한 **그 하나의** 자유를 원하지 않고는 원해질 수 없다. 사물들이나 역사적 상황들, 무엇이 문제이든 간에, 철학은 우리에게 그것들을 잘 보라고 가르치는 것 이외의 다른 기능을 가지고 있지 않다. 철학은 자기 파괴를 통해서 분리됨으로써 자신을 실현한다는 것은 사실이다. 그러나 침묵해야 하는 것은 바로 여기서이다. 왜냐하면 오로지 영웅들만이 인간과 세계에 대한 자신의 관계를 끝까지 살아 나가기 때문이다. 다른 사람이 영웅의 이름으로 말하는 것은 적합하지 않다. "당신의 아들이 불에 갇혀 있다. 당신은 그를 구해야 할 것이다…… 불이 장애라면 당신은 어깨의 충격에 대비하여 어깨를 돌릴 것이다. 당신은 당신의 행동 자체에 거주한다. 당신의 행동은 바로 당신이다…… 당신이 당신을 변화시킨다…… 당신의 의미는 눈부시게 나타난다. 그것은 당신의 의무이다. 그것은 당신의 증오이다. 그것은 당신의 사랑이다. 그것은 당신의 신의이다. 그것은 당신의 창작이다…… 인간은 관계들의 매듭이고 오직 그것만이 인간에게 중요하다."[8]

---

[8] A. de Saint-Exupéry, 『전투 조종사 *Pilote de Guerre*』, pp. 171, 174.

Ackermann, *Farbschwelle und Feldstruktur*, Psychologische Forschung, 1924.

Alain, *Quatre-vingt-un chapitres sur l'esprit et les passions*, Paris, Bloch, 1917.

————, *Réimprimé sous le titre Eléments de Philosophie*, Paris, Gallimard, 1941.

————, *Système des Beaux-Arts*, éd. nouvelle (3ᵉéd.), Paris, Gallimard, 1926.

Becker, *Beiträge zur phänomenologischen Begründung der Geometrie und ihrer physikalischen Anwendungen*, Jahrbuch für philosophie und phänomenologische Forschung, VI, Halle, Niemeyer, 1923.

Bergson, *Matière et Mémoire*, Paris, Alcan, 1896.

————, *L'Energie spirituelle*, Paris, Alcan, 1919.

Bernard, *La Méthode de Cézanne*, Mercure de France, 1920.

Binswanger, *Traum und Existenz*, Neue Schweizer, Rundschau, 1930

————, *Über Ideenflucht*, Schweizer Archiv. f. Neurologie u. Psychiatrie, 1931 et 1932.

————, *Das Raumproblem in der Psychopathologie*, Ztschr. f. d. ges. Neurologie und Psychiatrie, 1933.

————, *Über Psychotherapie*, Nervenarzt, 1935.

Van Bogaert, *Sur la Pathologie de l'Image de Soi* (études anatomocliniques). Annales médico-psychologiques, Nov. et Déc., 1934.

Brunschvicg, *L'Expérience humaine et la Causalité physique*, Paris, Alcan, 1922.

————, *Le Progrès de la Conscience dans la Philosophie occidentale*, Paris, Alcan, 1927.

Buytendijk et Pleßner, *Die Deutung des mimischen Ausdrucks*, Philosophischer Anzeiger, 1925.

Cassirer, *Philosophie der symbolischen Formen,* III, Phänomenologie der Erkenntnis, Berlin, Bruno Cassirer, 1929.

Chevalier, *L'Habitude*, Paris, Boivin, 1929.

Conrad-Martius, *Zur Ontologie und Erscheinungslehre der realen Außenwelt*, Jahrbuch für Philosophie und phänomenologische Forschung, III.

―――, *Realontologie*, ibid., VI.

Corbin, traducteur de Heidegger, *Qu'est-ce que la Métaphysique?,* Paris, Gallimard, 1938.

Déjean, *Étude psychologique de la 'distance' dans la vision*, Paris, Presses Universitaires de France, 1926.

―――, *Les Conditions objectives de la Perception visuelle*, Paris, Presses Universitaires de France, s. d.

Duncker, *Über induzierte Bewegung*, Psychologische Forschung, 1929.

Ebbinghaus, *Abriß der Psychologie*, 9 Aufl. Berlin, Leipzig, 1932.

Fink (E.), *Vergegenwärtigung und Bild, Beiträge zur Phänomenologie der Unwirklichkeit*, Jahrb. f. Philo. u. phän. Forschung, XI.

―――, *Die phänomenologische Philosophie Husserls in der gegenwärtigen Kritik*, Kantstudien, 1933.

―――, *Das Problem der Phänomenologie Edmund Husserls*, Revue internationale de Philosophie, n°2 Janv. 1939.

Fischel, *Transformationserscheinungen bei Gewichtshebung*, Ztschr. f. Psychologie, 1926.

Fischer (F.), *Zeitstruktur und Schizophrenie*, Ztschr. f. d. ges. Neurologie und Psychiatrie, 1929.

―――, *Raum- Zeitstruktur und Denkstörung in der Schizophrenie*, ibid., 1930.

―――, *Zur Klinik und Psychologie des Raumerlebens*, Schweizer Archiv für Neurologie und Psychiatrie, 1932~33.

Freud, *Introduction à la Psychanalyse*, Paris, Payot, 1922.

―――, *Cinq Psychanalyses*, Paris, Denoël et Steele, 1935.

Gasquet, *Cézanne*, Paris, Bernheim Jeune, 1926.

Gelb et Goldstein, *Psychologische Analysen hirnpathologischer Fälle*, Leipzig, Barth, 1920.

―――, *Über Farbennamenamnesie*, Psychologische Forschung, 1925.

hgg von Gelb und Goldstein, Benary, *Studien zur Untersuchung der Intelligenz bei einem Fall von Seelenblindheit*, Psychologische

Forschung, 1922.

————, Hochheimer, *Analyse eines Seelenblinden von der Sprache aus,* ibid., 1932.

————, Steinfeld, *Ein Beitrag zur Analyse der Sexualfunktion,* Zeitschr. f. d. ges. Neurologie u. Psychiatrie, 1927.

Gelb, *Die psychologische Bedeutung pathologischer Störungen der Raumwahrnehmung,* Bericht über den IX. Kongreß für experimentelle Psychologie im München, Jena, Fischer, 1926.

————, *Die Farbenkonstanz der Sehdinge,* in *Handbuch der normalen und pathologischen Physiologie,* hgg von Bethe, XII/1, Berlin, Springer, 1927 sqq.

Goldstein, *Über die Abhängigkeit der Bewegungen von optischen Vorgängen,* Monatschrift für Psychiatrie und Neurologie, Festschrift Liepmann, 1923.

————, *Zeigen und Greifen,* Nervenarzt, 1931.

————, *L'Analyse de l'aphasie et l'essence du langage,* Journal de Psychologie, 1933.

Goldstein et Rosenthal, *Zur Problem der Wirkung der Farben auf den Organismus,* Schweizer Archiv für Neurologie und Psychiatrie, 1930.

Gottschaldt, *Über den Einfluß der Erfahrung auf die Wahrnehmung von Figuren,* Psychologische Forschung, 1926 et 1929.

Grünbaum, *Aphasie und Motorik,* Ztschr. f. d. ges. Neurologie und Psychiatrie, 1930.

Guillaume (P.), *L'Objectivité en Psychologie,* Journal de Psychologie, 1932.

————, *Psychologie,* Paris, Presses Universitaires de France, nouvelle édition, 1943.

Gurwitsch (A.), Récension du *Nachwort zu meinen 'Ideen'* de Husserl, Deutsche Litteraturzeitung, 28 Février, 1932.

————, *Quelques aspects et quelques développements de la psychologie de la Forme,* Journal de Psychologie, 1936.

Head (H.), *On disturbances of sensation with especial reference to the pain of visceral disease,* Brain, 1893.

————, *Sensory disturbances from cerebral lesion,* Brain, 1911 ~ 12.

Heidegger, *Sein und Zeit,* Jahrb. f. Philo. u. phänomen. Forschung, VIII.

————, *Kant und das Problem der Metaphysik,* Frankfurt a. M., Verlag G. Schulte Bulmke, 1934.

Von Hornbostel, *Das räumliche Hören, Hdbch der normalen und*

지각의 현상학

pathologischen Physiologie, hgg von Bethe, XI, Berlin, 1926.

Husserl, *Logische Untersuchungen*, I, II/1 et II/2, 4 éd. Halle Niemeyer, 1928.

——, *Ideen zu einer reinen Phänomenologie und phänomenologischen Philosophie*, I, Jahrb. f. Philo. u. phänomenol. Forschung I, 1913.

——, *Vorlesungen zur Phänomenologie des inneren Zeitbewußtseins*, ibid., IX, 1928.

——, *Nachwort zu meinen 'Ideen,'* ibid., XI, 1930.

——, *Méditations cartésiennes*, Paris, Colin, 1931.

——, *Die Krisis der europäischen Wissenschaften und die transzendentale Phänomenologie*, I, Belgrade, Philosophia, 1936.

——, *Erfahrung und Urteil, Untersuchungen zur Genealogie der Logik*, hgg von L. Landgrebe, Prag., Academia Verlagsbuchhandlung, 1939.

——, *Die Frage nach der Ursprung der Geometrie als intentionalhistorisches Problem*, Revue Internationale de Philosophie, Janvier, 1939.

——, *Ideen zu einer reinen Phänomenologie und phänomenologischen Philosophie*, II (inédit).

——, *Umsturz der kopernikanischen Lehre: die Erde als Ur-Arche bewegt sich nicht* (inédit).

——, *Die Krisis der europäischen Wissenschaften und die transzendentale Phänomenologie*, II et III (inédit).

이 마지막 세 저서는 노엘 주교와 루뱅 철학고등연구소의 호의적인 허락으로 열람할 수 있었다.

Janet, *De l'Angoisse à l'Extase*, II, Paris, Alcan, 1928.

Jaspers, *Zur Analyse der Trugwahrnehmungen*, Zeitschrift f. d. gesamt. Neurologie und Psychiatrie, 1911.

Kant, *Critique du Jugement*, traduction Gibelin, Paris, Vrin, 1928.

Katz, *Der Aufbau der Tastwelt*, Zeitschr. f. Psychologie, Ergbd. XI, Leipzig, 1925.

——, *Der Aufbau der Farbwelt*, Zeitschr. f. Psychologie Ergbd. 7, 2ᵉ éd., 1930.

Köhler, *Über unbemerkte Empfindungen und Urteilstäuschungen*, Zeitschr. f. Psychologie, 1913.

——, *Die physischen Gestalten im Ruhe und in stationären Zustand*, Erlangen, Braunchweig, 1920.

——, *Gestalt Psychology*, London, G. Bell, 1930.

Koffka, *The Growth of the Mind*, London, Kegan Paul, Trench, Trubner and Co., New York, Harcourt, Brace and Co., 1925.

———, *Mental Development*, in Murchison (ed.), *Psychologies of 1925*, Worcester, Massachusetts, Clark University Press, 1928.

———, *Some problems of space perception*, in Murchison (ed.), *Psychologies of 1930*, Ibid., 1930.

———, *Perception, an Introduction to the Gestalt theory*, Psychological Bulletin, 1922.

———, *Psychologie*, in *Lehrbuch der Philosophie*, hgg von M. Dessoir, IIe Partie, *Die Philosophie in ihren Einzelgebieten*, Berlin, Ullstein, 1925.

———, *Principles of Gestalt Psychology*, London, Kegan Paul, Trench Trubner and Co., New York, Harcourt Brace and Co., 1935.

Konrad, *Das Körperschema, eine kritische Studie und der Versuch einer Revision*, Zeitschr. f. d. ges. Neurologie und Psychiatrie, 1933.

Lachièze-Rey, *L'Idéalisme Kantien*, Paris, Alcan, 1932.

———, *Réflexions sur l'activité spirituelle constituante*, Recherches Philosophiques, 1933~34.

———, *Le Moi, le Monde et Dieu*, Paris, Boivin, 1938.

———, *Utilisation possible du schématisme kantien pour une théorie de la perception*, Marseille, 1938.

Laforgue, *L'Echec de Baudelaire*, Denoël et Steele, 1931.

Lagneau, *Célèbres Leçons*, Nîmes, 1926.

Lewin, *Vorbemerkungen über die psychische Kräfte und Energien und über die Struktur der Seele*, Psychologische Forschung, 1926.

Lhermitte, Lévy et Kyriako, *Les Perturbations de la Pensée spatiale chez les apraxiques, à propos de deux cas cliniques d'apraxie*, Revue Neurologique, 1925.

Lhermitte, De Massary et Kyriako, *Le Rôle de la pensée spatiale dans l'apraxie*, Revue Neurologique, 1928.

Lhermitte et Trelles, *Sur l'apraxie pure constructive, les troubles de la pensée spatiale et de la somatognosie dans l'apraxie*, Encéphale, 1933.

Lhermitte, *L'Image de notre Corps*, Paris, Nouvelle Revue Critique, 1939.

Liepmann, *Über Störungen des Handelns bei Gehirnkranken*, Berlin, 1905.

Linke, *Phänomenologie und Experiment in der Frage der Bewegungsauffassung*, Jahrbuch für Philosophie und phänomenologische Forschung, II.

Marcel, *Être et Avoir*, Paris, Aubier, 1935.

Mayer-Gross et Stein, *Über einige Abänderungen der Sinnestätigkeit im Meskalinrausch*, Ztschr. f. d. ges. Neurologie und Psychiatrie, 1926.

Menninger-Lerchenthal, *Das Truggebilde der eigenen Gestalt*, Berlin, Karger, 1934.

Merleau-Ponty, *La Structure du Comportement*, Paris, Presses Universitaires de France, 1942.

Minkowski, *Les Notions de distance vécue et d'ampleur de la vie et leur application en psychopathologie*, Journal de Psychologie, 1930.

———, *Le Problème des hallucinations et le problème de l'espace*, Évolution psychiatrique, 1932.

———, *Le Temps vécu*, Paris, d'Artrey, 1933.

Novotny, *Das Problem des Menschen Cézanne im Verhältnis zu seiner Kunst*, Zeitschr. f. Ästhetik und allgemeine Kunstwissenschaft, n⁰ 26, 1932.

Paliard, *L'illusion de Sinnsteden et le problème de l'implication perceptive*, Revue philosophique, 1930.

Parain, *Recherches sur la nature et les fonctions du langage*, Paris, Gallimard, 1942.

Peters, *Zur Entwicklung der Farbenwahrnehmung*, Fortschritte der Psychologie, 1915.

Piaget, *La Représentation du monde chez l'enfant*, Paris, Alcan, 1926.

———, *La Causalité physique chez l'enfant*, Paris, Alcan, 1927.

Pick, *Störungen der Orientierung am eigenen Körper*, Psychologische Forschung, 1922.

Politzer, *Critique des fondements de la psychologie*, Paris, Rieder, 1929.

Pradines, *Philosophie de la sensation*, I, Les Belles-Lettres, 1928.

Quercy, *Éudes sur l'hallucination, II, la Clinique*, Paris, Alcan, 1930.

Rubin, *Die Nichtexistenz der Aufmerksamkeit*, Psychologische Forschung, 1925.

Sartre, *L'Imagination*, Paris, Alcan, 1936.

———, *Esquisse d'une théorie de l'émotion*, Paris, Hermann, 1939.

———, *L'Imaginaire*, Paris, Gallimard, 1940.

———, *L'Être et le Néant*, Paris, Gallimard, 1943.

Schapp, *Beiträge zur Phänomenologie der Wahrnehmung*, Inaugural Dissertation, Götingen, Kaestner, 1910, et Erlangen, 1925.

Scheler, *Die Wissensformen und die Gesellschaft*, Leipzig, der Neue Geist, 1926.

———, *Der Formalismus in der Ethik und die materiale Wertethik,*

Jahrbuch, f. Philo. und phän. Forschung, I, II, Halle, Niemeyer, 1927.

———, *Die Idole der Selbsterkenntnis*, in *Vom Umsturz der Werte*, II, Leipzig, Der Neue Geist, 1919.

———, *Idealismus-Realismus*, Philosophischer Anzeiger, 1927.

———, *Nature et formes de la sympathie*, Paris, Payot, 1928.

Schilder, *Das Körperschema*, Berlin, Springer, 1923.

Schröder, *Das Halluzinieren*, Zeitschr. f. d. ges. Neurologie u. Psychiatrie, 1926.

Von Senden, *Raum-und Gestaltauffassung bei operierten Blind-geborenen, vor und nach der Operation*, Leipzig, Barth, 1932.

Sittig, *Über Apraxie, eine klinische Studie*, Berlin, Karger, 1931.

Specht, *Zur Phänomenologie und Morphologie der pathologischen Wahrnehmungstäuschungen*, Ztschr. für Pathopsychologie, 1912~13.

Steckel, *La femme frigide*, Paris, Gallimard, 1937.

Stein (Edith), *Beiträge zur philosophischen Begründung der Psychologie und der Geisteswissenschaften*, I, *Psychische Kausalität*, Jahrb. f. Philo. u. phän. Forschung, V.

Stein (J.), *Über die Veränderung der Sinnesleistungen und die Entstehung von Trugwahrnehmungen*, in *Pathologie der Wahrnehmung, Handbuch der Geisteskrankheiten*, hgg von O. Bumke, Bd. I, Allgemeiner Teil I, Berlin, Springer, 1928.

Stratton, *Some preliminary experiments on vision without inversion of the retinal image*, Psychological Review, 1896.

———, *Vision without inversion of the retinal image*, ibid., 1897.

———, *The spatial harmony of touch and sight*, Mind, 1899.

Straus (E.), *Vom Sinn der Sinne*, Berlin, Springer, 1935.

Werner, *Grundfragen der Intensitätspsychologie*, Ztschr. f. Psychologie, Ergbd. 10, 1922.

———, *Über die Ausprägung von Tongestalten*, Ztschr. f. Psychoogie, 1926.

———, *Untersuchungen über Empfindung und Empfinden*, I, et II: *Die Rolle der Sprachempfindung im Prozeß der Gestaltung ausdrücksmässig erlebter Wörter*, ibid., 1930.

Werner et Zietz, *Die dynamische Struktur der Bewegung*, ibid., 1927.

Wertheimer, *Experimentelle Studien über das Sehen von Bewegung*, Ztschr. f. Ps., 1912.

———, *Über das Denken der Naturvölker* et *Die Schlußprozesse im*

지각의 현상학

produktiven Denken, in *Drei Abhandlungen zur Gestalttheorie*, Erlangen, 1925.

Van Woerkom, *Sur la notion de l'espace* (*le sens géométrique*), Revue Neurologique, 1910.

Wolff (W.), *Selbstbeurteilung und Fremdbeurteilung in wissentlichen und unwissentlichen Versuch*, Psychologische Forschung, 1932.

Young (P. T.), *Auditory localization with acoustical transposition of the ears*, Journal of experimental Psychology, 1928.

Zucker, *Experimentelles über Sinnestäuschungen*, Archiv. f. Psychiatrie und Nervenkrankheiten, 1928.

용어 해설

객관적 정신 esprit objectif, objekitiver Geist

헤겔 특유의 용어. 처음에는 주관적이었던 정신이 그 주관성을 벗어버리고 자기를 외화하여 법이나 도덕성, 인륜, 또는 가족, 시민사회, 국가와 같은 객관적 형태를 취하는 것. 메를로-퐁티는 객관적 정신을 객관적 대상이 개인적·주관적 의미 세계를 훨씬 넘어서 일반적·집단적 의미를 함유하고 있다는 것을 주지시키기 위해 사용했다.

구상력 l'imagination, Einbildungskraft

칸트 인식론의 전문 용어. 감성에 주어진 다양한 직관을 종합하는 능력이고 이에 비해 오성은 개념, 말하자면 범주를 가지고 이 다양의 종합을 통일하는 능력이다. 칸트 인식론에서 구상력과 오성은 아무런 근거 없이 자유롭게 조화와 통일을 이루며 바로 이러한 조화 또는 통일의 가능 근거를 밝히고자 후설은 선술어적 지향성, 즉 기능적 지향성을 말했고 이 과제를 메를로-퐁티가 계승했다.

내수용성 intéroceptivité, **외수용성** extéroceptivité, **고유 수용성** proprioceptivité

내수용성은 신체 내에서 일어나는 자극을 받아들이는 것, 예컨대 공복, 갈증, 구토감, 위 통증 등과 관련하고, 외수용성은 신체 외부로부터 들어오는 자극에 대응하는 것이며, 고유 수용성은 귀나 근육과 같이 자신의 장력을 발휘하면서 그에 관한 정보를 받아들이는 것을 말한다.

대측지각, 감각체측역전 allochirie, allesthesia

환부에 주어진 자극이 그 자극이 주어진 곳과는 다른 반대측 또는 대칭적인 장소에서 지각되는 것을 말한다. 그러나 자극의 질적 성격은 변함없이 그대로이다. 즉 통증의 자극은 통증으로, 촉각의 자극은 촉각으로 나타난다.

발원적 속견 $\delta o \xi a$ originaire, Urdoxa, Urglaube

후설은 후기 사상에서 학문적·보편적 지식의 토대에는 더 이상 소급되어 추구될 수 없는 근원적 배경 지식이 숨어 있다는 것을 깨닫고, 이 주제화되지 않는 배경적 앎을 발원적 속견이라고 부른다. 선술어적 명증이라고도 한다.

범주적 태도 attitude catégoriale

겔프와 골드슈타인의 용어. 대뇌피질에 손상이 있는 환자는 구체적인 동작에는 익숙하지만 관념적·추상적인 것과 관계할 때는 무능하다. 즉 과정 속에서 본질적인 것을 파악하는 능력이 없다. 이러한 장애를 범주적 태도 또는 추상적 태도의 상실이라고 한다. 겔프와 골드슈타인은 나중에 이 개념으로 색 이름을 기억할 수 없는 증상을 비롯해서 기억 상실에 의한 실어증을 분석하고 설명한다.

빈 학파 l'Ecole de Vienne

슐리크 M. Schlick를 중심으로 1924년경부터 빈에서 형성된 논리실증주의 학파를 말한다. 카르납 R. Carnap, 노이라트 O. Neurath가 여기에 속했고 기호논리학이나 분석철학이 여기에서 발전했다. 논리 분석이나 언어의 의미 분석을 철학의 본래적 과업이라고 주장하고 형이상학을 이러한 대상에서 제외하여 무의미하다고 주장한 것으로 유명하다.

세계 monde

세계는 우리의 삶이 발생하는 계기로서 언제나 이미 거기에 있는 것으로 주어지는 우리의 경험과 행동, 심지어 이것들을 주제화하는 의식을 포함한 일체의 환경을 말한다. 특히 메를로-퐁티는 세계의 발원적 성격, 말하자면 주체와 세계를 구성하는 세계의 발원적 자극들을 주목한다. 이것은 『유럽 학문의 위기와 선험적 현상학』에서 생활 세계로 돌아간 후설의 의도와 일치한다. 그들이 발견하고 시인한 것은 세계가 투명한 인식과 순수 의식을 허용하지 않을 정도로 풍성하다는 점이다. 세계의 의미와 깊이와 차원이 있고 또 이것이 세계를 구성한다. 즉 세계는 개개의 현전이 무한하게 확정될 수 있는 환경인 것이다. 따라서 세계는 모든 지평의 지평이다.

세계-에로-존재 être-au-monde

세계-에로-존재는 세계에 속해 있으면서 그러나 세계에 매몰되지 않고 세계를 소유하고자 세계로 향해 나아가는 인간의 실존적 초월 운동을 가리키는 메를로-퐁티 특유의 전문 용어이다. 여기서 세계에 속한다는 것은 세계에 의해 소유되어 있다는 뜻이기도 하지만, 그 이상으로 세계를 자기화해서 전유화하지 않으면 자기성이 상실되기에 세계를 부단하게 사냥하러 다닌다는 의미를 품고 있다. 물론 이것은 내가 세계에 소속되어 있어야만 가능하다. 따라서 세계의 소유는 세계의 귀속과 분리 불가능하다. 이러한 세계-에로-존재는 세계 내에서 머물러 정지하고 있는 데 그치지 않고 동시적으로 세계를 향해 초월하고 참여하며 위탁하는 끝없는 도주와 탈주의 운동성을 내포하는 개념이다. 바로 이 점에서 메를로-퐁티의 세계-에로-존재는 하이데거의 세계-내-존재와 일맥상통하지만, 메를로-퐁티는 세계 내에서 그렇지만 세계를 소유하지 않고 서는 살아갈 수 없다는 점을 유달리 강조하기 때문에 이 점을 부각시키고자 하이데거의 세계-내-존재sein-in-der-welt와 달리 세계-에로-존재être-au-monde로 번역한다. 불어 au는 à+le의 축약어로서 여기서의 à 영어의 장소와 운동, 방향, 내속 또는 소유의 의미를 동시에 뜻하는 into+in+to+at+of를 모두 포함한다. 이러한 뉘앙스를 살리기 위해서 장소의 의미가 이미 전제되어 있고 운동과 방향 그리고 소유화를 동시에 함의하는 '에로'를 택했다.『지각의 현상학』읽기의 즐거움은 이 '에로'의 깊은 묘미를 철저하게 이해하는 데서 시 작하고 끝난다 — '에로'의 운동성이 탈자성, 탈존, 실존, 초월, 육화 등등으로 어떻게 표현되고 있든지 간에 말이다.

신체 corps
메를로-퐁티의『지각의 현상학』의 기조는 신체에 대한 반성이다. 고유한 신체 또는 체험된 신체는 끊임없이 객관적 신체와 구별된다. 후자는 특수한 과학 법칙에 의해 지배되는 부분적인 대상으로서의 신체이다. 전자는 내가 살고 체 험하는 신체, 말하자면 나와 구별되지 않는 바로 나인 신체이다. 이것은 나의 의도들을 표현할 뿐만 아니라 그 의도들이 의식되도록 해주는 중개자이고 따 라서 자기 나름대로의 정신적 삶을 유지한다. 스스로 의미화하는 능력을 지니 고 있어서 질료에 의미를 부여할 줄 안다. 이러한 신체는 표상으로는 표상되 지도 파악되지도 않는 익명적 생활을 하는 지향성으로서 스스로 외출하여 자 신을 외부로 숨기는 존재 방식을 취한다. 따라서 그것은 순수 연장으로도 환 원되지 않고 그렇다고 순수 의식 작용에 따르는 것도 아니다.

오인 fausse reconnaissance
의식 장애가 있는 환자는 외계의 사태를 모호하게 인식하고 주위의 인물, 상 황 등을 실제와는 다르게 잘못 인식한다. 인물 오인이 그 대표적인 보기이다. 이렇게 오인하는 경우에는 현재가 확산되어 일종의 영원의 상을 띰으로써 소 위 영원한 현재가 성립한다.

자동 언어 langage automatique, 무상 언어 langage gratuit
자동 언어는 생활을 유지하기 위해 생명적 활동과 직결되는 언어이고, 무상 언어는 그와는 반대로 생명적 활동에서 분리되어 나와 사유를 매개로 하여 진 행되는 언어이다.

자연의 빛 lumen naturale, lumiére naturelle
주로 중세 철학에서 많이 사용된 용어로, 신의 계시에 의해서 진리를 발견하 는 영적 활동을 은총의 빛lumen gratiae이라 하고, 인간 이성 또는 오성이 자 연적 인식의 대상을 취급하면서 진리를 발견하는 것을 자연의 빛이라고 한다.

하이데거는 이 용어를 인간 존재의 본질적인 개시성을 지시할 때 사용한다.

자연적 기하학 géomérie naturelle

우리가 그 구조를 모르고 자연스럽게 그것에 따르고 있는 법칙을 상정하는데, 그것에 이끌려 우리는 실천적인 또는 실제적인 확실성에 도달할 수 있다. 가령, 장님은 자신에게 주어진 두 개의 막대기를 양손에 쥐고 양손의 배치와 거리만을 의지해서, 말하자면 일종의 자연적 기하학에 의해서 그 막대기 끝에 닿은 물체까지의 거리를 대강 판단한다.

자존성, 자족성 aséité

사물이 의식으로부터 독립해서 존재한다는 것. 다시 말하면 사물의 즉자적 성격을 가리킨다.

작용인 cause efficace

운동을 일으키는 참된 동력의 실제적 원인을 가리킨다. 이에 비해 기회인 cause occasionelle은 운동이 일어나는 단순한 기회의 역할에 지나지 않는 원인이다. 즉 그것은 인과 관계를 산출할 수 있는 힘을 실제로 가지고 있지 않다.

장외환각 l'hallucination extracampine

시각에는 시야(視野)가 있고 청각에는 청야(聽野)가 있는 것처럼 개개의 감각에는 고유의 감각 영역이 있는데, 환각의 대상이 이러한 감각 영역 이외의 장소에 존재할 때 장외환각이라고 한다.

전이의 종합 synthése de transition, Übergangssynthesis

후설의 『내적 시간 의식의 현상학』 강의에 나오는 시간 분석, 하이데거의 『존재와 시간』에 나오는 시간성의 탈자성의 구조와 동일한 맥락에서 이해하면 되는 용어. 메를로-퐁티는 정적 · 오성적 · 지적 종합과 근본적으로 다른 종합이 있다는 것을 소위 전이의 종합으로 지칭한다.

지각 perception

지각은 흔히 외계에 대한 교섭 또는 열림이라고 규정된다. 그것은 감각적 차원을 포함하고 그렇게 해서 외계의 물성이 나에게 주어진다. 이러한 지각 개념은 감각적 내용 또는 성질과 대상을 상호 구별한다. 즉 지각은 감각적 내용에 의지해서 대상을 나에게 제시한다. 그러나 이것은 지각 작용에 대한 추상적 분석이다. 다시 말하면 지각적 경험의 실상은 그러한 분석을 거부한다. 메를로-퐁티는 우리의 지각적 경험에서 감각적 성질이 이 성질이 제시하는 대상과 분리될 수 없다는 것을 보여주었다. 대상의 소유권은 대상이 주어지게 되는 계기일 수 있을 뿐인 감각적 소여에 있을 수 없기 때문이다. 오히려 감각적 성질은 나에게 사물보다 세계를 먼저 전해주고, 이 세계는 하나의 현전 방식으로 모종의 형태화를 통해서 감각적 성질을 확증하며 나아가서 외적 실재를 허락한다. 그래서 지각에서 지각된 것은 지각되어야 할 또는 인식되어야 할 사물 또는 외계가 아니라 감각적 성질과 대상이 분리되기 이전의 어떤 현전 방식이 불러내는 세계인 것이다. 바로 이 세계에서 사물이 지각의 규범이라는 점이 현상학적으로 실증된다.

지적 기억 mémoire intellectuelle, mémoire volontaire

자발적 또는 유의적 기억이라고도 하고 무의(지)적 기억, 비자발적 기억과 구별된다. 전자는 자발적으로 또는 의지적으로 행하는 기억으로서 오성의 기능에 제약을 받으며 기억의 대상이 되는 과거의 현실과는 다르게 또는 무관하게 재구성하여 우리에게 제공하는 반면, 후자는 현재의 감각과 과거의 감각과의 우연적인 공명 작용에 의해서 순전히 비자발적으로 혹은 무의지적으로 사람을 과거로 되돌리고 그에 따라 사물의 초시간적 본질을 우리에게 개시한다.

지향성 intentionalité

의식은 항상 무엇을 의식하지 않고서는 존재할 수 없다는 의식의 구조적 본질을 가리킨다. 후설 현상학의 근본 개념으로서 '모든 의식은 그 무엇에 대한 의식이다'가 지향성의 공식이다. 대상과 관계하지 않는 의식은 의식일 수 없기 때문에 대상과의 관계가 그 자체 바로 의식 존재가 된다. 이렇게 되면 세계의 실재성은 지향적 존재와 혼동되기 마련이다. 지향성 덕분으로 세계의 초월성은 사라진다. 따라서 의식의 지향성으로부터 의식의 존재 방식과 그 의식에 실려 있는 세계의 존재 방식을 끌어내는 것이 문제가 된다. 왜냐하면 세계의 초월성을 지향성에 의해서 담보해야 하기 때문이다. 이러한 존재 방식을 메를로-퐁티는 신체성에서 규명한다. 『지각의 현상학』에서 지향성은 후설류의 의식철학의 그것을 넘어서 훨씬 더 풍부한 차원과 의미를 가지고 확장된다.

질료 hyle, 형식 morphe

질료는 구체적 체험의 실질적 성분으로서 감각 내용, 예를 들면 색채 조건, 청각 조건, 음향 조건 따위와 같은 것이고 지향성이 없는 데 반해, 형식은 질료에 의미를 부여하는 지향적 체험을 가리킨다. 양자는 재료와 형식, 다양과 통일의 관계에 있다.

초월 transcendance

기본적으로 의식의 내재성에 대립되는 초월을 가리킨다. 그러나 메를로-퐁티는 『지각의 현상학』에서 초월을 상황을 맡아 변형시키는 운동으로 이해한다. 따라서 초월은 신체를 능동적 행위자로서 간주하는 한편 의미 부여자라는 동적 의미를 지닌다. 메를로-퐁티에 있어서 초월은 주관과 객관 사이의 거리나 분리를 뛰어넘는 것이 아니라 그 무엇으로도 환원될 수 없고 주관도 객관도 없이 시종일관 일어나는 극복될 수 없는 생성이다.

파이 현상 phénomène ∅

피이 현상, 피이 운동. 가현(假現) 운동이라고도 한다. 하나의 일정한 형상 또는 그림을 보이고 난 후 즉시 순간적으로 그 그림이나 닮은 그림을 다른 장소에서 보이면 그것이 바로 그 그림으로 또는 닮은 그림으로 보여져서 그것이 이쪽에서 저쪽으로 운동하는 것처럼 착각하게 된다. 이렇게 이 현상 또는 이 현상과 닮은 것으로 보는 것, 실제로는 운동이 없는데 운동이 있는 것처럼 느끼는 것을 일컫는다.

항상성 가설, 항상 가정 hypothése de constance

고전적 심리학에서는 자극과 감각의 관계가 일 대 일의 대응 관계에 있는 것으로 가정했다. 이러한 가정은 관찰이 이루어지는 맥락과 상황을 전혀 고려하지 않는다. 형태심리학에 의해서 비판되었다.

현상 phénomène

메를로-퐁티가 말하는 현상은 경험주의나 합리주의가 주객의 대립 구도에서 그 발생을 설명하는 지각 과정이 아니다. 그것은 주객의 대립이 없는 상태에서 일어나는 일종의 선험적 경험이다. 따라서 그것은 객관적 세계의 이면에 있는 선객관적·선반성적 소어이고 지향적 체험이다.

현실 기능 fonction du réel

프랑스 심리학자 자네 P. Janet의 용어. 현재의 순간과 상황에서 현실에 적응하는 작용을 말한다. 자네에 의하면, 정신쇠약 환자나 신경증 환자의 감정이 극도로 예민하고 행동에 자발성을 결여하는 것은 현실 기능의 장애 때문이다. 이러한 장애는 환자가 심리적 힘과 심리적 긴장을 결핍하거나 상실하는 데서 발생한다. 이러한 맥락에서 현실 기능은 다른 세계를 지각할 뿐만 아니라 인간과 세계와의 관계를 실현하고 있는 것이라고 할 수 있다.

현전 présence

현전은 눈앞에 있는 대상을 지각할 때 현재는 현상하지 않지만 그 지각 속에 포함되어 있는 부분을 동시에 함께 예측하거나 파악하는 사건을 말한다. 그러나 상상적이거나 환상적인 것은 아니다. 지각에 기초해서 일어나는 거기에 내포되어 있는 작용이기 때문이다.

메를로-퐁티의 철학에 대해서

리쾨르가 "프랑스 현상학의 최대 거장"이라고 평한 모리스 메를로-퐁티는 1908년에 프랑스의 로쉬포르 쉬르 메르에서 태어나 1930년에 고등사범학교를 졸업했다. 재학 시절 사르트르를 만나 현상학자로서의 길을 함께 걸었으나 나중에 정치적 적대자로 돌아서게 된다.

메를로-퐁티는 1930년대에 여러 국립 고등학교에서 철학을 가르쳤고 당대의 유명한 사상가들 예컨대 클로드 레비 스트로스, 레이몽 아롱, 조르주 바타유, 자크 라캉, 에릭 베이유, 시몬느 드 보부아르, 알렉산더 코제브 등과 교분을 가졌다. 1930년대 말에 그는 후설의 현상학에 관심을 가지게 되었고 이것이 그의 평생의 철학 사상의 기본 방향과 틀을 좌우하게 되었다.

현상학적 색채를 띠는 그의 최초의 저술『행동의 구조 *La Structure du comportement*』는 1938년에 완성된다. 그 저술에서 그는 자연과 의식의 관계의 문제를 인과적으로 설명하는 입장의 한계를 세밀하게 지적하고, 환경에 의미를 부여하는 유기체의 활동을 줄기차게 역설하며 지각적 의식의 문제에 도달한다. 그 이후에도 계속해서 후설과 하이데거에 관심을 가지면서 지각의 문제에 본격적으로 착수하여, '현상학적 실증주의'에 입각한 새로운 지각 이론을 펼치는『지각의 현상학』을 1945년에 완성한다.

1945년에 제2차 세계대전이 끝나고 프랑스가 독일 점령 하에서 해방되자 메를로-퐁티는『현대 *Les Temps Modernes*』지를 사르트르와 공동 창간하고 편집을 맡으면서 철학, 정치, 예술 등 다양한 분야에 관한 에세이를 발표한다. 이러한 에세이들은 나중에『의미와 무의미 *Sens et non-sens*』로 엮여 1948년에 출판되고 그 전해인 1947년에는『휴머니즘과 폭력 *Humanisme et terreur*』을 출간한다.

　『행동의 구조』와『지각의 현상학』으로 박사학위를 받은 그는 그 후 몇 년 동안 리용 대학에서 철학, 정신분석, 심리학, 사회 이론을 가르쳤고, 1949년에 소르본 대학의 아동심리학 및 교육학 교수로 부임하면서 현상학과 인문과학과의 관계에 관한 연구를 수행한다. 그러는 가운데 한국 전쟁에 관한 사르트르와의 정치적 견해 차이가 악화되어 마침내 메를로-퐁티는 1952년에 사르트르와 결별하고『현대』지에서 물러난다. 그러나 그해 메를로-퐁티는 프랑스 대학 철학과장직에 부임하여, 1950년대 전반에 걸쳐서『지각의 현상학』에서 전개한 모든 분석과 기술을 역사철학으로 완결짓고자 하는 연구를 기획한다. 1955년에 출판된『변증법의 모험 *Les Aventures de la dialectique*』은 그 연구 기획의 일환으로 여기서 메를로-퐁티는 사르트르의 즉자-대자의 구분에 기초한 존재론과 정치학 또는 정치적 실천을 비판하고 마르크스와 전통적 마르크시즘의 역사철학의 결함을 탐구한다. 그리고 1960년에는『지각의 현상학』의 기본 입장과 지반에 물음표를 던지는 사유의 단편들을 편집한『기호들 *Signes*』을 출판한다.

　1950년대 후반은 메를로-퐁티가 후설의 현상학적 관점에 대해 점점 비판적이 되어가면서 새로운 사유를 태동시키고 하이데거의 존재 개념에 기울어져간 시기이다. 후설과 사르트르를 거치고 그들과 대결하면서 하이데거의 존재론적 사유에 공감하기 시작한 메를로-퐁티는 죽기 몇 해 전에 이른바 '살의 존재론'을 기도하고 있었고『지각의 현상학』의 연구를 전반적으로 재검토해야 할 필요성을 느끼고 있었다. 1960년 초의 메를로-퐁티는 휴머니즘과도 자연주의 그리고 신과도 하등 타협하지 않는 새로운 존재론을 모색하고 있었고 선험적 주체성, 주관, 객관, 의미를 대신할 개념들을 마름질하는 것을 그 과제 중의 하나로 보았다. 이러한 생각들을 담고 있는 저서가 유고로서 출판된 『가시적인 것과 비가시적인 것 Le Visible et l'invisible』이다. 1960년대 초는 프랑스 지성계가 모든 형태의 현상학에 부여된 권위에 반기를 드는 시점이었으며, 이른바 푸코, 데리다의 철학과 같은 포스트모더니즘적 사유들은 이러한 현상학과의 대결에서 생겨난 지적 생산물의 측면을 지니고 있다.

이상과 같은 연대기적 서술로 미루어 보면, 메를로-퐁티의 철학적 발전 과정은 현상학적 시기, 사회 및 정치철학적 시기, 탈현상학적 또는 형이상학적 시기로 나눌 수 있다. 현상학적 시기에 해당하는 대표적 저술인 『지각의 현상학』에서 메를로-퐁티는 후설의 『유럽 학문의 위기와 선험적 현상학』의 현상학, 생활 세계를 통한 현상학을 계승하고 발전시킨다. 이 점에서 그는 사르트르 및 하이데거와 다르다. 사르트르와 하이데거의 후설은 『이념들』의 후설에 속한다. 즉 주로 구성적 현상학의 후설이다. 반면 메를로-퐁티의 후설은 생활 세계 현상학의 후설이다. 메를로-퐁티는 후설 현상학의 발전 단계에 있어서 가장 중요하고 뜻 깊은 단계가 그의 유고에 나타난 현상학이라고 믿었다. 메를로-퐁티가 루뱅 대학의 후설 문고를 방문하여 미출간 원고들을 읽고 연구했다는 점은 널리 알려진 사실이다. 사르트르의 『존재와 무』는 생활 세계를 기술하는 현상학과는 아무런 관계가 없고, 하이데거의 『존재와 시간』은 후설의 구성적 현상학에 대한 반감에서 시작되었다.

현상학에 대한 메를로-퐁티의 의미 규정은 『지각의 현상학』의 서문을 여는 "현상학이란 무엇인가?"라는 물음에서 시작된다. 후설의 현상학에 대한 그의 재해석은 흔히들 실존적이라고 말해진다. 그는 어떻게 현상학을 실존화하는가? 그는 현상학에 대한 어떤 단일한 해석과 합의도 없다고 보고 "현상학은 실천하는 대로 존재한다"고 주장한다. 그것은 현상학이 사유 방식 또는 양식으로 존재했기 때문이다. 따라서 현상학의 다양성의 참된 의미는 우리 자신에게서 발견된다. 즉 현상학은 "우리에 대한 현상학"이다. 현상학은 현상학을 하는 모든 사람 각자의 것이 되었다는 것이다.

'사태 그 자체로'라는 후설 현상학 특유의 원래적 표어도 메를로-퐁티에 있어서 의미 변화를 겪는다. '사태 그 자체로' 되돌아가려는 시도로서의 현상학적 기술은 체험 속에서 만나는 생활 세계를 절대적 원천인 주관성 속에서 그 뿌리에까지 추적해가려는 반성적 분석이 아니다. 사태 그 자체에로 되돌아감은 "의식에로의 관념론적 복귀와 전적으로 다르다…… 세계는 내가 할 수 있는 모든 분석 이전에 거기에 있는 것이다…… 실재는 기술해야 하는 것이지 구성하거나 구축해야 하는 것이 아니다." 사태 그 자체에로 복귀한다는 것은 인식 이전의 세계, 즉 의식의 구성적인 작용 이전에 주어져 있는 현상의 세계로 복귀한다는 뜻이다. 선험적 주관성은 더 이상 세계의 중심이 아니다. 후설이 수동적 종합의 구조를 해명하고 서성거리고 있는 동안 메를로-퐁티는 수동적 종합을 선험적 주관성의 구성에서 해방시켜 새로운 현상 영역, 즉 '현상적 장'을 발굴, 개척, 탐사한다. 그리하여 메를로-퐁티는 "너 자신 속으로 들어가라. 진리는 인간의 내면에 거주한다"는 후설의 신조와는 정반대의 슬로건, 즉 "인간의 내면 같은 것은 없으며 인간은 세계-에로-존재이고 자신을 인식하는 것은 세계 내에서이다"라고 주창한다. 나는 나 자신에게로 복귀할 때 내적 진리의 근원, 인식의 궁극적 토대, 즉 선험적 주관성을 발견하는 것이 아니라 "세계에 운명지어진 주관성"을 발견한다는 것이다.

이와 함께 선험적 자아에로 진입하는 현상학적 환원의 진정한 의미도 재해석된다. 그것은 자연적 세계의 실재성에 대한 괄호 치기, 현상학적 관념론의 방법론적 원리가 아니라 세계가 존재한다는 놀라움과 경이 이외의 아무것도 아니다. 후설이 세계의 실재성에 가담하지 말고 바라만 보며 괄호 칠 것을 그토록 반복한 것은 왜인가? 왜 그는 세계에 대한 믿음을 보류하라고 다그치는가? 왜 그는 환원하고 환원해야 한다고 명하는가? 도대체 환원하라고 말하는 것만으로는 무엇이 부족해서 많은 사고와 시간을 들이면서 환원을 검토하고 거듭 검토했는가? 후설에 있어서 환원은 언제나 선험적 의식에로 복귀하고 세계는 그 앞에서 절대적 투명성으로 펼쳐지기 때문이다. 환원은 후설의 선험적 현상학의 요추임에 틀림없다. 그러나 동시에 그것은 "우리가 철저하게 세계와의 관계라는 것"을 반증하지 않는가? 우리가 우리의 모든 사유에 전제되어 있는 상식과 자연적 태도의 확실성을 소생시키고 들추어내고자 한다면 그것들에 동참하기를 거부하고 괄호 치는 것 이외의 무슨 별다른 방법이 있을 수 있겠는가? 그러므로 세계에 대한 우리의 친밀성을 끊어야 하는 환원이 우리에게 가르쳐주는 것은 "세계의 근거 없는 현시"이다. 따라서 "환원의 위대한 가르침은 완전한 환원이란 불가능하다는 것이다." 이것이 후설로 하여금 환원의 가능성을 그토록 거듭 묻게 했던 이유이고 메를로-퐁티로 하여금 "현상학적 환원이 관념론적 철학의 공식이기는커녕 실존철학의 공식이고 하이데거의 세계-내-존재가 현상학적 환원을 기초로 해서만 나타날 수 있다"고 말한 이유이다. 기묘하게도, 후설의 현상학적 환원은 세계와 우리와의 절연 불가능성을 깨우치게 하고 따라서 우리 자신을 순수한 자기 의식, 절대적 의식으로 규정할 수 없게 한다. 이러한 심오한 깨침에서 메를로-퐁티의 『지각의 현상학』은 시작된다.

후설 현상학의 주요 발견으로서 너무나 자주 언급되는 지향성의 개념은 메를로-퐁티의 현상학에서 새로운 차원과 역할을 부여받는다. 후설의 현상학적 환원에 의해 이해되는 지향성은 의식의 근본 구조일 뿐이다. 이러한 지향성은 작용적 지향성일 뿐이나 메를로-퐁티의 지향성은 확장된 지향성이다. 그것은 작용적 지향성과 구별되는 기능적 지향성이다. 전자는 구성적 현상학의 지향성이고 후자는 발생적 현상학의 지향성이다. 따라서 메를로-퐁티의 확장된 지향성은 구성적 현상학에 대한 후설의 자기 비판에서 유래한다. 그것은 후설의 침전, 동기화, 선술어적 구성, 수동적 종합, 연합 작용의 고고학의 영향을 받은 결과이다. 절대적 주체성의 작용적 지향성의 근저에는 우리의 삶과 세계의 선술어적 통일성을 구성하는, 주관과 객관의 통일성을 미리 구성하는 익명적인 침묵의 지향성이 있다. 실재에 대한 모든 판단을 정립하고 명시화하는 의식의 지향성보다 더 심층적인 지향성이 있고, 구성적 사유 주체의 의미 부여에 의존하는 것이라기보다 신체-주체에 의존하는 선이론적 구성이 있다. 이러한 지향성에는 시간과 역사의 차원이 있고 어떤 사실성, 세계성이 있다. 메를로-퐁티의 현상학은 대상의 의미 발생을 추적하기 위해 술어적 증거의 기원을 선술어적 만남에서 찾아내는 현상학이고, 대상에 축적된 의미가 주체와 실재의 어떤 선술어적 만남에 그 뿌리를 두고 있음을 드러내는 현상학이다. 그것은 객관적 세계의 밑바닥에 숨어 있는 세계의 자생적 로고스를 벗기는 것을 목표로 하는 현상학이다. 말하자면 메를로-퐁티의 현상학은 세계 또는 역사의 의미를 발생 상태에서 알려고 하는 사유 노력인 것이다.

우리는 지각 또는 인식 활동에 어떤 조직화가 있고 전적으로 주체의 활동에로만 또는 사물들 사이의 내재적 정합에로만 돌려질 수 없는 유의미한 형태의 어떤 출현이 있다는 것을 인정할 수 있다. 주체를 능동적 종합, 지적 종합의 주체로만 또는 그 자체로 조직되어 있는 세계의 수용체로만 볼 수 없는 어떤 지각적 경험이 있다. 그것이 후설이 말하는 수동적 종합이다. 후설은 종합에 수동성의 요소가 있음을 인정했다. 사실 수동적 종합은 개념상의 모순이다. 왜냐하면 종합은 구성 과정이고 수동성은 다양성을 구성하는 것이 아니라 다양성을 수용하는 것에서 성립하기 때문이다. 후설은 이러한 수동적 종합의 이해 가능성을 끝까지 구성적 의식의 순수 행위에서 찾고자 했다. 메를로-퐁티는 수동적 종합에 대한 후설의 태도에 한계가 있다고 판단하고 의식의 지향성의 본질적 특성을 포기한다. 그것은 후설이 만년에 더욱더 철저하게 보았던 직관적 사실, 즉 선험적 자아의 구성 능력을 훼손하는 수동성 때문이다. 이렇게 수동성이 선험적 자아의 걸림돌이 되자 메를로-퐁티는 수동적 종합의 본성을 규명하고자 그 착안점을 신체에 두게 된다. 신체가 후설에게 모순으로 보였던 수동적 종합의 구조를 해명하기 위한 착수점을 마련해줄 것이라고 믿었기 때문이다.

이렇듯 수동적 종합의 본성을 이해하고자 후설의 선험적 의식으로부터 신체에로 이행하는 것이 메를로-퐁티의 『지각의 현상학』의 출발점이다. 따라서 메를로-퐁티의 현상학은 선험적 자아에서 신체를 구성하는 것이 아니라 신체에서 선험적 의식을 역구성하는 데서 성립한다. 아니, 그 이상을 이룩했다고 보아야 할 것이다. 그는 철저하게 선험적 자아의 삶이 육화된 삶이라는 것을 드러낸다. 메를로-퐁티에 있어서 이러한 신체에로의 전회는 구성적 현상학과 발생적 현상학을 같이 논하는 후설의 모순성을 해결하는 출구이다. 지각과 인식의 주체는 신체이고 개개의 감각 기관은 모종의 종합의 대행자이다. 신체가 하는 종합은 고유한 신체의 지향적 구조에 의해서 해명된다. 이것이 보편적·구성적 자아의 체계를 구축하는 후설의 의식의 현상학에서 메를로-퐁티의 신체의 현상학으로 넘어가는 경로이다. 의식의 삶에서 신체의 삶으로의 전회는 메를로-퐁티의 현상학을 사르트르 및 하이데거의 현상학으로부터 변별짓고 현상학의 운동사와 현대 철학의 역사에서 메를로-퐁티에게 독특한 지위를 부여하는 탁월한 사건이다.

메를로-퐁티의 『지각의 현상학』의 논의의 틀은 주지주의와 경험주의, 관념론과 실재론, 주관주의와 객관주의의 대립 구도에서 철저하게 시종일관 준행된다. 후설이 의식의 현상학을 통해서 제3의 길을 추구한 것처럼 메를로-퐁티는 신체의 현상학을 통해서 저 오랜 철학적 대립 사이를 헤집고 빠져나가, 양자를 극복하는 과감한 시도를 천착한다. 말하자면 세계-에로-존재의 개념에서 주관주의와 객관주의의 양극단을 통합하는 길을 제시하는 것이다. 메를로-퐁티는 『지각의 현상학』에서 의식도 아니고 신체도 아닌, 그렇다고 의식으로도 객관적 신체로도 환원될 수 없는, 그렇다고 세계인 것도 아닌 존재, 즉 실존의 개념을 육화된 주체로서 드러내고 의식과 대상, 주관과 객관, 지성과 경험의 전통적 구별을 세상의 고질적인 편견으로 폭로하며, 그러한 제3종의 존재가 원초적으로 세계와의 교섭을 끊임없이 유지하고 있음을 되풀이해서 증시(證示)한다.

메를로-퐁티가 말하는 주지주의는 데카르트에서 칸트로 이어지는 관념론, 비판철학적 성향, 그리고 브룬슈빅의 신칸트주의를 가리킨다. 메를로-퐁티는 때때로 후설의 선험적 주관성도 이 계열에 포함시킨다. 왜냐하면 후설의 선험철학은 데카르트, 칸트의 합리론적 전통을 이어받았기 때문이다. 후설 스스로도 당대의 실존주의를 비합리주의라고 혹평한 적이 있다. 또한 사르트르도 주지주의 계열에 포함된다. 그는 어떤 면에서 충실한 데카르트주의자이기 때문이다. 메를로-퐁티가 주지주의적이라 부르는 사고 성향은 물질에 대한 의식의 우위를 주장하고 인간을 세계와 자신의 신체로부터 격리시킨다. 데카르트의 관념론 이래 주지주의적 전통은 인간을 순수 의식의 세계, 순수 지적 작용의 세계에 가두어 놓았을 뿐만 아니라, 세계를 의식의 대상으로 축소시켜 놓았으며 주객의 이분법을 요청하지 않을 수 없었다.

반면, 메를로-퐁티가 말하는 경험주의는 서양 철학사상 로크에서 흄으로 이어지는 고전적 경험론의 정신을 계승하는 원자주의적, 실증주의적, 과학주의적, 행동주의적 사고 성향을 일컫는다. 여기에는 각종의 실증주의적 사회과학도 포함된다. 이러한 사고 태도는 인간을 외적 원인과 자극의 결과로 환원시키고 의식의 발심적·창조적 역할과 인간 행동의 통합적 특징을 외면하며, 인간의 경험을 조각으로 나누어 인위적으로 분해한다. 모든 사건은 객관적 세계에서 일어나고 그 때문에 지각하는 주체를 망각한다.

후설이 자연주의의 위협에 대한 응전으로서 현상학을 창시한 것처럼 메를로-퐁티는 경험주의 철학과 주지주의 철학에 대한 비판으로서 신체의 현상학을 내세웠다. 주지주의는 감각적 한계를 무시하고 경험주의는 지적 추상 작용을 무시한다. 따라서 주지주의와 경험주의는 인간의 경험을 참되게 설명할 수 없다. 주지주의와 경험주의는 마음과 세계를 상호 독립적으로 보는 무비판적·자연주의적 태도를 구현한다. 메를로-퐁티는 저 두 철학을 자연주의적 태도를 전제하는 객관주의 철학으로 간주하고 지각적 경험, 이를테면 우리가 공간에 있다는 것, 사물 세계와 관계한다는 것, 타인을 인식한다는 것 등에 대하여 '고전적 편견'으로 가득 차 있다고 비판한다. 자연주의적 태도는 체험되지 않은 세계, 즉 객관적 세계만을 설명할 뿐이고 우리가 비반성적으로 참여하고 있는 많은 일상적 활동, 예컨대 산보를 하며, 버스를 타고, 식사를 하며, 담배를 피우고, 텔레비전을 보는 활동의 선반성적 수준을 설명할 수 없다. 객관주의 철학은 우리의 발생하고 태동하는 초기화 단계의 지각적 경험의 본성을 규명할 수 없고 우리와 세계를 통합시키기보다는 분리, 고립시키며 실재론과 관념론의 공통 지반을 망각한다. 메를로-퐁티는 이러한 고전적 편견을 극복하고 객관주의 철학의 뿌리를 분명히 하며 근원적으로 비판하고 해명하고자 '신체의 현상'으로 복귀했다.

메를로-퐁티가 『지각의 현상학』에서 보여주는 신체의 현상학적 기술은 철학적 사유가 얼마나 미적이고 미적인 즐거움을 줄 수 있는가에 관한 하나의 훌륭한 예증이다. 체험된 신체, 즉 신체 그 자신의 경험은 경험주의나 주지주의에게는 전혀 없었던 세계였다. 경험주의나 주지주의에 있어서 신체는 객관적 세계에 속하는 물리적 사물일 뿐이다. 어느 쪽에서든 신체는 지각하는 존재 또는 의식이 못 되며, 의미의 장소일 수 없다. 하물며 의미의 전송자일 수 있으랴! 객관주의 철학은 신체에 어떠한 주체성도 부여할 수 없다. 신체의 객관적 지위가 신체에 주체성을 허용할 수 없도록 원천적으로 족쇄를 채워두고 있기 때문이다. "신체는 객관적 세계로부터 퇴각함으로써 자신을 주위 세계와 연결하는 지향적 실마리를 스스로 끌어올 것이고 마침내 우리에게 지각하는 주관을 지각된 세계로 폭로하게 될 것이다."

체험된 신체의 현상학은 지각적 경험에서 신체가 수행하는 역할과 의미를 탐구한다. 그것은 신체를 우리와 세계와의 살아 있는 유대로서, 우리를 세계에 소속시키는 탯줄로서 이해한다. 그것은 인간의 경험의 뿌리가 신체에 있음을 캐낸다. 그것은 세계가 아직 객관적 세계로 되기 이전의, 주체가 아직 반성적 자아이기 이전의 현상적 장을 기술한다. 이러한 선객관적·선의식적 세계에서 보면, 신체를 구성된 대상 세계에 배치시키는 것은 틀림없는 오류이다. 마음도 신체도 아닌 어떤 존재가 있고, 바꾸어 말하면 신체의 마음이 있고 마음의 신체가 있다. 따라서 의식은 육화된 의식이고 신체는 의식하는 신체이다. 인간은 육화된 정신이다. 육화된 의식은 메를로-퐁티의 신체 현상학의 기본적 진리이고 정신과 신체의 이원론의 극복이며 관념론과 실재론의 공통 근원이다.

이러한 존재 영역을 근본적으로 특징짓는 것이 신체가 세계를 지향할 수 있게 되는 운동적 지향성이다. 물론 이것은 지적·반성적 의식의 지향성이 아니라 기능적 지향성, 육화된 지향성이다. 이러한 지향성은 우리가 시선을 보낼 때, 손을 내뻗칠 때, 걸을 때, 대상을 지각하면서 감각들이 상호 협동할 때, 신체가 방향을 잡을 때 우리가 느끼고 발견하는 것이다. 이러한 신체의 자연적 지향성이 존재가 세계에 현상하는 근원적인 조건이다. 따라서 신체의 현상학은 존재가 의식에 도래하는 과정, 또는 세계가 형(形)을 가지게 되는 과정을 연구하는 '존재의 계보학'이다. 그것은 의식이 의존하는 토대를 벗겨내는 것을 목표로 하는 주체의 고고학이며, 마음이 신체에 두고 있는 그 뿌리를 파헤치고 캐내는 마음의 고고학일 뿐만 아니라, 신체를 자연적 주체성으로 발견하는 신체의 고고학이다. 그리고 그것은 사고에서 사고되지 않는 것을 사고하는 사고의 고고학이다.

바로 이러한 점에 의해서 메를로-퐁티의 현상학은 후설, 사르트르, 하이데거의 그것과 변별된다. 방금 말한 대로, 메를로-퐁티의 신체의 현상학은 의식의 지향성의 근원을 신체 속에서 확립한다.

후설은 순수 의식에서 출발하여 종국에 가서는 의식이 어떻게 육화되는가를 구성하는 데 고심한 반면, 메를로-퐁티는 신체가 어떻게 의식적 삶을 탄생시키는가에 관심을 집중함으로써 후설의 선험적 주관성의 의표를 찌른다. 후설은 경험의 의식적 근거까지 뚫고 들어갔으나 그 근거에 어떠한 실존적 지위도 허락하지 않았고 끝까지 그것을 선험적 의식의 구성적 삶으로 이해하고자 했다. 결국 후설에게 있어 신체의 운동 기도는 의식적 주체의 몫이지 신체의 것이 아니다. 즉 선험적 주체가 신체의 운동 능력을 조직한다. 따라서 의식이 신체의 기능에 끼어드는 것이 후설이라면, 신체가 의식의 삶에 끼어드는 것이 메를로-퐁티이다. 메를로-퐁티는 인간이 하는 사고와 반성 및 그 대상성 속에 신체가 예기되어 있음을 발견했던 것이다.

사르트르의 신체 이론은 나와 타인과의 구체적 관계에 대한 현상학적 기술에서 나타난다. 『존재와 무』에 나오는 저 유명한 시선의 경험에서 나는 타인들에 의해 대상화되거나 나의 시선으로써 그들을 대상화한다. 타자의 신체를 대상화하는 데서 나는 나 자신의 주체성을 의식하고 내가 타자로부터 따가운 시선을 받을 때 나는 그에게 하나의 대상이라는 것을 의식하게 되어, 결국 나의 신체는 나로부터 소외된다. 설령 신체가 체험된 신체로 양해된다 하더라도 신체는 타인을 의식하는 수단이 되고 만다. 따라서 사르트르의 신체는 결코 경험하는 주체는 아니다. 경험하는 주체를 대자 존재, 즉 의식에서 찾는 한, 우리의 경험에서 신체가 분명히 기능하고 있다 해도 의식은 그 점을 쉽게 놓칠 것이다. 사르트르는 신체의 기능적 지향성을 확립하지 못했으며 대자와 즉자의 대립과 분리를 극복하는 중도론을 세우지 못했다. 메를로-퐁티는 신체를 세계와 동시 출현적인 것으로 기술하지만, 사르트르에게는 의식의 분석이 신체의 기술보다 먼저이다. 따라서 사르트르의 이론으로는 주체성의 본질을 아무리 반성해도 주체성으로서의 나의 존재가 신체로서의 나의 존재라는 것을 발견할 수 없을 것이다.

하이데거의 현상학의 근본 주제는 존재의 의미이다. 그 주제에 관한 한, 인간은 존재를 가장 탁월하게 이해하고 있는 존재자이다. 하이데거는 이러한 존재자를 존재의 장소라는 의미에서 특별하게 현존재Dasein라고 부른다. 현존재는 존재에 개방되어 있는 존재자요, 그 개방성은 처지 또는 기분으로 분석된다. 그러나 하이데거의 현존재 분석, 즉 기초 존재론은 신체적인 것이 존재에로 개방되어 있는 통로이자 장소라는 사실에 미처 눈뜨지 못했다. 즉 존재의 차원 또는 수준은 신체의 현상에서 발견될 수 있다.『존재와 시간』에서 이 점은 무시되었다. 존재를 이해하고 있는 막연한 처지와 기분은 신체적 동작에 의해 가능하다. 신체적 느낌과 자세로 인해 어떤 존재가 우리에게 다가오기도 하고 다가오는 것이 막히기도 한다. 신체적인 것이 존재의 차원을 가지고 있다는 점에서 신체는 존재와 존재자의 접면으로 존재한다. 우리의 신체는 가끔씩 한 자리에 모여 있는 타인들과 일체임을 느낀다. 역으로, 타인의 몸짓과 동작에서 나의 경직된 몸이 풀리기도 한다. 무용수의 춤에서 우리는 존재의 현전을 본다. 나는 세계와 존재로 개방되기 위해서 그때그때마다 어떤 처지에 있어야 하거나 어떻게 느끼거나 해야 한다. 요컨대, 신체는 존재의 구조에 대한 자연적 이해를 소유하고 있다. 하이데거의 기분 개념은 메를로-퐁티가 "자신을 상황 속에 밀어 넣는 신체의 일반 능력"이라고 부르는 것에 의해 설명될 수 있고 따라서 신체는 현존재의 탈자성(脫自性)의 토대라고 주장될 수 있다. 하이데거는 존재의 신체적 내력을 상상할 수 없었기 때문에 존재의 지각적·감각적, 말하자면 신체적 토대를 언급할 수 없었다.

메를로-퐁티의 신체 현상학은 인간의 의식적 경험의 이면과 밑바닥을 들추어낸다는 점에서, 그 모든 뿌리에까지 파고 들어간다는 점에서, 학 이전의 것을 연구하는 학, 그의 말대로라면 "현상학의 현상학"을 제시하고자 했다는 점에서, 현상학자로서 어느 현상학자보다도 더 철저했고 더 정직했다고 믿어진다. 또한 메를로-퐁티의 신체 현상학은 세계와의 직접적이고 시원적인 접촉을 회복하고 그 접촉에 철학적 지위를 부여하는 데 전력을 기울임으로써, 인간을 육화된 정신으로 확립하고 철학의 오랜 멍에였던 데카르트적 이원론을 넘어서는 기념비적 대성과를 거두었다. 아울러 그것은 전통 철학의 도식과 접근, 범주와 개념을 현상학적으로 비판하면서 선험철학을 갱신시켰다. 특히 우리는, 의식과 인식 그리고 세계를 체험된 신체에 복귀시키는 현상학의 놀라운 능력이 철학으로서의 현상학의 가치와 존재 이유를 다시 한 번 입증했고, 철학과 현상학의 역사에 새로운 장을 열어주었다고 말하지 않을 수 없다. 철학이 결코 삶의 무용한 반복이 아님은 틀림없으리라.

그런데 메를로-퐁티는 놀랍게도, 『지각의 현상학』의 모든 분석과 기술에 대하여 자기 비판의 물음을 던진다. 죽기 몇 해 전인 1959년 7월의 연구 메모에는 다음과 같이 적혀 있었다. "『지각의 현상학』에서 제기된 문제들은 해결될 수 없다. 왜냐하면 『지각의 현상학』에서 나는 의식과 대상의 구분에서 시작하기 때문이다." 진실로 이것은 굉장한 말이고 너무나 의미심장하다. 왜냐하면 이러한 진술은 역으로, 인간의 삶과 경험 그리고 모든 세계를 사고와 실재 사이의 구별, 구분, 대립 없이 사고할 수 있는 길을 제시하겠다는 의도를 함축하기 때문이다. 어느 누구도 의식과 대상의 구분에서 시작하지 않고 사고를 시작할 수 없다는 것이 『지각의 현상학』이 시인하고 고백한 착점이라면, 도대체 어떻게 그렇게 하지 않고 사고를 시작할 수 있단 말인가! 이것은 또다시 대지에 발을 딛고 사고하지 않으려고 하는 철학자의 오랜 미몽으로 되돌아가려는 것이 아닐까? 아니라면 그 시도는 그리고 그 실현은 속단하건대 진정 철학적 사유의 역사에서 길이길이 남을 전대미문의, 미증유의 것임에 틀림없을 것이다.

_류의근

옮긴이의 말

　메를로-퐁티의 『지각의 현상학』은 현대 철학의 고전으로, 근대 철학의 고전인 헤겔의 『정신의 현상학』에 비견되는 명저이다. 후자가 정신의 자기 운동과 그 구조를 상설한 것이라면, 전자는 신체의 자기 체험과 그 구조를 기술한 것이라고 대비시킬 수 있을 것이다. 후자를 의식 중심주의로 대변되는 근세 철학의 완성본으로, 전자를 그 완성의 역전판으로 읽을 수도 있다. 어떻게 보든 메를로-퐁티의 『지각의 현상학』은 의식 일변도의 서양 철학의 눈길과 발길을 신체로 되돌려놓는 신기원을 이룩한 역작이라고 평가할 수 있다. 그것은 서양 철학의 역사에 있어서 철학의 자기 변형을 초래한 칸트의 코페르니쿠스적 전회, 로티의 언어적 전회처럼 '신체적 전회'라고 이름할 수 있다.

　메를로-퐁티의 신체적 전회는 후설의 후기 사상을 계승, 발전시킨 하나의 사건으로서 현상학적 사유의 막힘 없는 개방성을 실증함은 물론, 메를로-퐁티의 표현을 빌리면, "현상학을 실천하는 대로 존재하게 하면서" 서양 철학의 케케묵은 근본 문제, 즉 경험주의와 주지주의의 기나긴 대립을 해결하는 데 빛을 던져주었다. 즉 원자론, 행동주의, 고전 심리학과 같은 경험주의와 철학적 관념론, 선험적 관념론, 내성주의와 같은 주지주의의 대립은 신체의 자기 체험과 운동성에 주목함으로써 시나브로 무너져 내리기 시작했고, 세계의 신비와 이성의 신비로 점입하게 되었다. 이러한 신비를 신체성에서 해명해갈수록 인간의 삶과 경험은 철두철미 대지에 붙박고 있다는 것을 계시하게 되었으며, 바로 그 점을 확대 반성하면 할수록 '세계-에로-현전'하는 것이 이 신비를 풀어나가는 매듭이요, 고리요, 열쇠임이 부각된 것이다.

'세계-에로-존재'는 메를로-퐁티의 지각 현상학적 철학의 알파요, 오메가이다. 삶의 자리 또는 현장, 상징화해서 대지에서 찰나라도 벗어나 있을 수 없다는 이 사실fait이야말로 우주가 인간에게 분수하는 몫, 즉 운명의 신Μοίρα이다. 따라서 최종적으로는 신을 모독하고 대지를 사랑하라는 니체의 운명애Amor fati를 메를로-퐁티는 반복, 공명한다. '지금 여기hic et nunc'의 생을 현상학적 운동사 또는 실존적 현상학의 역사에서 메를로-퐁티만큼 역설하고 거듭 강조한 이는 없다고 나는 믿고 있다.

그 어느 누구보다도, 하이데거나 사르트르보다도 메를로-퐁티는 인간의 삶과 경험의 실존성을 현상학적·이론적으로 철저하고 미세하게 또한 극도로 유연하게 그리고 긴장감을 가지고 기술하고 있다. 비록 그가 실존성을 몸으로 사는 치열성에서는 사르트르보다 뒤떨어진다는 평을 받을지 몰라도, 실존 구조의 극성을 그 극까지 적시해내는 작업에서는 사르트르를 능가할 뿐만 아니라, 역자가 보기에는 하이데거도 능가한다.

실존의 극에 다의성 또는 애매성 혹은 모호성이 언제나 관여해 있다는 현상학적 발견이 그의 연구의 최종 메시지인지라 일견 보수적으로 보일지는 모르지만, 그 때문에 그가 간파해내고 있는 우리 인간의 본질적·사실적 필연성을 부인해서는 안 될 것이다. 오히려 그것이 우리 인간의 본질-사실-가치(성)라면, 우리가 그 점에 충실할 때만이 "인간적인, 너무나 인간적인" 인간이 될 것이다.

진리·이성·의식·세계·역사, 요컨대 인간의 삶과 경험의 일체에 대한 해명으로서의 철학이 이렇게 시작하고 이렇게 끝난다면, 어느 누가 자신을 절대화할 수 있겠는가? 애매성과 양의성은 절대성을 금지하는 것을 함축한다. 이것이 인간을 상호 존중하는 길을 열어주고 인간의 반폭력과 평화를 위한 실존적 토대 내지는 윤리적 토대를 마련할 수 있게 해준다. 이러한 문맥에서 메를로-퐁티는 말년에 선험적 인간을 위한 윤리 체계를 모색하고 싶다는 의향을 피력한 바 있다.

그러나 인간 대소사의 본질 구조가 열린 공간과 시간성(주체성)을 가지고 있고 언제 어디서나 자연적 사물, 타자들, 문화적·역사적 제도성과 교착·직조chiasmus되어 있다면, 인간과 만물은 자연화된다. 이것이 메를로-퐁티가 『지각의 현상학』 도처에서 전가의 보도로 삼는 '인간의 세계성'이다. 이것을 철학의 원리로 삼는 한 우주의 원소arche는 자연성을 넘어설 수 없다. 인간 실존의 현재적 순간 이외에는 아무것도 실재하지 않기 때문이다. 심지어 수학적 진리, 순수 기하학적 진리도 인간 실존을 떠나서는 의미도 가치도 없다. 그래서 메를로-퐁티에게는 인간과 세계의 공자연성connaturalité만이 문제였고 중요했던 것이다.

이렇게 그에게는 개인의 실존으로부터 분리되어 존재하는 비자연적·초자연적 실체라는 관념은 거부된다. 그는 자연성 속에서 초자연성이 수육될 수 있는 가능성을 전혀 고려할 수 없었던 것이다. 그러나 이 현재적 공간의 실존 가운데에서 인간의 삶과 경험에 영향을 미치고 있고 또 미칠 수 있는 초자연적 실재, 즉 『성경』(기독교)에서 말하는 영적 실재, 신적 에너지가 있다는 것은 또 하나의 자연적 명증이지만, 이 명증은 자연성으로 환원되지 않는 초자연적인 것이라는 문제가 남아 있다. 자연적 자연성, 자연스러운 자연성은 물론 인정되어야 하지만 적어도 그것만일 수는 없는, 어떤 초자연성이 있을 수 있다는 기독교 신앙의 가능성과 관련된 문제가 그것이다.

『성경』의 보고·기록·체험·증언은 결코 신화적-종교적 명증성 ── 이것조차도 현상학적 정언 명제의 것인가 하는 것은 분명하지 않다 ── 의 문제일 수만은 없으며, 현상학적 명증성의 문제일 수 있는 길이 언제나 열려져 있다는 것이 무전제·무편견의 태도일 것이다. 역설적이게도, 젊은 시절에 가톨릭 교인이었으면서도 현상학자로서 무신론자라고 공언했다가 임종에서 가톨릭교의 장례식을 원했다고 전해지는 메를로-퐁티의 진의는 무엇이었을까?

이 책 앞의 일러두기에서 적은 대로, 번역하면서 여러 번역본을 참조했다. 영역본은 의미 파악에서 유리했고, 독역본은 각종 문헌 출처가 명확한 장점이 있었고, 일역본은 역주에서 유익했다. 이렇게 기존의 번역본을 이용한다고 해서 그들보다 나은지는 자신하지 못하겠다. 개선된 부분도 있을 것이고 그보다 못한 번역이 훨씬 더 많을지도 모르겠다. 또 원문 없이 읽혀지고 이해될 수 있는 번역이 되었는지도 자신하기 어렵다. 하지만 촉박한 기간 안에 나름대로 최선을 다한다는 심정으로 임하기는 했다. 독자의 만족도가 낮다면 달리 변명하고 싶은 마음은 없다. 향후의 나은 번역을 위한 우호적인 질정과 비판이 있다면 어떻게든 반영될 수 있기를 바란다는 말로 위안을 삼고자 한다.

아울러 문장가의 가치를 확연히 보여주었던 문학과지성사 편집부의 김정선님, 이선경님에게 진정으로 고마움을 전한다. 문장의 유연함과 수려함이 돋보이는 대목은 모두 그들의 덕분이다. 또한 외람되지만, 착오와 결점이 많은 이 번역에 대한 기쁨과 우려를 현상학 연구자로서 한국현상학회 회장 손동현 교수님, 회원 교수님들, 메를로-퐁티 연구자인 강릉대 최재식 교수님, 천안대 신인섭 교수님, 철학 아카데미 조광제 박사님과 나누어 갖고 싶다. 그리고 근 20년간 나의 철학적 눈을 키워주신 경북대 신오현 교수님에게도 이 책을 바친다. 이 번역 연구를 위해 연구비를 지원해준 신라대학교에도 감사한다.

끝으로, 내가 이 번역을 맡아 출판하게 된 과정에는 내가 믿는 하나님의 세심한 배려와 손길이 있었다는 사실도 기록하고 싶다. 후기를 마치면서, 철학이 홀대받는 우리의 교육 현실과 문화 풍토에 대하여 모든 독자들에게 다음의 슬로건을 구전하는 운동을 청원한다 ──"철학이 살면 나라가 선다."

2002년 12월

류의근